法律硕士（法学）联考
大纲背诵要点及应试策略

白文桥　编著

中国人民大学出版社
·北京·

出版说明

2009年，法律硕士开始面向法学本科招生。该专业自招生以来，参加考试的考生逐年增多。近年来，法律硕士研究生（法学）专业学位联考在注重考查法学基本知识和基本理论的同时，更加注重考查分析原理、解决问题的能力和综合运用法律语言的能力，所考查的内容也不断深化，广度、深度以及专业化程度较联考初期都有所提高，难度也明显提升，特别是刑法学、民法学的论述题中，经常出现所谓“超纲”的内容，这就要求考生在复习过程中，要以研读《考试分析》为基础，同时拓展知识面，掌握所谓“超纲”的内容，提高分析、解决问题和综合运用知识的能力，并开阔视野，总结经验，掌握一定的答题技巧，尽一切所能突破学习过程中遇到的各种障碍，提高考试临场发挥能力。针对不同学科的试题特色，本书在各章中适当增加“知识拓展”的相关内容，帮助考生拓展知识，加强考生对所谓“超纲”内容的应对能力。

本书严格按照《法律硕士（法学）专业学位联考考试大纲》的学科、章节、标题的顺序及所涉内容进行阐述，力求简明扼要概括背诵要点。本书还进一步深度拓展难点、热点、重点和“超纲”的知识点，便于考生理解要点、加深记忆。

本书与中国人民大学出版社出版的《法律硕士（法学）联考大纲配套练习》《法律硕士（法学）联考主观题突破》结合使用，效果更佳。

由于编者学识有限，本书会存在不足，欢迎考生在复习过程中随时提出意见和建议，以便及时改正。本书作者还专门开设了答疑通道，帮助考生解决复习主观题过程中的疑难问题。

编者

法硕精品课程使用说明

人大社法硕绿皮书已陪伴一届又一届法硕考生走过近二十载，为了不负考生们的信任和厚爱，我们一直坚持提供高质高效的备考复习内容。随着法硕考生人数的增加，竞争日趋激烈，为了更好地服务广大考生，我们邀请绿皮书系列的主要作者、法硕辅导名师白文桥主讲法硕备考精品课程。白老师毕业于中国人民大学法学院，深耕法硕联考辅导多年，通贯五科，深谙命题规律和解题方法，培训出众多高分考生。

凡是购买正版书的考生，可凭封面兑换码，兑换免费学习课程。衷心希望人大社法硕绿皮书及精品课程能帮助考生高效复习，快速提分，金榜题名！

课程兑换及使用说明：

关注微信公众号“法硕绿皮书”，点击公众号底栏中的“课程中心”，下拉进入“个人中心”，在“个人中心”中找到“兑换中心”，输入封面课程兑换码，即可兑换。兑换成功后，可在“个人中心”中“我的课程”里进入已兑换的课程进行学习。

注：随书兑换的课程均非销售课程，只能通过购书免费兑换使用。由于平台条件设置，兑换课程须标出价格，标识价格不代表课程为付费课程。

关于课程的详细说明及更多备考干货，可关注微信公众号后获取。

扫码关注“法硕绿皮书”

目　录

第一部分　刑法学

第二部分　民法学

第三部分　法理学

第四部分　中国宪法学

第五部分　中国法制史

第一部分 刑法学

第一章 绪论

大纲应试策略

本章包括刑法概述、刑法的基本原则、刑法的效力范围等内容。在背诵要点中，刑法的形式（渊源）、刑法的解释、罪刑法定原则、刑法的空间效力和时间效力属于较为重要的知识点，其中，刑法的解释和刑法的空间效力考查选择题的频度较高。作为导读性章节，本章主观题较多。除考查过的主观题外，本章较为重要的简答题为：刑法的任务；刑法的机能；刑法的解释的概念和种类；罪刑法定原则的基本内容与体现；罪责刑相适应原则的基本内容与体现；我国刑法规定的属地原则的内容；我国刑法的域外效力；我国刑法规定的溯及力等。本章较为重要的论述题有：刑法的任务；刑法的机能；刑法的谦抑性；罪刑法定原则；刑法适用平等原则；罪责刑相适应原则；属地管辖原则；刑法的域外效力；我国刑法的溯及力等。本章一般不以案例分析题的形式考查。

大纲背诵要点

第一节 刑法概述

一、刑法的概念

（一）刑法的定义

刑法是规定犯罪及其法律后果的法律规范的总和。

（二）刑法的形式

1. 刑法的形式

刑法的形式即刑法的渊源。刑法的渊源有刑法典、单行刑法和附属刑法。

（1）刑法典即全面、系统规定犯罪及其法律后果的法典。

（2）单行刑法即规定某一类犯罪及其后果或者刑法某一事项的法律。

（3）附属刑法即在经济、行政等非专门刑事法中附带规定的一些关于犯罪与刑罚或追究刑事责任的条款。

2. 刑法的分类

（1）广义刑法和狭义刑法。广义刑法是包含刑法典、单行刑法和附属刑法在内的一切形式的刑法；狭义刑法特指刑法典。

（2）普通刑法和特别刑法。普通刑法指的是刑法典；单行刑法和附属刑法合称为特别刑法。

（三）刑法的特征

（1）调整范围的广泛性。刑法保护的法益和调整对象比较广泛。

（2）调整对象的专门性。刑法运用刑罚的专门方法同犯罪作斗争，追究犯罪人的刑事责任。

（3）刑罚制裁的严厉性。刑法的强制力较其他法律的强制力要严厉得多。

（4）刑法发动的补充性和保障性。在遵循罪刑法定原则和明确性、谦抑性原则的基础上，只有当其他部门法不能充分保护某种社会关系（利益）时，才由刑法调整。

二、刑法的任务和机能

（一）刑法的任务

（1）惩罚任务，即用刑罚同一切犯罪行为作斗争。

（2）保护任务，即保护人民、社会和国家。具体而言：

①保卫国家安全，保卫人民民主专政的政权和社会主义制度；

②保护国有财产和劳动群众集体所有的财产，保护公民私人所有的财产；

③保护公民的人身权利、民主权利和其他权利；

④维护社会秩序、经济秩序，保障社会主义建设事业的顺利进行。

（二）刑法的机能

刑法的机能是指刑法产生的积极作用。刑法具有三种机能：

（1）规制机能，即对人的行为进行规制或者约束的机能。

（2）（法益）保护机能，即保护国家、社会和个人法益的机能。

（3）（人权）保障机能，即保障公民不受国家刑罚权的非法侵害并保障犯罪人不受刑法规定之外的刑罚处罚的机能。

三、刑法的体系和解释

（一）刑法的体系

1. 刑法的体系

刑法的体系是指刑法的组成和结构。我国刑法典分为总则和分则两编，此外还有附则 1 条。

2. 刑法的条文结构

刑法总则的条文是一般性规定。在分则条文中，规定了犯罪与刑罚。条文各罪状的描述中，前半部分描述的是犯罪构成要件；后半部分描述的是法定刑（法律后果）。

（二）刑法的解释

刑法的解释是指对刑法条文含义的说明。根据不同标准，刑法的解释有不同的分类。

1. 立法解释、司法解释和学理解释

（1）立法解释，即刑法的立法机关对刑法条文的解释。

（2）司法解释，即我国最高司法机关对刑法条文进行的解释。

（3）学理解释，即有权进行立法解释和司法解释的机构以外的其他机关、团体和个人对刑法条文含义的阐释。

2. 文理解释和论理解释

（1）文理解释。文理解释是根据条文的字面含义进行的说明。

（2）论理解释。论理解释是根据立法的精神与目的对条文进行的说明。论理解释包括目的解释、扩大解释、缩小解释、当然解释、比较解释和历史解释等。

①目的解释，即根据刑法规范的目的，阐明刑法条文含义的解释方法。

②扩大解释，即对刑法条文作出扩张性解释。

③缩小解释，即对刑法条文作出窄于字面含义的解释。

④当然解释，即根据逻辑来论证解释后的含义是否符合当然的道理的一种解释方法。

⑤比较解释，即将刑法的相关规定或外国立法与判例作为参考资料，借以阐明刑法真实含义的解释方法。

⑥历史解释，即根据制定刑法的历史背景以及刑法的发展源流，阐明刑法条文真实含义的解释方法。

第二节　刑法的基本原则

刑法的基本原则是指刑法明文规定的，在全部刑事立法和司法活动中应当遵循的准则。

一、罪刑法定原则的基本内容与体现

（一）罪刑法定原则的含义和基本内容

1. 罪刑法定原则的基本含义

罪刑法定原则的基本含义是：法无明文规定不为罪，法无明文规定不处罚。

2. 罪刑法定原则的基本内容

（1）法定化。犯罪和刑罚必须事先由法律明文规定。

（2）反对事后法。事后法对其生效前发生的犯罪行为，只有在处罚轻于犯罪行为发生时生效的法律的场合才能适用。

（3）反对类推。类推因违反罪刑法定原则而不得适用。

（4）禁止绝对不确定的刑罚。刑罚的不确定性违反了罪刑法定原则。

（5）明确化。对于什么行为是犯罪以及犯罪行为所产生的法律后果，都必须作出具体的规定，并用文字表述清楚。

（6）合理化。罪刑法定原则要求合理确定犯罪的范围和惩罚的程度，防止滥施刑罚。禁止采用过分的、残酷的刑罚。

（二）罪刑法定原则的主要体现

（1）在刑事立法上，刑法总则规定了犯罪的一般定义、共同构成要件、刑罚的种类、刑罚运用的具体制度等；刑法分则明确规定了各种具体犯罪的构成要件及其法定刑，为正确定罪量刑提供明确、完备的法律标准。

（2）在刑事司法上，废除了刑事司法类推制度，要求司法机关严格解释和适用刑法，依法定罪处刑。

二、刑法适用平等原则的基本内容与体现

刑法适用平等原则，即对所有的人在定罪量刑以及行刑的标准上都平等地依照刑法规定处理，不允许有任何歧视或者优待。具体表现为定罪平等、量刑平等和行刑平等。

三、罪责刑相适应原则的基本内容与体现

（一）罪责刑相适应原则的含义和内容

1. 罪责刑相适应原则的含义

罪责刑相适应原则，即刑罚的轻重，应当与犯罪分子所犯罪行和承担的刑事责任相适应。

2. 罪责刑相适应原则的内容

（1）刑罚的轻重与客观的犯罪行为及其危害结果相适应。

（2）刑罚的轻重与犯罪人主观恶性的深浅、再次犯罪危险性的大小相适应。

（二）罪责刑相适应原则的具体体现

（1）刑法分则对每一个罪都根据犯罪的性质、情节和对于社会的危害程度规定了相应的法定刑，重罪适用重刑，轻罪适用轻刑。

（2）刑法总则中规定量刑的一般原则，即对于犯罪分子裁量刑罚时，应尽量使刑罚与具体犯罪行为的社会危害性相适应，罚当其罪。

（3）刑法总则还规定：①对累犯从重处罚、不得假释、不得缓刑；②对未成年人、又聋又哑的人、限制刑事责任能力人、自首的人、立功的人从宽处理；③对中止犯处罚明显轻缓于未遂犯、预备犯；④对过失犯处罚明显轻于故意犯。这些规定体现了刑罚与犯罪人主观恶性、人身危险性相适应。

第三节　刑法的效力范围

一、刑法的效力范围的概念和种类

刑法的效力范围又称为刑法的适用范围，是指刑法在空间、时间方面的适用范围，分为刑法的空间效力和时间效力。

二、刑法的空间效力

（一）刑法的空间效力的概念

刑法的空间效力是指刑法对地和对人的效力，也就是解决刑法适用于什么地域和适用于哪些人的问题。

（二）确立刑法空间效力范围的学理根据：属地原则、属人原则、保护原则、普遍管辖原则

（1）属地原则，即一个国家的刑法只管发生在本国领域内的犯罪。

（2）属人原则，即一个国家的刑法只管本国公民实施的犯罪。

（3）保护原则，即一个国家的刑法只管侵害本国利益的犯罪。

（4）普遍管辖原则，即一个国家的刑法对侵犯人类共同利益的国际犯罪行使管辖权。

（三）我国刑法关于空间效力的规定

在确立刑法空间效力方面，我国刑法采取以属地原则为基础、其他原则为补充的综合性原则。在适用顺序上，属地原则优先适用，不能适用属地原则的，适用属人原则，不能适用属人原则的，适用保护原则，不能适用保护原则的，适用普遍管辖原则。

（四）刑法在中国领域内的效力（属地原则）

1. 属地原则的基本内容

（1）凡在我国领域内犯罪的，除法律有特别规定的以外，都适用我国刑法。

（2）凡在我国船舶或者航空器内犯罪的，也适用我国刑法。

（3）犯罪的行为或者结果有一项发生在我国领域内的，就认为是在我国领域内犯罪。

2. 属地原则的例外情形

（1）外交代表刑事管辖豁免：享有外交特权和豁免权的外国人的刑事责任，通过外交途径解决。

（2）港澳台地区的犯罪：发生在港澳台地区的犯罪，适用港澳台地区的法律。

(3) 民族自治地方的变通或补充规定：民族自治地方不能全部适用刑法规定的，可以由自治区或者省的人民代表大会根据当地民族的政治、经济、文化的特点和本法规定的基本原则，制定变通或者补充的规定，报请全国人民代表大会常务委员会批准施行。

（五）刑法在中国领域外的效力

1. 刑法对中国公民在中国领域外犯罪的效力（属人原则）

(1) 我国公民在我国领域外犯我国刑法规定之罪的，适用我国刑法，但是按我国刑法规定的最高刑为3年以下有期徒刑的，可以不予追究。

(2) 我国国家工作人员和军人在我国领域外犯我国刑法规定之罪的，适用我国刑法。

2. 刑法对外国人在中国领域外犯罪的效力（保护原则）

外国人在我国领域外对我国国家或者公民犯罪，而按我国刑法规定的最低刑为3年以上有期徒刑的，可以适用我国刑法，但是按照犯罪地的法律不受处罚的除外。

3. 刑法对国际犯罪的效力（普遍管辖原则）

对于我国缔结或者参加的国际条约所规定的罪行，我国在所承担条约义务的范围内行使刑事管辖权的，适用我国刑法。

三、刑法的时间效力

（一）刑法的时间效力的概念

刑法的时间效力是指刑法的生效时间、失效时间以及刑法的溯及力，即刑法对其生效前的行为的效力。

（二）刑法的生效时间

刑法的生效时间通常有如下两种方式：

(1) 公布之后一段时间生效。

(2) 自公布之日起生效。

（三）刑法的失效时间

刑法的失效时间有如下两种方式：

(1) 由国家立法机关明确宣布某些法律自何日起失效。

(2) 自然失效，即新法施行后取代了有关旧法，或者由于原来特殊的立法条件已经消失，旧法自行废止。

（四）刑法的溯及力

1. 刑法溯及力的概念

刑法的溯及力是指刑法对于生效以前的行为是否适用。如果适用，就有溯及力；如果不适用，就不具有溯及力。

2. 关于刑法的溯及力的四种制度（或学说）

(1) 从旧原则。只能依据行为当时有效的法律（行为时法）定罪处罚，刑法不具有溯及既往（生效前行为）的效力。

(2) 从旧兼从轻原则。只能依据行为当时有效的法律定罪处罚，但新法不认为是犯罪或处罚较轻的除外。新法（行为后生效、裁判时法）中的“轻法”有溯及既往的效力。

(3) 从新原则。刑法适用于生效前未经审判或者判决尚未确定的行为，有溯及既往的效力。

(4) 从新兼从轻原则。新法一般具有溯及既往的效力，但是旧法（行为时法）不认为是犯罪或处罚较轻的仍适用旧法。

（五）我国《刑法》第12条关于溯及力的规定

我国刑法对溯及力采取从旧兼从轻原则，即对于现行刑法生效以前的未经审判或者审判尚未确定的行为，适用行为当时有效的法律。但是按照现行有效的法律不认为是犯罪或者处刑较轻的，适用现行有效的法律。其具体内容有：

（1）当时的法律不认为是犯罪，而修订后的刑法认为是犯罪的，适用当时的法律，即修订后的刑法没有溯及力。

（2）当时的法律认为是犯罪，但修订后的法律不认为是犯罪的，只要这种行为未经审判或者判决尚未确定，就应当适用修订后的刑法，即修订后的刑法有溯及力。

（3）当时的法律和修订后的刑法都认为是犯罪，并且按照修订后的刑法总则第四章第八节的规定应当追诉的，原则上按当时的法律追究刑事责任，即修订后的刑法不具有溯及力。但是，如果修订后的刑法比当时的法律处刑较轻，则应适用修订后的刑法。修订后的刑法具有溯及力。

（4）依据当时的法律已经作出的生效判决，继续有效。

知识拓展

试论罪刑法定原则在立法上的体现及其对立法权的约束。

（1）罪刑法定原则即法无明文规定不为罪，法无明文规定不处罚。

（2）在刑事立法上，刑法总则规定了犯罪的一般定义、共同构成要件、刑罚的种类、刑罚运用的具体制度等；刑法分则明确规定了各种具体犯罪的构成要件及其法定刑，为正确定罪量刑提供明确、完备的法律标准。

（3）罪刑法定原则约束立法权的主要体现有：

①对于没有法益实害、危险的行为，不能在立法上规定为犯罪。立法上只是将那些危害性、危险性较大的行为挑选出来予以成文化、犯罪化，而不能理会过于琐碎之事。

②在刑法分则的具体规定中，必须对个罪确定法定刑，不能在刑法上设置没有处罚标准的具体犯罪。

③刑罚规定必须明确，也禁止在立法上确定过于残酷的刑罚，使罪刑关系失衡。

④立法机关对刑法规定进行解释时，必须受到刑法典的制约，不能脱离刑法文本进行解释。

⑤不能由全国人大常委会制定过多的刑法修正案。

第二章　犯罪概念

大纲应试策略

本章包括犯罪的定义和犯罪的基本特征等内容。我国刑法中规定的犯罪的定义、犯罪的基本特征属于核心考点，犯罪的基本特征曾频繁考查过主观题。犯罪的定义为，犯罪是危害社会、依照法律应受刑罚处罚的行为。犯罪的特征包括严重的社会危害性、刑事违法性和应受刑罚惩罚性，其中，严重的社会危害性是犯罪的本质特征。本章较为重要的简答题为刑法中“但书”的规定及意义。本章较为重要的论述题为我国刑法中犯罪的定义。本章知识点较少，但上述主观题仍然要引起重视。

大纲背诵要点

第一节　犯罪的定义

一、犯罪的定义概述

从法律意义上讲，犯罪是刑法明文规定的应受刑罚惩罚的行为。

从实质意义上讲，犯罪是一种严重危害社会的行为。

二、我国刑法中的犯罪定义

（一）我国《刑法》第 13 条规定的犯罪的定义及意义

（1）一切危害国家主权、领土完整和安全，分裂国家、颠覆人民民主专政的政权和推翻社会主义制度，破坏社会秩序和经济秩序，侵犯国有财产或者劳动群众集体所有的财产，侵犯公民私人所有的财产，侵犯公民的人身权利、民主权利和其他权利，以及其他危害社会的行为，依照法律应当受刑罚处罚的，都是犯罪，但是情节显著轻微危害不大的，不认为是犯罪。

（2）犯罪是危害社会、依照法律应受刑罚处罚的行为，这一定义兼顾犯罪的实质特征和形式特征，是形式与实质相统一的犯罪定义。

（二）“但书”的意义

《刑法》第 13 条规定的犯罪定义不仅从性质上明确了犯罪具有危害性和违法性，而且还设置了定量要求，即“情节显著轻微危害不大的，不认为是犯罪”，被称为犯罪定义的“但书”。“但书”的意义有：

（1）“但书”表明认定犯罪不仅需要正确定性，还需要合理确定危害的程度或量。“但书”的基本理念是通过对犯罪的实质特征提出定量的要求，赋予司法机关酌情排除犯罪的权力，避免过分拘泥于法律形式而作出刻板教条的判决。

（2）“但书”是区分违法行为与犯罪行为的宏观标准。“但书”也是适应我国法律结构需要产生的。

（3）“但书”可以缩小犯罪或刑事处罚的范围，避免给一些轻微的危害行为（或违法行为）打上犯罪的标记，有利于行为人改过自新；还可以合理配置司法资源，集中力量惩罚严重的违法行为——犯罪。

（4）与《刑法》第 13 条规定的犯罪定义的定量要求相一致，分则条文对有些犯罪规定了程度方面的限制要件。

第二节　犯罪的基本特征

一、犯罪是严重危害社会的行为，具有严重的社会危害性

首先，犯罪必须是人的具体行为。

其次，犯罪不是一般意义上的行为，必须是具有严重社会危害性的行为。所谓严重社会危害性，是指对我国刑法所保护的重要利益的侵害。严重社会危害性是犯罪的实质（本质）特征。

二、犯罪是触犯刑律的行为，具有刑事违法性

具有严重社会危害性的行为，只有同时被刑法明文规定为犯罪时，才是犯罪。

刑事违法性是犯罪的法律特征。

三、犯罪是应受刑罚惩罚的行为，具有应受刑罚惩罚性

某种危害社会的行为同时又触犯刑法，行为人就应承担受刑罚处罚的法律后果，这属于法律后果特征。因此，应受刑罚惩罚（可罚）性是犯罪的基本特征之一。

以上三个基本特征紧密联系。严重的社会危害性是犯罪最基本的属性，是刑事违法性和刑事可罚性的基础，而社会危害性如果没有达到违反刑法、应受刑罚处罚的程度，就不构成犯罪。

第三章　犯罪构成

大纲应试策略

本章内容包括犯罪构成概述、犯罪客体、犯罪客观方面、犯罪主体、犯罪主观方面等内容。犯罪构成是犯罪的具体化，任何犯罪都是由犯罪客体、客观方面、主体和主观方面四个要件构成的。本章内容就是围绕上述四要件展开的。本章为考试重点章节，因而核心考点较多，诸如危害行为、刑事责任年龄、未成年人犯罪、犯罪故意和犯罪过失、认识错误等，几乎每年考试都有涉及。本章有些知识比较难理解，主要集中在刑法中的因果关系、罪过形式和事实认识错误上。本章出题方式包括各类题型。本章较为重要的简答题有：犯罪客体与犯罪对象的联系和区别；危害行为的概念和特征；危害行为的概念和种类；不作为犯的种类；单位犯罪中的直接负责的主管人员和其他直接责任人员及主从犯的认定；直接故意和间接故意的异同；犯罪过失的概念和特征；犯罪过失与犯罪故意的罪责区别；疏忽大意的过失和过于自信的过失的含义及特点；过于自信的过失和间接故意的区别。本章较为重要的论述题有：不作为义务的来源；危害结果在刑法中的意义；刑事责任能力与刑事责任年龄的关系；刑法中的因果关系；我国刑法规定的精神病人的刑事责任；刑法中的原因自由行为；单位犯罪的构成及处罚原则；无罪过事件；犯罪故意的认识因素和意志因素；犯罪目的在犯罪构成中的作用；犯罪动机在定罪量刑中的作用及其与犯罪目的的关系；刑法上的事实认识错误。本章相关内容也会考查案例分析题，特别是未成年人犯罪、单位犯罪和刑法中的认识错误，案例分析题中考查频率较高。

大纲背诵要点

第一节　犯罪构成概述

一、犯罪构成的概念

（一）犯罪构成的概念及内容

1. 犯罪构成的概念

犯罪构成是指刑法规定的成立犯罪所必须具备的主观要件和客观要件的总和。

2. 犯罪构成的内容

（1）犯罪构成是成立犯罪的必备要件。

（2）犯罪构成诸要件是由刑法规定的。

（3）具备犯罪构成要件是适用刑罚的前提。

（二）犯罪构成与犯罪概念的联系和区别

犯罪概念是犯罪构成的基础，犯罪构成是犯罪概念的具体化。犯罪概念是从整体上回答什么是犯罪以及犯罪具有哪些基本属性等问题，揭示犯罪行为的社会、政治本质，从而从原则上区分罪与非罪。犯罪构成则进一步回答了犯罪成立需要具备哪些法定的条件，并通过犯罪构成主客观要件具体确立什么样的行为是犯罪。

（三）犯罪构成的意义

（1）作为法律规定的确立犯罪的要件，犯罪构成是定罪量刑的法律准绳。

（2）强调依据犯罪构成定罪量刑，有利于贯彻法治原则，保护公民的合法权益，准确地惩罚犯罪。

（3）在刑法理论中，犯罪构成是刑法理论的核心和刑法理论体系的基础。

二、犯罪构成的共同要件

构成犯罪必须同时具备四个方面的构成要件，即犯罪客体（法益）、客观方面、犯罪主体和主观方面。上述四要件概括了各种具体犯罪构成要件的共性，所以被称为犯罪构成的一般要件。

三、犯罪构成的分类

（一）基本的犯罪构成和修正的犯罪构成

（1）基本的犯罪构成是指刑法分则条文就某一犯罪的基本形态所规定的犯罪构成。

（2）修正的犯罪构成是指以基本犯罪构成为基础并对之进行补充、扩展而形成的犯罪构成。

（二）标准的犯罪构成和派生的犯罪构成

（1）标准的犯罪构成是刑法条文对具有通常社会危害程度的行为所规定的犯罪构成。

（2）派生的犯罪构成是以标准的犯罪构成为基础，因为具有较重或较轻的法益侵害程度而从标准的犯罪构成中派生出来的犯罪构成，包括加重的犯罪构成和减轻的犯罪构成。

第二节　犯罪客体

一、犯罪客体的概念

（一）犯罪客体的概念及内容

1. 犯罪客体的概念

犯罪客体（法益）是犯罪活动侵害的、为刑法所保护的社会利益。

2. 犯罪客体的内容

（1）犯罪客体是某种社会生活利益（社会关系）。

（2）犯罪客体是刑法所保护的社会生活利益。

（3）犯罪客体是犯罪行为所侵害的社会生活利益。

（二）犯罪客体在刑法条文中的体现

刑法中绝大多数章节都明确揭示了犯罪的同类客体。直接客体在刑法中主要表现为两种：

（1）有的条文明确表述出犯罪客体。

（2）有的条文通过对犯罪客观方面的表述，反映出犯罪客体。

（三）研究犯罪客体的意义

研究犯罪客体有助于正确理解、适用法律，有助于认识犯罪的本质特征、准确定罪量刑。

二、犯罪客体的种类

对犯罪客体可按其范围大小划分为三种：一般客体、同类客体和直接客体。

（一）一般客体

一般客体是指一切犯罪所共同侵害的社会利益，即社会主义社会利益的总体。

（二）同类客体

同类客体是指某一类犯罪共同侵害的社会利益。

（三）直接客体

直接客体是指某一犯罪所直接侵害的某种特定的社会利益。直接客体分为两种：

（1）简单客体，即某一犯罪只侵害一个利益。

（2）复杂客体，即某一犯罪侵害两个以上的利益。

三、犯罪客体与犯罪对象

（一）犯罪对象的概念和内容

1. 犯罪对象的概念

犯罪对象是指刑法规定的犯罪行为所侵犯的或直接指向的具体人、物或信息。

2. 犯罪对象的内容

犯罪对象是犯罪构成客观方面的选择性要素，也就是说，凡是刑法条文明确规定行为对象的，它就是该条文规定的犯罪构成的必要要素。

（二）犯罪客体与犯罪对象的联系和区别

1. 犯罪客体与犯罪对象的联系

犯罪对象是刑法规定的犯罪行为所侵犯或直接指向的具体事物，犯罪客体是法律所保护的被犯罪侵害的社会关系，二者是现象与本质的关系。犯罪客体寓于犯罪对象之中，犯罪对象是犯罪客体的载体或主体承担者。

2. 犯罪客体与犯罪对象的区别

（1）犯罪客体是犯罪构成的一般（必要）要件之一，犯罪对象仅是犯罪客观方面中的选择性要素之一。

（2）任何犯罪都必然侵害一定的社会利益，即侵害一定的客体，但是犯罪对象不一定受到侵害。

第三节　犯罪客观方面

一、犯罪客观方面概述

犯罪客观方面是指刑法规定的，说明犯罪活动外在表现的诸客观事实，一般包括危害行为、行为（犯罪）对象、危害结果以及犯罪的时间、地点和方法等要素，其中，危害行为是一切犯罪构成客观方面的必要要素，其余都是选择性要素。

二、危害行为

（一）危害行为的概念和特征

1. 危害行为的概念

危害行为是指在意识支配下实施的危害社会并被刑法禁止的身体活动。

2. 危害行为的特征

（1）有体性：危害行为是人的身体活动或动作，包括积极的活动与消极的活动。

（2）有意性：危害行为是人的意识支配的产物和表现，或者说是意识和意志的外在表现。

（3）有害性：危害行为侵犯的是刑法所保护的社会利益（法益）。

（二）危害行为的分类

1. 作为

作为是指积极的行为，即行为人以积极的身体活动实施某种被刑法禁止的行为。

2. 不作为

不作为是指消极的行为，即行为人消极地不履行法律义务而危害社会的行为，是行为人能够履行而不履行的危害行为。

（三）不作为构成犯罪的条件

1. 应为：行为人负有某种特定义务

行为人负有的某种特定义务主要来自以下几个方面：

（1）法律上的明文规定。当法律明文规定的义务成为刑法规范所要求履行的义务时，违反该义务就可能构成不作为犯罪。

（2）行为人职务、业务上的要求。这一特定义务以行为人具有某种职务身份或从事某种业务并且正在执行为前提。

（3）行为人的法律地位或法律行为所产生的义务。

（4）因先前行为引起的义务。行为人由于自己的行为而使受刑法保护的某种法益处于危险的状态，行为人负有采取有效措施消除特定危险的特定义务。

2. 能为：行为人能够履行义务

行为人负有某种法律义务是不作为构成犯罪的前提条件。行为人虽有防止结果发生的义务，但是由于缺乏必要的能力或其他原因而不可能防止危害结果发生的，也不成立不作为犯罪。

3. 不为：行为人不履行特定义务，造成或可能造成危害结果

行为人不履行特定义务，造成危害结果或者有造成危害结果的现实危险；倘若行为人不履行特定义务，根本不会导致危害结果的发生或者导致出现危害结果发生的现实危险，也不构成不作为犯罪。

（四）纯正不作为犯与不纯正不作为犯

（1）纯正不作为犯是指行为人行为构成了法定的犯罪行为本身就是不作为的犯罪。

（2）不纯正不作为犯是指行为人因不作为而构成了法定的犯罪行为本身应是作为的犯罪。

三、危害结果

（一）危害结果的概念

危害结果是指危害行为对犯罪直接客体造成的实际损害或现实危险状态。

（二）广义的危害结果和狭义的危害结果

（1）广义的危害结果，是指犯罪行为所造成的一切损害事实。广义的危害结果包括属于构成要件的结果和不属于构成要件的结果。

（2）狭义的危害结果，特指刑法规定作为犯罪构成要件的结果。狭义的危害结果有标准犯罪构成的结果和派生犯罪构成的结果。

（三）危害结果在刑法中的意义

1. 危害结果作为某些犯罪的构成要件

（1）绝大多数过失犯罪都要求发生法定的物质性危害结果才能构成犯罪，危害结果是绝大多数过失犯罪的必备构成要素。

（2）一些故意犯罪把法定危害结果规定为犯罪构成的必备要素。

2. 危害结果作为某些犯罪既遂的条件

危害结果是某些犯罪既遂的条件。危害结果作为某些犯罪既遂的条件通常存在于故意犯罪且惩罚未完成罪的场合。

3. 把出现某种危害结果作为对犯罪加重法定刑的条件

有些条文规定，如果犯罪行为发生了某种严重的危害结果，则加重其法定刑。

4. 把发生某种实际损害的可能性（危险）作为某些犯罪的构成要件或者某些犯罪既遂的条件

（1）把发生某种实际损害的可能性（危险）作为某些犯罪的构成要件。

（2）把发生某种实际损害的可能性（危险）作为某些犯罪既遂的条件。

四、刑法中的因果关系

（一）刑法中的因果关系的概念

刑法中的因果关系是指危害行为与危害结果之间的一种客观的引起与被引起的联系。

（二）刑法中的因果关系的地位

（1）确认行为与结果之间存在因果关系是行为人对该结果负刑事责任的客观基础。

（2）刑法中的因果关系只有在实害犯中探讨才有重要意义。在行为犯和危险犯中，一般不存在刑法中因果关系的问题，自然没有探讨因果关系的必要。

（三）因果关系对承担刑事责任的意义

（1）确认危害行为与危害结果之间具有因果关系，意味着危害行为与危害结果之间具备了法律规定（要求）的客观性联系，或者基本构成要件的行为与加重结果之间（结果加重犯）具备了法律规定（要求）的客观性联系。如果不存在因果关系，则不能把结果归责于行为人。

（2）即使存在因果关系，也不意味着对结果当然负刑事责任。因为主客观是统一的，仅仅认定存在因果关系是不够的，还需要认定是否具备承担刑事责任的其他条件，如主观要件（有无故意、过失）以及主体资格（责任年龄、责任能力）等。

（四）刑法中的因果关系的特点

（1）客观性，即危害行为与危害结果之间的因果关系是不以人的主观意志为转移的客观存在。

（2）相对性，即在认定因果关系时应当抽取危害行为与危害结果这对现象，研究其因果关系。

（3）必然性，即因果关系一般表现为两种现象之间有着内在的、必然的、合乎规律的引起与被引起的关系，这是因果关系基本的和主要的表现形式。

（4）复杂性，即因果关系在不同场合会呈现出“一因多果”“一果多因”等复杂状态。

（五）不作为的因果关系

不作为与危害结果之间存在因果关系：不作为以行为人负有特定的义务为前提，行为人如果履行自己的作为义务就能够防止犯罪结果发生，因不履行该义务而致该结果发生的，不作为与危害结果之间具有因果关系。

（六）特殊情形的因果关系的认定

1. 偶然联系认定为有因果关系的情形

由于实行行为并没有中断，下列非常态情形应认定存在因果关系：

（1）特定条件下的行为导致结果发生。该情形主要有两种：

①殴打行为与被害人患有疾病等特异体质（如脾大、心脏病、高血压、白血病、血友病）竞合，发生死亡结果。

②遭遇恶劣条件发生死亡结果。

（2）实行行为与被害人行为相遇或被害人的行为介入导致结果发生。

（3）两行为相接导致结果发生。

（4）数行为共同作用导致危害结果发生。

2. 偶然联系不应认定为有因果关系的情形

对于非常态中的特别的极端情形，不能认定存在因果关系，理由在于：介入因素使得实行行为没有延续，进而导致因果关系断绝（不包括被害人本身的行为介入）。

五、犯罪的时间、地点、方法

（1）在一般情况下，不对犯罪的时间、地点、方法作特别的限定，它们通常不是犯罪的客观构成要件。

（2）如果刑法把时间、地点、方法明文规定为某种犯罪的构成条件，它们就成为构成该罪不可缺少的要件。

（3）在某些犯罪中，犯罪的时间、地点和方法虽然对犯罪的定性没有影响，但影响量刑。

第四节　犯罪主体

一、犯罪主体概述

犯罪主体是指实施犯罪行为，并且依法应当负刑事责任的人。犯罪主体包括自然人和单位。

二、刑事责任能力

刑事责任能力是指行为人认识自己行为的社会性质及其意义并控制和支配自己行为的能力。简言之，就是辨认和控制自己行为的能力。辨认能力是指一个人认识自己特定行为的社会性质、意义和后果的能力。控制能力是指一个人按照自己的意志控制和支配自己行为的能力。广义的刑事责任能力包括刑事责任年龄。刑事责任能力是辨认能力和控制能力的统一，二者缺一不可，辨认能力是刑事责任能力的前提和基础，控制能力是刑事责任能力的关键。辨认能力和控制能力必须同时具备，才能认定行为人具备刑事责任能力。

三、刑事责任年龄

（一）刑事责任年龄的概念

刑事责任年龄是指法律所规定的行为人对自己的犯罪行为负刑事责任必须达到的年龄。

（二）我国刑法关于刑事责任年龄的法律规定

1. 完全负刑事责任年龄阶段

已满16周岁的人犯罪，应当负刑事责任。

2. 相对负刑事责任年龄阶段

（1）已满14周岁不满16周岁的人，犯故意杀人、故意伤害致人重伤或者死亡、强奸、抢劫、贩卖毒品、放火、爆炸、投放危险物质罪的，应当负刑事责任。

（2）已满12周岁不满14周岁的人，犯故意杀人、故意伤害罪，致人死亡或者以特别残忍手段致人重伤造成严重残疾，情节恶劣，经最高人民检察院核准追诉的，应当负刑事责任。

3. 完全不负刑事责任年龄阶段

不满12周岁的人，不负刑事责任。

4. 减轻刑事责任年龄阶段

（1）对依照刑法规定追究刑事责任的不满18周岁的人，应当从轻或者减轻处罚。

（2）已满75周岁的人故意犯罪的，可以从轻或者减轻处罚；过失犯罪的，应当从轻或者减轻处罚。

5. 对因不满16周岁不予刑事处罚的处理

因不满16周岁不予刑事处罚的，责令其父母或者其他监护人加以管教；在必要的时候，依法进行专门矫治教育。

6. 责任年龄的计算

责任年龄是指实足年龄，刑法特别使用“周岁”一词，周岁按照公历的年、月、日计算，从周岁生日的第二天起算。

四、其他影响刑事责任能力的因素

（一）精神病人的刑事责任问题

（1）绝对无刑事责任能力：精神病人在不能辨认或者不能控制自己行为的时候造成危害结

果，经法定程序鉴定确认的，不负刑事责任，但是应当责令他的家属或者监护人严加看管和医疗；在必要的时候，由政府强制医疗。

（2）绝对有刑事责任能力：间歇性的精神病人在精神正常的时候犯罪，应当负刑事责任。

（3）限制（减轻）刑事责任能力：尚未完全丧失辨认或者控制自己行为能力的精神病人犯罪的，应当负刑事责任，但是可以从轻或者减轻处罚。

（二）醉酒的人犯罪的刑事责任

醉酒的人犯罪，应当负刑事责任。

（三）又聋又哑的人或者盲人犯罪的刑事责任

又聋又哑的人或者盲人犯罪，可以从轻、减轻或者免除处罚。

五、一般主体与特殊主体

（一）一般主体

一般主体是指具有一般犯罪主体所要求的法定构成要件的自然人，即达到法定责任年龄、具有刑事责任能力的自然人主体。

（二）特殊主体

特殊主体是指除了具有一般主体所要求的成立条件外，还必须具有某些犯罪所要求的特定身份作为其构成要件的自然人主体。

（1）不具有特殊主体身份的人不能构成要求具有特殊主体身份的犯罪，但在共同犯罪中，具有特殊主体身份的人和不具有特殊主体身份的人实施共同犯罪的，依据特殊主体的身份定罪，一般主体虽然不能构成该罪，但可以按照该罪的共犯论处。

（2）在共同犯罪中，行为人都具有特殊身份的，按照主犯的性质定罪。

六、单位犯罪

（一）单位犯罪的概念

单位犯罪是指公司、企业、事业单位、机关、团体实施的依法应当承担刑事责任的危害社会的行为。

（二）单位犯罪的要件

1. 主体条件

单位犯罪的主体包括公司、企业、事业单位、机关和团体。

2. 法律条件

单位犯罪只有法律明文规定的，才负刑事责任。单位犯罪，以刑法分则有明文规定为限。

（三）对单位犯罪的处罚

我国刑法对单位犯罪的处罚以双罚制（两罚制）为原则，以单罚制为例外。单罚制是指不处罚单位，只处罚直接负责的主管人员和其他直接责任人员。我国刑法规定，单位犯罪的，对单位判处罚金，并对其直接负责的主管人员和其他直接责任人员判处刑罚。刑法分则和其他法律另有规定的，依照规定。

（四）单位犯罪中直接负责的主管人员和其他直接责任人员的认定

（1）直接负责的主管人员，是在单位实施的犯罪中起决定、批准、授意、纵容、指挥等作用的人员。

（2）其他直接责任人员，是在单位犯罪中具体实施犯罪并起较大作用的人员。

第五节　犯罪主观方面

一、犯罪主观方面概述

（一）犯罪主观方面的概念和意义

1. 犯罪主观方面的概念

犯罪主观方面是指犯罪主体对其实施的危害社会的行为及其所造成的危害结果所持的心理态度。

2. 研究犯罪主观方面的意义

犯罪主观方面是追究行为人危害社会行为的刑事责任的主观基础，我国刑法确立了主观（罪过）归责原则，坚持主客观相统一，禁止客观归罪。

（二）罪过

罪过是指犯罪人对自己的行为所造成的危害后果所持的故意或过失的心理态度。

（三）犯罪主观方面的内容

犯罪主观方面的内容包括犯罪故意、犯罪过失、犯罪目的、犯罪动机等要素，其中，犯罪故意（包括直接故意和间接故意）和犯罪过失（包括疏忽大意的过失和过于自信的过失）是犯罪主观方面的必要构成要素，犯罪目的和犯罪动机是选择性要素。

（四）犯罪主观方面和犯罪客观方面的关系

根据主客观相统一的原则，确定行为构成犯罪必须：

（1）同时具备主观方面和客观方面的要件。既不得主观归罪，也不得客观归罪。

（2）罪过形态必须与犯罪行为具有同时性，这是主客观统一原则的要求。

（五）无罪过事件

1. 无罪过事件的概念

无罪过事件，是指行为在客观上虽然造成了损害结果，但是不是出于故意或者过失，而是由于不能抗拒或者不能预见的原因所引起的，不是犯罪。

2. 无罪过事件的情形

（1）意外事件，是指行为在客观上虽然造成损害结果，但不是出于行为人的故意或者过失，而是由于不能预见的原因引起的。

意外事件具有如下三个特征：

①行为在客观上造成了损害结果。

②行为人对自己行为所造成的结果既无故意也无过失。

③这种损害结果的发生是由不能预见的原因引起的。

（2）不可抗力。不可抗力是指行为在客观上虽然造成了损害结果，但不是出于行为人的故意和过失，而是由于不能抗拒的原因引起的。

（3）期待可能性。期待可能性是指在行为人实行犯罪的具体场合，期待其实施适法行为而不实施违法行为的可能性。例如，在遇到紧急危机时，为了保全自己的利益而不得不损害他人利益的行为，或者在面临生理疾病、重大灾难事件时所做出的损害他人或者社会利益的行为，就认为不具有期待可能性。

二、犯罪故意

（一）犯罪故意的概念和特征

1. 犯罪故意的概念

犯罪故意是指明知自己的行为会发生危害社会的结果，并且希望或者放任这种结果发生的心理态度。

2. 犯罪故意的特征

（1）认识因素：行为人明知自己的行为会发生危害社会的结果。“明知”（认识）的范围（故意中“认识”的内容）限于犯罪客观方面的诸事实，包括危害行为（行为的内容与社会意义），行为对象，危害结果，危害行为与危害结果的因果关系，特定情形下的时间、地点和方法，以及行为及其结果的社会危害性等。行为会发生危害社会的结果包括行为必然导致结果发生和行为可能导致结果发生两种情形。

（2）意志因素：行为人希望或者放任这种危害结果的发生。

（二）犯罪故意的种类

1. 直接故意

直接故意是指明知自己的行为会发生危害社会的结果，并且希望这种结果发生的心理态度。

直接故意包括两种形式：

（1）明知自己的行为必然发生危害社会的结果，并且希望结果发生的心理态度，用公式表示即为“必然发生＋希望发生”。

（2）行为人明知自己的行为可能发生危害社会的结果，并且希望这种结果发生的心理态度，用公式表示即为“可能发生＋希望发生”。

2. 间接故意

间接故意是指明知自己的行为会发生危害社会的结果，并且放任这种危害结果发生的心理态度。

间接故意包括三种情形：

（1）为实现某个犯罪意图或目的，而放任另一犯罪结果发生。

（2）为实现某个非犯罪的意图或目的，而放任犯罪结果发生。

（3）突发性故意犯罪，不计后果，放任结果发生。

（三）直接故意和间接故意的异同

1. 相同点

（1）从认识因素看，都是“明知自己的行为会发生危害社会的结果”。

（2）从意志因素看，都不排斥危害结果发生。由此说明和决定了二者都具有故意的性质。

2. 不同点

（1）从认识因素看，二者对危害结果发生认识程度不同。在直接故意的情况下，行为人认识到危害结果发生的可能性或者必然性；间接故意的情况下，行为人认识到危害结果发生的可能性。假如行为人认识到危害结果发生的必然性还执意为之造成该结果，合理的认定是行为人对该结果持希望态度，具有直接故意。

（2）从意志因素看，二者对危害结果发生的态度明显不同。直接故意是希望危害社会的结果发生，对结果是积极追求的态度；间接故意则是放任危害社会的结果发生，不是积极追求的态度，而是任凭事态发展。

（3）特定的危害结果是否发生对二者具有不同的意义。在直接故意的场合，即使追求的特定危害结果没有实际发生，通常应当追究预备、未遂的罪责；在间接故意的场合，如果没有实际发生特定危害结果，就无所谓犯罪的成立。

三、犯罪过失

（一）犯罪过失的概念和特征

1. 犯罪过失的概念

犯罪过失是指行为人应当预见自己的行为可能发生危害社会的结果，因为疏忽大意而没有预见或者已经预见而轻信能够避免的心理态度。

2. 犯罪过失的特征

（1）没有犯罪故意。对特定的危害结果成立，犯罪过失是以对该结果不具有犯罪故意为前提。具言之，行为人对危害结果的发生既不具有希望的态度也不具有放任的态度。如果具有犯罪故意，则成立故意犯罪，排斥成立过失犯罪。

（2）没有保持必要的小心谨慎的态度。这表现为如下两种情况：

①没有履行法律、规章、社会生活准则所要求的注意义务，极端马虎草率、疏忽大意，以致对应当预见并且能够预见的危害结果没有预见。

②极端轻率、过于自信，以致对已经预见的危害结果，在应当积极避免且能够避免的情况下，竟然没有能够避免。

3. 犯罪过失的罪责

（1）对过失犯罪，法律有规定的才负刑事责任。这意味着刑法分则各条规定的犯罪，在没有特别说明的情况下，其主观罪过形式是故意，并且不能理解为当然包括过失。只有当法律条文明示该条之罪的罪过形式是过失或者包括过失时，过失行为才可能构成犯罪，行为人承担刑事责任。这充分显示刑法以惩罚故意犯罪为主，以惩罚过失犯罪为例外。

（2）对过失行为，只有造成严重后果的才负刑事责任。过失犯罪必须以造成法定的严重后果为构成要件。换言之，刑法规定的过失犯罪只有完成形态并且只处罚完成形态。与此形成鲜明对比的是，刑法不仅处罚故意犯罪完成形态，而且处罚其未完成形态。

（3）过失犯罪的法定刑明显轻于故意犯罪。对于导致同样结果的故意犯罪和过失犯罪，过失犯罪的法定刑要轻于故意犯罪的法定刑。

（二）犯罪过失的种类

1. 疏忽大意的过失

疏忽大意的过失是指行为人应当预见自己的行为可能发生危害社会的结果，由于疏忽大意而没有预见，以致发生危害结果的心理态度。它有如下两个特点：

（1）行为人对可能发生的危害结果“应当预见”。

（2）行为人“因疏忽大意而没有预见”自己的行为可能发生危害结果。

2. 过于自信的过失

过于自信的过失是指行为人已经预见到自己的行为可能发生危害社会的结果，但轻信能够避免，以致发生危害结果的心理态度。它有如下两个特点：

（1）行为人“已经预见”到可能发生危害社会的结果。

（2）行为人“轻信自己能够避免”危害结果的发生。

3. 两种过失的区别

疏忽大意的过失下，行为人事先对危害结果的发生没有预见，所以又称为无认识的过失；过于自信的过失下，行为人事先对危害结果发生有所预见，故又称为有认识的过失。

（三）过于自信的过失和间接故意的异同

1. 相同点

（1）二者都是预见到危害结果可能发生。

（2）二者都不希望危害结果发生。

2. 不同点

（1）对危害结果发生的认识程度有所不同。过于自信的过失下，行为人已经预见自己的行为可能发生危害社会的结果；间接故意下，行为人明知自己的行为会发生危害社会的结果。可见，间接故意的认识程度较高。

（2）对危害结果所持态度不同。过于自信的过失下，行为人对危害结果持否认态度，行为人为避免危害结果的发生往往采取积极的态度和措施，并且也有避免危害结果的客观根据。间接故意的行为人对危害结果的发生持放任态度，即危害结果发生也罢，不发生也罢，都不在乎，甚至纵容危害结果发生。因此，行为人对避免危害结果的发生往往持消极的态度，并且没有避免危害结果的措施和根据，或者纯凭侥幸。

（四）疏忽大意的过失与意外事件的异同

二者的相似之处是行为人对危害结果的发生都没有预见。二者的区别有：

（1）行为人对危害结果的发生是否应当预见（能否预见）。在意外事件中，行为人对危害结果的发生不可能预见；在疏忽大意的过失中，行为人对危害结果的发生是应当预见并且是能够预见，只是由于疏忽大意而没有预见。

（2）行为人的主观责任完全不同。意外事件不构成犯罪，疏忽大意的过失构成过失罪。

四、犯罪目的和犯罪动机

（一）犯罪目的

1. 犯罪目的的概念

犯罪目的是指犯罪人希望通过实施某种犯罪行为实现某种犯罪结果的心理态度。

2. 犯罪目的在犯罪构成中的作用

（1）只有在直接故意犯罪中才存在犯罪目的，间接故意和过失犯罪不存在犯罪目的，但可以有其他目的。

（2）犯罪目的是犯罪主观方面的选择性要素，犯罪目的主要影响定罪。

（二）犯罪动机

1. 犯罪动机的概念

犯罪动机是指推动犯罪人实施犯罪行为的内心起因。

2. 犯罪动机在定罪量刑中的作用

（1）犯罪动机反映犯罪人的主观恶性。

（2）犯罪动机仅存在于直接故意犯罪中，间接故意和过失犯罪不存在犯罪动机。

（3）犯罪动机影响量刑，一般不影响定罪。

（三）犯罪目的与犯罪动机的关系

（1）从时间上看，犯罪动机产生在前，犯罪目的产生在后。

（2）从作用上看，犯罪动机对犯罪行为起到推动作用，犯罪目的对犯罪行为起到指引方向作用。

（3）同一犯罪行为可能出于各种不同的犯罪动机；同一犯罪动机可能实施不同性质的犯罪。

五、刑法中的认识错误

（一）刑法中的认识错误的概念和种类

刑法上的认识错误是指行为人对自己行为的法律性质、后果和有关事实情况发生了误解。刑法上的认识错误包括法律上的认识错误和事实上的认识错误两种。

（二）法律上的认识错误

1. 法律上的认识错误的概念

法律上的认识错误是指行为人对自己行为的法律性质发生误解。

2. 法律上的认识错误的表现形式

（1）假想非罪，即行为被法律规定为犯罪，而行为人误认为不是犯罪。假想非罪，不影响定罪，但是可以酌情减轻罪责。

（2）假想犯罪，即行为并没有被规定为犯罪，而行为人误以为是犯罪。假想犯罪并不改变行为的法律性质，不成立犯罪。

（3）此罪、刑误以为彼罪、刑，即行为人对自己犯罪行为的罪名和罪刑轻重发生误解。这种对法律的误认不影响罪过的有无大小，也就不影响定罪量刑。

（三）事实认识错误

1. 事实认识错误的概念和分类

事实认识错误是指行为人对与自己行为有关的事实情况有不正确的理解。事实认识错误包括客体错误、对象错误、手段错误、行为偏差（目标打击错误）和因果关系错误。

2. 对事实认识错误的基本处理原则

对事实认识错误，通说采取“法定符合说”认定行为人的罪责。按照“法定符合说”，行为人的主观认识与实际发生的事实在同一犯罪构成内相一致时，就成立故意犯罪既遂；如果不在同一犯罪构成内，则不构成故意犯罪。

3. 事实认识错误的表现形式

（1）客体错误，即行为人预想侵犯的对象与实际侵犯的对象在法律性质上不同（分属不同的犯罪构成）。客体错误阻却行为人对错误的事实承担故意的罪责。对于客体错误，按照行为人意图侵犯的客体定罪。

（2）对象错误，即行为人预想侵犯的对象与行为人实际侵犯的对象在法律性质上是相同的（属于同一犯罪构成要件）。对象错误对行为的性质没有影响，但如果行为人预想侵犯的对象与实际侵犯的对象在法律性质上部分相同、部分不同，行为人只就相同的部分承担故意罪责，对不同的部分不承担故意罪责。

（3）手段错误，即行为人对犯罪手段发生误用。手段认识错误不影响罪过的性质，但属于犯罪未遂。

（4）行为偏差，又称为目标打击错误，即行为人预想打击的目标与实际打击的目标不一致。假如预想打击的目标与实际打击的目标在法律规定的范围内一致，不妨碍行为人对误击的目标承担故意罪责；假如预想打击的目标与实际打击的目标在法律规定的范围内不一致，则阻却行为人对误击的目标承担故意罪责。

(5) 因果关系错误，即行为人对自己的行为和所造成的结果之间因果关系的实际情况发生误认。因果关系认识错误的情形包括：

①行为造成了预定的结果，但误以为没有造成该结果。

②行为没有造成预定的结果，但误以为造成了该结果。

③知道行为已经造成了预定的结果，但对造成结果的原因有误解。

不论何种因果关系认识错误，都不影响定罪。

知识拓展

试论期待可能性。

(1) 期待可能性是指在行为人实行犯罪的具体场合，期待其实施适法行为而不实施违法行为的可能性。例如，在遇到紧急危机时，为了保全自己的利益而不得不损害他人利益的行为，或者在面临生理疾病、重大灾难事件时所作出的损害他人或者社会利益的行为，就认为不具有期待可能性。法律不强人所难，如果不能期待行为人实施其他适法行为，就不能对其进行法的非难，只有当具有期待可能性时，才能对行为人作出谴责。

(2) 期待可能性是一种归责要素，缺乏期待可能性则是一种责任排除事由。期待可能性是就一个人的意志而言的，意志是人选择自己行为的能力，这种选择只有在具有期待可能性的情况下，才能体现行为人的违法意志，有无期待可能性是否阻却责任的事由以及是否存在，应由法官具体判断。

(3) 在一般情况下，具有刑事责任能力的人，基于故意、过失实施某一行为，通常存在期待可能性，所以，行为人有无期待可能性，在绝大多数案件中，都不需要特别予以考虑。但在某些特殊案件中，需要对是否具有期待可能性作出判断。在判断有无期待可能性时，需要综合考虑多种因素，谨慎适用。

(4) 行为人实施合法行为的期待可能性，可分为阻却责任的期待可能性和减轻责任的期待可能性。行为人无实施适法行为的可能性的，应当免除责任；行为人虽有实施适法行为的可能性但该可能性较低的，应当减轻责任。同时，应当对可以减轻责任的期待可能性情形作出区分，并考虑行为人的个体差异。

第四章　正当化事由

大纲应试策略

本章包括正当化事由概述、正当防卫和紧急避险等内容。在犯罪论体系中，正当化事由放在犯罪构成之后讲述，换言之，有些行为貌似犯罪，但因为没有社会危害性而不能认定为犯罪，这些事由不仅不构成犯罪，而且还是正当的，应当把这些行为从犯罪中排除，故称为“正当化事由”或者“非罪事由”。在背诵要点中，正当防卫和紧急避险的认定，尤其是正当防卫的认定较为重要。本章的难点在于正当防卫、防卫过当、特别防卫、事后防卫等的界分。本章考查方式包括各类题型。除了考查过的主观题外，本章较为重要的简答题有：正当化事由的概念和种类；防卫过当的概念和基本特征；假想防卫与防卫过当的主要区别；紧急避险与正当防卫的区别。较为重要的论述题有：正当防卫的成立条件；假想防卫及其刑事责任；相互斗殴是否成立正当防卫及相互斗殴与防卫行为的界分；特别防卫；防卫过当的限度条件和主观要件；避险过当及其刑事责任。案例分析题考查一般集中在正当防卫的认定上。

大纲背诵要点

第一节　正当化事由概述

一、正当化事由的概念

正当化事由是指行为人的行为虽然在形式上符合某些犯罪的客观构成要件，但实际上并没有犯罪的社会危害性，依法不成立犯罪的情形。

二、正当化事由的种类

正当化事由有法定正当化事由和非法定正当化事由两类，法定正当化事由包括正当防卫和紧急避险两种，非法定正当化事由有：

（1）依照法律的行为，即具有法律明文依据，直接依照法律作出的行为不为犯罪。

（2）执行命令的行为，即基于上级的命令实施的行为。

（3）正当业务行为，即从事合法的行业、职业、职务等实施的行为。

（4）经权利人承诺的行为，即权利人请求、许可、默认行为人损害其合法权益，行为人根据权利人的承诺损害其合法权益的情况。

（5）自救行为，即合法权益受到侵害的人，依靠自己的力量及时恢复权益，以防止其权益今后难以恢复的情况。

第二节　正当防卫

一、正当防卫的概念和成立条件

（一）正当防卫的概念

正当防卫是指为了公共利益、本人或者他人的人身或其他权利免受正在进行的不法侵害，而对实施侵害的人所采取的合理的防卫行为。

（二）正当防卫的成立条件

1. 起因条件：有不法侵害行为发生

（1）现实性：不法侵害是真实存在的，而不是主观臆测的。

（2）不法性：只能对不法侵害行为（包括违法行为）进行正当防卫，不能对合法行为进行正当防卫。

（3）侵害性：对故意和过失的不法侵害，都能进行正当防卫。

2. 时间条件：对正在进行的不法侵害进行防卫

正在进行的不法侵害即不法侵害已经开始但尚未结束。

（1）不法侵害已经开始。这是指不法侵害已经着手，对法益造成现实又紧迫的危险。

（2）不法侵害尚未结束。

（3）防卫不适时。如果不法侵害尚未开始或者已经结束而实行防卫的，是“防卫不适时”，包括事先防卫和事后防卫，不成立正当防卫。故意防卫不适时，构成故意犯罪；过失防卫不适时，构成过失犯罪；既无故意，也无过失，成立意外事件。

3. 对象条件：防卫行为必须针对不法侵害人本人实行

正当防卫只能是通过给不法侵害人造成损害的方法来进行，而不能通过给第三者（包括侵害者的家属、子女等）造成损害的方法来进行。

4. 主观条件：防卫必须是基于保护合法权利免受不法侵害的目的

防卫目的的正当性既是正当防卫成立的首要条件，也是正当防卫不负刑事责任的重要根据。对于防卫挑拨、双方互殴、为保护非法利益而实行的防卫、偶然防卫等不成立正当防卫。

5. 限度条件：正当防卫不能明显超过必要限度造成重大损害

正当防卫的必要限度，是指足以制止正在进行的不法侵害所必需的限度。防卫行为必须没有明显超过必要限度造成重大损害，否则便是防卫过当。

二、特别防卫

（一）特别防卫的概念

对正在进行行凶、杀人、抢劫、强奸、绑架以及其他严重危及人身安全的暴力犯罪，采取防卫行为，造成不法侵害人伤亡的，不属于防卫过当，不负刑事责任。

（二）特别防卫的成立条件

1. 具备成立正当防卫的要件

成立特别防卫首先必须具备成立正当防卫的起因、时间、对象、主观四个基本要件。

2. 具备特定的对象条件

成立特别防卫必须具备特定的对象条件，即针对正在进行且严重危及人身安全的暴力犯罪。具言之：

（1）在时间上须正在进行。

（2）在对象上为严重危及人身安全的暴力性犯罪。严重危及人身安全的暴力犯罪有行凶、杀人、抢劫、强奸、绑架，以及其他严重危及人身安全的暴力犯罪。

三、防卫过当

（一）防卫过当的概念

防卫过当是指正当防卫明显超过了必要限度造成重大损害的行为。

（二）防卫过当的基本特征

（1）在客观上造成了不应有的损害，具有社会危害性。

（2）在主观上行为人对造成的损害存在故意或过失，具有罪过性，属于滥用防卫权对不法侵害人造成过分损害的非法行为，应当负刑事责任。

（3）在性质上具有“防卫”性质，即具备了针对不法侵害实施防卫的基本条件，只是因为缺乏正当防卫的合理适度条件造成过分损害而构成犯罪承担刑事责任。

（三）防卫过当的刑事责任

防卫过当应当负刑事责任，但是应当减轻或者免除处罚。防卫过当的罪过形式一般是过失，但也不排除在个别情况下的犯罪故意。防卫过当本身不是罪名，不能定防卫过当罪。防卫过当实际上是法定减轻或免除处罚的情节。

（四）防卫过当和事后防卫的区别

（1）条件不同。防卫过当是指具备了正当防卫的起因、时间、对象、主观条件，但不具备限度条件；事后防卫不具备正当防卫的时间条件。

（2）罪过形式不同。防卫过当一般出于过失，不排除个别情况下的犯罪故意；事后防卫出于犯罪故意。

（3）责任不同。防卫过当是法定（从宽）量刑情节；事后防卫是酌定量刑情节。

第三节　紧急避险

一、紧急避险的概念和成立条件

（一）紧急避险的概念

紧急避险是指为了使公共利益、本人或者他人的人身和其他权利免受正在发生的危险，不得已而采取的损害另一较小合法权益的行为。

（二）紧急避险的成立条件

1. 起因条件：必须有危险发生

（1）只有出现了足以使合法权益遭受严重损害的危险情况，才能进行紧急避险。危险的来源主要包括自然的力量、动物的侵袭、非法侵害行为以及人的生理、病理因素等。

（2）危险是客观存在的，而不是主观想象、推测的。

2. 时间条件：有实际存在的正在发生的危险

危险是正在发生的，而且十分紧迫。如果行为人在危险尚未出现或者已经结束的情况下实施所谓避险，为避险不适时。

3. 对象条件：避险行为针对的是第三人的合法利益

紧急避险是为了保全一方的较大合法利益而不得不损害另一方较小的合法利益。

4. 主观条件：为了使合法利益免受正在发生的危险

这是避险目的正当性的条件。法律不认可为保护非法利益或者规避合法行为而采取避险行为。

5. 限制条件：在迫不得已的情况下实施

所谓迫不得已，是指采取紧急避险是唯一的途径，别无选择。紧急避险是以牺牲较小利益的方式保全较大利益，只要有其他办法能避免危险，就不必采取牺牲其他合法利益的方法。

6. 限度条件：避险行为不能超过必要限度造成不应有的危害

紧急避险的必要限度，应是避险行为所造成的损害必须小于所保护的权益，而不能等于或大于所保护的权益。

7. 特别例外限制：关于避免本人危险的规定，不适用于职务上、业务上负有特定责任的人

二、紧急避险与正当防卫的异同

（一）紧急避险与正当防卫的相同点

（1）目的相同：二者都是为了保护公共利益、本人或者他人的人身或其他合法权利。

（2）前提相同：都必须是在合法权益正在受到紧迫危险时才能实施。

（3）责任相同：在合理限度内给某种利益造成一定的损害，都可以不负刑事责任；如果超出法定限度造成损害结果的，都应当负刑事责任，但应当减轻或免除处罚。

（二）紧急避险与正当防卫的区别

（1）危害的来源不同。紧急避险的危害来源非常广泛，既可以是人的不法侵害，也可以是自然灾害、动物侵袭等，而正当防卫的危害来源只能是人的不法侵害。

（2）行为所损害的对象不同。紧急避险损害的是第三者的合法权益，正当防卫损害的只能是不法侵害者。

（3）行为的限制条件不同。紧急避险只能在迫不得已时即在没有其他方法可以避免危险的情况下才能实行，而正当防卫则无此限制。

（4）对损害程度的要求不同。紧急避险损害的合法利益必须小于所保护的合法利益，而正当防卫所造成的损害可以大于不法侵害者可能造成的损害。

（5）主体的限定不同。正当防卫是每一个公民的权利，紧急避险不适用于职务、业务上负有特定责任的人。

三、避险过当及其刑事责任

（一）避险过当的概念

避险过当是指避险行为超过必要限度造成不应有的损害的行为。

（二）避险过当的基本特征

（1）在客观上造成了不应有的损害，即避险行为造成的损害大于或等于所保全的利益。

（2）在主观上对造成的不应有损害存在过失，应受到责备。

（三）避险过当的刑事责任

紧急避险超过必要限度造成不应有的损害的，应当负刑事责任，但是应当减轻或者免除处罚。避险过当不是独立的罪名，不能定“避险过当罪”，在追究刑事责任时应当根据具体情况确定触犯的罪名，依法减轻或免除处罚。

知识拓展

试论防卫行为与相互斗殴的界分。

（1）防卫行为是指为了使国家利益，公共利益，本人或者他人的人身、财产和其他权利免受正在进行的不法侵害，而采取的制止不法侵害的行为。相互斗殴即互殴，是指双方参与人各自出于向对方实施不法侵害的故意而相互侵害的情形。

（2）相互斗殴行为人都有妨害社会管理秩序、加害对方的意思，并且客观上实施了侵害对方的行为，双方都缺乏防卫意思，也缺乏正当防卫的前提条件，双方的行为也都不是制止不法侵害的防卫行为，因此，相互斗殴原则上不成立正当防卫。当然，相互斗殴的一方已经停止斗殴，或者因明显处于劣势而逃跑、求饶，对方仍然继续进行暴力程度很高的攻击时，先行停止斗殴或者处于劣势而逃跑、求饶的一方进行反击的，可以成立正当防卫。

（3）防卫行为与相互斗殴具有外观上的相似性，准确区分两者要坚持主客观相统一原则，通过综合考量案发起因、对冲突升级是否有过错、是否使用或者准备使用凶器、是否采用明显不相当的暴力、是否纠集他人参与打斗等客观情节，准确判断行为人的主观意图和行为性质。因琐事发生争执双方均不能保持克制而引发打斗，有过错的一方先动手且手段明显过激，或者一方先动手在对方努力避免冲突的情况下仍继续侵害的，还击一方的行为一般应当认定为防卫行为。双方因琐事发生冲突，冲突结束后，一方又实施不法侵害，对方还击，包括使用工具还击的，一般应当认定为防卫行为。不能仅因行为人事先进行防卫准备就否认其防卫意图。

第五章　故意犯罪的停止形态

大纲应试策略

本章包括故意犯罪的停止形态概述、犯罪既遂、犯罪预备、犯罪未遂和犯罪中止等内容。犯罪因各种原因没有进行到底，从而呈现出各种停止形态，这些停止形态包括犯罪预备、犯罪未遂和犯罪中止。这些形态因仅存在于故意犯罪中，因此称为“故意犯罪的停止形态”。犯罪既遂的形态，犯罪预备、犯罪未遂、犯罪中止的构成要件和处罚是较为重要的知识点。本章的难点在于预备行为和实行行为的区别、犯罪未遂和犯罪中止的区别及认定。本章考查方式包括各类题型。除了考查过的主观题外，本章较为重要的简答题有：犯罪预备与犯意表示的区别；迷信犯、愚昧犯和不能犯未遂的区别。较为重要的论述题有：犯罪预备的构成要件（认定）及处罚原则；犯罪未遂的构成要件（认定）及处罚原则；犯罪中止的构成要件（认定）及处罚原则；犯罪中止的自动性；犯罪中止的客观有效性。就案例分析题而言，各类停止形态的认定及其处罚原则的相关内容是重点考查方向，上述内容往往与刑法分则的相关知识结合考查。

大纲背诵要点

第一节　故意犯罪的停止形态概述

一、故意犯罪的停止形态的定义

故意犯罪的停止形态是指在故意犯罪过程中因为某种原因而停止所呈现的状态，可分为完成形态和未完成形态两大类：犯罪既遂是犯罪的完成形态，也是法律所确立的标准形态；犯罪预备、未遂、中止是犯罪的未完成形态（修正形态）。

二、故意犯罪的停止形态的特征

（1）故意犯罪的停止形态是故意犯罪进展的结局状态。

（2）它是依据法律规定认定的犯罪进展状态，对每一个犯罪的结局状态依法进行评价后，最终确定其法律形态。

三、故意犯罪停止形态存在的范围

只有直接故意犯罪才存在未完成形态，即预备、未遂、中止等停止形态；间接故意和过失犯罪不存在未完成形态，即不存在预备、未遂、中止等停止形态。

第二节 犯罪既遂

一、犯罪既遂的概念和标准

（一）犯罪既遂的概念

犯罪既遂是指犯罪人的行为完整地实现了刑法分则条文所规定的全部犯罪构成的事实。

（二）犯罪既遂的判定标准

1. 判断犯罪既遂标准的学说

（1）结果说。该说认为犯罪既遂是指故意犯罪的实行行为造成了刑法规定的犯罪结果。据此，故意犯罪的实行行为没有造成刑法规定犯罪结果的，属于犯罪未遂。

（2）目的说。该说认为，犯罪既遂是指故意犯罪的实行行为达到了行为人的犯罪目的。据此，故意犯罪的实行行为没有达到行为人犯罪目的的，属于犯罪未遂。

（3）构成要件（齐备）说。该说认为，犯罪既遂是指犯罪行为完全具备了基本犯罪构成要件的情况。据此，犯罪行为没有完全具备基本犯罪构成要件的，属于犯罪未遂。

2. 我国刑法分则确立犯罪既遂基准形态的标准

我国刑法分则采取构成要件（齐备）说，即只要具备了刑法分则规定的全部构成要件，就构成犯罪既遂。

二、犯罪既遂的形态

1. 实害犯（结果犯）

对于实害犯，行为已造成法定的实害结果即为犯罪的既遂。

2. 危险犯

危险犯的既遂标准是行为人实施的危害行为造成法律规定的发生某种危害结果的现实危险状态。只要行为足以造成某种严重后果发生的危险（危险状态），就是该罪的既遂。

3. 行为犯

行为犯是只要实施某种犯罪行为即告既遂。这类犯罪的既遂并不要求造成物质性的和有形的实害结果或危险结果，而是以行为完成为标志。

第三节 犯罪预备

一、犯罪预备的概念和特征

（一）犯罪预备的概念

犯罪预备是指为了犯罪，准备工具、制造条件的行为。

（二）犯罪预备的特征

（1）行为人主观上具有为了便利实行、完成某种犯罪的主观意图。

（2）客观上行为人进行了准备工具、制造条件等犯罪的预备活动。

(3) 犯罪的预备行为由于犯罪分子意志以外的原因被阻止在犯罪的准备阶段，未能进展到着手实行犯罪。

（三）犯意表示和犯罪预备的区别

犯意表示是指行为人以口头、文字等形式将其直接故意犯罪的意图明确表露出来，没有任何具体的犯罪准备活动。

犯意表示和犯罪预备的区别是：犯意表示不认为是犯罪，犯罪预备是一种犯罪的未完成形态。

二、预备行为和实行行为的区别

（一）实行行为的概念

实行行为是指行为人实施的符合刑法分则各条规定的某一犯罪行为。刑法分则所规定的构成要件的行为就是实行行为。

（二）预备行为和实行行为的区别

预备行为和实行行为的实质区别在于：能否直接侵害犯罪客体。预备行为是犯罪活动在具体犯罪实行行为以前停止下来，而实行行为则是行为人已经着手实行犯罪。

三、对预备犯的处罚

对于预备犯，可以比照既遂犯从轻、减轻处罚或者免除处罚。

第四节　犯罪未遂

一、犯罪未遂的概念和特征

（一）犯罪未遂的概念

已经着手实行犯罪，由于犯罪分子意志以外的原因而未得逞的，是犯罪未遂。

（二）犯罪未遂的特征

(1) 犯罪分子已着手实行犯罪。已着手实行犯罪是指犯罪分子已经开始实行刑法分则条文所规定的某种犯罪的基本构成要件的行为。

(2) 犯罪未得逞。犯罪未得逞是指犯罪行为尚未完整地满足刑法分则规定的全部犯罪构成事实。

(3) 犯罪未得逞是由于犯罪分子意志以外的原因。犯罪分子意志以外的原因是指违背犯罪分子本意的原因。意志以外的原因主要有：第三者的阻力，自然力的阻力，物质的障碍，犯罪人能力不足，认识发生错误等。

（三）犯罪未遂与犯罪预备的区别

是否已“着手”实行犯罪是犯罪未遂与犯罪预备的根本标志。预备犯是“准备实行犯罪”，未遂犯是“已开始实行犯罪”。

二、犯罪未遂的分类

（一）实行终了的未遂和未实行终了的未遂

根据犯罪实行行为是否完成，可以将犯罪未遂分为实行终了的未遂和未实行终了的未遂。

实行终了的未遂是指行为人把实现犯罪意图必要的行为实施完毕的未遂。

未实行终了的未遂是指行为人没有把实现犯罪意图必要的行为实施完毕的未遂。

（二）能犯未遂和不能犯未遂

根据犯罪实行行为能否实际达到既遂状态，可以将犯罪未遂分为能犯未遂和不能犯未遂。

能犯未遂是指有可能达到既遂的未遂。

不能犯未遂是指因事实认识错误，不可能达到既遂的未遂。根据表现形式的不同，不能犯未遂又可以分为：

（1）工具（手段、方法）不能犯的未遂，是指犯罪人由于认识错误而使用了按其客观性质不能实现行为人犯罪意图，同时也不能构成既遂的犯罪工具，以致犯罪未遂。

（2）对象不能犯的未遂，是指由于行为人的错误认识，使得犯罪行为所指向的犯罪对象在行为时不在犯罪行为有效作用范围内，或者具有某种属性，而使得犯罪不能既遂，只能未遂。

（三）迷信犯、愚昧犯与不能犯未遂的区别

迷信犯、愚昧犯是指使用迷信或愚昧的方式犯罪，按照科学观念根本不可能对法律利益造成损害的情况。迷信犯、愚昧犯和不能犯未遂的区别表现在：

（1）迷信犯、愚昧犯是行为人犯了常识错误，不能犯未遂中行为人没有犯常识错误。

（2）迷信犯、愚昧犯预定实施的行为与实际实施的行为是一致的。在不能犯未遂的场合，行为人实际使用的犯罪方法与预想使用的犯罪方法不一致，以至于犯罪不能既遂。

（3）不能犯未遂，构成犯罪，按照未遂犯处罚。迷信犯、愚昧犯，不为罪，不处罚。

三、对未遂犯的处罚

对于未遂犯，可以比照既遂犯从轻或者减轻处罚。

第五节　犯罪中止

一、犯罪中止的概念和特征

（一）犯罪中止的概念

在犯罪过程中，自动放弃犯罪或者自动有效地防止犯罪结果发生的，是犯罪中止。行为人犯罪中止的，是中止犯。

（二）犯罪中止的特征

1. 时间性：在犯罪过程中

犯罪过程是从犯罪预备开始到犯罪既遂以前的全过程，这是犯罪中止的时间条件。

2. 自动性：自动放弃犯罪或者自动有效地防止犯罪结果发生

自动放弃犯罪是指犯罪分子在自认为能够完成犯罪的情况下，由本人自主决定放弃犯罪。自动有效地防止犯罪结果发生是指在犯罪行为实行终了、犯罪结果尚未发生的特定场合，行为人自动采取积极行动实际有效地阻止了犯罪结果的发生。

3. 客观有效性：中止不仅仅是良好的愿望，还应当有客观的放弃犯罪或阻止结果发生的实际行动，并有效地阻止犯罪结果发生

在通常情况下，行为人自动放弃正在预备或实行的犯罪就具备客观有效性，在犯罪实行终了、犯罪结果将要发生的特定场合，行为人采取积极行动实际阻止犯罪结果发生，才能具备客观有效性。

（三）犯罪中止与犯罪预备、犯罪未遂的区别

自动性是犯罪中止的本质特征，也是它与预备犯、未遂犯区别的标志。自动性即自动放弃犯

罪，与此相对，预备犯、未遂犯是遭遇意志以外的原因而“被迫放弃犯罪”。

二、犯罪中止的分类

犯罪中止既可以发生在犯罪预备阶段，也可以发生在犯罪实行阶段。据此，犯罪中止可以从时间上分为预备阶段的犯罪中止以及实行阶段的犯罪中止。

预备阶段的犯罪中止，是指发生在预备过程、着手实行犯罪之前的犯罪中止。

实行阶段的犯罪中止，是指发生在着手实行犯罪以后的犯罪中止。实行阶段的犯罪中止可细分为未实行终了的中止和实行终了的中止。

未实行终了的中止即发生在着手实行犯罪以后犯罪行为实行终了之前的犯罪中止。

实行终了的中止即在犯罪行为实行终了、行为人自动有效地防止犯罪结果发生的犯罪中止。

三、对中止犯的处罚

对于中止犯，没有造成损害的，应当免除处罚；造成损害的，应当减轻处罚。

第六章　共同犯罪

大纲应试策略

本章包括共同犯罪的概念及其构成、共同犯罪的形式、共同犯罪人的种类及刑事责任等内容。犯罪可以由一个人单独完成，也可以由二人以上共同完成，如果犯罪是由二人以上共同完成，就产生了共同犯罪。共同犯罪的认定、共同犯罪的形式、我国刑法规定的共同犯罪人的种类及刑事责任是比较重要的知识点。由于共犯理论复杂，因此诸如共犯的认定是较难掌握的知识点。本章出题方式包括各类题型。除了考查过的主观题外，本章较为重要的简答题有：共同正犯的含义及责任处理原则；我国刑法规定的共同犯罪人的种类；犯罪集团的概念和特征；我国刑法规定的主犯的刑事责任；共同犯罪成立中止的条件。本章较为重要的论述题有：共同犯罪的成立条件和处罚原则；间接正犯；片面共犯；主犯和首要分子的区别；从犯的认定及刑事责任；胁从犯的认定及其刑事责任。共同犯罪是案例分析题常考的内容，经常结合刑法分则的知识出题。

大纲背诵要点

第一节　共同犯罪的概念及其构成

一、共同犯罪的概念

共同犯罪是指二人以上共同故意犯罪。

二、共同犯罪的构成特征

1. 主体条件：有两个以上的犯罪主体

共同犯罪人中的任何一人，都必须具备责任能力、达到责任年龄的一般主体资格。

2. 客观要件：必须具有共同犯罪的行为

各共同犯罪人的行为都是指向同一目标，彼此联系、互相配合，结成一个犯罪行为整体。

3. 主观要件：具有共同犯罪的故意

（1）各共同犯罪人对共同犯罪持性质相同的故意心态；

（2）各共同犯罪人相互之间有意思联络，对互相协作犯罪亦持故意心态。

三、共同犯罪的认定

下列情形貌似共同犯罪，但因缺乏共同故意或故意的内容不一致，不认为是共同犯罪。

1. 过失犯罪不构成共同犯罪

二人以上共同过失犯罪，不以共同犯罪论处；应当负刑事责任的，按照他们所犯的罪分别处罚。

2. 把他人当工具利用的不构成共同犯罪

把他人当工具利用的不构成共同犯罪，这种情形称为间接正犯或间接实行犯。间接正犯是单独犯，不成立共同犯罪。间接正犯分为两种情况：

（1）利用没有刑事责任能力或没有达到刑事责任年龄的人去实行犯罪的，利用者与被利用者之间不是共犯，利用者为间接正犯。

（2）利用不知情的人的行为。

3. 事前无通谋、事后提供帮助的行为不构成共同犯罪

事前无通谋的窝藏、包庇行为及窝藏、转移、收购、代为销售等掩饰、隐瞒犯罪所得及其产生的收益的行为，不属于共同犯罪，应单独予以定罪处罚；但是，如果事前有通谋，则应成立共同犯罪。

4. 过限行为不构成共同犯罪

实行过限行为是指在共同犯罪中，有的共同犯罪人实施了超出共同犯罪故意范围的行为。实行过限行为由实施者个人承担责任，其他人不承担共犯责任。

5. “同时犯”不构成共同犯罪

同时犯是指二人以上同时各自侵害同一对象，但彼此之间无意思联络的情况。

6. 在共同实行的场合，不存在片面共犯

片面共犯是指对他人犯罪暗中相助的情况。因为被暗中相助的实行犯不知情，所以不能与暗中相助者构成共同犯罪。但是，对于暗中相助者可按照从犯处理。

第二节　共同犯罪的形式

一、任意共同犯罪和必要共同犯罪

以是否能够任意形成为标准，可以将共同犯罪分为任意共同犯罪和必要共同犯罪。

任意共同犯罪是指二人以上共同构成法律没有限制主体数量的犯罪。

必要共同犯罪是指二人以上共同构成法律规定犯罪主体是二人以上、必须采取共同犯罪形式的犯罪，包括对向犯（如贿赂犯罪、重婚罪等）和众多犯（聚众共犯和集团共犯）。

二、事前通谋的共同犯罪和事前无通谋的共同犯罪

以共同故意形成的时间为标准，可以将共同犯罪分为事前通谋的共同犯罪和事前无通谋的共同犯罪。

事前通谋的共同犯罪是指共同犯罪人在着手实行犯罪前就已经形成共同故意的共同犯罪。其特征是共同犯罪的故意形成于犯罪着手实行之前，是一种有预谋的共同犯罪。

事前无通谋的共同犯罪是指各共同犯罪人的共同故意在着手实行过程中才形成的共同犯罪。其特征是共同犯罪的故意形成于着手实行犯罪的过程中，是一种临时起意的共同犯罪。

三、简单共同犯罪和复杂共同犯罪

以有无分工为标准，可以将共同犯罪分为简单共同犯罪和复杂共同犯罪。

简单共同犯罪是指各共同犯罪人均参与实行某一犯罪构成要件的行为，即每一个共同犯罪人都是实行犯的共犯形态，故又称为共同实行犯或共同正犯。对于简单共同犯罪，要根据“部分实行，全部负责”这一原则认定共犯责任。

复杂共同犯罪是指各共同犯罪人在共同犯罪中有所分工，存在教唆犯、帮助犯和实行犯区别的共犯形态。在复杂共同犯罪中，犯罪人分工不同，在犯罪中的作用也有差别，所以对各个犯罪人要按其在共同犯罪中所起作用的大小及社会危害程度，确定其刑事责任。

四、一般共同犯罪和特殊共同犯罪

以共同犯罪人之间有无组织形式为标准，可以将共同犯罪分为一般共同犯罪和特殊共同犯罪。

一般共同犯罪是指共同犯罪人之间无特殊组织形式的共同犯罪。这种共同犯罪的犯罪人只是为了实施某一具体犯罪而临时纠合在一起，当该种犯罪完成后，这种犯罪形式就不复存在。

特殊共同犯罪是指三人以上为多次实行某种或几种犯罪而建立起来的犯罪组织，又称为有组织犯罪或犯罪集团。三人以上为共同实施犯罪而组成的较为固定的犯罪组织，是犯罪集团。犯罪集团具有以下特征：

（1）人数较多（三人以上），重要成员固定或基本固定。

（2）经常纠集在一起进行一种或数种严重的犯罪行为。

（3）有明显的首要分子。

（4）有预谋地实行犯罪活动。

（5）不论作案次数多少，对社会造成的危害或其具有的危险性都很严重。

第三节　共同犯罪人的种类及其刑事责任

我国刑法以共同犯罪人在共同犯罪中所起的作用为主要标准，同时兼顾分工，将共同犯罪人分为主犯、从犯、胁从犯和教唆犯四种。

一、主犯及其刑事责任

（一）主犯的概念

主犯是指组织、领导犯罪集团进行犯罪活动的首要分子或者在共同犯罪中起主要作用的犯罪分子。

（二）主犯的种类

1. 主犯的种类

（1）组织、领导犯罪集团进行犯罪活动的首要分子。

（2）在犯罪集团或者一般共同犯罪中起主要作用的犯罪分子。

2. 主犯和首要分子的区别

（1）首要分子的概念和种类。首要分子是指在犯罪集团或者聚众犯罪中起组织、策划、指挥作用的犯罪分子。首要分子包括犯罪集团的首要分子和聚众犯罪中的首要分子。

（2）主犯和首要分子的区别。犯罪集团的首要分子都是主犯，但是聚众犯罪的首要分子未必都是主犯。聚众犯罪有三种形态：一是全体参与者均构成犯罪的聚众犯罪。二是聚众进行违法活动的首要分子和积极参加者构成犯罪，一般参与者不构成犯罪的聚众犯罪。三是只有聚众者才构成犯罪，而其他参与者不构成犯罪的聚众犯罪。第一种聚众犯罪中的首要分子和积极参加者无疑属于主犯。第二种聚众犯罪中的首要分子也属于主犯。在第三种聚众犯罪中，聚众者是否构成主犯要视情况而定：如果聚众犯罪中的聚众者只有一人，这类聚众型犯罪不是严格意义上的共同犯罪，无所谓主犯；如果聚众者为二人以上，则构成共同犯罪，此时要根据行为人的作用大小认定主犯，当聚众者都起主要作用时，则都是主犯；当聚众者的作用有主次之分时，则起主要作用的是主犯。

（三）主犯的刑事责任

（1）对组织、领导犯罪集团的首要分子，按照集团所犯的全部罪行处罚。

（2）对于其他主犯，应当按照其所参与的或组织、指挥的全部犯罪处罚。

二、从犯及其刑事责任

（一）从犯的概念

从犯是指在共同犯罪中起次要或辅助作用的犯罪分子。

（二）从犯的种类

1. 从犯的种类

（1）在共同犯罪中起次要作用的实行犯（包括起次要作用的教唆犯）。

（2）在共同犯罪中辅助他人实行犯罪的帮助犯。

2. 从犯与主犯的区别

从犯与主犯的区别在于他们的地位、作用不同。作用的大小是相对而言的，即在同一共同犯罪中，相对起主要作用的是主犯，相对起次要或辅助作用的是从犯。

（三）从犯的刑事责任

对于从犯，应当从轻、减轻处罚或者免除处罚。

三、胁从犯及其刑事责任

（一）胁从犯的概念

胁从犯是指被胁迫参加犯罪的犯罪分子，即犯罪人是在他人的暴力强制或者精神威逼之下被迫参加犯罪。

（二）胁从犯的刑事责任

对于被胁迫参加犯罪的，应当按照他的犯罪情节减轻处罚或者免除处罚。

四、教唆犯及其刑事责任

（一）教唆犯的概念

教唆犯是指教唆他人实施犯罪的人。具体而言，就是指故意引起他人实行犯罪决意的人。

（二）教唆犯的特点及成立条件

1. 教唆犯的特点

教唆犯教唆他人实行犯罪而自己并不参加犯罪的实施，是使他人产生犯罪意图的人。

2. 教唆犯的成立条件

（1）在主观上具有使他人产生犯罪意图和决心的故意，即唆使他人犯罪的故意。这种故意的内容应是明确的，即他知道自己在教唆什么人犯罪和犯什么罪。没有明确的故意内容，不能成立教唆犯；无意引起他人产生犯罪意图的，更不能成立教唆犯。

（2）在客观上实施了教唆他人犯罪的行为，通常表现为通过怂恿、诱骗、收买、劝说、强迫、威胁等方式，唆使特定的人实施特定的犯罪。至于教唆行为是否实际引起被教唆人的犯罪意图和决心，被教唆人是否实行了被教唆的犯罪，不影响教唆犯的成立。

（三）教唆犯的刑事责任

（1）教唆他人犯罪的，应当按照他在共同犯罪中所起的作用处罚。这是指被教唆人犯了被教唆的罪的情况。教唆犯如果在共同犯罪中起主要作用，按照主犯处罚；仅起次要作用的，按照从犯处罚。实际上，教唆犯一般起主要作用，对其一般按照主犯处罚，但不排除所起作用确实较小而按照从犯处罚的可能。

（2）如果被教唆人没有犯被教唆的罪，教唆犯独自构成犯罪，但可以从轻或者减轻处罚。这种情形通常称为“教唆（本身）未遂”。

（3）教唆不满 18 周岁的人犯罪的，应当从重处罚。

（4）教唆犯虽然具有独立的犯罪性和可罚性，却不是独立的罪名。对于教唆犯，应当按照所教唆的犯罪确定罪名。

第四节　共同犯罪与犯罪的停止形态

一、共同犯罪与犯罪既遂、预备、未遂、中止

（一）在共同实行犯场合

在共同实行犯罪的场合，实行“一人既遂，整体既遂”的原则，全体共同犯罪人承担既遂的罪责。对其他共同犯罪人不需要考虑未完成罪的问题，只考虑作用大小区分主犯、从犯。整个共同犯罪归于未遂的，全体共同犯罪人也都成立犯罪未遂。

（二）在复杂共犯场合

在复杂共同犯罪场合，除实行犯以外，还存在着组织犯、教唆犯或者帮助犯等非实行犯，在这种情况下，通常整个共同犯罪的进程“从属于实行犯”的进程，即实行犯是什么样的犯罪形态，非共同实行犯就是什么样的犯罪形态。具体而言：

（1）如果实行犯实行犯罪既遂的，教唆犯或者帮助犯也按既遂犯处理。

（2）如果实行犯实行犯罪未遂的，教唆犯或者帮助犯也是未遂犯，适用《刑法》第 23 条未遂犯的规定处罚。

（3）在预备犯罪的场合，因为还没有着手实行犯罪，实行犯实际上还没有出现。如果打算实行犯罪的人因为意志以外的原因没有着手的，属于预备犯，其帮助犯也属于预备犯。但教唆犯是否属于预备犯有两种观点：

①教唆犯从属于被教唆人，既然被教唆人成立预备犯，教唆人也成立预备犯。按照《刑法》第 22 条预备犯的规定承担罪责，可以从轻、减轻或者免除处罚。

②应当按照教唆本身未遂的情况，即《刑法》第29条规定的被教唆人没有犯被教唆的罪的情况，承担罪责，依法可以从轻或者减轻处罚。

二、共同犯罪与犯罪中止

全体共同犯罪人一致中止犯罪的，所有共同犯罪人都成立犯罪中止，但在共同犯罪中，部分共同犯罪人成立犯罪中止，必须具备如下条件。

（一）必须具备有效性

共同犯罪中的部分共犯人退出或者放弃犯罪的，可以成立犯罪中止。但除必须具备犯罪中止的一般要件外，还必须具备“有效性”，即有效地阻止共同犯罪结果发生或者有效地消除自己先前参与行为对共同犯罪的作用。

（二）中止的效力仅及于本人，不及于其他人

部分共同犯罪人自动放弃犯罪且具备有效性的，单独成立犯罪中止，但是其中止的效力不及于其他共同犯罪人。

（三）缺乏有效性不能单独成立犯罪中止

在共同犯罪中，共同犯罪人消极退出犯罪或自动放弃犯罪、阻止共同犯罪结果未奏效的，不能单独成立犯罪中止。

知识拓展

试论共谋共同正犯。

（1）共谋共同正犯是指二人以上共谋实施一定的犯罪，但实际上只有一部分人实行了该犯罪，其他没有实施具体实行行为的人，也应当与实行行为人成立共同正犯的情形。

（2）成立共谋共同正犯的条件：①有共同谋议的事实。二人以上为了实行特定的犯罪，须互相就实行犯罪、共同发挥作用的意思进行沟通并最终达成共识。②他人的实行，即共谋者中必须有一人或一部分人在共同谋议基础上直接实行了犯罪构成要件中的实行行为。

（3）对于共谋共同正犯，应认定共谋者为实行行为人，或与实行行为人成立共同犯罪，且属于犯罪既遂，并按照共同正犯定罪量刑。

第七章　罪数形态

大纲应试策略

本章包括罪数形态概述、实质的一罪、法定的一罪和处断的一罪等内容。罪数形态是指表现为一罪或数罪的各种类型化的犯罪形态。一般而言，行为人实施一个犯罪行为就构成一罪，实施数个犯罪行为，就构成数罪，但实际上，罪数问题十分复杂，行为人的行为构成一罪还是数罪，不能简单地作上述推导。在背诵要点中，继续犯、想象竞合犯、法条竞合犯、结果加重犯、集合

犯、结合犯、连续犯、牵连犯和吸收犯的概念、构成、处断原则及认定是比较重要的知识点。罪数的认定是难点。有许多知识点需要考生举一反三的理解与记忆，考生在复习时要注意区分行为数量的原理，既要掌握罪数的基本处理原则和例外情形，同时还要深化刑法分则的相关规定，这样才能全面掌握本章的内容。本章考查方式包括各类题型。除了考查过的主观题外，本章较为重要的简答题有：继续犯的概念和意义；法条竞合（犯）与想象竞合（犯）的区别；吸收犯的概念和形式。本章较为重要的论述题有：罪数的判定；继续犯的构成特征及处断原则；集合犯的构成特征及处断原则；吸收犯的构成要件（特征）及处罚原则。在各类罪数形态中，想象竞合犯、牵连犯、转化犯的认定及处断原则，也会在案例分析题中出现。

大纲背诵要点

第一节　罪数形态概述

一、罪数和罪数形态的概念

罪数是犯罪的单复或个数，即一罪与数罪。

罪数形态是指表现为一罪或数罪的各种类型化的犯罪形态。

二、罪数的判断标准

（一）行为说

该说认为，行为是犯罪的核心要素，主张按照自然观察的行为个数判断犯罪的个数，即行为人实施一个行为的，只能构成一罪；实施数行为的，构成数罪。一行为造成数结果、触犯数罪名的，也认为是一罪。

（二）法益说（结果说）

该说认为，犯罪的本质是对法益的侵害，主张以犯罪行为侵害的法益个数作为判断罪数的标准。法益分为专属法益（如生命、自由等）与非专属法益（如财产等）。专属法益根据法益的主体来确定法益的个数；非专属法益根据法益的归属来确定法益的个数。

（三）意思说

该说认为，犯罪是行为人主观犯罪意思的外部表现，行为只是行为人犯罪意思或主观恶性的表征，应当以行为人犯罪意思的个数作为判断犯罪个数的标准。只要出于单一的意思，不管造成什么样的结果，都是一罪。

（四）构成要件说

该说认为，应以构成要件为标准，符合一次（一个）构成要件的事实就是一罪，符合数次（数个）构成要件的事实就是数罪。我国通说上确定罪数的标准采取犯罪构成要件说，即凡是行为人以一个犯意，实施一个行为，符合一个犯罪构成的，就是一罪；凡是实施数个犯罪行为，符合数个犯罪构成的，就是数罪。

第二节　实质的一罪

一、实质的一罪的概念和种类

实质的一罪是指一些貌似数罪、实际是一罪的情况。实质的一罪主要有继续犯、想象竞合犯和结果加重犯。

二、继续犯

（一）继续犯的概念

继续犯又称持续犯，是指作用于同一对象的一个犯罪行为从着手到实行终了，犯罪行为与不法状态在一定时间内处于继续状态的犯罪。

（二）继续犯的特征

（1）一个犯罪故意。

（2）侵犯同一客体（法益或社会关系）。

（3）犯罪行为能够对客体形成持续、不间断的侵害。

（4）犯罪完成、造成不法状态后，行为仍能继续影响不法状态，使客体遭受持续侵害。不法状态不能脱离犯罪行为而独立存在。

（三）继续犯的类型

（1）持有型犯罪。

（2）窝藏性犯罪。

（3）不作为犯罪。

（4）侵犯公民人身自由的犯罪。

（四）研究继续犯的意义

（1）追诉时效的起算时间推后。继续犯的追诉时效从犯罪行为终了之日起计算。

（2）正当防卫时机。在犯罪既遂以后，如果犯罪行为继续，属于正在进行的不法侵害，允许进行正当防卫。

（3）犯罪继续期间，其他加入者可以成立（承继）共犯。

（五）继续犯的处断原则

刑法分则对继续犯设置了专门法条，规定了具体罪名，确定了相应的法定刑。对于继续犯，应当依据刑法分则的规定论处，不实行数罪并罚。行为继续时间的长短，是量刑考虑的因素。

三、想象竞合犯

（一）想象竞合犯的概念

想象竞合犯是指行为人实施一个犯罪行为同时触犯数个罪名的情况。

（二）想象竞合犯的特征

（1）行为人只实施了一个犯罪行为。

（2）一个犯罪行为同时触犯了数个罪名。

（三）想象竞合犯的处断原则

对想象竞合犯采取“从一重处罚”的原则。也就是在犯罪人同时触犯的数个罪名中，选择处罚最重的一罪处罚。

（四）想象竞合犯与法条竞合

1. 法条竞合

法条竞合是指刑法的一些条文之间在内容上存在重复或交叉的情况，其表现形式包括条文规定之间的重复、包容或交叉。法条竞合不仅存在于刑法分则条文之间，也存在于刑法总则条文与刑法分则条文之间。

2. 对法条竞合的处理原则

（1）特别法（条）优于一般法（条），即特别法条排斥一般法条的适用。

（2）在法律有特别规定的情形下，依照法律规定。优先适用重法条即属于法律规定的特别情形。

四、结果加重犯

（一）结果加重犯的概念

结果加重犯是指行为人实施基本犯罪构成的行为，同时又造成基本犯罪构成以外的结果，刑法对其规定较重法定刑的情况。

（二）结果加重犯的特征（成立条件）

（1）行为人实施了基本犯罪构成的行为。基本犯罪构成是结果加重犯存在的前提，没有基本犯罪构成就没有结果加重犯。

（2）产生了基本犯罪构成以外的加重结果。构成结果加重犯，以发生重结果为不可缺少的条件，并且重结果必须由基本犯罪的犯罪行为所起，即重结果与基本犯罪行为之间必须具有因果关系；否则，不构成结果加重犯。

（3）行为人对加重结果有过错。行为人对基本犯罪具有故意或者过失，但对加重结果至少需要有过失。

（4）刑法规定了比基本犯罪构成较重的法定刑。较重的法定刑，是相对于基本犯罪构成法定刑而言，即结果加重犯的法定刑高于基本犯罪构成的法定刑。如果刑法没有规定加重法定刑，结果再严重也不是结果加重犯。

（三）结果加重犯的处断原则

对于结果加重犯，以一罪处罚，不实行数罪并罚，因为该结果已经作为适用较重法定刑的依据。

第三节　法定的一罪

一、法定的一罪的概念及种类

法定的一罪是指数个独立的犯罪行为依据刑法的规定作为一罪处罚的情况，主要有结合犯、集合犯。

二、结合犯

（一）结合犯的概念

结合犯是指两个以上各自独立成罪的犯罪行为，依据刑法的明文规定，结合成另一独立的新罪的犯罪形态。

（二）结合犯的特征

（1）结合犯中的犯罪行为，是数个可以分别构成其他犯罪的行为结合而来的。

（2）数个独立的犯罪结合成为一个新罪。

(3) 数个独立的犯罪结合成一个新罪，是根据刑法的明文规定。

(三) 结合犯的处断原则

对于结合犯，以法律规定的一罪论处，不实行数罪并罚。

三、集合犯

(一) 集合犯的概念

集合犯是指行为人以实施不定次数的同种犯罪行为为目的，实施了数个同种犯罪行为，刑法规定作为一罪论处的犯罪形态。

(二) 集合犯的特征

(1) 行为人以实施不定次数的同种犯罪行为为目的。这是集合犯主观方面的特征。

(2) 行为人实施了数个同种犯罪行为。换言之，刑法要求行为人具有多次实施同种犯罪行为的意图，并且行为人一般也是实施了数个同种犯罪行为的。

(3) 刑法将数个同种犯罪行为规定为一罪，集合犯是法定的一罪。对于集合犯，刑法分则条文一般进行了明文特殊规定。

(三) 集合犯的处断原则

对于集合犯，以法律规定的一罪论处，不实行数罪并罚。

第四节　处断的一罪

一、处断的一罪的概念及种类

处断的一罪是指数个行为犯数罪但按照一罪定罪处罚的情形，主要有连续犯、牵连犯和吸收犯。

二、连续犯

(一) 连续犯的概念

连续犯是指行为人基于同一或者概括的犯罪故意，连续多次实施犯罪行为，触犯相同罪名的犯罪。

(二) 连续犯的特征 (成立条件)

(1) 行为人实施数个独立成罪的犯罪行为。

(2) 数个犯罪行为具有连续性。

(3) 数个犯罪行为出于同一或概括的故意。

(4) 数个犯罪行为触犯相同罪名。

(三) 研究连续犯的意义

(1) 追诉时效起算。连续犯的追诉时效从行为终了之日起计算。

(2) 在刑法溯及力方面，犯罪行为由刑法 (1997 年刑法) 生效前连续到刑法生效后的，如果新旧刑法都认为是犯罪的，即使现行刑法规定的处罚较重也适用现行刑法，但是在量刑时可以适当从宽处罚。

(3) 对于“次数加重犯”的认定，也具有一定的意义。次数加重犯，主要是指将“多次”规定为法定刑升格条件的多次犯。

（四）连续犯的处断原则

鉴于连续犯只有一个概括或同一的犯罪故意，实施的数行为又具有连续性，在我国一般按一罪处罚。

三、牵连犯

（一）牵连犯的概念

牵连犯是指实施某个犯罪，该犯罪的手段行为或结果行为又触犯其他犯罪的情况。

（二）牵连犯的特征

（1）有一个最终的犯罪目的。牵连犯由两部分行为构成：一部分是本罪的行为，又称为目的行为或原因行为；另一部分由他罪行为构成，与本罪行为相对应，被称为方法行为（手段行为）或结果行为。

（2）有两个以上的犯罪行为。行为的复数性是构成牵连犯的基础条件。构成牵连犯的两个以上行为仅限于实行行为。

（3）触犯了两个以上不同的罪名。

（4）所触犯的两个以上罪名之间有牵连关系，即一罪或数罪是他罪的手段行为或结果行为。牵连犯的数个犯罪具有内在一致性，亦即，数行为之间既存在主观联系又存在客观联系。倘若仅有主观联系没有客观联系，不是牵连犯。

（三）牵连犯的处断原则

对于牵连犯，择一重罪处罚，但法律另有规定的除外。这里的“法律另有规定的除外”，主要是指我国《刑法》分则对如何处理牵连犯有特别规定的，只能按照《刑法》分则有关规定的条款处理。

四、吸收犯

（一）吸收犯的概念

吸收犯是指一个犯罪行为因为是另一个犯罪行为的必经阶段、组成部分、当然结果，而被另一个犯罪行为吸收的情况。

（二）吸收犯的特征

（1）有数个危害行为。如果行为人只实施了一个犯罪行为，不构成吸收犯。

（2）犯数罪。行为人的行为触犯数个罪名，触犯一个罪名的不构成吸收犯。

（3）犯不同种数罪。行为人实施的数个行为分别属于不同性质的、具有独立犯罪构成的犯罪行为。

（4）其中的一个行为吸收其他行为。数个犯罪行为之间必须存在吸收关系才能认定为吸收犯。吸收关系来自行为之间发展、更替或者派生的关系。

（5）吸收犯属于实际的数罪、处断的一罪。

（三）吸收犯的形式

（1）吸收必经阶段的行为。

（2）吸收组成部分的行为。

（3）吸收当然结果的行为。

（四）吸收犯的处断原则

对吸收犯只按吸收之罪处断，因为其他罪被吸收，不实行数罪并罚。

（五）几个区别

1. 想象竞合犯与牵连犯、吸收犯的区别

关键区别在于行为数量不同。想象竞合犯是“一行为”，而牵连犯、吸收犯是“数行为”。一行为同时触犯数罪的，是想象竞合犯；数行为触犯数罪的，是牵连犯、吸收犯。

2. 牵连犯、吸收犯和连续犯的区别

关键区别在于是否同种数罪。连续犯所犯数罪是同种的，而牵连犯、吸收犯所犯数罪是不同种的。

3. 牵连犯和吸收犯的区别

（1）牵连犯包括手段行为与目的行为的牵连和原因行为与结果行为的牵连两种类型，而吸收犯包括吸收必经阶段、吸收组成部分和吸收当然结果三种情形。

（2）对于吸收必经阶段和组成部分的吸收犯，吸收犯前后行为之间联系紧密，而牵连犯前后行为联系并不紧密。

（3）对于吸收当然结果的吸收犯，其前后行为侵犯的是同一客体，而牵连犯前后行为侵犯的是不同客体。

知识拓展

试论转化犯。

（1）转化犯是指行为人在实施一个基本犯罪（轻罪）时，在一定条件下转化为另一种更为严重的犯罪，并应当依照后一种犯罪（重罪）定罪量刑的犯罪形态。

（2）转化犯的成立条件：①实施轻罪行为。行为人实施了基本的犯罪构成行为（本罪行为或轻罪行为），且转化犯是轻罪行为向重罪行为的转化。②实施转化行为。转化行为实质上是和重罪行为危害程度相当的行为，否则不能转化。基于罪刑法定原则，转化行为是否存在，能否实现转化，以法律明文规定为限。③以重罪论处。转化犯是不同罪质的犯罪之间的转化，以重罪论处能够做到罪刑相适应。

（3）对于转化犯，尽管存在轻罪行为以及转化行为，但只能以转化后的一个犯罪行为即转化后的重罪论处，不实行数罪并罚。

第八章　刑事责任

大纲应试策略

本章内容包括刑事责任概述、刑事责任的根据和解决方式等内容。刑事责任是连接犯罪与刑罚的纽带，因此在刑法中占有十分重要的地位。但从考试角度而言，本章内容较少，命题频率较

低，而且不以案例分析题的形式考查。除了考查过的主观题外，本章较为重要的简答题有：刑事责任的概念和特征。本章较为重要的论述题有：刑事责任与犯罪、刑罚的关系；刑事责任的根据。

大纲背诵要点

第一节　刑事责任概述

一、刑事责任的概念与特征

（一）刑事责任的概念

刑事责任是指行为人因其犯罪行为所应承受的、代表国家的司法机关根据刑事法律对该行为所作的否定评价和对行为人进行谴责的责任。

（二）刑事责任的特征

（1）刑事责任包含对犯罪行为的非难性和对犯罪人的谴责性。

（2）刑事责任具有社会性和法律性。

（3）刑事责任具有必然性和平等性。

（4）刑事责任具有严厉性与专属性。

二、刑事责任的地位

（一）刑事责任在刑法中的地位

（1）刑法条文中多次提到刑事责任。

（2）刑事责任被提到与罪行（犯罪行为）和刑罚并列的地位。

（二）刑事责任在刑法理论上的地位

1. 刑事责任在刑法理论上的地位的学说

刑事责任在刑法理论上的地位的学说包括：基础理论说；罪、责平行说和罪、责、刑平行说。从现行刑法的结构体例看，罪、责、刑平行说要比前两种观点更可取一些。该学说认为，犯罪、刑事责任和刑罚是各自独立而又相互联系的三个范畴，其中的刑事责任是犯罪与刑罚的纽带。刑事责任以犯罪为前提，属于犯罪的法律后果，而其本身又是刑罚的前提，刑罚系实现刑事责任的基本方式。因此，应当按照犯罪论—刑事责任论—刑罚论的框架来构建刑法学的体系。

2. 刑事责任与刑罚的区别

（1）性质不同。刑事责任是一种法律责任，刑罚则是一种强制方法。

（2）内容不同。刑事责任以犯罪人应当承受刑事处罚、非刑罚方法的处理和单纯否定性评价为内容，刑罚则以实际剥夺犯罪人的一定的权益（法益）为内容。

（3）前提不同。刑事责任随实施犯罪而产生，刑罚则随法院的定罪判刑决定宣告生效而出现。

3. 刑事责任与刑罚的联系

（1）刑事责任是适用刑罚的前提。刑事责任的存在是适用刑罚的直接前提，无刑事责任则不能适用刑罚。

（2）刑事责任的大小直接决定刑罚的轻重，刑事责任小的，刑罚必然轻，刑事责任大的，刑罚必然重。

（3）刑事责任主要通过刑罚来实现。

第二节　刑事责任的根据和解决方式

一、刑事责任的根据

（一）刑事责任根据的概念

刑事责任的根据是指国家基于何种前提、基础或决定因素而追究犯罪人的刑事责任，或者犯罪人基于何种前提、基础或决定因素而承担刑事责任。

（二）刑事责任根据的理论（学说）

关于刑事责任根据问题，理论上存在犯罪构成唯一根据说、罪过说、犯罪行为说（客观说）、社会危害性说、哲学与法学根据说等学说。

（三）刑事责任的哲学根据

刑事责任的哲学根据，是行为人在实施犯罪时所具有的相对的意志自由。由于人具有相对的意志自由，即自由选择的能力，因而人对自己选择实施的行为应当承担责任。

（四）刑事责任的法学根据

刑事责任的法学根据，是指从法律制度上行为人承担或者国家追究其刑事责任的决定因素。法律制度包括法律制定（立法）和法律适用（司法）两个步骤。刑事责任本身是质与量的统一，刑事责任的法律根据可以从立法上设定刑事责任的根据、确定刑事责任的法律根据与确定刑事责任的事实根据三个方面来讨论。

二、刑事责任的解决方式

（一）刑事责任解决方式的学说

刑事责任的解决方式，又称刑事责任的实现方法、刑事责任的承担方式，指的是刑事责任可以通过哪些方法来实际承担。关于刑事责任的解决方式，有刑事强制措施说、刑罚和非刑罚处理方法说、刑事制裁措施说和刑罚唯一解决方式说等学说。

（二）刑事责任的解决方式

（1）定罪判刑方式，是指人民法院在判决中对犯罪人作出有罪宣告的同时确定对其适用相应的刑罚。

（2）定罪免刑方式，是指人民法院在判决中对犯罪人作出有罪宣告，但同时决定免除刑罚处罚。

（3）消灭处理方式，是指行为人的行为本已成立犯罪而应负刑事责任，但由于存在法律的规定而实际阻却追究刑事责任的事实，使行为人的刑事责任归于消灭。

（4）转移处理方式，是指享有外交特权和外交豁免权的外国人的刑事责任不由我国司法机关处理，而是通过外交途径予以解决。

第九章　刑罚概述

大纲应试策略

本章包括刑罚的概念和目的、刑种等内容。行为人的行为构成犯罪，就要承担相应的刑事责任，而承担刑事责任的主要方式就是刑罚。我国的刑罚体系是由主刑和附加刑组成的，本章围绕主刑和附加刑展开阐述。在背诵要点中，各刑种的内容及适用是较为重要的知识点。附加刑的适用是较难掌握的内容。本章出题方式包括各类题型。除了考查过的主观题外，本章较为重要的简答题有：刑罚和其他法律制裁方法的区别；管制犯在管制期间应当遵守的规定；剥夺政治权利的概念和内容；没收财产的概念、适用方式和适用条件；非刑罚处理方法的含义和种类。本章较为重要的论述题有：刑罚的目的；我国死刑的存废；死刑缓期执行制度；终身监禁；剥夺政治权利的适用对象；没收财产的范围和执行。案例分析题一般结合刑法分则有关罪名的认定综合出题。

大纲背诵要点

第一节　刑罚的概念和目的

一、刑罚的概念和特征

（一）刑罚的概念

刑罚是刑法中明文规定的由国家审判机关依法对犯罪人所适用的限制或剥夺其某种权益的最严厉的法律制裁方法。

（二）刑罚的特征

（1）刑罚是以限制或剥夺犯罪人权益为内容的最严厉的法律制裁方法。

（2）刑罚的适用对象只能是犯罪人。

（3）刑罚的适用主体只能是国家审判机关。

（4）刑罚的种类及适用标准必须以刑法的明文规定为依据。

（5）刑罚的适用程序必须依照刑事诉讼程序的规定。

（6）刑罚以国家强制力为保障。

（三）刑罚与其他法律制裁方法的区别

（1）适用对象不同。刑罚只适用于犯罪人，即行为触犯刑律构成犯罪的人；其他法律制裁方法适用于行为违反非刑事法律且尚未构成犯罪的人。

（2）严厉程度不同。刑罚是一种最严厉的法律制裁方法，它包括对犯罪人的生命、自由、财产和资格的限制或剥夺；其他法律制裁方法绝对排除对违法者生命的剥夺，一般也不会剥夺违法者的人身自由，即使涉及剥夺违法者的人身自由，其期限也较为短暂，性质和法律后果更有别于刑罚。

（3）适用机关不同。刑罚只能由国家审判机关的刑事审判部门适用；民事制裁、经济制裁和对妨害诉讼的强制措施，分别由国家审判机关的民事审判、经济审判等部门适用；行政制裁只能由国家行政机关依法适用。

（4）适用根据和适用程度不同。刑罚的适用根据是刑法和刑事诉讼法；对触犯非刑事法律的违法者适用民事制裁、经济制裁、行政制裁及对妨害诉讼的强制措施，依据是民法、经济法、行政法、民事诉讼法、行政诉讼法等。

（5）法律后果不同。被适用刑罚的犯罪人如果重新犯罪，可能构成累犯并受到比初犯相对较为严厉的处罚；仅被适用其他法律制裁方法的违法者如果实施了犯罪，则不构成累犯，不会受到与累犯严厉程度相同的刑事处罚。

二、刑罚的目的

（一）刑罚目的的概念

刑罚的目的是国家制定刑罚及对犯罪分子适用、执行刑罚所期望达到的结果。它集中体现着统治阶级制定刑罚、运用刑罚、执行刑罚的方针、政策和指导思想，决定着刑罚种类和体系的确立，是整个刑罚制度赖以建立的出发点和最终归宿。

（二）刑罚报应的观念

刑法报应的观念是有关适用刑罚根据的见解之一，即国家为什么要对犯罪人动用刑罚。刑罚报应观念认为，刑罚是对犯罪的公平报应，在对犯罪科处刑罚的时候，不应当抱有防止犯罪等目的性的考虑。换言之，即便没有防止犯罪的效果，也必须基于正义的要求而对犯罪人科处刑罚，而不得以对犯人科处刑罚作为预防犯罪的手段。科处刑罚就是因为行为人犯了罪，而再没有任何其他理由。报应刑要求只能在“同态报应”的范围内科处刑罚，因此，它对于划定刑罚的上限具有意义。

（三）预防犯罪的目的

刑罚的目的就是预防犯罪，因此，适用刑罚，不仅要出于对罪犯进行报应，还应当考虑预防再次犯罪的目的。预防犯罪的目的分为特殊预防和一般预防两大类。

（四）特殊预防的概念及主要内容

特殊预防就是通过刑罚适用，预防犯罪人重新犯罪。特殊预防的对象是犯罪人。预防犯罪人重新犯罪，主要是通过刑罚的适用与执行，把绝大多数犯罪人改造成守法的公民。

（五）一般预防的概念及主要内容

一般预防就是通过对犯罪人适用刑罚，预防尚未犯罪的人实施犯罪，其对象是不稳定的、有可能犯罪的人（包括具有犯罪危险的危险分子）。国家通过颁布刑法，适用刑罚，不仅直接惩罚了犯罪人，预防其重新犯罪，而且对社会上不稳定分子也起到了警戒和抑制作用，使其不敢轻举妄动，以身试法。

（六）特殊预防与一般预防的关系

特殊预防与一般预防是紧密结合的。对任何一个犯罪人适用刑罚，都包含着特殊预防和一般预防的目的。法律在对犯罪分子判处刑罚时，既要考虑特殊预防的需要，又要考虑一般预防的需要，使判决符合这两方面的要求，不能强调一方面而忽视另一方面。

第二节　刑罚的种类和体系

一、刑罚种类概述

（一）学理分类

以刑罚所剥夺或者限制犯罪分子的权利和利益的性质为标准，将刑罚分为生命刑、自由刑、财产刑和资格刑四类。

（二）刑法中的分类

我国刑法以某种刑罚方法只能单独适用还是可以附加适用为标准，将刑罚分为主刑和附加刑两类。主刑包括管制、拘役、有期徒刑、无期徒刑和死刑五种。附加刑包括罚金、剥夺政治权利和没收财产三种。此外，附加刑还包括驱逐出境。

二、我国刑罚体系的特点

（1）体系完整，结构严谨，适应同犯罪作斗争的需要。

（2）方法人道、内容合理，体现人道主义精神。

（3）宽严相济、目标统一，体现了惩办与宽大相结合、惩罚与教育改造相结合的政策。

三、主刑

（一）管制的概念和特征

1. 管制的概念

管制是对罪犯不予关押，但限制其一定的人身自由、依法实行社区矫正的刑罚方法。

2. 管制的特征

（1）对犯罪分子不予关押。

（2）限制罪犯一定的人身自由，罪犯必须遵守《刑法》第 39 条的各项规定，人民法院在判处管制时，可以根据犯罪情况，同时宣告禁止令。

（3）具有一定的期限，即管制的期限为 3 个月以上 2 年以下，数罪并罚时，最高不能超过 3 年。

（4）被判处管制的犯罪分子享有除被限制之外的各项权利，未附加剥夺政治权利的仍享有政治权利，在劳动中应当同工同酬等。

（二）管制的执行和禁止令

1. 管制的执行

（1）被判处管制的犯罪分子，依法实行社区矫正。

（2）被判处管制的犯罪分子，在执行期间，应当遵守下列规定：

①遵守法律、行政法规，服从监督；

②未经执行机关批准，不得行使言论、出版、集会、结社、游行、示威自由的权利；

③按照执行机关规定报告自己的活动情况；

④遵守执行机关关于会客的规定；

⑤离开所居住的市、县或者迁居，应当报经执行机关批准。

（3）判处管制，可以根据犯罪情况，同时禁止犯罪分子在执行期间从事特定活动，进入特定区域、场所，接触特定的人。

2. 禁止令

（1）禁止令的含义。禁止令是人民法院对犯罪分子宣判管制、宣告缓刑的同时，判令禁止其从事特定活动，进入特定区域、场所，接触特定的人的命令。

（2）禁止从事的活动。禁止判处管制、宣告缓刑的犯罪分子在管制执行期间、缓刑考验期限内从事的活动有：

①个人为进行违法犯罪活动而设立公司、企业、事业单位或者在设立公司、企业、事业单位后以实施犯罪为主要活动的，禁止设立公司、企业、事业单位。

②实施证券犯罪、贷款犯罪、票据犯罪、信用卡犯罪等金融犯罪的，禁止从事证券交易、申领贷款、使用票据或者申领、使用信用卡等金融活动。

③利用从事特定生产经营活动实施犯罪的，禁止从事相关生产经营活动。

④附带民事赔偿义务未履行完毕，违法所得未追缴、退赔到位，或者罚金尚未足额缴纳的，禁止从事高消费活动。

⑤其他确有必要禁止从事的活动。

（3）禁止进入的区域、场所。禁止判处管制、宣告缓刑的犯罪分子在管制执行期间、缓刑考验期限内进入的区域、场所有：

①禁止进入夜总会、酒吧、迪厅、网吧等娱乐场所。

②未经执行机关批准，禁止进入举办大型群众性活动的场所。

③禁止进入中小学校区、幼儿园园区及周边地区，确因本人就学、居住等原因，经执行机关批准的除外。

④其他确有必要禁止进入的区域、场所。

（4）禁止接触的人员。禁止判处管制、宣告缓刑的犯罪分子在管制执行期间、缓刑考验期限内接触的人员有：

①未经对方同意，禁止接触被害人及其法定代理人、近亲属。

②未经对方同意，禁止接触证人及其法定代理人、近亲属。

③未经对方同意，禁止接触控告人、批评人、举报人及其法定代理人、近亲属。

④禁止接触同案犯。

⑤禁止接触其他可能遭受其侵害、滋扰的人或者可能诱发其再次危害社会的人。

（5）禁止令的执行。禁止令的期限，既可以与管制执行、缓刑考验期限相同，也可以短于管制执行、缓刑考验期限，但判处管制的，禁止令的期限不得少于3个月，宣告缓刑的，禁止令的期限不得少于2个月。判处管制的犯罪分子在判决执行以前先行羁押以致管制的执行期限少于3个月的，禁止令的期限不受上述规定的最短期限的限制。禁止令由司法行政机关指导管理的社区矫正机构负责执行。

（三）拘役的概念和特征

1. 拘役的概念

拘役是短期剥夺犯罪分子的自由，就近执行并实行劳动改造的刑罚方法。

2. 拘役的特征

（1）剥夺罪犯的自由，即将罪犯羁押于特定的设施或者场所之中，剥夺其人身自由。

（2）期限较短，1个月以上6个月以下，数罪并罚时，最高不能超过1年。

（3）被判处拘役的犯罪分子，在执行期间具有某些优于被判处有期徒刑的犯罪分子的待遇。

（四）拘役的执行

被判处拘役的犯罪分子，由公安机关就近执行。在执行期间，被判处拘役的犯罪分子每月可以回家 1—2 天；参加劳动的，可以酌量发给报酬。

（五）有期徒刑的概念和特征

1. 有期徒刑的概念

有期徒刑是指剥夺犯罪分子一定期限的人身自由，强制其进行劳动并接受教育改造的刑罚方法。

2. 有期徒刑的特征

（1）剥夺犯罪分子的自由，即将犯罪分子羁押于特定的设施或场所之内。

（2）具有一定的期限，为 6 个月以上 15 年以下，数罪并罚时，有期徒刑总和不满 35 年的，最高不能超过 20 年，总和刑期 35 年以上的，最高不能超过 25 年。死缓减为有期徒刑时，有期徒刑的期限为 25 年。

（3）执行机关为监狱或其他执行场所。

（4）强制罪犯参加劳动，接受教育或改造。

（六）有期徒刑的执行

被判处有期徒刑的罪犯关押于监狱或其他执行场所。有劳动能力的，都应当参加劳动。

（七）无期徒刑的概念和特征

1. 无期徒刑的概念

无期徒刑是指剥夺犯罪分子的终身自由，强制其参加劳动并接受教育改造的刑罚方法。

2. 无期徒刑的特征

（1）没有刑期限制，剥夺罪犯终身自由。

（2）被判处无期徒刑的罪犯，在判决执行以前的羁押时间不存在刑期折抵的问题。

（3）对判处无期徒刑的犯罪分子，必须剥夺政治权利终身。

（八）无期徒刑的执行

被判处无期徒刑的罪犯，除了无劳动能力的以外，都要在监狱或其他执行场所中参加劳动，接受教育和改造。

（九）死刑的概念和特征

死刑是剥夺犯罪分子生命的刑罚方法。

（十）死刑的适用及其限制

我国目前虽然没有废除死刑，但对于死刑的适用，我国历来采取少杀、慎杀政策，通过刑法总则规定与刑法分则规定相结合的方式控制死刑数量，限制死刑适用。其中，刑法总则关于适用死刑的限制性规定主要表现在：

（1）限制死刑适用条件。死刑只适用于罪行极其严重的犯罪分子。

（2）限制死刑适用对象。犯罪的时候不满 18 周岁的人和审判的时候怀孕的妇女，不适用死刑。审判的时候已满 75 周岁的人，不适用死刑，但以特别残忍手段致人死亡的除外。

（3）限制死刑适用程序。判处死刑立即执行的，除依法由最高人民法院判决的以外，都应当报请最高人民法院核准。

（4）限制死刑执行制度。对于应当判处死刑的犯罪分子，如果不是必须立即执行的，可以判处死刑同时宣告缓期 2 年执行，从而减少实际执行死刑的数量。

（十一）死刑的执行方法

死刑的执行方法包括判处死刑立即执行和判处死刑缓期 2 年执行。判处死刑立即执行的，采用枪决或者注射等方法执行。对于应判处死刑的犯罪分子，如果不是必须立即执行的，可以判处死刑同时宣告缓期 2 年执行。

被判处死缓的犯罪分子，在死刑缓期执行期间，如果没有故意犯罪，2 年期满以后，减为无期徒刑；如果确有重大立功表现，2 年期满以后，减为 25 年有期徒刑；如果故意犯罪，情节恶劣的，报请最高人民法院核准后执行死刑；在死缓执行期间故意犯罪，但情节不恶劣的，死刑缓期执行期间重新计算，并报最高人民法院备案。

对被判处死刑缓期执行的累犯以及因故意杀人、强奸、抢劫、绑架、放火、爆炸、投放危险物质或者有组织的暴力性犯罪被判处死刑缓期执行的犯罪分子，人民法院根据犯罪情节等情况可以同时决定对其限制减刑。

四、附加刑

（一）罚金

1. 罚金的概念

罚金是人民法院判处犯罪分子或者犯罪的单位向国家缴纳一定金钱的刑罚方法。

2. 罚金的适用方式

（1）选处罚金。此种情况下的罚金或者适用，或者不适用，且只能独立适用，而不能附加适用。

（2）单处罚金。即对犯罪分子只能判处罚金，而不能判处其他刑罚。单处罚金只对犯罪的单位适用。我国刑法分则凡是规定处罚单位的，都是规定对单位判处罚金。

（3）并处罚金。即在对犯罪分子判处主刑的同时附加适用罚金，并且是必须附加适用。

（4）并处或者单处罚金。即罚金既可以附加主刑适用，也可以作为一种与有关主刑并列的刑种供选择适用。

3. 罚金数额的确定

判处罚金，应当根据犯罪情节决定罚金数额。非法获利的数额较大、情节严重的，罚金数额应当多些；反之，则应当少些。当然，也要考虑犯罪分子的实际经济负担能力。

4. 罚金的执行方式

（1）一次缴纳。

（2）分期缴纳。

（3）强制缴纳。

（4）随时追缴。对于不能全部缴纳罚金的，人民法院在任何时候发现被执行人有可以执行的财产，应当随时追缴。

（5）延期缴纳、酌情减免缴纳。由于遭遇不能抗拒的灾祸等原因缴纳确实有困难的，经人民法院裁定，可以延期缴纳、酌情减少或者免除。

（二）剥夺政治权利

1. 剥夺政治权利的概念

剥夺政治权利是指剥夺犯罪分子参加国家管理与政治活动权利的刑罚方法。

2. 剥夺政治权利的内容

剥夺政治权利的内容是剥夺犯罪分子的以下权利：

（1）选举权和被选举权；

（2）言论、出版、集会、结社、游行、示威自由的权利；

（3）担任国家机关职务的权利；

（4）担任国有公司、企业、事业单位和人民团体领导职务的权利。

3. 剥夺政治权利的适用范围和适用对象

（1）附加适用剥夺政治权利。

①对于危害国家安全的犯罪分子，应当附加剥夺政治权利。

②对于故意杀人、强奸、放火、爆炸、投放危险物质、抢劫等严重破坏社会秩序的犯罪分子，可以附加剥夺政治权利。

③对于被判处死刑、无期徒刑的犯罪分子，应当剥夺政治权利终身。

（2）独立适用剥夺政治权利。独立适用剥夺政治权利的，依照刑法分则的规定。刑法分则条文没有规定的，不得独立适用剥夺政治权利。

4. 剥夺政治权利的期限

（1）独立适用剥夺政治权利或者主刑是有期徒刑、拘役附加剥夺政治权利的，期限为1年以上5年以下。

（2）判处管制附加剥夺政治权利的，剥夺政治权利的期限与管制的期限相等，同时执行。

（3）判处死刑、无期徒刑的，应当剥夺政治权利终身。

（4）死刑缓期执行减为有期徒刑或者无期徒刑减为有期徒刑的，应当把剥夺政治权利的期限相应改为3年以上10年以下。

5. 剥夺政治权利的刑期计算

（1）判处管制附加剥夺政治权利的，剥夺政治权利的刑期与管制的刑期相等，同时起算。

（2）判处拘役附加剥夺政治权利的，剥夺政治权利的刑期从拘役执行完毕之日起计算。在拘役执行期间，当然不享有政治权利。

（3）判处有期徒刑附加剥夺政治权利的，剥夺政治权利的刑期从有期徒刑执行完毕之日或者从假释之日起计算。在有期徒刑执行期间，当然不享有政治权利。

（4）死刑缓期执行减为有期徒刑或者无期徒刑减为有期徒刑时，附加剥夺政治权利终身减为3年以上10年以下，该剥夺政治权利的刑期，应从减刑以后有期徒刑执行完毕之日或者从假释之日起计算，在主刑执行期间，当然不享有政治权利。

（5）独立适用剥夺政治权利的，从判决执行之日起计算并执行。

6. 剥夺政治权利的执行

剥夺政治权利由公安机关执行。被剥夺政治权利的犯罪分子，在执行期间，应当遵守法律、行政法规和国务院公安部门有关监督管理的规定，并且不得行使《刑法》第54条规定的各项权利。

（三）没收财产

1. 没收财产的概念

没收财产是指将犯罪分子个人所有的财产的部分或全部强制无偿收归国有的刑罚方法。

2. 没收财产的适用方式

（1）并处没收财产，即没收财产必须附加主刑适用，审判人员没有取舍的余地。

（2）可以并处没收财产，即没收财产可以附加适用，也可以不附加适用，是否附加主刑适用，由审判人员酌情决定。

（3）并处罚金或者没收财产，即没收财产与罚金作为选择性的两种附加刑，审判人员可以选择没收财产附加主刑适用，也可以选择罚金附加主刑适用，两者必选其一。

3. 没收财产的范围

没收财产仅限于犯罪分子个人所有的合法财产；在对犯罪分子适用没收财产时，应当对犯罪分子个人及其扶养的家属保留必需的生活费用。在判处没收财产的时候，不得没收属于犯罪分子家属所有或者应有的财产。

4. 没收财产的执行

没收财产的判决，无论是附加适用还是独立适用，均由人民法院执行；在必要的时候，可以会同公安机关执行。

5. 以没收的财产偿还债务

以没收的财产清偿债务的条件有：

（1）该债务是在没收财产以前犯罪分子所负的正当债务。

（2）需要以没收的财产偿还。

（3）经债权人请求。

（四）驱逐出境

驱逐出境是指强迫犯罪的外国人离开中国国（边）境的刑罚方法，它是一种专门适用于犯罪的外国人的特殊的附加刑，既可以独立适用，也可以附加适用。驱逐出境的刑罚方法只能适用于犯罪的外国人。对犯罪的外国人，是“可以”适用驱逐出境，而不是必须适用。

五、非刑罚处理方法

（一）非刑罚处理方法的概念

非刑罚处理方法是指人民法院对犯罪分子适用的刑罚以外的处理方法，包括判处赔偿经济损失、责令赔偿经济损失、训诫、责令具结悔过、给予行政处罚或者行政处分、从业禁止等。

（二）从业禁止

1. 从业禁止的概念

从业禁止是指人民法院对因利用职业便利实施犯罪，或者实施违背职业要求的特定义务的犯罪被判处刑罚的人，根据其犯罪情况和预防犯罪的需要，禁止其在一定时期内从事相关职业。

2. 从业禁止的内容

（1）因利用职业便利实施犯罪，或者实施违背职业要求的特定义务的犯罪被判处刑罚的，人民法院可以根据犯罪情况和预防再犯罪的需要，禁止其自刑罚执行完毕之日或者假释之日起从事相关职业，期限为 3 年至 5 年。

（2）被禁止从事相关职业的人违反人民法院依照上述规定作出的决定的，由公安机关依法给予处罚；情节严重的，依照拒不执行判决、裁定罪定罪处罚。其他法律、行政法规对其从事相关职业另有禁止或者限制性规定的，从其规定。

第十章　量刑

大纲应试策略

本章包括量刑的概念、原则、量刑情节和量刑制度等内容。量刑即刑罚裁量，是国家审判机关依据刑事法律对犯罪人适用刑罚的一系列刑事司法活动。量刑在刑法学中占有十分重要的地位，量刑与定罪（犯罪构成）是刑法学考试的重点内容。在背诵要点中，量刑情节、累犯、自首、立功、数罪并罚、缓刑都是非常重要的知识点。其中，累犯和自首的认定，一般自首、特别自首、坦白、立功等制度的界分，数罪并罚的规则，一般缓刑条件、考察及法律后果是本章难点。本章属于重点章节，考点很多，历年考试都会涉及本章知识。本章出题方式包括各类题型。除了考查过的主观题外，本章仍有较多主观题尚未考查，且本章主观题出题频率较高。本章较为重要的简答题有：量刑的概念和特征；法定情节的种类；酌定情节的概念和种类；累犯和再犯的区别；共同犯罪自首的认定；自首和坦白的主要区别；一般立功和重大立功的表现；我国刑法规定的数罪并罚中并科原则的适用；有期自由刑的合并处罚规则；一般缓刑的法律后果；战时缓刑的概念及法律后果。本章较为重要的论述题有：量刑的任务；量刑的原则；减轻处罚情节的适用；酌定情节的作用与适用；累犯的刑事责任；自首的成立条件；数罪的自首；自首犯的刑事责任；我国刑法中的坦白制度；数罪并罚的适用条件（特点）及意义；数罪并罚的原则；我国刑法规定的数罪并罚的适用情形；缓刑的考察及法律后果。累犯、自首（一般自首和特别自首）、立功、坦白、缓刑等知识点在案例分析题中反复考查，因此应对本章的内容予以足够重视。

大纲背诵要点

第一节 量刑的概念和原则

一、量刑的概念、功能和特征

（一）量刑的概念

量刑又称为刑罚裁量，是指人民法院依据刑事法律，在认定行为人构成犯罪的基础上，确定对犯罪人是否判处刑罚、判处何种刑罚以及判处多重的刑罚，并决定所判刑罚是否立即执行的刑事司法活动。

（二）量刑的功能

量刑作为一种刑事司法活动，不仅决定是否对犯罪人判处刑罚、对犯罪人判处何种刑罚和多重的刑罚，而且决定对犯罪人所判处的刑罚是否立即执行，因而量刑是使法定的罪刑关系变成现实的罪刑关系的必要条件，在整个刑事诉讼过程中具有承前启后的作用。

（三）量刑的特征

（1）主体是人民法院。

（2）从内容上说，量刑是对犯罪人确定刑罚。

（3）从性质上说，量刑是一种刑事司法活动。

二、量刑的原则

（一）以犯罪事实为根据的量刑原则

犯罪事实是引起刑事责任的基础，也是对犯罪人裁量刑罚的根据。无犯罪事实，也就无刑事责任，更无所谓对犯罪人量刑的可能。所以，量刑必须以犯罪事实为根据。

（二）以法律为准绳的量刑原则

要做到量刑适当，还必须以法律为准绳。贯彻这一原则，必须做到以下几点：

（1）必须依照刑法关于各种刑罚方法的适用条件和各种刑罚裁量制度的规定。

（2）必须依照刑法关于各种量刑情节的适用原则和有关各种量刑情节的规定。

（3）必须依照刑法分则和其他刑法规范规定的法定刑和量刑幅度，针对具体犯罪选择判处适当的刑罚。

第二节　量刑情节

一、量刑情节的概念、特征和种类

（一）量刑情节的概念

量刑情节是指人民法院对犯罪分子裁量刑罚时应当考虑的、据以决定量刑轻重或者免除刑罚处罚的各种情况。

（二）量刑情节的特征

（1）量刑与定罪（即认定行为人的行为是否构成犯罪）并无关系。

（2）量刑能够表明犯罪人的人身危险性及其所犯罪行为的社会危害程度。

（3）量刑对刑罚裁量的结果即处刑轻重或者是否免除刑罚处罚，具有直接的影响。

（三）量刑情节的种类

以刑法是否就量刑情节及其功能作出明确规定为标准，量刑情节分为法定情节和酌定情节。

二、法定情节

（一）法定情节的概念

法定情节是指刑法明文规定的在量刑时应当予以考虑的情节。从功能上看，法定情节分为从重、从轻、减轻和免除处罚。

（二）从轻处罚情节和从重处罚情节的适用

1. 从轻处罚情节的适用

从轻处罚是指在法定刑幅度内选择判处比没有该情节的类似犯罪相对较轻的刑种或较短的刑期。

2. 从重处罚情节的适用

从重处罚是指在法定刑幅度内选择判处比没有该情节的类似犯罪相对较重的刑种或较长的刑期。

（三）减轻处罚情节的适用

减轻处罚是指在法定刑以下判处刑罚；刑法规定了数个量刑幅度的，应当在法定刑幅度的下一个量刑幅度内判处刑罚。

（四）免除处罚情节的适用

免除处罚是对犯罪分子作有罪宣告，但免除其刑罚处罚。适用免除处罚须具备如下条件：

（1）行为人的行为已经构成犯罪。

（2）行为人所构成的犯罪情节轻微。

（3）因犯罪情节轻微不需要判处刑罚。

三、酌定情节

（一）酌定情节的概念及作用

1. 酌定情节的概念

酌定情节是指人民法院从审判经验中总结出来的，在刑罚裁量过程中灵活掌握、酌情适用的情节。

2. 酌定情节的作用

（1）酌定情节对于法定情节的最终适用结果起着重要调节、修正和辅助判断的作用。

（2）当特定案件中不具有法定情节时，酌定情节是在相对确定的法定刑中确定最终应当判处的刑罚所不可缺少的根据之一。

（二）酌定情节的种类

（1）犯罪的动机。

（2）犯罪的手段。

（3）犯罪的时间、地点。

（4）犯罪侵害的对象。

（5）犯罪造成的损害结果。

（6）犯罪分子的一贯表现。

（7）犯罪后的态度。

（三）酌定情节的适用

正确适用酌定情节，应当注意四点：

（1）准确认定酌定情节的性质。

（2）全面把握酌定情节的内容。

（3）合理协调酌定情节与法定情节的关系。

（4）公正适用酌定情节。

第三节　量刑制度

一、累犯

（一）累犯的概念

累犯是指因犯罪受过一定的刑罚处罚，在刑罚执行完毕或者赦免以后，于法定期限内又犯一定之罪的罪犯。

（二）累犯的种类

我国刑法规定的累犯，分为一般累犯和特别累犯。

（三）一般累犯的概念及构成要件

1. 一般累犯的概念

一般累犯是指被判处有期徒刑以上刑罚并在刑罚执行完毕或者赦免以后，在5年内再犯应当判处有期徒刑以上刑罚的犯罪分子。

2. 一般累犯的构成要件

（1）主体条件：犯罪发生时，犯罪人已满18周岁。

（2）主观条件：前罪和后罪都是故意犯罪。

（3）刑度条件：前后两罪都应当判处有期徒刑以上刑罚。

（4）时间条件：后罪发生在前罪刑罚执行完毕或者赦免以后5年以内。

（四）特别累犯的概念及构成条件

1. 特别累犯的概念

特别累犯是指因犯危害国家安全犯罪、恐怖活动犯罪、黑社会性质的组织犯罪的犯罪分子受过刑罚处罚，刑罚执行完毕或者赦免以后，在任何时候再犯上述任一类罪的犯罪分子。

2. 特别累犯的成立条件

（1）前罪与后罪为危害国家安全犯罪、恐怖活动犯罪、黑社会性质的组织犯罪的任一类犯罪。

（2）前罪被判处的刑罚和后罪应判处的刑罚的种类及其轻重不受限制。

（3）因危害国家安全犯罪、恐怖活动犯罪、黑社会性质的组织犯罪的任一类犯罪被判处刑罚，在刑罚执行完毕或者赦免以后的任何时候，再犯危害国家安全犯罪、恐怖活动犯罪、黑社会性质的组织犯罪的任一类犯罪。

（五）累犯和再犯的区别

1. 再犯的概念

再犯是指再次犯罪，即两次或两次以上实施犯罪的人。

2. 累犯和再犯的区别

（1）罪名不同。累犯前后实施的犯罪必须是特定的犯罪；再犯前后实施的犯罪并无此方面的限制。

（2）刑度不同。累犯一般必须以前后两罪被判处或者应判处一定刑罚为构成要件；构成再犯，并不要求前后两罪必须被判处一定刑罚。

（3）期限不同。累犯所犯后罪，一般必须是前罪刑罚执行完毕或者赦免以后的法定期限之内实施的；构成再犯，对前后两罪之间并无时间方面的限制。

（4）性质不同。累犯是法定量刑情节，再犯是酌定量刑情节，但毒品再犯是法定量刑情节。毒品再犯即因走私、贩卖、运输、制造、非法持有毒品罪被判过刑，又犯刑法分则第六章第七节规定之罪的，从重处罚。

（六）累犯的刑事责任

（1）对于累犯必须从重处罚。

（2）对于累犯应当比照不构成累犯的初犯或其他犯罪人从重处罚。

（3）对于累犯从重处罚，必须根据其所实施的犯罪行为的性质、情节和社会危害程度，确定具体应判处的刑罚，切忌毫无事实根据地对累犯一律判处法定最高刑的做法。

二、自首

（一）自首的概念

自首是指犯罪分子犯罪以后自动投案，如实供述自己的罪行的行为，或者被采取强制措施的犯罪嫌疑人、被告人和正在服刑的罪犯，如实供述司法机关还未掌握的本人其他罪行的行为。

（二）自首的种类

自首分为一般自首和特别自首（余罪自首、准自首）两种。

刑法学

（三）一般自首的概念及成立条件

一般自首是指犯罪分子犯罪以后自动投案，如实供述自己罪行的行为。

1. 自动投案

自动投案，即在犯罪事实或者犯罪嫌疑人未被司法机关发觉，或者虽然被发觉，但犯罪嫌疑人尚未受到讯问、未被采取强制措施时，主动、直接向公安机关、人民检察院或者人民法院投案，接受审查与裁判的行为。

下列情形也属于自动投案：

（1）犯罪嫌疑人向其所在单位、城乡基层组织或者其他有关负责人员投案的，视为自动投案。自动投案，一般应是犯罪人直接向上述机关投案，但犯罪人因病、因伤或者为了减轻犯罪后果，委托他人先代为投案，或者先以信电投案的，也应视为自动投案。

（2）犯罪人犯罪后潜逃到异地，其罪行尚未被异地司法机关发觉，仅因形迹可疑，被司法机关盘问、教育后，主动交代自己罪行的，视为自动投案。

（3）犯罪后主动报案，虽未表明自己是作案人，但没有逃离现场，在司法机关询问时交代自己罪行的，视为自动投案。

（4）明知他人报案而在现场等待，抓捕时无拒捕行为，供认犯罪事实的，视为自动投案。

（5）在司法机关未确定犯罪嫌疑人，尚在一般性排查询问时主动交代自己罪行的，视为自动投案。

（6）因特定违法行为被采取行政拘留、司法拘留、强制隔离戒毒等行政、司法强制措施期间，主动向执行机关交代尚未被掌握的犯罪行为的，视为自动投案。

（7）交通肇事后保护现场、抢救伤者，并向公安机关报告的，以及交通肇事逃逸后又自动投案的，应认定为自动投案。

（8）犯罪嫌疑人先投案交代罪行，后又潜逃的，不能认为是自动投案，但潜逃后又投案并不再潜逃的，应仍认定为自动投案；以不署名或化名将非法所得寄给司法机关或报社、杂志社的，不是自动投案，但犯罪嫌疑人后来向司法机关投案，并如实供述所犯罪行的，不影响自首的成立。

（9）自动投案要求投案须具有“自动性”，但并非出于犯罪嫌疑人主动，而是经亲友规劝、陪同投案的，应视为自动投案；公安、检察机关通知犯罪嫌疑人的亲友，或者亲友主动报案后，将犯罪嫌疑人送去投案的，同样视为自动投案。但是，犯罪嫌疑人亲友采用捆绑等手段送到司法机关，或者在亲友带领侦查人员前来抓捕时无拒捕行为，并如实供认犯罪事实的，不能认定为自动投案。

2. 如实供述自己的罪行

如实供述自己的罪行是指犯罪嫌疑人自动投案后，如实供述自己实施并应由本人承担刑事责任的罪行。

（1）如实供述自己的罪行。除供述自己的主要犯罪事实外，还应包括姓名、年龄、职业、住址、前科等情况。犯罪嫌疑人供述的身份与真实情况虽有差别，但不影响定罪量刑的，应当认定为如实供述自己的罪行。犯罪嫌疑人自动投案后隐瞒自己的真实身份等情况，影响对其定罪量刑的，不能认定为如实供述自己的罪行。

（2）投案人所供述的犯罪，既可以是投案人单独实施的，也可以是与他人共同实施的；既可以是一罪，也可以是数罪。

（3）如果犯罪人在供述犯罪的过程中推诿责任，保全自己，意图逃避制裁；大包大揽，庇护同伙，意图包揽罪责；歪曲罪质，隐瞒情节，企图蒙混过关；掩盖真相，避重就轻，试图减轻罪责，等等，均属于不如实供述自己的犯罪事实，不能成立自首。

（4）犯罪嫌疑人自动投案并如实供述自己的罪行后又翻供的，不能认定为自首，但在一审判决前又如实供述的，应当认定为自首；自动投案如实供述自己的罪行后，为自己辩护，提出上诉，或者更正、补充某些事实的，应当允许，不能将这些行为视为没有如实供述自己的罪行。

（5）犯罪嫌疑人自动投案后如实供述自己的罪行，但不退还赃物的，原则上不影响自首的成立。

（6）犯罪嫌疑人自动投案时虽然没有交代自己的主要犯罪事实，但在司法机关掌握其主要犯罪事实之前主动交代的，应认定为如实供述自己的罪行。

（7）被告人对行为性质的辩解不影响自首的成立。

（8）贪污贿赂、渎职等职务犯罪的犯罪分子，如果没有自动投案，在办案机关调查谈话、讯问、采取调查措施或者强制措施期间，如实交代办案机关掌握的线索所针对的事实的，不能认定为自首。但是，上述人员虽然没有自动投案，但具有以下情形之一的，应当认定为自首：

①犯罪分子如实交代办案机关未掌握的罪行，与办案机关已掌握的罪行属于不同种罪行的；

②办案机关所掌握线索针对的犯罪事实不成立，在此范围外犯罪分子交代同种罪行的。

（四）特别自首的概念及成立条件

特别自首是指被采取强制措施的犯罪嫌疑人、被告人和正在服刑的罪犯，如实供述司法机关还未掌握的本人其他罪行的行为。

1. 主体条件

成立特别自首的主体必须是被采取强制措施的犯罪嫌疑人、被告人和正在服刑的罪犯。

2. 实质条件

成立特别自首的实质条件是必须如实供述司法机关还未掌握的本人其他罪行。

（1）被采取强制措施的犯罪嫌疑人、被告人和已宣判的罪犯，如实供述司法机关尚未掌握的罪行，与司法机关已掌握的或者判决确定的罪行属于不同种罪行的，以自首论。

（2）被采取强制措施的犯罪嫌疑人、被告人和已被宣判的罪犯如实供述本人的其他罪行，该罪行与司法机关已掌握的罪行属同种罪行还是不同种罪行，一般应以罪名区分（是否属于同一犯罪构成）。如实供述司法机关尚未掌握的罪行，与司法机关已掌握的或者判决确定的罪行属于同种罪行的，可以酌情从轻处罚。

（五）共同犯罪自首的认定

各共同犯罪人自首时所要供述的自己的罪行，应与其在共同犯罪中所起的作用和具体分工相适应。

（1）就主犯而言，当其为首要分子时，必须供述的罪行，包括其组织、策划、指挥作用所及或支配下的全部罪行；当其为其他主犯时，必须供述的罪行，包括其在首要分子的组织、策划、指挥作用的支配下单独实施的共同犯罪行为，以及与其他共同犯罪人共同实施的犯罪行为。

（2）就从犯而言，当其为次要的实行犯时，所应供述的罪行，包括犯罪分子自己实施的犯罪，以及与自己共同实施犯罪的主犯和胁从犯的犯罪行为；当其为帮助犯时，所应供述的罪行，包括自己实施的犯罪帮助行为，以及自己所帮助的实行犯的行为。

（3）就胁从犯而言，所应供述的罪行的范围，包括自己在被胁迫情况下实施的犯罪，以及所知道的胁迫自己犯罪的胁迫人所实施的犯罪行为。

（4）就教唆犯而言，所应供述的罪行的范围，包括自己的教唆行为，以及所了解的被教唆人产生犯罪意图之后实施的犯罪行为。

（六）数罪自首的认定

1. 一般自首中数罪自首的认定

就一般自首而言，犯罪嫌疑人自动投案后如实供述所犯全部数罪的，应认定全案均成立自首。犯罪嫌疑人自动投案后仅如实供述所犯全部数罪的一部分，而未供述另一部分犯罪的，应分别下面两种情况予以处理：

（1）所犯数罪为异种数罪的，就所供述的犯罪成立自首，其未交代的犯罪不成立自首，即自首的效力仅及于如实供述之罪。

（2）若所犯数罪为同种数罪，则应根据犯罪嫌疑人供述犯罪的程度，决定自首成立的范围：

①犯罪嫌疑人所供述的犯罪与未供述的犯罪在性质、情节、社会危害程度等方面大致相当的，只认定所供述之罪成立自首，未供述之罪不成立自首，即自首的效力仅及于如实供述之罪。

②犯罪嫌疑人确实由于主客观方面的原因，只如实供述了所犯数罪中的主要或基本罪行，应认定全案成立自首，即自首的效力及于所犯全部罪行。

2. 特别自首中数罪自首的认定

被司法机关依法采取强制措施的犯罪嫌疑人、被告人和正在服刑的罪犯，如实供述司法机关还未掌握的本人不同种罪行的，以自首论。如实供述司法机关还未掌握的本人同种罪行的，不成立特别自首（可以成立坦白），但可以酌情或者一般应当从轻处罚。

（七）过失犯罪自首的认定

过失犯罪也适用自首。

（八）自首与坦白的区别

1. 坦白的概念

坦白，是指犯罪分子被动归案之后，如实供述自己的罪行，并接受国家司法机关审查和裁判的行为。

2. 自首与坦白的相同点

（1）二者都以自己实施犯罪行为为前提。

（2）犯罪人归案之后都如实交代自己的犯罪事实。

（3）犯罪人都有接受国家司法机关审查和裁判的行为。

（4）都是从宽处罚的情节。

3. 自首和坦白的区别

（1）自首是犯罪人自动投案之后，主动如实供述自己犯罪事实的行为，或者被动归案之后，如实供述司法机关还未掌握的本人其他罪行的行为；坦白则是犯罪人被动归案之后，如实交代自己被指控的犯罪事实的行为。

（2）自首与坦白所反映的犯罪人的人身危险性程度不同，自首犯的人身危险性相对较轻，坦白者的人身危险性相对较重。在一般情况下，自首比坦白的从宽处罚幅度要大。

4. 对坦白的处理

如实供述自己罪行的，可以从轻处罚；因其如实供述自己罪行，避免特别严重后果发生的，可以减轻处罚。

（九）单位自首的认定

单位犯罪自首是指单位在犯罪以后，自动投案，如实交代自己的罪行的行为。

（1）单位集体决定或者单位负责人决定而自动投案，如实交代单位犯罪事实的，或者单位直接负责的主管人员自动投案，如实交代单位犯罪事实的，应当认定为单位自首。

（2）单位自首的，直接负责的主管人员和直接责任人员未自动投案，但如实交代自己知道的犯罪事实的，可以视为自首；拒不交代自己知道的犯罪事实或者逃避法律追究的，不应当认定为自首。

（3）单位没有自首，直接责任人员自动投案并如实交代自己知道的犯罪事实的，对该单位直接责任人员应当认定为自首。

（十）自首情节及处理原则

对于自首的犯罪分子，可以从轻或者减轻处罚。其中，犯罪较轻的，可以免除处罚。

三、立功

（一）立功的概念

立功是指犯罪分子揭发他人的犯罪行为，查证属实，或者提供重要线索，从而得以侦破其他案件等行为。

（二）立功的种类及表现形式

立功分为一般立功和重大立功。

1. 一般立功的表现形式

（1）共同犯罪案件中的犯罪分子揭发同案犯共同犯罪以外的其他犯罪（如果属于如实供述同案犯的共同犯罪事实的，则应属于自首，而不是立功），经查证属实。

（2）提供侦破其他案件的重要线索，经查证属实。该线索须是合法取得的线索，若通过贿买、暴力、胁迫等非法手段获取他人线索，并“检举揭发”的，不构成立功。

（3）阻止他人犯罪活动。

（4）协助司法机关抓捕其他犯罪嫌疑人。“协助司法机关抓捕其他犯罪嫌疑人”，包括下列情形：

①按照司法机关的安排，以打电话、发信息等方式将其他犯罪嫌疑人（包括同案犯）约至指定地点的。

②按照司法机关的安排，当场指认、辨认其他犯罪嫌疑人（包括同案犯）的。

③带领侦查人员抓获其他犯罪嫌疑人（包括同案犯）的。

④提供司法机关尚未掌握的其他案件犯罪嫌疑人的联络方式、藏匿地址等信息的。犯罪分子提供同案犯姓名、住址、体貌特征等基本情况，或者提供犯罪前、犯罪中掌握、使用的同案犯联络方式、藏匿地址，司法机关据此抓捕同案犯的，不能认定为协助司法机关抓捕同案犯。

（5）具有其他有利于国家和社会的突出表现的。

2. 重大立功的表现形式

（1）犯罪分子检举、揭发他人重大犯罪行为经查证属实；

（2）提供侦破其他重大案件的重要线索，经查证属实；

（3）阻止他人重大犯罪活动；

（4）协助司法机关抓捕其他重大犯罪嫌疑人（包括同案犯）；

（5）对国家和社会有其他重大贡献。

（三）立功情节的处理原则

犯罪分子有一般立功表现的，可以从轻或者减轻处罚；有重大立功表现的，可以减轻或者免除处罚。

四、数罪并罚

（一）数罪并罚的概念和特点

1. 数罪并罚的概念

数罪并罚是指对一行为人所犯数罪合并处罚的制度。我国刑法中的数罪并罚，是指人民法院对一行为人在法定时间界限内所犯数罪分别定罪量刑后，按照法定的并罚原则及刑期计算方法决定其应执行的刑罚的制度。

2. 数罪并罚的特点

（1）必须是一行为人犯数罪，这是适用数罪并罚的前提。

（2）一行为人所犯数罪必须发生于法定的时间界限之内。

（3）必须在对数罪分别定罪量刑的基础上，依照法定的并罚原则、并罚范围和并罚方法，决定执行的刑罚。

（二）数罪并罚的原则

数罪并罚的原则是指对一人所犯数罪合并处罚应当依据的规则，其功能在于确定对数罪如何实行并罚。

各国采用的数罪并罚的原则主要有如下四种：

1. 并科原则（相加原则）

该原则是指将一人所犯数罪分别宣告的各罪刑罚绝对相加、合并执行的并罚规则。

2. 吸收原则

该原则是指一人所犯数罪采用重罪吸收轻罪或者重罪刑吸收轻罪刑的并罚规则。

3. 限制加重原则（限制并科原则）

该原则是指以一人所犯数罪中法定（应当判处）或已判处的最重刑罚为基础，再在一定限度之内对其予以加重作为执行刑罚的并罚规则。

4. 折中原则（混合原则）

该原则是指对一人所犯数罪的合并处罚不单纯采用并科原则、吸收原则或限制加重原则，而是根据法定的刑罚性质及特点兼采并科原则、吸收原则或限制加重原则，以分别适用于不同刑种或刑罚结构的并罚规则。

（三）我国刑法中的数罪并罚原则及特点

我国确立了以限制加重原则为主、以吸收原则和并科原则为补充的折中原则，该数罪并罚原则具有如下特点：

（1）全面兼采各种数罪并罚原则，包括吸收原则、限制加重原则、并科原则。

（2）所采用的各种原则均无普遍适用的效力，每一原则仅适用于特定的刑种。即依据刑法的规定，吸收原则只适用于死刑和无期徒刑，限制加重原则只适用于有期徒刑、拘役和管制三种自由刑，并科原则只适用于附加刑。

（3）限制加重原则居于主导地位，吸收原则和并科原则处于辅助或次要地位。

（4）吸收原则和限制加重原则的适用效力互相排斥，并科原则相对独立，不影响其他原则的适用。

（四）我国刑法中数罪并罚原则的基本适用规则

1. 吸收原则的适用规则

（1）判决宣告的数个主刑中有数个死刑或最重刑为死刑的，采用吸收原则，仅应决定执行一个死刑。

（2）判决宣告的数个主刑中有数个无期徒刑或最重刑为无期徒刑的，采用吸收原则，只应决定执行一个无期徒刑。

（3）数罪中有判处有期徒刑和拘役的，执行有期徒刑。

2. 限制加重原则的适用规则

除判处死刑和无期徒刑的以外，应当在总和刑期以下、数刑中最高刑期以上，酌情决定执行的刑期，但是管制最高不能超过3年，拘役最高不能超过1年，有期徒刑总和刑期不满35年的，最高不能超过20年，总和刑期在35年以上的，最高不能超过25年。35年以上包括本数。具体而言，适用限制加重原则的具体规则为：

（1）判决宣告的数个主刑均为有期徒刑的，应当在总和刑期以下、数刑中最高刑期以上，酌情决定执行的刑期；有期徒刑总和刑期不满35年的，最高不能超过20年，总和刑期在35年以上的，最高不能超过25年。

（2）判决宣告前数个主刑均为拘役的，应当在总和刑期以下、数刑中最高刑期以上，酌情决定执行的刑期，但是最高不能超过1年。

（3）判决宣告前数个主刑均为管制的，应当在总和刑期以下、数刑中最高刑期以上，酌情决定执行的刑期，但是最高不能超过3年。

3. 并科原则的适用

（1）数罪中有判处有期徒刑和管制，或者拘役和管制的，有期徒刑、拘役执行完毕后，管制仍须执行；数罪中有判处附加刑的，采用并科原则，附加刑仍须执行。

（2）数罪中判处数个附加刑，附加刑种类相同的，合并执行，种类不同的，分别执行。

（3）在数刑中的拘役被有期徒刑吸收时，附加刑不得吸收，仍须合并执行或者分别执行。

（五）适用数罪并罚原则的不同情况

1. 判决宣告以前犯数罪的

判决宣告以前一人犯数罪的，依照《刑法》第69条规定的数罪并罚规则处理。

2. 刑罚执行期间发现漏罪的——对漏罪“先并后减”

对漏罪的“先并后减”，即在计算刑期时，应当将已经执行的刑期，计算在新判决决定的刑期之内。也就是说，前一判决已经执行的刑期，应当从前后两个判决所判处的刑罚合并执行的刑期中扣除。

3. 刑罚执行期间又犯新罪的——对新罪“先减后并”

对新罪的“先减后并”，即应当把前罪没有执行的刑罚和后罪所判处的刑罚，依照刑法规定的相应原则，决定执行的刑罚。也就是说，首先应从前罪判决决定执行的刑罚中减去已经执行的刑罚，然后将前罪未执行的刑罚与后罪所判处的刑罚并罚，决定执行的刑罚。

五、缓刑

（一）缓刑的概念

缓刑即对原判刑罚附条件不执行的一种刑罚制度。它是指人民法院对于被判处拘役、3年以下有期徒刑的犯罪分子，根据其犯罪情节和悔罪表现，认为暂缓执行原判刑罚，没有再犯罪的危险，且宣告缓刑不会对所居住的社区产生重大的不良影响的，规定一定的考验期，暂缓其刑罚的执行，若犯罪分子在考验期内没有发生法定撤销缓刑的情形，原判刑罚就不再执行的制度。

（二）缓刑的适用条件

1. 对象条件

缓刑的适用对象是被判处拘役或者 3 年以下有期徒刑的犯罪分子。

2. 实质条件

适用缓刑的实质条件是，犯罪分子的犯罪情节较轻，有悔罪表现，没有再犯罪的危险，且宣告缓刑不会对所居住社区产生重大的不良影响。

3. 限制条件

缓刑的限制条件是犯罪分子不是累犯或者犯罪集团的首要分子。

犯罪人满足上述条件，可以宣告缓刑。犯罪人满足上述条件，而且是不满 18 周岁的人、怀孕的妇女或者已满 75 周岁的人，应当宣告缓刑。

（三）缓刑的考验期限

拘役的缓刑考验期限为原判刑期以上 1 年以下，但是不能少于 2 个月。有期徒刑的缓刑考验期限为原判刑期以上 5 年以下，但是不能少于 1 年。缓刑考验期限，从判决确定之日起计算。判决以前先行羁押的时间，不能折抵缓刑考验期。

（四）缓刑的考察

1. 缓刑犯应当遵守的行为规范

（1）遵守法律、行政法规，服从监督；

（2）按照考察机关的规定报告自己的活动情况；

（3）遵守考察机关关于会客的规定；

（4）离开所居住的市、县或者迁居，应当报经考察机关批准。

缓刑犯还要遵守人民法院的禁止令。人民法院在宣告缓刑时，可以根据犯罪情况，同时禁止犯罪分子在缓刑考验期限内从事特定活动，进入特定区域、场所，接触特定的人。

2. 缓刑的考察机关

被宣告缓刑的犯罪分子，在缓刑考验期内依法实行社区矫正。

3. 缓刑考察的内容

考察内容是：被宣告缓刑的犯罪分子，在缓刑考验期限内，是否具有《刑法》第 77 条规定的情形，即是否再犯新罪或者发现漏罪，以及是否违反法律、行政法规或者国务院有关部门有关缓刑的监督管理规定，且情节严重的。

（五）缓刑的法律后果

（1）被宣告缓刑的犯罪分子，在缓刑考验期限内，没有《刑法》第 77 条规定的情形，缓刑考验期满，原判刑罚就不再执行，并公开予以宣告。

（2）被宣告缓刑的犯罪分子，在缓刑考验期限内犯新罪或者发现判决宣告以前还有其他罪没有判决的，应当撤销缓刑，对新犯的罪或者新发现的罪作出判决，把前罪和后罪所判处的刑罚，依照《刑法》第 69 条的规定，决定执行的刑罚。

（3）被宣告缓刑的犯罪分子，在缓刑考验期限内，违反法律、行政法规及国务院有关部门关于缓刑的监督管理规定，违反人民法院的禁止令，情节严重的，应当撤销缓刑，执行原判刑罚。

此外，缓刑的效力不及于附加刑，即被宣告缓刑的犯罪分子，如果被判处附加刑的，附加刑仍须执行，即无论缓刑是否撤销，所判处的附加刑都必须执行。

（六）战时缓刑的概念、适用条件及法律后果

1. 战时缓刑的概念

战时缓刑是在战时对军人适用的一种特殊缓刑制度。

2. 战时缓刑的适用条件

（1）适用时间必须是在战时。

（2）适用的对象只能是被判处3年以下有期徒刑（含拘役）的犯罪军人。

（3）适用战时缓刑的基本依据，是在战争条件下宣告缓刑没有现实危险。这是战时缓刑最关键的适用条件。

3. 战时缓刑的法律后果

被宣告缓刑的犯罪军人，允许其戴罪立功，确有立功表现时，可以撤销原判刑罚，不以犯罪论处。

知识拓展

试论自动投案的彻底性。

（1）自动投案的彻底性是指犯罪分子投案后必须将自己自愿置于司法机关的控制之下，接受审查和裁判。审查主要是指公安机关、检察机关和人民法院针对刑事案件而进行的审理、查明证据等诉讼活动；裁判是指人民法院在审查的基础上对犯罪人定罪量刑所作的判决和裁定。

（2）犯罪分子将自己的人身置于司法机关的现实控制之下，是其悔罪的具体表现，也是国家对其从宽处理的重要依据。犯罪分子具备自动投案的彻底性，才能最终成立自首。犯罪人归案以后，逃避司法机关现实控制的，都是不接受国家审查、裁判的行为，不具有自动投案的彻底性，不能成立自动投案。

（3）犯罪人自动投案并交代罪行后隐匿、脱逃的，或者自动投案并交代罪行后又翻供，意图逃避制裁的，或者委托他人代为自首而本人拒不到案的，都属于拒不接受国家审查和裁判的行为，不具有自动投案的彻底性。犯罪分子自动投案并如实交代罪行后，为自己进行辩护，或者提起上诉，或者补充或更正某些事实的，不能视为拒不接受国家的审查和裁判，应当认定为有自动投案的彻底性。对于有的犯罪人匿名将赃物送回司法机关或原所有权人、占有权人处，或者用电话、书信等方式匿名向司法机关报案或指出赃物所在的，不能认为具备自动投案的彻底性，但作为悔罪表现，在处理时可以考虑适当从宽。

第十一章 刑罚执行制度

大纲应试策略

本章包括减刑和假释。刑罚执行是指法律规定的刑罚执行机关依法将生效刑事裁判所确定的刑罚内容付诸实施，并解决由此产生的法律问题而进行的各种活动。刑罚执行活动包括减刑和假释。由于宣告缓刑并没有执行实刑，因此缓刑属于刑罚裁量制度。在背诵要点中，减刑和假释的条件、假释的法律后果是较为重要的知识点。本章出题方式包括各类题型。除了考查过的主观题外，本章较为重要的简答题有：减刑后的刑期计算；假释与缓刑的区别；假释与减刑的区别；假释与监外执行的区别。本章较为重要的论述题有：刑罚执行的原则；减刑的条件；假释的条件；假释的考验及法律后果。本章有关减刑、假释的知识点往往和刑法分则相结合在案例分析题中综合考查。

大纲背诵要点

第一节　减刑

一、减刑概述

（一）减刑的概念

减刑是指被判处管制、拘役、有期徒刑或者无期徒刑的犯罪分子，因其在刑罚执行期间认真遵守监规，接受教育改造，确有悔改表现或者立功表现，而适当减轻其原判刑罚的制度。

（二）减刑与改判的区别

减刑是在原判决的基础上，减轻刑种或缩短刑期；改判是撤销原判决，重新作出新判决。

（三）减刑与减轻处罚的区别

减刑是刑罚执行制度，其适用对象是判决确定后的已决犯；减轻处罚是刑罚裁量制度，即在量刑时选择下一档法定刑，其适用对象是判决确定前的未决犯。

二、减刑的条件

（一）对象条件

减刑只适用于被判处管制、拘役、有期徒刑、无期徒刑的犯罪分子。

（二）实质条件

1. 可以减刑的实质条件

可以减刑的实质条件是，犯罪分子在刑罚执行期间认真遵守监规，接受教育改造，确有悔改表现，或者有立功表现。

（1）同时具备以下情形的，应当认定为“确有悔改表现”：

①认罪悔罪；

②遵守法律法规及监规，接受教育改造；

③积极参加思想、文化、职业技术教育；

④积极参加劳动，努力完成劳动任务。

（2）具有下列情形之一的，可以认定为“有立功表现”：

①阻止他人实施犯罪活动的；

②检举、揭发监狱内外犯罪活动，或者提供重要的破案线索，经查证属实的；

③协助司法机关抓捕其他犯罪嫌疑人的；

④在生产、科研中进行技术革新，成绩突出的；

⑤在抗御自然灾害或者排除重大事故中，表现积极的；

⑥对国家和社会有其他较大贡献的。

2. 应当减刑的实质条件

应当减刑的实质条件是，犯罪分子在刑罚执行期间有重大立功表现。

有重大立功表现之一的，应当减刑，且不以具有悔改表现为前提：

（1）阻止他人实施重大犯罪活动的；

（2）检举监狱内外重大犯罪活动，经查证属实的；

（3）协助司法机关抓捕其他重大犯罪嫌疑人的；

（4）有发明创造或者重大技术革新的；

（5）在日常生产、生活中舍己救人的；

（6）在抗御自然灾害或者排除重大事故中，有突出表现的；

（7）对国家和社会有其他重大贡献的。

（三）限度条件

减刑的限度，是指犯罪分子经过减刑以后，应当实际执行的最短刑期。减刑的限度条件为：

（1）减刑后实际执行的刑期，判处管制、拘役、有期徒刑的，不能少于原判刑期的1/2；

（2）判处无期徒刑的，不能少于13年；

（3）对于死缓犯，缓期执行期满后依法减为无期徒刑的，不能少于25年，缓期执行期满后依法减为25年有期徒刑的，不能少于20年。

三、减刑后的刑期计算

减刑后刑期的计算方法，因原判刑罚的种类不同而有所区别：

（1）对于原判管制、拘役、有期徒刑的，减刑后的刑期自原判决执行之日起计算；原判刑期已经执行的部分，应计入减刑以后的刑期之内。

（2）对于原判无期徒刑减为有期徒刑的刑期，刑期从裁定减刑之日起计算；已经执行的刑期，不计入减为有期徒刑以后的刑期之内。

（3）对于无期徒刑减为有期徒刑之后，再次减刑的，其刑期的计算，则应按照有期徒刑的减刑方法计算，即应当从前次裁定减为有期徒刑之日算起。

（4）“死缓”减为无期徒刑或者有期徒刑的，减刑后的刑期从裁定减刑之日起计算，缓期执行的2年考验期不计入刑期。

（5）对于曾被依法适用减刑，后因原判有错误，经再审后改判为较轻刑罚的，原来的减刑仍然有效，所减刑期，应从改判的刑期中扣除。

四、减刑的程序

对于犯罪分子的减刑，由执行机关向中级以上人民法院提出减刑建议书。人民法院应当组成合议庭进行审理，对确有悔改或者立功事实的，裁定予以减刑。非经法定程序不得减刑。

第二节　假释

一、假释概述

（一）假释的概念

假释是指对被判处有期徒刑、无期徒刑的犯罪分子，在执行一定刑期之后，因其认真遵守监规，接受教育改造，确有悔改表现，没有再犯罪的危险，而附条件地将其予以提前释放的制度。

（二）假释与释放的区别

假释是有条件地予以提前释放，还存在着收监执行余刑的可能；而释放，都是无条件的，不存在再执行的问题。

（三）假释与减刑的区别

（1）适用范围不同。假释只适用于被判处无期徒刑和有期徒刑的犯罪分子；减刑适用于被判处管制、拘役、有期徒刑、无期徒刑的犯罪分子。

（2）适用次数不同。假释只能宣告一次；减刑不受次数的限制，可以减刑一次，也可以减刑数次。

（3）法律后果不同。假释附有考验期，如果发生法定情形，就撤销假释；减刑没有考验期，即使犯罪分子再犯新罪，已减的刑期也不能恢复。

（4）适用方法不同。对被假释的人当即解除监禁，予以附条件释放；对被减刑的人则要视其减刑后是否有余刑，才能决定是否释放，有未执行完的刑期的，仍须在监继续执行。

（四）假释与缓刑的区别

（1）适用范围不同。假释适用于被判处无期徒刑和有期徒刑的犯罪分子；缓刑只适用于被判处拘役和3年以下有期徒刑的犯罪分子。

（2）适用时间不同。假释是在刑罚执行过程中，根据犯罪分子的表现，以裁定作出的；缓刑则是在判决的同时宣告的。

（3）适用根据不同。适用假释的根据，是犯罪分子在刑罚执行过程中的表现以及假释后没有再犯罪的危险；适用缓刑的根据，是犯罪分子的犯罪情节和悔罪表现以及适用缓刑确实不再有危害社会的可能性。

（4）不执行的刑期不同。假释必须先执行原判刑期的一部分，而对尚未执行完的刑期，附条件不执行；缓刑是对原判决的全部刑期有条件地不执行。

（五）假释与监外执行的区别

（1）适用对象不同。假释只适用于被判处无期徒刑和有期徒刑的罪犯；监外执行适用于被判处有期徒刑和拘役的罪犯。

（2）适用条件不同。假释适用于执行了一定刑期，认真遵守监规，接受教育改造，确有悔改表现，没有再犯罪危险的犯罪分子；监外执行适用于因法定特殊情形不宜在监内执行的犯罪分子。

（3）收监条件不同。只有在假释考验期内发生法定情形，才能撤销假释；在监外执行的法定条件消失，且刑期未满的情况下收监执行。

（4）期间计算不同。假释犯若被撤销假释，其假释的期间，不能计入原判执行的刑期之内。监外执行的期间，无论是否收监执行，均计入原判执行的刑期之内。

二、假释的条件

（一）对象条件

假释的对象条件是被判处有期徒刑、无期徒刑的犯罪分子。

（二）实质条件

假释的实质条件，就是适用假释的犯罪分子，必须认真遵守监规，接受教育改造，确有悔改表现，没有再犯罪的危险。

（三）限制条件

1. 积极条件

被判处有期徒刑的犯罪分子，执行原判刑期1/2以上，被判处无期徒刑的犯罪分子，实际执行13年以上，才可以适用假释。

（1）有期徒刑的假释。原判刑罚为有期徒刑的，执行原判刑期1/2以上，可以适用假释。执行原判刑期的起始时间，从判决执行之日起计算，判决执行以前先行羁押的，羁押1日折抵刑期1日。

（2）无期徒刑的假释。原判刑罚为无期徒刑的，实际执行13年以上的，可以适用假释。实际执行的刑期从判决确定之日起计算，判决前先行羁押的日期不能折抵已经执行的刑期。如果有特殊情况，经最高人民法院核准，可以不受上述执行刑期的限制。

2. 消极条件

（1）对累犯以及因故意杀人、强奸、抢劫、绑架、放火、爆炸、投放危险物质或者有组织的暴力性犯罪被判处10年以上有期徒刑、无期徒刑的犯罪分子，不得假释。

（2）对犯罪分子决定假释时，应当考虑其假释后对所居住社区的影响。

三、假释的考验期及考察

（一）假释的考验期

对假释的犯罪分子，在假释考验期限内，依法实行社区矫正。有期徒刑的假释考验期限，为没有执行完毕的刑期；无期徒刑的假释考验期限为10年。假释考验期限，从假释之日起计算。被假释的罪犯，除有特殊情形，一般不得减刑，其假释考验期也不能缩短。

（二）假释考验期内的义务

被宣告假释的犯罪分子，应当遵守下列规定：

（1）遵守法律、行政法规，服从监督；

（2）按照监督机关的规定报告自己的活动情况；

（3）遵守监督机关关于会客的规定；

（4）离开所居住的市、县或者迁居，应当报经监督机关批准。

四、假释的法律后果

（1）被假释的犯罪分子，在假释考验期限内没有《刑法》第86条规定的情形，即没有再犯新罪或发现漏罪，或者违反法律、行政法规或者国务院有关部门关于假释的监督管理规定，假释考验期满，就认为原判刑罚已经执行完毕，并公开予以宣告。

（2）被假释的犯罪分子，在假释考验期限内再犯新罪，应当撤销假释，依照《刑法》第71条的规定实行数罪并罚。

（3）在假释考验期限内，发现被假释的犯罪分子在判决宣告以前还有其他罪没有判决的，应当撤销假释，依照《刑法》第70条的规定实行数罪并罚。

（4）被假释的犯罪分子，在假释考验期限内，有违反法律、行政法规或者国务院有关部门关于假释的监督管理规定的行为，尚未构成新的犯罪的，应当依照法定程序撤销假释，收监执行未执行完毕的刑罚。

犯罪分子被假释后，原判有附加刑的，附加刑仍须继续执行。原判有附加剥夺政治权利的，附加剥夺政治权利的刑期从假释之日起计算。

五、假释的程序

对于犯罪分子的假释，由执行机关向中级以上人民法院提出假释建议书。人民法院应当组成合议庭进行审理，对符合假释条件的，裁定予以假释。非经法定程序不得假释。

第十二章　刑罚消灭制度

大纲应试策略

本章包括刑罚消灭概述、时效、赦免等内容。刑罚消灭须以一定的法定事由为前提，这些事由包括刑罚执行完毕、缓刑考验期满、假释考验期满、犯罪人死亡、超过追诉时效、赦免等，但考试中一般考查追诉时效，其余知识点考查频率较低。本章仍有较少的主观题需要复习，如关于刑罚权的内容构成及相互关系的论述题。

大纲背诵要点

第一节　刑罚消灭概述

一、刑罚消灭的概念

刑罚消灭是指针对特定犯罪人的刑罚权因法定事由而归于消灭。

二、刑罚消灭的法定原因

导致刑罚消灭的法定原因大致有以下几种情况：刑罚执行完毕、缓刑考验期满、假释考验期满、犯罪人死亡、超过时效期限、赦免。

第二节　时效

一、时效的概念

（一）时效的概念

时效是指经过一定的期限，对犯罪不得追诉或者对所判刑罚不得执行的一项制度。

（二）追诉时效与行刑时效

时效有追诉时效和行刑时效之分。我国刑法仅规定了追诉时效，没有规定行刑时效。

追诉时效是指对犯罪分子追究刑事责任的有效期限。在法定的期限内，司法机关有权追究犯罪分子的刑事责任；超过这个期限，除法定最高刑为无期徒刑、死刑的，经最高人民检察院特别核准必须追诉的以外，都不得再追究犯罪分子的刑事责任；已经追究的，应当撤销案件，或者不起诉，或者终止审理。

行刑时效是指法律规定对被判处刑罚的犯罪分子执行刑罚的有效期限。判处刑罚而未执行，超过法定执行期限，刑罚就不得再执行。

二、追诉期限

（一）追诉期限的规定

根据《刑法》第 87 条的规定，犯罪经过下列期限不再追诉：

（1）法定最高刑为不满 5 年有期徒刑的，经过 5 年。

（2）法定最高刑为 5 年以上不满 10 年有期徒刑的，经过 10 年。

（3）法定最高刑为 10 年以上有期徒刑的，经过 15 年。

（4）法定最高刑为无期徒刑、死刑的，经过 20 年。如果 20 年以后认为必须追诉的，须报请最高人民检察院核准。

（二）追诉期限起算的规定

追诉期限从犯罪之日起计算；犯罪行为有连续或者继续状态的，从犯罪行为终了之日起计算。

（三）时效中断的概念及计算方法

1. 时效中断的概念

时效中断是指在追诉期限内，因发生法定事由而使已经过了的时效期间归于无效，法定事由消失后重新计算追诉期限的制度。

2. 时效中断的计算方法

在追诉期限以内又犯罪的，前罪追诉的期限从犯后罪之日起计算。

（四）时效延长的概念及计算方法

1. 时效延长的概念

时效延长是指在追诉期限内，因发生法定事由而使追究犯罪人的刑事责任不受追诉期限限制的制度。

2. 时效延长的起算（不受追诉时效限制的情形）

（1）在人民检察院、公安机关、国家安全机关立案侦查或者在人民法院受理案件以后，逃避侦查或者审判的，不受追诉期限的限制。

（2）被害人在追诉期限内提出控告，人民法院、人民检察院、公安机关应当立案而不予立案的，不受追诉期限的限制。

第三节　赦免

一、赦免的概念

（一）赦免的概念

赦免是国家对于犯罪分子宣告免予追诉或者免除执行刑罚的全部或者部分的法律制度。

赦免分为大赦与特赦两种。

大赦是指国家对不特定的多数犯罪分子的赦免。

特赦是指国家对特定的犯罪分子的赦免，即对于受罪刑宣告的特定犯罪分子免除其刑罚的全部或部分的执行。

我国现行宪法规定了特赦制度，但没有规定大赦制度。

（二）大赦与特赦的区别

（1）大赦是赦免一定种类或不特定种类的犯罪，其对象是不特定的犯罪人，特赦是赦免特定的犯罪人。

（2）大赦既可实行于法院判决之后，也可实行于法院判决之前；特赦只能实行于法院判决之后。

（3）大赦既可以赦其罪，又可以赦其刑；特赦只能赦其刑，不能赦其罪。

（4）大赦后再犯罪不构成累犯；特赦后再犯罪符合累犯条件的，则构成累犯。

二、我国的特赦制度

我国的特赦是由全国人大常委会决定，由国家主席发布特赦令，再由最高人民法院和高级人民法院执行。我国目前实行了 9 次特赦。

第十三章　刑法各论概述

大纲应试策略

本章包括刑法各论概述、罪状、罪名和法定刑等内容。本章命题要点较少，出题频率不高，考查方式主要是选择题。

大纲背诵要点

第一节　刑法各论的研究对象和体系

一、刑法各论的研究对象

刑法各论的研究对象是规定各种具体犯罪及其刑事责任的法律规范。

二、刑法总则与刑法分则的关系

刑法总则和分则的内容之间具有密切的联系，属于犯罪与刑罚的抽象规定与具体规定之间的关系，刑法总则指导分则的运用与研究，分则使总则的规定具体化。

三、刑法各论的体系

犯罪的分类和排序：我国刑法分则采取大类制方式，依据犯罪同类客体，将犯罪分为十大类。从总体上，犯罪的排序主要依据犯罪危害程度的大小，由重至轻排列。

第二节　罪状、罪名、法定刑

一、刑法分则条文的基本结构

刑法分则条文的基本结构是指有罪刑单位的基本结构，包括罪状、罪名和法定刑。

二、罪状

（一）罪状的概念

罪状是指刑法分则条文对某种具体犯罪特征的描述。

（二）罪状的种类

1. 简单罪状

简单罪状即在刑法分则条文中只简单描述具体犯罪的基本特征而不做更多解释的罪状形式。

2. 叙明罪状

叙明罪状即在刑法分则条文中详尽描述具体犯罪基本特征的罪状形式。

3. 空白罪状

空白罪状即在刑法分则条文中不直接叙明犯罪的特征，而只是指出该犯罪行为所违反的其他法律、法规的罪状形式。

4. 引证罪状

引证罪状即引用刑法分则的其他条款来说明某种犯罪的特征。

5. 混合罪状

混合罪状即空白罪状与叙明罪状并存的形式，即以空白罪状与叙明罪状同时存在的形式描述某种具体犯罪的罪状。

三、罪名

（一）罪名的概念

罪名即犯罪的名称，是对犯罪本质特征的科学概括。

（二）选择罪名和单一罪名

1. 选择罪名

选择罪名是指同一刑法分则条款规定的某种具体犯罪的罪状中包含了行为方式与行为对象的多种结合，而这些结合形式都可以独立成为单独罪名的情况。对于选择罪名，概括使用时不实行数罪并罚。

2. 单一罪名

单一罪名是指所包含的犯罪构成具体内容单一，只能反映一个犯罪行为，不能分解拆开使用的罪名。

四、法定刑

（一）法定刑的概念

法定刑即刑法分则条文对具体犯罪所规定的量刑标准，包括刑种和刑度。

（二）法定刑的种类

法定刑可以分为绝对确定的法定刑、绝对不确定的法定刑和相对确定的法定刑三类。

（1）绝对确定的法定刑。绝对确定的法定刑是指在刑法分则条文中对某种犯罪规定单一的刑种与固定刑度的法定刑。我国刑法分则条文中极少规定绝对确定的法定刑。

（2）绝对不确定的法定刑。绝对不确定的法定刑是指在法律条文中只笼统地规定对某种犯罪应予惩处，却不规定具体的刑种和刑度。

（3）相对确定的法定刑。相对确定的法定刑是指在刑法分则条文中对某种犯罪规定一定的刑种和刑度的法定刑。我国刑法条文基本采取相对确定的法定刑主义。

（三）相对确定的法定刑的具体规定方式

（1）明确规定法定刑的最高限度，其最低限度依照刑法总则对该种法定刑的规定。

（2）明确规定法定刑的最低限度，其最高限度依照刑法总则对该种法定刑的规定。

（3）明确规定一种刑罚的最低限度和最高限度。

（4）明确规定两种以上的法定刑，包括两种以上的主刑和两种以上的附加刑，同时还规定主刑和附加刑的量刑幅度。

（5）援引法定刑。即法律条文规定，某些犯罪必须援引其他条款的法定刑处罚。

（四）宣告刑的概念及其与法定刑的关系

宣告刑是指国家审判机关对具体犯罪人依法判处并宣告应当实际执行的刑罚。宣告刑与法定刑的关系是：法定刑是宣告刑的基本依据，宣告刑是法定刑的具体运用。

第十四章　危害国家安全罪

大纲应试策略

本章包括危害国家安全罪的概念、共同特征和五个具体罪名。这五个具体罪名都是行为犯，即实施了法定行为就构成既遂。犯本章之罪，应当附加剥夺政治权利，可以并处没收财产。本章核心考点为六个罪名（含一个类罪名）的概念、构成要件和认定。间谍罪的客观方面也是较为重要的简答题。

大纲背诵要点

第一节　危害国家安全罪概述

一、危害国家安全罪的概念

危害国家安全罪是指故意危害中华人民共和国的主权、领土完整和安全，分裂国家，颠覆国家政权、推翻社会主义制度的行为。

二、危害国家安全罪的共同特征

(1) 侵犯客体是国家的安全。
(2) 客观方面表现为实施危害中华人民共和国国家安全的行为。
(3) 犯罪主体是一般主体即自然人。
(4) 主观方面表现为故意。

第二节　本章要求掌握的内容

一、分裂国家罪

(一) 分裂国家罪的概念

分裂国家罪是组织、策划、实施分裂国家、破坏国家统一的行为。

(二) 分裂国家罪的构成要件

(1) 本罪客体是国家的统一。
(2) 客观方面表现为组织、策划、实施分裂国家、破坏国家统一的行为。
(3) 犯罪主体是一般主体即自然人。
(4) 主观方面表现为故意。

二、煽动分裂国家罪

(一) 煽动分裂国家罪的概念

煽动分裂国家罪是指煽动分裂国家、破坏国家统一的行为。

(二) 煽动分裂国家罪的构成要件

(1) 本罪客体是国家的统一。
(2) 客观方面表现为煽动分裂国家、破坏国家统一的行为。
(3) 犯罪主体是一般主体即自然人。
(4) 主观方面表现为故意。

三、叛逃罪

(一) 叛逃罪的概念

叛逃罪是指国家机关工作人员在履行公务期间，擅离岗位，叛逃境外或者在境外叛逃，危害国家安全的行为。

(二) 叛逃罪的构成要件

(1) 本罪客体是国家安全。

(2) 客观方面表现为在履行公务期间，擅离岗位，叛逃境外或者在境外叛逃，危害国家安全的行为。

(3) 犯罪主体是特殊主体，即国家机关工作人员或者掌握国家秘密的国家工作人员。

(4) 主观方面表现为故意。

四、间谍罪

（一）间谍罪的概念

间谍罪是指参加间谍组织或者接受间谍组织及其代理人的任务，或者为敌人指示轰击目标，危害国家安全的行为。

（二）间谍罪的构成要件

（1）本罪客体是国家安全。

（2）客观方面表现为参加间谍组织或者接受间谍组织及其代理人的任务，或者为敌人指示轰击目标，危害国家安全的行为。

（3）犯罪主体是一般主体即自然人。

（4）主观方面表现为故意。

（三）间谍罪的客观行为方式

（1）参加间谍组织或者接受间谍组织及其代理人的任务。

（2）为敌人指示轰击目标。

（四）间谍罪和故意泄露国家秘密罪的区别

（1）间谍罪的客体是国家安全；故意泄露国家秘密罪的客体是国家的保密制度。

（2）间谍罪的客观方面表现为参加间谍组织，接受间谍组织及其代理人的任务，为敌人指示轰击目标；故意泄露国家秘密罪的客观方面仅表现为泄露国家秘密且情节严重。

五、为境外窃取、刺探、收买、非法提供国家秘密、情报罪

（一）为境外窃取、刺探、收买、非法提供国家秘密、情报罪的概念

为境外窃取、刺探、收买、非法提供国家秘密、情报罪是指为境外的机构、组织、人员窃取、刺探、收买、非法提供国家秘密或情报的行为。

（二）为境外窃取、刺探、收买、非法提供国家秘密、情报罪的构成要件

（1）侵犯客体是国家的安全与利益。

（2）客观方面表现为为境外的机构、组织、人员窃取、刺探、收买、非法提供国家秘密或者情报的行为。

（3）犯罪主体是一般主体即自然人。

（4）主观方面表现为故意。

（三）为境外窃取、刺探、收买、非法提供国家秘密、情报罪与间谍罪的区别

（1）主观上明知对方是间谍组织而为其窃取、刺探、收买、非法提供国家秘密、情报的，构成间谍罪，而不构成为境外窃取、刺探、收买、非法提供国家秘密、情报罪。为境外窃取、刺探、收买、非法提供国家秘密、情报罪中的境外机构、组织和个人是非间谍性质的。

（2）为境外窃取、刺探、收买、非法提供国家秘密、情报罪的客观方面仅限于窃取、刺探、收买、非法提供国家秘密、情报，而间谍罪除了得到国家秘密、情报外，还有参加间谍组织、为敌人指示轰击目标或者接受间谍组织及其代理人的其他派遣，危害国家安全的行为。

第十五章　危害公共安全罪

大纲应试策略

本章包括危害公共安全罪的概念、共同特征，21个具体罪名的概念、构成要件以及认定。在21个具体罪名中，放火罪、以危险方法危害公共安全罪、破坏交通工具罪、破坏交通设施罪、交通肇事罪、危险驾驶罪、重大责任事故罪等属于重点罪名，案例分析题基本上也是围绕上述罪名命题，尤其是交通肇事罪，案例分析题考查频率较高。除22个罪名（含1个类罪名）的概念、构成要件和考查过的主观题外，本章较为重要的简答题有：违规制造、销售枪支罪的客观方面；恐怖活动组织的概念和特征；危险驾驶罪的客观方面；危险作业罪的客观方面。除了2022年论述题考查的是刑法分则相关内容外，其余年份并未以论述题形式对刑法分则命题，但是有关罪名的热点问题仍然可以成为论述题的考查方向。本章较为重要的论述题有：交通肇事罪中的肇事后逃逸和因逃逸致人死亡。

大纲背诵要点

第一节　危害公共安全罪概述

一、危害公共安全罪的概念

危害公共安全罪是指故意或过失实施危害不特定多数人的生命、健康和重大公私财产安全的行为。

二、危害公共安全罪的共同特征

（1）侵犯客体是社会的公共安全，即不特定多数人的生命、健康、重大公私财产或者公共生活的安全。

（2）客观方面表现为行为人实施了已经造成严重后果或足以造成严重后果的危及公共安全的行为。

（3）犯罪主体既有一般主体，也有特殊主体。

（4）主观方面既可以表现为故意，也可以表现为过失。

第二节　本章要求掌握的内容

一、放火罪

（一）放火罪的概念

放火罪是指故意放火焚烧公私财物，危害公共安全的行为。

（二）放火罪的构成要件

（1）侵犯客体是社会公共安全，即不特定多数人的生命、健康或者公私财产的安全。

（2）客观方面表现为行为人实施了放火焚烧公私财物，危害公共安全的行为。

（3）犯罪主体是一般主体，即已满 14 周岁且具有刑事责任能力的自然人。

（4）主观方面表现为故意。

二、爆炸罪

（一）爆炸罪的概念

爆炸罪是指故意针对不特定的多数人或者重大公私财产实施爆炸行为，危害公共安全的行为。

（二）爆炸罪的构成要件

（1）侵犯客体是社会公共安全，即不特定多数人的生命、健康或者公私财产的安全。

（2）客观方面表现为实施了用爆炸的方法杀伤不特定的多数人、毁坏重大公私财产，危害公共安全的行为。

（3）犯罪主体是一般主体，即已满 14 周岁且具有刑事责任能力的自然人。

（4）主观方面表现为故意。

三、投放危险物质罪

（一）投放危险物质罪的概念

投放危险物质罪是指故意针对不特定的多数人或者重大公私财产投放毒害性、放射性、传染病病原体等物质，危害公共安全的行为。

（二）投放危险物质罪的构成要件

（1）侵犯客体是社会公共安全，即不特定多数人的生命、健康和重大公私财产安全。

（2）客观方面表现为行为人实施了投放毒害性、放射性、传染病病原体等物质，危害公共安全的行为。

（3）犯罪主体是一般主体，即已满 14 周岁且具有刑事责任能力的自然人。

（4）主观方面表现为故意。

四、以危险方法危害公共安全罪

（一）以危险方法危害公共安全罪的概念

以危险方法危害公共安全罪是指使用与放火、爆炸、决水、投放危险物质方法的危险性相当的其他危险方法，危害公共安全的行为。

（二）以危险方法危害公共安全罪的构成要件

（1）侵犯客体是社会公共安全，即不特定多数人的生命、健康或者重大公私财产的安全。

（2）客观方面表现为使用与放火、爆炸、决水、投放危险物质的危险性相当的其他危险方法，危害公共安全的行为。

（3）犯罪主体是一般主体即自然人。

（4）主观方面表现为故意。

五、破坏交通工具罪

（一）破坏交通工具罪的概念

破坏交通工具罪是指破坏火车、汽车、电车、船只、航空器，足以使火车、汽车、电车、船只、航空器发生倾覆、毁坏危险，尚未造成严重后果或者已经造成严重后果的行为。

（二）破坏交通工具罪的构成要件

（1）侵犯客体是交通运输安全。

（2）客观方面表现为破坏火车、汽车、电车、船只、航空器，足以使火车、汽车、电车、船只、航空器发生颠覆、毁坏危险，尚未造成严重后果或者已经造成严重后果的行为。

（3）犯罪主体是一般主体即自然人。

（4）主观方面表现为故意。

六、破坏交通设施罪

（一）破坏交通设施罪的概念

破坏交通设施罪是指故意破坏轨道、桥梁、隧道、公路、机场、航道、灯塔、标志或者进行其他破坏活动，足以使火车、汽车、电车、船只、航空器发生倾覆、毁坏危险或者造成严重后果的行为。

（二）破坏交通设施罪的构成要件

（1）侵犯客体是交通运输安全。

（2）客观方面表现为破坏交通设施，足以使火车、汽车、电车、船只、航空器发生倾覆、毁坏危险或者造成严重后果的行为。

（3）犯罪主体是一般主体即自然人。

（4）主观方面表现为故意。

七、破坏电力设备罪

（一）破坏电力设备罪的概念

破坏电力设备罪是指故意破坏电力设备，危害公共安全的行为。

（二）破坏电力设备罪的构成要件

（1）本罪的客体为公共供电安全。

（2）客观方面表现为破坏电力设备，危害公共电力安全的行为。

（3）犯罪主体是一般主体即自然人。

（4）主观方面表现为故意。

八、组织、领导、参加恐怖组织罪

（一）组织、领导、参加恐怖组织罪的概念

组织、领导、参加恐怖组织罪是指为首策划、组织、领导或者积极参加恐怖活动组织的行为。

（二）组织、领导、参加恐怖组织罪的构成要件

（1）侵犯客体是社会公共安全，即不特定多数人的生命、健康或重大公私财产的安全。

（2）客观方面表现为组织、领导、积极参加或者参加恐怖活动组织的行为。

（3）犯罪主体是一般主体即自然人。

（4）主观方面表现为故意。

九、非法持有宣扬恐怖主义、极端主义物品罪

（一）非法持有宣扬恐怖主义、极端主义物品罪的概念

非法持有宣扬恐怖主义、极端主义物品罪是指明知是宣扬恐怖主义、极端主义的图书、音频视频资料或者其他物品而非法持有，情节严重的行为。

（二）非法持有宣扬恐怖主义、极端主义物品罪的构成要件

（1）本罪的客体为公共安全。

（2）客观方面表现为非法持有宣扬恐怖主义、极端主义的图书、音频视频资料或者其他物品，情节严重的行为。

（3）犯罪主体为一般主体即自然人。

（4）主观方面表现为故意。

十、劫持航空器罪

（一）劫持航空器的概念

劫持航空器罪是指以暴力、胁迫或者其他方法劫持航空器的行为。

（二）劫持航空器罪的构成要件

（1）侵犯客体是航空运输安全，即不特定多数旅客、机组人员的生命健康，航空器及其运载物品的安全。

（2）客观方面表现为以暴力、胁迫或者其他方法劫持航空器的行为。

（3）犯罪主体是一般主体即自然人。

（4）主观方面表现为故意。

十一、劫持船只、汽车罪

（一）劫持船只、汽车罪的概念

劫持船只、汽车罪是指以暴力、胁迫或者其他方法劫持船只、汽车的行为。

（二）劫持船只、汽车罪的构成要件

（1）本罪的客体是公共安全，具体为船只、汽车的航行、行驶安全。

（2）客观方面表现为以暴力、胁迫或者其他方法，劫持船只、汽车的行为。

（3）犯罪主体是一般主体即自然人。

（4）主观方面表现为故意。

（三）劫持船只、汽车罪与相关犯罪的区别

1. 劫持船只、汽车罪与组织、领导、参加恐怖组织罪的区别

（1）犯罪主体不同。二者虽然都是一般主体，但劫持船只、汽车的犯罪主体并非恐怖组织的成员，而组织、领导、参加恐怖组织罪的犯罪主体为组织、领导、参加恐怖组织者。

（2）行为对象不同。劫持船只、汽车罪的行为对象是正在使用中的船只、汽车，组织、领导、参加恐怖组织罪不具有特定的行为对象。

2. 劫持船只、汽车罪与以交通工具为抢劫对象的抢劫罪的区别

（1）客体不同。劫持船只、汽车罪侵犯的客体是车船行使、航行安全，属于危害公共安全的犯罪；抢劫罪中抢劫交通工具侵犯的客体是他人的人身权利及其合法的财产权利，属于侵犯财产权的犯罪。

（2）目的不同。劫持船只、汽车罪目的在于迫使车船驾驶人员按照自己既定的去向行驶或航行；抢劫罪中抢劫交通工具的目的却是非法攫取他人车船，亦即抢劫罪行为人具有非法转移被抢劫车船所有权的目的，劫持船只、汽车罪的目的不是非法转移车船所有权，而是改变车船去向或用途。

（3）行为对象不同。劫持船只、汽车罪的行为对象是“正在行驶或使用中”的车船；抢劫罪中抢劫交通工具的行为对象多为非行驶中的车船。

3. 劫持船只、汽车罪与以危险方法危害公共安全罪的区别

（1）客体不同。劫持船只、汽车罪侵犯的客体是船只、汽车的航行、行驶安全；以危险方法危害公共安全罪侵犯的客体是社会公共安全，即不特定多数人的生命、健康或者重大公私财产的安全。

（2）行为对象不同。劫持船只、汽车罪的行为对象是船只、汽车；以危险方法危害公共安全罪的行为对象没有限制。

（3）行为手段不同。劫持船只、汽车罪的行为手段包括暴力、胁迫与其他方法；以危险方法危害公共安全罪使用的是与放火、爆炸、投放危险物质、决水等性质相当的方法。

（4）行为性质不同。劫持船只、汽车罪属于行为犯，只要行为人实施了以暴力、胁迫或者其他方法劫持的行为，就构成劫持船只、汽车罪的既遂；以危险方法危害公共安全罪属于危险犯。

十二、非法制造、买卖、运输、邮寄、储存枪支、弹药、爆炸物罪

（一）非法制造、买卖、运输、邮寄、储存枪支、弹药、爆炸物罪的概念

非法制造、买卖、运输、邮寄、储存枪支、弹药、爆炸物罪是指违反国家有关枪支、弹药、爆炸物管理的法律规定，非法制造、买卖、运输、邮寄、储存枪支、弹药、爆炸物的行为。

（二）非法制造、买卖、运输、邮寄、储存枪支、弹药、爆炸物罪的构成要件

（1）侵犯客体是社会公共安全，即不特定多数人的生命、健康和重大公私财产的安全，以及国家对枪支、弹药、爆炸物的管理秩序。

（2）客观方面表现为违反国家有关枪支、弹药、爆炸物管理的法律规定，实施了非法制造、买卖、运输、邮寄、储存枪支、弹药、爆炸物，危害公共安全的行为。

（3）犯罪主体是一般主体即自然人，单位也可以成为本罪的主体。

（4）主观方面表现为故意。

（三）非法制造、买卖、运输、邮寄、储存枪支、弹药、爆炸物罪与相关犯罪的区别

1. 非法制造、买卖、运输、邮寄、储存枪支、弹药、爆炸物罪与盗窃、抢夺枪支、弹药、爆炸物罪及抢劫枪支、弹药、爆炸物罪的区别

（1）客观方面表现不同。本罪表现为实施非法制造、买卖、运输、邮寄、储存枪支、弹药、爆炸物的行为之一，而后两罪表现为实施了盗窃、抢夺枪支、弹药、爆炸物行为之一或者实施了抢劫行为。

（2）犯罪主体不同。本罪主体除自然人外，还包括单位，后两罪的犯罪主体只能是自然人。

2. 非法制造、买卖、运输、邮寄、储存枪支、弹药、爆炸物罪与非法出租、出借枪支罪的区别

（1）行为方式不同。非法制造、买卖、运输、邮寄、储存枪支、弹药、爆炸物罪的行为方式为非法制造、买卖、运输、邮寄、储存枪支、弹药、爆炸物的行为，非法出租、出借枪支罪则表现为非法出租或者非法出借枪支的行为之一。

（2）犯罪主体不同。非法制造、买卖、运输、邮寄、储存枪支、弹药、爆炸物罪的犯罪主体是一般主体，包括自然人和单位；非法出租、出借枪支罪的犯罪主体则是特殊主体，即必须是依法配备枪支的自然人或单位。

十三、违规制造、销售枪支罪

（一）违规制造、销售枪支罪的概念

违规制造、销售枪支罪是指依法被指定、确定的枪支制造企业、销售企业，违反枪支管理规定，生产、销售枪支的行为。

（二）违规制造、销售枪支罪的构成要件

（1）侵犯客体是国家对枪支的管理制度。

（2）客观方面表现为违反枪支管理的法律、法规的规定，制造、销售枪支的行为。

（3）犯罪主体是单位且为特殊主体，即依法被指定、确定的枪支制造、销售企业。

（4）主观方面表现为故意，并且具有销售的目的。

（三）违规制造、销售枪支罪的客观行为方式

（1）以非法销售为目的，超过限额或者不按照规定的品种制造、配售枪支的；

（2）以非法销售为目的，制造无号、重号、假号的枪支的；

（3）非法销售枪支或者在境内销售为出口制造的枪支的。

（四）违规制造、销售枪支罪与非法制造、买卖、运输、邮寄、储存枪支、弹药、爆炸物罪的区别

（1）犯罪对象不同。前罪的犯罪对象仅限于枪支；后罪的犯罪对象包括枪支、弹药、爆炸物。

（2）客观表现不同。前罪表现为超过限额或者不按规定的品种制造、配售枪支，制造无号、重号、假号的枪支，非法销售枪支或在境内销售为出口制造枪支的行为之一；后罪表现为非法制造、买卖、运输、邮寄、储存枪支、弹药、爆炸物的行为之一。

（3）犯罪主体不同。前罪的犯罪主体是特殊主体，且只能是单位，即必须是依法被指定、确定的枪支制造企业、销售企业；后罪的犯罪主体是一般主体，包括自然人和单位。

（4）主观故意内容不同。前罪有销售的目的；后罪在主观上无法定的目的要求。

十四、非法持有、私藏枪支、弹药罪

（一）非法持有、私藏枪支、弹药罪的概念

非法持有、私藏枪支、弹药罪是指违反国家有关枪支、弹药的管理规定，非法持有、私藏枪支、弹药的行为。

（二）非法持有、私藏枪支、弹药罪的构成要件

（1）侵犯客体是国家对枪支、弹药的管理制度。

（2）客观方面表现为违反枪支、弹药管理的法律、法规的规定，非法持有、私藏枪支、弹药的行为。

（3）犯罪主体是一般主体即自然人。

（4）主观方面表现为故意。

（三）非法持有、私藏枪支、弹药罪与非法制造、买卖、运输、邮寄、储存枪支、弹药、爆炸物罪的区别

（1）犯罪对象的范围不同。前罪的犯罪对象仅限于枪支、弹药；后罪的犯罪对象包括枪支、弹药、爆炸物。

（2）客观方面的表现不同。前罪一般是不具备配枪资格而非法携带、持有枪支或者私自收藏少量枪支、弹药；后罪一般是违反国家法律规定，私自储存数量较大的枪支、弹药、爆炸物。

（3）犯罪主体的范围不同。前罪的主体只限于自然人；后罪的主体包括自然人和单位。

十五、交通肇事罪

（一）交通肇事罪的概念

交通肇事罪是指违反交通运输管理法规，在公共交通管理范围内发生重大事故，致人重伤、死亡或者使公私财产遭受重大损失的行为。

（二）交通肇事罪的构成要件

（1）侵犯客体是交通运输安全，即交通运输中不特定多数人的人身或者重大公私财产安全。

（2）客观方面表现为违反交通运输管理法规，因而发生重大事故，致人重伤、死亡或者使公私财产遭受重大损失的行为。

（3）犯罪主体是一般主体即自然人。

（4）主观方面表现为过失。

（三）交通肇事罪与非罪的区别

交通肇事具有下列情形之一的，以本罪论处：

（1）死亡1人或者重伤3人以上，负事故全部或者主要责任的；

（2）死亡3人以上，负事故同等责任的；

（3）造成公共财产或者他人财产直接损失，负事故全部或者主要责任，无能力赔偿数额在30万元以上的。

交通肇事致1人以上重伤，负事故全部或者主要责任，并具有下列情形之一的，以交通肇事罪定罪处罚：

（1）酒后、吸食毒品后驾驶机动车辆的；

（2）无驾驶资格驾驶机动车辆的；

（3）明知是安全装置不全或者安全机件失灵的机动车辆而驾驶的；

（4）明知是无牌证或者已报废的机动车辆而驾驶的；

（5）严重超载驾驶的；

（6）为逃避法律追究逃离事故现场的。

未达到上述标准，不能以交通肇事罪追究刑事责任。

（四）交通肇事罪的处罚

根据《刑法》第133条的规定，违反交通运输管理法规，因而发生重大事故，致人重伤、死亡或者使公私财产遭受重大损失的，处3年以下有期徒刑或者拘役；交通运输肇事后逃逸或者有其他特别恶劣情节的，处3年以上7年以下有期徒刑；因逃逸致人死亡的，处7年以上有期徒刑。其中，“交通运输肇事后逃逸”，是指行为人在发生了构成交通肇事罪的交通事故后，为逃避法律追究而逃跑的行为。“因逃逸致人死亡”，是指行为人在交通肇事后为逃避法律追究而逃跑，致使被害人得不到救助而死亡的情形。

十六、危险驾驶罪

（一）危险驾驶罪的概念

危险驾驶罪是指违反道路交通安全管理法规，在道路上危险驾驶机动车的行为。

（二）危险驾驶罪的构成要件

（1）侵犯客体是交通运输的正常秩序和道路交通安全。

（2）客观方面表现为违反道路交通安全管理法规，实施刑法规定的危险驾驶行为。

（3）犯罪主体是一般主体即自然人。

（4）主观方面表现为故意。

（三）危险驾驶罪的客观行为方式

（1）追逐竞驶，情节恶劣的。

（2）醉酒驾驶机动车的。

（3）从事校车业务或者旅客运输，严重超过额定乘员载客，或者严重超过规定时速行驶的。

（4）违反危险化学品安全管理规定运输危险化学品，危及公共安全的。

（四）危险驾驶罪与交通肇事罪的区别

（1）构成交通肇事罪，必须具有“致人重伤、死亡或者使公私财产遭受重大损失”的结果；构成危险驾驶罪，只要对人身安全和重大财产安全形成高度危险，不需要发生具体的损害结果。

（2）交通肇事罪主观方面表现为过失，危险驾驶罪主观方面表现为故意。醉酒驾驶，追逐竞驶情节恶劣，或在公路上从事客运业务严重超载、超速，没有造成损失，或者只造成轻伤结果的，构成危险驾驶罪；造成重伤、死亡等重大损失的，构成交通肇事罪。

十七、妨害安全驾驶罪

（一）妨害安全驾驶罪的概念

妨害安全驾驶罪是指对行驶中的公共交通工具的驾驶人员使用暴力或者抢控驾驶操纵装置，干扰公共交通工具正常行驶，或者公共交通工具的驾驶人员在行使的公共交通工具上擅离职守，与他人互殴或者殴打他人，危及公共安全的行为。

（二）妨害安全驾驶罪的构成要件

（1）侵犯客体是公共交通安全。

（2）客观方面表现为对行驶中的公共交通工具的驾驶人员使用暴力或者抢控驾驶操纵装置，干扰公共交通工具正常行驶，或者公共交通工具的驾驶人员在行驶的公共交通工具上擅离职守，与他人互殴或者殴打他人，危及公共安全的行为。

（3）犯罪主体为特殊主体，即正在行驶中的公共交通工具的乘载人员和驾驶人员。

（4）主观方面表现为故意。

十八、重大责任事故罪

（一）重大责任事故罪的概念

重大责任事故罪是指在生产、作业中违反有关安全管理的规定，发生重大伤亡事故或者造成其他严重后果的行为。

（二）重大责任事故罪的构成要件

（1）侵犯客体是生产、作业的安全。

（2）客观方面表现为在生产、作业中违反有关安全管理的规定，因而发生重大伤亡事故或者造成其他严重后果的行为。

（3）犯罪主体是一般主体即自然人。

（4）主观方面表现为过失。

十九、强令、组织他人违章冒险作业罪

（一）强令、组织他人违章冒险作业罪的概念

强令、组织他人违章冒险作业罪是指强令他人违章冒险作业，或者明知存在重大事故隐患而不排除，仍冒险组织作业，因而发生重大伤亡事故或者造成其他严重后果的行为。

（二）强令、组织他人违章冒险作业罪的构成要件

（1）侵犯客体是生产、作业的安全。

（2）客观方面表现为强令他人违章冒险作业，或者明知存在重大事故隐患而不排除，仍冒险组织作业，因而发生重大伤亡事故或者造成其他严重后果的行为。

（3）犯罪主体是一般主体即自然人。

（4）主观方面表现为过失。

（三）强令、组织他人违章冒险作业罪与重大责任事故罪的区别

（1）主体不同。强令、组织他人违章冒险作业罪的主体一般不是生产、作业一线工作人员，而是管理者、经营者；重大责任事故罪的主体通常是生产、作业一线工作人员。

（2）客观表现不同。强令、组织他人违章冒险作业罪的客观方面表现为不听规劝，“强令”或组织他人违章冒险作业；重大责任事故罪的客观方面表现为不服管理、违反规章制度，因而发生重大伤亡事故或者造成其他严重后果的行为。

（3）社会危害性不同。强令、组织他人违章冒险作业，或者明知存在重大事故隐患而不排除，仍冒险组织作业，比一般的不服管理、违反规章制度的行为性质更严重，社会危害性更大。

二十、危险作业罪

（一）危险作业罪的概念

危险作业罪是指在生产、作业中违反有关安全管理的规定，实施具有发生重大伤亡事故或者其他严重后果的现实危险的特定行为。

（二）危险作业罪的构成要件

（1）侵犯客体是生产、作业的安全。

（2）客观方面表现为在生产、作业中违反有关安全管理的规定，实施具有发生重大伤亡事故或者其他严重后果的现实危险的特定行为。

（3）犯罪主体是一般主体即自然人。

（4）主观方面表现为故意。

（三）危险作业罪的客观行为方式

（1）关闭、破坏直接关系生产安全的监控、报警、防护、救生设备、设施，或者篡改、隐瞒、销毁其相关数据、信息的；

（2）因存在重大事故隐患被依法责令停产停业、停止施工、停止使用有关设备、设施、场所或者立即采取排除危险的整改措施，而拒不执行的；

（3）涉及安全生产的事项未经依法批准或者许可，擅自从事矿山开采、金属冶炼、建筑施工，以及危险物品生产、经营、储存等高度危险的生产作业活动的。

二十一、危险物品肇事罪

（一）危险物品肇事罪的概念

危险物品肇事罪是指违反爆炸性、易燃性、放射性、毒害性、腐蚀性物品的管理规定，在生产、储存、运输、使用中发生重大事故，造成严重后果的行为。

（二）危险物品肇事罪的构成要件

（1）本罪的客体为危险物品在生产、储存、运输、使用中的安全。

（2）客观方面表现为违反爆炸性、易燃性、放射性、毒害性、腐蚀性物品的管理规定，在生产、储存、运输、使用中发生重大事故，造成严重后果的行为。

（3）犯罪主体是一般主体即自然人。

（4）主观方面表现为过失。

（三）危险物品肇事罪与重大责任事故罪的区别

（1）主体不同。危险物品肇事罪的主体主要是从事生产、储存、运输、使用危险物品的人员；重大责任事故罪的主体是从事生产、作业的人员。

（2）客观方面表现不同。危险物品肇事罪客观方面表现为违反爆炸性、易燃性、放射性、毒害性、腐蚀性物品的管理规定，在生产、储存、运输、使用中发生重大事故，造成严重后果的行为；重大责任事故罪客观方面表现为在生产、作业中违反有关安全管理的规定，因而发生重大伤亡事故或者造成其他严重后果的行为。

（3）违反的规章制度不同。危险物品肇事罪违反的是有关危险物品生产、储存、运输、使用的安全管理制度；重大责任事故罪违反的是一般生产作业的安全管理制度。

（4）发生的场合不同。危险物品肇事罪发生在危险物品的生产、储存、运输、使用中；重大责任事故罪发生在一般性生产、作业过程中。

知识拓展

试论《刑法修正案（十一）》增设妨害安全驾驶罪的意义。

（1）为了将轻度的、危险程度尚未达到与以危险方法危害公共安全罪的危险性相当的妨害公共交通工具安全驾驶行为纳入刑事处罚范围之中，《刑法修正案（十一）》增设了妨害安全驾驶罪。妨害安全驾驶罪是指对行驶中的公共交通工具的驾驶人员使用暴力或者抢控驾驶操纵装置，干扰公共交通工具正常行驶，或者行驶中的公共交通工具的驾驶人员擅离职守，与他人互殴或者殴打他人，危及公共安全的行为。

（2）妨害安全驾驶行为入刑回应了社会诉求，发挥了刑法的社会治理功能：

①公共交通工具安全事关公共安全，需要立法者予以特别关注，本罪的设立在于防范公共安全领域的风险，在治安管理处罚法、民法无法应对轻度妨害公共交通工具安全驾驶行为时，有必要发挥刑法的社会治理机能，用刑法来对此类行为予以回应。

②本罪的设立有助于化解司法肆意扩张以危险方法危害公共安全罪所带来的危机，能够避免司法部门为了严惩妨害公共交通工具安全驾驶行为而肆意拔高对该行为的定性所导致的罪责刑不相适应问题，同时表现出我国刑法体系由“厉而不严”向“严而不厉”转变的趋势。

③本罪的最高刑为1年有期徒刑，这说明本罪的设立目的是发挥刑法的行为规制机能，即督促公共交通工具的驾驶者以及乘坐者树立规范行车意识和乘车意识，并非追求惩罚目的。

④面对公共交通领域的风险，刑法作为“事后法”和“保障法”，应当与其他部门法以及其他的社会治理手段相配合相协调，积极应对社会发展带来的危险，回应我国治理体系与治理能力现代化的需求，提供各类法律理性参与社会治理的新思路。

第十六章　破坏社会主义市场经济秩序罪

大纲应试策略

本章包括破坏社会主义市场经济秩序罪的概念、共同特征和31个具体罪名的概念、构成要件及认定。本章涉及的罪名多，相关司法解释也多。对各个罪名的认定及相近罪名的区别是本章的难点。要正确解答本章选择题和案例分析题就必须熟悉相关司法解释。本章单位犯罪居多，但非国家工作人员受贿罪，伪造货币罪，妨害信用卡管理罪，窃取、收买、非法提供信用卡信息罪，利用未公开信息交易罪，贷款诈骗罪，信用卡诈骗罪，抗税罪等，其犯罪主体只能是自然人。除32个罪名（含1个类罪名）的概念、构成要件和考查过的主观题外，本章较为重要的简答题有：妨害药品管理罪的客观方面；间接走私行为的客观表现；妨害信用卡管理罪的客观方面；贷款诈骗罪的客观方面；骗取贷款罪和贷款诈骗罪的区别；信用卡诈骗罪的客观方面；保险诈骗罪的客观方面；逃避缴纳税款应追究逃税罪刑事责任的情形；侵犯商业秘密罪的客观方面；合同诈骗罪的客观方面；非法经营罪的客观方面；强迫交易罪的客观方面。此外，洗钱罪这种热点罪名可能以论述题的形式考查。

大纲背诵要点

第一节　破坏社会主义市场经济秩序罪概述

一、破坏社会主义市场经济秩序罪的概念

破坏社会主义市场经济秩序罪是指违反国家市场经济管理法规，破坏市场经济秩序，使社会主义市场经济秩序遭受严重损害的行为。

二、破坏社会主义市场经济秩序罪的共同特征

（1）侵犯客体是社会主义市场经济秩序。

（2）客观方面表现违反国家的市场经济管理法规，破坏市场经济秩序，严重损害社会主义市场经济秩序的行为。

（3）犯罪主体有自然人和单位。

（4）主观方面多为故意，目的犯居多，极少数犯罪由过失构成。

第二节　本章要求掌握的内容

一、生产、销售伪劣产品罪

（一）生产、销售伪劣产品罪的概念

生产、销售伪劣产品罪是指生产者、销售者在产品中掺杂、掺假、以假充真、以次充好或者以不合格产品冒充合格产品，销售金额达5万元以上的行为。

（二）生产、销售伪劣产品罪的构成要件

（1）侵犯客体是国家对普通产品质量的管理制度，以及消费者的合法权益。

（2）客观方面表现为生产者、销售者违反国家的产品质量管理法律、法规，生产、销售伪劣产品的行为。

（3）犯罪主体是一般主体，包括自然人和单位，即生产者、销售者。

（4）主观方面表现为故意，一般具有非法牟利的目的。

（三）生产、销售伪劣产品罪的行为方式

（1）在产品中掺杂、掺假，即在产品中掺入杂质或异物，致使产品质量不符合国家法律、法规或者产品明示质量标准规定的质量要求，使产品降低、失去应有的使用性能的行为。

（2）以假充真，即以不具有某种使用性能的产品冒充具有该种使用性能的产品的行为。

（3）以次充好，即以低等级、低档次产品冒充高等级、高档次产品，或者以残次、废旧零配件组合、拼装后冒充正品或者新产品的行为。

（4）以不合格产品冒充合格产品，即以不符合产品质量标准的产品冒充符合产品质量标准的产品。

（四）生产、销售伪劣产品罪与特定伪劣商品犯罪的区别

《刑法》第140—148条规定了九个罪名，第140条是一般法条，其余八个罪名是特殊法条。一般法条和特殊法条之间的适用规则为：

（1）补充关系。《刑法》第149条第1款规定，生产、销售八个具体罪名涉及的产品，不构成各具体犯罪，销售金额在5万元以上的，构成生产、销售伪劣产品罪。此时，《刑法》第140条是其他法条的补充。

（2）从重关系。《刑法》第149条第2款规定，生产、销售八个罪名涉及的具体产品，构成各该具体犯罪，销售金额在5万元以上的，从一重罪处罚。这又可以称为“优先适用重法条”，这应当视为特别法条优先于普通法条适用的例外规定（法条竞合的例外情形）。

二、生产、销售、提供假药罪

（一）生产、销售、提供假药罪的概念

生产、销售、提供假药罪是指生产者、销售者违反药品管理法规，生产、销售假药或者药品使用单位的人员明知是假药而提供给他人使用的行为。

（二）生产、销售、提供假药罪的构成要件

（1）侵犯客体是国家对药品的管理制度和不特定多数人的生命健康权利。

（2）客观方面表现为违反国家药品管理法律、法规，生产、销售假药或者药品使用单位的人员明知是假药而提供给他人使用的行为。

（3）犯罪主体是一般主体，包括自然人和单位。

（4）主观方面表现为故意。

（三）假药的认定

假药是指药品成分虚假，完全无法发挥其应有功效的药品。有下列情形之一的，是假药：

（1）药品所含成分与国家药品标准规定的成分不符；

（2）以非药品冒充药品或者以他种药品冒充此种药品；

（3）变质的药品；

（4）药品所标明的适应症或者功能主治超出规定范围。

三、生产、销售、提供劣药罪

（一）生产、销售、提供劣药罪的概念

生产、销售、提供劣药罪是指生产者、销售者违反国家药品管理制度，生产、销售劣药，或者药品使用单位的人员明知是劣药而提供给他人使用，对人体健康造成严重危害的行为。

（二）生产、销售、提供劣药罪的构成要件

（1）侵犯客体是国家对药品的生产、销售管理秩序和不特定多数人的生命健康权利。

（2）客观方面表现为生产者、销售者违反国家药品管理制度，生产、销售劣药，或者药品使用单位的人员明知是劣药而提供给他人使用，对人体健康造成严重危害的行为。

（3）犯罪主体是一般主体，包括自然人和单位。

（4）主观方面表现为故意。

（三）劣药的认定

劣药是指药品成分属于劣质，无法发挥其应有功能的药品。有下列情形之一的，为劣药：

（1）药品成分的含量不符合国家药品标准；

（2）被污染的药品；

（3）未标明或者更改有效期的药品；

（4）未注明或者更改产品批号的药品；

（5）超过有效期的药品；

（6）擅自添加防腐剂、辅料的药品；

（7）其他不符合药品标准的药品。

（四）生产、销售、提供劣药罪与生产、销售、提供假药罪的区别

（1）犯罪对象不同。一个是劣药，一个是假药。

（2）犯罪形态不同。生产、销售、提供劣药罪是实害犯，即对人体健康造成严重危害的才构成犯罪，生产、销售、提供假药罪是行为犯或者抽象危险犯。

四、妨害药品管理罪

（一）妨害药品管理罪的概念

妨害药品管理罪是指违反药品管理法规，实施足以严重危害人体健康的法定行为。

（二）妨害药品管理罪的构成要件

（1）侵犯的客体是药品管理秩序。

（2）客观方面表现为违反药品管理法规，实施足以严重危害人体健康的法定行为。

（3）犯罪主体是一般主体，包括自然人和单位。

（4）主观方面表现为故意。

（三）妨害药品管理罪的客观行为方式

（1）生产、销售国务院药品监督管理部门禁止使用的药品的；

（2）未取得药品相关批准证明文件生产、进口药品或者明知是上述药品而销售的；

（3）药品申请注册中提供虚假的证明、数据、资料、样品或者采取其他欺骗手段的；

（4）编造生产、检验记录的。

五、生产、销售不符合安全标准的食品罪

（一）生产、销售不符合安全标准的食品罪的概念

生产、销售不符合安全标准的食品罪是指违反国家食品安全管理法规，生产、销售不符合安全标准的食品，足以造成严重食物中毒或者其他严重食源性疾病的行为。

（二）生产、销售不符合安全标准的食品罪的构成要件

（1）侵犯的客体为国家对食品安全的监督管理秩序和食品安全。

（2）客观方面表现为违反国家食品安全管理法规，生产、销售不符合安全标准的食品，足以造成严重食物中毒或者其他严重食源性疾病的行为。

（3）犯罪主体为一般主体，包括自然人和单位。

（4）主观方面表现为故意。

六、生产、销售有毒、有害食品罪

（一）生产、销售有毒、有害食品罪的概念

生产、销售有毒、有害食品罪是指违反国家食品安全管理法规，在生产、销售的食品中掺入有毒、有害的非食品原料，或者销售明知掺有有毒、有害的非食品原料的食品的行为。

（二）生产、销售有毒、有害食品罪的构成要件

（1）侵犯的客体是国家食品安全监督管理秩序和不特定多数人的生命健康权利。

（2）客观方面表现为违反国家食品安全管理法规，在生产、销售的食品中掺入有毒、有害的非食品原料，或者销售明知掺有有毒、有害的非食品原料的食品。

（3）犯罪主体是一般主体，包括自然人和单位。

（4）主观方面表现为故意。

（三）生产、销售不符合安全标准的食品罪与相关犯罪的区别

1. 生产、销售有毒、有害食品罪与生产、销售不符合安全标准的食品罪的区别

（1）客体有所不同。生产、销售有毒、有害食品罪侵犯的客体，除了国家食品安全监督管理秩序，还包括不特定多数人的生命健康权利；生产、销售不符合安全标准的食品罪侵犯的是国家对食品安全的监督管理秩序和食品安全。

（2）客观表现不同。生产、销售有毒、有害食品罪是指违反国家食品安全管理法规，在生产、销售的食品中掺入有毒、有害的非食品原料，或者销售明知掺有有毒、有害的非食品原料的食品的行为；生产、销售不符合安全标准的食品罪是指违反国家食品安全管理法规，生产、销售不符合安全标准的食品，足以造成严重食物中毒或者其他严重食源性疾病的行为。

（3）食品性质不同。生产、销售有毒、有害食品罪造成危害的是“有毒、有害的非食品原料”；生产、销售不符合安全标准的食品罪中的食品，则通常是食品中的物质因为变质而产生毒害。

（4）行为性质不同。生产、销售有毒、有害食品罪是行为犯，行为人实施了生产、销售有毒、有害食品的行为，就构成生产、销售有毒、有害食品罪；生产、销售不符合安全标准的食品罪是危险犯，除了实施生产、销售不符合卫生标准的食品外，还要足以造成严重食物中毒事故或者其他严重食源性疾病，才能构成犯罪。

2. 生产、销售有毒、有害食品罪与投放危险物质罪的区别

（1）客观方面不同。前罪在客观方面表现为在生产、销售的食品中掺入有毒、有害的非食品原料或者销售明知掺有有毒、有害的非食品原料的食品的行为；后罪除了在食品中投放危险物质，还可能在其他场合，如公共饮用水源、河流等。

（2）主观方面不完全相同。虽然二者都是故意犯罪，但前罪往往为了使食品产量增加、降低成本、增加利润而实施其行为；后罪往往是出于追求其他目的而投放危险物质。

（3）主体不同。前罪的自然人主体须满 16 周岁，并且可以由单位构成犯罪；后罪的自然人主体须满 14 周岁，而且不包括单位。

七、走私普通货物、物品罪

（一）走私普通货物、物品罪的概念

走私普通货物、物品罪是指违反海关法规、逃避海关监管，非法运输、携带、邮寄国家禁止进出口的武器、弹药、核材料、假币、珍贵动物及其制品、珍稀植物及其制品、淫秽物品以及国家禁止出口的文物、金银和其他贵重金属以外的其他货物、物品进出境，偷逃应缴纳关税数额较大或者一年内曾因走私被给予二次行政处罚后又走私的行为。

（二）走私普通货物、物品罪的构成要件

（1）侵犯的客体是国家对普通货物、物品进出口的监督管理制度和关税征管制度。

（2）客观方面表现为行为人违反海关法规，逃避海关监管，走私普通货物、物品，偷逃数额较大关税或者虽未达到数额较大但一年内因走私受到二次行政处罚后又走私的行为。

（3）犯罪主体是一般主体，包括自然人和单位。

（4）主观方面表现为故意，并且具有偷逃关税的目的。

（三）变相走私和间接走私方式

1. 刑法规定的变相走私方式

下列变相走私方式，以走私普通货物、物品罪定罪处罚：

（1）未经海关许可并且未补缴应缴税额，擅自将批准进口的来料加工、来件装配、补偿贸易的原材料、零件、制成品、设备等保税货物，在境内销售牟利的；

（2）未经海关许可并且未补缴应缴税额，擅自将特定减税、免税进口的货物、物品，在境内销售牟利的。

2. 刑法规定的间接走私方式

下列间接走私方式，以相关走私犯罪论处：

（1）直接向走私人非法收购国家禁止进口物品的，或者直接向走私人非法收购走私进口的其他货物、物品，数额较大的；

（2）在内海、领海、界河、界湖运输、收购、贩卖国家禁止进出口物品的，或者运输、收购、贩卖国家限制进出口货物、物品，数额较大，没有合法证明的。

八、非国家工作人员受贿罪

（一）非国家工作人员受贿罪的概念

非国家工作人员受贿罪是指公司、企业或者其他单位的工作人员利用职务上的便利，索取他人财物或者非法收受他人财物，为他人谋取利益，数额较大的行为。

（二）非国家工作人员受贿罪的构成要件

（1）侵犯的客体是国家对公司、企业以及非国有事业单位、其他组织的工作人员职务活动的管理制度。

（2）客观方面表现为行为人利用职务上的便利，索取他人财物或非法收受他人财物，为他人谋取利益，数额较大的行为。

客观方面的具体要素包括：

①利用职务上的便利。

②索取或者非法收受他人财物。

③为他人谋取利益。

④索取或者非法收受他人财物“数额较大”。

（3）犯罪主体是特殊主体，即非国家工作人员。

（4）主观方面表现为故意。

（三）非国家工作人员受贿罪与受贿罪的区别

（1）犯罪主体不同。非国家工作人员受贿罪的犯罪主体是公司、企业或者其他单位人员即非国家工作人员；受贿罪的犯罪主体是国家工作人员，以国家工作人员论的在国有公司、企业、事业单位中从事公务的人员，国有公司、企业、事业单位等委派到非国有公司、企业或者其他单位中从事公务的人员。

（2）职务便利的本质不同。非国家工作人员受贿罪中的职务便利，是与单位管理有关的职权形成的便利条件，不涉及公共事务（私权利），国家工作人员利用私权利收受或者索取他人财物，也可能构成非国家工作人员受贿罪；受贿罪中的职务便利，是与公共事务有关的职权形成的便利条件（公权力）。

九、伪造货币罪

（一）伪造货币罪的概念

伪造货币罪是指违反国家货币管理法规，仿照货币的形状、色彩、图案等特征，使用各种方法非法制造出外观上足以乱真的假货币，破坏货币的公共信用，破坏金融管理秩序的行为。

（二）伪造货币罪的构成要件

（1）侵犯的客体是国家对货币的管理制度，具体指货币的公共信用和货币的发行权。

（2）客观方面表现为伪造货币的行为。

（3）犯罪主体是一般主体即自然人，单位不能成为本罪的主体。

（4）主观方面表现为故意。

十、骗取贷款、票据承兑、金融票证罪

（一）骗取贷款、票据承兑、金融票证罪的概念

骗取贷款、票据承兑、金融票证罪是指以欺骗手段取得银行或者其他金融机构贷款、票据承兑、信用证、保函等，给银行或者其他金融机构造成重大损失的行为。

（二）骗取贷款、票据承兑、金融票证罪的构成要件

（1）侵犯的客体是金融管理秩序与金融机构的信用安全。

（2）客观方面表现为行为人以欺骗手段取得银行或者其他金融机构贷款、票据承兑、信用证、保函等，给银行或者其他金融机构造成重大损失的行为。

（3）犯罪主体是一般主体，包括自然人和单位。

（4）主观方面表现为故意，但不具有非法占有目的。

十一、非法吸收公众存款罪

（一）非法吸收公众存款罪的概念

非法吸收公众存款罪是指违反国家金融管理法规非法吸收公众存款或变相吸收公众存款，扰乱金融秩序的行为。

（二）非法吸收公众存款罪的构成要件

（1）侵犯的客体是国家的金融管理秩序。

（2）客观方面表现为行为人非法吸收公众存款或者变相吸收公众存款，扰乱金融秩序的行为。

（3）犯罪主体是一般主体，包括自然人和单位。

（4）主观方面表现为故意，且没有非法占有公众存款的目的。

（三）“非法吸收公众存款或者变相吸收公众存款”的构成条件

违反国家金融管理法律规定，向社会公众（包括单位和个人）吸收资金的行为，同时具备下列四个条件的，除刑法另有规定的以外，应当认定为“非法吸收公众存款或者变相吸收公众存款”：

（1）未经有关部门依法许可或者借用合法经营的形式吸收资金；

（2）通过网络、媒体、推介会、传单、手机信息等途径向社会公开宣传；

（3）承诺在一定期限内以货币、实物、股权等方式还本付息或者给付回报；

（4）向社会公众即社会不特定对象吸收资金。

未向社会公开宣传，在亲友或者单位内部针对特定对象吸收资金的，不属于非法吸收或者变相吸收公众存款。

十二、妨害信用卡管理罪

（一）妨害信用卡管理罪的概念

妨害信用卡管理罪是指违反信用卡管理法律、法规的规定，妨害信用卡管理的行为。

（二）妨害信用卡管理罪的构成要件

（1）侵犯的客体是国家的信用卡管理秩序。

（2）客观方面表现为妨害信用卡管理的行为。

（3）犯罪主体是一般主体即自然人，单位不能成为本罪的主体。

（4）主观方面表现为故意。

（三）妨害信用卡管理罪的法定行为方式

（1）明知是伪造的信用卡而持有、运输的，或者明知是伪造的空白信用卡而持有、运输，数量较大的；

（2）非法持有他人信用卡，数量较大的；

（3）使用虚假的身份证明骗领信用卡的；

（4）出售、购买、为他人提供伪造的信用卡或者以虚假的身份证明骗领的信用卡的。

十三、窃取、收买、非法提供信用卡信息罪

（一）窃取、收买、非法提供信用卡信息罪的概念

窃取、收买、非法提供信用卡信息罪是指违反信用卡管理法律、法规，窃取、收买、非法提供他人信用卡信息资料的行为。

（二）窃取、收买、非法提供信用卡信息罪的构成要件

（1）侵犯的客体是信用卡管理秩序。

（2）客观方面表现为行为人窃取、收买或者非法提供他人信用卡信息资料的行为。

（3）犯罪主体是一般主体即自然人。

（4）主观方面表现为故意。

十四、内幕交易、泄露内幕信息罪

（一）内幕交易、泄露内幕信息罪的概念

内幕交易、泄露内幕信息罪是指证券、期货交易内幕信息的知情人员或者非法获取证券、期货内幕信息的人员，在涉及证券、期货的发行、交易或者其他对证券、期货交易价格有重大影响的信息公开前，买入或者卖出该证券，或者从事与该内幕信息有关的期货交易，或者泄露该信息，或者明示、暗示他人从事上述交易活动，情节严重的行为。

（二）内幕交易、泄露内幕信息罪的构成要件

（1）侵犯的客体是国家对证券、期货市场的管理秩序和证券、期货投资者的合法权益。

（2）客观方面表现为行为人在涉及证券、期货的发行、交易或者其他对证券、期货交易价格有重大影响的信息公开前，买入或者卖出该证券，或者从事与该内幕信息有关的期货交易，或者泄露该信息，或者明示、暗示他人从事上述交易活动，情节严重的行为。

（3）犯罪主体为特殊主体，即内幕人员，包括证券、期货交易内幕信息的知情人员和非法获取证券、期货交易内幕信息的人员。单位也可以成为本罪的主体。

（4）主观方面表现为故意。

十五、利用未公开信息交易罪

（一）利用未公开信息交易罪的概念

利用未公开信息交易罪是指证券交易所、期货交易所、证券公司、期货经纪公司、基金管理公司、商业银行、保险公司等金融机构的从业人员以及有关监管部门或者行业协会的工作人员，利用因职务便利获取的内幕信息以外的其他未公开信息，违反规定，从事与该信息相关的证券、期货交易活动，或者明示、暗示他人从事相关交易活动，情节严重的行为。

（二）利用未公开信息交易罪的构成要件

（1）侵犯的客体是证券市场的金融管理秩序和投资者的合法权益。

（2）客观方面表现为行为人实施了利用职务便利获取的内幕信息以外的其他未公开的信息，违反规定，从事与该信息相关的证券、期货交易活动，或者明示、暗示他人从事相关交易活动，情节严重的行为。

（3）犯罪主体是特殊主体，单位不能构成本罪。

（4）主观方面表现为故意，建"老鼠仓"是为了非法获利。

（三）利用未公开信息交易罪与内幕交易、泄露内幕信息罪的区别

（1）犯罪主体的范围不同。利用未公开信息交易罪的主体是金融机构、有关监管部门及行业协会的工作人员，而内幕交易、泄露内幕信息罪的主体是证券、期货内幕信息的知情人员或者非法获取内幕信息的人员。此外，利用未公开信息交易罪的犯罪主体只能是自然人，而内幕交易、泄露内幕信息罪的犯罪主体包括自然人和单位。

（2）犯罪对象不同。利用未公开信息交易罪的对象不属于法律、行政法规所规定的内幕信息，而是内幕信息以外的其他未公开的信息，而内幕交易、泄露内幕信息罪的对象则是法律、行政法规确定的内幕信息。

（3）获得信息的方式不完全相同。利用未公开信息交易罪中的未公开信息只能是利用职务便利获取的，而内幕交易、泄露内幕信息罪中的信息既可以因工作原因而获得，也可通过非法手段获取。

十六、洗钱罪

（一）洗钱罪的概念

洗钱罪是指掩饰、隐瞒毒品犯罪、黑社会性质的组织犯罪、恐怖活动犯罪、走私犯罪、贪污贿赂犯罪、破坏金融管理秩序犯罪、金融诈骗犯罪的所得及其产生的收益的来源和性质，所实施的法定行为。

（二）洗钱罪的构成要件

（1）侵犯的客体是国家关于金融活动的管理制度和司法机关的正常活动。

（2）客观方面表现为掩饰、隐瞒毒品犯罪、黑社会性质的组织犯罪、恐怖活动犯罪、走私犯罪、贪污贿赂犯罪、破坏金融管理秩序犯罪、金融诈骗犯罪的所得及其产生的收益的来源和性质的行为。

洗钱罪的上游犯罪包括毒品犯罪、黑社会性质的组织犯罪、恐怖活动犯罪、走私犯罪、贪污贿赂犯罪、破坏金融管理秩序犯罪、金融诈骗犯罪。

洗钱行为既包括他人协助上游犯罪的犯罪人从事洗钱行为，也包括犯罪人自行洗钱的行为。

（3）犯罪主体是一般主体，包括自然人和单位。

（4）主观方面表现为故意。

（三）洗钱罪的法定行为方式

洗钱罪的行为方式为掩饰、隐瞒，具体包括以下五种行为：

（1）提供资金账户的；

（2）将财产转换为现金、金融票据、有价证券的；

（3）通过转账或者其他支付结算方式转移资金的；

（4）跨境转移资产的；

（5）以其他方法掩饰、隐瞒犯罪所得及其收益的来源和性质的。

具有下列情形之一的，可以认定为“以其他方法掩饰、隐瞒犯罪所得及其收益的来源和性质”：

①通过典当、租赁、买卖、投资等方式，转移、转换犯罪所得及其收益的；

②通过与商场、饭店、娱乐场所等现金密集型场所的经营收入相混合的方式，转移、转换犯罪所得及其收益的；

③通过虚构交易、虚设债权债务、虚假担保、虚报收入等方式，将犯罪所得及其收益转换为“合法”财物的；

④通过买卖彩票、奖券等方式，转换犯罪所得及其收益的；

⑤通过赌博方式，将犯罪所得及其收益转换为赌博收益的；

⑥将犯罪所得及其收益携带、运输或者邮寄入境的；

⑦通过其他方式转移、转换犯罪所得及其收益的。

（四）洗钱罪与掩饰、隐瞒犯罪所得、犯罪所得收益罪的区别

二者是特别法条和一般法条的关系，洗钱罪是特别法条，掩饰、隐瞒犯罪所得、犯罪所得收益罪是一般法条。二者的关键区别有：

（1）客体不同。洗钱罪的客体是国家关于金融活动的管理制度和司法机关的正常活动；掩饰、隐瞒犯罪所得、犯罪所得收益罪的客体是社会管理秩序和司法机关追究刑事犯罪的正常活动。

（2）犯罪对象不同。洗钱罪的对象仅限于《刑法》第 191 条规定的七类上游犯罪所得及其收益，如果不属于这七类上游犯罪所得及其收益，不成立洗钱罪，但可以成立《刑法》第 312 条规定的掩饰、隐瞒犯罪所得、犯罪所得收益罪。可以说，《刑法》第 191 条规定的是狭义的洗钱，而《刑法》第 312 条规定的是广义的洗钱。所以，对于犯罪所得及其产生的收益予以掩饰、隐瞒，构成洗钱罪，同时又构成掩饰、隐瞒犯罪所得、犯罪所得收益罪的，依照处罚较重的规定定罪处罚。

（3）犯罪主体不同。洗钱罪的主体不仅包括本犯，还包括本犯之外协助洗钱的行为人；而掩饰、隐瞒犯罪所得、犯罪所得收益罪的犯罪主体不包括本犯，本犯对犯罪所得及其收益予以掩饰、隐瞒的，属于事后不可罚行为，不以掩饰、隐瞒犯罪所得、犯罪所得收益罪论处。

十七、集资诈骗罪

（一）集资诈骗罪的概念

集资诈骗罪是指以非法占有为目的，使用诈骗方法非法集资，数额较大的行为。

（二）集资诈骗罪的构成要件

（1）侵犯的客体是国家对金融活动的管理秩序和出资人的财产所有权。

（2）客观方面表现为行为人使用诈骗方法非法集资，数额较大的行为。

（3）犯罪主体是一般主体，包括自然人和单位。

（4）主观方面表现为故意，并且具有非法占有出资人财产的目的。

（三）集资诈骗罪中“以非法占有为目的”的认定

构成集资诈骗罪，须以非法占有为目的作为其主观构成要素。以下情况可以认定为本罪的“以非法占有为目的”：

（1）集资后不用于生产经营活动或者用于生产经营活动与筹集资金规模明显不成比例，致使集资款不能返还的；

（2）肆意挥霍集资款，致使集资款不能返还的；

（3）携带集资款逃匿的；

（4）将集资款用于违法犯罪活动的；

（5）抽逃、转移资金，隐匿财产，逃避返还资金的；

（6）隐匿、销毁账目，或者搞假破产、假倒闭，逃避返还资金的；

（7）拒不交代资金去向，逃避返还资金的；

（8）其他可以认定非法占有目的的情形。

（四）集资诈骗罪与非法吸收公众存款罪的区别

（1）侵犯的客体不同。集资诈骗罪侵害的客体是国家的金融管理秩序和公私财产的所有权，非法吸收公众存款罪侵犯的客体是国家的金融管理秩序。

（2）犯罪客观方面不同。集资诈骗罪以使用诈骗方法为构成犯罪的必要条件，非法吸收公众存款罪不以使用诈骗方法为构成犯罪的必要条件。

（3）犯罪主观方面不同。集资诈骗罪要求行为人必须具有非法占有的目的，非法吸收公众存款罪不要求行为人以非法占有为目的。非法吸收公众存款意图非法占有社会不特定公众的资金的，是集资诈骗罪。行为人只是临时占用投资人的资金，承诺还本付息的，是非法吸收公众存款罪。因此，是否具有非法占有为目的，是非法吸收公众存款罪和集资诈骗罪的关键区别。

十八、贷款诈骗罪

（一）贷款诈骗罪的概念

贷款诈骗罪是指以非法占有为目的，使用法定方法诈骗银行或者其他金融机构的贷款，数额较大的行为。

（二）贷款诈骗罪的构成要件

（1）侵犯的客体是国家对金融机构贷款的管理制度和金融机构的财产所有权。

（2）客观方面表现为行为人用虚构事实或者隐瞒真相的方法，使用法定方法骗取银行或者其他金融机构的贷款，数额较大的行为。

（3）犯罪主体是一般主体即自然人，单位不能成为本罪的主体。

（4）主观方面表现为故意，并且须具有非法占有银行或者其他金融机构贷款的目的。

（三）贷款诈骗罪的法定行为方式和“以非法占有为目的”的认定

1. 贷款诈骗罪的法定行为方式

（1）编造引进资金、项目等虚假理由的。

（2）使用虚假的经济合同的。

(3) 使用虚假的证明文件的。

(4) 使用虚假的产权证明作担保或者超出抵押物价值重复担保的。

(5) 以其他方法诈骗贷款的。

2. 贷款诈骗罪的主观方面中“以非法占有为目的”的认定

具有下列情形之一的，应认定为以非法占有为目的：

(1) 假冒他人名义贷款的；

(2) 贷款后携款潜逃的；

(3) 未将贷款按贷款用途使用，而是用于挥霍致使贷款无法偿还的；

(4) 改变贷款用途，将贷款用于高风险的经济活动造成重大经济损失，导致无法偿还贷款的；

(5) 为谋取不正当利益，改变贷款用途，造成重大经济损失，致使无法偿还贷款的；

(6) 使用贷款进行违法犯罪活动的；

(7) 隐匿贷款去向，贷款到期后拒不偿还的。

(四) 贷款诈骗罪与骗取贷款罪的区别

(1) 犯罪主体不同。贷款诈骗罪的犯罪主体只能是自然人；骗取贷款罪的犯罪主体包括个人和单位。

(2) 主观内容不同。贷款诈骗罪以非法占有为目的，且并不打算日后归还贷款；骗取贷款罪主观上不具有非法占有贷款的目的，打算日后归还，其目的只是骗取贷款。

(3) 犯罪客体不同。贷款诈骗罪侵犯的客体是国家对贷款的管理制度以及财产所有权，骗取贷款罪侵犯的客体是金融管理秩序与金融机构的信用安全。

十九、信用卡诈骗罪

(一) 信用卡诈骗罪的概念

信用卡诈骗罪是指以非法占有为目的，使用法定方法进行信用卡诈骗活动，数额较大的行为。

(二) 信用卡诈骗罪的构成要件

(1) 侵犯的客体是国家的金融管理制度和公私财产的所有权。

(2) 客观方面表现为行为人违反信用卡管理法规，以非法占有为目的，使用法定方法进行信用卡诈骗活动，数额较大的行为。

(3) 犯罪主体是一般主体即自然人，单位不能成为本罪的主体。

(4) 主观方面表现为故意，并且具有非法占有他人财物的目的。

(三) 信用卡诈骗罪的法定行为方式和“以非法占有为目的”的认定

1. 信用卡诈骗罪的法定行为方式

(1) 使用伪造的信用卡，或者使用以虚假的身份证明骗领的信用卡的。

(2) 使用作废的信用卡的。

(3) 冒用他人信用卡的。

“冒用他人信用卡”包括以下情形：

①拾得他人信用卡并使用的。

②骗取他人信用卡并使用的。

③窃取、收买、骗取或者以其他非法方式获取他人信用卡信息资料，并通过互联网、通讯终

端等使用的。

④其他冒用他人信用卡的情形。

（4）恶意透支的。

恶意透支是指持卡人以非法占有为目的，超过规定限额或者规定期限透支，并且经发卡银行催收后仍不归还的行为。

2. “以非法占有为目的”的认定

在信用卡诈骗罪的上述四种法定行为方式中，前三种信用卡诈骗行为，判断行为人是否以非法占有为目的较为容易，较难区分的是恶意透支的情形。善意透支和恶意透支的区别在于行为人是否“以非法占有为目的”。恶意透支具有以下情形之一的，应当认定为“以非法占有为目的”，但有证据证明持卡人确实不具有非法占有目的的除外：

（1）明知没有还款能力而大量透支，无法归还的；

（2）使用虚假资信证明申领信用卡后透支，无法归还的；

（3）透支后通过逃匿、改变联系方式等手段，逃避银行催收的；

（4）抽逃、转移资金，隐匿财产，逃避还款的；

（5）使用透支的资金进行犯罪活动的；

（6）其他非法占有资金，拒不归还的情形。

二十、保险诈骗罪

（一）保险诈骗罪的概念

保险诈骗罪是指违反保险法规，以非法占有为目的，进行保险诈骗活动，数额较大的行为。

（二）保险诈骗罪的构成要件

（1）侵犯的客体是国家的保险制度和保险人的财产所有权。

（2）客观方面表现为行为人违反保险法规，采取虚构保险标的、保险事故或者制造保险事故等方法，骗取较大数额保险金的行为。

（3）犯罪主体为特殊主体，包括自然人和单位，具体指投保人、被保险人、受益人。

（4）主观方面表现为故意，并且具有非法占有保险金的目的。

（三）保险诈骗罪的法定行为方式

（1）投保人故意虚构保险标的，骗取保险金的。

（2）投保人、被保险人或者受益人对发生的保险事故编造虚假的原因或者夸大损失的程度，骗取保险金的。

（3）投保人、被保险人或者受益人编造未曾发生的保险事故，骗取保险金的。

（4）投保人、被保险人故意造成财产损失的保险事故，骗取保险金的。

（5）投保人、受益人故意造成被保险人死亡、伤残或者疾病，骗取保险金的。

二十一、逃税罪

（一）逃税罪的概念

逃税罪是指纳税人采取欺骗、隐瞒手段进行虚假的纳税申报或者不申报，逃避缴纳税款数额较大并且占应纳税额10%以上，或者扣缴义务人采取欺骗、隐瞒手段，不缴或少缴已扣、已收税款，数额较大，或者因逃税受到二次行政处罚又逃税的行为。

（二）逃税罪的构成要件

（1）侵犯的客体是国家的税收征管制度。

（2）客观方面表现为纳税人采取欺骗、隐瞒手段进行虚假纳税申报或者不申报，逃避缴纳税款数额较大并且占应纳税额10%以上的行为，以及扣缴义务人采用上述手段不缴或者少缴已扣、已收税款，数额较大，或者因逃税受到二次行政处罚又逃税的行为。

（3）犯罪主体是特殊主体，即纳税人和扣缴义务人。单位也可成为本罪的主体。

（4）主观方面表现为故意，并且具有逃避履行纳税义务，谋取非法利益的目的。

（三）逃税罪的处罚

任何逃税案件，首先必须经过税务机关的处理。税务机关没有处理或者不处理的，司法机关不得直接追究行为人的刑事责任。一般来说，只有经税务机关依法下达追缴通知后，行为人补缴应纳税款，缴纳滞纳金，已受行政处罚的，才不追究刑事责任。概言之，只要行为人接受了税务机关的处理，就不应追究刑事责任。但是，对于5年内因逃避缴纳税款受过刑事处罚或者被税务机关给予二次以上行政处罚又逃税的，不免除刑事责任。

二十二、抗税罪

（一）抗税罪的概念

抗税罪是指纳税人以暴力、威胁方法拒不缴纳税款的行为。

（二）抗税罪的构成要件

（1）侵犯的客体是国家对税收的管理秩序和依法征税的税务人员的人身权利。

（2）客观方面表现为行为人采用暴力、威胁方法拒不缴纳税款的行为。

（3）犯罪主体是纳税人中的个人，单位不构成本罪。

（4）主观方面表现为故意，目的在于抗拒缴纳税款。

二十三、虚开增值税专用发票、用于骗取出口退税、抵扣税款发票罪

（一）虚开增值税专用发票、用于骗取出口退税、抵扣税款发票罪的概念

虚开增值税专用发票、用于骗取出口退税、抵扣税款发票罪是指违反国家发票管理、增值税征管的法规，实施虚开增值税专用发票或者虚开用于骗取出口退税、抵扣税款的其他发票的行为。

（二）虚开增值税专用发票、用于骗取出口退税、抵扣税款发票罪的构成要件

（1）侵犯的客体是国家关于增值税专用发票和其他专用发票的管理制度。

（2）客观方面表现为行为人虚开增值税专用发票或者虚开用于骗取出口退税、抵扣税款的其他发票的行为。

（3）犯罪主体是一般主体，包括自然人和单位。

（4）主观方面表现为故意。

二十四、假冒注册商标罪

（一）假冒注册商标罪的概念

假冒注册商标罪是指违反国家商标管理法规，未经商标所有人许可，在同一种商品、服务上使用与其注册商标相同的商标，情节严重的行为。

（二）假冒注册商标罪的构成要件

（1）侵犯的客体是国家的商标管理制度和他人的注册商标专用权。

（2）客观方面表现为行为人违反商标管理法规，未经注册商标所有人许可而在同一种商品、服务上擅自使用与其注册商标相同的商标，情节严重的行为。

（3）犯罪主体是一般主体，包括自然人和单位。

（4）主观方面表现为故意。

二十五、侵犯著作权罪

（一）侵犯著作权罪的概念

侵犯著作权罪是指以营利为目的，侵犯著作权或者与著作权有关的权利，违法所得数额较大或者有其他严重情节的行为。

（二）侵犯著作权罪的构成要件

（1）侵犯的客体是著作权人的著作权和国家关于著作权的管理制度。

（2）客观方面表现为行为人侵犯他人著作权或者与著作权有关的权利，违法所得数额较大或者有其他严重情节的行为。

（3）犯罪主体是一般主体，包括自然人和单位。

（4）主观方面表现为故意，且具有营利目的。

（三）侵犯著作权罪的法定行为方式和"以营利为目的"的认定

1. 侵犯著作权罪的法定行为方式

（1）未经著作权人许可，复制发行、通过信息网络向公众传播其文字作品、音乐、美术、视听作品、计算机软件及法律、行政法规规定的其他作品的；

（2）出版他人享有专有出版权的图书的；

（3）未经录音录像制作者许可，复制发行、通过信息网络向公众传播其制作的录音录像的；

（4）未经表演者许可，复制发行录有其表演的录音录像制品，或者通过信息网络向公众传播其表演的；

（5）制作、出售假冒他人署名的美术作品的；

（6）未经著作权人或者与著作权有关的权利人许可，故意避开或者破坏权利人为其作品、录音录像制品等采取的保护著作权或者与著作权有关的权利的技术措施的。

2. 侵犯著作权罪主观方面中"以营利为目的"的认定

侵犯著作权罪属于典型的目的犯，必须"以营利为目的"。以刊登收费广告等方式直接或者间接收取费用的情形，属于"以营利为目的"。除销售外，具有下列情形之一的，可以认定为"以营利为目的"：

（1）以在他人作品中刊登收费广告、捆绑第三方作品等方式直接或者间接收取费用的；

（2）通过信息网络传播他人作品，或者利用他人上传的侵权作品，在网站或者网页上提供刊登收费广告服务，直接或者间接收取费用的；

（3）以会员制方式通过信息网络传播他人作品，收取会员注册费或者其他费用的；

（4）其他利用他人作品牟利的情形。

二十六、销售侵权复制品罪

（一）销售侵权复制品罪的概念

销售侵权复制品罪是指以营利为目的，违反著作权管理法规，明知是侵权复制品而故意销售，违法所得数额巨大或者有其他严重情节的行为。

（二）销售侵权复制品罪的构成要件

（1）侵犯的客体是著作权人的著作权和著作权管理制度。

（2）客观方面表现为销售复制的文字作品、音乐、美术、视听作品、计算机软件及其他作品，他人享有专有出版权的图书、录音录像制品、美术作品等，违法所得数额巨大或者有其他严重情节的行为。

（3）犯罪主体是一般主体，包括自然人和单位。

（4）主观方面表现为故意，并具有营利目的。

二十七、侵犯商业秘密罪

（一）侵犯商业秘密罪的概念

侵犯商业秘密罪是指违反反不正当竞争法等规范商业秘密的法律规定，侵犯商业秘密，情节严重的行为。

（二）侵犯商业秘密罪的构成要件

（1）侵犯的客体是商业秘密的权利人对商业秘密的专有权和国家对商业秘密的管理制度。

（2）客观方面表现为违反反不正当竞争法等规范商业秘密的法律规定，侵犯他人的商业秘密，情节严重的行为。

（3）犯罪主体是一般主体，包括自然人和单位。

（4）主观方面表现为故意。

（三）侵犯商业秘密罪的法定行为方式

（1）以盗窃、贿赂、欺诈、胁迫、电子侵入或者其他不正当手段获取权利人的商业秘密的；

（2）披露、使用或者允许他人使用以前项手段获取的权利人的商业秘密的；

（3）违反保密义务或者违反权利人有关保守商业秘密的要求，披露、使用或者允许他人使用其所掌握的商业秘密的。

明知有上述行为，获取、披露、使用或者允许他人使用该商业秘密的，以侵犯商业秘密论。

二十八、合同诈骗罪

（一）合同诈骗罪的概念

合同诈骗罪是指以非法占有为目的，在签订、履行合同过程中，骗取对方当事人财物，数额较大的行为。

（二）合同诈骗罪的构成要件

（1）侵犯的客体是国家对合同的管理制度、诚实信用的市场经济秩序和合同当事人的财产所有权。

（2）客观方面表现为行为人在签订、履行合同的过程中，骗取合同一方当事人的财物，数额较大的行为。

（3）犯罪主体是一般主体，包括自然人和单位。

（4）主观方面表现为故意，并且具有非法占有合同当事人财物的目的。

（三）合同诈骗罪的法定行为方式和“以非法占有为目的”的认定

1. 合同诈骗罪的法定行为方式

（1）以虚构的单位或者冒用他人名义签订合同的；

（2）以伪造、变造、作废的票据或者其他虚假的产权证明作担保的；

（3）没有实际履行能力，以先履行小额合同或者部分履行合同的方法，诱骗对方当事人继续签订和履行合同的；

（4）收受对方当事人给付的货物、货款、预付款或者担保财产后逃匿的；

（5）以其他方法骗取对方当事人财物的。

2. 合同诈骗罪的主观方面中“以非法占有为目的”的认定

行为人通过诈骗方法获取钱财且不能归还，具有下列情形之一的，可以认定为具有非法占有的目的：

（1）没有履约能力却骗取大量钱财；

（2）获取钱财后没有用在约定的用途上或有赢利预期的经济活动中，或挥霍或用于违法犯罪活动；

（3）无正当理由隐匿、处分财产，逃避归还的。

二十九、组织、领导传销活动罪

（一）组织、领导传销活动罪的概念

组织、领导传销活动罪是指组织、领导以推销商品、提供服务等经营活动为名，要求参加者以缴纳费用或者购买商品、服务等方式获得加入资格，并按照一定顺序组成层级，直接或间接以发展人员的数量作为计酬或者返利依据，引诱、胁迫参加者继续发展他人参加，骗取财物，扰乱社会经济秩序的传销活动的行为。

（二）组织、领导传销活动罪的构成要件

（1）侵犯的客体是正常的社会经济秩序。

（2）客观方面表现为组织、领导传销活动的行为，即组织、领导以推销商品、提供服务等经营活动为名，要求参加者以缴纳费用或者购买商品、服务等方式获得加入资格，并按照一定顺序组成层级，直接或者间接以发展人员的数量作为计酬或者返利依据，引诱、胁迫参加者继续发展他人参加，骗取财物，扰乱经济社会秩序的传销活动的行为。

（3）犯罪主体是特殊主体，即传销活动的组织者、领导者，不包括一般参加者。

（4）主观方面表现为故意。

三十、非法经营罪

（一）非法经营罪的概念

非法经营罪是指违反国家规定，非法经营，扰乱市场秩序，情节严重的行为。

（二）非法经营罪的构成要件

（1）侵犯的客体是国家依法管理的市场秩序。

(2) 客观方面表现为违反国家规定，从事非法经营活动，扰乱市场秩序，情节严重的行为。

(3) 犯罪主体是一般主体，包括自然人和单位。

(4) 主观方面表现为故意，一般具有获取非法经济利益的目的。

(三) 非法经营罪的法定行为方式

(1) 未经许可经营法律、行政法规规定的专营、专卖物品或者其他限制买卖的物品的；

(2) 买卖进出口许可证、进出口原产地证明以及其他法律、行政法规规定的经营许可证或者批准文件的；

(3) 未经国家有关主管部门批准非法经营证券、期货、保险业务的，或者非法从事资金支付结算业务的；

(4) 其他严重扰乱市场秩序的非法经营行为。

三十一、强迫交易罪

(一) 强迫交易罪的概念

强迫交易罪是指以暴力、威胁手段，迫使他人进行交易，情节严重的行为。

(二) 强迫交易罪的构成要件

(1) 侵犯的客体是公平自由的市场交易秩序和公民的合法权益。

(2) 客观方面表现为以暴力、威胁手段强迫交易，情节严重的行为。

(3) 犯罪主体是一般主体，包括自然人和单位。

(4) 主观方面表现为故意。

(三) 强迫交易罪的法定行为方式

(1) 强买强卖商品的；

(2) 强迫他人提供或者接受服务的；

(3) 强迫他人参与或者退出投标、拍卖的；

(4) 强迫他人转让或者收购公司、企业的股份、债券或者其他资产的；

(5) 强迫他人参与或者退出特定的经营活动的。

(四) 强迫交易罪与抢劫罪的区别

(1) 客体不同。强迫交易罪侵犯的客体是公平自由的市场交易秩序和公民的合法权益；抢劫罪侵犯的客体是公私财产所有权和他人的人身权利。

(2) 暴力、威胁的程度不同。强迫交易罪中的暴力，只要使被害人不得已而违背其真实意愿进行交易即可；抢劫罪中的暴力、胁迫必须达到使被害人不敢反抗或不能反抗的程度。

(3) 行为发生的场合不同。强迫交易罪必须发生在经营或交易活动过程中；抢劫罪则无此限制。

(4) 犯罪主体不同。强迫交易罪的犯罪主体是已满16周岁的自然人，也可以是单位；抢劫罪的犯罪主体是已满14周岁的自然人。

(5) 主观方面不同。强迫交易罪没有犯罪目的要求；抢劫罪以非法占有为目的。

知识拓展

试论生产、销售普通伪劣产品的犯罪与生产、销售特殊伪劣产品的犯罪之间的关系及处理。

（1）《刑法》第140条规定的是生产、销售普通伪劣产品的犯罪，第141条至第148条规定的是生产、销售特殊伪劣产品的犯罪，它们之间存在法条竞合关系。法条竞合是指刑法中有一些条文之间在内容上存在重复或交叉的情况。对法条竞合适用法律的基本规则是：特别法优于一般法，适用特别法条排斥一般法条；在法律有特别规定的情况下，依照法律规定，即适用重法优于轻法的原则。

（2）生产、销售普通伪劣产品犯罪和生产、销售特殊伪劣产品犯罪的关系及处理规则是：

①生产、销售各类特殊伪劣产品，不构成各该特殊产品的犯罪，但是销售金额在5万元以上的，依照生产、销售伪劣产品罪定罪处罚。构成生产、销售伪劣产品罪必须具备一个条件，就是生产、销售的伪劣产品金额必须达到5万元以上。如果所犯之罪是各类特殊伪劣产品的犯罪，按照各该类特殊伪劣产品的规定，都要求把足以造成危害结果或者已经造成危害结果作为构成要件。但是，如果生产、销售的是各类特殊伪劣产品，不具有各该条构成犯罪所要求的可能后果或者已然后果，而销售金额达到了5万元以上的，应当按照生产、销售伪劣产品罪定罪处罚。不过，生产、销售、提供假药罪和生产、销售有毒、有害食品罪是行为犯，不要求发生具体危险，更不要求发生侵害后果，所以，生产、销售、提供假药或者生产、销售有毒、有害食品的，难以因为没有发生具体危险或侵害后果，而认定为生产、销售伪劣产品罪。

②生产、销售各类特殊伪劣产品，构成各该类伪劣产品犯罪，同时又构成生产、销售伪劣产品罪的，依照处罚较重的规定定罪处罚。如果行为人生产、销售各该类特殊伪劣产品，导致各该类特殊伪劣产品犯罪要求的后果的，当然构成各该类特殊伪劣产品的犯罪；但是，如果生产、销售各该类特殊伪劣的产品同时销售金额又达到5万元以上的，应按法条竞合处理原则即重法优于轻法处理，以避免罪刑不均衡。

第十七章　侵犯公民人身权利、民主权利罪

大纲应试策略

本章包括侵犯公民人身权利、民主权利的概念、共同特征和26个具体罪名的概念、构成要件和认定。本章属于侵犯个人法益的犯罪，所涉罪名大多是常见罪名，考试中出现频率较高。对于其中的重点罪名，考生需要全面掌握，对于较为次要的罪名，如雇用童工从事危重劳动罪、非法侵入住宅罪、暴力干涉婚姻自由罪、重婚罪、破坏选举罪等，主要掌握概念、构成要件即可。本章出题方式包括各类题型。除27个罪名（含1个类罪名）的概念、构成要件和考查过的主观题外，本章较为重要的简答题有：自杀案件的定性与处理；强奸妇女、奸淫幼女的加重处罚情形；猥亵儿童罪的加重处罚情形；拐卖妇女、儿童罪的加重处罚情形；侮辱罪和诽谤罪的区别；诽谤罪和诬告陷害罪的区别；报复陷害罪和诬告陷害罪的区别；刑讯逼供罪与非法拘禁罪的区别。本章较为重要的论述题有：非法拘禁罪的罪数形态；刑法中奸淫幼女的主客观要件及处罚。本章考查案例分析题的频率较高。

大纲背诵要点

第一节 侵犯公民人身权利、民主权利罪概述

一、侵犯公民人身权利、民主权利罪的概念

侵犯公民人身权利、民主权利罪是指侵犯公民人身权利和与人身直接有关的权利，非法剥夺或者妨碍公民自由行使依法享有的管理国家事务和参加政治活动的权利，以及妨碍公民婚姻、家庭权利的行为。

二、侵犯公民人身权利、民主权利罪的共同特征

(1) 侵犯的客体是公民的人身权利和民主权利。

(2) 客观方面表现为侵犯公民人身权利、民主权利的行为。

(3) 犯罪主体多为一般主体，少数犯罪的主体是特殊主体。

(4) 主观方面只有过失致人死亡罪和过失致人重伤罪表现为过失，其余犯罪都表现为故意。

第二节 本章要求掌握的内容

一、故意杀人罪

(一) 故意杀人罪的概念

故意杀人罪是指故意非法剥夺他人生命的行为。

(二) 故意杀人罪的构成要件

(1) 侵犯的客体是他人的生命权利。

(2) 客观方面表现为非法剥夺他人生命的行为。

(3) 犯罪主体为一般主体，年满 12 周岁并具有刑事责任能力的自然人可以成为本罪的主体。已满 12 周岁未满 14 周岁的人犯故意杀人罪致人死亡，情节恶劣，经最高人民检察院核准追诉的，应当负刑事责任。

(4) 主观方面表现为故意。

(三) 自杀案件的定性和处理

(1) 以暴力、威胁方法逼迫他人自杀或者以相约自杀的方式欺骗他人自杀而本人不自杀的，应当以故意杀人罪定罪处罚。

(2) 双方相约自杀的，彼此都没有实施教唆、帮助行为，一方死亡而另一方未死，未死亡的一方不构成故意杀人罪。双方相约共同自杀，先杀死对方后，然后自杀未成功或者又放弃自杀行为的，构成故意杀人罪。双方相约共同自杀，一方欺骗另一方，欺骗者构成故意杀人罪。

(3) 教唆、帮助意志完全自由的人自杀的，不以犯罪论处。诱骗、帮助不满 14 周岁的人或者丧失辨认或控制能力的人自杀的，应当以故意杀人罪定罪处罚。

(4) 实施了刑法所规定的作为或者不作为而造成他人自杀身亡的，应当将他人自杀身亡的结果作为行为人构成某种犯罪的量刑情节予以考虑。

刑法学

二、过失致人死亡罪

（一）过失致人死亡罪的概念

过失致人死亡罪是指因过失致人死亡的行为。

（二）过失致人死亡罪的构成要件

（1）侵犯的客体是他人的生命权利。

（2）客观方面表现为因过失致使他人死亡的行为。

（3）犯罪主体是一般主体即自然人。

（4）主观方面表现为过失。

三、故意伤害罪

（一）故意伤害罪的概念

故意伤害罪是指故意非法损害他人身体健康的行为。

（二）故意伤害罪的构成要件

（1）侵犯的客体是他人身体健康权利。

（2）客观方面表现为非法损害他人身体健康的行为。

（3）犯罪主体为一般主体，年满 12 周岁并具有刑事责任能力的自然人可以成为本罪的主体。其中，重伤以上的主体须已满 14 周岁；致人死亡，或者以特别残忍手段致人重伤造成严重残疾，情节恶劣，经最高人民检察院核准追诉的，其犯罪主体为已满 12 周岁的自然人。

（4）主观方面表现为故意。

四、组织出卖人体器官罪

（一）组织出卖人体器官罪的概念

组织出卖人体器官罪，是指违反国家有关规定，组织他人出卖人体器官的行为。

（二）组织出卖人体器官罪的构成要件

（1）侵犯的客体是他人的生命身体健康权利、以及国家有关器官移植的医疗管理秩序。

（2）客观方面表现为违反国家有关规定，组织他人出卖人体器官的行为。

（3）犯罪主体是一般主体即自然人。

（4）主观方面表现为故意，是否出于营利目的不影响本罪的成立。

五、强奸罪

（一）强奸罪的概念

强奸罪是指违背妇女意志，以暴力、胁迫或者其他手段，强行与其发生性交或者奸淫不满 14 周岁的幼女的行为。

（二）强奸罪的构成要件

（1）侵犯的客体是妇女性的不可侵犯的权利或者幼女的身心健康。

（2）客观方面表现为违背妇女意志，以暴力、胁迫或者其他手段强奸妇女或者奸淫不满 14 周岁的幼女的行为。

（3）犯罪主体是一般主体，年满 14 周岁并具有刑事责任能力的自然人可以成为本罪的主体。

（4）主观方面表现为故意。

（三）强奸罪的加重处罚情节

（1）强奸妇女、奸淫幼女情节恶劣的。

（2）强奸妇女、奸淫幼女多人的。

（3）在公共场所当众强奸妇女、奸淫幼女的。

（4）二人以上轮奸的。

（5）奸淫不满 10 周岁的幼女或者造成幼女伤害的。

（6）致使被害人重伤、死亡或者造成其他严重后果的。

六、负有照护职责人员性侵罪

（一）负有照护职责人员性侵罪的概念

负有照护职责人员性侵罪是指对已满 14 周岁不满 16 周岁的未成年女性负有监护、收养、看护、教育、医疗等特殊职责的人员，与该未成年女性发生性关系的行为。

（二）负有照护职责人员性侵罪的构成要件

（1）侵犯的客体是已满 14 周岁不满 16 周岁未成年女性的性自主决定权和未成年女性的身心健康。

（2）客观方面表现为对已满 14 周岁不满 16 周岁的未成年女性负有监护、收养、看护、教育、医疗等特殊职责的人员，与该未成年女性发生性关系的行为。

（3）犯罪主体是特殊主体，即对已满 14 周岁未满 16 周岁负有监护、收养、看护、教育、医疗等特殊职责的人员。

（4）主观方面表现为故意。

七、强制猥亵、侮辱罪

（一）强制猥亵、侮辱罪的概念

强制猥亵、侮辱罪是指违背他人意志，以暴力、胁迫或者其他方法强制猥亵他人或侮辱妇女的行为。

（二）强制猥亵、侮辱罪的构成要件

（1）侵犯的客体是他人的性自主决定权。

（2）客观方面表现为行为人违背他人意志，以暴力、胁迫或者其他方法强制猥亵他人或侮辱妇女的行为。

（3）犯罪主体是一般主体即自然人。

（4）主观方面表现为故意，其中对妇女不具有奸淫的目的。

（三）强制猥亵、侮辱罪与强奸罪（未遂）的区别

以妇女为侵害对象进行强制猥亵、侮辱的，与强奸罪（未遂）的区别主要表现在：

（1）主观故意的内容不同。强制猥亵、侮辱妇女的犯罪不以与妇女发生性交行为为目的；强奸罪是以与妇女发生性交行为为目的。

（2）客观方面的行为不完全相同。强制猥亵、侮辱妇女的犯罪是对妇女实施性交行为以外的猥亵、侮辱行为，没有与妇女发生性交的行为；以性交为目的，即使由于行为人自身原因而致性

交未能完成，也应认定为强奸罪（未遂）。

（3）犯罪主体的范围不完全相同。强制猥亵、侮辱妇女的犯罪的实行犯既可以是男子也可以是妇女；强奸罪目的行为（即与妇女的性交行为）的实行犯则只能是男子。

八、非法拘禁罪

（一）非法拘禁罪的概念

非法拘禁罪是指非法拘禁他人或者以其他方法非法剥夺他人人身自由的行为。

（二）非法拘禁罪的构成要件

（1）侵犯的客体是他人的人身自由。

（2）客观方面表现为非法对被害人的身体进行强制，使被害人失去人身自由的行为。

（3）犯罪主体是一般主体即自然人。

（4）主观方面表现为故意。

九、绑架罪

（一）绑架罪的概念

绑架罪是指以勒索财物为目的绑架他人，或者绑架他人作为人质，或者以勒索财物为目的偷盗婴幼儿的行为。

（二）绑架罪的构成要件

（1）侵犯的客体是他人的人身权利。

（2）客观方面表现为绑架他人作为人质或者偷盗婴幼儿的行为。

（3）犯罪主体是一般主体即自然人。

（4）主观方面表现为故意，并以勒索财物或者劫持他人作为人质的目的。

十、拐卖妇女、儿童罪

（一）拐卖妇女、儿童罪的概念

拐卖妇女、儿童罪是指以出卖为目的，拐骗、绑架、收买、贩卖、接送、中转妇女、儿童的行为。

（二）拐卖妇女、儿童罪的构成要件

（1）侵犯的客体是妇女、儿童的人身自由和人格尊严权利。

（2）客观方面表现为拐卖妇女、儿童的行为，即以出卖为目的，拐骗、绑架、收买、贩卖、接送、中转年满 14 周岁的妇女或者未满 14 周岁的儿童的行为。

（3）犯罪主体是一般主体即自然人。

（4）主观方面表现为故意，并以出卖为目的。

（三）拐卖妇女、儿童罪与绑架罪的区别

（1）犯罪目的不同。拐卖妇女、儿童罪以出卖为目的；绑架罪以勒索财物或者扣押人质为目的。以出卖为目的，使用暴力、胁迫或者麻醉方法绑架妇女、儿童的，应认定为拐卖妇女、儿童罪。

（2）犯罪对象不同。拐卖妇女、儿童罪的对象限于妇女、儿童；绑架罪的对象可以是任何人。

（四）拐卖妇女、儿童罪的加重处罚情节

（1）拐卖妇女、儿童集团的首要分子。

（2）拐卖妇女、儿童 3 人以上的。

（3）奸淫被拐卖的妇女的。

（4）诱骗、强迫被拐卖的妇女卖淫或者将被拐卖的妇女卖给他人迫使其卖淫的。

（5）以出卖为目的，使用暴力、胁迫或者麻醉方法绑架妇女、儿童的。

（6）以出卖为目的，偷盗婴幼儿的。

（7）造成被拐卖的妇女、儿童或者其亲属重伤、死亡或者其他严重后果的。

（8）将妇女、儿童卖往境外的。

十一、收买被拐卖的妇女、儿童罪

（一）收买被拐卖的妇女、儿童罪的概念

收买被拐卖的妇女、儿童罪是指不以出卖为目的，收买被拐卖的妇女、儿童的行为。

（二）收买被拐卖的妇女、儿童罪的构成要件

（1）侵犯的客体是被拐卖妇女、儿童的人身自由和人格尊严权利。

（2）客观方面表现为收买被拐卖的妇女、儿童，即以金钱或者金钱以外的有经济价值的物品为报酬，从第三者手中换取妇女、儿童的行为。

（3）犯罪主体是一般主体即自然人。

（4）主观方面表现为故意，且不具有再出卖的目的。

十二、雇用童工从事危重劳动罪

（一）雇用童工从事危重劳动罪的概念

雇用童工从事危重劳动罪是指违反劳动管理法规，雇用未满 16 周岁的未成年人从事超强度体力劳动，或者从事高空、井下作业的，或者在爆炸性、易燃性、放射性、毒害性等危险环境下从事劳动，情节严重的行为。

（二）雇用童工从事危重劳动罪的构成要件

（1）侵犯的客体是未成年人的身心健康权利。

（2）客观方面表现为违反劳动管理法规，雇用未满 16 周岁的未成年人从事超强度体力劳动，或者从事高空、井下作业，或者在爆炸性、易燃性、放射性、毒害性等危险环境下从事劳动，情节严重的行为。

（3）犯罪主体是一般主体，包括自然人和单位。

（4）主观方面表现为故意。

十三、非法侵入住宅罪

（一）非法侵入住宅罪的概念

非法侵入住宅罪是指未经允许非法进入他人住宅或者经要求退出无故拒不退出的行为。

（二）非法侵入住宅罪的构成要件

（1）侵犯的客体是他人住宅不受侵犯的权利。

（2）客观方面表现为未经允许非法进入他人住宅或者经要求退出无故拒不退出的行为。

(3) 犯罪主体是一般主体即自然人。
(4) 主观方面表现为故意。

十四、诬告陷害罪

(一) 诬告陷害罪的概念

诬告陷害罪是指捏造事实诬告陷害他人，意图使他人受刑事追究，情节严重的行为。

(二) 诬告陷害罪的构成要件

(1) 侵犯的客体是公民的人身权利和国家司法机关的正常活动。

(2) 客观方面表现为捏造他人犯罪的事实，并向国家机关或者有关单位与人员告发，或者采取其他足以引起司法机关追究活动的行为。

(3) 犯罪主体是一般主体即自然人。

(4) 主观方面表现为故意，并具有使他人受刑事追究的目的。

十五、侮辱罪

(一) 侮辱罪的概念

侮辱罪是指使用暴力或者其他方法，公然贬低他人人格，败坏他人名誉，情节严重的行为。

(二) 侮辱罪的构成要件

(1) 侵犯的客体是他人的名誉权和人格尊严。

(2) 客观方面表现为以暴力或者其他方法公然侮辱他人，损害他人人格和名誉的行为。

(3) 犯罪主体是一般主体即自然人。

(4) 主观方面表现为故意，并具有损害他人人格、名誉的目的。

(三) 侮辱罪和强制猥亵、侮辱罪的区别

(1) 客体不同。侮辱罪侵犯的客体是他人名誉权和人格尊严，强制猥亵、侮辱罪侵犯的客体是他人的性自主决定权。

(2) 客观方面不同。侮辱罪不要求采取强制方法，强制猥亵、侮辱罪须采取强制方法。

(3) 公然性不同。构成侮辱罪须以公然实施侮辱行为为必要；构成强制猥亵、侮辱罪不要求公然实施。

(4) 犯罪性质不同。侮辱罪为亲告罪，告诉才处理；强制猥亵、侮辱罪不是亲告罪，不是告诉才处理的犯罪。

十六、诽谤罪

(一) 诽谤罪的概念

诽谤罪是指捏造并公开散布某种虚构的事实，损害他人人格与名誉，情节严重的行为。

(二) 诽谤罪的构成要件

(1) 侵犯的客体是他人的名誉权和人格尊严。

(2) 客观方面表现为捏造并散布某种虚构的事实，损害他人人格与名誉的行为。

(3) 犯罪主体是一般主体即自然人。

(4) 主观方面表现为故意，并以损害他人人格、名誉为目的。

(三) 诽谤罪与相关犯罪的区别

1. 诽谤罪与侮辱罪的区别

(1) 行为手段不同。诽谤罪的行为手段只能是口头或者文字图画的形式，而不可能是暴力的

形式；侮辱罪的行为手段既可以是口头、文字图画的形式，也可以是暴力的形式。

（2）行为方式不同。诽谤罪必须捏造事实，并以公然散布这一事实为必要；侮辱罪可以不用具体事实，也可以用具体事实的被害人的隐私来损害被害人的人格和名誉，但不可能使用捏造并散布事实的方法。

2. 诽谤罪与诬告陷害罪的区别

（1）犯罪客体不同。诽谤罪的犯罪客体是他人的名誉与人格；诬告陷害罪的客体是公民的人身权利和国家司法机关的正常活动。

（2）犯罪客观方面不同。诽谤罪表现为捏造损害他人人格、名誉的事实并散布，但并没有向国家机关或者有关部门单位告发；诬告陷害罪在客观上表现为捏造犯罪事实，并且向国家机关或者其他有关部门单位告发或者采用了足以引起司法机关追究活动的行为。

（3）犯罪主观方面不同。诽谤罪目的在于损害他人人格、名誉，而不是为了使他人受到刑事追究；诬告陷害罪目的在于使他人受到刑事追究。

十七、刑讯逼供罪

（一）刑讯逼供罪的概念

刑讯逼供罪是指司法工作人员对犯罪嫌疑人、被告人实行刑讯逼供的行为。

（二）刑讯逼供罪的构成要件

（1）侵犯的客体是公民的人身权利和司法机关的正常活动。

（2）客观方面表现为对犯罪嫌疑人、被告人使用肉刑或者变相使用肉刑，逼取口供的行为。

（3）犯罪主体是特殊主体，即司法工作人员。

（4）主观方面表现为故意，目的在于逼取口供。

十八、侵犯公民个人信息罪

（一）侵犯公民个人信息罪的概念

侵犯公民个人信息罪是指违反国家有关规定，向他人出售或者提供公民个人信息，或者将在履行职责或者提供服务过程中获得的公民个人信息出售或者提供给他人，以及窃取或者以其他方法非法获取公民个人信息，情节严重的行为。

（二）侵犯公民个人信息罪的构成要件

（1）侵犯的客体是公民个人信息的自由和安全。

（2）客观方面表现为行为人向他人出售或者非法提供公民个人信息，或者将在履行职责或者提供服务过程中获得的公民个人信息出售或者提供给他人，以及窃取或者以其他方法非法获取公民个人信息，情节严重的行为。

（3）犯罪主体是一般主体，包括自然人和单位。

（4）主观方面表现为故意。

十九、报复陷害罪

（一）报复陷害罪的概念

报复陷害罪是指国家机关工作人员滥用职权，假公济私，对控告人、申诉人、批评人、举报人实行报复陷害的行为。

（二）报复陷害罪的构成要件

（1）侵犯的客体是公民的民主权利，即控告权、申诉权、批评监督权和国家机关的正常活动。

（2）客观方面表现为滥用职权、假公济私，对控告人、申诉人、批评人、举报人实行报复陷害的行为。

（3）犯罪主体是特殊主体，即国家机关工作人员。

（4）主观方面表现为故意。

（三）报复陷害罪和诬告陷害罪的区别

（1）犯罪客体不同。报复陷害罪的客体是公民的民主权利即公民的控告权、申诉权、批评监督权和国家机关的正常活动；诬告陷害罪的客体是公民的人身权利和国家司法机关的正常活动。

（2）犯罪对象不同。报复陷害罪的对象是控告人、申诉人、批评人、举报人；诬告陷害罪的对象可以是任何公民。

（3）犯罪行为方式不同。报复陷害罪表现为滥用职权、假公济私，对控告人、申诉人、批评人、举报人实行报复陷害的行为；诬告陷害罪表现为捏造他人犯罪的事实，并向国家机关或者有关单位与人员告发，或者采取其他足以引起司法机关追究活动的行为。

（4）犯罪主体不同。报复陷害罪的犯罪主体是特殊主体，即国家机关工作人员；诬告陷害罪的犯罪主体是一般主体，可以是任何达到刑事责任年龄并具有刑事责任能力的自然人。

（5）犯罪目的不同。报复陷害罪的犯罪目的是报复；诬告陷害罪的犯罪目的是使他人受到刑事追究。

二十、破坏选举罪

（一）破坏选举罪的概念

破坏选举罪是指在选举各级人民代表大会代表和国家机关领导人员时，以暴力、威胁、欺骗、贿赂、伪造选举文件、虚报选举票数等手段破坏选举或者妨碍选民和代表自由行使选举权和被选举权，情节严重的行为。

（二）破坏选举罪的构成要件

（1）侵犯的客体是公民的民主权利，即选举权与被选举权和国家的选举制度。

（2）客观方面表现为在选举各级人民代表大会代表和国家机关领导人员时，以暴力、威胁、欺骗、贿赂、伪造选举文件、虚报选举票数等手段破坏选举或者妨碍选民和代表自由行使选举权和被选举权，情节严重的行为。

（3）犯罪主体是一般主体即自然人。

（4）主观方面表现为故意，并具有破坏选举的目的。

二十一、暴力干涉婚姻自由罪

（一）暴力干涉婚姻自由罪的概念

暴力干涉婚姻自由罪是指暴力干涉他人婚姻自由的行为。

（二）暴力干涉婚姻自由罪的构成要件

（1）侵犯的客体是他人的婚姻自由。

（2）客观方面表现为暴力干涉他人婚姻自由的行为。

（3）犯罪主体是一般主体即自然人。

（4）主观方面表现为故意。

二十二、重婚罪

（一）重婚罪的概念

重婚罪是指有配偶而重婚或者明知他人有配偶而与之结婚的行为。

（二）重婚罪的构成要件

（1）侵犯的客体是一夫一妻的婚姻制度。

（2）客观方面表现为有配偶者即已婚者又与他人结婚，或者无配偶者明知他人有配偶而与之结婚的行为。

（3）犯罪主体是特殊主体，即已婚者或者虽无配偶但是明知对方有配偶而与之结婚的人。

（4）主观方面表现为故意。

二十三、虐待罪

（一）虐待罪的概念

虐待罪是指虐待家庭成员，情节恶劣的行为。

（二）虐待罪的构成要件

（1）侵犯的客体是共同生活的家庭成员在家庭生活中的平等权利与被害人的人身权利。

（2）客观方面表现为虐待共同生活的家庭成员，情节恶劣的行为。

（3）犯罪主体是特殊主体，即共同生活的家庭成员。

（4）主观方面表现为故意。

二十四、虐待被监护、看护人罪

（一）虐待被监护、看护人罪的概念

虐待被监护、看护人罪是指对未成年人、老年人、患病的人、残疾人等负有监护、看护职责的人虐待被监护、看护的人，情节恶劣的行为。

（二）虐待被监护、看护人罪的构成要件

（1）本罪的客体是被监护、看护人的人格权和身心健康权利。

（2）客观方面表现为对未成年人、老年人、患病的人、残疾人等负有监护、看护职责的人虐待被监护、看护的人，情节恶劣的行为。

（3）犯罪主体是特殊主体，即对于老年、年幼、患病或者其他没有独立生活能力的人负有监护、看护职责的自然人和单位。

（4）主观方面表现为故意。

（三）虐待被监护、看护人罪与虐待罪的区别

（1）犯罪对象不同。本罪的对象是未成年人、老年人、患病的人、残疾人；虐待罪的犯罪对象是共同生活的家庭成员。

（2）犯罪主体不同。本罪的主体是有监护、看护职责的扶养单位（如幼儿园、医院等）和个人；虐待罪的犯罪主体是共同生活的家庭成员。

二十五、遗弃罪

(一) 遗弃罪的概念

遗弃罪是指对于年老、年幼、患病或者其他没有独立生活能力的人，负有扶养义务而拒绝扶养，情节恶劣的行为。

(二) 遗弃罪的构成要件

(1) 侵犯的客体是被遗弃人接受扶养的权利。

(2) 客观方面表现为对于年老、年幼、患病或者其他没有独立生活能力的人，负有扶养义务而拒绝扶养的行为。

(3) 犯罪主体是特殊主体，即对被遗弃者负有法律上的扶养义务而且有扶养能力的人。

(4) 主观方面表现为故意。

(三) 遗弃罪和故意杀人罪的关系

(1) 在行为人对他人的生命具有救助义务的前提下，拒不救助的行为既可能成立不作为的故意杀人罪，也可能成立遗弃罪。在这种情况下，应重点考察生命所面临的危险是否紧迫，生命对作为义务的依赖程度，行为人履行义务的难易程度，行为是否会立即导致他人死亡等因素，决定是以遗弃罪还是以故意杀人罪论处。

(2) 就故意的内容而言，成立遗弃罪并不要求行为人希望或者放任被害人死亡，但要求行为人对被害人生命、身体的危险持有希望或者放任态度；成立故意杀人罪，要求行为人希望或者放任被害人死亡。

二十六、拐骗儿童罪

(一) 拐骗儿童罪的概念

拐骗儿童罪是指拐骗不满 14 周岁的未成年人脱离家庭或者监护人的行为。

(二) 拐骗儿童罪的构成要件

(1) 侵犯的客体是他人的家庭关系和儿童的合法权益。

(2) 客观方面表现为拐骗不满 14 周岁的未成年人脱离家庭或者监护人的行为。

(3) 犯罪主体是一般主体即自然人。

(4) 主观方面表现为故意。

知识拓展

试论奸淫幼女的认定。

(1) 奸淫幼女是指与不满 14 周岁幼女发生性关系的行为。奸淫幼女的行为，属于准强奸行为。奸淫不满 14 周岁的幼女的，以强奸论，从重处罚。

(2) 奸淫幼女的行为对象是不满 14 周岁的幼女。强奸罪主观方面表现为故意，如果行为人所发生性行为的对象是幼女，一般还应当明知对方是幼女，特别要求行为人主观上应当对幼女的年龄具有明知：知道或者应当知道对方是不满 14 周岁的幼女而实施奸淫的，应当认定为“明知”对方是幼女；对于不满 12 周岁的被害人实施奸淫行为的，应当认定行为人明知对方是“幼女”；对于已满 12 周岁不满 14 周岁，从其身体发育状况、言谈举止、衣着特征、生活作息规律等观察可能是幼女而实施奸淫行为的，应当认定为行为人“明知”对方是幼女。

(3) 由于不满14周岁的幼女对性行为缺乏辨别和认识能力，所以，不论行为人采用什么手段（暴力、胁迫、诱骗或其他方法），也不论幼女是否同意，只要行为人有与其发生性关系的行为，就构成犯罪。奸淫不满14周岁幼女的，行为人只要主观上具有奸淫幼女的故意，客观上实施了奸淫幼女的行为，双方生殖器一旦接触即构成强奸罪既遂。

第十八章　侵犯财产罪

大纲应试策略

本章包括侵犯财产罪的概念、共同特征和11个具体罪名的概念、构成要件及认定，个别罪名还要掌握处罚。本章几乎每一个罪都是重点罪名，考题必有涉及。考生除了要掌握各个罪的概念、构成要件之外，抢劫罪与抢夺罪、盗窃罪与诈骗罪、诈骗罪与敲诈勒索罪等各罪之间的区别也是十分重要的内容。除12个罪名（含1个类罪名）的概念、构成要件和考查过的主观题外，本章较为重要的简答题有：抢劫罪与绑架罪的区别；侵占罪和盗窃罪的区别；挪用资金罪与职务侵占罪的区别；敲诈勒索罪与绑架罪的区别；敲诈勒索罪和抢劫罪的区别。本章较为重要的论述题有：转化型抢劫罪的构成条件；入户抢劫；携带凶器抢夺；盗窃罪的行为手段；亲属相盗。本章考查案例分析题的频率较高。

大纲背诵要点

第一节　侵犯财产罪概述

一、侵犯财产罪的概念

侵犯财产罪是指故意非法占有、挪用公私财物，或者故意破坏生产经营，毁坏公私财物的行为。

二、侵犯财产罪的共同特征

(1) 侵犯的客体是公共财产和公民私人财产所有权。

(2) 客观方面表现为非法占有、挪用或者毁坏公私财物的行为。

(3) 犯罪主体一般是自然人，但个别犯罪，如拒不支付劳动报酬罪的犯罪主体也可以是单位。

(4) 主观方面表现为故意。

第二节　本章要求掌握的内容

一、抢劫罪

（一）抢劫罪的概念

抢劫罪是指以非法占有为目的，当场使用暴力、威胁或者其他方法，强行劫取公私财物的行为。

（二）抢劫罪的构成要件

（1）侵犯的客体是他人的财产所有权和人身权利。

（2）客观方面表现为行为人对公私财物的所有人、保管人、看护人或者持有人当场使用暴力、威胁或者其他方法，迫使其立即交出财物或者将财物劫走的行为。

（3）犯罪主体是一般主体，年满14周岁且具有刑事责任能力的自然人可以成为本罪的主体。

（4）主观方面表现为故意，并且具有非法占有公私财物的目的。

（三）抢劫罪的认定

1. 转化型抢劫（事后抢劫）

（1）转化型抢劫罪应当具备的条件。

①行为人必须实施了盗窃、诈骗、抢夺任何一种犯罪行为，这是适用转化型抢劫罪的前提。

②行为人的目的是窝藏赃物、抗拒抓捕或者毁灭罪证。窝藏赃物，是指防护已到手的赃物不被追回；抗拒抓捕是指抗拒公安机关或者任何公民，特别是失主的抓捕、扭送；毁灭罪证是指毁灭作案现场遗留的痕迹、物品等以免被采取成为罪证。

③行为人必须是“当场”使用暴力或者以暴力相威胁。如果不是“当场”，而是在盗窃、诈骗、抢夺犯罪完成以后隔了一段时间，在其他地方被发现，当对其抓捕时，犯罪分子行凶抗拒，不构成转化型抢劫罪。其暴力行为构成犯罪的，应实行数罪并罚。

④必须使用暴力或者以暴力相威胁，如果使用暴力或者暴力相威胁的情节不严重、危害不大或者没有伤害意图，只是为了挣脱抓捕而冲撞他人的，可以不认为是使用暴力的情况，而仍然以原来的犯罪论处。

（2）转化型抢劫罪的认定。

①行为人实施盗窃、诈骗、抢夺行为，未达到“数额较大”，为窝藏赃物、抗拒抓捕或者毁灭罪证当场使用暴力或者以暴力相威胁，情节较轻、危害不大的，一般不以犯罪论处；但具有下列情节之一的，可以抢劫罪定罪处罚：

其一，盗窃、诈骗、抢夺接近“数额较大”标准的；

其二，入户或在公共交通工具上盗窃、诈骗、抢夺后在户外或交通工具外实施上述行为的；

其三，使用暴力致人轻微伤以上后果的；

其四，使用凶器或以凶器相威胁的；

其五，具有其他严重情节的。

②入户或者在公共交通工具上盗窃、诈骗、抢夺后，为了窝藏赃物、抗拒抓捕或者毁灭罪证，在户内或者公共交通工具上当场使用暴力或者以暴力相威胁的，构成“入户抢劫”或者“在公共交通工具上抢劫”。

③两人以上共同实施盗窃、诈骗、抢夺犯罪，其中部分行为人为窝藏赃物、抗拒抓捕或者毁灭罪证而当场使用暴力或者以暴力相威胁的，对于其余行为人是否以抢劫罪共犯论处，主要看其

与实施暴力或者以暴力相威胁的行为人是否形成共同犯意或对其提供帮助。基于一定意思联络，对实施暴力或者以暴力相威胁的行为人提供帮助或实际成为帮凶的，以抢劫共犯论处。

④行为人实施的盗窃、诈骗、抢夺行为为特定类型的盗窃、诈骗、抢夺行为，符合转化型抢劫罪条件的，也可以转化为抢劫罪。如果有抢劫罪特别法条规定的，依据特别法条的规定转化，如转化为抢劫枪支罪。

⑤已满14周岁不满16周岁的人盗窃、诈骗、抢夺他人财物，为窝藏赃物、抗拒抓捕或者毁灭罪证，当场使用暴力，故意伤害致人重伤或者死亡，或者故意杀人的，应当分别以故意伤害罪或者故意杀人罪定罪处罚。

2. 聚众“打砸抢”

对聚众“打砸抢”，毁坏或者抢走公私财物的，除判令退赔外，对首要分子，依照抢劫罪的规定定罪处罚。此种情形下的抢劫罪必须具备三个条件：

（1）聚众“打砸抢”，即由首要分子故意发动、纠集特定或者不特定的多数人，在一定时间聚集于同一地点。这里的“聚众”至少是3人以上。

（2）抢走公私财物。

（3）只对首要分子依照抢劫罪定罪处罚。聚众“打砸抢”的首要分子，是指对聚众“打砸抢”起组织、策划、指挥作用的人，对首要分子以外的积极参加者或者其他参加人员不能以抢劫罪定罪量刑。

3. 携带凶器抢夺

（1）携带凶器抢夺的，依照抢劫罪处罚。“携带凶器抢夺”，是指携带枪支、爆炸物、管制刀具等国家规定禁止个人携带的器械进行抢夺或者为了实施犯罪而携带其他器械进行抢夺。

（2）构成“携带凶器抢夺”应当具备以下几个条件：

①行为人必须携带凶器。

②行为人主观上具有利用凶器作案的动机，或者以凶器作为抢夺的后盾。

③行为人将携带凶器这一客观事实以明示或者暗示的方式告知被抢夺的对象，企图利用这一客观事实给对方造成精神压力，使犯罪易于得逞。

（3）行为人必须以实施抢夺或者其他犯罪目的而携带凶器，即行为人有携带意识，才能构成抢劫罪。行为人有携带意识，应当包括两种情况：

①行为人在抢夺前为了使用而携带凶器；

②行为人出于其他目的而携带可能用于杀伤他人的器具，在现场意识到自己所携带的凶器进而实施抢夺行为的，也应当认定为携带凶器抢夺。

4. 抢劫罪与绑架罪的区别

（1）主观方面不尽相同。抢劫罪中，行为人一般出于非法占有他人财物的故意实施抢劫行为；绑架罪中，行为人既可能为勒索他人财物而实施绑架行为，也可能出于其他非经济目的实施绑架行为。

（2）行为手段不尽相同。抢劫罪中行为人劫取财物一般应在同一时间、同一地点，具有“当场性”；绑架罪中行为人以杀害、伤害等方式向被绑架人的亲属、其他人或单位发出威胁，索取赎金或提出其他非法要求，劫取财物一般不具有“当场性”。

（四）抢劫罪的加重处罚情节

1. 入户抢劫

（1）入户抢劫是指为实施抢劫行为而进入他人生活的与外界相对隔离的住所，包括封闭的院落、牧民的帐篷、渔民作为家庭生活场所的渔船、为生活租用的房屋等，机关、企业事业单位的办公室、仓库以及公共娱乐场所，不能认定为户。对于部分从事经营、部分用于生活且之间有明确隔离的场所，行为人进入生活场所实施抢劫的，应认定为入户抢劫；如场所之间没有明确隔离，行为人在营业时间入内实施抢劫的，不认定为入户抢劫，但在非营业时间入内实施抢劫的，应认定为入户抢劫。对于入户盗窃，因被发现而当场使用暴力或者以暴力相威胁的，应当认定为入户抢劫。对于在户外为入户抢劫的正犯望风的共犯，也应适用入户抢劫的法定刑，同时适用刑法总则关于共犯的处罚规定。

(2) 进入他人住所须以实施抢劫等犯罪为目的。抢劫行为虽然发生在户内，但行为人不以实施抢劫等犯罪为目的进入他人住所，而是在户内临时起意实施抢劫的，不属于入户抢劫。

(3) 认定入户抢劫，要注重审查行为人入户的目的，将入户抢劫与在户内抢劫区别开来。以侵害户内人员的人身、财产为目的，入户后实施抢劫，包括入户实施盗窃、诈骗等犯罪而转化为抢劫的，应认定为入户抢劫。因访友办事等原因经户内人员允许入户后，临时起意实施抢劫，或者临时起意实施盗窃、诈骗等犯罪而转化为抢劫的，不应认定为入户抢劫；或者盗窃、诈骗、抢夺行为发生后，使用暴力或暴力相威胁的手段在户外，即脱离了户的范围，也不能认定为入户抢劫，即便转化，也应当按照一般的转化型抢劫罪认定；将被害人从户内骗出，进而实施抢劫的，也不能认定为入户抢劫。即通过暴力、胁迫等手段实施的抢劫必须发生在户内，才能认定为入户抢劫。

2. 在公共交通工具上抢劫

(1) 公共交通工具，包括从事旅客运输的各种公共汽车、大中型出租车、火车、地铁、轻轨、轮船、飞机等，不含小型出租车。对于虽不具有商业营运执照，但实际从事旅客运输的大中型交通工具，可认定为公共交通工具。接送职工的单位班车、接送师生的校车等大中型交通工具，视为公共交通工具。在公共交通工具上抢劫，既包括在处于运营状态的公共交通工具上对旅客及司售、乘务人员实施抢劫，也包括拦截运营中的公共交通工具对旅客及司售、乘务人员实施抢劫，但不包括在未运营的公共交通工具上针对司售、乘务人员实施抢劫。以暴力、胁迫或者麻醉等手段对公共交通工具上的特定人员实施抢劫的，一般应认定为在公共交通工具上抢劫。

(2) 在公共交通工具上盗窃、诈骗、抢夺后，为了窝藏赃物、抗拒抓捕或者毁灭罪证，在公共交通工具上当场使用暴力或者以暴力相威胁的，属于在公共交通工具上抢劫；但在公共交通工具上盗窃、诈骗、抢夺，下车后转化为事后抢劫的，不属于在公共交通工具上抢劫。

3. 抢劫银行或者其他金融机构

“抢劫银行或其他金融机构”是指抢劫银行或者其他金融机构的经营资金、有价证券和客户的资金等。抢劫正在使用的银行运钞车或者其他金融机构的运钞车，视为抢劫银行或其他金融机构；抢劫的对象并非经营资金、有价证券和客户的资金，而是运钞车本身的，不能算抢劫银行。

4. 多次抢劫或者抢劫数额巨大

“多次抢劫”是指抢劫三次以上。认定“抢劫数额巨大”，参照各地认定盗窃罪数额巨大的标准执行。抢劫数额以实际抢劫到的财物数额为依据。抢劫信用卡后使用、消费的，以行为人实际使用、消费的数额为抢劫数额。通过银行转账或者电子支付、手机银行等支付平台获取抢劫财物的，以行为人实际获取的财物为抢劫数额。

5. 抢劫致人重伤、死亡

抢劫致人重伤、死亡首先包括过失的结果加重犯，此情形不另定过失致人重伤罪、过失致人死亡罪，只定一个抢劫罪。由于这种情形属于典型的结果加重犯，故必须符合结果加重犯的成立条件。特别要求抢劫行为与重伤、死亡之间具备直接性要件，且行为人对重伤、死亡具有预见的可能性。但是，对抢劫行为引起被害人自杀的，追赶抢劫犯的被害人自己摔倒身亡的，抢劫犯离开现场后被害人不小心从高处摔下身亡的，都不应认定为抢劫致人死亡。

6. 冒充军警人员抢劫

认定“冒充军警人员抢劫”，要注重对行为人是否穿着军警制服、是否携带枪支、是否出示军警证件等情节进行综合审查，判断是否足以使他人误以为是军警人员。对于行为人仅穿着类似军警的服装或仅以言语宣称系军警人员但未携带枪支、也未出示军警证件而实施抢劫的，要结合抢劫地点、时间、暴力或威胁的具体情形，依照常人判断标准，确定是否认定为“冒充军警人员抢劫”。军警人员利用自身的真实身份实施抢劫的，不认定为“冒充军警人员抢劫”，应依法从重处罚。

7. 持枪抢劫

“持枪抢劫”是指使用枪支或者向被害人显示持有、佩戴的枪支进行抢劫的行为。此情形中表述的“枪”必须是真枪，如果是持假枪抢劫的，按照一般抢劫罪论处。

8. 抢劫军用物资或者抢险、救灾、救济物资

抢险、救灾、救济物资是指已确定用于或者正在用于抢险、救灾、救济的物资。如果本是军用物资，或者抢险、救灾、救济物资，但行为人误以为是普通财物并抢劫的，只能认定为普通的抢劫罪。

二、盗窃罪

（一）盗窃罪的概念

盗窃罪是指以非法占有为目的，盗窃公私财物数额较大的，或者多次盗窃、入户盗窃、携带凶器盗窃、扒窃的行为。

（二）盗窃罪的构成要件

（1）侵犯的客体是公私财产所有权。

（2）客观方面表现为秘密窃取数额较大的公私财物或者多次盗窃、入户盗窃、携带凶器盗窃、扒窃的行为。

（3）犯罪主体是一般主体即自然人。

（4）主观方面表现为故意，并且具有非法占有公私财物的目的。

（三）盗窃罪的行为方式

（1）盗窃罪的行为方式是秘密窃取他人占有的财物。秘密窃取属于盗窃罪的本质属性。

（2）多次盗窃、入户盗窃、携带凶器盗窃、扒窃的，才成立盗窃罪。多次盗窃、入户盗窃、携带凶器盗窃、扒窃属于特殊的盗窃方式，这几类特殊行为方式没有数额要求。行为人的盗窃行为只要符合上述任何一种行为表现，一般即可认定为盗窃罪。

①多次盗窃。二年内盗窃三次以上的，应当认定为“多次盗窃”。

②入户盗窃。非法进入供他人家庭生活、与外界相对隔离的住所盗窃的，应当认定为入户盗窃。

③携带凶器盗窃。携带枪支、爆炸物、管制刀具等国家禁止个人携带的器械盗窃，或者为了实施违法犯罪携带其他足以危害他人人身安全的器械盗窃的，应当认定为携带凶器盗窃。

④扒窃。在公共场所或者公共交通工具上盗窃他人随身携带的财物的，应当认定为扒窃。

三、诈骗罪

（一）诈骗罪的概念

诈骗罪是指以非法占有为目的，用虚构事实或者隐瞒真相的方法，骗取数额较大的公私财物的行为。

（二）诈骗罪的构成要件

（1）侵犯的客体是公私财产所有权。

（2）客观方面表现为使用虚构事实或者隐瞒真相的方法，骗取数额较大的公私财物的行为。

（3）犯罪主体是一般主体即自然人。

（4）主观方面表现为故意，并且具有非法占有公私财物的目的。

（三）诈骗罪与相关犯罪的区别

1. 诈骗罪与相关诈骗犯罪的区别

（1）客体不同。诈骗罪侵犯的客体是公私财产所有权；特殊诈骗犯罪侵犯的客体除了公私财产所有权，还包括金融管理制度（秩序），国家对税收、合同的管理制度，社会管理秩序等。

（2）客观方面表现不同。诈骗罪表现为虚构事实、隐瞒真相，骗取公私财物，欺骗手法多种多样，法律上没有限制；特殊诈骗犯罪则具体表现为在某一特定领域内以特定的欺骗方法进行诈骗活动。

（3）犯罪主体不同。诈骗罪的主体只能是自然人；特殊诈骗犯罪中除了贷款诈骗罪、信用卡诈骗罪、招摇撞骗罪的主体只能是自然人外，其他特殊诈骗犯罪，犯罪主体既可以是自然人，也可以是单位。

2. 诈骗罪与盗窃罪的区别

（1）行为人是如何从财物所有人、管理人、持有人的控制之下取得财物的，如果欺骗的手段不是对被害人产生实际的心理影响而使被害人仿佛是“自愿”地交出财物，而是从被害人的直接控制之下秘密地窃取财物，则应当以盗窃罪论处，反之，则应当以诈骗罪论处。

（2）在非法占有财物的方式上，诈骗罪是“骗取”，盗窃罪是“窃取”。

（3）所有人、管理人、持有人没有处分行为或者处分行为没有直接造成财产损失，而是由行为人的新的取得行为转移其财产的，不成立诈骗罪，而应根据新的取得行为的性质认定为盗窃罪。

3. 诈骗罪与虚假诉讼罪的区别

（1）客体不同。诈骗罪侵犯的客体是公私财产所有权。虚假诉讼罪侵犯的客体是司法秩序和他人的合法权益。

（2）客观方面表现不同。诈骗罪客观方面表现为使用虚构事实或者隐瞒真相的方法，骗取数额较大公私财物的行为。虚假诉讼罪客观方面不仅表现为捏造事实提起民事诉讼的行为，还要有妨害司法秩序或者严重侵犯他人合法权益的后果。

四、抢夺罪

（一）抢夺罪的概念

抢夺罪是指以非法占有为目的，公然夺取数额较大的公私财物或者实施多次抢夺的行为。

（二）抢夺罪的构成要件

（1）侵犯的客体是公私财物的所有权。

（2）客观方面表现为公然夺取数额较大的公私财物或者实施多次抢夺的行为。

（3）犯罪主体是一般主体即自然人。

（4）主观方面表现为故意，并且具有非法占有公私财物的目的。

（三）抢夺罪与抢劫罪的区别

（1）犯罪客体不同。抢夺罪的客体是公私财物的所有权；抢劫罪的客体是公私财产所有权和他人的人身权利。

（2）客观方面不同。抢夺罪采取公然夺取的方式取得他人财物，取财方式不能是暴力、胁迫等强制方法；抢劫罪采取暴力、胁迫或者其他方法劫取财物。抢夺罪是对物暴力；抢劫罪是对人暴力。

五、侵占罪

（一）侵占罪的概念

侵占罪是指以非法占有为目的，将代为保管的他人财物或者将他人的遗忘物、埋藏物非法占为己有，数额较大拒不退还或者拒不交出的行为。

（二）侵占罪的构成要件

（1）侵犯的客体是公私财产所有权。

（2）客观方面表现为非法占有代为保管的他人财物或者将他人的遗忘物、埋藏物非法占为己有，数额较大拒不退还或者拒不交出的行为。

（3）犯罪主体是一般主体即自然人。

（4）主观方面表现为故意，并以非法占有为目的。

（三）侵占罪和盗窃罪的区别

（1）犯罪故意产生的时间不同。侵占罪的行为人在持有公私财物之后才产生犯罪故意，即产生了非法占有公私财物的目的；盗窃罪的行为人是在占有财物之前就产生了非法占有他人财物的目的。

（2）犯罪对象不尽相同。侵占罪的对象是行为人业已持有的公私财物，公私财物已经在行为人的控制之下；盗窃罪的对象是他人所有、管理、持有的公私财物，公私财物在被害人的控制之下。

（3）客观方面不尽相同。侵占罪客观方面表现为侵占行为，即将自己已经控制的公私财物非法占有；盗窃罪的客观方面表现为秘密窃取行为，行为人采取自以为不会被财物的所有人、保管人、看护人、持有人等发觉的方法窃取财物。

六、职务侵占罪

（一）职务侵占罪的概念

职务侵占罪是指公司、企业或者其他单位的人员，利用职务上的便利，将本单位财物非法占有，数额较大的行为。

（二）职务侵占罪的构成要件

（1）侵犯的客体是公司、企业或者其他单位的财产所有权。

（2）客观方面表现为利用职务上的便利，将本单位财物非法占为己有，数额较大的行为。

（3）犯罪主体是特殊主体，即公司、企业或者其他单位的人员。

（4）主观方面表现为故意，并以非法占有为目的。

（三）职务侵占罪与相关犯罪的区别

1. 职务侵占罪与侵占罪的区别

（1）犯罪客观行为方式不同。职务侵占罪表现为利用职务上的便利，将本单位的财物非法占有；侵占罪表现为将他人的财物占为已有，其占有与职务上的便利无关。

（2）犯罪对象不同。职务侵占罪的对象是行为人所在公司、企业等单位的财物；侵占罪的对象是行为人代为保管的他人财物、行为人拾得的他人遗忘物或者发掘的埋藏物。

（3）犯罪主体不同。职务侵占罪的主体是特殊主体即公司、企业或者其他单位的人员；侵占罪的主体是一般主体。

2. 职务侵占罪和盗窃罪、诈骗罪的区别

（1）犯罪客观行为方式不同。职务侵占罪的行为方式有两个特点，一是行为人利用职务上的便利，二是行为人采取多种非法手段占有他人财物，既有盗窃、诈骗手段，也有侵占和其他手段。盗窃罪、诈骗罪的行为人没有利用职务之便，而且在非法占有他人财物的手段上仅限于窃取和诈骗。如果采用其他非法手段，则不能以盗窃罪或诈骗罪论处。

（2）犯罪对象范围不同。职务侵占罪的犯罪对象只限于行为人所在单位的财物；盗窃罪、诈骗罪的犯罪对象没有任何限制。

（3）犯罪主体不同。职务侵占罪的主体为公司、企业或者其他单位的人员，是特殊主体；盗窃罪、诈骗罪的犯罪主体为一般主体。

3. 职务侵占罪和贪污罪的区别

二者客体不同、犯罪对象不同、犯罪主体不同等，但关键区别是犯罪主体不同：职务侵占罪的犯罪主体为公司、企业或者其他单位的人员；贪污罪的犯罪主体是国家工作人员，以及受国家机关、国有公司、企业、事业单位、人民团体委托管理、经营国有财产的人员。

七、挪用资金罪

（一）挪用资金罪的概念

挪用资金罪是指公司、企业或者其他单位的工作人员，利用职务上的便利，挪用本单位资金归个人使用或者借贷给他人，数额较大，超过3个月未还的，或者虽然没有超过3个月，但是数额较大，进行营利活动，或者进行非法活动的行为。

（二）挪用资金罪的构成要件

（1）侵犯的客体是公司、企业或者其他单位的资金使用权。

（2）客观方面表现为利用职务上的便利，挪用本单位资金归个人使用或者借贷给他人的行为。

（3）犯罪主体是特殊主体，即公司、企业或者其他单位的工作人员。

（4）主观方面表现为故意，并且具有挪用资金归个人使用或者借贷给他人的目的。

（三）挪用资金罪与相关犯罪的区别

1. 挪用资金罪与职务侵占罪的区别

（1）犯罪客体不尽相同。两种犯罪虽然都侵犯了财物的所有权，但挪用资金罪侵犯了所有权的一部分，即侵犯了资金的使用权和收益权，但未侵犯处置权；职务侵占罪则侵犯了财物所有权的全部权能。

（2）犯罪行为对象不尽相同。挪用资金罪的对象是本单位资金；职务侵占罪的对象则是本单位财物，外延广于资金。

（3）犯罪故意内容不同。挪用资金罪的故意内容只是暂时挪用资金，准备日后归还；职务侵占罪的故意内容则是将财物非法占有，完全不打算归还。

2. 挪用资金罪与挪用特定款物罪的区别

（1）犯罪主体不同。挪用资金罪的主体只能是公司、企业或者其他单位中不属于国家工作人员的人员；挪用特定款物罪的主体则是掌管、经手救灾、抢险、防汛、优抚、移民、救济款物的直接责任人员。

（2）犯罪对象不同。挪用资金罪侵犯的对象只能是本单位的资金；挪用特定款物罪侵犯的对象只能是用于救灾、抢险、防汛、优抚、扶贫、移民、救济的款物，既包括资金，也包括其他财物。

（3）挪用的用途不同。挪用资金罪是归个人使用或者借贷给他人使用；挪用特定款物罪只能是归单位使用，不能是归个人使用或借贷给他人使用。

（4）危害结果不同。挪用资金罪将挪用的资金分为三种不同的用途，分别在挪用的时间和挪用的数额上作不同的要求，且没有明确规定要造成什么样的后果才能构成犯罪；挪用特定款物罪在挪用的时间和挪用的数额上没有作明确的要求，但规定挪用行为情节严重，致使国家和人民群众利益遭受重大损害的，才构成犯罪。

（5）直接客体不同。挪用资金罪侵犯的客体是公司、企业或者其他单位的财物所有权和财经管理制度；挪用特定款物罪侵犯的客体是特定款物的所有权和特定款物的专用制度。

八、敲诈勒索罪

（一）敲诈勒索罪的概念

敲诈勒索罪是指以非法占有为目的，对公私财物的所有人、管理人实施威胁或者要挟的方法，多次强行索取公私财物或者索取数额较大的公私财物的行为。

（二）敲诈勒索罪的构成要件

（1）侵犯的客体是公私财产所有权和公民的人身权利。

（2）客观方面表现为对公私财物的所有人、管理人实施威胁或者要挟，迫使其当场或者限期交出数额较大的公私财物或者多次进行敲诈勒索的行为。

（3）犯罪主体是一般主体即自然人。

（4）主观方面表现为故意，并且具有非法占有公私财物的目的。

（三）敲诈勒索罪与相关犯罪的区别

1. 敲诈勒索罪和抢劫罪的区别

（1）行为的内容不同。敲诈勒索罪仅限于威胁，不当场实施暴力，而且威胁的内容不只是暴力，还包括非暴力；抢劫罪以当场实施暴力、暴力相威胁为其行为内容。

（2）犯罪行为方式不同。敲诈勒索罪的威胁可以是当着被害人的面，也可以是通过第三者来实现，可以用口头方式来表示，也可以通过书信的方式来表示；抢劫罪的威胁当着被害人的面实施，一般是用言语或动作来表示。

（3）非法取得财物的时间不同。敲诈勒索罪可以是当场，也可以是在实施威胁、要挟之后取得他人财物；抢劫罪是当场取得财物。行为人以暴力相威胁迫使被害人限期交出财物的行为，不应定抢劫罪，而应当以敲诈勒索罪论处。

（4）构成犯罪的数额标准不同。敲诈勒索罪的社会危害性相对较小，刑法规定以数额较大或多次敲诈勒索作为构成犯罪的必要要件；抢劫罪有较大的社会危害性，法律不要求其劫取财物的数额必须达到数额较大才构成犯罪。

2. 敲诈勒索罪与诈骗罪的区别

（1）侵犯的客体不同。敲诈勒索罪的犯罪客体是复杂客体，侵犯了公私财产所有权和公民的人身权利；诈骗罪的犯罪客体是公私财产所有权，是单一客体。

（2）行为方式不同。敲诈勒索罪以威胁、要挟的方法，造成被害人心理上的恐惧，从而迫使被害人交出财物；诈骗罪是用虚构事实或隐瞒事实真相的欺诈手段，使被害人信以为真，从而仿佛“自愿地交出财物”。

3. 敲诈勒索罪与绑架罪的区别

（1）客观行为对象不同。敲诈勒索罪的行为对象是公私财物；绑架罪的行为对象是他人（人质）。

（2）威胁的实施对象不同。敲诈勒索罪威胁的对象是公私财物的所有人或持有人；绑架罪威胁的对象是被绑架人的亲属或者其他利害关系人等。

（3）财物的取得时间不同。敲诈勒索罪可以使被害人当场也可以是日后交付财物；绑架罪则是勒令在一定时间内交付一定数额的金钱或财物，或者满足其要求，以换取人质。

九、故意毁坏财物罪

（一）故意毁坏财物罪的概念

故意毁坏财物罪是指行为人故意毁灭或者损坏公私财物，数额较大或者情节严重的行为。

（二）故意毁坏财物罪的构成要件

（1）侵犯的客体是公私财产所有权。

（2）客观方面表现为行为人实施了毁灭或损坏公私财物，数额较大或者情节严重的行为。

（3）犯罪主体是一般主体即自然人。

（4）主观方面表现为故意。

十、破坏生产经营罪

（一）破坏生产经营罪的概念

破坏生产经营罪是指出于泄愤、报复或者其他个人目的，毁坏机器设备、残害耕畜或者以其他方法破坏生产经营的行为。

（二）破坏生产经营罪的构成要件

（1）侵犯的客体是生产经营活动。

（2）客观方面表现为，出于泄愤、报复或者其他个人目的，毁坏机器设备、残害耕畜或者以其他方法破坏生产经营的行为。

(3) 犯罪主体是一般主体即自然人。

(4) 主观方面表现为故意，并且具有泄愤、报复或者其他个人目的。

十一、拒不支付劳动报酬罪

(一) 拒不支付劳动报酬罪的概念

拒不支付劳动报酬罪是指以转移财产、逃匿等方法逃避支付劳动者的劳动报酬，或者有能力支付而不支付劳动者的劳动报酬，数额较大，经政府有关部门责令支付仍不支付的行为。

(二) 拒不支付劳动报酬罪的构成要件

(1) 本罪的客体是复杂客体，既侵害了劳动者的财产权，又妨碍正常的劳动用工关系，破坏社会主义市场经济秩序。

(2) 客观方面表现为以转移财产、逃匿等方法逃避支付劳动者的劳动报酬，或者有能力支付而不支付劳动者的劳动报酬，数额较大，经政府有关部门责令支付仍不支付的行为。

(3) 犯罪主体是一般主体，包括自然人和单位。

(4) 主观方面表现为故意。

第十九章 妨害社会管理秩序罪

大纲应试策略

本章包括妨害社会管理秩序罪的概念、共同特征和42个具体罪名的概念、构成要件及认定，个别罪名还要掌握处罚。本章内容庞杂，罪名众多，但理论知识较少。本章较为重要的罪名有：妨害公务罪，袭警罪，聚众斗殴罪，寻衅滋事罪，赌博类犯罪，伪证罪，妨害作证罪，窝藏、包庇罪，掩饰、隐瞒犯罪所得、犯罪所得收益罪，毒品类犯罪和卖淫类犯罪。本章有些罪名涉及相关司法解释，掌握这些司法解释中的相关内容，对于作答选择题和案例分析题有帮助。本章出题方式包括各类题型。除43个罪名（含1个类罪名）的概念、构成要件和考查过的主观题外，本章较为重要的简答题有：招摇撞骗罪与诈骗罪的区别；拒不履行网络安全管理义务罪的客观方面；非法利用信息网络罪的客观方面；“随意殴打他人”型寻衅滋事罪与故意伤害罪的区别；聚众斗殴罪法定刑升格的情形；伪证罪与诬告陷害罪的区别；妨害作证罪与伪证罪的区别；扰乱法庭秩序罪的客观方面；伪证罪与包庇罪的区别；组织他人偷越国（边）境罪的加重处罚情形；妨害传染病防治罪的客观方面；污染环境罪法定刑升格的情形；污染环境罪与危险物品肇事罪的区别；盗伐林木罪的客观表现；毒品犯罪共同犯罪的认定；强迫卖淫罪与强奸罪的区别。本章较为重要的论述题有：我国刑法中的黑社会性质组织；毒品再犯制度及与累犯在适用和处罚上的关系。

大纲背诵要点

第一节　妨害社会管理秩序罪概述

一、妨害社会管理秩序罪的概念

妨害社会管理秩序罪是指妨害国家机关对社会的管理活动，破坏社会正常秩序，情节严重的行为。

二、妨害社会管理秩序罪的共同特征

(1) 侵犯的客体是社会管理秩序。

(2) 客观方面表现为妨害国家机关对社会依法实行管理活动，破坏社会正常秩序，情节严重的行为。

(3) 犯罪主体多数为一般主体，少数为特殊主体；多数犯罪只限于自然人，少数犯罪可由单位构成，个别犯罪的主体只能是单位。

(4) 主观方面大多数表现为故意，个别犯罪表现为过失。

第二节　本章要求掌握的内容

一、妨害公务罪

(一) 妨害公务罪的概念

妨害公务罪是指以暴力、威胁方法阻碍国家机关工作人员依法执行职务，阻碍人民代表大会代表依法执行代表职务，在自然灾害或者突发事件中，阻碍红十字会工作人员依法履行职责的行为，或者故意阻碍国家安全机关、公安机关依法执行国家安全工作任务，未使用暴力、威胁方法，造成严重后果的行为。

(二) 妨害公务罪的构成要件

(1) 侵犯的客体是国家机关工作人员依法执行职务的活动。

(2) 客观方面表现为以暴力、威胁的方法阻碍国家机关工作人员、人大代表依法执行职务，或者在自然灾害或者突发事件中，以暴力、威胁方法阻碍红十字会工作人员依法履行职责；或者虽未使用暴力、威胁的方法，但故意阻碍国家安全机关、公安机关工作人员依法执行国家安全工作任务，造成严重后果的行为。

(3) 犯罪主体是一般主体即自然人。

(4) 主观方面表现为故意。

二、袭警罪

(一) 袭警罪的概念

袭警罪是指暴力袭击正在依法执行职务的人民警察，或者使用枪支、管制刀具，或者以驾驶机动车撞击等手段，严重危及其人身安全的行为。

(二) 袭警罪的构成要件

(1) 侵犯的客体是社会管理秩序、警察执法权和警察的人身权利。

(2) 客观方面表现为暴力袭击正在依法执行职务的人民警察，或者使用枪支、管制刀具，或者以驾驶机动车撞击等手段，严重危及其人身安全的行为。

(3) 犯罪主体是一般主体即自然人。

(4) 主观方面表现为故意。

三、伪造、变造、买卖国家机关公文、证件、印章罪

(一) 伪造、变造、买卖国家机关公文、证件、印章罪的概念

伪造、变造、买卖国家机关公文、证件、印章罪是指伪造、变造、买卖国家机关的公文、证件、印章的行为。

(二) 伪造、变造、买卖国家机关公文、证件、印章罪的构成要件

(1) 侵犯的客体是国家机关的正常管理活动和信誉。

(2) 客观方面表现为伪造、变造、买卖国家机关公文、证件、印章的行为。

(3) 犯罪主体是一般主体即自然人。

(4) 主观方面表现为故意。

四、招摇撞骗罪

(一) 招摇撞骗罪的概念

招摇撞骗罪是指以谋取非法利益为目的，冒充国家机关工作人员进行招摇撞骗的行为。

(二) 招摇撞骗罪的构成要件

(1) 侵犯的客体是国家机关的正常活动及其威信。

(2) 客观方面表现为冒充国家机关工作人员进行招摇撞骗的行为。

(3) 犯罪主体是一般主体即自然人。

(4) 主观方面表现为故意，其目的是骗取某种非法利益。

五、伪造、变造、买卖身份证件罪

(一) 伪造、变造、买卖身份证件罪的概念

伪造、变造、买卖身份证件罪是指伪造、变造、买卖居民身份证、护照、社会保障卡、驾驶证等依法可以用于证明身份的证件的行为。

(二) 伪造、变造、买卖身份证件罪的构成要件

(1) 侵犯的客体是国家对身份证件的管理制度。

(2) 客观方面表现为行为人实施了伪造、变造、买卖居民身份证、护照、社会保障卡、驾驶证等依法可以用于证明身份的证件的行为。

(3) 犯罪主体是一般主体即自然人。

(4) 主观方面表现为故意。

六、非法获取国家秘密罪

(一) 非法获取国家秘密罪的概念

非法获取国家秘密罪是指以窃取、刺探、收买的方法，非法获取国家秘密的行为。

（二）非法获取国家秘密罪的构成要件

（1）侵犯的客体是国家的保密制度。

（2）客观方面表现为以窃取、刺探、收买的方法，非法获取国家秘密的行为。

（3）犯罪主体是一般主体即自然人。

（4）主观方面表现为故意。

七、投放虚假危险物质罪

（一）投放虚假危险物质罪的概念

投放虚假危险物质罪是指行为人故意投放虚假的爆炸性、毒害性、放射性、传染病病原体等物质，严重扰乱社会秩序的行为。

（二）投放虚假危险物质罪的构成要件

（1）侵犯的客体是社会管理秩序。

（2）客观方面表现为投放了虚假的爆炸性、危害性、放射性、传染病病原体等物质，严重扰乱社会秩序的行为。

（3）犯罪主体是一般主体即自然人。

（4）主观方面表现为故意。

八、编造、故意传播虚假恐怖信息罪

（一）编造、故意传播虚假恐怖信息罪的概念

编造、故意传播虚假恐怖信息罪是指行为人编造爆炸威胁、生化威胁、放射威胁等恐怖信息，或者明知是编造的恐怖信息而故意传播，严重扰乱社会秩序的行为。

（二）编造、故意传播虚假恐怖信息罪的构成要件

（1）侵犯的客体是社会公共秩序。

（2）客观方面表现为故意编造虚假恐怖信息和故意传播虚假恐怖信息的行为。

（3）犯罪主体是一般主体即自然人。

（4）主观方面表现为故意。

九、高空抛物罪

（一）高空抛物罪的概念

高空抛物罪是指从建筑物或者其他高空抛掷物品，情节严重的行为。

（二）高空抛物罪的构成要件

（1）侵犯的客体是社会的公共管理秩序。

（2）客观方面表现为从建筑物或者其他高空抛掷物品，情节严重的行为。

（3）犯罪主体是一般主体即自然人。

（4）主观方面表现为故意。

（三）高空抛物罪与以危险方法危害公共安全罪的区别

（1）性质不同。高空抛物罪一般情况下不具有现实的危险性；以危险方法危害公共安全罪的危险方法是与放火、决水、爆炸、投放危险物质性质相当的危害公共安全行为。

（2）客体不同。高空抛物罪的客体是社会公共管理秩序；以危险方法危害公共安全罪的客体是公共安全。

（3）客观方面不同。高空抛物罪要求达到情节严重才构成犯罪；以危险方法危害公共安全罪不需要情节严重或者造成严重后果作为构成要件。

十、组织考试作弊罪

（一）组织考试作弊罪的概念

组织考试作弊罪是指在法律规定的国家考试中，组织作弊或者为他人实施组织作弊犯罪提供作弊器材或者其他帮助的行为。

（二）组织考试作弊罪的构成要件

（1）侵犯的客体是国家的公平、公正的考试制度。

（2）客观方面表现为在法律规定的国家考试中，组织作弊或者为他人实施组织作弊犯罪提供作弊器材或者其他帮助的行为。

（3）犯罪主体是一般主体即自然人。

（4）主观方面表现为故意。

十一、代替考试罪

（一）代替考试罪的概念

代替考试罪是指代替他人或者让他人代替自己参加法律规定的国家考试的行为。

（二）代替考试罪的构成要件

（1）侵犯的客体是国家的公平、公正的考试制度。

（2）客观方面表现为代替他人或者让他人代替自己参加法律规定的国家考试的行为。

（3）犯罪主体是一般主体即自然人。

（4）主观方面表现为故意。

十二、非法侵入计算机信息系统罪

（一）非法侵入计算机信息系统罪的概念

非法侵入计算机信息系统罪是指违反国家规定，侵入国家事务、国防建设、尖端科学技术领域的计算机信息系统的行为。

（二）非法侵入计算机信息系统罪的构成要件

（1）侵犯的客体是国家事务、国防建设、尖端科学技术领域计算机信息系统安全。

（2）客观方面表现为违反国家规定，侵入国家事务、国防建设、尖端科学技术领域的计算机信息系统的行为。

（3）犯罪主体是一般主体，包括自然人和单位。

（4）主观方面表现为故意。

十三、破坏计算机信息系统罪

（一）破坏计算机信息系统罪的概念

破坏计算机信息系统罪是指违反国家规定，对计算机信息系统功能进行删除、修改、增加、干扰，造成计算机信息系统不能正常运行，以及对计算机信息系统中存储、处理或者传输的数据和应用程序进行删除、修改、增加的操作，或者故意制作、传播计算机病毒等破坏性程序，影响计算机正常运行，后果严重的行为。

（二）破坏计算机信息系统罪的构成要件

（1）侵犯的客体是国家对计算机信息系统的安全运行管理制度和计算机信息系统的所有人和合法用户的合法权益。

（2）客观方面表现为违反国家规定，对计算机信息系统功能进行删除、修改、增加、干扰，造成计算机信息系统不能正常运行，以及对计算机信息系统中存储、处理或者传输的数据和应用程序进行删除、修改、增加的操作，或者故意制作、传播计算机病毒等破坏性程序，影响计算机正常运行，后果严重的行为。

（3）犯罪主体是一般主体，包括自然人和单位。

（4）主观方面表现为故意。

（三）破坏计算机信息系统罪的行为方式

（1）违反国家规定，对计算机信息系统功能进行删除、修改、增加、干扰，从而造成计算机信息系统不能正常运行，后果严重的。

（2）违反国家规定，对计算机信息系统中存储、处理或者传输的数据和应用程序进行删除、修改、增加的操作，后果严重的。

（3）故意制作、传播计算机病毒等破坏性程序，影响计算机系统正常运行，后果严重的。

（4）违反国家规定，擅自中断计算机网络或者通信服务，造成计算机网络或者通信系统不能正常运行的。

十四、拒不履行信息网络安全管理义务罪

（一）拒不履行信息网络安全管理义务罪的概念

拒不履行信息网络安全管理义务罪是指网络服务提供者不履行法律、行政法规规定的信息网络安全管理义务，经监管部门责令采取改正措施而拒不改正，有法定情形的行为。

（二）拒不履行信息网络安全管理义务罪的构成要件

（1）侵犯的客体是国家网络安全的管理制度。

（2）客观方面表现为网络服务提供者不履行法律、行政法规规定的信息网络安全管理义务，经监管部门责令采取改正措施而拒不改正，有法定情形的行为。

（3）犯罪主体是特殊主体，即网络服务提供者。单位可以成为本罪的主体。

（4）主观方面表现为故意。

（三）拒不履行信息网络安全管理义务罪的行为表现

（1）致使违法信息大量传播的；

（2）致使用户信息泄露，造成严重后果的；

（3）致使刑事案件证据灭失，情节严重的；

（4）有其他严重情节的。

十五、帮助信息网络犯罪活动罪

（一）帮助信息网络犯罪活动罪的概念

帮助信息网络犯罪活动罪是指明知他人利用信息网络实施犯罪，为其犯罪提供互联网接入、

服务器托管、网络存储、通信传输等技术支持，或者提供广告推广、支付结算等帮助，情节严重的行为。

（二）帮助信息网络犯罪活动罪的构成要件

（1）侵犯的客体是有关网络安全的管理制度。

（2）客观方面表现为明知他人利用信息网络实施犯罪，为其犯罪提供互联网接入、服务器托管、网络存储、通信传输等技术支持，或者提供广告推广、支付结算等帮助，情节严重的行为。

（3）犯罪主体是一般主体，包括自然人和单位。

（4）主观方面表现为故意。

十六、聚众斗殴罪

（一）聚众斗殴罪的概念

聚众斗殴罪是指出于报私仇、争霸或者其他不正当目的，成帮结伙打架斗殴，破坏公共秩序的行为。

（二）聚众斗殴罪的构成要件

（1）侵犯的客体是公共秩序。

（2）客观方面表现为首要分子聚集多人实施斗殴行为。

（3）犯罪主体是一般主体，即聚众斗殴的首要分子和积极参加者。

（4）主观方面表现为故意。

（三）聚众斗殴罪的加重处罚情节

（1）多次聚众斗殴的。

（2）聚众斗殴人数多，规模大，社会影响恶劣的。

（3）在公共场所或者交通要道聚众斗殴，造成社会秩序严重混乱的。

（4）持械聚众斗殴的。

十七、寻衅滋事罪

（一）寻衅滋事罪的概念

寻衅滋事罪是指行为人为寻求刺激、发泄情绪、逞强耍横等，无事生非，进行扰乱破坏，情节恶劣的行为。

（二）寻衅滋事罪的构成要件

（1）侵犯的客体是公共秩序或社会秩序。

（2）客观方面表现为行为人为寻求刺激、发泄情绪、逞强耍横，肆意挑衅，无事生非，起哄闹事，进行扰乱破坏，情节恶劣的行为。

（3）犯罪主体是一般主体即自然人。

（4）主观方面表现为故意。

（三）寻衅滋事罪的类型

1. 无事生非型

行为人为寻求刺激、发泄情绪、逞强耍横，无事生非，实施下列四种法定行为的，构成寻衅滋事罪：

（1）随意殴打他人，情节恶劣的。

（2）追逐、拦截、辱骂、恐吓他人，情节恶劣的。

（3）强拿硬要或者任意损毁、占用公私财物，情节严重的。

（4）在公共场所起哄闹事，造成公共场所秩序严重混乱的。

2. 借故生非型

行为人因日常生活偶发矛盾纠纷，借故生非，实施四种法定行为的，应当认定为“寻衅滋事”；但矛盾系由被害人故意引发或者被害人对矛盾激化负有主要责任的除外。

3. 事出有因、不听劝止型

行为人因婚恋、家庭、邻里、债务等纠纷，实施殴打、辱骂、恐吓他人或者损毁、占用他人财物等行为的，一般不认定为“寻衅滋事”；但经有关部门批评制止或者处理处罚后，继续实施前列行为，破坏社会秩序的，可认定为“寻衅滋事”。

（四）寻衅滋事罪与相关犯罪的区别

1. 寻衅滋事罪与故意伤害罪的区别

（1）犯罪动机不同。寻衅滋事罪是基于打人取乐发泄或者显示威风、无端寻衅的动机，而故意伤害罪往往产生于一定的事由或恩怨。

（2）行为对象不同。寻衅滋事罪的对象是不特定的，故意伤害罪的对象往往是特定事情的关系人。因寻衅滋事罪致人轻伤的，仍定寻衅滋事罪；因寻衅滋事致人重伤的，以故意伤害罪论处。

2. 寻衅滋事罪与聚众扰乱社会秩序罪，聚众扰乱公共场所秩序、交通秩序罪的区别

（1）客观表现不同。寻衅滋事罪主要有四种表现；聚众扰乱社会秩序罪表现为聚众扰乱社会秩序，致使工作、生产、教学、科研、医疗无法进行，并造成严重损失；聚众扰乱公共场所秩序、交通秩序罪则表现为聚众扰乱公共场所秩序和聚众扰乱交通秩序两种行为。

（2）主体不同。寻衅滋事罪的犯罪主体是一般主体；聚众扰乱社会秩序罪的犯罪主体是首要分子和积极参加者；聚众扰乱公共场所秩序、交通秩序罪的犯罪主体仅限于首要分子。

十八、组织、领导、参加黑社会性质组织罪

（一）组织、领导、参加黑社会性质组织罪的概念

组织、领导、参加黑社会性质组织罪是指组织、领导或者参加黑社会性质组织的行为。

（二）组织、领导、参加黑社会性质组织罪的构成要件

（1）侵犯的客体是经济、社会生活秩序。

（2）客观方面表现为组织、领导、参加黑社会性质组织的行为。

（3）犯罪主体是一般主体，即组织者、领导者、积极参加者、其他参加者。

（4）主观方面表现为故意。

（三）黑社会性质组织的概念和特征

1. 黑社会性质组织的概念

黑社会性质的组织是指以暴力、威胁或者其他手段，有组织地进行违法犯罪活动，称霸一方，为非作恶，欺压、残害群众，严重破坏经济、社会生活秩序的犯罪组织。

2. 黑社会性质组织的特征

（1）组织特征：形成较稳定的犯罪组织，人数较多，有明确的组织者、领导者，骨干成员基

本固定。

(2) 经济特征：有组织地通过违法犯罪活动或者其他手段获取经济利益，具有一定的经济实力，以支持该组织的活动。

(3) 行为特征：以暴力、威胁或者其他手段，有组织地多次进行违法犯罪活动，为非作恶，欺压、残害群众。

(4) 危害性特征：通过实施违法犯罪活动，或者利用国家工作人员的包庇或者纵容，称霸一方，在一定区域或者行业内，形成非法控制或者重大影响，严重破坏经济、社会生活秩序。

十九、赌博罪

（一）赌博罪的概念

赌博罪是指以营利为目的，聚众赌博或者以赌博为业的行为。

（二）赌博罪的构成要件

(1) 侵犯的客体是社会管理秩序和社会风尚。

(2) 客观方面表现为聚众赌博或者以赌博为业的行为。

(3) 犯罪主体是一般主体即自然人。

(4) 主观方面表现为故意，并且以营利为目的。

二十、开设赌场罪

（一）开设赌场罪的概念

开设赌场罪是指为赌博提供场所，设定赌博方式，提供赌具、筹码、资金等组织赌博的行为。

（二）开设赌场罪的构成要件

(1) 侵犯的客体是社会管理秩序和社会风尚。

(2) 客观方面表现为行为人开设赌场，即为赌博提供场所，设定赌博方式，提供赌具、筹码、资金等组织赌博的行为。

(3) 犯罪主体是一般主体即自然人。

(4) 主观方面表现为故意，并具有营利目的。

二十一、组织参与国（境）外赌博罪

（一）组织参与国（境）外赌博罪的概念

组织参与国（境）外赌博罪是指组织中华人民共和国公民参与国（境）外赌博，数额巨大或者有其他严重情节的行为。

（二）组织参与国（境）外赌博罪的构成要件

(1) 侵犯的客体是社会管理秩序、国家经济安全和社会稳定。

(2) 客观方面表现为组织中华人民共和国公民参与国（境）外赌博，数额巨大或者有其他严重情节的行为。

(3) 犯罪主体是一般主体即自然人。

(4) 主观方面表现为故意。

二十二、伪证罪

（一）伪证罪的概念

伪证罪是指在刑事诉讼中，证人、鉴定人、记录人、翻译人对与案件有重要关系的情节，故意作虚假证明、鉴定、记录、翻译，意图陷害他人或者隐匿罪证的行为。

（二）伪证罪的构成要件

（1）侵犯的客体主要是司法机关的正常活动，同时还危害公民的人身权利及其他合法权益。

（2）客观方面表现为在刑事诉讼中，对与案件有重要关系的情节作虚假的证明、鉴定、记录、翻译。

（3）犯罪主体是特殊主体，即刑事诉讼中的证人、鉴定人、记录人、翻译人。

（4）主观方面表现为故意，即有意作虚假的证明、鉴定、记录、翻译，并有陷害他人或者隐匿罪证的目的。

（三）伪证罪和诬告陷害罪的区别

（1）行为对象不完全相同。本罪的行为对象主要是人犯；后罪的行为对象是任何公民。

（2）行为方式不同。本罪是对与案件有重要关系的重要情节作伪证；后罪是捏造整个犯罪事实。

（3）犯罪主体不同。本罪是特殊主体，只限于证人、鉴定人、记录人、翻译人；后罪主体是一般主体。

（4）行为内容不同。本罪的行为内容包括陷害他人或包庇犯罪；后罪只是陷害他人。

（5）行为实施的时间不同。本罪发生在立案以后的刑事诉讼过程中；后罪则发生在立案侦查之前。

二十三、妨害作证罪

（一）妨害作证罪的概念

妨害作证罪是指以暴力、威胁、贿买等方法阻止证人作证或者指使他人作伪证的行为。

（二）妨害作证罪的构成要件

（1）本罪的客体是国家司法机关正常的诉讼秩序和司法活动的客观公正性。

（2）客观方面表现为以暴力、威胁、贿买等方法阻止证人作证或者指使他人作伪证的行为。

（3）犯罪主体是一般主体即自然人。

（4）主观方面表现为故意。

（三）妨害作证罪与相关犯罪的区别

1. 妨害作证罪和伪证罪的区别

（1）客观方面的表现形式不同。前罪在客观方面表现为行为人以暴力、威胁、贿买等方法阻止证人作证或者指使他人作伪证；后罪在客观方面表现为，行为人在刑事诉讼中对与案件有重要关系的情节，故意作虚假的证明、鉴定、记录、翻译的行为。

（2）行为发生的时间不同。前罪可以发生在提起诉讼之前，也可以发生在诉讼过程中；后罪只能发生在诉讼进行活动中。

（3）行为发生的诉讼程序类型不同。前罪可以发生在任何诉讼过程中；后罪只能发生在刑事诉讼过程中。

（4）犯罪主体不同。前罪的主体是一般主体；后罪的主体是特殊主体，只有证人、鉴定人、记录人、翻译人。

2. 妨害作证罪与辩护人、诉讼代理人毁灭证据、伪造证据、妨害作证罪的区别

（1）犯罪客体不完全相同。妨害作证罪的客体是国家司法机关正常的诉讼秩序和司法活动的客观公正性；辩护人、诉讼代理人毁灭证据、伪造证据、妨害作证罪的客体是刑事诉讼秩序。

（2）行为发生的时间不同。妨害作证罪的行为既可以发生在诉讼活动开始之前，也可以发生在诉讼活动开始之后；辩护人、诉讼代理人毁灭证据、伪造证据、妨害作证罪的行为只能发生在诉讼活动开始之后。

（3）行为表现不尽相同。妨害作证罪的行为包括“以暴力、威胁、贿买等方法阻止证人作证”和“指使他人作伪证”两种；辩护人、诉讼代理人毁灭证据、伪造证据、妨害作证罪的行为则有“毁灭、伪造证据”“帮助当事人毁灭、伪造证据”“威胁、引诱证人违背事实改变证言或者作伪证”三种。

（4）犯罪主体不同。妨害作证罪的主体是一般主体；辩护人、诉讼代理人毁灭证据、伪造证据、妨害作证罪的主体是特殊主体，仅为辩护人和诉讼代理人。

二十四、虚假诉讼罪

（一）虚假诉讼罪的概念

虚假诉讼罪是指以捏造的事实提起民事诉讼，妨害司法秩序或者严重侵害他人合法权益的行为。

（二）虚假诉讼罪的构成要件

（1）侵犯的客体是司法秩序和他人的合法权益。

（2）客观方面表现为以捏造的事实提起民事诉讼，妨害司法秩序或者严重侵害他人合法权益的行为。

（3）犯罪主体是一般主体，包括自然人和单位。

（4）主观方面表现为故意。

二十五、扰乱法庭秩序罪

（一）扰乱法庭秩序罪的概念

扰乱法庭秩序罪是指以法定方式实施扰乱法庭秩序的行为。

（二）扰乱法庭秩序罪的构成要件

（1）侵犯的客体是司法秩序和他人的合法权益。

（2）客观方面表现为严重扰乱法庭秩序的行为。

（3）犯罪主体是一般主体即自然人。

（4）主观方面表现为故意。

（三）扰乱法庭秩序罪的法定行为方式

（1）聚众哄闹、冲击法庭的。

（2）殴打司法工作人员或者诉讼参与人的。

（3）侮辱、诽谤、威胁司法工作人员或者诉讼参与人，不听法庭制止，严重扰乱法庭秩序的。

（4）有毁坏法庭设施，抢夺、损毁诉讼文书、证据等扰乱法庭秩序行为，情节严重的。

二十六、窝藏、包庇罪

（一）窝藏、包庇罪的概念

窝藏、包庇罪是指明知是犯罪的人而为其提供隐蔽处所、财物，帮助其逃匿或者作假证明包庇的行为。

（二）窝藏、包庇罪的构成要件

（1）侵犯的客体是司法机关追诉、制裁犯罪分子的正常活动。

（2）客观方面表现为行为人实施了窝藏或包庇犯罪分子的行为。

（3）犯罪主体是一般主体即自然人。

（4）主观方面表现为故意。

（三）包庇罪与伪证罪的区别

（1）犯罪主体不同。本罪的主体是一般主体；后罪的主体是特殊主体，即只能是刑事诉讼中的证人、鉴定人、记录人、翻译人。

（2）犯罪的场合不同。本罪可以发生在刑事诉讼之前、之中或之后；后罪只能发生在刑事诉讼之中。

（3）包庇的对象不同。本罪包庇的对象包括已决犯和未决犯；后罪的对象只能是未决犯。

（4）犯罪目的不同。本罪的目的是使犯罪分子逃避法律制裁；后罪的目的既包括隐匿罪证，使犯罪分子逃避法律制裁，也包括陷害无罪者使其受到刑事追究。

二十七、掩饰、隐瞒犯罪所得、犯罪所得收益罪

（一）掩饰、隐瞒犯罪所得、犯罪所得收益罪的概念

掩饰、隐瞒犯罪所得、犯罪所得收益罪是指明知是犯罪所得及其产生的收益而予以窝藏、转移、收购、代为销售或者以其他方法掩饰、隐瞒的行为。

（二）掩饰、隐瞒犯罪所得、犯罪所得收益罪的构成要件

（1）侵犯的客体是司法机关追究刑事犯罪的正常活动。

（2）客观方面表现为窝藏、转移、收购、代为销售或者以其他方法掩饰、隐瞒犯罪所得及其产生的收益的行为。

（3）犯罪主体是一般主体，包括自然人和单位。

（4）主观方面表现为故意。

（三）掩饰、隐瞒犯罪所得、犯罪所得收益罪与窝藏罪的区别

（1）行为对象不同。本罪窝藏的是犯罪所得及其产生的收益；后罪窝藏的是实施犯罪的人。

（2）故意的内容不同。本罪故意的内容是为了赃物及其产生的收益不被司法机关发觉，从而继续非法占有；后者是帮助犯罪分子逃匿，使其逍遥法外。

二十八、拒不执行判决、裁定罪

（一）拒不执行判决、裁定罪的概念

拒不执行判决、裁定罪是指对人民法院的判决、裁定有能力执行而拒不执行，情节严重的行为。

（二）拒不执行判决、裁定罪的构成要件

（1）侵犯的客体是人民法院裁判的权威性。

（2）客观方面表现为对人民法院的判决、裁定有能力执行而拒不执行，情节严重的行为。

（3）犯罪主体是特殊主体，指负有执行人民法院判决、裁定所确定的义务的人，包括被执行人、协助执行义务人、担保人等。单位也可以成为本罪的主体。

（4）主观方面表现为故意。

二十九、脱逃罪

（一）脱逃罪的概念

脱逃罪是指依法被关押的罪犯、被告人、犯罪嫌疑人逃脱司法机关的羁押和监管的行为。

（二）脱逃罪的构成要件

（1）侵犯的客体是国家监管机关的正常监管秩序。

（2）客观方面表现为从羁押场所脱逃的行为。

（3）犯罪主体是特殊主体，即限于依法被拘留、逮捕、关押的罪犯、被告人、犯罪嫌疑人。

（4）主观方面表现为故意，脱逃的目的是逃避羁押和刑罚的执行。

三十、组织他人偷越国（边）境罪

（一）组织他人偷越国（边）境罪的概念

组织他人偷越国（边）境罪是指违反国家出入境管理法规，非法组织他人偷越国（边）境的行为。

（二）组织他人偷越国（边）境罪的构成要件

（1）侵犯的客体是国家对国（边）境的管理制度。

（2）客观方面表现为行为人违反国家出入境管理法规，非法组织他人偷越国（边）境的行为。

（3）犯罪主体是一般主体即自然人。

（4）主观方面表现为故意。

（三）组织他人偷越国（边）境罪的加重处罚情节

（1）组织他人偷越国（边）境集团的首要分子。

（2）多次组织他人偷越国（边）境或者组织他人偷越国（边）境人数众多的。

（3）造成被组织人重伤、死亡的。

（4）剥夺或者限制被组织人人身自由的。

（5）以暴力、威胁方法抗拒检查的。

（6）违法所得数额巨大的。

（7）有其他特别严重情节的。

三十一、妨害传染病防治罪

（一）妨害传染病防治罪的概念

妨害传染病防治罪是指违反传染病防治法的规定，实施法定的引起甲类传染病以及依法确定采取甲类传染病预防、控制措施的传染病传播或者有传播严重危险的行为。

（二）妨害传染病防治罪的构成要件

（1）本罪的客体是国家关于传染病防治的管理制度。

（2）客观方面表现为行为人违反国家传染病防治法的规定，实施法定的引起甲类传染病以及依法确定采取甲类传染病预防、控制措施的传染病传播或者有传播严重危险的行为。

（3）犯罪主体是一般主体即自然人，单位也可以成为本罪的主体。

（4）主观方面表现为过失。

（三）妨害传染病防治罪的法定行为方式

（1）供水单位供应的饮用水不符合国家规定的卫生标准的。

（2）拒绝按照疾病预防控制机构提出的卫生要求，对传染病病原体污染的污水、污物、场所和物品进行消毒处理的。

（3）准许或者纵容传染病病人、病原携带者和疑似传染病病人从事国务院卫生行政部门规定禁止从事的易使该传染病扩散的工作的。

（4）出售、运输疫区中被传染病病原体污染或者可能被传染病病原体污染的物品，未进行消毒处理的。

（5）拒绝执行县级以上人民政府、疾病预防控制机构依照传染病防治法提出的预防、控制措施的。

三十二、医疗事故罪

（一）医疗事故罪的概念

医疗事故罪是指医务人员由于严重不负责任，造成就诊人死亡或者严重损害就诊人身体健康的行为。

（二）医疗事故罪的构成要件

（1）侵犯的客体是国家对医疗工作的管理秩序和就诊人的生命、健康权利和医疗单位的正常活动。

（2）客观方面表现为对医疗诊疗护理工作严重不负责任，致使就诊人死亡或者健康受到严重损害的行为。

（3）犯罪主体是特殊主体，主要是医务人员。

（4）主观方面表现为过失。

三十三、非法行医罪

（一）非法行医罪的概念

非法行医罪是指未取得行医资格的人非法行医，情节严重的行为。

（二）非法行医罪的构成要件

（1）侵犯的客体是国家对医疗工作的管理秩序和就诊人的生命安全和健康权利。

（2）客观方面表现为未取得医生执业资格的人非法行医，情节严重的行为。

（3）犯罪主体为一般主体，即未取得医生执业资格的自然人。

（4）主观方面表现为故意。

三十四、污染环境罪

（一）污染环境罪的概念

污染环境罪是指违反国家规定，排放、倾倒或者处置有放射性的废物、含传染病病原体的废物、有毒物质或者其他有害物质，严重污染环境的行为。

（二）污染环境罪的构成要件

（1）侵犯的客体是国家环境保护制度、环境污染防治的管理制度与公民生命健康、财产安全。

（2）客观方面表现为违反国家规定，排放、倾倒或者处置有放射性的废物、含传染病病原体的废物、有毒物质或者其他有害物质，严重污染环境的行为。

（3）本罪的主体是一般主体，包括自然人和单位。

（4）主观方面表现为故意。

（三）污染环境罪与危险物品肇事罪的区别

（1）行为对象不同。污染环境罪的行为对象是危险废物；危险物品肇事罪的行为对象是危险品。

（2）发生的场合不同。污染环境罪是在排放、处理废物过程中发生的；危险物品肇事罪是在危险品的生产、使用、运输、管理过程中发生的。

（3）侵犯的客体不同。污染环境罪的客体是国家环境保护制度、环境污染防治的管理制度与公民生命健康、财产安全；危险物品肇事罪侵犯的是社会公共安全。

（四）污染环境罪的加重处罚情节

（1）在饮用水水源保护区、自然保护地核心保护区等依法确定的重点保护区域排放、倾倒、处置有放射性的废物、含传染病病原体的废物、有毒物质，情节特别严重的。

（2）向国家确定的重要江河、湖泊水域排放、倾倒、处置有放射性的废物、含传染病病原体的废物、有毒物质，情节特别严重的。

（3）致使大量永久基本农田基本功能丧失或者遭受永久性破坏的。

（4）致使多人重伤、严重疾病，或者致人严重残疾、死亡的。

三十五、盗伐林木罪

（一）盗伐林木罪的概念

盗伐林木罪是指以非法占有为目的，盗伐森林或者其他林木，数量较大的行为。

（二）盗伐林木罪的构成要件

（1）本罪的客体是国家林业管理制度和国家、集体或公民的林木所有权。

（2）客观方面表现为行为人实施了盗伐森林或者其他林木，数量较大的行为。

（3）犯罪主体是一般主体，包括自然人和单位。

（4）主观方面表现为故意，且具有非法占有的目的。

（三）盗伐林木罪和盗窃罪的区别

盗伐林木罪与盗窃树木（主要指在房前屋后等处零星种植的树木）的区别在于：

（1）侵犯的客体有所不同。盗伐林木罪的犯罪客体虽然也包括国家、集体或他人的林木所有权，但主要是国家林业管理制度；盗窃罪中盗窃树木的行为，侵犯的客体只是公私财产所有权。

（2）行为对象有所不同。盗伐林木罪所盗伐的林木为活的树木、成片的树林，把活树砍死。盗窃罪所窃取的树木属于一般财物。

（3）成立犯罪的标准不同。盗伐林木罪的成立须符合盗伐数量较大的要求；盗窃树木要构成盗窃罪，应满足“数额较大”或者“多次盗窃”的条件。

三十六、走私、贩卖、运输、制造毒品罪

（一）走私、贩卖、运输、制造毒品罪的概念

走私、贩卖、运输、制造毒品罪是指明知是毒品而故意实施走私、贩卖、运输、制造的行为。

（二）走私、贩卖、运输、制造毒品罪的构成要件

（1）侵犯的客体是国家对毒品的管理制度和公民的身心健康。

（2）客观方面表现为走私、贩卖、运输、制造毒品的行为。

（3）犯罪主体是一般主体，包括自然人和单位。已满 14 周岁不满 16 周岁具有刑事责任能力的自然人可以成为贩卖毒品罪的主体。

（4）主观方面表现为故意。

（三）毒品再犯制度

（1）因走私、贩卖、运输、制造、非法持有毒品罪被判过刑，又犯刑法分则第六章第八节规定之罪的，从重处罚。此为毒品再犯制度。

适用毒品再犯制度的条件有：

①前罪仅限于走私、贩卖、运输、制造、非法持有毒品罪。

②后罪包括刑法分则第六章第七节规定的所有的毒品犯罪。

③毒品犯罪的再犯，对前后罪的时间间隔没有要求。

④毒品犯罪的再犯，对前后刑度没有要求。

⑤对再犯的犯罪分子，应当从重处罚。

（2）因走私、贩卖、运输、制造、非法持有毒品罪被判处有期徒刑以上刑罚的犯罪分子，刑罚执行完毕或者赦免以后，在 5 年以内再犯应当判处有期徒刑以上刑罚的毒品犯罪的，同时成立毒品再犯和累犯。此时，应当同时引用刑法关于累犯和毒品再犯的条款从重处罚。累犯、毒品再犯是法定从重处罚情节，即使本次毒品犯罪情节较轻，也要体现从严惩处的精神。尤其对于曾因实施严重暴力犯罪被判刑的累犯、刑满释放后短期内又实施毒品犯罪的再犯，以及在缓刑、假释、暂予监外执行期间又实施毒品犯罪的再犯，应当严格体现从重处罚。对于因同一毒品犯罪前科同时构成累犯和毒品再犯的被告人，在裁判文书中应当同时引用刑法关于累犯和再犯的条款，但在量刑时不得重复予以从重处罚。对于因不同犯罪前科同时构成累犯和毒品再犯的被告人，量刑时的从重处罚幅度一般应大于前述情形。

（3）对于累犯，应当从重处罚，不得适用缓刑，不得假释，对被判处死缓的累犯，可以限制减刑。毒品再犯从重处罚，也就是说，符合条件的毒品再犯的犯罪分子可以适用缓刑，可以假释。

（四）走私、贩卖、运输、制造毒品罪的处罚

（1）走私、贩卖、运输、制造毒品，无论数量多少，都应当追究刑事责任，予以刑事处罚。

（2）走私、贩卖、运输、制造毒品，有下列情形之一的，处 15 年有期徒刑、无期徒刑或者死刑，并处没收财产：

①走私、贩卖、运输、制造鸦片1 000克以上、海洛因或者甲基苯丙胺50克以上或者其他毒品数量大的；

②走私、贩卖、运输、制造毒品集团的首要分子；

③武装掩护走私、贩卖、运输、制造毒品的；

④以暴力抗拒检查、拘留、逮捕，情节严重的；

⑤参与有组织的国际贩毒活动的。

走私、贩卖、运输、制造鸦片200克以上不满1 000克、海洛因或者甲基苯丙胺10克以上不满50克或者其他毒品数量较大的，处7年以上有期徒刑，并处罚金。

走私、贩卖、运输、制造鸦片不满200克、海洛因或者甲基苯丙胺不满10克或者其他少量毒品的，处3年以下有期徒刑、拘役或者管制，并处罚金；情节严重的，处3年以上7年以下有期徒刑，并处罚金。

（3）利用、教唆未成年人走私、贩卖、运输、制造毒品，或者向未成年人出售毒品的，从重处罚。

（4）对多次走私、贩卖、运输、制造毒品，未经处理的，毒品数量累计计算。

三十七、非法持有毒品罪

（一）非法持有毒品罪的概念

非法持有毒品罪是指违反国家毒品管理法规，非法持有毒品且数量较大的行为。

（二）非法持有毒品罪的构成要件

（1）侵犯的客体是国家对毒品的管理制度和公民的身心健康。

（2）客观方面表现为非法持有毒品数量较大的行为。

（3）犯罪主体是一般主体即自然人。

（4）主观方面表现为故意。

三十八、组织卖淫罪

（一）组织卖淫罪的概念

组织卖淫罪是指以招募、雇用、引诱、容留等手段，管理或者控制3人以上卖淫的行为。

（二）组织卖淫罪的构成要件

（1）侵犯的客体是社会道德风尚和社会治安管理秩序。

（2）客观方面表现为以招募、雇用、引诱、容留等手段，管理或者控制他人卖淫，卖淫人员在3人以上的行为。

（3）犯罪主体只能是卖淫活动的组织者，可以是一人，也可以是数人。

（4）主观方面表现为故意。

三十九、强迫卖淫罪

（一）强迫卖淫罪的概念

强迫卖淫罪是指以暴力、胁迫或者其他方法，强行逼迫他人进行性交易的行为。

（二）强迫卖淫罪的构成要件

（1）侵犯的客体是他人的人身权利、社会道德风尚及社会治安管理秩序。

(2) 客观方面表现为强行逼迫他人卖淫的行为。

(3) 犯罪主体是一般主体即自然人。

(4) 主观方面表现为故意。

(三) 相关犯罪的区别

1. 组织卖淫罪和强迫卖淫罪的区别

(1) 犯罪对象不同。组织卖淫罪的对象应为愿意卖淫的人，且限于多人；强迫卖淫罪的对象是不愿意从事卖淫活动的人，且可以是一人。

(2) 客观方面表现不同。组织卖淫罪客观方面表现为以招募、雇佣、纠集、引诱、容留等手段，控制多人从事卖淫活动；强迫卖淫罪表现为使用暴力、胁迫或者其他强制方法，迫使他人卖淫。

2. 强迫卖淫罪和强奸罪的区别

(1) 客体不同。强迫卖淫罪的客体是他人的人身权利、社会道德风尚及社会治安管理秩序；强奸罪的客体是妇女性的不可侵犯的权利或者幼女的身心健康。

(2) 对象不同。强迫卖淫罪的对象可以是女性，也可以是男性；强奸罪的对象只能是女性。

(3) 目的不同。强迫卖淫罪的目的是逼迫他人从事卖淫活动；强奸罪的目的是强行奸淫女性。

四十、传播性病罪

(一) 传播性病罪的概念

传播性病罪是指明知自己身患梅毒、淋病等严重性病，而进行卖淫或者嫖娼活动的行为。

(二) 传播性病罪的构成要件

(1) 侵犯的客体是社会治安管理秩序和他人的身体健康。

(2) 客观方面表现为行为人在患有严重性病的情况下实施卖淫嫖娼的行为。

(3) 犯罪主体是特殊主体，即患有梅毒、淋病等严重性病的人。

(4) 主观方面表现为故意，即明知自己患有梅毒、淋病等严重性病而卖淫、嫖娼。

四十一、制作、复制、出版、贩卖、传播淫秽物品牟利罪

(一) 制作、复制、出版、贩卖、传播淫秽物品牟利罪的概念

制作、复制、出版、贩卖、传播淫秽物品牟利罪是指以牟利为目的，制作、复制、出版、贩卖、传播淫秽物品的行为。

(二) 制作、复制、出版、贩卖、传播淫秽物品牟利罪的构成要件

(1) 侵犯的客体是国家对文化娱乐制品的管理制度和良好的社会风尚。

(2) 客观方面表现为制作、复制、出版、贩卖、传播淫秽物品的行为。

(3) 犯罪主体是一般主体，包括自然人和单位。

(4) 主观方面表现为故意，即明知是淫秽物品而予以传播，且必须具有牟利的目的。

四十二、传播淫秽物品罪

(一) 传播淫秽物品罪的概念

传播淫秽物品罪是指不以牟利为目的，传播淫秽的书刊、影片、音像、图片或者其他淫秽物

品，情节严重的行为。

（二）传播淫秽物品罪的构成要件

（1）侵犯的客体是社会治安管理秩序和良好的道德风尚。

（2）客观方面表现为出借、播放、展示、赠送、散发、交换、讲解等传播淫秽物品，情节严重的行为。

（3）犯罪主体是一般主体，包括自然人和单位。

（4）主观方面表现为故意，但不具有牟利的目的。

第二十章　贪污贿赂罪

大纲应试策略

本章包括贪污贿赂罪的概念、共同特征和7个具体罪名的概念、构成要件和认定。本章罪名都比较重要，尤其是贪污罪、受贿罪、挪用公款罪是本章的重点罪名。相关司法解释的内容也是掌握本章重点内容的关键。本章出题方式包括各类题型。除8个罪名（含1个类罪名）的概念、构成要件和考查过的主观题外，本章较为重要的简答题有：挪用公款罪的实行行为方式；贪污罪和挪用公款罪的区别；斡旋受贿与一般受贿的区别；利用影响力受贿罪的客观方面；对有影响力的人行贿罪的行为对象。本章较为重要的论述题如受贿罪的客观要件。本章罪名的认定是案例分析题的重点考查方向。

大纲背诵要点

第一节　贪污贿赂罪概述

一、贪污贿赂罪的概念

贪污贿赂罪是指国家工作人员（行贿类的犯罪除外）利用职务上的便利，非法占有、使用公共财物，索取、收受贿赂或者取得其他非法利益，破坏职务的廉洁性的行为。

二、贪污贿赂罪的共同特征

（1）侵犯的客体是公务活动的廉洁性。

（2）客观方面表现为贪污、挪用公款、受贿、行贿、利用影响力受贿、对有影响力的人行贿、巨额财产来源不明等行为。

（3）犯罪主体多数是特殊主体，少数为一般主体。

（4）主观方面表现为故意，其中贪污罪要求以非法占有为目的。

第二节　本章要求掌握的内容

一、贪污罪

（一）贪污罪的概念

贪污罪是指国家工作人员利用职务上的便利，侵吞、窃取、骗取或者以其他手段非法占有公共财产的行为。

（二）贪污罪的构成要件

（1）侵犯的客体是复杂客体，即国家工作人员职务行为的廉洁性和公共财产所有权。

（2）客观方面表现为利用职务上的便利，侵吞、窃取、骗取或者以其他手段非法占有公共财物的行为。

（3）犯罪主体是特殊主体，即国家工作人员以及受委托管理、经营国有财产的人员。

（4）主观方面表现为故意，并且具有非法占有公共财物的目的。

（三）贪污罪的客观方面和犯罪主体

1. 利用职务上的便利

构成贪污罪须利用职务上的便利。利用职务上的便利是指行为人利用本人职务范围内的权力和地位形成的有利条件，具体表现为利用主管、管理或经手等便利条件。利用职务上的便利，既包括利用本人职务上的主管、管理公共财物的职务便利，也包括利用职务上有隶属关系的其他国家工作人员的职务便利。利用与职务无关仅因工作关系熟悉作案环境或易于接近作案目标、凭工作人员身份容易进入某些单位等方便条件非法占有公共财物的，不成立贪污罪。

2. 贪污罪的行为方式

贪污罪的行为方式包括侵吞、窃取、骗取和其他手段。

（1）侵吞是指行为人利用职务上的便利，将自己控制之下的公共财物非法占有。

（2）窃取是指行为人利用职务便利，将自己合法主管、管理、经手的公共财物，以秘密窃取的方式非法据为己有，即通常所说的监守自盗。

（3）骗取是指行为人利用职务上的便利，以虚构事实或隐瞒真相的欺骗手段，非法占有公共财物的行为。

（4）其他手段，是指侵吞、窃取、骗取以外的其他利用职务上的便利，非法占有公共财物的行为。

3. 贪污罪的犯罪主体

贪污罪的犯罪主体是特殊主体，即国家工作人员以及受委托管理、经营国有财产的人员。其中，国家工作人员具体包括：

（1）在国家机关中从事公务的人员。

（2）在国有公司、企业、事业单位、人民团体中从事公务的人员。

（3）国家机关、国有公司、企业、事业单位委派到非国有公司、企业、事业单位、社会团体从事公务的人员。

（4）其他依照法律从事公务的人员。主要有四种：

①依法履行职责的各级人大代表。

②依法履行职责的各级政协委员。

③依法履行审判职责的陪审员。

④协助乡镇人民政府、街道办事处从事行政管理工作的农村村民委员会、城镇居民委员会等农村和城镇基层人员。村民委员会等基层组织人员协助人民政府从事行政管理工作，利用职务上的便利贪污公共财产的，应以贪污罪论处。村民委员会等村基层组织人员协助人民政府从事下列行政管理工作，属于“其他依照法律从事公务的人员”：

一是救灾、抢险、防汛、优抚、扶贫、移民、救济款物的管理；

二是社会捐助公益事业款物的管理；

三是国有土地的经营和管理；

四是土地征用补偿费用的管理；

五是代征、代缴税款；

六是有关计划生育、户籍、征兵工作；

七是协助人民政府从事的其他行政管理工作。

（四）贪污罪和相关犯罪的区别

1. 贪污罪和盗窃罪、诈骗罪、侵占罪的区别

（1）犯罪客观方面有所不同。贪污罪中窃取、骗取公共财物的行为是利用职务上的便利实施的；盗窃罪、诈骗罪、侵占罪没有这一条件。

（2）犯罪客体与对象有所不同。贪污罪的客体是职务行为廉洁性和公共财产的所有权，行为对象仅限于公共财物；盗窃罪、诈骗罪、侵占罪的客体是公私财产，行为对象是公私财物。

（3）犯罪主体不同。贪污罪的主体是特殊主体，即国家工作人员；盗窃罪、诈骗罪、侵占罪是一般主体，即非国家工作人员。

2. 贪污罪与职务侵占罪的区别

（1）犯罪客体不同。贪污罪的客体是职务行为廉洁性和公共财产所有权；职务侵占罪的客体是职务行为廉洁性和本单位财产的所有权。

（2）犯罪对象不同。贪污罪的对象是公共财物；职务侵占罪的对象是本单位财物。

（3）犯罪主体不同。贪污罪的主体是特殊主体，即国家工作人员；职务侵占罪的主体是特殊主体，即公司、企业或者其他单位的人员，但不包括国有公司、企业或者其他国有单位中从事公务的人员和国有公司、企业或者其他国有单位委派到非国有公司、企业以及其他单位从事公务的人员。

（五）贪污罪的处罚

1. 对犯贪污罪的特别宽宥制度

犯贪污罪，在提起公诉前如实供述自己罪行、真诚悔罪、积极退赃，避免、减少损害结果发生的，如果贪污数额较大或者有其他较重情节，可以从轻、减轻或者免除处罚；贪污数额巨大或者有其他严重情节，贪污数额特别巨大或者有其他特别严重情节，贪污数额特别巨大并使国家和人民利益遭受特别重大损失的，可以从轻处罚。

2. 关于贪污罪死刑的规定

贪污数额特别巨大（300 万元以上，或者 150 万元以上不满 300 万元但有其他特别严重情节的），犯罪情节特别严重，社会影响特别恶劣、给国家和人民利益造成特别重大损失的，可以判处死刑。

3. 对犯贪污罪的犯罪分子的终身监禁

犯贪污罪，有《刑法》第 383 条第 1 款第（三）项规定情形被判处死刑缓期执行的，人民法院根据犯罪情节等情况可以同时决定在其死刑缓期执行 2 年期满依法减为无期徒刑后，终身监

禁，不得减刑、假释。

二、挪用公款罪

（一）挪用公款罪的概念

挪用公款罪是指国家工作人员利用职务上的便利，挪用公款归个人使用，进行非法活动的，或者挪用公款数额较大，进行营利活动的，或者挪用公款数额较大，超过3个月未还的行为。

（二）挪用公款罪的构成要件

（1）侵犯的客体是国家工作人员职务行为廉洁性、国家财经管理制度以及公款使用收益权。

（2）客观方面表现为利用职务之便挪用公款归个人使用，进行非法活动，或者挪用公款数额较大，进行营利活动，或者挪用公款数额较大，超过3个月未还的行为。

（3）犯罪主体是特殊主体，即国家工作人员。

（4）主观方面表现为故意，并以归个人使用为目的。

（三）挪用公款罪的客观方面

1. 构成挪用公款罪的情形

（1）挪用公款进行非法活动（包括犯罪活动）。这种情形原则上不要求挪用公款达到数额较大标准，也不要求挪用时间超过3个月未还，但以挪用公款3万元作为定罪的“数额较大”的起点。

（2）挪用公款进行营利活动的。这种挪用行为要求数额较大，但没有挪用时间的要求。

（3）挪用公款归个人使用，数额较大，超过3个月未还。这种情形既有数额要求，也有时间要求；以挪用公款5万元作为“数额较大”的起点。

2. “挪用公款归个人使用”的认定

构成挪用公款罪，必须以“挪用公款归个人使用”作为必要的构成要素。有下列情形之一的，属于“挪用公款归个人使用”：

（1）将公款供本人、亲友或者其他自然人使用的；

（2）以个人名义将公款供其他单位使用的；

（3）个人决定以单位名义将公款供其他单位使用，谋取个人利益的。

（四）挪用公款罪与相关犯罪的区别

1. 挪用公款罪和挪用资金罪的区别

（1）主体不同。挪用公款罪的主体是特殊主体，但属于国家工作人员；挪用资金罪的主体是特殊主体，即公司、企业或者其他单位的工作人员。

（2）客体不同。挪用公款罪的客体是公款的使用权，行为对象是公款；挪用资金罪的客体是公司、企业或者其他单位资金的使用权，行为对象是本单位的资金。二者都侵犯了职务行为廉洁性，但挪用公款罪侵犯的是国家工作人员职务行为廉洁性，挪用资金罪侵犯的是非国家工作人员职务行为廉洁性。

2. 挪用公款罪和贪污罪的区别

（1）犯罪目的不同。挪用公款罪以非法占用为目的，即暂时地挪用公款归个人使用；贪污罪以非法占有为目的，即意图永远地非法占有公共财物。

（2）行为对象不同。挪用公款罪的对象仅限于公款；贪污罪的对象是公共财物，既包括公款，也包括公物。

（3）客体不同。挪用公款罪侵犯的是公款使用权；贪污罪侵犯的是公共财物所有权。

（4）客观方面行为手段不同。挪用公款罪的行为手段是擅自私用公款，贪污罪的行为手段是侵吞、窃取、骗取等非法手段。

（5）主体范围不完全相同。挪用公款罪的主体限于国家工作人员；贪污罪的主体除国家工作人员外，还包括受国家机关、国有公司、企业事业单位、人民团体委托管理、经营国有财产的人员。

3. 挪用公款罪和挪用特定款物罪的区别

（1）犯罪主体不同。挪用公款罪的犯罪主体是国家工作人员；挪用特定款物罪的犯罪主体是经手、管理特定款物的人员，而不一定是国家工作人员。

（2）客体不同。挪用公款罪的客体是国家工作人员职务行为的廉洁性、国家财经管理制度以及公款使用收益权；挪用特定款物罪的客体是国家对特定款物专款专用的财经管理制度以及国家和人民群众的利益。

（3）主观方面不同。二者都是故意，但挪用公款罪以挪用公款归个人使用为目的，即挪作私用；挪用特定款物罪的目的则是其他公用，即挪作他用。如果行为人挪用特定款物归个人使用，应以挪用公款罪论处。

（4）行为对象不同。挪用公款罪的行为对象是公款，包括特定款物在内；挪用特定款物罪的行为对象仅限于特定款物，即救灾、抢险、防汛、优抚、扶贫、移民、救济款物。

（5）客观方面成立犯罪的条件不同。刑法将挪用公款行为分为三种情况，并分别规定了不同的犯罪构成的客观要件；挪用特定款物罪在客观上要求使国家和人民利益遭受重大损害的结果发生，否则不构成犯罪。

三、受贿罪

（一）受贿罪的概念

受贿罪是指国家工作人员利用职务上的便利，索取他人财物，或者非法收受他人财物，为他人谋取利益的行为。

（二）受贿罪的构成要件

（1）侵犯的客体是国家工作人员职务行为的廉洁性。受贿罪的实质在于以公权交换私利。

（2）客观方面表现为利用职务上的便利，索取他人财物或者非法收受他人财物，为他人谋取利益的行为。

（3）犯罪主体是特殊主体，即国家工作人员。

（4）主观方面表现为故意。

（三）受贿罪的客观方面及相关认定

1. 利用职务上的便利

构成受贿罪须“利用职务上的便利”。利用职务上的便利是指利用本人职务范围内的权力，即自己职务上主管、负责或者承办某项公共事务的职权及其所形成的便利条件。利用职务上的便利包括利用本人职务上的便利和利用职务上有隶属关系的其他国家工作人员的职务便利。

2. 受贿罪的形式

（1）索贿，即利用职务之便，索取他人财物。索贿不要求以“为他人谋取利益”作为必要构成要件，只要索贿，就构成受贿罪。

（2）一般形式的受贿（收受贿赂），即利用职务之便，非法收受他人财物，为他人谋取利益。一般形式的受贿构成犯罪必须以为他人谋取利益为必要条件。为他人谋取利益，是指行为人意图为他人谋取利益，或者承诺为他人谋取利益，或者实际上已经为他人谋取到了利益。

具有下列情形之一的，应当认定为“为他人谋取利益”：

①实际或者承诺为他人谋取利益的；

②明知他人有具体请托事项的；

③履职时未被请托，但事后基于该履职事由收受他人财物的。

国家工作人员索取、收受具有上下级关系的下属或者具有行政管理关系的被管理人员的财物价值 3 万元以上，可能影响职权行使的，视为承诺为他人谋取利益。

3. 受贿罪的特别犯罪构成

一般形式的受贿即收受贿赂还包括约定方式的受贿行为，即《刑法》第 385 条第 2 款规定：“国家工作人员在经济往来中，违反国家规定，收受各种名义的回扣、手续费，归个人所有的，以受贿论处。”这就是一种约定方式，又称为受贿罪的特别犯罪构成。受贿罪的特别犯罪构成有：

（1）发生在经济往来中。约定受贿形式须发生在国家经济管理活动以及国家工作人员直接参与销售、购买商品或者提供、接受服务等交易活动中。

（2）违反国家规定，利用职务上的便利收受各种名义的回扣、手续费，并以为他人谋取利益为目的或者实际上已经为他人谋取了利益。国家工作人员在经济往来中，账外暗中收取各种名义的回扣、手续费的，以受贿论。

（3）将收受的回扣、手续费归个人所有。国家工作人员在账外暗中将回扣、手续费据为己有的，即归个人所有，构成受贿。

4. 事后受贿

事后受贿是指国家工作人员事先通过职务行为为他人谋取利益时，没有受贿的故意，事后（在职时）明知他人交付的财物是对自己职务行为的回报而收受的行为。事后受贿的，构成受贿罪。事后受贿包括两种：

（1）事后索贿，即国家工作人员实施了职务行为，为他人谋取利益后，索取他人财物的行为。

（2）事后收受贿赂，即国家工作人员实施了职务行为，为他人谋取利益后，明知他人交付的财物是对自己职务行为的回报而收受的行为。

5. 约定受贿

约定受贿是指国家工作人员利用职务上的便利为请托人谋取利益之前或者之后，约定在其离职后收受请托人财物，并在离职后收受的行为。约定受贿的，以受贿罪论处。

（1）离职前有约定，离职后收受财物的，构成受贿罪。国家工作人员在职期间，为他人谋取利益，并约定在其离职后收受财物的，构成受贿罪。约定的方式有两种：一是国家工作人员主动提出约定，属于索贿；二是行贿人主动提出约定，属于一般的受贿。

（2）离职前无约定，离职后收受财物的，不构成受贿罪。国家工作人员在职期间，为他人谋取利益，并未约定在其离职后收受财物，即使离职后收受财物，不构成受贿罪，但有可能构成利用影响力受贿罪。

6. 斡旋受贿（间接受贿）

（1）斡旋受贿的概念。斡旋受贿是指国家工作人员利用本人职权或者地位形成的便利条件，通过其他国家工作人员职务上的行为，为请托人谋取不正当利益，索取请托人财物或者收受请托人财物的行为。

（2）斡旋受贿的构成要件。

①行为人利用本人职权或者地位形成的便利条件，通过其他国家工作人员职务上的行为，而不是直接利用自己职务范围内的权力。

②接受他人请托，使其他国家工作人员实施（包括放弃）职务上的行为，为请托人谋取不正当利益。

③向请托人索取财物或者收受请托人的财物。索取或收受请托人财物是行为人使其他国家工作人员为请托人谋取不正当利益的行为的不正当报酬。

7. 变相受贿

变相受贿即《最高人民法院、最高人民检察院关于办理受贿刑事案件适用法律若干问题的意见》规定的一些特殊形式的受贿罪，也就是贿赂表现为财产性利益形式的受贿罪。

（1）交易型受贿，即表面上属于你情我愿的买卖交易，但实质上是国家工作人员明显不当获利的受贿形式。

（2）干股型受贿，即国家工作人员利用职务上的便利为请托人谋取利益，收受请托人干股的受贿形式。

（3）合作投资型受贿，即国家工作人员利用职务上的便利为请托人谋取利益，由请托人出资，"合作"开办公司或者其他"合作"投资，以获取利益的受贿形式。

（4）委托理财型受贿，即国家工作人员利用职务上的便利为请托人谋取利益，以委托请托人投资证券、期货或者以其他委托理财的名义，未实际出资而获取"收益"；或者虽然实际出资，但获取收益明显高于出资应得收益的受贿形式。

（5）赌博型受贿，即国家工作人员利用职务上的便利为请托人谋取利益，通过赌博方式请托人财物的受贿形式。

（6）挂名领薪型受贿，即国家工作人员利用职务上的便利为请托人谋取利益，要求或者接受请托人以给特定关系人（国家工作人员近亲属、情妇、情夫等有共同利益关系的人）安排工作为名，使特定关系人不实际工作却获取所谓薪酬的受贿形式。

（7）名借实给型受贿，即国家工作人员利用职务上的便利为请托人谋取利益，收受请托人房屋、汽车等物品，未变更权属登记或者以借用他人名义办理权属登记的受贿形式。也就是表面上借用，实际上赠与的受贿形式。

（四）受贿罪与相关犯罪的区别

1. 受贿罪与非国家工作人员受贿罪的区别

（1）客体不同。受贿罪的客体国家工作人员职务行为的廉洁性；非国家工作人员受贿罪的客体是国家对公司、企业以及非国有事业单位、其他组织的工作人员职务活动的管理制度。

（2）主体不同。受贿罪的主体是国家工作人员；非国家工作人员受贿罪的主体是公司、企业、其他单位的工作人员。

2. 受贿罪和贪污罪的区别

（1）犯罪主体的范围有所不同。受贿罪仅限于国家工作人员，贪污罪还包括接受委托管理、经营国有财产的人员。

（2）犯罪目的的内容不同。受贿罪在主观上表现为以非法占有他人或者其他单位的公私财物为目的；贪污罪在主观上则表现为以非法占有自己主管、管理、经手的公共财物为目的。

（3）行为对象不同。受贿罪的对象既包括公共财物，也包括公民私有的财物；贪污罪的行为对象是公共财物。

（4）行为方式不同。受贿罪是利用职务之便向他人索取财物，或者非法收受他人财物，为他人谋取利益；贪污罪则使用侵吞、窃取、骗取等方法，非法占有自己主管、管理、经手的公共财物。

四、利用影响力受贿罪

（一）利用影响力受贿罪的概念

利用影响力受贿罪是指国家工作人员的近亲属或者其他与该国家工作人员关系密切的人，通过该国家工作人员职务上的行为，或者利用该国家工作人员职权或者地位形成的便利条件，通过其他国家工作人员职务上的行为，为请托人谋取不正当利益，索取请托人财物或者收受请托人财物，数额较大或者有其他较重情节的行为，或者离职的国家工作人员或者其近亲属以及与其关系密切的人，利用该离职的国家工作人员职权或者地位形成的便利条件，通过其他国家工作人员职务上的行为，为请托人谋取不正当利益，索取或者收受请托人财物，数额较大或者其他较重情节的行为。

（二）利用影响力受贿罪的构成要件

（1）侵犯的客体是国家工作人员职务行为的廉洁性。

（2）客观方面表现为国家工作人员的近亲属或者其他与该国家工作人员关系密切的人，通过该国家工作人员职务上的行为，或者利用该国家工作人员职权或者地位形成的便利条件，通过其他国家工作人员职务上的行为，为请托人谋取不正当利益，索取请托人财物或者收受请托人财物，数额较大或者有其他较重情节的行为，或者离职的国家工作人员或者其近亲属以及与其关系密切的人，利用该离职的国家工作人员职权或者地位形成的便利条件，通过其他国家工作人员职务上的行为，为请托人谋取不正当利益，索取或者收受请托人财物，数额较大或者其他较重情节的行为。

（3）犯罪主体是特殊主体。

（4）主观方面表现为故意。

（三）利用影响力受贿罪的客观行为表现和主体范围

1. 利用影响力受贿罪的客观行为表现

（1）国家工作人员的近亲属或者其他与该国家工作人员关系密切的人，通过该国家工作人员职务上的行为，或者利用该国家工作人员职权或者地位形成的便利条件，通过其他国家工作人员职务上的行为，为请托人谋取不正当利益，索取请托人财物或者收受请托人财物。

（2）离职的国家工作人员或者其近亲属以及其他与其关系密切的人，利用该离职的国家工作人员原职权或者地位形成的便利条件，通过其他国家工作人员职务上的行为，为请托人谋取不正当利益，索取请托人财物或者收受请托人财物。

（3）离职的国家工作人员或者其近亲属以及其他与其关系密切的人，利用该离职的国家工作人员原职权或者地位形成的便利条件，为请托人谋取不正当利益，索取请托人财物或者收受请托人财物。

2. 利用影响力受贿罪的主体范围

（1）国家工作人员的近亲属。

（2）其他与国家工作人员关系密切的人。

（3）离职的国家工作人员。

（4）离职的国家工作人员的近亲属。

（5）其他与离职的国家工作人员关系密切的人。

五、行贿罪

（一）行贿罪的概念

行贿罪是指为谋取不正当利益，给予国家工作人员以财物的行为。

（二）行贿罪的构成要件

（1）侵犯的客体是国家工作人员职务行为的廉洁性。

（2）客观方面表现为行为人为谋取不正当利益，给予国家工作人员以财物的行为。

（3）犯罪主体是一般主体即自然人。

（4）主观方面表现为故意，并且具有谋取不正当利益的目的。

六、对有影响力的人行贿罪

（一）对有影响力的人行贿罪的概念

对有影响力的人行贿罪是指为谋取不正当利益，向国家工作人员的近亲属或者其他与该国家工作人员关系密切的人，或者向离职的国家工作人员或者其近亲属以及其他与其关系密切的人行贿的行为。

（二）对有影响的人行贿罪的构成要件

（1）侵犯的客体是国家工作人员职务行为的廉洁性。

（2）客观方面表现为行为人为谋取不正当利益，向国家工作人员的近亲属或者其他与该国家工作人员关系密切的人，或者向离职的国家工作人员或者其近亲属以及其他与其关系密切的人行贿的行为。

（3）犯罪主体包括自然人和单位。

（4）主观方面表现为故意，并具有谋取不正当利益的目的。

（三）对有影响力的人行贿罪与行贿罪的区别

（1）行为对象不同。行贿罪的行为对象是国家工作人员。对有影响力的人行贿罪的行为对象是必须是国家工作人员的近亲属或者其他与该国家工作人员关系密切的人，或者是离职的国家工作人员、其近亲属以及其他与其关系密切的人。

（2）犯罪主体不同。行贿罪的主体是自然人；对有影响力的人行贿罪的主体是自然人和单位。

七、巨额财产来源不明罪

（一）巨额财产来源不明罪的概念

巨额财产来源不明罪是指国家工作人员的财产或者支出明显超过合法收入，差额巨大，而本人又不能说明其来源合法的行为。

（二）巨额财产来源不明罪的构成要件

（1）侵犯的客体是国家工作人员职务行为的廉洁性、国家的廉政建设制度和公私财产的所有权。

（2）客观方面表现为行为人持有的财产或者支出的财产明显超过合法收入，差额巨大，而本人又不能说明其来源是合法财产的行为。

（3）犯罪主体是特殊主体，即国家工作人员。

（4）主观方面表现为故意。

知识拓展

试论受贿罪中的“为他人谋取利益”。

（1）为他人谋取利益，是指行为人意图为他人谋取利益，或者承诺为他人谋取利益，或者实际上已经为他人谋取到了利益。

（2）为他人谋取利益包括以下情况：已经为他人谋取了利益；已经为他人谋取了部分利益；已开始实施为他人谋取利益的行为；许诺（承诺）为他人谋取利益。为他人谋取利益的最低要求是一种许诺，不要求有谋取利益的实际行为和结果；由于只要求有为他人谋取利益的许诺，故只要收受了财物就是受贿罪的既遂，而不是待实际上为他人谋取利益之后才是受贿罪的既遂。具有下列情形之一的，应当认定为“为他人谋取利益”：①实际或者承诺为他人谋取利益的；②明知他人有具体请托事项的；③履职时未被请托，但事后基于该履职事由收受他人财物的。国家工作人员索取、收受具有上下级关系的下属或者具有行政管理关系的被管理人员的财物价值3万元以上，可能影响职权行使的，视为承诺为他人谋取利益。

（3）索贿只需要利用职务上的便利就成立犯罪，不要求为他人谋取利益。但收受贿赂的，只有为他人谋取利益才成立犯罪。在斡旋受贿的情况下，行为人通过第三人为请托人谋取的利益，必须是不正当利益。谋取正当利益的，即使行为人向请托人索取了财物，或者非法收受了请托人的财物，也不能以受贿罪定罪处罚。

第二十一章　渎职罪

大纲应试策略

本章包括渎职罪的概念、共同特征和10个具体罪名的概念、构成要件和认定。本章较为重要的罪名是滥用职权罪和徇私枉法罪。除11个罪名（含1个类罪名）的概念、构成要件和考查过的主观题外，本章较为重要的简答题如徇私枉法罪与诬告陷害罪的区别。

大纲背诵要点

第一节　渎职罪概述

一、渎职罪的概念

渎职罪是指国家机关工作人员在公务活动中滥用职权、玩忽职守、徇私舞弊，妨碍国家管理活动，致使公共财产或者国家与人民的利益遭受重大损失的行为。

二、渎职罪的共同特征

（1）侵犯的客体是国家机关的正常活动。

（2）客观方面表现为行为人实施滥用职权、玩忽职守、徇私舞弊等妨害国家管理活动，致使公共财产、国家和人民利益遭受重大损失的行为。

（3）犯罪主体主要是国家机关工作人员，个别犯罪也可能由非国家机关工作人员实施。

（4）主观方面有故意和过失两种心理态度。

第二节　本章要求掌握的内容

一、滥用职权罪

（一）滥用职权罪的概念

滥用职权罪是指国家机关工作人员滥用职权，致使公共财产、国家和人民利益遭受重大损失的行为。

（二）滥用职权罪的构成要件

（1）侵犯的客体是国家机关的正常管理活动，即各级各类国家机关对社会各领域的管理活动。

（2）客观方面表现为违反法律规定的权限和程序，滥用职权，致使公共财产、国家和人民利益遭受重大损失的行为。

（3）犯罪主体是特殊主体，即国家机关工作人员。

（4）主观方面表现为故意。

二、玩忽职守罪

（一）玩忽职守罪的概念

玩忽职守罪是指国家机关工作人员玩忽职守，致使公共财产、国家和人民利益遭受重大损失的行为。

（二）玩忽职守罪的构成要件

（1）侵犯的客体是国家机关的正常管理活动。

（2）客观方面表现为行为人严重不负责任，工作中草率马虎，不履行或者不正确履行职务，致使公共财产、国家和人民利益遭受重大损失的行为。

（3）犯罪主体是特殊主体，即国家机关工作人员。

（4）主观方面表现为过失。

（三）玩忽职守罪与相关犯罪的区别

1. 玩忽职守罪与滥用职权罪的区别

（1）行为方式不同。玩忽职守罪主要表现为不作为的方式，不履行职责或者不正确履行职责；滥用职权罪则主要表现为以作为的方式超越权限，处理无权处理的事务或者不顾职责的程序和宗旨随心所欲地处理事务。

（2）主观方面不同。玩忽职守罪主观方面表现为过失；滥用职权罪主观方面表现为故意。

2. 玩忽职守罪与危害公共安全罪中的事故性犯罪的区别

（1）侵犯的客体不同。玩忽职守罪侵犯的客体是国家机关的正常管理活动；危害公共安全罪中的事故性犯罪侵犯的客体是公共安全。

（2）发生的场合不同。玩忽职守罪发生在国家机关的公务活动过程中；危害公共安全罪中的事故性犯罪一般发生在生产、作业等业务活动中。

(3) 犯罪主体不同。玩忽职守罪的主体只能是国家机关工作人员；危害公共安全罪中的事故性犯罪的主体一般是厂矿企业、事业单位的职工或者工作人员。

三、故意泄露国家秘密罪

(一) 故意泄露国家秘密罪的概念

故意泄露国家秘密罪是指国家机关工作人员或者非国家机关工作人员违反保守国家秘密法的规定，故意泄露国家秘密，情节严重的行为。

(二) 故意泄露国家秘密罪的构成要件

(1) 侵犯的客体是国家的保密制度。

(2) 客观方面表现为违反保守国家秘密法的规定，泄露国家秘密，情节严重的行为。

(3) 犯罪主体一般是国家机关工作人员，但非国家机关工作人员也可以构成本罪。

(4) 主观方面表现为故意。

(三) 故意泄露国家秘密罪与侵犯商业秘密罪的区别

(1) 侵犯的客体不同。本罪侵犯的客体是国家的保密制度，关系到国家安全和利益；后者的客体是他人的商业秘密专有权和国家对商业秘密的管理制度。

(2) 行为对象不同。本罪的行为对象是保守国家秘密法规定的国家秘密；后者侵犯的对象仅限于商业秘密。

(3) 犯罪主体不同。本罪的主体主要是国家机关工作人员；后罪的主体则为一般主体。

四、徇私枉法罪

(一) 徇私枉法罪的概念

徇私枉法罪是指司法工作人员徇私枉法、徇情枉法，在刑事诉讼中，对明知是无罪的人而使其受到追诉，对明知是有罪的人而故意包庇使其不受追诉，或者在刑事审判活动中故意违背事实和法律作枉法裁判的行为。

(二) 徇私枉法罪的构成要件

(1) 侵犯的客体是国家司法机关的正常活动与国家的司法公正。

(2) 客观方面表现为利用司法职务上的便利，违背事实和法律，在追诉或者刑事审判活动中实施了徇私枉法、徇情枉法的行为，即对明知是无罪的人而使其受到追诉，对明知是有罪的人而故意包庇使其不受追诉，或者在刑事审判活动中故意违背事实和法律作枉法裁判的行为。

(3) 犯罪主体是特殊主体，即司法工作人员。

(4) 主观方面表现为故意，即出于私情、私利有意枉法追诉、包庇、裁判。

(三) 徇私枉法罪和伪证罪的区别

(1) 侵犯的客体不同。本罪侵犯的客体是司法机关的正常活动与司法公正；后罪侵犯的是社会管理秩序中的司法秩序。

(2) 客观方面不同。本罪限于利用司法职务之便；后罪的实施者中的证人、翻译人并无利用司法职务之便的行为特征。

(3) 犯罪主体不同。本罪的主体限于司法工作人员；后罪的主体则为证人、鉴定人、翻译人和记录人。

五、民事、行政枉法裁判罪

（一）民事、行政枉法裁判罪的概念

民事、行政枉法裁判罪是指司法工作人员在民事、行政审判活动中故意违背事实和法律作枉法裁判，情节严重的行为。

（二）民事、行政枉法裁判罪的构成要件

（1）侵犯的客体是人民法院的正常审判活动与审判公正。

（2）客观方面表现为在民事、行政审判活动中作出违背事实和法律的判决、裁判的行为。

（3）犯罪主体是特殊主体，限于在民事、行政诉讼过程中负有审判职责的人员。

（4）主观方面表现为故意。

（三）民事、行政枉法裁判罪和徇私枉法罪的区别

（1）行为所指向的对象不同。本罪针对的是民事、行政诉讼的当事人；后罪针对的是刑事案件的被告人或犯罪嫌疑人和一般公民。

（2）行为发生的场合不同。本罪发生在民事诉讼、行政诉讼的审判活动中；后罪发生在刑事诉讼中。

（3）构成犯罪的条件不同。本罪以情节严重为要件；后罪无此要件的规定。

六、执行判决、裁定失职罪

（一）执行判决、裁定失职罪的概念

执行判决、裁定失职罪是指司法工作人员在执行判决、裁定活动中，严重不负责任，不依法采取诉讼保全措施、不履行法定执行职责，或者违法采取诉讼保全措施、强制执行措施，致使当事人或者其他人的利益遭受重大损失的行为。

（二）执行判决、裁定失职罪的构成要件

（1）侵犯的客体是人民法院正常的执行活动。

（2）客观方面表现为，在执行判决、裁定活动中，严重不负责任，不依法采取诉讼保全措施、不履行法定执行职责，或者违法采取诉讼保全措施、强制执行措施，致使当事人或者其他人的利益遭受重大损失的行为。

（3）犯罪主体为特殊主体，限于司法工作人员。

（4）主观方面表现为过失。

七、执行判决、裁定滥用职权罪

（一）执行判决、裁定滥用职权罪的概念

执行判决、裁定滥用职权罪是指人民法院从事执行工作的人员，在执行生效判决、裁定活动中，滥用职权，不依法采取诉讼保全措施、不履行法定职责，或者违法采取保全措施、强制执行措施，致使当事人或者其他人的利益遭受重大损失的行为。

（二）执行判决、裁定滥用职权罪的构成要件

（1）侵犯的客体是人民法院正常的执行活动。

（2）客观方面表现为在执行判决、裁定活动中滥用职权，违反法律规定的条件和程序，不依法采取诉讼保全措施、不履行法定职责，或者违法采取保全措施、强制执行措施，致使当事人或

者其他人的利益遭受重大损失的行为。

(3) 犯罪主体是特殊主体，限于司法工作人员。

(4) 主观方面表现为故意。

八、私放在押人员罪

(一) 私放在押人员罪的概念

私放在押人员罪是指司法工作人员利用职务上的便利，私自将被关押的犯罪嫌疑人、被告人或罪犯放走，致使其逃离监管的行为。

(二) 私放在押人员罪的构成要件

(1) 侵犯的客体是国家司法机关对犯罪嫌疑人、被告人或罪犯的监管制度。

(2) 客观方面表现为利用职务上的便利，私自将被关押的犯罪嫌疑人、被告人或罪犯放走的行为。

(3) 犯罪主体是特殊主体，限于司法工作人员。

(4) 主观方面表现为故意。

九、放纵制售伪劣商品犯罪行为罪

(一) 放纵制售伪劣商品犯罪行为罪的概念

放纵制售伪劣商品犯罪行为罪是指对生产、销售伪劣商品犯罪行为负有追究责任的国家机关工作人员，徇私舞弊，不履行法律规定的追究职责，情节严重的行为。

(二) 放纵制售伪劣商品犯罪行为罪的构成要件

(1) 侵犯的客体是国家对制售伪劣商品犯罪行为的查处追诉活动。

(2) 客观方面表现为针对生产、销售伪劣商品的犯罪行为，徇私舞弊，不履行法律规定的追究职责，情节严重的行为。

(3) 犯罪主体为特殊主体，即对生产、销售伪劣商品犯罪行为负有追究责任的国家机关工作人员。

(4) 主观方面表现为故意。

(三) 放纵制售伪劣商品犯罪行为罪与相关犯罪的区别

1. 放纵制售伪劣商品犯罪行为罪与徇私枉法罪的区别

(1) 客体不同。放纵制售伪劣商品犯罪行为罪的客体是国家对制售伪劣商品犯罪行为的查处追诉活动；徇私枉法罪的客体是国家司法机关的正常活动与司法公正。

(2) 客观方面不同。放纵制售伪劣商品犯罪行为罪的客观方面表现为对生产、销售伪劣商品犯罪行为负有追究责任的国家机关工作人员，徇私舞弊，不履行法律规定的追究职责，情节严重的行为，是不作为犯罪；徇私枉法罪的客观方面表现为对明知是无罪的人而使其受追诉，对明知是有罪的人而故意包庇使其不受追诉，或者在刑事审判活动中故意违背事实和法律作枉法裁判的行为，是作为犯罪。

(3) 主体不同。放纵制售伪劣商品犯罪行为罪的主体是对生产、销售伪劣商品犯罪行为负有追究责任的国家机关工作人员；徇私枉法罪的主体是司法工作人员。

2. 放纵制售伪劣商品犯罪行为罪与食品、药品监管渎职罪的区别

(1) 客体不同。放纵制售伪劣商品犯罪行为罪的客体是国家对制售伪劣商品犯罪行为的追诉

活动；食品、药品监管渎职罪的客体是国家机关对食品、药品安全的监管活动。

（2）客观方面不同。放纵制售伪劣商品犯罪行为罪的客观方面是对生产、销售伪劣商品犯罪行为负有追究责任的国家机关工作人员，徇私舞弊，不履行法律规定的追究责任，情节严重的行为，是不作为犯罪；食品、药品监管渎职罪的客观方面表现为滥用职权或玩忽职守，造成严重后果或者有其他严重情节的行为。

（3）主体不同。放纵制售伪劣商品犯罪行为罪的主体是对生产、销售伪劣商品犯罪行为负有追究责任的国家机关工作人员；食品、药品监管渎职罪的主体是负有食品、药品监督管理职责的国家机关工作人员。

（4）主观方面不同。放纵制售伪劣商品犯罪行为罪的主观方面是故意；食品、药品监管渎职罪的主观方面包括故意和过失。

十、不解救被拐卖、绑架妇女、儿童罪

（一）不解救被拐卖、绑架妇女、儿童罪的概念

不解救被拐卖、绑架妇女、儿童罪是指对被拐卖、绑架的妇女、儿童负有解救职责的国家机关工作人员，接到被拐卖、绑架的妇女、儿童及其家属的解救要求或者接到其他人的举报，而对被拐卖、绑架的妇女、儿童不进行解救，造成严重后果的行为。

（二）不解救被拐卖、绑架妇女、儿童罪的构成要件

（1）侵犯的客体是国家机关的正常管理活动和妇女、儿童的人身自由权利。

（2）客观方面表现为，接到被拐卖、绑架的妇女、儿童及其家属的解救要求或者接到其他人的举报，而对被拐卖、绑架的妇女、儿童不进行解救，造成严重后果的行为。

（3）犯罪主体是特殊主体，即对被拐卖、绑架的妇女、儿童负有解救职责的国家机关工作人员。

（4）主观方面表现为故意，且要求行为人必须对妇女、儿童被拐卖、绑架的事实存在明知。

第二部分 民法学

第一章　绪论

大纲应试策略

本章包括民法概述、民法的调整对象、民法的基本原则等内容。较为重要的知识点包括民法典的地位、意义、特色，民法和社会主义核心价值观，民法的调整对象，民法的基本原则。本章的考查方式主要是简答题和论述题。本章考查主观题的频率较高。除考查过的主观题外，本章较为重要的论述题有：民法典的地位、意义和特色；民法和社会主义核心价值观；民法的调整对象；民法典体系及创新；民法典中的平等原则；意思自治原则；公平原则及其在民法典中的具体体现；民法典中的诚实信用原则；民法典中的合法原则；民法典中的公序良俗原则及其主要功能；民法典中的绿色原则。

大纲背诵要点

第一节　民法概述

一、民法的概念

（一）民法的概念

民法是调整平等主体之间发生的人身关系和财产关系的法律规范的总和。

（二）民法的分类

1. 形式意义上的民法和实质意义上的民法

（1）形式意义上的民法是指由立法机关编纂成民法典的民法规范体系。

（2）实质意义上的民法是指具备实质内容的民事法律规范体系，包括民法典和其他民事法律、法规。

2. 广义的民法和狭义的民法

（1）广义的民法是指一切调整平等主体之间的人身关系和财产关系的成文法和不成文法、民事基本法和民事特别法的总和。

（2）狭义的民法仅指系统编纂成民法典的民事法律规范体系。

（三）我国民法典的地位、意义和特色

（1）民法典在中国特色社会主义法律体系中具有重要地位，是一部固根本、稳预期、利长远的基础性法律，对推进全面依法治国、加快建设社会主义法治国家，对发展社会主义市场经济、巩固社会主义基本经济制度，对坚持以人民为中心的发展思想、依法维护人民权益、推动我国人权事业发展，对推进国家治理体系和治理能力现代化，都具有重大意义。

（2）《民法典》系统整合了新中国成立70多年来长期实践形成的民事法律规范，汲取了中华民族5 000多年优秀法律文化，借鉴了人类法治文明建设的有益成果，是一部体现对生命健康、财产安全、交易便利、生活幸福、人格尊严等各方面权利平等保护的民法典，是一部具有鲜明中国特色、实践特色、时代特色的民法典。

二、民法的性质

（1）民法是私法。民法调整的社会关系主要涉及私人利益，民事主体之间是平等主体的关系。

（2）民法是调整市场经济关系的基本法。民法始终与商品经济或市场经济的发展相联系；民法调整的财产关系主要是财产归属关系和财产流通关系。

（3）民法是调整市民社会关系的基本法。民法调整市民社会关系，重在保护市民的私权，协调市民利益，加大对个人自由权利的保障，以构建和谐的市民社会秩序。

（4）民法是权利法。民法体系的构建以权利为基本的逻辑起点。民法通过权利确认当事人的行为规则，通过救济手段确认权利。

（5）民法是实体法。民法规定民事主体相互间权利义务的实体内容。民法作为实体法，既是行为规则，又是裁判规则。

三、民法和社会主义核心价值观

（1）坚持用社会主义核心价值观塑造民法典是我国民法的显著特征。社会主义核心价值观的基本内容是富强、民主、文明、和谐，自由、平等、公正、法治，爱国、敬业、诚信、友善。其中，富强、民主、文明、和谐是国家层面的价值目标，自由、平等、公正、法治是社会层面的价值目标，爱国、敬业、诚信、友善是公民个人层面的价值准则。社会主义核心价值观贯穿民法典的始终，为民事主体参与民事活动提供基本规则和价值遵循。民法典规定的具体制度是对社会主义核心价值观的表达。

（2）在民法典的编纂过程中，科学立法要求坚持正确的政治立场，坚持以习近平新时代中国特色社会主义思想为指导，在立法目的价值取向上旗帜鲜明弘扬社会主义核心价值观。社会主义核心价值观融入民法典，其明显的表现为《民法典》第1条："为了保护民事主体的合法权益，调整民事关系，维护社会和经济秩序，适应中国特色社会主义发展要求，弘扬社会主义核心价值观，根据宪法，制定本法。"用社会主义核心价值观塑造民法典的精神灵魂，不仅要在立法技术上通盘考虑，还要在立法宗旨上宣示、在基本原则上恪守、在一般规范上体现、在具体规范中融入，使社会主义核心价值观成为鲜明的精神轴线贯穿民法典的始终，为民事主体参与民事活动提供基本规则和价值遵循。

（3）民法典是对社会生活规则的总结，在社会主义市场经济运转过程之中，竞争压力不可避免带来人际关系的紧张，各种社会矛盾凸显，培育和践行社会主义友善价值观，无疑能为缓解社会矛盾、维护社会良好秩序、促进社会和谐提供坚实的价值基础。民法典编纂是在整合既有的民事立法的基础上展开的，除了价值同源，很大程度上也在具体制度上表现出对社会主义核心价值观的表达。需要注意的是，在司法实践中，法律人不能简单认为很多传统民法既有的规则已经表达出社会主义核心价值观的独特精神内涵，还需要结合社会主义的本质去解释和适用这些规则。

四、民法的渊源

民法的渊源包括两种类型：一是制定法，二是非制定法。

作为民法渊源的制定法主要包括：宪法；民事法律，包括《民法典》和民事单行法；行政法规；地方性法规；规章；司法解释；国际条约。

非制定法主要是指民事习惯。

五、民法的解释

（一）民法解释的含义

民法的解释是指当民法规范不明确时，特定的解释主体运用一定的方法和原则并遵循法定的权限和程序探求民事法律规范含义的活动。

（二）民法解释的必要性

（1）法律必须通过解释才能适用。

（2）通过梳理法条的内在结构和逻辑关系从而弥补法律漏洞的需要。

（3）法律解释也是法官创造性地适用法律，充分实现司法公正的要求。

（三）民法解释的方法

民法解释的方法主要有文义解释、体系解释、历史解释、目的解释、扩张解释、限缩解释、当然解释。此外，还有合宪性解释、比较法解释、社会学解释等。

六、民法的适用

民法的适用又称为民法的效力，是指民事法律规范在何时、何地、对何人发生法律效力。民法的效力包括民法在时间上的效力、民法在空间上的效力和民法对人的效力三个方面。

第二节　民法的调整对象

一、民法调整的人身关系

（一）民法调整的人身关系的概念

民法调整的人身关系是指平等主体之间基于人格或身份而发生的、与人身不可分离、不具有直接财产内容的权利义务关系。

（二）民法调整的人身关系的特征

（1）主体地位平等。

（2）与人身不可分离。

（3）民法调整的人身关系虽然不具有直接的财产内容，但是某些人身关系是财产关系产生的前提条件。

二、民法调整的财产关系

（一）民法调整的财产关系的概念

民法调整的财产关系，是平等主体之间以财产归属和财产流转为主要内容的权利义务关系。

（二）民法调整的财产关系的特征

（1）主体地位平等。

（2）主体意思表示自由。

（3）民法所调整的财产关系的基本内容包括财产归属关系和财产流转关系。

（4）民法所调整的财产关系在利益的实现方面大多数具有有偿性的特点。

第三节　民法的基本原则

一、民法基本原则的概念和功能

（一）民法基本原则的概念

民法基本原则是指效力贯穿于民法始终的基本准则，是对民事立法、民事行为和民事司法具有普遍指导意义的基本准则。

（二）民法基本原则的功能

（1）指导功能。民法基本原则的功能突出表现在它的指导性。民法基本原则是民事立法的指导方针，对民事行为和民事司法也具有指导意义。

（2）约束功能。民法基本原则对民事立法、民事行为和民事司法有约束力，是民事主体应遵循的行为准则。

（3）补充功能。民法基本原则在民事法律规范中处于指导和统帅的地位，但是通常在民事法律规范有具体规定的情况下，必须适用具体规定，不能直接适用民法基本原则。因此，民法的基本原则是解释民事法律规范和填补法律漏洞的依据。

二、平等原则

（一）平等原则的含义

平等原则是指民事主体在法律地位上是平等的，其合法权益应当平等地受到法律保护。

（二）平等原则在民法中的具体表现

（1）公民的民事权利能力一律平等。

（2）不同民事主体参与民事法律关系适用同一法律，处于平等的地位。

（3）民事主体在民事法律关系中必须平等协商。

（4）对权利予以平等地保护。

三、自愿原则（意思自治原则）

（一）自愿原则的含义

自愿原则是指民事主体在从事民事活动时，在法律允许的范围内自由表达自己的意愿，并按其意愿设立、变更、终止民事法律关系。

（二）自愿原则在民法中的具体表现

（1）民事主体有权自主决定是否参加民事活动以及如何参加民事活动。

（2）民事主体应当以平等协商方式从事民事活动，就民事法律关系的设立、变更、终止达成合意。

（3）在法律允许的范围内民事主体对其自由表达的真实意愿负责，任何机关、组织和个人不得非法干预。

四、公平原则

（一）公平原则的含义

公平原则是指民事主体应当本着公平的理念从事民事活动，司法机关应当根据公平的理念处理民事纠纷。

（二）公平原则在民法中的具体表现

（1）民事主体在从事民事法律活动时，应当本着公平的理念合理地确定权利义务关系，并且正当行使权利、履行义务，兼顾他人利益和社会公共利益。

（2）司法机关在处理民事纠纷的过程中应当做到公平合理。

五、诚实信用原则

（一）诚实信用原则的含义

诚实信用原则是指民事主体在从事民事活动时，应当诚实守信，正当行使民事权利并履行民事义务，不实施欺诈和规避法律的行为，在不损害他人利益和社会利益的前提下追求自己的利益。

（二）诚实信用原则在民法中的具体表现

（1）民事主体在从事民事活动时，必须将有关事项和真实情况如实告知对方，禁止隐瞒事实真相和欺骗对方当事人。

（2）民事主体之间一旦作出意思表示并且达成合意，就必须重合同、守信用，正当行使权利和履行义务。法律禁止当事人背信弃义、擅自毁约的行为。

（3）民事活动过程中发生损害，民事主体双方均应及时采取合理的补救措施，避免和减少损失。

六、合法原则

合法原则是指民事主体在从事民事活动时，应当符合法律尤其是公法规范的要求。

七、公序良俗原则

（一）公序良俗原则的含义

公序良俗是公共秩序和善良风俗的简称。公序包括政治的公序和经济的公序。政治的公序主要是保护国家和家庭的公共秩序。经济的公序包括指导的公序和保护的公序。在现代社会，指导的公序式微，保护的公序逐渐占据重要地位。良俗即善良风俗，是指一国或地区在一定时期占主导地位的一般道德或基本伦理要求。公序良俗原则是指民事主体从事民事活动的内容和目的不得违反公共秩序和善良风俗。

（二）违反公序良俗原则的行为的主要类型

（1）危害国家公序的行为。

（2）危害家庭关系的行为。

（3）违反性道德的行为。

（4）违法的射幸行为。

（5）违反人权或人格尊严的行为。

（6）限制经济自由的行为。

（7）违反公平竞争的行为。

（8）违反消费者保护规定的行为。

（9）违反劳动者保护的行为。

（10）暴利行为。

八、绿色原则

（一）绿色原则的含义

绿色原则是指民事主体的民事活动应当符合资源的有效利用和环境保护的要求。

（二）绿色原则的功能

（1）指导功能。绿色原则对民事立法、民事活动和民事司法均有指导意义。

（2）约束功能。绿色原则对民事立法、民事活动和民事司法均具有约束力。

（3）补充功能。法官在审理案件时，若无具体规范可供适用，可依据绿色原则寻求立法本意或法律价值取向，通过目的解释，裁判具体案件。

（三）绿色原则的意义

绿色原则倡导民事主体的民事活动应有利于节约资源、保护生态环境。民事主体应当选择低能耗、对环境友好的生产、生活方式，以实现节约资源、保护环境、绿色发展的理念。

知识拓展

试论我国民法典体系及创新。

（1）我国民法典采取了七编制体例，即由总则、物权、合同、人格权、婚姻家庭、继承和侵权责任七编构成。具体而言：

①民法典总则编作为民法典的奠基部分，由基本规定、自然人、法人、非法人组织、民事权利、民事法律行为、代理、民事责任、诉讼时效、期间计算等普遍适用于民商法各个部分的基本规则构成，它统领整个民商立法，因而构成民法典最基础、最通用的部分。

②物权编是调整有关物的归属和利用而产生的民事关系的规范，包括通则、所有权、用益物权、担保物权和占有等规则。

③合同编是调整有关合同的订立、履行、保全等法律关系的规范，其内容分为通则、典型合同和准合同。

④人格权编是调整人格权关系的法律规范的总称，人格权编由一般规定，生命权、身体权和健康权，姓名权和名称权，肖像权，名誉权和荣誉权，隐私权和个人信息保护等规则组成，人格权编通过总分结构的设计安排，构建了人格权制度的完整体系。

⑤婚姻家庭编是调整婚姻家庭关系和收养关系的法律规范的总和，具体包括一般规定、结婚、家庭关系、离婚、收养等内容。婚姻家庭编注重调整优良家风，弘扬家庭美德，重视家庭文明建设。该编既注重保护家庭成员的权利，也注重家庭义务的履行和保障。

⑥继承编主要是调整因为财产继承而产生的民事关系，其内容包括一般规定、法定继承、遗嘱继承、遗赠和遗产的处理。继承编全面强化了对私有财产的保护，全面保障继承权。

⑦侵权责任编调整因侵害民事权益产生的民事关系，其内容包括一般规定、损害赔偿、责任主体的特殊规定以及各类侵权责任的规定。

（2）我国民法典七编制的模式既借鉴了大陆法系国家民法典的经验，又为了回应当代中国的实践需要和时代需要而进行了体例上的创新，主要表现在：

①以民事权利为中心构建，即由物权、合同债权、人格权、婚姻家庭中的权利（亲属权）、继承权以及对权利进行保护的法律即侵权责任编构成。这表明我国民法典本质上是一部权利法，

民法典分编通过全面保障民事权利，全面体现和贯彻法治的价值。七编制的权利体系全面囊括了物权、债权、婚姻家庭中的权利（亲属权）和继承权，还对人格权进行了体系化的规范。

②体系的重大创新。这些创新体现在人格权独立成编、侵权责任独立成编以及合同编通则发挥债法总则的功能。

③民法典的体系从权利到救济展开。民法典各分编分别规定各项权利制度之后，又规定了侵权责任制度。在七编制下，首先确认了各项基本的民事权利，最后规定了保护权利的侵权责任编，因此，我国民法典的体系从“确权”到“救济”，始终以权利为中心。

④民法典各编自成体系，其主要是按照总分结构来构建的。

这些创新成分体现了我国民法典的中国特色、实践特色和时代特色。

第二章　民事法律关系

大纲应试策略

本章包括民事法律关系概述、民事法律关系的要素、民事法律关系的内容（民事权利与民事义务）、民事责任和民事法律事实等内容。在背诵要点中，民事法律关系的认定、民事法律关系的客体、民事权利、民事责任的承担方式和免责事由、民事法律事实属于核心考点。本章的难点在于对民事法律关系变动、民事责任分类中各类民事责任以及抗辩事由的理解与把握。本章出题方式包括各类题型，但偏重于选择题和简答题。除考查过的主观题外，本章较为重要的简答题有：民事法律关系的概念与特征；我国民法典规定的知识产权客体的类型；民事责任的概念和特征；共同责任的种类及责任的承担；我国民法典规定的承担民事责任的方式；民事责任的免责事由的种类。本章较为重要的论述题有：民事法律关系的内容；我国民法典确立的民事权利及其特色和意义；民事权利的行使及其原则；侵害英雄烈士等人格利益的民事责任。

大纲背诵要点

第一节　民事法律关系概述

一、民事法律关系的概念与特征

（一）民事法律关系的概念

民事法律关系是指由民事法律规范所确立的以民事权利和民事义务为内容的法律关系。

（二）民事法律关系的特征

（1）民事法律关系是民法在调整平等主体之间的人身关系和财产关系的过程中所形成的社会关系，民事法律关系的发生，大多取决于民事主体的意思。

（2）民事法律关系的保障措施具有补偿性。

二、民事法律关系的分类

（一）人身法律关系和财产法律关系

人身法律关系是指与民事主体人身不可分离，为满足民事主体的人身利益所形成的民事法律关系。

财产法律关系是指与财产有关的民事法律关系。

（二）绝对法律关系和相对法律关系

绝对法律关系是指与权利人相对应的义务人是权利人以外一切不特定人的民事法律关系。

相对法律关系是指与权利人相对应的义务人是特定人的民事法律关系。

（三）物权关系和债权关系

物权关系是指以物为客体而形成的法律关系。

债权关系是指权利人必须有义务人的一定行为相配合，才能行使和实现其权利的民事法律关系。

第二节　民事法律关系的要素

一、民事法律关系的主体

民事法律关系的主体是指参加民事法律关系，享受民事权利并承担民事义务的人。在我国，民事法律关系的主体包括自然人、法人和非法人组织。

二、民事法律关系的内容

民事法律关系的内容是指民事主体所享有的民事权利和承担的民事义务。

三、民事法律关系的客体

（一）民事法律关系客体的概念和种类

民事法律关系的客体是指民事权利和民事义务所指向的对象。民事法律关系的客体包括物、行为、智力成果、人身利益和权利五类。

（二）物的分类

1. 动产和不动产

动产是能够移动且移动不损害物的价值的物。

不动产是不能移动且移动就会损害其价值的物。

2. 主物和从物

在为同一所有人所有，须共同使用才能更好地发挥作用的两物中，起主要作用的是主物，辅助主物发挥作用的物是从物。

3. 原物和孳息

原物是指能够产生收益的物。

孳息为原物所产生的收益。

4. 特定物和种类物

特定物是指根据当事人的意思或者其他事实具体指定的物。

种类物是指具有共同的属性，可以通过品种、规格、型号等加以确定的物。

第三节　民事权利、民事义务

一、民事权利

（一）民事权利的概念和特征

1. 民事权利的概念

民事权利是指民事主体为实现某种利益而依法为某种行为或不为某种行为的自由。

2. 民事权利的特征

（1）权利人有依法直接享有某种利益，或者实施一定行为的自由。

（2）权利人可以请求义务人为一定行为或不为一定行为，以保证其享有实现某种利益的自由。

（3）这种自由是有保障的自由，它表现为在权利受到侵犯时，具有请求有权的国家机关予以保护的可能性。

（二）民事权利的分类

1. 人身权和财产权

人身权是指以实现人身利益的自由为内容，与权利人的人身密不可分的权利。

财产权是指以实现财产利益的自由为内容，直接体现某种物质利益的权利。

2. 支配权、请求权、抗辩权、形成权

支配权是指直接支配物并排斥他人干涉的权利。

请求权是指请求他人为一定行为或不为一定行为的权利。

抗辩权是指对抗请求权或者否认对方权利的权利。

形成权是指当事人一方可以以自己的行为使法律关系发生变动的权利。

3. 绝对权和相对权

绝对权，又称对世权，是指义务人不确定，权利人无须通过义务人实施一定的积极协助行为即可实现的权利。

相对权，又称对人权，是指权利人和义务人都是特定的人，权利人必须通过义务人积极实施或者不实施一定行为才能实现的权利。

4. 主权利和从权利

在两个相互关联的权利中，起主要作用的权利是主权利，起次要作用的权利是从权利。

5. 既得权和期待权

既得权是指权利的成立要件已经全部具备并被民事主体实际享有的权利。

期待权是指成立要件尚未全部具备，将来有可能实现的权利。

（三）民事权利的行使

1. 民事权利行使的含义

民事权利的行使也就是民事权利内容的实现。

2. 民事权利行使的原则

（1）民事权利的行使必须符合国家法律和社会公共利益的要求。人们只有在法律规定的限度内行使自己的权利，才可能依自己的意志从事一定的行为。这个界限就是不得损害国家利益、社会公共利益和他人合法权益。

（2）不得滥用权利损害国家利益、社会公共利益或他人合法权益。人民法院可以根据权利行使的对象、目的、时间、方式、造成当事人之间利益失衡的程度等因素认定是否构成权利滥用。行为人以损害国家利益、社会公共利益、他人合法权益为主要目的行使民事权利的，人民法院应当认定构成滥用民事权利。构成滥用民事权利的，应当认定该滥用行为不发生相应的法律效力。滥用民事权利造成损害的，依照民法典的有关规定处理。

（3）民事权利的行使必须符合诚实信用原则。只有严格遵循诚实信用原则，权利人才能正当行使民事权利，建立和谐的经济生活秩序，保障财产流转的正常进行。

（四）民事权利的保护

1. 民事权利的私力救济

私力救济是指权利人自己采取各种合法手段来保护自己的权利不受侵犯。民事主体可以以法律许可的方式在法律允许的限度内保护自己的权利。私力救济方式包括正当防卫、紧急避险、自助行为等。

2. 民事权利的公力救济

公力救济是指民事权利受到侵害时，由国家机关给予保护的民事权利保护措施。公力救济方式包括起诉、民间调解、民事仲裁，也可以依法请求国家机关给予保护。

二、民事义务

（一）民事义务的概念和特征

1. 民事义务的概念

民事义务是指义务人为满足权利人的利益而受到的为一定行为或不为一定行为的约束。

2. 民事义务的特征

（1）义务人必须依据法律的规定或合同的约定，为一定行为或不为一定行为，以满足权利人的利益。

（2）义务人只承担法定的或约定的范围内的义务，而不承担这些范围以外的义务。

（3）义务人必须履行义务。民事义务是一种受到国家强制力约束的法律义务，如果义务人不履行其义务，将依法承担法律责任。

（二）民事义务的分类

1. 法定义务与约定义务

法定义务是指民法规定的民事主体应负的义务。

约定义务是由当事人协商约定的义务，约定的义务不得违反法律的强行性规定。

2. 作为义务和不作为义务

作为义务是指义务人应当作出一定积极行为的义务，又称积极义务。

不作为义务是指义务人应为消极行为或者容忍他人行为的义务，又称消极义务。

第四节　民事责任

一、民事责任的概念和特征

（一）民事责任的概念

民事责任是民事主体违反民事义务应当承担的民事法律后果。

（二）民事责任的特征

（1）民事责任是民事主体一方对他方承担的责任。

（2）民事责任主要是为了补偿权利人所受损失和恢复民事权利的圆满状态。
（3）民事责任既有过错责任又有无过错责任。
（4）民事责任的内容可以由民事主体在法律允许的范围内协商。

二、民事责任的分类

（一）财产责任和非财产责任

财产责任是指以一定的财产为内容的责任。

非财产责任是指不具有财产内容的责任。

（二）违约责任、侵权责任和其他民事责任

违约责任是指因违反合同义务而产生的责任。

侵权责任是指因侵害他人的财产权益或者人身权益而产生的责任。

其他民事责任是指违约责任与侵权责任之外的民事责任，主要包括基于不当得利和无因管理产生的责任等。

（三）无限责任和有限责任

无限责任是指责任主体以自己的全部财产承担责任。

有限责任是指责任主体以其有限的财产承担责任。

（四）单独责任和共同责任

单独责任是指由一个民事主体独立承担的责任。

共同责任是指两个以上的民事主体共同承担的责任。

（五）按份责任、连带责任和补充责任

1. 按份责任

按份责任是指多个当事人按照法律的规定或者合同的约定，各自承担一定份额的责任。

2. 连带责任

连带责任是指按照法律规定或者合同的约定，两个以上的当事人作为一个整体对权利人承担全部责任，而且其中任何当事人都应当对权利人承担全部责任的责任方式。

民法典规定的连带责任的主要情形有：

（1）代理人和相对人恶意串通，损害被代理人合法权益的；
（2）保证合同中保证人依法承担的连带责任；
（3）共同侵权行为；
（4）教唆、帮助他人实施侵权行为的；
（5）实施共同危险行为；
（6）原因叠加情况下的数人侵权；
（7）挂靠机动车侵权责任；
（8）法律直接规定的其他情形。

3. 补充责任

补充责任是指在责任人的财产不足以承担应负责任时，由有关的人对不足部分予以补充的责任。

（六）对英雄烈士特别保护的民事责任

民法典特别规定了对英雄烈士特别保护的民事责任，侵害英雄烈士等的姓名、肖像、名誉、

荣誉，损害社会公共利益的，应当承担民事责任。

三、承担民事责任的方式

（1）停止侵害；
（2）排除妨碍；
（3）消除危险；
（4）返还财产；
（5）恢复原状；
（6）修理、重作、更换；
（7）继续履行；
（8）赔偿损失；
（9）支付违约金；
（10）消除影响、恢复名誉；
（11）赔礼道歉。

法律规定惩罚性赔偿的，依照其规定。

上述承担民事责任的方式，可以单独适用，也可以合并适用。

四、民事责任的免责事由

民事责任的免责事由又称抗辩事由，是指不承担责任或者减轻责任的事由。免责事由一般包括不可抗力、正当防卫、紧急避险、受害人过错、第三人原因、自甘风险、自助等。本部分主要介绍下列三种免责事由，其余免责事由在第二十一章中详细介绍。

（1）不可抗力。不可抗力是指不能预见、不能避免且不能克服的客观情况。

（2）正当防卫。正当防卫是指为了使公共利益、本人或者他人的人身、财产或者其他合法权益免受正在进行的不法侵害，而对不法侵害人所采取的合理的防卫行为。

（3）紧急避险。紧急避险是指为了使公共利益、本人或者他人的人身、财产或者其他合法权益免受正在发生的危险，而不得已采取的损害另一较小合法利益从而保全更大利益的行为。

第五节　民事法律事实

一、民事法律事实的概念

民事法律事实是指能够引起民事法律关系产生、变更和消灭的客观现象。

二、民事法律事实的分类

（一）行为

行为是指受主体意志支配，能够引起民事法律关系发生、变更和消灭的活动。行为又可以分为民事法律行为、准民事法律行为和事实行为。

（1）民事法律行为，是民事主体通过意思表示设立、变更、终止民事法律关系的行为。

（2）准民事法律行为，是指行为人以法律规定的条件业已满足为前提，将一定的内心意思表示于外，从而引起一定法律效果的行为。

（3）事实行为，是指行为人主观上不一定具有发生、变更或消灭正常民事法律关系的意思，但客观上能够引起这种后果的行为。

（二）自然事实

1. 自然事实的概念

自然事实又称为非行为事实，是指与人的意志无关，能够引起民事法律关系发生、变更和消灭的客观现象。

2. 自然事实的分类

自然事实又分为事件和状态。

事件是指某种客观现象的发生。

状态是指某种客观现象的持续。

知识拓展

试论我国民法典确立的民事权利及其特色和意义。

（1）民法典总则编专设民事权利一章，集中确认和宣示自然人、法人所享有的各项民事权利，充分地彰显了民法对私权保障的功能。我国民法典确立了人身权、物权、债权、知识产权、继承权、股权和其他投资性权利、数据和网络虚拟财产权以及其他合法权益。

①人身权是以实现人身利益的自由为内容，与权利的人身密不可分的民事权利，包括人格权和身份权。人格权是指民事主体依法享有的为维护其独立法律人格所必备的基本民事权利。我国民法典专编系统全面地规定了各类人格权，适应了时代的发展和我国公民对人格尊严的强烈需求。身份权是指民事主体基于在特定社会关系中的地位和资格而依法享有的民事权利。民法典婚姻家庭编全面确认了自然人因婚姻、家庭关系等产生的人身权利。

②物权是指权利人依法对特定的物享有直接支配和排他的权利，包括所有权、用益物权和担保物权。我国民法典将物权作为独立的一编加以规定。所有权是指所有人依法享有的对其财产进行占有、使用、收益和处分的权利，所有权制度是物权的核心内容。用益物权是指权利人对他人所有的不动产或者动产依法享有的占有、使用和收益的权利。担保物权是指以担保债务清偿为目的，而在债务人或者第三人的特定物或者权利上设定的定限物权。

③债权是指债权人享有的以请求债务人为一定给付为内容的权利。债权是重要的民事权利类型，在市场经济中占有十分重要的地位。债权包括合同之债、侵权之债、无因管理之债和不当得利之债，以及因其他事实所产生的债。其中，合同债权是最重要的债，我国民法典专编规定了合同，并将合同通则作为债权通则加以适用，同时还规定了十九类典型合同及其适用规则。合同编在民法典中占有十分重要的地位。侵权之债也是比较重要的债。我国民法典还在合同编的准合同分编中确立了无因管理之债和不当得利之债。

④知识产权是指民事主体对创造性智力成果依法享有的权利的总称。我国民法典宣示了知识产权作为一种民事权利受到法律保护。

⑤继承权是指自然人根据法律的规定或者有效遗嘱的指定取得被继承人遗产的权利。我国民法典在法律上确认了自然人享有的继承权。

⑥我国民法典还将股权和其他投资性权利、数据和网络虚拟财产纳入民事权利保护的范围，并作出了宣示性规定，彰显了民法典的时代性和前瞻性。

（2）民法典在全面保障民事权利方面具有时代特色和意义：

①民法典关于民事权利的确认具有时代性，即体现了当代中国的时代特征，回应了当今社会的现实需求。民法典首次正式确认了隐私权，规定了个人信息的保护规则。

②民法典对民事权利的确认具有全面性，即民法典广泛确认公民享有的各项人格权、物权、

债权、知识产权、亲属权、继承权等权利。从保护公民财产权利的角度来看，民法典首次在法律上使用了“平等”保护民事主体物权的表述，确认了对数据、网络虚拟财产的保护，扩大了知识产权的保护范围，进一步强化了对知识产权的保护。

③民法典关于民事权利的规定具有开放性。无论是权利还是利益，都受到法律保护。这不仅与保护民事权益的基本原则相对应，而且为将来对新型民事权益的保护预留了空间，保持了对私权保护的开放性。

第三章　自然人

大纲应试策略

本章包括自然人的民事权利能力、自然人的民事行为能力、监护、宣告失踪和宣告死亡、个体工商户和农村承包经营户等内容。在背诵要点中，自然人的民事权利能力、自然人的民事行为能力、监护、宣告失踪和宣告死亡是较为重要的知识点。本章较难掌握的知识点有胎儿的民事权利能力、监护的类型、监护人资格的撤销和宣告死亡的法律后果。从近几年考试情况分析，本章的出题方式主要是选择题和简答题。除考查过的主观题外，本章较为重要的简答题有：自然人民事权利能力和民事行为能力的概念与特征；监护人履行职责的原则与要求；宣告失踪的概念和适用条件；死亡宣告撤销的法律后果。本章较为重要的论述题有：我国民法典对胎儿利益的保护；限制民事行为能力等。

大纲背诵要点

第一节　自然人的民事权利能力

一、民事权利能力的概念和特征

（一）民事权利能力的概念

民事权利能力是指民事法律赋予民事主体从事民事活动，从而享有民事权利和承担民事义务的资格。自然人的民事权利能力是指民事法律赋予自然人享有民事权利、承担民事义务的资格。

（二）民事权利能力的特征

（1）民事权利能力是一种资格，而不是实际的权利。

（2）民事权利能力的内容既包括民事主体取得民事权利的资格，也包括民事主体承担民事义务的资格。

（3）民事权利能力的内容和范围具有法定性。

（4）民事权利能力具有与民事主体人身的不可分离性。

二、自然人民事权利能力的开始

我国自然人的民事权利能力始于出生。自然人的出生时间和死亡时间，以出生证明、死亡证明记载的时间为准；没有出生证明、死亡证明的，以户籍登记或者其他有效身份登记记载的时间为准。有其他证据足以推翻以上记载时间的，以该证据证明的时间为准。

尚未出生的胎儿不具有民事权利能力，不是合法的民事主体，不能享受民事权利、承担民事义务。但涉及遗产继承、接受赠与等胎儿利益保护的，胎儿视为具有民事权利能力。胎儿娩出时为死体的，其民事权利能力自始不存在。

三、自然人民事权利能力的终止

自然人的民事权利能力终于死亡。

第二节　自然人的民事行为能力

一、自然人民事行为能力的概念和特征

（一）自然人民事行为能力的概念

自然人民事行为能力是指法律确认的自然人通过自己的行为从事民事活动，参加法律关系，取得民事权利和承担民事义务的能力。

（二）自然人民事行为能力的特征

（1）民事行为能力具有法定性。

（2）民事行为能力与公民的年龄和精神状况直接相联系。

（3）民事行为能力非依法定条件和程序不受限制或取消。

二、自然人民事行为能力的分类

（一）完全民事行为能力

完全民事行为能力是指法律赋予达到一定年龄和精神状态正常的自然人通过自己的独立行为参加民事法律关系，取得民事权利和承担民事义务的能力。

我国自然人具有完全民事行为能力应当同时满足下列两个条件：

（1）年满 18 周岁。年满 16 周岁不满 18 周岁，以自己的劳动收入为主要生活来源的未成年人，法律也将其视为完全民事行为能力人。

（2）精神状况健康正常。

（二）限制民事行为能力

限制民事行为能力，是指法律赋予那些达到一定年龄但尚未成年和虽已成年但精神不健全，不能完全辨认自己行为后果的自然人所享有的可以从事与自己的年龄、智力和精神健康状况相适应的民事活动的能力。

限制民事行为能力人有如下两大类：

（1）8 周岁以上的未成年人，他们可以进行与其年龄、智力相适应的民事活动；其他民事活动由其法定代理人代理，或者征得其法定代理人同意、追认。

（2）不能完全辨认自己行为的成年人，他们可以进行与其精神健康状况相适应的民事活动；其他民事活动由其法定代理人代理，或者征得其法定代理人同意、追认。

（三）无民事行为能力

无民事行为能力是指法律规定的完全不具有以自己的行为从事民事活动以取得民事权利和承担民事义务资格的能力。

无民事行为能力人主要有如下两类：

（1）不满8周岁的未成年人是无民事行为能力人，由其法定代理人代理民事活动。

（2）不能辨认自己行为的8周岁以上的自然人是无民事行为能力人，由其法定代理人代理民事活动。

三、自然人欠缺民事行为能力的认定

不能辨认或者不能完全辨认自己行为的成年人，其利害关系人或者有关组织，可以向人民法院申请认定该成年人为无民事行为能力人或者限制民事行为能力人。

被人民法院认定为无民事行为能力人或者限制民事行为能力人的，经本人、利害关系人或者有关组织申请，人民法院可以根据其智力、精神健康恢复的状况，认定该成年人恢复为限制民事行为能力人或者完全民事行为能力人。

第三节　监护

一、监护的概念和作用

民法上的监护是为了监督和保护无民事行为能力人和限制民事行为能力人的合法权益而设置的一项民事法律制度。

二、监护的分类

（一）成年人监护和未成年人监护

（二）法定监护、指定监护、遗嘱监护、协议监护与意定监护

（1）法定监护是指由法律直接规定的人担任监护人而形成的监护，包括对未成年人的监护与对不能辨认、不能完全辨认自己行为的成年人的监护。

（2）指定监护是指具有监护资格的人之间对担任监护人有争议，或者都要求担任监护人，或者都不愿意担任监护人，由有关组织或人民法院依法指定监护人而形成的监护。

（3）遗嘱监护是指被监护人的父母作为监护人通过遗嘱指定监护人的监护。

（4）协议监护是指具有监护资格的人协议确定由其中一人或数人担任监护人而形成的监护。

（5）意定监护是指具有完全民事行为能力的成年人，可以与其近亲属、其他愿意担任监护人的个人或者组织事先协商，以书面形式确定自己的监护人，在自己丧失或者部分丧失民事行为能力时，由该监护人履行监护职责。

三、监护人的设定

（一）法定监护人

1. 未成年人的法定监护人

父母是未成年子女的监护人。未成年人的父母已经死亡或者没有监护能力的，由下列有监护能力的人按顺序担任监护人：

（1）祖父母、外祖父母；

（2）兄、姐；

（3）其他愿意担任监护人的个人或者组织，但是须经未成年人住所地的居民委员会、村民委员会或者民政部门同意。

2. 成年人的法定监护人

无民事行为能力或者限制民事行为能力的成年人，由下列有监护能力的人按顺序担任监护人：

（1）配偶；

（2）父母、子女；

（3）其他近亲属；

（4）其他愿意担任监护人的个人或者组织，但是须经被监护人住所地的居民委员会、村民委员会或者民政部门同意。

（二）指定监护人

对监护人的确定有争议的，由被监护人住所地的居民委员会、村民委员会或者民政部门指定监护人，有关当事人对指定不服的，可以向人民法院申请指定监护人；有关当事人也可以直接向人民法院申请指定监护人。居民委员会、村民委员会、民政部门或者人民法院应当尊重被监护人的真实意愿，按照最有利于被监护人的原则在依法具有监护资格的人中指定监护人。在指定监护人前，被监护人的人身权利、财产权利以及其他合法权益处于无人保护状态的，由被监护人住所地的居民委员会、村民委员会、法律规定的有关组织或者民政部门担任临时监护人。监护人被指定后，不得擅自变更；擅自变更的，不免除被指定的监护人的责任。有权指定监护人的机关包括：未成年人住所地的居民委员会、村民委员会、民政部门和人民法院。

四、监护人的职责

（1）代理被监护人实施民事法律行为。

（2）保护被监护人的人身权利、财产权利以及其他合法权益等。

（3）监护人依法履行监护职责产生的权利，受法律保护。

（4）监护人不履行监护职责或者侵害被监护人合法权益的，应当承担法律责任。

（5）因发生突发事件等紧急情况，监护人暂时无法履行监护职责，被监护人的生活处于无人照料状态的，被监护人住所地的居民委员会、村民委员会或者民政部门应当为被监护人安排必要的临时生活照料措施。

五、监护关系的终止

（一）监护关系的终止事由

（1）被监护人取得或者恢复完全民事行为能力。

（2）监护人丧失监护能力。

（3）被监护人或者监护人死亡。

（4）人民法院认定监护关系终止的其他情形。

（5）监护人被撤销监护资格。

（二）监护人资格的撤销

监护人有下列情形之一的，人民法院根据有关个人或者组织的申请，撤销其监护人资格，安排必要的临时监护措施，并按照最有利于被监护人的原则依法指定监护人：

（1）实施严重损害被监护人身心健康的行为。

（2）怠于履行监护职责，或者无法履行监护职责且拒绝将监护职责部分或者全部委托给他人，导致被监护人处于危困状态。

（3）实施严重侵害被监护人合法权益的其他行为。

上述“有关个人或者组织”包括：其他依法具有监护资格的人，居民委员会、村民委员会、学校、医疗机构、妇女联合会、残疾人联合会、未成年人保护组织、依法设立的老年人组织、民政部门等。个人和民政部门以外的组织未及时向人民法院申请撤销监护人资格的，民政部门应当向人民法院申请。

第四节　宣告失踪和宣告死亡

一、宣告失踪

（一）宣告失踪的概念

宣告失踪是指经利害关系人申请，由法院依照法律规定的条件和程序，判决宣告下落不明满法定期限的公民为失踪人的民事法律制度。

（二）宣告失踪的条件和程序

1. 宣告失踪的条件

（1）须有自然人离开其住所下落不明满 2 年的事实。

（2）须由利害关系人向法院提出申请。可以提出申请的利害关系人包括：被申请人的近亲属；代位继承人或者对公婆、岳父母尽了主要赡养义务的丧偶儿媳、女婿；债权人、债务人、合伙人等与被申请人有民事权利义务关系的民事主体，但是不申请宣告失踪不影响其权利行使、义务履行的除外。

（3）须由人民法院依照法定程序宣告。

2. 宣告失踪的程序

先由利害关系人到法院提出申请，人民法院受理以后，应当发出寻找下落不明人的公告。公告期为 3 个月，期间届满后，人民法院根据失踪事实是否得到确认，作出宣告失踪或者驳回申请的判决，并在法定情形下指定失踪人的财产代管人。

（三）宣告失踪的后果

宣告失踪的法律后果是为被宣告失踪人建立财产代管制度。财产代管制度的具体内容有：

（1）失踪人的财产由其配偶、成年子女、父母或者其他愿意担任财产代管人的人代管。代管有争议，没有前述人员，或者前述人员无代管能力的，由人民法院指定的人代管。

（2）财产代管人应当妥善管理失踪人的财产，维护其财产权益。失踪人所欠税款、债务和应付的其他费用，由财产代管人从失踪人的财产中支付。

（3）财产代管人因故意或者重大过失造成失踪人财产损失的，应当承担赔偿责任。

（4）财产代管人不履行代管职责、侵害失踪人财产权益或者丧失代管能力的，失踪人的利害关系人可以向人民法院申请变更财产代管人。财产代管人有正当理由的，可以向人民法院申请变更财产代管人。人民法院变更财产代管人的，变更后的财产代管人有权请求原财产代管人及时移交有关财产并报告财产代管情况。

（四）宣告失踪的撤销

失踪人重新出现，经本人或者利害关系人申请，人民法院应当撤销失踪宣告。失踪人重新出现，有权请求财产代管人及时移交有关财产并报告财产代管情况。

二、宣告死亡

（一）宣告死亡的概念

宣告死亡是指经利害关系人申请，由法院依照法律规定的条件和程序，判决下落不明满法定期限的公民死亡的民事法律制度。

（二）宣告死亡的条件和程序

（1）自然人下落不明达法定的期间。

（2）须有利害关系人的申请。申请宣告死亡的利害关系人包括被申请人的配偶、父母、子女，以及对公婆、岳父母尽了主要赡养义务的丧偶儿媳、女婿。

符合下列情形之一的，被申请人的其他近亲属，以及代位继承人应当认定为利害关系人：

①被申请人的配偶、父母、子女均已死亡或者下落不明的；

②不申请宣告死亡不能保护其相应合法权益的。

被申请人的债权人、债务人、合伙人等民事主体不能认定为利害关系人，但是不申请宣告死亡不能保护其相应合法权益的除外。

（3）须由人民法院依照法定程序进行宣告。

（三）宣告死亡的后果

（1）自然人被宣告死亡之后，产生与自然死亡大体相同的法律后果。

（2）自然人被宣告死亡但是并未死亡的，不影响该自然人在被宣告死亡期间实施的民事法律行为的效力。

（四）死亡宣告的撤销

被宣告死亡的人重新出现，经本人或者利害关系人申请，人民法院应当撤销死亡宣告。死亡宣告被撤销后，产生以下法律后果：

（1）被宣告死亡的人的婚姻关系，自死亡宣告之日起消除。死亡宣告被撤销的，婚姻关系自撤销死亡宣告之日起自行恢复。但是，其配偶再婚或者向婚姻登记机关书面声明不愿意恢复的除外。

（2）被宣告死亡的人在被宣告死亡期间，其子女被他人依法收养的，在死亡宣告被撤销后，不得以未经本人同意为由主张收养行为无效。

（3）被撤销死亡宣告的人有权请求依照民法典继承编取得其财产的民事主体返还财产；无法返还的，应当给予适当补偿。利害关系人隐瞒真实情况，致使他人被宣告死亡而取得其财产的，除应当返还财产外，还应当对由此造成的损失承担赔偿责任。

（4）宣告失踪不是宣告死亡的必经程序，只要符合宣告死亡的条件，利害关系人就可以直接向人民法院申请宣告失踪人死亡，人民法院应当宣告死亡。

第五节　个体工商户、农村承包经营户

一、个体工商户的概念和特征

（一）个体工商户的概念

个体工商户是指在法律允许的范围内，依法经过核准登记从事工商业经营的自然人。

（二）个体工商户的特征

（1）个体工商户的经济性质是私人所有制。

(2) 个体工商户的经营范围必须符合法律规定。
(3) 个体工商户必须履行一定的核准登记手续方可成立。
(4) 个体工商户以户的名义独立进行民事活动。
(5) 个体工商户以其全部的个人财产对外承担无限清偿责任。

二、农村承包经营户的概念和特征

(一) 农村承包经营户的概念

农村承包经营户是指依法取得土地承包经营权，从事家庭承包经营的农户。

(二) 农村承包经营户的特征

(1) 农村承包经营户是我国农村劳动群众集体所有制经济的分散经营方式的法律形式。
(2) 农村承包经营户从事的是农业生产经营活动。
(3) 农村承包经营户存在的基础是享有土地承包经营权。
(4) 农村承包经营户以户的名义独立从事民事活动，对外承担无限责任。

第四章　法人

大纲应试策略

本章包括法人概述，营利法人，非营利法人，特别法人，法人的设立、变更和终止等内容。在背诵要点中，营利法人、非营利法人、法人的设立是较为重要的知识点。本章较难掌握的知识点包括社团法人和财团法人的区别、营利法人出资人的责任、非营利法人的类型及认定和设立中的法人。本章出题方式主要是选择题和简答题。除考查过的主观题外，本章较为重要的简答题有：法人的概念和特征；社团法人和财团法人的区别；我国民法典规定的法人的类型；我国民法典规定的非营利法人的类型；我国民法典规定的事业单位法人；我国民法典规定的社会团体法人。本章较为重要的论述题有：营利法人出资人的责任；我国民法典中的捐助法人；设立中的法人。

大纲背诵要点

第一节　法人概述

一、法人的概念和特征

(一) 法人的概念

法人是具有民事权利能力和民事行为能力，依法独立享有民事权利和承担民事义务的组织。

(二) 法人的特征

(1) 法人是社会组织。

(2) 法人是具有民事权利能力和民事行为能力的组织体。

(3) 法人是独立享有民事权利和民事义务的组织。

二、法人的分类

(一) 公法人和私法人

凡是依照国家的意思设立，目的、事业由法律直接规定，在加入上有强制性规定，人事由国家任免，不得擅自设立和解散的法人是公法人。

凡是由私人设立，内部关系平等，经营私法事业，可以由社员大会决定解散的法人是私法人。

(二) 社团法人和财团法人

凡是以人的集合为成立基础的法人是社团法人。

凡是以捐助的财产为基础而成立的法人是财团法人。

社团法人和财团法人的区别有：

(1) 成立基础不同。社团法人成立的基础在于人；财团法人成立的基础在于财产。

(2) 设立人的地位不同。社团法人的设立人，在法人成立时，可以成为法人的成员；财团法人的设立人，不能成为法人的成员。

(3) 设立行为不同。社团法人的设立行为属于合同行为，而且是生前行为；财团法人的设立行为则是单方行为，并可以依据遗嘱方式设立。

(4) 有无意思机关不同。社团法人有自己的意思机关；财团法人则没有意思机关。

(5) 目的事业不同。社团法人的目的可以是公益的，也可以是营利的；财团法人的目的只能是公益事业，不能以营利为目的。

(6) 解散的原因及解散的后果不同。社团法人的解散原因有多种，并可以因成员的协议而解散；财团法人则只能因为期限届满或财产不足而解散。社团法人解散后，经清算仍有剩余的财产应分给其成员；财团法人解散后，有剩余财产的依据章程处理，章程无规定的，应上缴国库。

(7) 设立、变更和国家管理有所不同。在设立上，社团法人的设立一般符合法定条件即可，大多数社团法人的设立不需要经过行政机关的批准；财团法人的设立一般要经过主管机关的许可。

(三) 营利法人、非营利法人和特别法人

营利法人是指以营利为目的且将利益分配于其成员的法人。

非营利法人是指为公益目的或者其他非营利目的成立，不向出资人、设立人或者会员分配所取得利润的法人。

特别法人是指不能简单归入营利法人和非营利法人的法人。

第二节　营利法人

一、营利法人的概念

营利法人是指以营利为目的且将利益分配于其成员的法人。

二、营利法人的机构

(1) 权力机构。营利法人的权力机构行使修改法人章程，选举或者更换执行机构、监督机构

成员，以及法人章程规定的其他职权。

（2）执行机构。营利法人的执行机构行使召集权力机构会议，决定法人的经营计划和投资方案，决定法人内部管理机构的设置，以及法人章程规定的其他职权。

（3）监督机构。营利法人设监事会或者监事等监督机构的，监督机构依法行使检查法人财务，监督执行机构成员、高级管理人员执行法人职务的行为，以及法人章程规定的其他职权。

三、营利法人出资人的责任

（1）出资人滥用权利损害法人或者其他出资人利益的责任。营利法人的出资人不得滥用出资人权利损害法人或者其他出资人的利益；滥用出资人权利造成法人或者其他出资人损失的，应当依法承担民事责任。

（2）出资人滥用法人独立地位和有限责任损害债权人利益的责任。营利法人的出资人不得滥用法人独立地位和出资人有限责任损害法人的债权人的利益。滥用法人独立地位和出资人有限责任，逃避债务，严重损害法人的债权人利益的，应当对法人债务承担连带责任。

第三节　非营利法人

一、非营利法人的概念

非营利法人是指为公益目的或者其他非营利目的，不向出资人、设立人或者会员分配所取得利润的法人。非营利法人包括事业单位、社会团体、社会服务机构等。

二、非营利法人的类型

（1）事业单位法人。事业单位法人是指具备法人条件，为适应经济社会发展需要，提供公益服务设立的事业单位。

（2）社会团体法人。社会团体法人是指具备法人条件，基于会员共同意愿，为公益目的或者会员共同利益等非营利目的设立的社会团体。

（3）捐助法人。捐助法人是指具备法人条件，为公益目的以捐助财产设立的基金会、社会服务机构等，经依法登记成立，取得捐助法人资格。

第四节　特别法人

一、特别法人的概念

特别法人是除营利法人和非营利法人之外的，具有特殊性的法人组织。

二、特别法人的类型

（1）机关法人，是指具有独立经费和承担行政职能的法定机构，从成立之日起，可以从事为履行职能所需要的民事活动的法人。

（2）农村集体经济组织法人，是指在一定的村或乡镇的社区范围内的集体成员，利用土地等农民集体所有的资源要素，通过资金联合与劳动联合的方式合作实现共同发展的经济组织法人。

（3）城镇、农村的合作经济组织法人，是指同类产品或产业的生产经营者或生产经营服务的提供者、利用者，在自愿联合的基础上，通过互助合作、民主管理共同实现成员利益的互助性经济组织法人。

（4）基层群众性自治组织法人，是指由我国城市居民和农村村民依照宪法、法律赋予的权利，通过民主选举的方式，实现“自我管理、自我教育、自我服务”的基层自治社会组织法人。

第五节　法人的设立、变更和终止

一、法人的设立

（一）法人的设立的概念和设立中的法人

1. 法人的设立

法人的设立是指依照法律规定的条件和程序使社会组织获得法律上的人格的整个过程，即创设法人的一系列行为的总称。

2. 设立中的法人

设立人为设立法人从事的民事活动，其法律后果由法人承受；法人未成立的，其法律后果由设立人承受，设立人为二人以上的，享有连带债权，承担连带债务。设立人为设立法人以自己的名义从事民事活动产生的民事责任，第三人有权选择请求法人或者设立人承担。

（二）法人成立的条件

（1）依法成立。

（2）有财产或经费。

（3）有自己的名称、组织机构和住所。

二、法人的变更

法人的变更是指法人在其存续期间发生的组织机构或其他重大事项的变更。

（一）法人的分立

法人分立的，其权利和义务由分立后的法人享有连带债权，承担连带债务，但是债权人和债务人另有约定的除外。

（二）法人的合并

法人合并的，其权利和义务由合并后的法人享有和承担。

（三）法人的组织性质变更

法人成立后，其组织形式、性质会有变化。

（四）其他事项的变更

其他事项的变更是指名称、注册资金、住所、活动宗旨、经营方式、经营范围等方面的重大变更。

三、法人的终止

（一）法人终止的原因

（1）解散。法人解散的事由包括：

①法人章程规定的存续期间届满或者法人章程规定的其他解散事由出现；

②法人的权力机构决议解散；

③因法人合并或者分立需要解散；

④法人依法被吊销营业执照、登记证书，被责令关闭或者被撤销；

⑤法律规定的其他情形。

（2）依法被宣告破产。

（3）法律规定的其他原因。

（二）法人终止时的清算

（1）法人解散的，除合并或者分立的情形外，清算义务人应当及时组成清算组进行清算。法人的董事、理事等执行机构或者决策机构的成员为清算义务人。法律、行政法规另有规定的，依照其规定。清算义务人未及时履行清算义务，造成损害的，应当承担民事责任；主管机关或者利害关系人可以申请人民法院指定有关人员组成清算组进行清算。清算期间法人存续，但是不得从事与清算无关的活动。法人清算后的剩余财产，按照法人章程的规定或者法人权力机构的决议处理。法律另有规定的，依照其规定。清算结束并完成法人注销登记时，法人终止；依法不需要办理法人登记的，清算结束时，法人终止。

（2）法人被宣告破产的，依法进行破产清算并完成法人注销登记时，法人终止。

第五章　非法人组织

大纲应试策略

本章内容包括非法人组织和合伙企业的一些知识。在大纲背诵要点中，非法人组织的责任、普通合伙企业的成立条件与责任、有限合伙企业的成立条件与责任属于较为重要的知识点。本章较难掌握的知识点是非法人组织的认定及责任的承担，以及特殊类型的普通合伙企业。本章出题方式以选择题为主。本章较为重要的简答题如普通合伙企业和有限合伙企业的概念和设立条件。本章较为重要的论述题如非法人组织的财产责任。

大纲背诵要点

第一节　非法人组织概述

一、非法人组织的概念和特征

（一）非法人组织的概念

非法人组织是指虽不具有法人资格但可以自己的名义从事民事活动的组织。

（二）非法人组织的特征

（1）非法人组织是具有稳定性的人合组织。

（2）非法人组织具有相应的民事权利能力和民事行为能力。

（3）非法人组织不能完全独立承担民事责任。

二、非法人组织的类型

非法人组织的类型有个人独资企业、合伙企业、不具有法人资格的专业服务机构和其他类型的非法人组织（如某些乡镇企业）。

第二节　合伙企业

一、合伙企业的概念和类型

合伙企业是指民事主体依法设立的由各合伙人订立合伙协议，共同出资、合伙经营、共享收益、共担风险的营利性组织。合伙企业分为普通合伙企业和有限合伙企业。普通合伙企业又分为一般的普通合伙企业与特殊的普通合伙企业。

二、普通合伙企业

（一）普通合伙企业的概念

普通合伙企业是指由普通合伙人组成，合伙人对合伙企业债务原则上承担无限连带责任的合伙企业。

（二）普通合伙企业的设立条件

（1）有两个以上的合伙人。合伙人为自然人的，应当具有完全民事行为能力。

（2）有书面合伙协议。

（3）有合伙人认缴或者实际缴付的出资。合伙人可以用货币、实物、知识产权、土地使用权和其他财产权利出资，也可以用劳务出资。

（4）有合伙企业的名称和生产经营场所。

（5）法律、行政法规规定的其他条件。普通合伙企业名称中应当标明“普通合伙”字样。

（三）普通合伙企业的责任承担

对于合伙债务，普通合伙人承担无限连带责任。所谓无限连带责任，是指每个普通合伙人都负有用自己的全部财产清偿全部合伙债务的义务，而不受各合伙人对合伙财产的出资比例或合伙协议中约定的债务承担份额的限制。在内部关系上，偿还合伙债务超过自己应承担数额的合伙人，有权向其他合伙人追偿。

（四）特殊类型的普通合伙企业

特殊类型的普通合伙企业是指以专业知识和专门技能为客户提供有偿服务，并依法承担有限责任或无限责任的企业。特殊类型的普通合伙企业名称中应当标明“特殊普通合伙”字样。

在特殊类型的普通合伙企业中，一个合伙人或者数个合伙人在执业活动中因故意或者重大过失造成合伙企业债务的，有过错的合伙人应当承担无限连带责任，而其他合伙人以其在合伙企业中的财产份额为限承担责任。合伙人在执业活动中非因故意或者重大过失造成合伙企业债务及合伙企业的其他债务，由全体合伙人承担无限连带责任。

三、有限合伙企业

（一）有限合伙企业的概念

有限合伙企业是指由普通合伙人和有限合伙人组成，普通合伙人对合伙企业的债务承担无限连带责任，有限合伙人仅以其认缴的出资额为限对合伙企业债务承担有限责任的合伙企业。

（二）有限合伙企业的设立条件

除应满足普通合伙企业的设立条件外，有限合伙企业的设立条件还有：

(1) 除法律另有规定外，合伙人为 2 个以上 50 个以下，且至少应当有一个普通合伙人。

(2) 国有独资公司、国有企业、上市公司以及公益性的事业单位、社会团体不得成为普通合伙人。

(3) 有限合伙人可以用货币、实物、知识产权、土地使用权或者其他财产权利作价出资，但是不得以劳务出资。

(4) 有限合伙企业的名称中应当标明“有限合伙”字样。

(三) 有限合伙企业的责任承担

在有限合伙企业中，普通合伙人对合伙企业债务承担无限连带责任，有限合伙人以其认缴的出资额为限对合伙企业债务承担责任。

第六章　民事法律行为

大纲应试策略

本章内容包括民事法律行为的概念、特征、分类，意思表示，民事法律行为的成立和有效，无效的民事法律行为，可撤销的民事法律行为，效力待定的民事法律行为，附条件和附期限的民事法律行为。本章较难掌握的知识点是无效的民事法律行为、可撤销的民事法律行为和效力未定的民事法律行为的认定。本章为考试重点，出题频率较高。系统学习、掌握民事法律行为理论和民法典的有关规定是全面把握本章内容的最佳途径。本章出题方式包括各类题型。除考查过的主观题外，本章较为重要的简答题有：意思表示生效的具体情形；可撤销的民事法律行为和无效的民事法律行为的区别。本章较为重要的论述题有：民事法律行为的有效条件；无效的民事法律行为；重大误解的民事法律行为；因受欺诈实施的民事法律行为；因受胁迫而实施的民事法律行为；显失公平的民事法律行为；效力待定的民事法律行为。

大纲背诵要点

第一节　民事法律行为概述

一、民事法律行为的概念

民事法律行为是指民事主体以意思表示的方式设立、变更或者终止民事法律关系的行为。

二、民事法律行为的特征

(1) 民事法律行为以意思表示为基本要素。没有意思表示，就没有民事法律行为。

(2) 民事法律行为以设立、变更或者终止民事权利和民事义务为目的。

第二节 民事法律行为的分类

一、单方行为、双方行为、多方行为和决议行为

单方行为，是指仅由一方当事人的意思表示就能成立的民事法律行为。

双方行为，是指须由双方当事人的意思表示一致才能成立的法律行为，如合同。

多方行为，是指由多个行为人的意思表示一致而成立的民事法律行为，如三方协议。

决议行为，是指法人、非法人组织依照法律或者章程规定的议事方式和表决程序作出决议的行为。决议行为属于多方行为。

二、财产行为和身份行为

财产行为，是指当事人实施的民事法律行为所要发生的后果为财产关系变动的行为。

身份行为，是指当事人实施的民事法律行为所要发生的后果为身份关系变动的行为。

三、要式行为和不要式行为

要式行为，是指必须履行某种特定的形式才能成立的法律行为。

不要式行为，是指不需要履行某种固定形式就能成立的法律行为，究竟采取何种法律形式由当事人自由选择。

四、有偿行为和无偿行为

有偿行为，是指一方从对方获取利益，必须向对方支付相应的财产对价的民事法律行为。

无偿行为，是指一方取得某种财产利益，无须向对方支付财产对价的民事法律行为。

五、主行为和从行为

主行为，是指不需要有其他行为的存在就可以独立成立的行为。

从行为，是指以其他行为的存在为前提的行为。

六、负担行为和处分行为

负担行为，是指以发生债权债务关系为其内容的法律行为，也称为债务行为或债权行为。负担行为的首要内容是确立某种给付义务，即产生某种债务关系，又称为债权行为。

处分行为，是指以引起现存权利直接变动为目的的行为，包括物权行为和准物权行为。

七、有因行为和无因行为

有因行为，是指以原因之存在为有效要件的行为。

无因行为，是指不以原因行为的存在为有效要件的行为。

第三节 意思表示

一、意思表示的概念和特征

（一）意思表示的概念

意思表示是指向外部表明意欲发生一定私法上效果的意思的行为。

（二）意思表示的特征

（1）意思表示的表意人具有旨在使法律关系发生变动的意图，该意图不违反法律强制性和公序良俗，因而发生当事人所预期的效力。

（2）意思表示是一个意思由内到外的表示过程。单纯的停留在内心的主观意思是没有法律意义的，意思必须表示于外部才能够为人所知晓。

（3）依据是否符合生效要件，法律赋予意思表示不同的效力。符合法定生效要件的意思表示可以发生当事人预期的法律效果，不符合法定生效要件的意思表示发生的法律效果可能与当事人的意思不尽一致。

二、意思表示的形式

（1）口头形式，是指用语言进行的意思表示。

（2）书面形式，是指以合同书、信件和数据电文（包括电报、电传、传真、电子数据交换和电子邮件）等可以有形地表现所载内容的形式。

（3）默示形式，是指行为人并不直接表示其内在的意思，而是根据某种法律事实，按逻辑推理的方法或按生活习惯，推断其内在意思表示的形式。

三、意思表示的生效和撤回

（一）意思表示的生效

1. 有相对人的意思表示

（1）以对话方式作出的意思表示的生效。以对话方式作出的意思表示，相对人知道其内容时生效。

（2）以非对话方式作出的意思表示的生效。

①以非对话方式作出的意思表示，到达相对人时生效。

②以非对话方式作出的采用数据电文形式的意思表示的生效。以数据电文形式作出的意思表示，相对人指定特定的系统接收数据电文的，该数据电文进入该特定系统时生效；未指定特定系统的，相对人知道或者应当知道该数据电文进入其系统时生效。

2. 无相对人的意思表示

无相对人的意思表示，表示完成时生效。法律另有规定的，依照其规定。

3. 以公告方式作出的意思表示

以公告方式作出的意思表示，公告发布时生效。

（二）意思表示的撤回

行为人可以撤回意思表示，撤回意思表示的通知应当在意思表示到达相对人前或者与意思表示同时到达相对人。

四、意思表示的解释

（1）有相对人的意思表示的解释，应当按照所使用的词句，结合相关条款、行为的性质和目的、习惯以及诚信原则，确定意思表示的含义。

（2）无相对人的意思表示的解释，不能完全拘泥于所使用的词句，而应当结合相关条款、行为的性质和目的、习惯以及诚信原则，确定行为人的真实意思。

第四节　民事法律行为的成立和有效

一、民事法律行为的成立

民事法律行为的成立是指符合民事法律行为的构成要素的客观情况。民事法律行为的成立要件可分为一般成立要件和特别成立要件。

1. 一般成立要件

民事法律行为的一般成立要件是指任何民事法律行为成立均须具备的共同要件。包括：

（1）有行为人；

（2）行为人作出意思表示；

（3）有标的。

2. 特别成立要件

民事法律行为的特别成立要件，是指成立某一具体的民事法律行为，除需要具备一般成立要件外，还须具备的其他特殊事实要素。

二、民事法律行为的有效

（一）民事法律行为有效的含义

民事法律行为的有效，是指已经成立的民事法律行为因符合法定有效要件而取得认可的效力。民事法律行为的有效要件包括实质要件和形式要件。

（二）实质要件

（1）行为人合格。行为人合格是指行为人具有相应的民事行为能力。民事法律行为是设立、变更或消灭民事法律关系的行为，没有民事行为能力的主体，不能正确判断自己行为的性质和正确预见自己的行为后果，就不能独立实施民事法律行为，所以，当事人的民事行为能力是民事法律行为的首要条件。“相应的民事行为能力”是指行为能力与行为人所进行的民事法律行为要相适应。例如，完全民事行为能力人可以独立进行法律允许的一切民事活动；8周岁以上的未成年人可以进行与其年龄、智力相适应的民事法律行为；法人在进行民事法律行为时，必须在法定活动范围内，或在核准登记的经营范围内实施。

（2）意思表示真实。意思表示真实，是指行为人的外部表示与其内心的真实意思相一致。造成行为人意思表示不真实的主要有两种情况：一是由于相对人或者第三人胁迫、欺诈，使行为人在违背真实意思的情况下而成立民事行为；二是由于行为人自己对该行为的重大误解，使其行为与其内在意思不一致。对意思表示不真实的行为，根据不同的情况，应当认定为无效或可撤销。

（3）不违反法律、行政法规的强制性规定，不违背公序良俗。不违反法律和公序良俗是民事法律行为有效的重要条件。不违法是指行为内容和形式都不违法。公序良俗是公共秩序和善良风俗的合称，民事主体进行民事活动必须与公序良俗相符，违背公序良俗的行为是无效的。

（三）形式要件

在绝大多数情况下，民事法律行为只要具备实质要件就发生法律效力，但在某些特殊的情况下，民事法律行为还须具备形式要件才发生效力。

（1）对于要式法律行为，如果没有采取相应的形式，该行为无效；

（2）对于不要式法律行为，当事人应在法律允许的范围内选择采取口头形式或书面形式，也可以采取其他形式。

第五节　无效的民事法律行为

一、无效的民事法律行为的概念和特征

（一）无效的民事法律行为的概念

无效的民事法律行为是指因欠缺民事法律行为的有效条件而不产生法律效力的民事法律行为。

（二）无效的民事法律行为的特征

（1）无效的民事法律行为具备了民事法律行为的成立条件，但不具备有效条件，因此不能发生当事人所预期的法律后果。

（2）无效的民事法律行为绝对确定无效，没有任何事实可以使其有效，包括当事人在内的任何人均有权主张该行为无效。

（3）无效的民事法律行为自始当然无效，无须任何人主张。

二、无效的民事法律行为的情形

（1）无民事行为能力人实施的民事法律行为无效。

（2）行为人与相对人以虚假的意思表示实施的民事法律行为无效。以虚假的意思表示隐藏的民事法律行为的效力，依照有关法律规定处理。

（3）违反法律、行政法规的强制性规定的民事法律行为无效。但是，该强制性规定不导致该民事法律行为无效的除外。违背公序良俗的民事法律行为是无效的民事法律行为。

（4）恶意串通损害他人合法权益的民事法律行为无效。

三、无效的民事法律行为的法律后果

（1）返还财产。

（2）赔偿损失。

（3）双方恶意串通，实施民事法律行为损害国家、集体或者第三人利益的，应当追缴双方取得的财产，收归国家、集体所有或者返还给第三人。

第六节　可撤销的民事法律行为

一、可撤销的民事法律行为的概念和特征

（一）可撤销的民事法律行为的概念

可撤销的民事法律行为是指由于欠缺有效条件，当事人有权依照法律规定请求人民法院或者仲裁机构予以撤销的民事法律行为。

（二）可撤销的民事法律行为的特征

（1）可撤销民事行为主要是因意思表示不真实而发生的民事法律行为。

（2）可撤销民事法律行为须由撤销权人主动行使撤销权。

（3）可撤销的民事法律行为在被撤销前仍然是有效的。

二、可撤销的民事法律行为的情形

（1）重大误解的民事法律行为。重大误解的民事法律行为是指行为人对于民事行为产生错误

的理解，并基于这种错误理解而为的民事法律行为。

（2）因受欺诈实施的民事法律行为。欺诈是指行为人故意实施的，以引起、强化或维持他人的错误认识并使其基于此错误认识而作出意思表示为目的的欺骗行为。故意告知虚假情况，或者负有告知义务的人故意隐瞒真实情况，致使当事人基于错误认识作出意思表示的，可以认定为欺诈。一方以欺诈手段，使对方在违背真实意思的情况下实施的民事法律行为，受欺诈方有权请求人民法院或者仲裁机构予以撤销。第三人实施欺诈行为，使一方在违背真实意思的情况下实施的民事法律行为，对方知道或者应当知道该欺诈行为的，受欺诈方有权请求人民法院或者仲裁机构予以撤销。

（3）一方或者第三人以胁迫手段，使对方在违背真实意思的情况下实施的民事法律行为。胁迫是指一方当事人或第三人向对方或其亲属预告危害，使其产生恐惧心理，并基于这种恐惧心理而作出违背其真实意思的行为。以给自然人及其近亲属等的人身权利、财产权利以及其他合法权益造成损害或者以给法人、非法人组织的名誉、荣誉、财产权益等造成损害为要挟，迫使其基于恐惧心理作出意思表示的，可以认定为胁迫。一方或者第三人以胁迫手段，使对方在违背真实意思的情况下实施民事法律行为，受胁迫方有权请求人民法院或者仲裁机构予以撤销。

（4）显失公平的民事法律行为。显失公平的民事法律行为是指在双方、有偿的民事法律行为中，一方利用对方处于危困状态、缺乏判断能力等情形，致使民事法律行为成立时显失公平的民事法律行为。一方利用对方处于危困状态、缺乏判断能力等情形，致使民事法律行为成立时显失公平的，受损害方有权请求人民法院或者仲裁机构予以撤销。

三、可撤销的民事法律行为与无效的民事法律行为的区别

（1）无效的条件不同。无效民事法律行为是不附带任何条件的，不论当事人是否主张，也不论当事人之间是否有争议，该行为都是无效的，是绝对无效；可撤销的民事法律行为是相对无效，是有条件的无效。当事人提出申请并经法院或仲裁机构认可是该行为无效的前提条件。

（2）无效的时间不同。无效的民事法律行为从行为开始时起，就不发生法律效力，对当事人就没有约束力；可撤销的民事法律行为在被撤销之前，已经发生了法律效力，对当事人就有了约束力，只有在被撤销后，才丧失法律上的效力。

（3）主张无效的人不同。无效的民事法律行为，双方当事人或与该民事法律行为有利害关系的人都可以主张无效，人民法院或仲裁机构在受理的案件中发现属于无效范围的，也可以主张确认其无效；可撤销的民事法律行为，只有享有撤销权的当事人才可以主张撤销，其他人不享有撤销权。

第七节　效力未定的民事法律行为

一、效力未定的民事法律行为的概念和特征

（一）效力未定的民事法律行为的概念

效力未定的民事法律行为是指民事法律行为成立之后，是否发生效力尚不能确定，有待享有形成权的第三人作出追认或拒绝的意思表示来使之有效或无效的法律行为。

（二）效力未定的民事法律行为的特征

（1）效力未定的民事法律行为已经成立，但因缺乏处分权或行为能力而使效力并不齐备。

（2）效力未定的民事法律行为的效力既非完全无效，也非完全有效，而是处于一种效力不确

定的中间状态。

（3）效力未定的民事法律行为是否发生效力尚不能确定，有待于其他行为或事实使之确定。

二、效力未定的民事法律行为的情形

我国民法典认可的效力未定的民事法律行为的情形主要有如下两类：

（1）限制民事行为能力人从事依法不能从事的法律行为。

（2）无权代理行为。无权代理行为是效力未定的民事法律行为，但是表见代理除外。

三、效力未定的民事法律行为的法律后果

效力未定的民事法律行为的效力确定基于以下不同法律事实：

（1）真正的权利人行使追认权，对效力未定的民事法律行为进行事后追认。

（2）善意相对人行使撤销权，从而使效力未定的民事法律行为归于无效。

（3）效力未定的民事行为会因特定事实的出现而补正其效力。

第八节　附条件和附期限的民事法律行为

一、附条件的民事法律行为

（一）附条件的民事法律行为的概念

附条件的民事法律行为是指双方当事人在民事法律行为中设立了一定的事由作为条件，以该条件的成就与否（是否发生）作为决定该民事法律行为产生或解除根据的民事法律行为。

（二）附条件的民事法律行为的特点

（1）未来性：条件应当是将来发生的事实，具有未来性。

（2）或然性：条件应当是将来可能发生也可能不发生的事实，具有或然性。

（3）非法定性：条件应当是当事人选定（商定）的事实，具有非法定性。

（4）合法性：条件应当是合法的事实。

（三）条件的种类

1. 延缓条件和解除条件

（1）延缓条件，是指民事法律行为中所确定的民事权利和民事义务，要在所附条件成就时发生法律效力的条件。其效力表现在，该民事法律行为已经成立，但未生效，条件成就，该民事法律行为生效；条件不成就，则一直不生效。

（2）解除条件，是指民事法律行为中所确定的民事权利和民事义务，在所附条件成就时，就失去法律效力的条件。其效力表现在，在所附条件成就以前，已经发生法律效力，行为人已经开始行使权利和承担义务，当条件成就时，权利和义务则失去法律效力。当条件不成就时，民事法律行为则仍然有效。

2. 肯定条件和否定条件

（1）肯定条件，是指以某种事实的发生为其内容的条件。

（2）否定条件，是指以某种事实的不发生为其内容的条件。

（四）附条件的民事法律行为的效力

附条件的民事法律行为的效力体现在，当事人为自己的利益不正当地阻止条件成就的，视为条件已成就；不正当地促成条件成就的，视为条件不成就。

二、附期限的民事法律行为

（一）附期限的民事法律行为的概念

附期限的民事法律行为是指双方当事人在民事法律行为中约定一定的期限，以期限的到来决定其效力发生或者终止的民事法律行为。

（二）期限的法律特点

期限和条件都是当事人约定的对民事法律行为效力的某种限制，但二者又有不同特点。条件的成就与否是当事人所不能预知的，它将来可能发生，也可能不发生；期限则是当事人可以预知的，是必然到来的。

第七章　代理

大纲应试策略

本章包括代理的概念、特征、适用范围、代理的分类、代理权、无权代理、表见代理和代理的终止等内容。在背诵要点中，代理的适用范围、转委托、代理权的行使、无权代理、表见代理和代理权终止的事由属于较为重要的知识点。本章较难掌握的知识点是无权代理和表见代理的认定。本章出题方式包括各类题型。除考查过的主观题外，本章较为重要的简答题有：代理的概念和特征；常见的适用表见代理的情形。本章较为重要的论述题有：民法典上的职务代理制度；代理权的行使原则及效力；转委托；表见代理。无权代理和表见代理也是案例分析题常考的内容。

大纲背诵要点

第一节　代理概述

一、代理的概念

代理是指代理人以被代理人或者自己的名义，在代理权限内与第三人（又称相对人）实施法律行为，其法律后果直接或间接由被代理人承受的民事法律制度。

二、代理的特征

（1）代理人应在代理权限范围内行使代理权。

（2）代理人以被代理人的名义或者代理人自己的名义进行代理行为。

（3）代理主要是实施法律行为。

（4）代理行为的后果直接或者间接由被代理人承担。

三、代理的适用范围

自然人、法人可以通过代理进行民事法律行为。但是，依照法律规定或者双方当事人约定，应当由本人实施的民事法律行为，不得通过代理人进行。这些行为包括：

（1）具有人身性质的行为不得代理。

（2）法律规定或当事人约定应当由特定的人亲自为之的行为不得代理。

（3）违法事项不得代理。代理人知道或者应当知道代理事项违法仍然实施代理行为，或者被代理人知道或者应当知道代理人的代理行为违法未作反对表示的，被代理人和代理人应当承担连带责任。

第二节　代理的分类

一、委托代理和法定代理

委托代理，是指基于委托代理人的委托授权而发生的代理。

法定代理，是指根据法律的直接规定而产生的代理。

二、本代理和复代理

本代理，是指由本人选任代理人或直接依据法律规定产生代理人的代理。

复代理，是指代理人为了被代理人的利益需要，将其享有的代理权的全部或一部分转委托给他人行使而产生的代理（再代理、转委托）。复代理在适用中应当符合一定的法律规则。在复代理中，代理人只有在特殊情况下，为了被代理人的利益才能转委托。转委托要求事先征得被代理人的同意或事后得到追认，否则，代理人对转委托的第三人的行为承担责任。但是在紧急情况下，代理人为维护被代理人的利益而转委托的，不论被代理人是否同意，均产生转委托的法律效力。

三、直接代理与间接代理

直接代理，是指代理人以被代理人的名义从事代理活动，该代理活动的法律效果直接归属于被代理人的代理。

间接代理，是指代理人以自己的名义从事代理活动，该代理活动的法律效果间接归属于被代理人的代理。

第三节　代理权

一、代理权的概念

代理权就是代理人以被代理人的名义与第三人实施法律行为，为被代理人设定、变更或消灭民事法律关系的权利。

二、代理权的产生

委托代理人按照被代理人的委托行使代理权。法定代理人依照法律的规定行使代理权。

三、代理权的行使原则

（1）代理人应在代理权限范围内行使代理权。代理人在代理权限范围内进行的代理行为，才能由被代理人承担法律后果，超越代理权限所为的行为，除被代理人追认的以外，对被代理人不发生法律效力，而由代理人承担责任。

(2) 代理人应为维护被代理人的利益而行使代理权。代理人的职责就是为被代理人服务，所以，代理人应从被代理人的利益出发，本着对被代理人最有利的原则行使代理权。也只有在为了被代理人的利益的情况下，才能转委托。代理人不履行职责或者不完全履行职责，造成被代理人损害的，应当承担民事责任。

(3) 代理人不得滥用代理权。代理人必须正当行使代理权，不能滥用代理权。滥用代理权主要包括如下三种类型：

①自己代理。自己代理即代理人以被代理人名义与自己进行民事活动的行为。自己代理行为通常为无效行为，但是被代理人同意或者追认的除外。

②双方代理。双方代理是指代理人以被代理人名义与自己代理的其他人进行民事活动的行为。双方代理行为原则上无效，但是被代理的双方同意或者追认的除外。

③代理人与相对人恶意串通损害被代理人的利益。代理人和相对人恶意串通，损害被代理人合法权益的，代理人和相对人应当承担连带责任。

第四节 无权代理

一、无权代理的概念

无权代理是指没有代理权而以他人名义进行代理活动的民事行为。包括如下三种情形：

(1) 没有代理权的代理。

(2) 越权代理。

(3) 代理权终止后的代理。

二、无权代理的效力

(1) 行为人没有代理权、超越代理权或者代理权终止后，仍然实施代理行为，未经被代理人追认的，对被代理人不发生效力。

(2) 相对人可以催告被代理人自收到通知之日起 30 日内予以追认。被代理人未作表示的，视为拒绝追认。行为人实施的行为被追认前，善意相对人有撤销的权利。撤销应当以通知的方式作出。

(3) 行为人实施的行为未被追认的，善意相对人有权请求行为人履行债务或者就其受到的损害请求行为人赔偿。但是，赔偿的范围不得超过被代理人追认时相对人所能获得的利益。

(4) 相对人知道或者应当知道行为人无权代理的，相对人和行为人按照各自的过错承担责任。

三、表见代理

(一) 表见代理的概念

表见代理是指行为人虽没有代理权，但第三人在客观上有理由相信其有代理权而与其实施法律行为，该法律行为的后果由本人承担的代理。

（二）表见代理的构成要件

（1）代理人无代理权。代理人在实施代理行为时，并无本人的授权，或虽有授权，但并未授权其可实施超出特定范围的行为。如果代理人对所实施的行为有代理权，当然不发生表见代理。

（2）该无权代理人有被授予代理权的外观。如果无权代理人以被代理人名义实施法律行为，但又没有任何迹象表明其被授权，那么不存在表见代理问题，即表见代理的成立须有“外表授权”的存在。

（3）相对人不知道行为人行为时没有代理权，且无过失。这是与第二个条件相联系的一个要件，因为虽有外表授权的存在，但如果相对人不相信，那么仍然不构成表见代理，而是狭义的无权代理。相对人如果有过失而不知行为人没有代理权，则不构成表见代理。

（4）相对人基于信任而与该无权代理人成立法律行为。这是判定是否构成表见代理的最终标准，虽然有以上三个要件，但最终相对人若未与该无权代理人就所谓内容成立法律行为，那么也不构成表见代理。

（三）常见的表见代理的情形

（1）因表见授权表示而产生的表见代理。被代理人以直接或间接的意思表示，表明授予他人代理权，但事实上并未授权。在此情况下，相对人有理由相信该无权代理人为有权代理人，而与之为民事行为。

（2）因代理授权不明而产生的表见代理。被代理人在代理授权时，未明确代理权限，或未将指明的代理权限有效告知相对人，致使相对人善意无过失地相信代理人的越权代理为有权代理，而与之为民事行为。

（3）因代理关系终止后未采取必要的措施而产生的表见代理。被代理人在代理关系终止后，应将此事实以适当的方式，有效地通知相对人，如果因为被代理人的原因，使相对人不知代理关系终止，而与原代理人为民事行为，则构成表见代理。

（四）表见代理的法律后果

表见代理成立后，依法产生有权代理的法律后果。由被代理人承担代理行为所带来的后果，享有其权利，承担其义务。被代理人有权要求无权代理人赔偿因无权代理而造成的损失。

第五节　代理终止

一、委托代理的终止的事由

（1）代理期限届满或者代理事务完成。

（2）被代理人取消委托或者代理人辞去委托。

（3）代理人丧失民事行为能力。

（4）代理人或者被代理人死亡。

但是，被代理人死亡后，有下列情形之一的，委托代理人实施的代理行为有效：

①代理人不知道且不应当知道被代理人死亡；

②被代理人的继承人予以承认；

③授权中明确代理权在代理事务完成时终止；

④被代理人死亡前已经实施，为了被代理人的继承人的利益继续代理。

（5）作为代理人或者被代理人的法人、非法人组织终止。

二、法定代理的终止的事由

(1) 被代理人取得或者恢复完全民事行为能力。

(2) 代理人丧失民事行为能力。

(3) 代理人或者被代理人死亡。

(4) 法律规定的其他情形。

知识拓展

试论民法典上的职务代理制度。

(1) 职务代理是指根据代理人所担任的职务而产生的代理，即法人或非法人的成员以及主要工作人员在其职权范围内所从事的民事法律行为，无须法人或非法人组织的特别授权，其法律效果应当由法人或者非法人组织承担的代理。

(2) 我国民法典规定，执行法人或者非法人组织工作任务的人员，就其职权范围内的事项，以法人或者非法人组织的名义实施的民事法律行为，对法人或者非法人组织发生效力。我国民法典确认职务代理的意义在于，它使我国委托代理的代理权来源多元化，且有利于维护交易安全，保护善意第三人的利益。

(3) 职务代理的构成要件有：

①被代理人必须是法人或非法人组织。

②代理人必须是法人或非法人组织的法定代表人以外的其他工作人员。

③代理权的来源是法人或非法人组织内的特定职权范围。

④职务代理属于广义上的委托代理。

(4) 我国民法典规定，法人或者非法人组织对执行其工作任务的人员职权范围的限制，不得对抗善意相对人，以维护交易安全，保护善意相对人的利益。

第八章　诉讼时效与期间

大纲应试策略

本章包括诉讼时效的概念、效力、适用范围、类型、起算、中止、中断、延长、诉讼时效与除斥期间的区别等内容。在背诵要点中，诉讼时效的适用范围、中止、中断及法定事由等较为重要。本章较难掌握的知识点是诉讼时效中止、中断和延长的适用问题。从近几年考试情况分析，本章出题方式主要是选择题。本章较为重要的简答题有：我国民法典关于诉讼时效期间的起算；我国民法典关于不适用诉讼时效的请求权的情形；诉讼时效中止与中断的法定事由；诉讼时效与除斥期间的区别。

大纲背诵要点

第一节　诉讼时效

一、诉讼时效的概念与效力

（一）诉讼时效的概念

诉讼时效是指权利主体在法定期间内不行使权利，义务人便享有抗辩权，从而导致权利人无法胜诉的法律制度。

（二）诉讼时效的效力（法律后果）

1. 抗辩权发生说

我国民法典对诉讼时效届满的法律后果采取抗辩权发生说或者时效抗辩说，即诉讼时效届满后的法律后果是产生请求权已经超过诉讼时效的抗辩权。诉讼时效期间届满的，义务人可以提出不履行义务的抗辩。

2. 诉讼时效抗辩的提出：一审为原则，二审为例外

（1）人民法院不得依职权主动适用诉讼时效。当事人未提出诉讼时效抗辩的，属于自动放弃有关的权利。

（2）当事人未提出诉讼时效抗辩，人民法院不应对诉讼时效问题进行释明。当事人在一审期间未提出诉讼时效抗辩，在二审期间提出的，人民法院不予支持，但其基于新的证据能够证明对方当事人的请求权已过诉讼时效期间的情形除外。当事人未按照规定提出诉讼时效抗辩，以诉讼时效期间届满为由申请再审或者提出再审抗辩的，人民法院不予支持。

3. 诉讼时效期间届满自愿履行的后果

（1）诉讼时效期间届满，当事人一方向对方当事人作出同意履行义务的意思表示或者自愿履行义务的，视为放弃了诉讼时效抗辩，不得再以诉讼时效期间届满为由进行抗辩。

（2）诉讼时效经过后的主动履行。诉讼时效经过后的主动履行超过诉讼时效期间，当事人自愿履行的，不受诉讼时效的限制。债权人受领给付的，不构成不当得利。

二、诉讼时效的适用范围

（一）诉讼时效的适用范围：债权请求权

（1）诉讼时效仅适用于请求权，请求权以外的权利，包括支配权、抗辩权和形成权不受诉讼时效的限制，但基于所有权和人格权所发生的请求权，如物权损害赔偿请求权、人身损害赔偿请求权，则适用诉讼时效。

（2）诉讼时效的适用范围原则上限于债权请求权，如合同请求权、单方允诺请求权、不当得利返还请求权、无因管理必要费用请求权等。但是，当事人请求确认合同无效，不受诉讼时效的限制。

（3）下列债权请求权不受诉讼时效的限制：

①支付存款本金及利息请求权；

②兑付国债、金融债券以及向不特定对象发行的企业债券本息请求权；

③基于投资关系产生的缴付出资请求权；

④其他依法不适用诉讼时效规定的债权请求权。

（二）不适用诉讼时效的其他请求权

并非所有的请求权都适用诉讼时效，下列请求权不适用诉讼时效的规定：

（1）请求停止侵害、排除妨碍、消除危险。

（2）不动产物权和登记的动产物权的权利人请求返还财产。

（3）请求支付抚养费、赡养费或者扶养费。

（4）依法不适用诉讼时效的其他请求权。如所有权确认请求权、消除影响请求权、扶养请求权、离婚请求权、解除收养关系请求权、合伙财产请求权等，都不适用诉讼时效。

三、诉讼时效的类型

（1）普通诉讼时效，是指由民法典规定的统一时效期间的诉讼时效。向人民法院请求保护民事权利的普通诉讼时效期间为 3 年。

（2）特殊诉讼时效，是指由民事基本法或特别法就特别民事法律关系规定的短于或长于普通诉讼时效期间的时效。

（3）最长诉讼时效，是指时效期间为 20 年，适用于一切民事法律关系的诉讼时效期间，该期间不得中止、中断。

四、诉讼时效期间的起算

（1）普通诉讼时效期间从权利人知道或者应当知道其权利受到损害以及义务人之日起计算。

（2）最长诉讼时效期间自权利受到侵害之日起计算。

（3）无民事行为能力人或者限制民事行为能力人对其法定代理人的请求权的诉讼时效期间，自该法定代理终止之日起计算。无民事行为能力人或者限制民事行为能力人的权利受到损害的，诉讼时效期间自其法定代理人知道或者应当知道权利受到损害以及义务人之日起计算。

（4）未成年人遭受性侵害的损害赔偿请求权的诉讼时效期间，自受害人年满 18 周岁之日起计算。

五、诉讼时效的中止、中断和延长

（一）诉讼时效的中止

1. 诉讼时效中止的概念

诉讼时效的中止是指在诉讼时效进行中，由于出现了法定事由而暂时中止诉讼时效进行的法律制度。

2. 诉讼时效中止的适用条件

（1）出现法定中止的事由。这些事由包括：

①不可抗力；

②无民事行为能力人或者限制民事行为能力人没有法定代理人，或者法定代理人死亡、丧失民事行为能力、丧失代理权；

③继承开始后未确定继承人或者遗产管理人；

④权利人被义务人或者其他人控制；

⑤其他导致权利人不能行使请求权的障碍。

（2）中止的事由存在于诉讼时效期间的最后6个月内，包括在6个月前发生的，但持续到6个月内的情况。

3. 诉讼时效中止的法律后果

诉讼时效中止的法律后果是自中止时效的原因消除之日起满6个月，诉讼时效期间届满。也就是说，为了给债权人较为宽松的行使权利期间，中止事由消除后，一律剩余6个月。

（二）诉讼时效的中断

1. 诉讼时效中断的概念

诉讼时效的中断是指在诉讼时效进行中，因一定事由的发生，阻碍时效进行，致使以前经过的时效期间统归无效，从中断、有关程序终结时起，诉讼时效重新计算的制度。

2. 诉讼时效中断的法定事由

（1）权利人向义务人提出履行请求。

（2）义务人同意履行义务。

（3）权利人提起诉讼或者申请仲裁。

（4）与提起诉讼或者申请仲裁具有同等效力的其他情形。

3. 诉讼时效中断的法律后果

诉讼时效中断，已经经过的时效期间归于无效，从中断或者有关程序终结时起，诉讼时效重新计算。

（三）诉讼时效的延长

诉讼时效的延长是指对于已经完成的诉讼时效期间，如果当事人有特殊理由，人民法院可以给予适当延长的法律制度。

六、诉讼时效和除斥期间

（一）除斥期间的概念

除斥期间主要是指法律规定或者当事人约定的权利（主要是形成权）预定存续的期间。

（二）诉讼时效和除斥期间的区别

（1）法律后果不同。除斥期间届满的法律效力是实体权利（主要是形成权）消灭，而诉讼时效期间届满的法律后果是抗辩权发生，实体权利并不消灭。诉讼时效期间届满后，义务人同意履行的，不得以诉讼时效期间届满为由抗辩；义务人已自愿履行的，不得请求返还。

（2）适用范围不同。除斥期间主要适用于形成权，诉讼时效适用于请求权。

（3）起算时间不同。除斥期间根据法律规定的时间或者权利发生的时间起算，诉讼时效一般从知道或者应当知道权利被侵害时起算。

（4）适用条件不同。除斥期间届满，法院可依职权主动适用有关规定而无须当事人提出主张。义务人自愿履行的，也可以请求人民法院追回。对于诉讼时效人民法院不得主动适用相关规定。

（5）期间可变性不同。除斥期间是一个不变期间，法律规定多长时间就固定为多长时间，不能变动；诉讼时效可因各种原因而中止、中断甚至延长。

第二节　期间

期间是民事法律关系产生、变更和终止的时间。

第九章　物权通则

大纲应试策略

本章包括物权的概念和特征、物权的分类、物权法的基本原则、物权的变动、不动产登记和物权的保护等内容。本章属于重点章节，背诵要点中所阐述的基本都是重点内容。本章较难掌握的内容就是物权的变动。物权的变动既是难点，又是重点。复习本章和民法典物权编其他章节的内容，应当和《最高人民法院关于适用〈中华人民共和国民法典〉物权编的解释（一）》《最高人民法院关于适用〈中华人民共和国民法典〉有关担保制度的解释》等相关司法解释的规定结合起来，才能牢固、灵活掌握民法典物权编的内容。本章出题方式包括各类题型，以论述题命题的内容占较大比重。除考查过的主观题外，本章较为重要的简答题有：物权法的基本原则；动产物权变动的交付方式；不动产登记的主要类型；基于法律行为的不动产登记的效力。本章较为重要的论述题有：物权和债权的关系；物权的效力；物权的平等保护原则；物权法定原则；基于法律行为的物权变动；不动产预告登记；不动产更正登记和异议登记；物上请求权。物权变动（含非基于法律行为的物权变动）、不动产登记的效力的相关知识是案例分析题的重点考查内容。

大纲背诵要点

第一节　物权概述

一、物权的概念和特征

（一）物权的概念

物权是权利主体依法直接支配特定的物并享受其利益的排他性权利，包括所有权、用益物权和担保物权。

（二）物权的特征

1. 权利性质不同

在权利性质上，物权是支配权，而债权则是一种请求权。

2. 权利效力范围不同

物权是绝对权，债权是相对权。

3. 权利客体不同

物权的客体是物，权利作为物权的客体仅为特例，而债权的客体则为行为。

4. 权利效力不同

在权利的效力上，物权具有优先效力、追及效力、排他效力，而债权则没有这些效力。物权的效力是指为实现物权的内容，法律赋予权利人的权能。

（1）物权的优先效力。物权的优先效力包括物权对债权的优先效力和物权相互之间的优先效力两个方面。

①物权对债权的优先效力。物权对于债权的优先效力体现在当物权与债权可能发生权利冲突时，物权原则上具有优先于债权的效力。不过，物权优先于债权也有例外，个别情形下法律赋予某些债权以优先于物权的效力，这里的“个别情形”主要指如下情形：其一，物权不能优先于办理了预告登记的债权。其二，买卖不破租赁。租赁物在承租人按照租赁合同占有期限内发生所有权变动的，不影响租赁合同的效力。其三，物权不能优先于法律赋予了优先效力的某些债权。

②物权相互之间的优先效力。物权相互之间的优先效力要解决的是能够并存且可能发生权利冲突的若干个物权之间何者优先的问题。该问题的解决规则是原则上成立在先则效力优先，但是法律另有规定的除外。

（2）物权的追及效力。物权的追及效力是指作为物权客体的物无论辗转流向何处，权利人均得追及于物的所在，行使其权利。但物权的追及效力会受到善意取得制度的阻却。

（3）物权的排他效力。物权的排他效力意味着同一物上不能同时存在两个或两个以上内容互不相容的物权。

物权的设定采取法定主义，而债权（合同之债）的设定则采取任意主义。

物权的保护以恢复权利人对物的支配为主要目的，偏重于“物上请求权”的方法，赔偿损失仅为补充方法，而债权的保护则主要采取赔偿损失的方法。

二、物权的分类

（一）完全物权和定限物权（他物权、限制物权）

完全物权，是对标的物为永久全面支配的物权。

定限物权，是仅能在特定范围内支配标的物的物权。

（二）用益物权和担保物权

用益物权，是以物的使用和收益为内容的定限物权，是对他人所有的物在一定范围内进行支配的他物权。

担保物权，是为确保债权的实现而设定的，以支配特定财产的交换价值为内容的定限物权。

（三）动产物权、不动产物权和权利物权

存在于动产之上的物权为动产物权。

存在于不动产之上的物权为不动产物权。

存在于权利之上的物权称为权利物权。

（四）主物权和从物权

主物权是不需要从属于其他权利就能独立存在的物权。

从物权是从属于其他权利而存在的物权。

（五）意定物权和法定物权

意定物权是指基于当事人的意思和行为而产生的物权。

法定物权是指基于法律的规定而直接产生的物权。

第二节　物权法的基本原则

一、平等保护原则

国家、集体、私人的物权和其他权利人的物权受法律平等保护，任何组织或者个人不得侵犯。此为平等保护原则。平等保护原则的基本内容包括：

（1）法律地位平等。所有民事主体在有关物权的法律规范中都具有平等地位。

（2）适用规则平等。除法律有特别规定外，各民事主体参与物权相关法律关系时平等适用民法典物权编所确立的规则。

（3）保护的平等。所有民事主体受有关物权的法律规范的平等保护。

二、物权客体特定原则

物权客体特定原则又称为“一物一权原则”，即所谓“一物不能容二主”，是指物权的客体必须是特定的，至少在实现该物权时，其客体是特定的。其内容包括：

（1）物权的客体限于在经济上和功能上完整的、独立的一物，物的组成部分不能成为物权的客体。

（2）一物之上只能成立一个所有权。该原则与以下情形并不矛盾：

①多人对同一物共享一项物权。

②内容互不冲突的物权并存于一物之上。

三、物权法定原则

（一）物权法定原则的概念

物权法定原则是指物权的类型以及各类型的内容和物权的变动方式由法律规定，而不允许当事人自行创设的原则。

（二）物权法定原则的基本内容

（1）类型强制。物权的种类由法律规定，当事人不得任意创设法律所不认可的新类型的物权，此谓“类型强制”。

（2）内容强制。物权的内容由法律规定，当事人不得创设与物权的法定内容相悖的物权内容，此谓“内容强制”。

（三）违反物权法定原则的法律后果

（1）法律没有规定的物权当事人不得自由设立，即使当事人有约定也不发生物权设定的法律效果。

（2）当事人的约定部分违反内容强制的规定，但不影响其他部分效力的，物权仍得以设立，仅违反规定的内容无效。

（3）违反该原则的行为无效不影响当事人之间其他法律行为的效力。

四、公示、公信原则

1. 公示原则

公示原则是指物权变动时，必须将物权变动的事实通过一定方式向社会公开，使第三人知道物权变动的情况。不动产物权变动的公示方法为登记；动产物权变动的公示方法为交付。公示原则在于使人"知"。基于民事法律行为发生的物权变动，非经公示不发生物权变动的效果或不产生对抗善意第三人的效力。

2. 公信原则

公信原则又称为公信力，是指物权变动时，当事人依据法律进行了公示，即使公示所表现的物权状态与真实的物权状态不相符，也不影响物权变动的效力。公信原则在于使人"信"。公信原则包括如下两方面的内容：

（1）权利的正确性推定效力。记载于不动产登记簿的人推定为该不动产的权利人，动产的占有人推定为该动产的权利人，除非有相反的证据证明。

（2）善意保护效力。善意信赖公示的表象而为一定的行为，在法律上应当受到保护。

3. 公示、公信原则的意义

公示、公信原则在于明确物权的功能，提高物的利用效率，稳定社会经济秩序。

第三节　物权的变动

一、物权变动的概念

（一）物权变动的概念

物权的变动是指物权的设立、变更、转让和消灭。

（二）基于法律行为的物权变动和非基于法律行为的物权变动

物权的变动需要一定的法律事实。根据物权变动的法律事实的不同，物权变动分为基于法律行为的物权变动和非基于法律行为的物权变动。

民法典物权编以基于民事法律行为的物权变动为中心，构建物权变动的基本模式。基于法律行为的物权变动中，公示为物权变动的生效要件或者对抗要件。非基于法律行为的物权变动，由法律直接规定，包括基于法律文书、继承、事实行为引起的物权变动。非基于法律行为的物权变动不需要公示，就其中的不动产变动而言，登记既非生效要件也非对抗要件，而是处分要件。

二、物权变动的模式

（一）物权变动的立法模式

（1）债权意思主义，是指仅需要当事人的意思表示而无须其他要件即足以产生物权变动的立法例。其特点是不区分债权发生的意思表示和物权变动的意思表示，不区分债权行为与物权行为，交付与登记也不是动产物权或不动产物权变动效力发生的要件。

（2）物权形式主义，是指发生物权变动时，除了以产生债权债务关系为目的的债权合同外，还必须有物权变动的意思表示并履行登记或交付的法定形式方能产生物权变动效力的立法例。其特点是区分债权行为与物权行为，且认为物权行为具有独立性和无因性。

（3）折中主义，是介于意思主义与形式主义之间，认为物权变动的原因是债权行为与登记或交付的结合。奥地利和瑞士民法典采取此立法例。折中主义的特点在于：一方面，它并不将当事人的意思区分为发生债权的意思表示与发生物权变动的意思表示，而是将二者合二为一。另一方面，在折中主义的立法中，要使物权变动的效力发生，除当事人的意思表示之外，还需要履行登记或者交付的法定方式。

（二）我国物权变动的立法模式

买卖、赠与、质押等债权合同并不足以引起物权变动，还须完成登记或者交付方可发生物权变动的效力。登记和交付是合同履行行为，未登记或者未交付不影响债权合同的效力。债权合同不成立、无效、被撤销的，也不可能发生物权变动的效果。上述将债权合同效力与物权变动效果加以区分的规则通常被称为区分原则。我国民法典明确规定，当事人之间订立有关设立、变更、转让和消灭不动产物权的合同，自合同成立时生效；未办理物权登记的，不发生物权变动效力，但合同效力不受影响。有些物权则在合同生效时设立。

三、不动产物权的变动

(1) 不动产物权的设立、变更、转让和消灭，经依法登记，发生效力；未经登记，不发生效力，但是法律另有规定的除外。依法属于国家所有的自然资源，所有权可以不登记。

(2) 不动产物权变动的时间点是将物权变动记载于不动产登记簿之日。

四、动产物权的变动

(一) 动产交付的一般原则

动产物权的设立和转让，自交付时发生效力，但是法律另有规定的除外。

(二) 特殊动产的交付

船舶、航空器和机动车等特殊动产物权的设立、变更、转让和消灭，自交付时发生物权变动，但未经登记，不得对抗善意第三人。

(三) 动产交付

1. 现实交付

现实交付即将出让物置于受让人的实际控制之下。

2. 简易交付

简易交付，即动产物权的受让人或其代理人因合同业已占有出让人的出让物的，出让人与受让人或其代理人达成物权转让合意时，交付即完成。民法典规定，动产物权设立和转让前，权利人已经占有该动产的，物权自民事法律行为生效时发生效力。

3. 指示交付

指示交付，即出让人的出让动产被第三人占有的，出让人将返还请求权让与受让人，并告知占有人向受让人交付该动产，以代替标的物的现实交付，又称为"返还请求权让与"。民法典规定，动产物权设立和转让前，第三人占有该动产的，负有交付义务的人可以通过转让请求第三人返还原物的权利代替交付。

4. 占有改定

占有改定是指动产物权的让与人使受让人取得对标的物的间接占有，以代替该动产现实移转的交付。民法典规定，动产物权转让时，当事人又约定由出让人继续占有该动产的，物权自该约定生效时发生效力。在占有改定中，出让人与受让人实际上达成了两个合意，一是转让动产所有权的合意，二是借用、租赁等能够使出让人继续占有转让动产的合意。在占有改定中，受让人取得物权的时间点为出让人与受让人之间达成的由出让人继续占有动产的约定生效时。

五、非基于法律行为的物权变动

(一) 非基于法律行为的物权变动的情形

(1) 因生效法律文书发生的物权变动。因人民法院、仲裁机构的法律文书或者人民政府的征收决定等，导致物权设立、变更、转让或者消灭的，自法律文书或者征收决定等生效时发生效力。

(2) 因继承发生物权变动。因继承取得物权的，自继承开始时发生效力。

(3) 因事实行为设立或消灭物权。因合法建造、拆除房屋等事实行为设立或者消灭物权的，自事实行为成就时发生效力。

(二) 处分不动产未经登记的法律效力

处分依照《民法典》第229～231条规定享有的不动产物权，依照法律规定需要办理登记的，未经登记，不发生物权效力。

第四节 不动产登记

一、不动产登记的概念

不动产登记是指不动产登记机构依法将不动产权利归属和其他法定事项记载于不动产登记簿的行为。

二、不动产登记的类型

(一) 变动登记

变动登记是指不动产物权登记机关就不动产物权的产生、变更、转让和消灭等事实进行的登记。不动产物权变动登记包括首次登记、变更登记、转移登记、注销登记等。

(1) 首次登记，是指不动产权利第一次登记。

(2) 变更登记，是指在登记事项发生改变时进行的登记。

(3) 转移登记，是指记载于登记簿的不动产权利因权利转移而进行的登记。

(4) 注销登记，是指记载于登记簿的不动产权利因权利消灭而进行的登记。

(二) 预告登记

1. 预告登记的概念

预告登记是指在当事人所期待的不动产物权变动所需要的条件缺乏或者尚未成就时，即权利取得人只对未来取得物权享有请求权时，法律为保护这一债权请求权而进行的登记。预告登记的目的是保障当事人未来实现的债权，预告登记不会导致物权的变动。

2. 预告登记的效力

(1) 预告登记生效期间，未经预告登记的权利人书面同意，处分该不动产权利申请登记的，不动产登记机构应当不予办理。转让不动产所有权等物权，或者设立建设用地使用权、居住权、地役权、抵押权等其他物权的，应当认定其不发生物权效力。但将已经办理预告登记的不动产出租、出借等“负担行为”的效力，不因未经登记权利人同意而受影响。

(2) 预告登记后，债权消灭或者能够进行不动产登记之日起90日内未申请登记的，预告登记失效。

(三) 更正登记

更正登记是指有证据证明不动产登记簿上记载的事项错误时，登记机构依权利人或者利害关系人的申请，或者依职权对该错误事项加以更正而进行的登记。权利人、利害关系人认为不动产登记簿记载的事项错误的，可以申请更正登记。不动产登记簿记载的权利人书面同意更正或者有证据证明登记确有错误的，登记机构应当予以更正。

（四）异议登记

异议登记是指登记机构将利害关系人对不动产登记簿登记事项的异议记载于登记簿上的行为。不动产登记簿记载的权利人不同意更正的，利害关系人可以申请异议登记。登记机构予以异议登记，申请人自异议登记之日起15日内不提起诉讼的，异议登记失效。异议登记不当，造成权利人损害的，权利人可以向申请人请求损害赔偿。

三、不动产登记的效力

（1）不动产登记是基于法律行为发生的不动产物权变动的公示方式，对该公示产生何种效力以及欠缺该公示产生何种法律后果，民法典采取的是登记生效和登记对抗相结合的做法，其中，登记生效主义是原则，登记对抗主义是例外。

（2）不动产物权的设立、变更、转让和消灭，经依法登记，发生效力；未经登记，不发生效力，但法律另有规定的除外。

（3）登记为物权变动生效要件的情形主要有：

①因买卖、赠与、互易等行为发生不动产所有权变动的；

②建设用地使用权的出让与转让；

③居住权的设立；

④不动产抵押权的设立等。

登记对抗要件的情形主要有：

①土地承包经营权互换、转让的，未经登记，不得对抗善意第三人；

②地役权设立时，未经登记，不得对抗善意第三人。

四、不动产登记的错误责任

当事人提供虚假材料申请登记，造成他人损害的，应当承担赔偿责任。因登记错误，造成他人损害的，登记机构应当承担赔偿责任。登记机构赔偿后，可以向造成登记错误的人追偿。

第五节　物权的保护

物权的保护是指通过法律规定的方法和程序保障物权人在法律许可的范围内对其财产行使占有、使用、收益和处分权利的制度。物权的保护方法有请求确认物权，请求返还原物，请求排除妨害、消除危险，请求恢复原状和请求损害赔偿，其中请求返还原物、请求排除妨害、请求消除危险合称为“物权请求权”或者“物上请求权”。

（1）请求确认物权。确认物权请求权是指因物权的归属或者内容发生争议，利害关系人请求确认物权的内容和权利的归属的权利。在财产的归属、内容发生争议而处于不确定状态时，利害关系人可以向法院提起诉讼，请求确认物权。

（2）物权请求权。物权请求权是指物权人在其物权受到侵害或有被侵害的危险时，基于物权而请求侵害人为一定行为或不为一定行为，使物权恢复到原有状态或侵害危险产生之前的状态的权利。物权请求权是基于物权而产生的附属于物权的一类请求权，旨在排除对物权现实的或者潜在的妨害，从而恢复圆满状态的请求权。依妨害形态的不同，物权请求权可分为三种：

①原物返还请求权。原物返还请求权即所有权人以及其他物权人依法享有的请求无权占有其物或侵夺其物的人返还该物的请求权。此种请求权适用于他人无权占有物权人的标的物而致物权受到妨害的情形。

②妨害排除请求权。妨害排除请求权即当所有权与他物权的圆满状态受到他人以侵夺占有或

无权占有以外的方式的妨害时，物权人享有的请求排除妨害，使自己的权利恢复圆满状态的请求权。此种请求权适用于他人以占有标的物之外的方法妨害物权圆满状态的情形。

③消除危险请求权。消除危险请求权即行为人的行为可能妨害物权的，权利人有权请求消除危险的一种物上请求权。

(3) 修理、重作、更换或者恢复原状（请求权）。当物权的标的物因他人的侵权行为而毁损时，如果能够修复，物权人可以请求侵权行为人加以修理。如果难以修复，权利人可以请求重作或者更换。一般认为，修理、重作、更换适用于动产。对于不动产，可以用其他方法恢复原状，以恢复物的原有状态。

(4) 赔偿损失请求权。赔偿损失请求权是指当物权人因他人的侵害行为而遭受经济损失时，物权人享有的请求侵权行为人予以赔偿的请求权。当物权人因他人的侵害行为而遭受经济损失时，物权人可以直接请求侵害人赔偿损失，也可以请求法院责令侵害人赔偿损失。

第十章　所有权

大纲应试策略

本章包括所有权的概念、特征、类型、权能、限制、取得，建筑物区分所有权的概念、特征、内容，相邻关系的概念、特征、处理原则、类型，共有的概念、特征、按份共有和共同共有等内容。在背诵要点中，所有权的取得方式、建筑物区分所有权的概念、特征及内容，按份共有的相关知识等是比较重要的知识点。本章的难点在于对建筑物区分所有权的内容及善意取得的认定。本章出题方式包括各类题型。除考查过的主观题外，本章较为重要的简答题有：先占的概念和构成要件；建筑物区分所有权的概念和特征；建筑物区分所有权的内容；建筑物区分所有权业主共同决定的事项；相邻关系的概念和特征；共有的概念和特征。本章较为重要的论述题有：所有权的权能及行使所有权的限制；拾得遗失物；善意取得；业主的专有权；按份共有份额的分割；按份共有人的优先购买权。善意取得、拾得遗失物、建筑物区分所有权的行使和按份共有的一些内容可以考查案例分析题。

大纲背诵要点

第一节　所有权概述

一、所有权的概念和特征

（一）所有权的概念

所有权人对自己的不动产或者动产，依法享有占有、使用、收益和处分的权利。

（二）所有权的特征

(1) 全面性。所有权是所有人在法定限制范围内对所有物加以全面支配的权利，是绝对权。

所有权关系的义务主体是所有人以外的一切人，他们负有不作为的义务。

（2）整体性（单一性）。所有权并非占有、使用、收益、处分等各种权能的简单相加，而是一个整体的权利，所有人对于标的物有统一的支配力。

（3）弹力性（归一性）。所有权人在其所有的财产上为他人设定他物权后，虽然占有等权能与所有权人发生分离，但所有权并不消灭。当所有物上设定的其他权利消灭，所有权的负担除去以后，所有权恢复其圆满的状态。

（4）排他性（独占性）。所有权是独占的支配权，非所有人不得对所有人的财产享有所有权。同一物上只能有一个所有权存在，而不能同时并存两个或两个以上的所有权。

（5）恒久性（永久存续性）。所有权不因时效而消灭，也不得预定其存续期间。所有权不以期限为要件，除因标的物灭失、所有人抛弃等事由而消灭外，所有权在本质上可以永久存续。

二、所有权的分类

（1）不动产所有权与动产所有权。

（2）单一所有权与多数人所有权。

（3）国家所有权、集体所有权、私人所有权。

三、所有权的权能和限制

（一）所有权的权能

1. 积极权能

（1）占有权能，是对所有物加以实际管领或控制的权利。

（2）使用权能，是指在不毁损所有物或改变其性质的前提下，依照物的性能和用途加以利用的权能。

（3）收益权能，是指所有权人收取物所生利益（孳息）的权能。

（4）处分权能，是所有人对所有物依法予以处置的权能。

2. 消极权能

消极权能即排除他人不法干预，如请求排除妨害、消除危险、恢复原状、赔偿损失等。

（二）所有权的限制

（1）行使所有权不得违反法律规定。

（2）行使所有权不得妨害他人的合法权益。

（3）行使所有权时必须注意保护环境、自然资源和生态平衡。

（4）根据公共利益的需要，国家可以依法进行征收和征用。

四、所有权的取得

所有权的取得可以分为原始取得与继受取得。原始取得是指非依他人既存的所有权而取得所有权。继受取得是指基于他人既存的所有权而取得所有权。

（一）原始取得

1. 生产

2. 先占

先占是以所有的意思占有无主动产而取得其所有权的法律事实。

先占应具备以下构成要件：

（1）须为无主物。遗失物并非无主物，故不得适用先占。

（2）须为动产。无主动产包括自始就是无主物的动产和被抛弃的动产。

（3）须以所有的意思占有无主物。

3. 添附

添附是指不同所有人的财产结合在一起形成一个新的财产，或者对他人财产进行加工从而产生一个新的财产的事实。

4. 拾得遗失物

（1）遗失物是他人不慎丧失占有的动产，失散的饲养动物也被视为遗失物。拾得遗失物是发现他人遗失物而予以占有的法律事实。

（2）拾得遗失物，应当返还权利人。拾得人应当及时通知权利人领取，或者送交公安等有关部门。有关部门收到遗失物，知道权利人的，应当及时通知其领取；不知道的，应当及时发布招领公告。拾得人在遗失物送交有关部门前，有关部门在遗失物被领取前，应当妥善保管遗失物。因故意或者重大过失致使遗失物毁损、灭失的，应当承担民事责任。

（3）权利人领取遗失物时，应当向拾得人或者有关部门支付保管遗失物等支出的必要费用，但是，拾得人没有报酬请求权。权利人悬赏寻找遗失物的，领取遗失物时应当按照承诺履行义务。权利人悬赏寻找遗失物的，拾得人可以主张悬赏报酬。

（4）遗失物自发布招领公告之日起1年内无人认领的，归国家所有。

5. 拾得漂流物、发现埋藏物或隐藏物

埋藏物是埋藏于他物之中，其所有权归属不明的动产。发现埋藏物或隐藏物，是指发现埋藏物或隐藏物并予以占有的一种法律事实。拾得漂流物、发现埋藏物或者隐藏物的，参照适用拾得遗失物的有关规定。法律另有规定的，依照其规定。

6. 善意取得

（1）善意取得的概念。

善意取得又称为即时取得，是指无处分权人将他人动产或者不动产让与第三人或者为第三人设定他物权时，如果第三人在取得该动产或者不动产的物权时系出于善意且符合其他条件，即取得该动产或者不动产的所有权或者他物权的制度。

（2）善意取得的功能。

善意取得具有强化占有公信力、保护交易安全的功能。善意取得是适应商品交换的需要而产生的一项法律制度。我国民法典确认善意取得制度，有助于稳定社会经济秩序，维护正常的商品交换，从而有利于市场经济的健康发展，并充分发挥物的经济效用，其最终目的是维护交易安全。

（3）动产善意取得的适用条件。

①标的物须为占有委托物且为非禁止流通物。无权处分的客体仅限于占有委托物，即无处分权人须基于原权利人的意思而取得占有。占有脱离物（包括遗失物、盗赃物等）原则上不适用善意取得。

②让与人系无处分权人。无处分权既包括没有处分权，也包括处分权不足的情形。无处分权人包括承租人、借用人、保管人、他物权的有权占有人（如质权人擅自处分质物）、共有人（如共有人擅自处分共有物）、无权占有人等。

③受让人取得动产时出于善意。受让动产时，是指依法交付动产之时。受让人受让动产时，不知道转让人无处分权，且无重大过失的，应当认定受让人为善意；交易的对象、场所或者时机等不符合交易习惯的，应当认定受让人具有重大过失。

④受让人以合理的价格受让。是否为“合理的价格”，应当根据转让标的物的性质、数量以及付款方式等具体情况，参考转让时交易地市场价格以及交易习惯等因素综合认定。

⑤已经完成交付。即让与人已将动产交付给受让人。

（4）不动产善意取得的适用条件。

①让与人系无处分权人但具有权利外观。

②受让人受让该不动产是善意的。受让人受让不动产时，不知道转让人无处分权，且无重大过失的，应当认定受让人为善意。具有下列情形之一的，应当认定不动产受让人知道转让人无处分权：其一，登记簿上存在有效的异议登记；其二，预告登记有效期内，未经预告登记的权利人同意；其三，登记簿上已经记载司法机关或者行政机关依法裁定、决定查封或者以其他形式限制不动产权利的有关事项；其四，受让人知道登记簿上记载的权利主体错误；其五，受让人知道他人已经依法享有不动产物权。

③受让人以合理的价格受让。是否为“合理的价格”，应当根据转让标的物的性质、数量以及付款方式等具体情况，参考转让时交易地市场价格以及交易习惯等因素综合认定。

④已经办理了登记。

（5）遗失物的善意取得。

遗失物一般不适用善意取得。遗失物适用善意取得的条件是：遗失物已经转让第三人，且符合善意取得的一般条件，所有权人自知道或者应当知道受让人之日起 2 年内未向受让人请求返还原物的，受让人例外善意取得遗失物所有权。

（6）善意取得的法律后果。

①受让人取得转让不动产或者动产的物权，原所有权人丧失所有权。

②受让人依照规定取得不动产或者动产的物权的，原所有权人有权向无处分权人请求赔偿损失。

③善意受让人取得动产后，该动产上的原有权利消灭，但是，善意受让人在受让时知道或者应当知道该权利的除外。

（二）继受取得

所有权的继受取得是指通过某种法律行为或基于法律行为以外的事实从原所有人处取得所有权。所有权的继受取得方式包括买卖合同、赠与、互易、继承遗产、接受遗赠、征收等。

第二节　建筑物区分所有权

一、建筑物区分所有权的概念和特征

（一）建筑物区分所有权的概念

建筑物区分所有权是指根据使用功能，将一栋建筑物在结构上区分为各个所有权人独自使用的部分和由多个所有权人共同使用的共同部分时，每一个所有权人享有的对其专有部分的专有权、对共有部分的共有权以及各个所有权人之间基于建筑物的管理等共同事务而产生的管理权的结合。

（二）建筑物区分所有权的特征

（1）复合性。建筑物区分所有权由建筑物区分所有权、共有权及成员权等三要素构成，且建筑物区分所有权人的身份也具有多重性，既是专有权人，又是共同所有人，还是管理建筑物的管理权人，这有别于单一的不动产所有权。

（2）整体性。这是指建筑物区分所有权人的专有权、共同所有权及管理权三者为一体不可分离。在转让、继承、抵押时应将三者一起转让、继承、抵押。

（3）专有权的主导性。在构成建筑物区分所有权的三要素中，专有权具有主导性。

（4）客体的多元性。建筑物区分所有权的客体包括专有部分与共有部分，而不是仅仅局限于其中的一部分。

二、建筑物区分所有权的内容

（一）专有权

1. 专有权的概念

专有权即专有部分所有权，系空间所有权，是建筑物区分所有权人对专有部分可自由占有、使用、收益及处分的权利。

2. 业主的义务

（1）不得危及建筑物的安全、损害其他区分所有人的合法权益。

（2）按照专有部分的本来用途加以使用。业主不得违反法律、法规以及管理规约，将住宅改变为经营性用房。业主将住宅改变为经营性用房的，除遵守法律、法规以及管理规约外，应当经有利害关系的业主一致同意。

（3）区分所有权人为了使用、修缮、改良其专有部分而必须使用其他区分所有权人的专有部分时，其他区分所有权人负有容忍的义务。

（二）共有权

共有权即共有部分共有权，是建筑物区分所有权人依照法律或管理规约的规定，对区分所有建筑物之共有部分所享有的占有、使用及收益的权利。共有部分包括建筑物专有部分之外的其他部分，还包括建筑物的附属建筑物和附属设施。

（三）共同管理权

1. 共同管理权的概念

建筑物区分所有权人的管理权，是指建筑物区分所有权人（业主）基于一栋建筑物的构造、权利归属及使用上的密切关系而形成的、作为建筑物管理团体之成员所享有的共同管理的权利。

2. 管理权中业主共同决定的事项

下列事项由业主共同决定：

（1）制定和修改业主大会议事规则；

（2）制定和修改管理规约；

（3）选举业主委员会或者更换业主委员会成员；

（4）选聘和解聘物业服务企业或者其他管理人；

（5）使用建筑物及其附属设施的维修资金；

（6）筹集建筑物及其附属设施的维修资金；

（7）改建、重建建筑物及其附属设施；

（8）改变共有部分的用途或者利用共有部分从事经营活动；

（9）有关共有和共同管理权利的其他重大事项。

业主共同决定上述事项，应当由专有部分面积占比 2/3 以上的业主且人数占比 2/3 以上的业主参与表决。决定前述第 6 项至第 8 项规定的事项，应当经参与表决专有部分面积 3/4 以上的业主且参与表决人数 3/4 以上的业主同意。决定前述其他事项，应当经参与表决专有部分面积过半数的业主且参与表决人数过半数的业主同意。

3. 业主大会和业主委员会

（1）业主大会由全体业主组成，是业主的意思形成机构；业主委员会是由业主大会选举产生的部分业主组成的组织，是业主大会的执行机构。

（2）业主大会或者业主委员会，对任意弃置垃圾、排放污染物或者噪声、违反规定饲养动物、违章搭建、侵占通道、拒付物业费等损害他人合法权益的行为，有权依照法律、法规以及管理规约，请求行为人停止侵害、排除妨碍、消除危险、恢复原状、赔偿损失。业主或者其他行为人拒不履行相关义务的，有关当事人可以向有关行政主管部门报告或者投诉，有关行政主管部门应当依法处理。业主对建设单位、物业服务企业或者其他管理人以及其他业主侵害自己合法权益的行为，有权请求其承担民事责任。

（3）业主大会或者业主委员会的决定，对业主具有法律约束力。业主大会或者业主委员会作出的决定侵害业主合法权益的，受侵害的业主可以请求人民法院予以撤销。

第三节　相邻关系

一、相邻关系的概念和特征

（一）相邻关系的概念

相邻关系是指相互毗邻的不动产的所有人或使用人因对不动产行使所有权或使用权而发生的权利义务关系。

（二）相邻关系的特征

（1）相邻关系总是发生在两个以上的权利主体之间。

（2）相邻关系的内容是相邻人之间的权利、义务。

（3）相邻关系是在不动产毗邻或相近的特定条件下对财产的使用而发生的。

二、相邻关系的处理原则

1. 相邻关系的处理原则

（1）有利生产、方便生活。

（2）团结互助、公平合理。

2. 相邻关系的处理依据

相邻关系的处理依据是：法律、法规对处理相邻关系有规定的，依照其规定；法律、法规没有规定的，可以按照当地习惯。

三、几种主要的相邻关系

（1）相邻用水、排水关系。

（2）相邻不动产通行或者利用关系。

（3）相邻通风、采光和日照关系。

（4）相邻不可量物侵害防免关系。

（5）相邻损害防免关系。

第四节 共有

一、共有的概念和特征

（一）共有的概念

共有是指两个以上的权利主体对同一项财产都享有所有权。

（二）共有的特征

（1）共有关系的主体总是两个以上。

（2）共有关系的客体总是同一项财产。

（3）共有关系的内容包括双重权利义务关系。

（4）共有关系的形成基于公民或法人共同的生产经营目的或生活需要。

二、按份共有

（一）按份共有的概念

按份共有是指两个以上的共有人，对同一项财产按照确定的各自份额，对共有财产享有权利、分担义务的一种共有关系。

（二）按份共有的基本特征和份额确定规则

按份共有的基本特征是：共有人在共有关系中应当享有的权利和承担的义务，是以其在共有财产中的一定份额为依据的。

份额的确定规则是：有约定的依约定，没有约定或者约定不明确的，按照出资额确定；不能确定出资额的，视为等额享有。

（三）按份共有人的权利

1. 依份额享有共有权

2. 分割请求权

（1）按份共有人之间可以约定不得分割共有物，即放弃共有物分割请求权。

（2）按份共有人明确约定不得分割共有物的，共有人不得请求分割共有物，若有重大理由，可例外请求分割共有物。

（3）按份共有人就共有物分割请求权未约定或者约定不明确的，按份共有人可以随时请求分割共有物。

（4）因共有物分割给其他按份共有人造成损害的，应当给予补偿。

（5）共有人可以协商确定分割方式。达不成协议，共有的不动产或者动产可以分割且不会因分割减损价值的，应当对实物予以分割；难以分割或者因分割会减损价值的，应当对折价或者拍卖、变卖取得的价款予以分割。

3. 转让权

按份共有人可以转让其享有的共有的不动产或者动产份额。

4. 优先购买权

（1）按份共有人的优先购买权限于应有份额的“有偿转让”。共有份额的权利主体因继承、遗赠、赠与等原因发生变化时，其他按份共有人无优先购买权。

（2）优先购买权仅限于应有份额的“对外转让”，因此，按份共有人之间转让共有份额，其他按份共有人主张依据《民法典》第305条规定优先购买的，不予支持，但按份共有人之间另有约定的除外。

（3）优先购买权仅适用于“同等条件”。按份共有人转让其享有的共有的不动产或者动产份额的，应当将转让条件及时通知其他共有人。其他共有人应当在合理期限内行使优先购买权。两个以上其他共有人主张行使优先购买权的，协商确定各自的购买比例；协商不成的，按照转让时各自的共有份额比例行使优先购买权。须强调的是优先购买权的前提是同等条件，如果第三人给出的条件优于共有人，则共有人丧失优先购买权。是否为同等条件，应当综合共有份额的转让价格、价款履行方式及期限等因素确定。

（4）优先购买权的行使期间。优先购买权的行使期间，按份共有人之间有约定的，按照约定处理；没有约定或者约定不明的，按照下列情形确定：

①转让人向其他按份共有人发出的包含同等条件内容的通知中载明行使期间的，以该期间为准；

②通知中未载明行使期间，或者载明的期间短于通知送达之日起15日的，为15日；

③转让人未通知的，为其他按份共有人知道或者应当知道最终确定的同等条件之日起15日；

④转让人未通知，且无法确定其他按份共有人知道或者应当知道最终确定的同等条件的，为共有份额权属转移之日起6个月。

（5）不得主张优先购买权的情形。按份共有人向共有人之外的人转让其份额，其他按份共有人请求按照同等条件优先购买该共有份额的，应予支持。其他按份共有人的请求具有下列情形之一的，不予支持：

①未在上述优先购买权的行使期限内主张优先购买，或者虽主张优先购买，但提出减少转让价款、增加转让人负担等实质性变更要求；

②以其优先购买权受到侵害为由，仅请求撤销共有份额转让合同或者认定该合同无效。

5. 在共有物上设定担保物权

6. 物上请求权

共有物受到侵害时，共有人可单独或者共同依法享有物上请求权，包括原物返还请求权、排除妨害请求权和消除危险请求权等，以维护共有权益。

7. 共有物处分、重大修缮、变更性质和用途

处分共有的不动产或者动产以及对共有的不动产或者动产作重大修缮、变更性质或者用途的，应当经占份额2/3以上的按份共有人同意，但是共有人之间另有约定的除外。

（四）按份共有人的义务

（1）管理费用的负担。共有人对共有物的管理费用以及其他负担，有约定的，按照其约定；没有约定或者约定不明确的，按份共有人按照其份额负担。

（2）债务的承担。共有人的义务及于整个共有财产，各共有人享有债权、承担债务的规则是：因共有的不动产或者动产产生的债权债务，在对外关系上，共有人享有连带债权、承担连带债务，但是法律另有规定或者第三人知道共有人不具有连带债权债务关系的除外。在共有人内部关系上，除共有人另有约定外，按份共有人按照份额享有债权、承担债务；偿还债务超过自己应当承担份额的按份共有人，有权向其他共有人追偿。

三、共同共有

（一）共同共有的概念和类型

1. 共同共有的概念

共同共有是指两个以上的所有人根据共同关系对共有财产不分份额地共同享有权利并承担义

务的共有关系。

2. 共同共有的类型

共同共有包括夫妻财产共有、家庭财产共有和遗产分割前的共有。

（二）共同共有的基本特征

（1）各个共有人对共有财产共同、平等地享有所有权，没有份额的区分。各自的份额只有在分割时才能确定。

（2）各个共有人对共有财产享有平等的权利，承担平等的义务，没有权利大小或义务多少的区分。

（3）财产共同共有关系随着共有人的共同关系的存在而产生，并随着共同关系的解除而消灭。

（三）共同共有的人的权利和义务

1. 依照法律规定或者按照约定享有权利或者承担义务

2. 共同管理权

共有人按照约定管理共有的不动产或者动产；没有约定或者约定不明确的，各共有人都有管理的权利和义务。

3. 共有物的处分、重大修缮、变更性质和用途

处分共有的不动产或者动产以及对共有的不动产或者动产作重大修缮、变更性质或者用途的，应当经全体共同共有人同意，但是共有人之间另有约定的除外。

4. 物上请求权

当共有财产被他人非法侵害时，任何一个共有人均有权行使物上请求权，使共有财产所有权恢复至圆满状态。

5. 分割请求权

（1）共同共有人之间可以约定不得分割共有物，即放弃共有物分割请求权（此与按份共有相同）。

（2）共同共有人明确不得分割共有物的，则共有人不得请求分割共有物，若有重大理由，可例外请求分割共有物（此与按份共有相同）。

（3）共同共有人就共有物分割请求权未约定或者约定不明确的，共同共有人原则上不得分割共有物，但共有的基础丧失或者有重大理由需要分割时可以例外请求分割。

（4）因共有物分割给其他共同共有人造成损害的，应当给予补偿。

（5）共有人可以协商确定分割方式。达不成协议，共有的不动产或者动产可以分割且不会因分割减损价值的，应当对实物予以分割；难以分割或者分割会减损价值的，应当对折价或者拍卖、变卖取得的价款予以分割。

6. 管理费用的负担

共有人对共有物的管理费用以及其他负担，有约定的，按照其约定；没有约定或者约定不明确的，共同共有人共同负担。

7. 债务的承担

因共有的不动产或者动产产生的债权债务，在对外关系上，共同共有人享有连带债权、承担连带债务，但是法律另有规定或者第三人知道共有人不具有连带债权债务关系的除外；在共有人内部关系上，除共有人另有约定外，共同共有人共同享有债权、承担债务。

第十一章　用益物权

大纲应试策略

本章包括用益物权的概念与特征、土地承包经营权、建设用地使用权、宅基地使用权、居住权和地役权等内容。在背诵要点的内容中，有关各类用益物权的设立、流转，地役权的概念、特征、设立、内容等是较为重要的知识点。本章较难掌握的知识点是各类用益物权的设立、流转和地役权的从属性。从近几年考试情况分析，本章出题方式主要是选择题、简答题和论述题。除考查过的主观题外，本章较为重要的简答题有：土地承包经营权的概念和特征；建设用地使用权的概念和特征；出让与划拨的区别；居住权与住宅租赁权的区别。本章较为重要的论述题有：我国民法典规定的土地经营权制度；建设用地使用权的处分；我国民法典规定的居住权制度；地役权的含义及效力。

大纲背诵要点

第一节　用益物权概述

一、用益物权的概念和特征

（一）用益物权的概念

用益物权是指权利人对他人所有的不动产或者动产依法享有的占有、使用和收益的权利。

（二）用益物权的特征

（1）用益物权属于他物权、限制物权。

（2）用益物权以占有为前提，以使用、收益为内容。

（3）用益物权的客体包括动产和不动产，主要是不动产。

二、用益物权的种类

我国民法典对土地承包经营权、建设用地使用权、宅基地使用权、居住权、地役权等五种用益物权作了较为具体的规定，对海域使用权、探矿权、采矿权、取水权、养殖权、捕捞权等特别法上的用益物权作了宣示性规定，这些物权称为准物权、特许物权。

第二节　土地承包经营权

一、土地承包经营权的概念和特征

（一）土地承包经营权的概念

土地承包经营权是指自然人或社会组织依据承包合同对于农民集体所有或者国家所有由农民

集体使用的土地享有占有、使用和收益的权利。

（二）土地承包经营权的特征

（1）土地承包经营权是由土地所有权派生的一种以使用、收益为内容的物权。

（2）土地承包经营权的主体是承包人，包括自然人和社会组织。

（3）土地承包经营权的客体是农民集体所有和国家所有由农民集体使用的耕地、林地、草地以及其他用于农业的土地。

（4）土地承包经营权是由发包人与承包人通过签订承包合同的方式设定的。

（5）土地承包经营权是一种有期限的物权。

二、土地承包经营权的设立

土地承包经营权自土地承包经营权合同生效时设立。登记机构应当向土地承包经营权人发放土地承包经营权证、林权证等证书，并登记造册，确认土地承包经营权。

三、土地承包经营权的内容

（一）土地承包经营权人的权利

1. 对承包地进行使用并获取相应的收益，自主组织生产经营和处置产品

2. 依法互换、转让土地承包经营权

通过家庭承包取得的土地承包经营权，土地承包经营权人有权将土地承包经营权互换、转让。土地承包经营权互换、转让的，当事人可以向登记机构申请登记，未经登记，不得对抗善意第三人。土地承包经营权的互换和转让采取登记对抗主义，互换和转让是家庭承包经营的土地承包经营权的两种基本流转方式。

3. 依法流转土地经营权

（1）通过家庭承包取得的土地承包经营权，土地承包经营权人有权依法采取出租、入股或者其他方式向他人流转土地经营权。

（2）流转期限为5年以上的土地经营权，自流转合同生效时设立。当事人可以向登记机构申请土地经营权登记，未经登记，不得对抗善意第三人。

（3）通过招标、拍卖、公开协商等方式承包农村土地，经依法登记取得权属证书的，可以依法采取出租、入股、抵押或者其他方式流转土地经营权。

4. 承包地被依法征收的，有权依法获得相应的补偿

（二）土地承包经营权人的义务

（1）维持土地的农业用途，未经依法批准，不得将承包地用于非农建设。

（2）依法保护和合理利用土地，不得进行掠夺性经营，不得给土地造成永久性损害。

（3）在生产过程中要保护环境。

（4）接受发包人的必要指导和管理。

第三节 建设用地使用权

一、建设用地使用权的概念和特征

（一）建设用地使用权的概念

建设用地使用权是指自然人、社会组织对国家或者集体所有的土地依法享有的利用该土地建造及保有建筑物、构筑物及其附属设施的权利。

（二）建设用地使用权的特征

（1）建设用地使用权属于用益物权。

（2）建设用地使用权的主体为符合法定条件的自然人和社会组织。

（3）建设用地使用权的内容为在土地上建造和保有建筑物、构筑物及其附属设施，以及对建设用地使用权的处分，如出资、转让和抵押等，但不包括对土地本身的处分。

（4）建设用地使用权的客体包括国有土地和集体所有的土地，其范围包括土地表面及其上下的一定空间。

（5）建设用地使用权具有排他性，在同一块土地上不允许有两个以上内容相同的建设用地使用权存在。

二、建设用地使用权的设立

（一）以集体土地为客体的建设用地使用权的设立

对于集体土地设立建设用地使用权的，特别是确定为工业、商业等经营性用途，并经依法登记的集体经营性建设用地，其出让、出租等，应当经本集体经济组织村民会议 2/3 以上成员或者 2/3 以上村民代表的同意。通过出让等方式取得的集体经营性建设用地使用权可以转让、互换、出资、赠与或者抵押，但法律、行政法规另有规定或者土地所有权人、土地使用权人签订的书面合同另有约定的除外。

（二）以国有土地为客体的建设用地使用权的设立

以国有土地为客体的建设用地使用权的取得方式包括两种，一是通过土地使用权的出让、转让等有偿方式取得。其中，出让是指从国家取得土地使用权，其方式包括招标、拍卖、协议等；转让是指从土地使用权人处取得土地使用权。二是通过行政无偿划拨方式取得建设用地使用权。

出让和划拨的主要区别在于：

（1）性质不同。前者属于民事方式，后者属于行政方式。

（2）是否支付对价不同。前者属于有偿方式，需要支付对价——交付土地出让金或转让金；后者属于无偿方式，不需要支付出让金。

（3）取得的权利内容不同。通过前种方式取得的土地使用权可以进入市场流通，属于民法上可交易的财产范畴，可以转让、出租、抵押和继承；而通过后一种方式取得的土地使用权只能由权利人自己使用，而不能作如上处分。

（4）取得的土地使用权存续期限不同。通过前种方式取得的土地使用权存在一定期限，期限届满后，未申请续展或续展未获批准的，使用权即告消灭；而通过后一种方式取得的土地使用权是长期的或无期限的。

（5）适用范围不同。后者仅限于法律有明文规定的情形，如国家机关用地和军事用地，城市基础设施用地和公益事业用地，国家重点扶持的能源、交通、水利等基础设施用地以及法律、行政法规规定的其他用地等。除此之外的情形只能采取出让方式取得建设用地使用权。

无论通过何种方式取得建设用地使用权，均应向登记机构申请建设用地使用权登记，建设用地使用权的设立采取登记生效主义，即建设用地使用权自登记时设立，未经登记，建设用地使用权不设立。建设用地使用权未设立的，不影响建设用地使用权出让合同的效力。

三、建设用地使用权的内容

（一）建设用地使用权人的权利

（1）占有权。权利人对依法取得使用权的土地享有直接支配和控制的权利，这是建设用地使用权的前提。

（2）使用权。权利人可以对土地加以开发、经营和利用，这是建设用地使用权人的一项最主要权利。

（3）收益权。权利人可以直接利用土地以获得收益。如果是国有土地，权利人还可以将建设用地使用权合法转让、出租或抵押获得收益。

（4）处分权。建设用地使用权人可以将建设用地使用权转让、互换、出资、赠与或者抵押。建设用地使用权转让、互换、出资或者赠与的，附着于该土地上的建筑物、构筑物及其附属设施一并处分。建筑物、构筑物及其附属设施转让、互换、出资或者赠与的，该建筑物、构筑物及其附属设施占用范围内的建设用地使用权一并处分。

（二）建设用地使用权人的义务

（1）对土地的开发、利用、经营应当遵守法律法规，合理有效地利用土地，不得随意改变土地的用途，更不得违法使用土地，不得损害社会公共利益。

（2）缴纳土地使用税。

（3）变动国有土地使用权必须履行法定的登记手续。

（4）权利消灭时，应当将土地返还给所有人，并且原则上应当恢复土地的原状。

（三）建设用地使用权的续期

（1）住宅建设用地使用权期限届满的，自动续期。续期费用的缴纳或者减免，依照法律、行政法规的规定办理。

（2）非住宅建设用地使用权期限届满后的续期，依照法律规定办理。该土地上的房屋以及其他不动产的归属，有约定的，按照约定；没有约定或者约定不明确的，依照法律、行政法规的规定办理。

第四节　宅基地使用权

一、宅基地使用权的概念和特征

（一）宅基地使用权的概念

宅基地使用权是指农村集体经济组织成员因建造自有房屋而依法对集体所有的土地享有的占有、使用的权利。

（二）宅基地使用权的特征

（1）宅基地使用权的主体限于农村集体经济组织成员。

（2）宅基地使用权的内容限于建造、保有住宅及其附属设施。

（3）宅基地使用权的客体限于集体所有的土地，换言之，宅基地的所有权归集体。

（4）宅基地使用权在权利取得上是无偿的且没有期限限制，故该权利具有福利性质。

二、宅基地使用权的设立

宅基地使用权的设立即宅基地使用权的取得。该使用权的取得方式有原始取得和继受取得。

原始取得的方式主要包括根据法律的直接规定或者权利人的依法申请和集体经济组织的审核同意而取得。继受取得是指通过赠与、买卖、继承宅基地上的住宅而取得宅基地使用权。

三、宅基地使用权的内容

（1）占有宅基地。

（2）使用宅基地建造房屋和附属设施并因此取得房屋及其附属设施的所有权。

（3）取得因行使宅基地使用权而获得的收益。

（4）宅基地使用权不得抵押，不得单独转让，只能与合法建造的住房一并转让。宅基地使用权连同房屋一并转让，再申请宅基地的，不予批准。

第五节　居住权

一、居住权的概念和特征

（一）居住权的概念

居住权是指自然人为满足生活居住的需要，按照合同约定，对他人的住宅享有的占有、使用的用益物权。

（二）居住权的特征

（1）居住权的主体限于自然人。

（2）居住权的内容是占有、使用他人的住宅。

（3）居住权的客体是他人的住宅。

（4）居住权的设立目的是满足权利人生活居住的需要。

（5）居住权原则上是无偿的，当事人另有约定的除外。

（6）居住权具有专属性，依附于特定人的身份而存在，故不得转让、继承，并因居住权人死亡而消灭。

（7）居住权是有期限的物权。

二、居住权的设立

居住权的设立有两种方式：

（1）通过订立居住权合同或遗嘱来设立居住权。对于通过居住权合同设立的居住权，当事人应当共同向登记机构申请居住权登记，居住权自登记时设立。

（2）通过遗嘱方式设立居住权，即住宅的所有权人通过遗嘱，在自己死后为他人设立居住权。

三、居住权的内容

（一）居住权人的权利

（1）按照合同的约定占有、使用他人的住宅。使用的目的应当限于自己生活居住的需要，故不得出租设立居住权的住宅，但是当事人另有约定的除外。

（2）在权利受到侵害时主张物权保护或者请求侵权人承担责任，如请求排除妨害或者消除危险、赔偿损失等。

（二）居住权人的义务

（1）行使居住权时应当妥善使用他人住宅，避免对住宅造成损害。

（2）在双方约定有偿设立居住权的情形下，向对方支付使用费用。

（三）居住权与住宅租赁权的区别

（1）权利性质不同。居住权为用益物权；住宅租赁权为债权。

（2）设立方式不同。居住权可以通过合同或者遗嘱方式设立，且以登记作为生效要件。住宅租赁权是依据租赁合同而产生的合同债权，不以登记为生效或对抗要件。居住权原则上无偿设立，除非当事人另有约定。住宅租赁合同是有偿合同。

（3）主体不同。居住权的主体只能是自然人；住宅租赁权的主体可以是自然人、法人或者非法人组织。

（4）权利内容不同。居住权具有专属性，不能转让、继承，居住权人死亡的，居住权消灭。设立了居住权的住宅，也不得出租。住宅租赁权作为债权不具有专属性，可以转让和继承，租赁权人死亡的，住宅租赁权并不因此而消灭。经过出租人同意，承租人可以将住宅转租。

（5）存续期间不同。居住权期限可以为永久期限，居住权人死亡，居住权消灭；住宅租赁权不得超过20年，超过20年的，超过的部分无效。

四、居住权的消灭

居住权期限届满或者居住权人死亡的，居住权消灭。居住权消灭的，应当及时办理注销登记。

第六节　地役权

一、地役权的概念和特征

（一）地役权的概念

地役权是指不动产的权利人为自己使用不动产的便利或提高自己不动产的效益而利用他人不动产的权利。

（二）地役权的特征

（1）地役权的主体包括不动产的所有权人和使用权人。

（2）地役权的内容是利用他人不动产，并对他人的权利加以限制。

（3）地役权的客体是他人的不动产。

（4）地役权的设立目的是为自己使用不动产之便利或效益之提高。

（5）地役权是否有偿及存续期限依当事人约定。

（6）地役权具有从属性。地役权不得脱离需役地而存在，必须与需役地的所有权或使用权一同转移。

①转让的从属性。地役权不得单独转让。土地承包经营权、建设用地使用权等转让的，地役权一并转让，但是合同另有约定的除外。

②抵押的从属性。地役权不得单独抵押。土地经营权、建设用地使用权等抵押的，在实现抵押权时，地役权一并转让。

（三）地役权和相邻关系的区别

（1）性质不同。地役权是一项独立的用益物权，相邻关系体现的是所有权的延伸与限制。

(2) 产生依据不同。地役权基于当事人之间的合同而产生，相邻关系基于法律的规定而产生。

(3) 内容不同。地役权是当事人超出相邻关系限度而设定的权利，可以有偿，也可以无偿；相邻关系则是对相邻各方权利义务的最小限度的调节，通常是无偿的。

(4) 前提条件不同。地役权不以不动产相邻为条件，相邻关系则以此为条件。

二、地役权的设立

设立地役权，当事人应当采用书面形式订立地役权合同。地役权自地役权合同生效时设立。当事人要求登记的，可以向登记机构申请地役权登记；未经登记，不得对抗善意第三人。

三、地役权的内容

(一) 地役权人的权利

(1) 按照合同约定的利用目的和方法利用供役地，尽量减少对供役地权利人物权的限制。

(2) 在供役地内为必要的附属行为。

(3) 在权利受到侵害时主张物权保护或者请求侵权人承担侵权责任。

(二) 地役权人的义务

(1) 行使地役权时应尽量减少对供役地权利人物权的限制。

(2) 维护为行使地役权而在供役地修建的设施，并在不妨碍地役权行使的限度内允许供役地权利人使用这些设施。

四、地役权的消灭

地役权人有下列情形之一的，供役地权利人有权解除地役权合同，地役权消灭：

(1) 违反法律规定或者合同约定，滥用地役权；

(2) 有偿利用供役地，约定的付款期限届满后在合理期限内经两次催告未支付费用。

知识拓展

试论我国民法典规定的土地经营权制度。

(1) 土地经营权是从土地承包经营权中分离出的一项权能，就是将承包土地流转出去，由其他组织或者个人经营，其他组织或者个人取得土地经营权。为保持现有农村土地承包关系稳定并长久不变，落实集体所有权，稳定农户承包权，放活土地经营权，实行“三权分置”，将土地承包经营权分为承包权和经营权，实行所有权、承包权和经营权分置并行。

(2) 土地经营权的主体既包括本集体经济组织成员，也可以是非本集体经济组织的成员；既可以是自然人，也可以是法人或非法人组织。无论是自然人还是组织，都应具备农业经营能力或资质。通过家庭承包方式取得了土地承包经营权的承包户可以自己经营即享有土地承包经营权，也可以保留土地承包权而通过出租、入股或者其他方式向他人流转土地经营权，从而实现土地承包经营权中的承包权与经营权的分离。通过招标、拍卖、公开协商等方式承包农村土地，经依法登记取得权属证书的，可以依法采取出租、入股、抵押或者其他方式流转土地经营权。流转期限为 5 年以上的土地经营权，自流转合同生效时设立。当事人可以向登记机构申请土地经营权登记；未经登记，不得对抗善意第三人。

(3) 土地经营权人有权对农村土地进行占有、使用和收益，从事种植业、林业、畜牧业等农业生产。土地经营权人在得到承包方书面同意，并向本集体经济组织备案后，可以再流转土地经营权。土地经营权人经承包方书面同意并向发包方备案，可以向金融机构融资担保。

第十二章　担保物权

大纲应试策略

本章包括担保物权的概念、特征、分类、消灭，抵押权的概念、特征、设立、效力、顺位、实现，动产浮动抵押、最高额抵押，质权的概念、特征，动产质权、权利质权，留置权的概念、特征、成立、效力、实现、消灭等内容。在背诵要点中，担保物权的概念、特征、混合担保，抵押权的概念、特征、设立，抵押物的转让，抵押权顺位、实现，动产质权和权利质权的设立，留置权的成立条件与实现等属于较为重要的知识点。本章较难掌握的内容包括混合担保、抵押权的物上代位性、抵押财产的转让、抵押权的顺位、价款债权抵押权和最高额抵押权的从属性等。在三大担保物权中，抵押权是重中之重。复习本章内容要与《最高人民法院关于适用〈中华人民共和国民法典〉有关担保制度的解释》的相关规定结合起来。本章出题方式包括各类题型。除考查过的主观题外，本章较为重要的简答题有：担保物权的概念和特征；抵押权设立的条件；质权的概念和特征；留置权的概念和特征。本章较为重要的论述题有：抵押权的从属性；抵押权登记；抵押财产的转让；抵押权的实现；动产浮动抵押；我国民法典规定的最高额抵押；留置权的实现。抵押权、质权和留置权，特别是抵押权的相关知识，也是案例分析题重点考查方向。

大纲背诵要点

第一节　担保物权概述

一、担保物权的概念和特征

（一）担保物权的概念

担保物权是指以担保债务清偿为目的，而在债务人或者第三人的特定物或者权利上设立的定限物权。

（二）担保物权的特征

（1）优先受偿性。优先受偿性是指担保物权人可以就担保物的价值优先于债务人的普通债权人受偿。

（2）从属性。担保物权是为担保债权受偿而设定的，从属于所担保的债权。

（3）不可分性。不可分性是指债权人在全部债权受清偿前，可就担保物的全部行使其权利。

（4）物上代位性。当担保物毁损、灭失而受有赔偿金或者保险金等时，担保物权人得就该担保物的代替物即损害赔偿金或者保险金等行使权利。

二、担保物权的分类

（一）担保物权的总体分类

（1）我国民法典规定的担保物权包括抵押权、质权和留置权。

（2）根据产生根据的不同，担保物权可以分为法定担保物权和约定担保物权。抵押权、质权是约定担保物权，留置权是法定担保物权。

（3）根据担保物种类的不同，担保物权可以分为动产担保物权、不动产担保物权和权利担保物权。

（二）典当

典当与担保不完全相同。典当是指当户将其动产、财产权利作为当物质押或者将其房地产作为当物抵押给典当行，交付一定比例费用，取得当金，并在约定期限内支付当金利息、偿还当金、赎回当物的行为。典当涉及的担保方式限于动产质押、权利质押和房地产抵押。

（三）混合（共同）担保

1. 混合担保的概念

混合担保是指同一债权既有物保（抵押或质押）又有人保（保证）的担保情形。

2. 混合担保规则

（1）约定优先：债权人应当按照约定实现债权。

（2）没有约定或者约定不明确：

①债务人自己提供物保，债权人应当先就该物保实现债权，然后执行人保。

②第三人提供物的担保的，债权人有选择权，既可以请求实现物保，也可以请求实现保证。

（3）提供担保的第三人承担担保责任后，有权向债务人追偿。

（四）反担保

1. 反担保的概念

反担保是指为了换取担保人提供保证、抵押或质押等担保方式，由债务人或第三人向该担保人新设担保，以担保该担保人承担了担保责任后易于实现其追偿权的担保。

2. 反担保的主体和反担保方式

（1）反担保的主体即反担保人可以是债务人，也可以是债务人之外的第三人。

（2）反担保方式可以是债务人提供的抵押或者质押，也可以是其他人提供的保证、抵押或者质押。

三、担保物权消灭的情形

（1）主债权消灭。

（2）担保物权实现。

（3）债权人放弃担保物权。

（4）法律规定担保物权消灭的其他情形。

第二节　抵押权

一、抵押权的概念和特征

（一）抵押权的概念

抵押权是指债权人对于债务人或第三人提供的不转移占有而作为债务履行担保的财产，在债务人不履行到期债务或者发生当事人约定的实现抵押权的情形时，得就该财产的价值优先受偿的权利。

（二）抵押权的特征

（1）抵押权是一种约定担保物权。

（2）抵押权的客体是债务人或第三人提供的特定财产，该财产可以是动产、不动产，也可以是某种财产权利。

（3）抵押权是不转移抵押财产占有的担保物权，在抵押期间，抵押财产仍由抵押人占有。

（4）抵押权除具有担保物权的优先受偿性、从属性、不可分性、物上代位性等特征之外，还具有追及性。

二、抵押权的设立

抵押权的有效设立须具备有效的抵押合同、法律未禁止抵押的财产和依法公示等条件。

（一）抵押合同

抵押权属于约定担保物权，当事人应当采取书面形式订立抵押合同。抵押合同的有效，要求当事人具有相应的民事行为能力、意思表示真实、内容合法。

（二）抵押财产

1. 可以抵押的财产

（1）建筑物和其他土地附着物。

（2）建设用地使用权。

（3）海域使用权。

（4）生产设备、原材料、半成品、产品。

（5）正在建造的建筑物、船舶、航空器。

（6）交通运输工具。

（7）法律、行政法规未禁止抵押的其他财产。

抵押人可以将上述所列财产一并抵押。

2. 不得抵押的财产

（1）土地所有权。

（2）宅基地、自留地、自留山等集体所有土地的使用权，但是法律规定可以抵押的除外。

（3）学校、幼儿园、医疗机构等为公益目的成立的非营利法人的教育设施、医疗卫生设施和其他公益设施。

（4）所有权、使用权不明或者有争议的财产。

（5）依法被查封、扣押、监管的财产。

（6）法律、行政法规规定不得抵押的其他财产。

（三）抵押登记

1. 不动产抵押

不动产抵押权和以不动产物权设定的抵押权采取登记生效要件主义。以建筑物和其他土地附着物、建设用地使用权、海域使用权和正在建造的建筑物抵押的，应当办理抵押登记，抵押权自登记时设立。没有登记，则抵押权没有产生，但是未办理抵押权登记不影响当事人之间订立的抵押合同本身的效力。

2. 动产抵押登记

以动产抵押的，采取登记对抗要件主义。以动产设定抵押的，并非以交付为生效要件，抵押权自抵押合同生效时设立，因为抵押权是不移转占有的担保物权，但是未经登记，不得对抗善意第三人。

三、抵押权的效力

（一）抵押权对担保债权的效力

抵押担保的范围包括主债权及其利息、违约金、损害赔偿金、保管抵押财产和实现抵押权的费用。当事人另有约定的，按照其约定。

（二）抵押权对抵押财产的效力

抵押权的效力不仅及于原抵押财产，而且及于抵押财产的从物、从权利、添附物、孳息和抵押物的代位物。

（三）抵押人的权利

（1）保留抵押物所有权和在同一抵押财产上设定多个抵押权以及为他人设定用益物权等他物权。

（2）转让抵押物的权利。抵押期间，抵押人可以转让抵押财产。当事人另有约定的，按照其约定。抵押财产转让的，抵押权不受影响。

（四）抵押人的义务

（1）保持抵押财产的价值，不得实施降低抵押财产价值的行为。

（2）不得将抵押权与债权分立而单独转让或者作为其他债权的担保。

（3）转让抵押财产时及时通知抵押权人。

（五）抵押权人的权利

（1）抵押权保全权。抵押权保全权包括抵押物价值减少防止权、恢复抵押物的价值请求权或增加担保请求权。具体而言，抵押人的行为足以使抵押财产价值减少的，抵押权人有权请求抵押人停止其行为；抵押财产价值已经减少的，抵押权人有权请求抵押人恢复抵押财产的价值，或者提供与减少的价值相应的担保。抵押人不恢复抵押财产的价值，也不提供担保的，抵押权人有权请求债务人提前清偿债务。

（2）抵押权处分权。

①抵押权人与抵押人可以协议变更抵押权顺位以及被担保的债权数额等内容。但是，抵押权的变更未经其他抵押权人书面同意的，不得对其他抵押权人产生不利影响。

②债务人以自己的财产设定抵押，抵押权人放弃该抵押权、抵押权顺位或者变更抵押权的，其他担保人在抵押权人丧失优先受偿权益的范围内免除担保责任，但是其他担保人承诺仍然提供担保的除外。

（3）优先受偿权。抵押权人于抵押权实现时，有权以抵押财产的价值优先受偿。

（4）抵押财产转让时的权利。抵押人转让抵押财产时，抵押权人能够证明抵押财产转让可能损害抵押权的，可以请求抵押人将转让所得的价款向抵押权人提前清偿债务或者提存。转让的价款超过债权数额的部分归抵押人所有，不足部分由债务人清偿。

（六）抵押权人的义务

抵押权人的义务主要是不得妨碍抵押人正常行使抵押财产的所有权。

四、抵押权的顺位

一物之上存在两个以上抵押权的，在实现抵押权时，须确定抵押权的顺位。同一财产向两个以上债权人抵押的，拍卖、变卖抵押财产所得的价款依照下列规定清偿：

（1）抵押权已经登记的，按照登记的时间先后确定清偿顺序；

（2）抵押权已经登记的先于未登记的受偿；

（3）抵押权未登记的，按照债权比例清偿。

五、抵押权的实现

（一）抵押权实现的概念

抵押权的实现是指抵押权人在债务人不履行债务或者发生当事人约定的实现抵押权的情形时，得处分抵押财产，并就其价值优先受偿。

（二）抵押权实现的条件

（1）须抵押权有效存在。

（2）须发生可以实现抵押权的法定或约定情形。

（三）抵押权实现的方法

抵押权实现的方法主要有如下两种：

（1）与抵押人协议以抵押物折价，取得抵押物的所有权，但此协议不得损害其他债权人的利益。否则，其他债权人可以请求人民法院撤销。

（2）抵押权人与抵押人未就抵押权实现方式达成协议的，抵押权人可以请求人民法院拍卖、变卖抵押财产。

抵押财产折价或者变卖的，应当参照市场价格。抵押财产折价或者拍卖、变卖后，其价款超过债权数额的部分归抵押人所有，不足部分由债务人清偿。

（四）建设用地使用权设定的抵押权及实现

建设用地使用权抵押后，该土地上新增的建筑物不属于抵押财产。该建设用地使用权实现抵押权时，应当将该土地上新增的建筑物与建设用地使用权一并处分。债权人主张抵押权的效力及于正在建造的建筑物的续建部分以及新增建筑物的，人民法院不予支持。新增建筑物所得的价款，抵押权人无权优先受偿。以集体所有土地的使用权依法抵押的，实现抵押权后，未经法定程序，不得改变土地所有权的性质和土地用途。

（五）价款债权抵押权的实现

1. 价款债权抵押权的概念

价款债权抵押权是指动产抵押担保的主债权是抵押物的价款，该价款担保的抵押权人具有优先于买受人的其他担保物权人优先受偿的抵押权。

2. 价款债权抵押权的实现规则

（1）动产抵押担保的主债权是抵押物的价款，标的物交付后10日内办理抵押登记的，该抵押权人优先于抵押物买受人的其他担保物权人受偿，但是留置权人除外。

（2）价款债权抵押权属于动产抵押权，自抵押合同生效时设立，但未经登记不得对抗善意第三人。

（3）以融资租赁方式出租动产的出租人，为担保价款债权或者租金的实现而订立担保合同，并在该动产交付后10日内办理登记，主张其权利优先于在先设立的浮动抵押权的，该主张成立；但不能优先于留置权。

（4）同一动产上存在多个价款债权抵押权的，人民法院应当按照登记的时间先后确定清偿顺序。

（六）抵押权实现时抵押权和租赁权并存的处理规则

抵押权设立前，抵押财产已经出租并转移占有的，原租赁关系不受该抵押权的影响。

（七）抵押权的实现与主债权的诉讼时效

抵押权人应当在主债权诉讼时效期间行使抵押权；未行使的，人民法院不予保护。

六、动产浮动抵押

（一）动产浮动抵押的概念

动产浮动抵押是指以法律规定的动产作为一个财产整体设立的动产抵押权。

（二）动产浮动抵押的特征

（1）抵押人仅限于企业、个体工商户、农业生产经营者，故主体具有特定性。

（2）抵押财产限于抵押人的动产，包括现有的和将来所有的动产，具有集合性。

（3）抵押财产特定化之前可以自由转让。

（三）动产浮动抵押的设立

与普通抵押权相同，动产浮动抵押权自抵押合同生效时设立；未经登记，不得对抗善意第三人。同时，设立动产浮动抵押的，不得对抗正常经营活动中已经支付合理价款并取得抵押财产的买受人。

（四）动产浮动抵押中抵押财产的确定

抵押财产自下列情形之一发生时确定：

（1）债务履行期限届满，债权未实现。

（2）抵押人被宣告破产或者解散。

（3）当事人约定的实现抵押权的情形。

（4）严重影响债权实现的其他情形。

七、最高额抵押

（一）最高额抵押权的概念

最高额抵押权是指在预定的最高债权额限度内，为担保一定期间内将要连续发生的债权的清偿而设立的抵押。

（二）最高额抵押权的特征

（1）所担保的债权具有不确定性。

（2）适用范围的限定性。

（3）非从属性。

（三）最高额抵押权所担保的债权确定的法定事由

有下列情形之一的，抵押权人的债权确定：

（1）约定的债权确定期间届满。

（2）没有约定债权确定期间或者约定不明确，抵押权人或者抵押人自最高额抵押权设立之日起满2年后请求确定债权。

（3）新的债权不可能发生。

（4）抵押权人知道或者应当知道抵押财产被查封、扣押。

（5）债务人、抵押人被宣告破产或者解散。

（6）法律规定债权确定的其他情形。

第三节 质权

一、质权的概念和特征

（一）质权的概念

质权是指债务人或者第三人将其动产或者财产权利交给债权人占有或者控制，以此作为履行债务的担保，在债务人不履行到期债务或者发生当事人约定的实现质权的情形时，债权人得以该动产或者财产权利的价值优先受偿的权利。

（二）质权的特征

（1）质权是一种约定担保物权。

（2）质权的客体是债务人或者第三人提供的动产或者财产权利。

（3）质权是移转占有的担保物权。质押期间，质押财产转由质权人占有。

（4）质权具有担保物权的优先受偿性、从属性、不可分性和物上代位性。

二、动产质权

（一）动产质权的概念和成立条件

动产质权是指以动产作为质押财产的质权，质权属于约定担保物权，当事人应当采取书面形式订立动产质押合同。质押合同应当符合合同的成立要件与生效要件。质押合同为诺成性合同，出质人未按照合同约定交付质押财产的，应当承担违约责任。但质押合同生效不等于质权设立，质权于质押财产交付时设立。出质人代质权人占有质物的，质权不成立。此外，质权人在债务履行期限届满前，与出质人约定债务人不履行到期债务时质押财产归债权人所有的，只能依法就质押财产优先受偿。

（二）动产质权的效力

1. 动产质权担保的范围

质权的担保范围包括主债权及利息、违约金、损害赔偿金、质押财产保管费用和实现质权的费用。质押合同另有约定的，按照约定。

2. 动产质权及于标的物的范围

质权效力及于质押财产、质押财产的从物、孳息、添附物和代位物，但从物没有随同质押财产移交质权人占有的，质权的效力不及于从物。

3. 质权人的权利

（1）占有质押财产。

（2）收取质押财产的孳息，质押合同另有约定的除外。质权人收取的孳息应当优先冲抵收取孳息的费用。

（3）保全质权。因不可归责于质权人的事由可能使质押财产毁损或者价值明显减少，足以危害质权人权利的，质权人有权请求出质人提供相应的担保；出质人不提供的，质权人可以拍卖、变卖质押财产，并与出质人协议将拍卖、变卖所得的价款提前清偿债务或者提存。

（4）优先受偿权。质权人可以通过质权的实现程序对质押财产的优先受偿。

（5）放弃质权。债务人以自己的财产出质，质权人放弃该质权的，其他担保人在质权人丧失优先受偿权益的范围内免除担保责任，但是其他担保人承诺仍然提供担保的除外。

4. 质权人的义务

（1）妥善保管质押财产，因保管不善致使质押财产毁损、灭失的，应当承担赔偿责任。

（2）未经出质人同意，不得擅自使用、出租、处分质押财产，也不得将质押财产转质，否则应当赔偿因此给出质人造成的损害。

（3）债务人履行债务或者出质人提前清偿所担保的债权的，返还质押财产。

（4）应出质人的请求在债务履行期限届满后及时行使质权，因怠于行使权利造成出质人损害的，应当承担赔偿责任。

5. 出质人的权利

（1）保留质押财产的所有权。

（2）在质权人的行为可能使质押财产毁损、灭失时，可以请求质权人将质押财产提存，或者请求提前清偿债务并返还质押财产。

（3）在债务人履行债务或出质人提前清偿所担保的债权后，有权请求质权人返还质押财产。

（4）有权请求质权人在债务履行期届满后及时行使质权；质权人不行使的，出质人可以请求人民法院拍卖、变卖质押财产。

（5）出质人如果是债务人以外的第三人，享有对债务人的追偿权。

6. 出质人的义务

（1）按照约定交付质押财产。

（2）不得妨碍质权人行使质权。

（3）保证质押财产无瑕疵，否则因此造成质权人其他财产损失的，应当承担赔偿责任。但是，质权人在移交质物时明知质物有瑕疵而予以接受的除外。

三、权利质权

（一）权利质权的概念

权利质权是指以债权或者其他可让与的财产权利（如股权）为质押财产的质权。

（二）权利质权的出质财产

债务人或者第三人有权处分的下列权利可以出质：

（1）汇票、本票、支票；

（2）债券、存款单；

（3）仓单、提单；

（4）可以转让的基金份额、股权；

（5）可以转让的注册商标专用权、专利权、著作权等知识产权中的财产权；

（6）现有的以及将有的应收账款；

（7）法律、行政法规规定可以出质的其他财产权利。

（三）权利质权的设立条件

（1）以汇票、本票、支票、债券、存款单、仓单、提单出质的，质权自权利凭证交付质权人时设立；没有权利凭证的，质权自办理出质登记时设立。以基金份额、股权、注册商标专用权、专利权、著作权等知识产权中的财产权、应收账款出质的，质权自办理出质登记时设立。

（2）基金份额、股权、应收账款出质后，不得转让，但是出质人与质权人协商同意的除外。出质人转让基金份额、股权、应收账款所得的价款，应当向质权人提前清偿债务或者提存。知识产权中的财产权出质后，出质人不得转让或者许可他人使用，但是出质人与质权人协商同意的除外。出质人转让或者许可他人使用出质的知识产权中的财产权所得的价款，应当向质权人提前清偿债务或者提存。

（四）权利质权的实现

权利质权的实现方式除折价、拍卖、变卖出质权利外，还有其特殊的实现方式。如根据《民法典》第442条规定，汇票、本票、支票、债券、存款单、仓单、提单的兑现日期或者提货日期先于主债权到期的，质权人可以兑现或者提货，并与出质人协议将兑现的价款或者提取的货物提前清偿债务或者提存。

第四节　留置权

一、留置权的概念和特征

（一）留置权的概念

留置权是指合法占有债务人动产的债权人，于债务人不履行到期债务时，得留置该动产并以其价值优先受偿的权利。

（二）留置权的特征

（1）留置权属于法定担保物权。

（2）留置权的客体限于动产。

（3）留置权不具有追及力，留置权人丧失对留置财产的占有即丧失留置权。

二、留置权的成立

留置权的成立应具备以下几个要件：

（1）债权人已经合法占有属于债务人所有的动产。

（2）债权人留置的动产，应当与债权属于同一法律关系，但是企业之间留置的除外。

（3）债务已届清偿期而债务人未履行债务。

（4）符合法律规定和当事人的约定并且不违背公序良俗，同时与留置人承担的义务不相抵触。法律规定或者当事人约定不得留置的动产，不得留置。

三、留置权的效力

（一）留置权人的权利

（1）留置标的物，即债权受清偿前，有权继续占有留置物。

（2）收取孳息。留置权人有权收取留置财产的孳息。收取的孳息应当先充抵收取孳息的费用。

（3）必要时适当使用留置物。

（4）请求债务人偿还因保管留置物所支付的必要费用。

（5）就留置物的价值优先受偿。债务人于宽限期满后仍未履行债务且未另行提供担保的，留置权人可以行使留置权，并就留置物的价值优先受偿。

（二）留置权人的义务

（1）妥善保管留置财产。

（2）不得擅自使用、出租或处分留置物。

（3）经债务人的请求行使留置权。

（4）留置权消灭时，返还留置物给债务人。

四、留置权的实现

（一）留置权的实现条件

留置权的实现与留置权的成立不同，留置权的实现具有二次效力的特点。符合留置权的成立条件的，债权人可以留置财产，但是只有在宽限期满后债务人仍未履行债务的，留置权人才可以行使留置权。该宽限期可以由留置权人与债务人事先约定；没有约定或者约定不明确的，留置权人应当给债务人 60 日以上履行债务的期间，但鲜活易腐等不易保管的动产除外。债务人逾期未履行的，留置权人可以与债务人协议以留置财产折价，也可以就拍卖、变卖留置财产所得的价款优先受偿。

（二）留置权的实现方法

留置权的实现方法包括留置财产折价，或者拍卖、变卖留置财产。留置财产折价或者拍卖、变卖后，其价款超过债权数额的部分归债务人所有，不足部分由债务人清偿。留置财产折价或者变卖的，应当参照市场价格。

五、留置权的消灭

1. 一般消灭事由

一般消灭事由是对所有担保物权均适用的事由，包括主债权消灭，担保物权实现或者抛弃，担保物毁损、灭失且无代位物等。

2. 特殊消灭事由

（1）留置权人对留置财产丧失占有。

（2）留置权人接受债务人另行提供的担保。

第十三章　占有

大纲应试策略

本章包括占有的概念、分类、效力、保护等内容。在背诵要点的内容中，占有的分类、效力和保护是比较重要的知识点。本章内容不多，出题方式也较为单一，以选择题为主。本章较为重要的简答题如占有的概念和特征。本章较为重要的论述题如民法上的占有制度（占有的效力及保护）。

大纲背诵要点

第一节　占有概述

一、占有的概念

（一）占有的概念

占有是指对于物具有事实上的管领力的一种状态。从性质上看，通说认为，占有是一种事实而不是权利。

（二）占有的特征

（1）占有的客体限于有体物，包括不动产和动产。

（2）占有必须是对物产生了事实上的支配与控制。

二、占有的分类

（一）有权占有和无权占有

有权占有是指基于本权的占有。

无权占有是指欠缺本权的占有。

（二）善意占有和恶意占有

1. 善意占有和恶意占有的概念

善意占有是指占有人不知道且不应当知道自己的占有没有合法根据而占有。

恶意占有是指占有人知道或者应当知道自己没有合法根据而占有。

2. 区分善意占有和恶意占有的主要意义

（1）只有善意占有人方可受到善意取得制度的保护。

（2）占有人因使用占有的不动产或者动产，致使该不动产或者动产受到损害的，恶意占有人应当承担赔偿责任，但善意占有人不负损害赔偿责任。

（3）善意占有人对于因维护占有的不动产或者动产支出的必要费用，可以要求权利人返还，恶意占有人无此项请求权。

（4）无权占有的不动产或者动产毁损、灭失的，占有人无论是否为善意均应返还保险金、赔偿金或者补偿金给权利人。权利人的损害未得到足够弥补的，恶意占有人还应当赔偿损失。

（三）直接占有和间接占有

直接占有即直接对物加以管领之占有。

间接占有是指虽不直接占有物，但基于一定法律关系对物加以间接支配的占有。

（四）自主占有和他主占有

自主占有是指占有人以自己的意思而占有，否则为他主占有。

第二节　占有的效力和保护

一、占有的效力

（1）权利推定效力。如果占有人在占有物上行使权利，则推定其享有此项权利。这就是占有的权利推定效力。根据占有的权利推定效力，在没有相反证据的情况下即推定占有人享有相应的物权或者债权。

（2）权利取得效力。占有人在符合法定要件的情况下可以取得本权，此即占有的权利取得效力。具体包括两种情形：一是善意取得所有权或者他物权；二是因占有时效的完成而取得所有权或者他物权。我国法律至今尚无占有时效的一般规定。

（3）保护效力。占有人的占有无论是否为有权占有，均可以对抗他人的侵犯。

二、占有的保护

（1）占有物返还请求权。占有物被侵占的，占有人有权请求返还原物。占有人返还原物的请求权，自侵占发生之日起 1 年内未行使的，该请求权消灭。

（2）妨害排除和消除危险请求权。在妨害已经发生或者有妨害之虞时，占有人有权请求排除妨害或者消除危险。

（3）损害赔偿请求权。因侵占或者妨害造成损害的，占有人有权请求损害赔偿。

第十四章　合同通则

大纲应试策略

本章包括债的概念、特征、内容、发生原因，合同的概念、特征、分类、解释，债与合同的关系，合同的成立条件，要约、承诺、强制缔约、预约合同、悬赏广告，合同的内容和形式，格式条款，合同成立的时间和地点，缔约过失责任，合同的有效条件，合同效力的特别规定，合同履行的一般规则，合同履行的特别规则，同时履行抗辩权、先履行抗辩权、不安抗辩权，债权人的代位权和撤销权，合同的变更，债权转让、债务承担、概括移转，清偿、解除、抵销、提存、免除、混同，违约责任等内容。背诵要点所列内容几乎都是重点内容。本章出题方式包括各类题型。除考查过的主观题外，本章较为重要的简答题有：债权的概念和特征；债务的概念、特征和种类；要约的概念和构成要件；承诺的概念和构成要件；涉他合同的履行；按份之债的含义及履行（效力）；狭义的合同变更的概念、特征和效力；合同和权利义务终止的概念和效力；合同解除的效力；违约责任的概念和特征；违约责任的归责原则和构成要件；违约责任的承担方式。本章涉及的论述题比较多，较为重要的论述题有：债权的权能；合同通则对合同立法的主要发展与创新；典型合同分编对合同立法的主要发展与创新；民法典中债的法律适用；从我国民法典体例和规定的角度论述债与合同的关系；合同自由原则；强制缔约；预约合同；悬赏广告；免责条款；格式条款的无效；格式条款的解释；民法典中合同效力的法律适用及特别规则；合同履行的一般规则；选择之债的履行；向第三人履行的合同；第三人代为履行；同时履行抗辩权；先履行抗辩权；不安抗辩权；债权人的代位权；债权人的撤销权；免责的债务承担；代物清偿；清偿抵充；合同解除种类及条件；合同解除的效力；民法典中的抵销制度；民法典中的提存制度；预期违约；继续履行责任；违约损害赔偿责任；违约责任与侵权责任的竞合。本章也是考查案例分析题的重点章节。

第一节　债与合同概述

一、债的概述

（一）债的概念、特征、本质和要素

1. 债的概念

民法上的债，是指特定的当事人之间可以请求为特定行为的民事法律关系。

2. 债的特征

（1）债是存在于特定当事人之间的法律关系。

（2）债是特定当事人之间请求为特定行为的法律关系。

（3）债是能够以货币衡量评价的财产法律关系。

（4）债是按照法律规定或者法律行为而产生的法律关系。

3. 债的本质

债的本质是债权人实现自身特定利益的法律手段。

4. 债的要素

债作为一种民事法律关系，包括主体、内容（债权和债务）和客体三要素。

（二）债的内容

1. 债权

（1）债权的概念。债权是指债权人享有的以请求债务人为一定给付为内容的权利。

（2）债权的特征。

①债权为请求权。债权是债权人得请求债务人为特定行为的权利，在债务人作出给付前，债权人不能直接支配债务人应给付的标的物，也不能以支配债务人人身的方式强制债务人作出给付，只能请求债务人履行债务来实现利益。

②债权为相对权。债权人只能向债务人主张权利，请求债务人履行债务，除法律有明确规定外，即使因第三人的原因致使债权不能实现，债权人也只能以债之关系为基础向债务人主张权利。

③债权具有任意性。当事人在不违反强行法规定的情况下可以任意设定债的关系，法律并不加以限制；即使是法定之债，当事人也可以通过协商确定债的内容。

④债权具有非排他性。债权人仅能够向债务人提出给付的请求，不能对债务人应交付的标的物或者债务人的行为予以直接支配，而且，以同一给付为标的而成立的数个内容相同的债权相互之间不发生权利上的冲突，尽管此种情形下可能只有一个债权最终得以实现，但其他债权仍然有效，债权人可以债务不履行为由向债务人主张违约责任。

⑤债权具有平等性。对于同一债务人先后成立的数个债权，效力一律平等。在该债务人陷入

破产时，数个债权人根据债权数额的比例接受清偿。

（3）债权的权能。

①请求权能。债权为请求权，债权人可以直接请求债务人履行债务，也可以通过诉讼方式以国家强制力来实现其请求。

②保持受领权能。债权的存在是债权人受领债务人给付的合法原因。债务人履行债务或受强制执行提出给付时，债权人有接受给付的权利并有权保持因此获得的利益。

③保全权能。当债务人的某些行为对债权人造成损害时，债权人可以向人民法院请求以自己的名义代位行使债务人的债权，或者请求人民法院撤销债务人的行为。债权人享有的债权保全权能是对债的相对性的突破。

④处分权能。债权人可以通过抵销、免除、让与债权和设定债权质权等方式对享有的债权予以处分。所处分的债权应当在效力上是具有齐备性的债权，否则为不完全债权，但是欠缺保持受领权能的债权不再是债权。

2. 债务

（1）债务的概念。债务是指债务人依照约定或法律规定向债权人作出给付的义务。

（2）债务的特征。

①债务具有特定性。在任何债的关系中，债务人均是特定的，且债务的内容也是特定的。依法成立的债务非依法律规定或经当事人协商不得变更。

②债务具有期限性。任何债务都有确定或可确定的期限。

③债务的履行具有强制性。债务在本质上是债务人应承担的负担，当债务人不履行债务时，债权人有权追究债务人的民事责任以满足其利益。责任是债务人履行债务的一种担保，无责任的债务无法律约束力。

（3）债务的种类。债务有给付义务与附随义务之分，其中给付义务又分为主给付义务与从给付义务。此外还有不真正义务。

①主给付义务，是指债之关系中固有的、必备的、可以决定债的类型的基本义务。在双务合同中，主给付义务构成对待给付义务。

②从给付义务，是指辅助主给付义务的功能实现的义务。从给付义务尽管不决定债的类型，但能够确保债权人的利益获得最大的满足。从给付义务发生的原因有三种：一是基于法律的明文规定而发生；二是基于当事人的约定而发生；三是基于诚实信用原则及补充的合同解释而发生。

③附随义务，是指给付义务之外的，以诚实信用原则为依据产生的协助、保护、照顾、保密等义务。附随义务的履行是诚实信用原则的体现。

④ 不真正义务，是法律要求民事主体谨慎对待自身利益的民事义务。

（三）债的发生原因

债的发生原因是指能够在特定当事人之间引起债的关系产生的法律事实。债的发生根据包括合同、侵权行为、无因管理、不当得利和其他事实，其他事实包括单方允诺、缔约过失、遗赠等事实。

二、合同概述

（一）合同的概念和特征

1. 合同的概念

合同是指民事主体之间设立、变更、终止民事权利义务关系的协议。

2. 合同的特征

（1）合同是一种民事法律行为，以意思表示为要素并依意思表示的内容发生相应的法律后果。

（2）合同是双方以上当事人意思表示一致的民事法律行为，是平等当事人之间的一种协议或合意。

（3）合同以设立、变更、终止民事权利义务关系为目的。

（二）合同的分类

1. 有名合同和无名合同

有名合同，又称典型合同，是指法律上已经规定了合同名称及规则的合同。

无名合同，是指法律上尚未规定合同名称及具体规则的合同。

2. 要式合同和不要式合同

要式合同，是指法律规定或当事人约定须具备特定形式的合同。

不要式合同，是无须具备特定形式的合同。

3. 单务合同和双务合同

单务合同，是指仅有一方负担给付义务的合同。

双务合同，是指双方互负对待给付义务的合同。

4. 为自己利益订立的合同和为第三人利益订立的合同

为自己利益订立的合同，是指订约当事人自己享有权利并直接取得利益的合同。

为第三人利益订立的合同，是指订约当事人为第三人设定权利并使其取得利益的合同。

5. 主合同和从合同

不以其他合同存在为前提即可独立存在的合同为主合同。

必须以其他合同存在为前提才能成立的合同为从合同。

（三）合同的解释

（1）合同解释有广义和狭义之分。广义的合同解释包括确定合同成立与否、确认合同之性质、发掘合同默示条款或暗含条款以及明确合同条款含义；狭义的合同解释只是确定合同条款的含义。

（2）合同解释的对象主要是合同条款。我国民法典确立了文义解释、整体解释、目的解释、习惯解释、诚信解释等合同解释方法。

三、债与合同的关系

（1）债是债权和债务的统一体，债是因合同、侵权行为、无因管理、不当得利以及法律的其他规定而产生的债权债务关系。合同之债是债的一种具体类型。

（2）非因合同产生的债权债务关系，适用有关该债权债务关系的法律规定。没有规定的，适用合同编通则的有关规定，但是根据其性质不能适用的除外。

第二节　合同的订立

一、合同的成立条件

合同的成立条件分为一般成立要件和特别成立要件。

1. 一般成立要件

一般成立要件是所有合同成立均须具备的条件，包括有双方或多方当事人，当事人就合同必要条款达成合意、合同内容明确、经过要约和承诺阶段等。

2. 特别成立要件

特别成立要件是指某些合同成立必须具备的要件，如某些合同需要具备特定的形式才能成立，某些合同须以交付标的物作为成立要件。

二、合同订立的程序

当事人订立合同可以采取要约、承诺方式或者其他方式。

（一）要约

1. 要约的概念

要约是当事人一方向对方发出的与对方订立合同的意思表示。

2. 要约的成立条件

（1）要约必须是特定人向相对人发出的意思表示。

（2）要约必须以缔结合同为目的。

（3）要约的内容应具体确定。

（4）要约必须表明经受要约人承诺，要约人即受该意思表示约束。

3. 要约的法律效力

（1）对要约人的效力。要约生效后，要约人应受要约的约束，在要约有效期内不得随意撤销或变更要约。要约可以撤回和撤销。但是有下列情形之一的，要约不得撤销：

①要约人以确定承诺期限或者其他形式明示要约不可撤销。

②受要约人有理由认为要约是不可撤销的，并已经为履行合同做了合理准备工作。

（2）对受要约人的效力。要约生效后，受要约人取得承诺的权利，受要约人有权在要约的有效期限内作出接受要约的答复，而不负必须承诺的义务。即使受要约人不承诺，也没有通知要约人的义务。

4. 要约的生效时间

（1）以对话方式作出的要约，受要约人知道其内容时生效。

（2）以非对话方式作出的要约，要约到达受要约人时生效。

（3）以非对话方式作出的采用数据电文形式作出的要约，受要约人指定特定的系统接收数据电文的，要约自该数据电文进入该特定系统时生效；未指定特定系统的，要约自受要约人知道或者应当知道该数据电文进入其系统时生效；要约人与受要约人对采用数据电文形式的意思表示的生效时间另有约定的，按照其约定。

5. 要约与要约邀请的区别

要约邀请，是一方向他方作出的希望他方向自己发出要约的意思表示。

要约和要约邀请的区别有：

（1）目的不同。要约的目的在于获得对方的承诺以成立合同；要约邀请的目的在于引出对方的要约。

（2）条件不同。要约的成立条件如前所述；要约邀请无须具备前述条件（如无须内容具体确定），只要邀请人确定即可。

（3）效力不同。要约人须受要约约束；要约邀请本身没有法律效力，故邀请人不受要约邀请的约束。

（二）承诺

1. 承诺的概念

承诺是受要约人作出的同意要约的意思表示。

2. 承诺的成立条件

（1）承诺必须是由受要约人本人或其代理人向要约人作出。

（2）承诺必须在要约确定的期限内到达要约人。

（3）承诺的内容应当与要约的内容一致。

（4）承诺原则上应当以通知方式作出，特殊情况下依交易习惯或者要约的规定也可以以行为作出。

3. 承诺的效力

承诺的效力在于承诺生效意味着合同成立，双方当事人由此承担合同产生的权利与义务。

4. 承诺的生效时间

（1）以对话方式作出的，承诺在要约人知道其内容时生效。

（2）以非对话方式作出的，承诺在承诺通知到达要约人时生效。

（3）采用数据电文形式订立合同时，收件人指定特定系统接收数据电文的，该数据电文进入该特定系统时生效；未指定特定系统的，要约人知道或者应当知道该数据电文进入其系统时生效；当事人对采用数据电文形式的意思表示的生效时间另有约定的，按照其约定。

（4）承诺不需要通知的，根据交易习惯或者要约的要求作出承诺的行为时生效。

5. 承诺的撤回

承诺可以撤回，撤回承诺的通知应当在承诺通知到达要约人之前或与承诺通知同时到达要约人。承诺不能撤销。

（三）强制缔约

1. 强制缔约的概念

强制缔约是指受要约人负有应要约人的请求而与之订立合同的义务，其在无正当理由时对于要约人提出的要约不得拒绝作出承诺。

2. 强制缔约规则的内容

（1）根据指令性任务或者国家订货任务签订的合同。国家根据抢险救灾、疫情防控或者其他需要下达国家订货任务、指令性任务的，有关民事主体之间应当依照有关法律、行政法规规定的权利和义务订立合同。

（2）强制要约。依照法律、行政法规的规定负有发出要约义务的当事人，应当及时发出合理的要约。

（3）强制承诺。依照法律、行政法规的规定负有作出承诺义务的当事人，不得拒绝对方合理的订立合同要求。

（四）预约合同

1. 预约合同的概念

预约合同，是指要约人与受要约人约定将来订立一定合同的合同。当事人约定在将来一定期限内订立合同的认购书、订购书、预订书等，构成预约合同。

2. 预约合同的效力

预约合同与本约合同相对，本约合同就是履行预约合同而订立的合同。在订立预约合同后，订立本约合同是当事人应当履行的义务，只要本约合同未订立，则预约合同就没有履行。当事人一方不履行预约合同约定的订立合同义务的，对方可以请求其承担预约合同的违约责任。

（五）悬赏广告

1. 悬赏广告的概念

悬赏广告，是指当事人以发布广告的形式，对完成广告中所要求的特定行为的人，给付广告中所声明的报酬的意思表示。

2. 悬赏广告的效力

悬赏广告属于要约，悬赏人以公开方式声明对完成特定行为的人支付报酬的，完成该行为的人可以请求其支付。

三、合同的内容和形式

（一）合同的内容

合同的内容即合同当事人对权利义务达成的合意，其表现为合同条款。合同的内容由当事人约定，一般包括以下条款：当事人的名称或者姓名和住所，标的，数量，质量，价款或者报酬，履行期限，地点和方式，违约责任，解决争议的方法。

（二）合同的形式

（1）口头形式，是指合同当事人以口头交谈方式相互作出意思表示而订立合同。

（2）书面形式，是指合同书、信件、电报、电传、传真等可以有形地表现所载内容的形式。

（3）默示形式，是指合同当事人以某种表明法律意图的行为间接地表示合同内容的形式。

四、格式条款

（一）格式条款的概念

格式条款是指当事人为了重复使用而预先拟订，并在订立合同时未与对方协商的条款。

（二）我国民法典对格式条款的特殊法律要求

（1）提供格式条款的一方应当遵循公平原则确定当事人之间的权利和义务，并采取合理的方式提请对方注意免除或者减轻提供格式条款一方的责任等与对方有重大利害关系的条款，按照对方的要求，对该条款予以说明。

（2）提供格式条款的一方未履行提示或者说明义务，致使对方没有注意或者理解与其有重大利害关系的条款的，对方可以主张该条款不成为合同的内容。

（3）有下列情形之一的，该格式条款无效：

①具有民事法律行为的无效事由。

②格式条款中的造成对方人身损害、因故意或者重大过失造成对方财产损失的免责条款。

③提供格式条款一方不合理地免除或者减轻其责任、加重对方责任、限制对方主要权利。

④提供格式条款一方排除对方主要权利。

（4）对格式条款的理解发生争议的，应当按照通常理解予以解释。对格式条款有两种以上解释的，应当作出不利于提供格式条款一方的解释。格式条款和非格式条款不一致的，应当采用非格式条款。

五、合同成立的时间和地点

（一）合同成立的时间

1. 合同成立时间的一般规则

合同成立的时间原则上为承诺生效时。一般来说，当事人就合同的条款协商一致，合同即成立。

2. 合同成立时间的特殊规则

（1）当事人采用合同书形式订立合同的，自当事人均签名、盖章或者按指印时合同成立。在签名、盖章或者按指印之前，当事人一方已经履行主要义务，对方接受时，该合同成立。

（2）法律、行政法规规定或者当事人约定合同应当采用书面形式订立，当事人未采用书面形式但是一方已经履行主要义务，对方接受时，该合同成立。

（3）当事人采用信件、数据电文等形式订立合同要求签订确认书的，签订确认书时合同成立。

（4）除当事人另有约定外，当事人一方通过互联网等信息网络发布的商品或者服务信息符合要约条件的，对方选择该商品或者服务并提交订单成功时合同成立。

（二）合同成立的地点

1. 合同成立地点的一般规则

合同成立的地点通常为承诺生效的地点。

2. 合同成立地点的特殊规则

（1）采用数据电文形式订立合同的，收件人的主营业地为合同成立的地点；没有主营业地的，其住所地为合同成立的地点。当事人另有约定的，按照其约定。

（2）除当事人另有约定外，当事人采用合同书形式订立合同的，最后签名、盖章或者按指印的地点为合同成立的地点。

六、缔约过失责任

（一）缔约过失责任的概念

缔约过失责任是指在订立合同过程中，当事人一方因违反其依据诚实信用原则产生的先合同义务，而致另一方信赖利益损失时所应承担的赔偿责任。

（二）缔约过失责任的适用情形

（1）假借订立合同，恶意进行磋商。

（2）故意隐瞒与订立合同有关的重要事实或者提供虚假情况。

（3）泄露或者不正当地使用在订立合同过程中知悉的对方商业秘密或者其他应当保密的信息。

（4）其他违背诚实信用原则的行为。

（三）缔约过失责任的构成要件

缔约过失责任的内容是损害赔偿，其构成条件包括：

（1）一方违背依诚实信用原则应负的先合同义务。

（2）他方受有信赖利益的损失。

（3）一方违反先合同义务与他方所受损失之间有因果关系。

（4）违反先合同义务的一方具有过失。

（四）缔约过失责任的赔偿范围

缔约过失责任的赔偿范围是信赖利益的损失。信赖利益损失一般包括：缔约费用，准备履行合同所支出的费用，受害人支出上述费用所失去的利息，以及丧失与第三人另订合同的机会所造成的损失。

第三节 合同的效力

一、合同的有效要件

（一）合同的一般生效要件

（1）当事人缔约时有相应的缔约能力。

(2) 当事人的意思表示真实。
(3) 不违反强制性法律规范及公序良俗。

(二) 合同的特别生效要件

有些合同除需要具备一般生效要件外，还需要具备特别生效要件才能够生效，主要有：
(1) 法律、行政法规规定应当办理批准、登记等手续生效的合同，在办理相关手续后生效。
(2) 附生效条件的合同自合同条件成就时生效。
(3) 附生效期限的合同自期限届至时生效。

二、合同效力的特别规则

(一) 合同生效的时间

1. 合同生效时间的一般规则

依法成立的合同，除法律另有规定或者当事人另有约定外，自合同成立时生效。

2. 合同生效时间的特别规则

(1) 依照法律、行政法规的规定，合同应当办理批准等手续的，依照其规定。

(2) 未办理批准等手续影响合同生效的，不影响合同中履行报批等义务条款以及相关条款的效力。

(3) 应当办理申请批准等手续的当事人未履行义务的，对方可以请求其承担违反该义务的责任。

(4) 依照法律、行政法规的规定，合同的变更、转让、解除等情形应当办理批准等手续的，适用前述规定。

(二) 被代理人对无权代理合同的追认

无权代理人以被代理人的名义订立合同，被代理人已经开始履行合同义务或者接受相对人履行的，视为对合同的追认。

(三) 越权订立合同的效力

法人的法定代表人或者非法人组织的负责人超越权限订立的合同，除相对人知道或者应当知道其超越权限外，该代表行为有效，订立的合同对法人或者非法人组织发生效力。

(四) 超越经营范围订立合同的效力

当事人超越经营范围订立的合同的效力，应当依照民法典总则编有关民事法律行为效力和民法典合同编有关合同效力的规定确定，不得仅以超越经营范围确认合同无效。但是，违反国家限制经营或特许经营的合同无效。

(五) 争议解决条款的效力

合同不生效、无效、被撤销或者终止的，不影响合同中有关解决争议方法的条款的效力。

第四节　合同的履行

一、合同履行的一般规则

(一) 合同履行的一般规则

合同履行的一般规则是指当事人在履行合同过程中应当遵循的基本准则。合同履行的一般规则包括全面履行规则、遵循诚实信用规则和保护生态环境规则。

（1）全面履行规则，又称正确履行规则或适当履行规则，该规则要求当事人按照合同约定的标的、数量、质量、履行期限、履行地点、履行方式，全面完成合同义务。

（2）遵循诚实信用规则，要求当事人应本着诚实、守信、善意的态度履行合同义务，不得滥用权利或故意规避义务。

（3）保护生态环境规则，是指在履行合同过程中，当事人应当避免浪费资源、污染环境和破坏生态。

（二）合同约定不明时的履行

全面履行规则要求当事人按照合同的约定全面履行义务，如果当时人就某些条款约定不明，应当遵循以下规则：就质量、价款或者报酬、履行地点等内容没有约定或者约定不明确的，可以协议补充；不能达成补充协议的，按照合同相关条款或者交易习惯确定。如果还不能确定，则适用下列规定：

（1）质量要求不明确的，按照强制性国家标准履行；没有强制性国家标准的，按照推荐性国家标准履行；没有推荐性国家标准的，按照行业标准履行；没有国家标准、行业标准的，按照通常标准或者符合合同目的的特定标准履行。

（2）价款或者报酬不明确的，按照订立合同时履行地的市场价格履行；依法应当执行政府定价或者政府指导价的，依照规定履行。

（3）履行地点不明确，给付货币的，在接受货币一方所在地履行；交付不动产的，在不动产所在地履行；其他标的，在履行义务一方所在地履行。

（4）履行期限不明确的，债务人可以随时履行，债权人也可以随时请求履行，但是应当给对方必要的准备时间。

（5）履行方式不明确的，按照有利于实现合同目的的方式履行。

（6）履行费用的负担不明确的，由履行义务一方负担；因债权人原因增加的履行费用，由债权人负担。

（三）通过互联网等信息网络订立的电子合同标的的履行

（1）电子合同的标的为交付商品并采用快递物流方式交付的，收货人的签收时间为交付时间。

（2）电子合同的标的为提供服务的，生成的电子凭证或者实物凭证中载明的时间为提供服务时间；前述凭证没有载明时间或者载明时间与实际提供服务时间不一致的，以实际提供服务的时间为准。

（3）电子合同的标的物为采用在线传输方式交付的，合同标的物进入对方当事人指定的特定系统且能够检索识别的时间为交付时间。

（4）电子合同当事人对交付商品或者提供服务的方式、时间另有约定的，按照其约定。

（四）执行政府定价、政府指导价的合同的履行

执行政府定价或者政府指导价的，在合同约定的交付期限内政府价格调整时，按照交付时的价格计价。逾期交付标的物的，遇价格上涨时，按照原价格执行；价格下降时，按照新价格执行。逾期提取标的物或者逾期付款的，遇价格上涨时，按照新价格执行；价格下降时，按照原价格执行。

（五）币种约定不明时的履行

以支付金钱为内容的债，除法律另有规定或者当事人另有约定外，债权人可以请求债务人以实际履行地的法定货币履行。

二、合同履行的特别规则

（一）选择之债的履行

1. 选择之债的概念

选择之债是指债的标的有数种，当事人可以选择其中之一予以履行的债。在履行债务之前，选择之债的给付标的必须特定，即从数种给付标的中选定一种而将选择之债转变为简单之债，否则无法履行。

2. 选择之债的履行顺序

选择之债由选择权人行使选择权而将履行标的特定化，选择权人的确定顺序为：

（1）根据法律规定、当事人的约定或者交易习惯确定。

（2）标的有多项而债务人只须履行其中一项的，债务人享有选择权。

（3）享有选择权的当事人在约定期限内或者履行期限届满未作选择，经催告后在合理期限内仍未选择的，选择权转移至对方。

3. 选择权的行使

（1）选择权行使后效力溯及债的发生时。当事人行使选择权应当及时通知对方，通知到达对方时，标的确定。

（2）标的确定后不得变更，但是经对方同意的除外。

（3）可选择的标的发生不能履行情形的，享有选择权的当事人不得选择不能履行的标的，但是该不能履行的情形是由对方造成的除外。

（二）按份之债的履行

1. 按份之债的概念

按份之债是指债的多数主体各自按照确定的份额分享债权或者分担债务的债。其中，债权人按照确定的份额分享债权的，为按份债权；债务人按照确定的份额分担债务的，为按份债务。

2. 按份之债的履行

按份之债只发生外部效力，一般不发生内部效力。在按份之债中，各债权人的债权或各债务人的债务均是独立的，按份债权人在自己享有的债权份额得到清偿或按份债务人履行了自己承担的债务份额后，即退出债之关系。二人以上依法承担按份责任，能够确定责任大小的，各自承担相应的责任；难以确定责任大小的，平均承担责任。

（三）连带之债的履行

1. 连带之债的概念

连带之债，是指债的多数主体中任何一人都有权请求对方履行全部债务，或任何一人都有义务向对方履行全部债务的债。连带之债由法律规定或者当事人约定，其中多数人一方相互间有连带关系。多数人享有同一债权且每个债权人均可请求债务人履行全部债务的为连带债权；多数人负有同一债务且每个债务人均有义务对债权人履行全部债务的为连带债务。

2. 连带之债的效力

连带之债既发生外部效力，也发生内部效力。在连带之债中，每个连带债权人都有请求债务人履行全部债务的权利，每个连带债务人都有履行全部给付的义务；在连带债权人中一人受领全部给付或连带债务人中的一人履行了全部债务后，连带之债归于消灭，但此时连带之债在连带债权人或连带债务人之间转化为按份之债。

3. 连带之债份额的确定和追偿

（1）连带债权人或者连带债务人之间的份额难以确定的，视为份额相同。

（2）实际承担债务超过自己份额的连带债务人，有权就超出部分在其他连带债务人未履行的份额范围内向其追偿，并相应地享有债权人的权利，但是不得损害债权人的利益。

（3）其他连带债务人对债权人的抗辩，可以向该债务人主张。

（4）被追偿的连带债务人不能履行其应分担份额的，其他连带债务人应当在相应范围内按比例分担。

4. 连带债务的涉他效力

（1）部分连带债务人履行、抵销债务或者提存标的物的，其他债务人对债权人的债务在相应范围内消灭；该债务人可以依法向其他债务人追偿。

（2）部分连带债务人的债务被债权人免除的，在该连带债务人应当承担的份额范围内，其他债务人对债权人的债务消灭。

（3）部分连带债务人的债务与债权人的债权同归于一人的，在扣除该债务人应当承担的份额后，债权人对其他债务人的债权继续存在。

（4）债权人对部分连带债务人的给付受领迟延的，对其他连带债务人发生效力。

（5）实际受领债权的连带债权人，应当按比例向其他连带债权人返还。

（四）涉他合同的履行

1. 涉他合同的概念和类型

涉他合同是指当事人在合同中为第三人设定了权利或者义务的合同，包括“为第三人利益的合同”与“第三人履行的合同”两种基本类型。

2. 债务人向第三人履行和债务人为第三人利益履行

（1）债务人向第三人履行。当事人约定由债务人向第三人履行债务，债务人未向第三人履行债务或者履行债务不符合约定的，应当向债权人承担违约责任。

（2）债务人为第三人利益履行。法律规定或者当事人约定第三人可以直接请求债务人向其履行债务，第三人未在合理期限内明确拒绝，债务人未向第三人履行债务或者履行债务不符合约定的，第三人可以请求债务人承担违约责任；债务人对债权人的抗辩，可以向第三人主张。

3. 第三人向债权人履行

当事人约定由第三人向债权人履行债务，第三人不履行债务或者履行债务不符合约定的，债务人应当向债权人承担违约责任。

4. 第三人代为履行（代为清偿）

民法典规定，债务人不履行债务，第三人对履行该债务具有合法利益的，第三人有权向债权人代为履行；但是，根据债务性质、按照当事人约定或者依照法律规定只能由债务人履行的除外。债权人接受第三人履行后，其对债务人的债权转让给第三人，但是债务人和第三人另有约定的除外。据此，代为清偿的构成要件有：

（1）有债务不履行债务的事实。

（2）第三人对债务人的债务具有合法利益。

（五）提前履行

债务人一般应于履行期届至时履行义务。债权人可以拒绝债务人提前履行债务，但是提前履行不损害债权人利益的除外。债务人提前履行债务给债权人增加的费用，由债务人负担。

（六）部分履行

债务人应当按照法律的规定或者合同的约定全面履行自己的义务。债权人可以拒绝债务人部分履行债务，但是部分履行不损害债权人利益的除外。债务人部分履行债务给债权人增加的费用，由债务人负担。

（七）情事变更规则

1. 情事变更规则的概念

情事变更规则是指合同依法成立以后，非归因于当事人双方的原因，作为合同赖以成立的基础或环境的客观事实发生变更，使得继续维持合同的效力显失公平或者不能实现合同目的，遭受不利影响的一方当事人可以请求法院或仲裁机构予以变更或解除的规则。

2. 情事变更规则的法律效力

情事变更规则的法律效力体现在变更合同和解除合同两大效果，具体而言，发生情事变更后，受不利影响的当事人可以与对方重新协商；在合理期限内协商不成的，当事人可以请求人民法院或者仲裁机构变更或者解除合同。人民法院或者仲裁机构应当结合案件的实际情况，根据公平原则变更或者解除合同。

三、双务合同履行中的抗辩权

（一）同时履行抗辩权

1. 同时履行抗辩权的概念

同时履行抗辩权是指双务合同的当事人在没有约定履行顺序或约定应同时履行的情况下，一方当事人在对方未为对待给付之前，得拒绝履行自己债务的权利。

2. 同时履行抗辩权的构成要件

（1）须当事人就同一双务合同互负债务。

（2）须双方互负的债务均届至清偿期。

（3）须对方未履行债务或履行债务不符合约定。

（4）须对方的对待给付是可能履行的。

3. 同时履行抗辩权的适用范围

同时履行抗辩权制度主要适用于双务合同。当事人因合同不成立、无效、被撤销或解除而产生的相互义务，若具有对价关系，也可主张同时履行抗辩权。

4. 同时履行抗辩权的效力

同时履行抗辩权属于延期抗辩权、一时抗辩权。其效力主要在于对方未履行或履行债务不符合约定时，有拒绝履行自己债务的权利（拒绝履行请求或拒绝相应的履行请求）。如果对方履行了债务，该权利即消灭。

（二）先履行抗辩权

1. 先履行抗辩权的概念

先履行抗辩权是指在当事人互负债务且有先后履行顺序时，负有先履行义务的一方未履行债务或履行债务不符合约定时，后履行方拒绝先履行义务方履行要求的权利。

2. 先履行抗辩权的成立要件

（1）当事人基于同一双务合同互负债务。

（2）双方债务均已届清偿期。

（3）一方当事人有先为履行的义务。

（4）应当先履行的一方未履行债务或者履行债务不符合约定，如履行迟延、不完全履行、部分履行。

3. 先履行抗辩权的效力

先履行抗辩权是延期抗辩权、一时抗辩权，其成立及行使，使得后履行一方可中止履行自己的债务（拒绝履行请求或拒绝相应的履行请求），以保护自己的期限利益、顺序利益；在先履行一方采取了补救措施、变违约为适当履行的情况下，先履行抗辩权消灭，后履行一方须履行债务。

（三）不安抗辩权

1. 不安抗辩权的概念

不安抗辩权是指先履行一方在有证据证明后履行一方有丧失或者可能丧失履行债务能力的情况下，可暂时中止履行的权利。

2. 不安抗辩权的构成要件

（1）当事人基于同一双务合同互负债务。

（2）主张不安抗辩权的一方应当先履行债务且其债务已届清偿期。

（3）先履行一方有确切证据证明对方履行能力明显降低，有不能为对待给付的现实危险。

3. 不安抗辩权的适用情形

（1）经营状况严重恶化。

（2）转移财产、抽逃资金，以逃避债务。

（3）丧失商业信誉。

（4）有丧失或者可能丧失履行债务能力的其他情形。

4. 不安抗辩权的效力

在具备不安抗辩权的行使条件时，先履行一方有权中止履行，但应当及时通知对方；对方提供适当担保的，应当恢复履行。中止履行后，对方在合理期限内未恢复履行能力且未提供适当担保的，视为以自己的行为表明不履行主要债务，中止履行的一方可以解除合同并可以请求对方承担违约责任。

第五节　合同的保全

一、合同的保全的概念和类型

合同的保全是指法律为了防止因债务人的财产不当减少而给债权人的债权带来损害，允许债权人对债务人或者第三人的行为行使代位权和撤销权，以保全自己的债权。

二、债权人的代位权

（一）债权人的代位权的概念

债权人的代位权是指当债务人怠于行使其债权或者与该债权有关的从权利而影响债权人的到期债权实现时，债权人享有的以自己名义代位行使债务人对相对人的权利的权利。

（二）债权人的代位权的成立条件

（1）债权人对债务人的债权合法。

(2) 债务人对第三人(相对人)享有债权。

(3) 债务人怠于行使其债权或者与该债权有关的从权利影响债权人到期债权的实现。

(4) 债务人对第三人的债权为非专属性权利和可以强制执行的权利。

(三) 代位权的行使

债权人的代位权必须以自己的名义通过诉讼或者仲裁方式行使,代位权的行使范围以债权人的到期债权为限。行使代位权的必要费用,由债务人负担。相对人对债务人的抗辩,可以向债权人主张。

(四) 代位权的效力

(1) 人民法院认定代位权成立的,由债务人的相对人向债权人履行义务,债权人接受履行后,债权人与债务人、债务人与相对人之间相应的权利义务终止。

(2) 债务人对相对人的债权或者与该债权有关的从权利被采取保全、执行措施,或者债务人破产的,依照相关法律的规定处理。

三、债权人的撤销权

(一) 债权人的撤销权的概念

债权人的撤销权是指在债务人实施的处分行为影响债权人的债权实现时,债权人享有的依诉讼程序申请法院撤销债务人实施的行为的权利。债权人的撤销权具有形成权和请求权的双重属性。

(二) 债权人撤销权的成立条件

债权人撤销权的成立要件因债务人所为的行为系无偿或有偿的不同而有所区别。若为无偿行为,如以放弃其债权、放弃债权担保、无偿转让财产等方式无偿处分财产权益,或者恶意延长其到期债权的履行期限,则只须具备客观要件;若为有偿行为,则须同时具备客观要件与主观要件。

1. 客观要件

(1) 债务人实施了一定的处分财产的行为,具体包括以明显不合理的低价转让财产、以明显不合理的高价受让他人财产或者为他人的债务提供担保。

(2) 债务人的处分行为已经发生法律效力。债权人之所以要行使撤销权,是因为债务人处分财产的行为已经生效,如果债务人的行为并没有成立或生效,或者法律上属于当然无效的行为,或者该行为已经被宣告无效等,都不必由债权人行使撤销权。

(3) 债务人的行为影响债权人的债权实现。

2. 主观要件

主观要件要求在债务人实施影响债权人的债权实现的行为时,债务人的相对人知道或者应当知道该情形。具言之,主观要件要求在债务人实施影响债权人的债权实现的行为时,债务人的相对人具有恶意,即债务人的相对人知道或者应当知道债务人是以明显不合理的低价转让财产、以明显不合理的高价受让他人财产或者为他人的债务提供担保等情形。

3. 债权人的撤销权的行使和法律效力

(1) 债权人的撤销权由债权人以自己的名义通过诉讼或者仲裁的方式行使,其行使范围以债权人的债权为限。

(2) 债权人行使撤销权的必要费用,由债务人负担。

(3) 撤销权自债权人知道或者应当知道撤销事由之日起1年内行使。自债务人的行为发生之日起5年内没有行使撤销权的，该撤销权消灭。债务人影响债权人的债权实现的行为被撤销的，自始没有法律约束力。

第六节　合同的变更和转让

一、合同的变更

1. 合同变更的概念

合同的变更有广义与狭义之分。广义的合同变更包括合同内容变更与合同主体的变更，狭义的合同变更仅指合同内容的变更。本节中合同的变更为狭义的合同变更。

合同的内容变更是指在不改变合同主体的情况下对合同内容予以改变，如改变标的物、改变履行条件、改变所附条件、改变担保等。

2. 合同变更的特征

（1）变更以原合同有效为前提。

（2）变更的是合同内容而非合同的主体。变更之后，合同仍然有效。

3. 合同变更的规则

（1）当事人协商一致，可以变更合同。

（2）当事人对合同变更的内容约定不明确的，推定合同未变更。

（3）法律、行政法规规定应当办理批准、登记等手续的，依照其规定。

（4）合同变更后，当事人应当按照变更后的合同履行，但合同变更对已按原合同所作的履行没有追溯力，同时，合同的变更也不影响当事人要求赔偿损失的权利。

二、合同的转让

（一）合同的转让的概念

合同的转让即合同主体的变更，是指在不改变合同内容的情况下合同的主体发生改变，包括债权让与、债务承担和债权债务的概括转移。

（二）债权让与

1. 债权让与的概念

债权让与，又称为债权转让或者债权转移，是指在不改变债的内容的前提下，债权人与第三人订立合同将其债权移转给第三人享有。债权让与可分为全部让与和部分让与。前者是指债权人将其债权全部转让给第三人享有，并在转让协议生效后退出债的关系，使受让人成为债权人；后者是指债权人将其债权部分转让给第三人享有，但其在转让协议生效后并不退出债的关系，而是与受让人共同成为债权人。

2. 通过合同方式让与债权的条件

（1）存在有效的债权。此处的有效的债权包括：诉讼时效已经完成的债权；可撤销但尚未撤销的债权；附解除条件或附期限的债权。债权转让的前提是可转让的债权必须合法，所以，赌博之债、因无效合同所产生的“债权”不得转让。

（2）让与人即原债权人与第三人达成合意且不违反法律规定。

（3）债权具有可让与性。从保护债务人出发，对债权让与应作出一定的限制。下列债权不得转让：

①根据性质不得转让的债权。此类债权主要包括：

一是基于当事人之间的特定身份关系发生的债权；

二是基于当事人之间的信赖关系发生的债权。

②按照当事人约定不得转让的债权。根据债权的性质，一些债权具有可让与性，但如债权人与债务人特别约定该债权不得转让，则债权人不得将该债权让与他人。不过，当事人约定非金钱债权不得转让的，不得对抗善意第三人。当事人约定金钱债权不得转让的，不得对抗第三人。

③依照法律规定不得转让的债权。这类债权包括：

一是因侵权行为所产生的损害赔偿之债。

二是因劳动报酬所产生的债权。

三是近亲属间因亲属关系产生的债权。

3. 债权让与对债务人发生效力的条件

债权人转让债权，未通知债务人的，该转让对债务人不发生效力。"通知"无特定形式要求，书面或者口头均可。原债权人与受让人通知均可。通知债务人前，债务人对原债权人的善意清偿，仍发生债务消灭的法律后果，受让人只能请求原债权人返还不当得利。在债权让与通知到达债务人后，债务人应向受让人履行债务，除经受让人同意外，债权转让的通知不得撤销。

4. 债权让与的效力

（1）对内效力。债权让与的对内效力是指债权让与发生于让与人及受让人之间的效力，其内容主要包括：

①转让协议一经生效，受让人取得让与人转让的债权。

②受让人取得与债权有关的从权利，如抵押权、利息债权、定金债权、违约金债权等，但该从权利专属于债权人自身的除外；受让人取得从权利不因该从权利未办理转移登记手续或者未转移占有而受到影响。

③转让协议生效后，让与人应将所有证明债权的文件交给受让人，并将有关行使债权的必要情况告知受让人，以便其能够完全行使债权。

④让与人对让与的债权负权利瑕疵担保责任。如果在权利转让之后，因权利存在瑕疵而给受让人造成损失的，转让人应当向受让人承担损害赔偿责任。当然，转让人在转让权利时，若明确告知受让人权利有瑕疵，则受让人无权要求赔偿。

（2）对外效力。债权让与的对外效力即转让协议对于债务人的效力。在让与通知到达债务人后，债权让与对债务人的效力主要有：

①债务人应向受让人履行债务，如债务人向让与人履行债务的，则该履行无效，且不能对抗受让人。

②债务人接到债权转让通知后，债务人对让与人的抗辩，可以向受让人主张。这些抗辩权如同时履行抗辩权、时效完成的抗辩权、债权业已消灭的抗辩、债权从未发生的抗辩、债权无效的抗辩等。

③债务人接到债权转让通知时，有下列情形之一的，债务人可以向受让人主张抵销：

一是债务人接到债权转让通知时，债务人对让与人享有债权，且债务人的债权先于转让的债权到期或者同时到期；

二是债务人的债权与转让的债权是基于同一合同产生。

④因债权转让增加的履行费用，由让与人负担。

（三）债务承担

1. 债务承担的概念和类型

债务承担，又称为债务移转，是指在不改变债的内容的前提下将债务人的全部或部分债务移转给第三人承受。

债务承担可以依据法律的规定而发生，也可以依据当事人之间的民事法律行为而发生，较为常见的债务移转方式是通过合同方式转移债务，即通过当事人之间的债务移转协议而发生。

以债务移转以后原债务人是否免责为标准，债务承担可以分为免责的债务承担和并存的债务承担。

2. 免责的债务承担

（1）免责的债务承担的概念。

免责的债务承担是指债务人将其债务全部移转给第三人承担而使自己脱离债的关系。

（2）免责的债务承担的条件。

①须存在有效的债务。当事人移转的债务只能是有效的债务。如果债务本身不存在，或者合同订立后被宣告无效或被撤销，自不能发生债务移转的效力。

②须有以债务移转为内容的协议。债务移转须由当事人达成移转的协议。该协议可由债权人与第三人订立，也可由债务人与第三人订立。

③须债务具有可移转性。债务移转后，债权债务关系主体发生变更，因此，所移转的债务必须具有可让与性。凡是法律规定或性质上不可移转的债务，以及当事人约定不得转移的债务，均不具有可移转性。

④须经债权人同意。这是债务转移的程序性条件，也是最关键的条件，即债务移转未经债权人同意的，不发生债务移转的法律效力。民法典规定，债务人将债务的全部或者部分转移给第三人的，应当经债权人同意。债务人或者第三人可以催告债权人在合理期限内予以同意，债权人未作表示的，视为不同意。

（3）免责的债务承担的效力。

①债务人转移债务的，新债务人可以主张原债务人对债权人的抗辩；原债务人对债权人享有债权的，新债务人不得向债权人主张抵销。

②债务人转移债务的，新债务人应当承担与主债务有关的从债务，但是该从债务专属于原债务人自身的除外。

③新债务人不得以对抗原债务人的事由对抗债权人。

④由第三人为债权设定的担保，除担保人继续同意担保外，因债务承担而消灭。

3. 并存的债务承担

（1）并存的债务承担的概念。并存的债务承担是指债务人不脱离债的关系，而由加入债的关系的第三人与债务人共同向债权人承担债务。

（2）并存的债务承担的规则。第三人与债务人约定加入债务并通知债权人，或者第三人向债权人表示愿意加入债务，债权人未在合理期限内明确拒绝的，债权人可以请求第三人在其愿意承担的债务范围内和债务人承担连带债务。

（四）债权债务的概括移转

（1）债权债务的概括移转的概念。债权债务的概括移转是指债的一方主体将其债权债务一并移转给第三人，使该第三人代替出让人的地位，成为债的新的当事人的事实。债权债务的概括移转包括合同承受和法定承受。

（2）合同承受。

①合同承受的概念。合同承受是指合同的一方当事人经对方当事人同意，与第三人订立合同将其在合同中的债权债务全部或者部分转移给第三人。

②合同承受的条件。

一是合同承受须经合同一方当事人与第三人达成移转协议，并取得合同对方当事人的同意；

二是被移转的合同须为双务合同；

三是法律、行政法规规定必须采取特定形式的，合同承受应遵循法律、行政法规的规定。

③合同承受的法律效力。在合同承受中，第三人完全取代了合同的一方当事人而成为新的合同当事人，原合同当事人一方完全退出合同关系。

（3）法定承受。

①法定承受的概念。法定承受是指基于法律的直接规定而产生的债权债务的概括转移，包括法人合并和财产继承等。

②法定承受的规则。法人合并的，其权利和义务由合并后的法人享有和承担。法人分立的，其权利和义务由分立后的法人享有连带债权，承担连带债务，但是债权人和债务人另有约定的除外。该规定同样适用于当事人订立合同后合并与分立时的债权债务承担。

（4）合同承受和法定承受的区别。

①合同承受中的承受人可为任意第三人，法定承受中的承受人只能是法定第三人。

②合同承受须债的当事人一方与承受人订立转让协议，并取得另一方当事人的同意；法定承受无须取得承受人同意，且对另一方当事人为通知或公告即发生效力。

第七节　合同的权利义务终止

一、合同权利义务终止的概念、效力和原因

1. 合同权利义务终止的概念

合同的权利义务终止，即合同之债的消灭，是指因一定的法律事实致使合同之债的关系在客观上不复存在。

2. 合同权利义务终止的效力

（1）债的消灭不仅使主债终止，亦使从债一并终止，但是债的消灭不影响合同中结算和清理条款的效力。

（2）合同之债消灭后，当事人之间的权利义务关系终止，债权的担保及从属的权利随之消灭，债权人应将负债字据返还给债务人。

（3）当事人应当遵循诚实信用等原则，根据交易习惯，履行通知、协助、保密、旧物回收等义务，此种义务为后合同义务。违反此义务致使对方损害的，应当承担赔偿责任。

3. 合同的权利义务终止的原因

合同的权利义务终止的主要原因有：清偿、解除、抵销、提存、免除和混同。法律规定或者当事人约定终止的其他情形的，依照法律或者当事人的约定处理。

二、清偿

（一）清偿的概念

清偿是指债务人依法律规定或合同约定完成义务的行为。

（二）代物清偿

1. 代物清偿的概念

代物清偿是指在履行合同债务的过程中，债权人受领他种给付以代替原定给付而消灭债的关系的行为。

2. 代物清偿的条件

（1）有原债务存在。无论是合同之债还是无因管理之债、不当得利之债、侵权行为之债，只要有原债务存在，就可成立代物清偿。

（2）经双方当事人约定，以他种给付代替原定给付。给付的形态有支付金钱、交付财物、移转权利、提供劳务、提交成果、不作为等。以一种给付代替他种给付，才为代物清偿。

（3）有双方关于代物清偿的合意。由于代物清偿改变了原债中的给付，因而须有债权人、债务人合意才能成立，否则不产生代物清偿的法律后果。

（4）债权人或其他有履行受领权的人现实地受领给付。债权人与债务人达成代物清偿的合意，即成立代物清偿的合同，且须清偿人现实地为给付并经清偿受领人受领，才发生代物清偿的效力。

（三）清偿抵充

1. 清偿抵充的概念

清偿抵充是指在债务人对于同一债权人负担数宗同种类的债务而清偿人提供的给付不足以清偿全部债务时，决定以该给付抵充何宗债务的规则。

2. 清偿抵充的规则

清偿抵充有约定抵充、指定抵充和法定抵充之分。抵充顺序为：约定抵充—指定抵充—法定抵充。具体规则如下：

（1）约定抵充：债权人与债务人对清偿的债务或清偿抵充顺序有约定的，按约定进行抵充。

（2）指定抵充：若债权人和债务人没有约定的，债务人的给付不足以清偿其对同一债权人所负的数笔相同种类的全部债务，由债务人在清偿时指定其履行的债务。

（3）法定抵充：债务人未作指定的，应当优先履行已经到期的债务；数项债务均到期的，优先履行对债权人缺乏担保或者担保最少的债务；均无担保或者担保相等的，优先履行债务人负担较重的债务；负担相同的，按照债务到期的先后顺序履行；到期时间相同的，按照债务比例履行。

3. 同一笔债务的抵充顺序

债务人在履行主债务外还应当支付利息和实现债权的有关费用，其给付不足以清偿全部债务的，除当事人另有约定外，应当按照下列顺序履行：

（1）实现债权的有关费用；

（2）利息；

（3）主债务。

三、解除

（一）合同解除概述

1. 合同解除的概念

合同的解除是指在合同有效成立之后开始履行或者全部履行之前，因当事人一方或双方的意思表示，提前终止合同效力的行为。

2. 合同解除的特征

(1) 合同解除发生在合同有效成立至全部履行这段时间。

(2) 合同解除必须具备一定条件。

(3) 合同解除必须通过解除行为而实现。

(4) 合同解除的后果，是使基于合同发生的债权债务关系消灭，因此，它是合同终止的原因之一。

3. 合同解除的种类

合同的解除分为单方解除和协议解除。

(1) 单方解除，是指在解除事由出现时，由享有解除权的一方当事人以单方行为解除合同的方式。单方解除包括法定解除和约定解除。

①解除事由由法律直接规定的，为法定解除；

②解除事由由当事人约定的，为约定解除。

(2) 协议解除，是指当事人通过协商一致解除合同的行为。

(二) 合同解除的条件

1. 法定解除的条件

(1) 因不可抗力致使不能实现合同目的。

(2) 在履行期限届满前，当事人一方明确表示或者以自己的行为表明不履行主要债务。此情形即为预期违约，预期违约包括明示毁约和默示毁约。明示毁约即当事人一方明确表示不履行主要债务。默示毁约即当事人以自己的行为表明不履行主要债务。

(3) 当事人一方迟延履行主要债务，经催告后在合理期限内仍未履行。

(4) 当事人一方迟延履行债务或者有其他违约行为致使不能实现合同目的。

(5) 法律规定的其他情形。

此外，以持续履行的债务为内容的不定期合同，当事人可以随时解除合同，但是应当在合理期限之前通知对方。

2. 约定解除的条件

约定解除是指当事人以合同形式约定一方当事人保留解除权，该当事人行使约定的解除权而导致合同的解除。只要不违反法律的强制性规定和公序良俗，当事人可以约定一方当事人解除合同的条件。解除合同的条件成就时，解除权人可以解除合同。解除权条款既可以在当事人订立合同时约定，也可以在合同订立后另行约定。

3. 协议解除的条件

协议解除，是指当事人通过协商一致解除合同的行为。其条件是双方达成合意。

(三) 合同解除的程序

1. 解除权的行使程序

当事人行使解除权不必经对方当事人同意。除了协议解除外，合同解除一般遵循如下程序：

(1) 当事人一方依法主张解除合同的，应当通知对方。合同自通知到达对方时解除；通知载明债务人在一定期限内不履行债务则合同自动解除，债务人在该期限内未履行债务的，合同自通知载明的期限届满时解除。对方对解除合同有异议的，任何一方当事人均可以请求人民法院或者仲裁机构确认解除行为的效力。

(2) 当事人一方未通知对方，直接以提起诉讼或者申请仲裁的方式依法主张解除合同，人民法院或者仲裁机构确认该主张的，合同自起诉状副本或者仲裁申请书副本送达对方时解除。

2. 解除权的行使期限

当事人应当在法律规定或者当事人约定的期限内行使解除权，期限届满当事人不行使的，该权利消灭。法律没有规定或者当事人没有约定解除权行使期限，自解除权人知道或者应当知道解除事由之日起1年内不行使，或者经对方催告后在合理期限内不行使的，该权利消灭。

（四）合同解除的效力

有效合同经过双方协议解除或者一方行使解除权后，合同权利义务关系终止。具体表现为：

（1）合同解除后，尚未履行的，终止履行；已经履行的，根据履行情况和合同性质，当事人可以请求恢复原状或者采取其他补救措施，并有权请求赔偿损失。

（2）合同因违约解除的，解除权人可以请求违约方承担违约责任，但是当事人另有约定的除外。

（3）主合同解除后，担保人对债务人应当承担的民事责任仍应当承担担保责任，但是担保合同另有约定的除外。

四、抵销

（一）抵销的概念和种类

1. 抵销的概念

抵销是指互负债务的双方当事人将两项债务相互充抵，以使双方债务在等额内消灭的行为。

2. 抵销的种类

依产生根据的不同，抵销可以分为法定抵销与合意抵销。

（二）法定抵销

1. 法定抵销的概念

法定抵销是指依法律规定以当事人一方的意思表示所作的抵销。

2. 法定抵销的构成要件

（1）须双方当事人互负债务、互享债权，且双方的债权债务均合法有效。

（2）须自动债权即提出抵销的债权已届履行期。原则上只有双方的债务都已届至清偿期，才能够抵销。但在主动债权已届清偿期，而被动债权未届清偿期的情形下，主动债权的债权人仍应当有权主张抵销。

（3）须双方债务的标的物种类、品质相同。种类相同是指动产的类型是相同的。品质相同是指标的物的品质等级是相同的。

（4）须不存在按照合同性质或者依照法律规定不得抵销的情形。对于因侵权行为所生的债务，双方当事人约定不得抵销的债务，因劳务所生的债务，合伙人的债务与合伙企业的债务，以及专属于人身的债务等，都不能适用抵销。

3. 法定抵销的效力

享有抵销权的当事人只需通知对方即可发生抵销的法律后果，无须对方同意。当事人主张抵销的，应当通知对方，通知自到达对方时生效；但是抵销不得附条件和附期限。抵销使双方的债权在对等额内消灭，对于未抵销的债务部分，债务人仍然负有清偿义务。

（三）合意抵销

合意抵销是指当事人协商一致时，双方的债权债务按对等额消灭的抵销方式。合意抵销的发生条件、法律后果均须遵从当事人的约定，双方的抵销协议只须满足合同的成立及生效要件即可，不受法定抵销的限制。

五、提存

（一）提存的概念

提存是指由于债权人的原因而无法向其交付履行标的物时，债务人将该标的物交付给提存机关以消灭债务的行为。提存涉及提存人、提存机关和提存受领人三方当事人。

（二）提存的条件

1. 须有因债权人方面的原因使债务人难以履行债务的客观情况发生

因债权人的原因使债务人难以旅行债务的客观情况包括：

（1）债权人无正当理由拒绝受领。

（2）债权人下落不明。

（3）债权人死亡未确定继承人、遗产管理人，或者丧失民事行为能力未确定监护人。

（4）法律规定的其他情形，如债权人分立、合并或者变更住所没有通知债务人，致使履行债务发生困难的，债务人可以中止履行或者将标的物提存。

2. 须标的物适于提存

如果标的物不适于提存或者提存费用过高的，债务人依法可以拍卖或者变卖标的物，提存所得的价款。债务人将标的物或者将依法拍卖、变卖标的物所得价款交付提存部门时，提存成立。提存成立的，视为债务人在其提存范围内已经交付标的物。

3. 须经法定程序进行

债务人应当向提存部门提交提存申请，提存部门应予提存的，债务人向提存部门提交提存物，提存生效。

（三）提存的效力

提存的效力在于，提存之日起，债务人与债权人之间的权利义务终止：

（1）债务人应当及时通知债权人或者债权人的继承人、遗产管理人、监护人、财产代管人，标的物提存后，毁损、灭失的风险由债权人承担。

（2）提存期间，标的物的孳息归债权人所有，提存费用由债权人负担。

（3）债权人可以随时领取提存物。但是，债权人对债务人负有到期债务的，在债权人未履行债务或者提供担保之前，提存部门根据债务人的要求应当拒绝其领取提存物。

（4）债权人领取提存物的权利，自提存之日起5年内不行使而消灭，提存物扣除提存费用后归国家所有。但是，债权人未履行对债务人的到期债务，或者债权人向提存部门书面表示放弃领取提存物权利的，债务人负担提存费用后有权取回提存物。

六、免除

（一）免除的概念

免除是指债权人以消灭债为目的向债务人作出的抛弃债权的行为。

（二）免除的特征

债权人免除债务人的债务时，须经债务人同意，债务人在合理期限内未拒绝的，即为同意。可见，免除为双方、无偿、非要式法律行为。

（三）免除的效力

免除的效力在于债务全部免除时，主债务与从债务全部消灭；部分免除时，主债务与从债务部分消灭。但债权人仅免除从债务时，主债务并不消灭。

七、混同

（一）混同的概念

混同是指债权人和债务人合为一人的事实。

（二）混同成立的原因

1. 概括承受

概括承受是指债的关系一方当事人概括承受他人的权利与义务。

2. 特定承受

这是指在债务人受让债权人的债权，债权人承受债务人的债务的场合，债权债务亦因混同而消灭。

（三）混同的效力

混同绝对地消灭合同关系及因合同所生的从债权和从债务，但涉及第三人利益的除外。

第八节　违约责任

一、违约责任的概念和特征

（一）违约责任的概念

违约责任是指当事人不履行或不适当履行合同义务而应承担的民事责任。

（二）违约责任的特征

（1）违约责任属于民事责任。

（2）违约责任具有相对性。一方面，违约责任是违反合同的一方当事人承担的责任，不是当事人的辅助人的责任；另一方面，合同当事人对于自己一方因第三人的原因造成的违约应承担责任，其和第三人的纠纷，依照法律规定或者按照约定处理。

（3）违约责任是当事人不履行合同债务而产生的责任。

（4）违约责任是一种财产性的民事责任。

（5）违约责任具有一定的任意性，可由当事人在法定范围内约定。

二、违约责任的归责原则

违约责任原则上适用无过错责任原则（严格责任原则）。只要当事人不履行合同或者履行合同义务不符合约定，就应承担违约责任；即使是第三人的原因导致当事人违约，违约方也应当向对方承担违约责任。如果民法典对有名合同违约的归责原则有特别规定的，应当优先适用该规定。

三、违约责任的构成要件及免责事由

（一）违约责任的构成要件

（1）当事人之间存在有效合同。

（2）客观上有违约行为。主要表现为：

①不履行，包括实际不履行和预期违约行为，前者是指在合同履行期届满之时仍然没有履行；后者是指在合同履行期届满之前明确表示或者以行为表明将不履行合同。

②不适当履行，即当事人虽有履行合同义务的行为，但履行不符合合同的要求。

（3）不存在免责事由。

（二）违约责任的免责事由

免责事由又称为免责条件，是指当事人即使违约也不承担责任的情况。免责事由既可以由法律直接规定，也可以由当事人约定。违约责任的免责事由有如下两大类。

1. 法定的免责事由

（1）一般的法定免责事由，通常仅指不可抗力。民法典规定，当事人一方因不可抗力不能履行合同的，根据不可抗力的影响，部分或者全部免除责任，但是法律另有规定的除外。因不可抗力不能履行合同的，应当及时通知对方，以减轻可能给对方造成的损失，并应当在合理期限内提供证明。当事人迟延履行后发生不可抗力的，不免除其违约责任。

（2）特殊的法定免责事由。这是指由法律特别规定的只适用于个别合同的违约责任的免责事由。

2. 约定的免责事由

约定的免责事由不得违反法律、国家政策和社会公共利益，不得违背善良风俗。

四、违约责任的承担方式

（一）继续履行

1. 继续履行的概念

继续履行是指在合同债务人不履行合同义务或者履行合同义务不符合约定条件时，债权人要求违约方继续按照合同的约定履行义务。我国采取继续履行为主、赔偿为辅的原则。

2. 继续履行的适用

由于债务性质不同，因此，继续履行在适用上也有所不同，具体而言：

（1）违反金钱债务的，应继续履行。因为金钱债务不存在履行不能的问题。

（2）违反非金钱债务的，除特殊情况外，原则上应继续履行。但是有下列情形之一的除外：

第一，法律上或者事实上不能履行。

第二，债务的标的不适于强制履行或者履行费用过高。

第三，债权人在合理期限内未请求履行。

不能继续履行非金钱债务致使不能实现合同目的的，人民法院或者仲裁机构可以根据当事人的请求终止合同权利义务关系，但是不影响违约责任的承担。

（3）当事人一方不履行债务或者履行债务不符合约定，根据债务的性质不得强制履行的，对方可以请求其负担由第三人替代履行的费用。

（二）采取补救措施

补救措施是指继续履行、赔偿损失、支付违约金等之外的其他补救方法，如恢复原状、修理、重作、更换、退货、减少价款或者报酬。采取补救措施后对方还有其他损失的，违约方还应对损失予以赔偿。

（三）支付违约金

1. 违约金的概念

违约金是指依据当事人的约定，一方不履行或不适当履行合同时应当向对方支付一定数额的金钱。

2. 违约金和损害赔偿的关系

违约金和损害赔偿彼此并不排斥。违约金和损害赔偿金可以并用。

3. 违约金和继续履行的关系

违约金和继续履行彼此并不排斥。当事人就迟延履行约定违约金的，违约方支付违约金后，还应当履行债务。

（四）适用定金罚则

1. 定金的概念

定金是指为担保合同的履行，由当事人一方在订立合同时或者订立后至履行前给付给对方一定数额的金钱或替代物。

2. 定金的特征

（1）定金属于约定担保方式，当事人可以约定定金数额，但不得超过主合同标的额的 20%，超过部分不产生定金的效力，实际交付的定金数额多于或者少于约定数额的，视为变更约定的定金数额。

（2）定金属于金钱担保，具有多重效力。

（3）定金合同是实践性合同，自实际交付定金之日起成立。

（4）定金合同具有从属性，主合同不成立或者无效，定金合同随之不成立或者无效。

3. 定金的效力

（1）担保债务履行。定金是通过对违约方适用定金罚则而起到合同担保作用的。定金罚则的基本规则是：

①给付定金的一方不履行债务或者履行债务不符合约定，致使不能实现合同目的的，无权请求返还定金；收受定金的一方不履行债务或者履行债务不符合约定，致使不能实现合同目的的，应当双倍返还定金。

②当事人一方不完全履行合同的，应当按照未履行部分所占合同约定内容的比例，适用定金罚则。但因不可抗力、情事变更致使合同不能履行的，不能适用定金罚则。因合同以外的第三人的过错致使主合同不能履行的，适用定金罚则。

③受定金处罚的一方当事人，可以依法向第三人追偿。

（2）证明合同成立。定金的交付本身可以视为合同成立的证据。

（3）预先给付。债务人履行债务的，定金应当抵作价款或者收回。

4. 定金和预付款的区别

（1）性质不同。定金是一种担保方式，预付款是一种支付手段。

（2）效力不同。定金除具有担保功能外，还有证明合同成立及预先给付的作用。

（3）预付款无担保之作用。

（4）功能不同。定金有制裁功能，预付款无此功能。

5. 违约金和定金的关系

当事人既约定违约金，又约定定金的，一方违约时，对方可以选择适用违约金或者定金条款。定金不足以弥补一方违约造成的损失的，对方可以请求赔偿超过定金数额的损失。

（五）赔偿损失

1. 赔偿损失的概念

赔偿损失是指违约方以支付金钱的方式弥补受害人因违约行为而遭受损失的责任形式。

2. 赔偿损失的范围

完全赔偿规则和可预见性规则：当事人一方不履行合同义务或者履行合同义务不符合约定，造成对方损失的，损失赔偿额应当相当于因违约所造成的损失，包括合同履行后可以获得的利益；但是，不得超过违约一方订立合同时预见到或者应当预见到的因违约可能造成的损失。

3. 减轻损失规则

当事人一方违约后，对方应当采取适当措施防止损失的扩大；没有采取适当措施致使损失扩大的，不得就扩大的损失请求赔偿。当事人因防止损失扩大而支出的合理费用，由违约方负担。

4. 双方违约

当事人都违反合同的，应当各自承担相应的责任。当事人一方违约造成对方损失，对方对损失的发生有过错的，可以减少相应的损失赔偿额。

5. 拒绝受领与受领迟延

债务人按照约定履行债务，债权人无正当理由拒绝受领的，债务人可以请求债权人赔偿增加的费用。在债权人受领迟延期间，债务人无须支付利息。

五、违约责任与侵权责任的竞合

（一）违约责任与侵权责任竞合的概念

违约责任与侵权责任的竞合是指行为人实施某一违法行为，同时违反了合同规范和侵权规范，并符合违约责任与侵权责任的构成要件，导致违约责任与侵权责任同时产生，又相互排斥、彼此不能包容的法律现象。

（二）违约责任与侵权责任竞合的原因

（1）当事人实施了侵权性的违约行为，即侵权行为直接构成违约的原因。

（2）当事人实施了违约性的侵权行为，即违约行为造成了侵权的后果。

（三）违约责任和侵权责任竞合的处理

在违约责任与侵权责任发生竞合时，受损害方有权选择其中一种责任要求对方承担，而不能同时主张违约责任和侵权责任。

知识拓展

试论民法典合同编的地位、作用及合同通则对合同立法的主要发展与创新。

（1）合同编及合同通则的地位和作用。

①合同编在民法典中具有十分重要的地位，它是民事主体实现意思自治的重要工具，是优化营商环境的重要方式，是促进社会主义市场经济健康有序发展的重要保障，更是推进国家治理体系和治理能力现代化的重要手段。

②民法典·合同编·合同通则的编纂立足我国国情，系统总结改革开放以来我国的合同立法、司法经验和理论研究成果，同时充分借鉴国际经验，对我国的合同法律制度进行了全面系统的修改和完善。

③合同编在体例结构上的一个创新是以合同编第一分编“通则”代行债法总则的功能。在合同法规定的基础上进一步补充完善债的一般规则，让合同编的通则具有巨大的包容性，实质上发挥着债法总则的体系整合功能。

（2）合同通则对合同立法的主要发展与创新的体现。

①合同自愿原则是合同法律制度的核心原则，合同自愿原则一直被作为一条主线贯穿于合同编的始终，合同编中不少条款遵循合同主体“约定优先”，更突出意思自治。

②民法典兼顾公平、诚信、生态环境保护等多元价值，合同编在规定要约和承诺之外，还规定了其他缔约方式。合同编加强对弱势当事人的保护，增加强制缔约制度，完善格式条款制度，防范霸王条款。

③民法典合同编强调诚信原则，落实“绿色原则”，体现生态环保理念。

④信息技术和网络技术飞速发展，催生了电子商务合同等新的交易方式，为此，合同编增加关于电子合同的特殊规则。

⑤增加预约合同制度。

⑥民法典合同编强调交易安全，鼓励合同交易制度，进一步限制合同无效或者不生效的情形，明确了未履行批准手续的合同效力，删除了关于无权处分合同的规定，明确超越经营范围签订的合同原则上有效。

⑦民法典合同编首次对选择之债和多数人之债加以规定，填补了民事立法的空白。第三人介入合同，包括向第三人履行合同、第三人清偿和债务加入，是对合同相对性的突破，合同编对此进行了补充完善。

⑧合同编确立情事变更规则，协调了情事变更规则和不可抗力在适用上的矛盾。

⑨合同编进一步完善防范违约、保障债权的规定，合同保全制度独立成章，完善了代位权制度。合同编将债权人可行使代位权的权利由到期债权扩展至“债权”（不强调是否已到期）及“有关的从权利”，如担保物权、主张保证人承担保证责任等；将债权人行使撤销权的前提条件之一由“对债权人造成损害”这一模糊的表述更为明确地表达为“影响债权人的到期债权的实现”；扩大了债权人撤销权的适用范围，增加了债务人放弃债权担保、恶意延长到期债权的履行期限、以明显不合理的高价受让他人财产，以及为他人的债务提供担保等情形。

⑩合同编在原关于债权转让规则的基础上，作出“受让人取得从权利不因该从权利未办理转移登记手续或者未转移占有而受到影响”的规定，明确了担保权利作为从权利随债权转让而转让的规则，弥补了法律漏洞。

⑪合同编对合同解除制度进行了完善，对于法定解除权的事由，增加了“以持续履行的债务为内容的不定期合同，当事人可以随时解除合同，但是应当在合理期限之前通知对方”的规定；合同编规定了解除权行使期限，在当事人没有约定的情况下，适用 1 年除斥期间，并赋予非金钱债务违约方的合同解除权；增加了解除权的消灭期限，完善了通知解除规则。

⑫关于合同权利义务的终止，合同编增设了债的清偿抵充规则，明确了主债务及利息和有关费用的履行顺序；增加了债务人行使抵销权的另一种情形：债务人的债权与转让的债权是基于同一合同产生。在双务合同中，实际就是即使转让人转让了债权，债务人也可以向受让人主张转让人对其存在双务合同相关义务以进行抵销。

⑬合同编对于违约责任制度的修改主要以“缝补”为主，认可替代履行作为违约责任的救济措施；新增了债权人受领迟延的规定；吸纳与有过失规则，将其提升为违约责任认定的一般规则。

第十五章　典型合同

大纲应试策略

本章包括买卖合同，供用电、水、气、热力合同，赠与合同，借款合同，保证合同，租赁合同，融资租赁合同，保理合同，承揽合同，建设工程合同，运输合同，技术合同，保管合同，仓储合同，委托合同，物业服务合同，行纪合同，中介合同，合伙合同等 19 类有名合同。在背诵要点中，买卖合同、保证合同、租赁合同、运输合同、委托合同等是较为重要的合同类型，其他类型的合同也有一些要点需要掌握。本章较难掌握的知识点包括无权处分的买卖合同的效力，买卖合同标的物毁损、灭失风险的转移，所有权保留，特殊类型的买卖合同，赠与合同的撤销和标的物的交付，民间借款合同和自然人之间的借款合同，保证合同的效力，保证方式，保证期间，租赁权物权化，承租人的优先购买权，保理合同的效力，建设工程合同的效力和承包人的优先受偿权，技术合同中委托开发合同的效力和技术成果的归属，委托合同中的间接代理制度，物业服务合同的效力等。除考查过的主观题外，本章较为重要的简答题有：一般保证人的先诉抗辩权和不得行使先诉抗辩权的情形；租赁权物权化；物业服务合同的概念和特征；物业服务人的后合同义务的内容。本章较为重要的论述题有：买卖合同中出卖人的瑕疵担保义务；买卖合同标的物风险负担规则；买卖合同中的所有权保留；保证方式；保证合同在保证人与主合同当事人之间的效力；主合同的变更和转让对保证合同的效力；承租人的优先购买权；建设工程合同承包人的优先受偿权；委托合同中的间接代理制度。本章也是考查案例分析题的重点章节。

大纲背诵要点

第一节　买卖合同

一、买卖合同的概念和特征

（一）买卖合同的概念

买卖合同是指出卖人转移标的物的所有权于买受人，买受人支付价款的合同。

（二）买卖合同的特征

买卖合同的主要特征有：双务合同、有偿合同、不要式合同、诺成合同，其核心是转移标的物所有权。

二、买卖合同的效力

（一）出卖人的义务

（1）交付标的物。

（2）转移标的物的所有权。

（3）担保标的物无瑕疵。瑕疵包括质量瑕疵和权利瑕疵。

①质量瑕疵，是指标的物欠缺约定或法定品质。出卖人交付的标的物不符合质量要求的，买受人可以依法请求承担违约责任；当事人约定减轻或者免除出卖人对标的物瑕疵承担的责任，因出卖人故意或者重大过失不告知买受人标的物瑕疵的，出卖人无权主张减轻或者免除责任。

②权利瑕疵，是指第三人对标的物享有权利。除法律另有规定外，出卖人就交付的标的物，负有保证第三人对该标的物不享有任何权利的义务；买受人订立合同时知道或者应当知道第三人对买卖对标的物享有权利的，出卖人不承担权利瑕疵担保义务。

（二）买受人的主要义务

（1）支付价款。

（2）受领标的物。

（3）及时检验标的物。

三、买卖合同中标的物的风险分担和利益承受

（一）买卖合同中标的物的风险分担

1. 买卖合同中标的物的风险的概念

买卖合同中标的物的风险，是指买卖合同标的物因不可归责于双方当事人的事由毁损、灭失所致的损失。

2. 标的物毁损、灭失风险负担的规则

（1）标的物风险负担的一般规则：标的物毁损、灭失的风险，在标的物交付之前由出卖人承担，交付之后由买受人承担，但是法律另有规定或者当事人另有约定的除外。

（2）迟延交付标的物的风险负担：因买受人的原因致使标的物未按照约定的期限交付的，买受人应当自违反约定时起承担标的物毁损、灭失的风险。

（3）路货买卖中标的物的风险负担：出卖人出卖交由承运人运输的在途标的物，除当事人另有约定外，毁损、灭失的风险自合同成立时起由买受人承担。

（4）需要运输的标的物的风险负担：出卖人按照约定将标的物运送至买受人指定地点并交付给承运人后，标的物毁损、灭失的风险由买受人承担。当事人没有约定交付地点或者约定不明确，依据民法典相关规定标的物需要运输的，出卖人将标的物交付给第一承运人后，标的物毁损、灭失的风险由买受人承担。

（5）买受人不收取标的物的风险负担：出卖人按照约定或者依据民法典的相关规定将标的物置于交付地点，买受人违反约定没有收取的，标的物毁损、灭失的风险自违反约定时起由买受人承担。

（6）未交付有关标的物的单证时的风险负担：出卖人未按照约定交付有关标的物的单证和资料的，不影响标的物毁损、灭失风险的转移。

（7）出卖人根本违约的风险负担：因标的物不符合质量要求，致使不能实现合同目的的，买受人可以拒绝接受标的物或者解除合同。买受人拒绝接受标的物或者解除合同的，标的物毁损、灭失的风险由出卖人承担。

（8）标的物的风险负担与违约责任的分离：标的物毁损、灭失的风险由买受人承担的，不影响因出卖人履行义务不符合约定，买受人请求其承担违约责任的权利。

（二）买卖合同中的利益承受

买卖合同中的利益承受是指买卖合同的标的物在合同订立后所产生的孳息的归属。民法典规定，标的物在交付之前产生的孳息，归出卖人所有；交付之后产生的孳息，归买受人所有。但是，当事人另有约定的除外。

四、买卖合同的解除

买卖合同得基于合同解除的一般规则而解除，但也具有以下特殊性：

（1）因标的物的主物不符合约定而解除合同的，解除合同的效力及于从物。因标的物的从物不符合约定被解除的，解除的效力不及于主物。

（2）标的物为数物，其中一物不符合约定的，买受人可以就该物解除，但该物与他物分离使标的物的价值显受损害的，买受人可以就数物解除合同。

（3）出卖人分批交付标的物的，出卖人对其中一批标的物不交付或者交付不符合约定，致使该批标的物不能实现合同目的的，买受人可以就该批标的物解除合同。

（4）出卖人不交付其中一批标的物或者交付不符合约定，致使今后其他各批标的物的交付不能

实现合同目的的，买受人可以就该批以及今后其他各批标的物解除合同。买受人如果就其中一批标的物解除合同，该批标的物与其他各批标的物相互依存的，可以就已经交付和未交付的各批标的物解除合同。

五、特殊买卖合同

（一）分期付款买卖合同

1. 分期付款买卖合同的概念

分期付款买卖合同，是指双方当事人约定买受人于一定期限内分批支付价款的买卖合同。在分期付款买卖合同中，买受人将应付的总价款在一定期间内至少分三次向出卖人支付。

2. 分期付款买卖合同的效力

（1）分期付款买卖合同所有权和风险转移时间。在分期付款买卖合同中，当事人可以约定标的物所有权和风险承担的转移时间；没有约定的，该时间应当是标的物交付之日。

（2）分期付款买卖的特别效力。

①分期付款的买受人未支付到期价款的数额达到全部价款的 1/5，经催告后在合理期限内仍未支付到期价款的，出卖人可以请求买受人支付全部价款或者解除合同。

②分期付款买卖合同约定出卖人在解除合同时可以扣留已受领价金，出卖人扣留的金额超过标的物使用费以及标的物受损赔偿额，买受人请求返还超过部分的，人民法院应予支持。

③出卖人解除合同的，可以向买受人请求支付该标的物的使用费。当事人对标的物的使用费没有约定的，人民法院可以参照当地同类标的物的租金标准确定。

（二）所有权保留的买卖合同

1. 所有权保留的概念

所有权保留是指在买卖合同中，买受人虽先占有、使用标的物，但在双方当事人约定的特定条件（通常是价款的一部或全部清偿）成就之前，出卖人仍保留标的物的所有权，待条件成就后，再将所有权转移给买受人。

2. 所有权保留的担保

为避免出卖人无法收回价款的风险，当事人可以在买卖合同中约定，买受人未支付价款或者履行其他义务的，标的物的所有权属于出卖人。出卖人对标的物保留的所有权，未经登记，不得对抗善意第三人。

3. 出卖人的取回权

（1）当事人约定出卖人保留合同标的物的所有权，在标的物所有权转移前，买受人有下列情形之一，造成出卖人损害的，除当事人另有约定外，出卖人有权取回标的物：

①未按照约定支付价款，经催告后在合理期限内仍未支付；

②未按照约定完成特定条件；

③将标的物出卖、出质或者作出其他不当处分。

出卖人可以与买受人协商取回标的物；协商不成的，可以参照适用担保物权的实现程序。

（2）买受人已经支付标的物总价款的 75%以上，出卖人主张取回标的物的，人民法院不予支持。将标的物出卖、出质或者作出其他不当处分的，第三人已经善意取得标的物所有权或者其他物权，出卖人主张取回标的物的，人民法院不予支持。

4. 买受人的回赎权

回赎权是指出卖人对标的物行使取回权后，在一定期限内买受人履行支付价款义务或完成其他条件后享有的重新占有标的物的权利。

在所有权保留情形下，出卖人按相关规定取回标的物后，买受人在双方约定或者出卖人指定的合理回赎期限内，消除出卖人取回标的物的事由的，可以请求回赎标的物。买受人在回赎期限内没有回赎标的物，出卖人可以以合理价格将标的物出卖给第三人，出卖所得价款扣除买受人未支付的价款以及必要费用后仍有剩余的，应当返还买受人；不足部分由买受人清偿。

（三）凭样品买卖合同

1. 凭样品买卖合同的概念

凭样品买卖合同是指当事人双方约定一定的样品，出卖人交付的货物必须与样品具有相同品质的买卖合同。

2. 凭样品买卖合同的适用规则

（1）凭样品买卖的当事人应当封存样品，并可以对样品质量予以说明。出卖人交付的标的物应当与样品及其说明的质量相同。

（2）凭样品买卖的买受人不知道样品有隐蔽瑕疵的，即使交付的标的物与样品相同，出卖人交付的标的物的质量仍然应当符合同种物的通常标准。

（3）合同约定的样品质量与文字说明不一致且发生纠纷时当事人不能达成合意，样品封存后外观和内在品质没有发生变化的，人民法院应当以样品为准；外观和内在品质发生变化，或者当事人对是否发生变化有争议而又无法查明的，人民法院应当以文字说明为准。

（四）试用买卖合同

1. 试用买卖合同的概念

试用买卖合同是指根据双方当事人约定，出卖人在合同成立时将标的物交付给买受人试验或检验，并以买受人认可该标的物为生效要件的买卖合同。

2. 试用买卖合同的适用规则

（1）试用买卖的当事人可以约定标的物的试用期限。对试用期限没有约定或者约定不明确，依据《民法典》第510条的规定仍不能确定的，由出卖人确定。试用买卖合同的买受人在试用期内已经支付部分价款或者对标的物实施出卖、出租、设立担保物权等行为的，视为同意购买。

（2）试用买卖的当事人对标的物使用费没有约定或者约定不明确的，出卖人无权请求买受人支付。

（3）标的物在试用期内毁损、灭失的风险由出卖人承担。

（五）互易合同

1. 互易合同的概念

互易合同是指双方当事人约定相互移转金钱以外的标的物的所有权的合同。

2. 互易合同中当事人的义务

（1）交付标的物并移转标的物的所有权。

（2）对交付标的物互负瑕疵担保义务。

（3）合同中有补足金条款的，负有补足金义务的当事人一方应按照约定支付补足金。

第二节　供用电、水、气、热力合同

一、供用电、水、气、热力合同的概念和特征

（一）供用电、水、气、热力合同的概念

供用电、水、气、热力合同是指当事人一方向另一方提供电、水、气、热力，另一方使用这

些能源并支付报酬的合同。

(二) 供用电、水、气、热力合同的特征

(1) 合同的主体具有特殊性。

(2) 合同标的具有垄断经营性。

(3) 债务履行具有持续性。

(4) 合同目的具有公益性。

二、供用电合同

(一) 供用电合同的概念

供用电合同是指供电人向用电人供电，用电人支付电费的合同。

(二) 供用电合同的效力

1. 供电人的主要义务

(1) 供电人应当按照国家规定的供电质量标准和约定安全供电的义务。

(2) 中断供电时按照国家有关规定事先通知的义务。

(3) 因自然灾害等原因断电时按照国家有关规定及时抢修的义务。

2. 用电人的主要义务

(1) 及时交付电费和其他法定费用的义务。

(2) 保证安全用电的义务。

(3) 供电人有正当理由停电、限电时的配合和协助义务。

第三节　赠与合同

一、赠与合同的概念和特征

(一) 赠与合同的概念

赠与合同是指赠与人将自己的财产无偿给予受赠人，受赠人表示接受赠与的合同。

(二) 赠与合同的特征

(1) 单务合同。赠与可以附义务，赠与附义务的，受赠人应当按照约定履行义务，但因该义务不是赠与的对待给付义务，故不改变赠与合同的单务性。

(2) 无偿合同。在附负担的赠与中，受赠人的给付与赠与人的给付无对价关系，故仍为无偿合同。

(3) 诺成合同。赠与人与受赠人意思表示一致，则赠与合同成立，赠与财产的交付不是合同的成立条件。

(4) 不要式合同。我国民法典对赠与合同的形式未作特别规定，故赠与合同是不要式合同，但赠与的财产依法需要办理登记等手续的，应当办理有关手续。

二、赠与合同的效力

赠与人的义务有：

(1) 交付赠与财产并移转其权利。当事人订立赠与合同的目的在于使赠与物的权利移归受赠人，赠与人的主要义务就是依照约定的期限、地点、方式等将赠与物移转给受赠人并移转其权利。

因赠与人故意或者重大过失致使应当交付的赠与财产毁损、灭失的，赠与人应当承担赔偿责任。

（2）瑕疵担保义务。赠与的财产有瑕疵的，赠与人不承担责任，但在附义务的赠与中，赠与的财产有瑕疵的，赠与人在附义务的限度内承担与出卖人相同的责任。同时，赠与人故意不告知瑕疵或者保证无瑕疵，造成受赠人损失的，应当承担赔偿责任。该赔偿责任的归责原则为过错责任原则。

三、赠与合同的特殊终止事由

（一）赠与人的任意撤销权

赠与人在赠与财产的权利转移之前可以撤销赠与。经过公证的赠与合同或者依法不得撤销的具有救灾、扶贫、助残等公益、道德义务性质的赠与合同，赠与人不得任意撤销。

经过公证的赠与合同或者依法不得撤销的具有救灾、扶贫、助残等公益、道德义务性质的赠与合同，赠与人不交付赠与财产的，受赠人可以请求交付。

（二）赠与人的法定撤销权

受赠人有下列情形之一的，赠与人可以撤销赠与：

（1）受赠人严重侵害赠与人或者赠与人近亲属的合法权益；

（2）受赠人对赠与人有扶养义务而不履行；

（3）受赠人不履行赠与合同约定的义务。

赠与人的撤销权，自知道或者应当知道撤销事由之日起1年内行使。

因受赠人的违法行为致使赠与人死亡或者丧失民事行为能力的，赠与人的继承人或者法定代理人可以撤销赠与。赠与人的继承人或者法定代理人的撤销权，自知道或者应当知道撤销事由之日起6个月内行使。

撤销权人撤销赠与的，可以向受赠人请求返还赠与的财产。

（三）赠与人的穷困抗辩权

赠与人的经济状况显著恶化，严重影响其生产经营或者家庭生活的，可以不再履行赠与义务。

第四节　借款合同

一、借款合同的概念和特征

（一）借款合同的概念

借款合同是指借款人向贷款人借款，到期返还借款并支付利息的合同。

（二）借款合同的特征

（1）借款合同的标的物是货币。

（2）借款合同是转移标的物所有权的合同。

（3）除自然人之间的借款当事人另有约定或法律另有规定外，借款合同一般为要式合同、有偿合同、诺成合同。

二、借款合同的效力

（一）贷款人的主要义务

（1）按期、足额提供贷款的义务。

（2）保密义务。

（二）借款人的主要义务

（1）提供真实情况的义务。

（2）按照约定的日期和数额收取借款的义务。

（3）按照约定用途使用借款的义务。

（4）按期支付利息的义务。

（5）按期返还借款的义务。

（6）容忍检查、监督的义务。

三、自然人之间的借款合同

（一）自然人之间的借款合同与其他民间借款合同的区别

民间借贷（借款）合同有多种，民间借贷，是指自然人、法人、其他组织之间及其相互之间进行资金融通的行为。自然人之间的借款合同属于民间借款合同的一种，与其他民间借贷合同不同之处主要有：

（1）自然人之间的借款合同为实践合同，自贷款人提供借款时生效；而其他民间借贷合同为诺成合同，自借款合同成立时生效。

（2）自然人之间的借款合同对利息没有约定或者约定不明的，视为无偿。民间借款合同对利息没有约定的，视为无偿；约定不明的，则为有偿，但利率不得超过合同成立时 1 年期贷款市场报价利率 4 倍。

（二）自然人之间的借款合同的特征

（1）双方当事人均为自然人。

（2）是否有偿取决于双方的约定。对利息没有约定或者约定不明确的，视为无偿；如果约定为有偿，双方约定的利率不得超过合同成立时 1 年期贷款市场报价利率的 4 倍。

（3）自然人之间的借款合同是实践合同，合同自贷款人提供借款时成立。

（4）自然人之间的借款合同是不要式合同。

第五节　保证合同

一、保证合同的概念和特征

（一）保证合同的概念

保证合同，是指为保障债权的实现，保证人和债权人约定，当债务人不履行到期债务或者发生当事人约定的情形时，保证人履行债务或者承担责任的合同。

（二）保证合同的特征

（1）从属性。保证合同是主债权债务的从合同，以主债权债务合同的成立为前提，因主债权债务合同的消灭而消灭。同时，主债权债务合同无效的，保证合同无效，但是法律另有规定的除外。当事人约定主债权债务合同不成立、无效、被撤销或者确定不发生效力，保证人仍然应当承担保证责任的，该约定无效。

（2）单务性和无偿性。在保证合同中，保证人单方面承担财产性义务或者责任，但不因此从对方获得财产利益，对方也不承担对待给付义务，故保证合同为单务合同、无偿合同。债务人与保证人之间的关系是有偿还是无偿则没有强制性要求。

(3) 相对独立性。保证合同虽然从属于主债权债务合同，但保证合同是独立于主债权债务合同的单独合同，有自己独立的成立要件和生效要件，以及变更和消灭原因。

二、保证合同的效力

(一) 保证合同的成立和生效

1. 保证合同有效

保证合同效力的产生以保证合同成立并且生效为前提。保证合同可以是单独订立的书面合同，也可以是主债权债务合同中的保证条款。第三人单方以书面形式向债权人作出保证，债权人接收且未提出异议的，保证合同成立。

2. 保证人适格

(1) 机关法人不得为保证人，但是经国务院批准为使用外国政府或者国际经济组织贷款进行转贷的除外。

(2) 以公益为目的的非营利法人、非法人组织不得为保证人。

(3) 居民委员会、村民委员会提供保证的，保证合同无效，但是依法代行村集体经济组织职能的村民委员会，依照村民委员会组织法规定的讨论决定程序对外提供保证的除外。

(二) 保证合同在当事人之间的效力

1. 保证合同在保证人与债权人之间的效力

(1) 当债务人不履行到期债务或者发生当事人约定的情形时，债权人可以请求保证人承担保证责任。保证的范围包括主债权及其利息、违约金、损害赔偿金和实现债权的费用。当事人另有约定的，按照其约定。

(2) 保证人可以主张债务人对债权人的抗辩。债务人放弃抗辩的，保证人仍有权向债权人主张抗辩。

(3) 债务人对债权人享有抵销权或者撤销权的，保证人可以在相应范围内拒绝承担保证责任。

(4) 一般保证的保证人享有先诉抗辩权（连带责任保证中的保证人不享有该权利）。

(5) 一般保证的保证人在主债务履行期限届满后，向债权人提供债务人可供执行财产的真实情况，债权人放弃或者怠于行使权利致使该财产不能被执行的，保证人在其提供可供执行财产的价值范围内不再承担保证责任。

2. 保证合同在保证人与债务人之间的效力

保证人承担保证责任后，除当事人另有约定外，有权在其承担保证责任的范围内向债务人追偿，享有债权人对债务人的权利，但是不得损害债权人的利益。

(三) 主合同变更对保证合同的效力

债权人和债务人未经保证人书面同意，协商变更主债权债务合同内容，减轻债务的，保证人仍对变更后的债务承担保证责任；加重债务的，保证人对加重的部分不承担保证责任。债权人和债务人变更主债权债务合同的履行期限，未经保证人书面同意的，保证期间不受影响。

(四) 主合同债权转让对保证合同的效力

债权人转让全部或者部分债权，未通知保证人的，该转让对保证人不发生效力。保证人与债权人约定禁止债权转让，债权人未经保证人书面同意转让债权的，保证人对受让人不再承担保证责任。

（五）主合同债务承担对保证合同的效力

债权人未经保证人书面同意，允许债务人转移全部或者部分债务，保证人对未经其同意转移的债务不再承担保证责任，但是债权人和保证人另有约定的除外。第三人加入债务的，保证人的保证责任不受影响。

三、保证的方式

保证的方式包括一般保证和连带责任保证。当事人在保证合同中对保证方式没有约定或者约定不明确的，按照一般保证承担保证责任。

（一）一般保证

1. 一般保证的概念

当事人在保证合同中约定，债务人不能履行债务时，由保证人承担保证责任的，为一般保证。

2. 先诉抗辩权

一般保证的保证人在主合同纠纷未经审判或者仲裁，并就债务人财产依法强制执行仍不能履行债务前，有权拒绝向债权人承担保证责任。可见，在一般保证中，保证人享有先诉抗辩权。一般保证人仅在债务人的财产不能完全清偿债权时，才对不能清偿的部分承担保证责任。否则，保证人可以拒绝承担保证责任。但有下列情形之一的除外：

（1）债务人下落不明，且无财产可供执行；

（2）人民法院已经受理债务人破产案件；

（3）债权人有证据证明债务人的财产不足以履行全部债务或者丧失履行债务能力；

（4）保证人书面表示放弃先诉抗辩权。

（二）连带责任保证

当事人在保证合同中约定保证人和债务人对债务承担连带责任的，为连带责任保证。连带责任保证的债务人不履行到期债务或者发生当事人约定的情形时，债权人可以请求债务人履行债务，也可以请求保证人在其保证范围内承担保证责任。可见，连带责任保证的保证人的责任重于一般保证的保证人的责任。一般保证的保证人只有在债务人不能履行债务时才承担保证责任，而连带责任保证的保证人不论债务人能否履行债务，只要债务人未履行债务，或者只要发生当事人约定的保证人应当承担保证责任的情形，保证人就有义务承担保证责任。

四、保证期间

（一）保证期间的概念

保证期间是确定保证人承担保证责任的期间。

（二）保证期间

（1）债权人与保证人可以约定保证期间，但是约定的保证期间早于主债务履行期限或者与主债务履行期限同时届满的，视为没有约定；没有约定或者约定不明确的，保证期间为主债务履行期限届满之日起 6 个月。债权人与债务人对主债务履行期限没有约定或者约定不明确的，保证期间自债权人请求债务人履行债务的宽限期届满之日起计算。

(2) 保证合同约定保证人承担保证责任直至主债务本息还清时为止等类似内容的，视为约定不明，保证期间为主债务履行期限届满之日起 6 个月。

(三) 保证期间与保证债务的诉讼时效

(1) 在一般保证中，债权人未在保证期间对债务人提起诉讼或者申请仲裁的，保证人不再承担保证责任。债权人在保证期间届满前对债务人提起诉讼或者申请仲裁的，从保证人拒绝承担保证责任的权利消灭之日起，开始计算保证债务的诉讼时效。

(2) 在连带责任保证中，债权人未在保证期间请求保证人承担保证责任的，保证人不再承担保证责任。债权人在保证期间届满前请求保证人承担保证责任的，从债权人请求保证人承担保证责任之日起，开始计算保证债务的诉讼时效。

第六节 租赁合同

一、租赁合同的概念和特征

(一) 租赁合同的概念

租赁合同是指出租人将租赁物交付承租人使用、收益，承租人支付租金的合同。

(二) 租赁合同的特征

(1) 租赁合同是有期限地转移标的物使用权的合同。

(2) 租赁合同是双务合同、有偿合同和诺成合同。

(3) 租赁合同的标的物为非消耗物。

二、租赁合同的效力

(一) 出租人的义务和权利

1. 出租人的义务

(1) 按照约定将租赁物交付承租人，并在租赁期间保持租赁物符合约定的用途。

(2) 保证租赁物上不存在权利瑕疵和质量瑕疵。

(3) 出租人应对租赁物进行维修，但当事人另有约定的除外。

2. 出租人的权利

(1) 保留租赁物的所有权。

(2) 收取租金。

(二) 承租人的义务

(1) 按照约定的方法正确使用并妥善保管租赁物。承租人未按照约定的方法或者未根据租赁物的性质使用租赁物，致使租赁物受到损失的，出租人可以解除合同并请求赔偿损失。

(2) 未经出租人同意，不得擅自转租租赁物。

(3) 承租人不得擅自对租赁物进行改善或增设其他设施。承租人未经出租人同意，对租赁物进行改善或者增设他物的，出租人可以请求承租人恢复原状或者赔偿损失。

(4) 支付租金。

(5) 于合同终止时返还租赁物。返还的租赁物应当符合按照约定或者根据租赁物的性质使用后的状态。

三、租赁权物权化

（一）租赁权物权化的概念

租赁权物权化是指为了强化承租人的地位，保护承租人的利益，法律赋予作为债权的租赁权一定的物权效力以对抗第三人的现象。租赁权物权化是对传统合同之债的相对性原理的突破。

（二）租赁权物权化的表现

（1）“买卖不破租赁”。租赁物在承租人按照租赁合同占有期限内发生所有权变动的，不影响租赁合同的效力。

（2）先租后抵，租赁关系不受抵押关系的影响。抵押权设立前，抵押财产已经出租并转移占有的，原租赁关系不受该抵押权的影响。

四、房屋租赁的特殊规定

（一）一房多租

出租人就同一房屋订立数份租赁合同，在合同均有效的情况下，承租人均主张履行合同的，人民法院按照下列顺序确定履行合同的承租人：

（1）已经合法占有租赁房屋的；

（2）已经办理登记备案手续的；

（3）合同成立在先的。

不能取得租赁房屋的承租人有权请求解除合同、赔偿损失。

（二）转租

（1）承租人经出租人同意，可以将租赁物转租给第三人。承租人转租的，承租人与出租人之间的租赁合同继续有效；第三人造成租赁物损失的，承租人应当赔偿损失。

（2）承租人未经出租人同意转租的，出租人可以解除合同。

（3）承租人经出租人同意将租赁物转租给第三人，转租期限超过承租人剩余租赁期限的，超过部分的约定对出租人不具有法律约束力，但是出租人与承租人另有约定的除外。

（4）出租人知道或者应当知道承租人转租，但是在 6 个月内未提出异议的，视为出租人同意转租。

（5）承租人拖欠租金的，次承租人可以代承租人支付其欠付的租金和违约金，但是转租合同对出租人不具有法律约束力的除外。次承租人代为支付的租金和违约金，可以充抵次承租人应当向承租人支付的租金；超出其应付的租金数额的，可以向承租人追偿。

（三）优先购买权

（1）出租人出卖租赁房屋的，应当在出卖之前的合理期限内通知承租人，承租人享有以同等条件优先购买的权利；但是，房屋按份共有人行使优先购买权或者出租人将房屋出卖给近亲属的除外。出租人履行通知义务后，承租人在 15 日内未明确表示购买的，视为承租人放弃优先购买权。

（2）出租人委托拍卖人拍卖租赁房屋的，应当在拍卖 5 日前通知承租人。承租人未参加拍卖的，视为放弃优先购买权。

（3）出租人未通知承租人或者有其他妨害承租人行使优先购买权情形的，承租人可以请求出租人承担赔偿责任。但是，出租人与第三人订立的房屋买卖合同的效力不受影响。

（四）优先承租权

承租人的优先承租权，是指在当事人之间的租赁合同期限届满而租赁关系终止时，出租人再次出租房屋的，原承租人享有在同等条件下优先于其他人承租房屋的权利。

第七节　融资租赁合同

一、融资租赁合同的概念和特征

（一）融资租赁合同的概念

融资租赁合同是出租人根据承租人对出卖人、租赁物的选择，向出卖人购买租赁物，提供给承租人使用，承租人支付租金的合同。

（二）融资租赁合同的特征

（1）对合同的当事人有资格限制。融资租赁合同的出租人须为经过有关机关批准有权经营融资租赁业务的法人。

（2）融资租赁合同中的承租人向出租人支付的租金并非单纯使用租赁物的代价，而是“融资”的代价。

（3）融资租赁合同的标的物是应承租人的要求购买的，而且通常是价值较高的固定资产。

（4）融资租赁合同是双务、有偿、诺成性的要式合同，应当采取书面形式。

二、融资租赁合同的效力

（一）出租人的权利和义务

1. 出租人的权利

（1）一定条件下的瑕疵担保免责权；

（2）风险负担免责权；

（3）租赁物造成第三人损害的免责权；

（4）出租人享有租赁物的所有权。

2. 出租人的义务

（1）购买租赁物并不得擅自变更合同中与承租人有关的内容；

（2）交付租赁物；

（3）保证承租人占有和使用租赁物；

（4）向出卖人付款；

（5）协助承租人向出卖人索赔。

（二）承租人的权利和义务

1. 承租人的权利

（1）受领租赁物；

（2）对出卖人的直接索赔权；

（3）出租人解除合同收回租赁物时的价值返还请求权。

2. 承租人的义务

（1）支付租金；

（2）妥善保管、使用、维修租赁物；

（3）合同终止时返还租赁物。

（三）出卖人的权利和义务

1. 出卖人的权利

出卖人的权利主要是向出租人收取货款。

2. 出卖人的义务

（1）交付租赁物；

（2）瑕疵担保责任。

三、租赁期限届满时租赁物的归属

（1）出租人和承租人可以约定租赁期限届满租赁物的归属；对租赁物的归属没有约定或者约定不明确，依据相关规定仍不能确定的，租赁物的所有权归出租人。

（2）当事人约定租赁期限届满租赁物归承租人所有，承租人已经支付大部分租金，但是无力支付剩余租金，出租人因此解除合同收回租赁物的，租赁物的价值超过承租人欠付的租金以及其他费用的，承租人可以请求相应返还。当事人约定租赁期限届满租赁物归出租人所有，因租赁物毁损、灭失或者附合、混合于他物致使承租人不能返还的，出租人有权请求承租人给予合理补偿。

（3）当事人约定租赁期限届满，承租人仅须向出租人支付象征性价款的，视为约定的租金义务履行完毕后租赁物的所有权归承租人。

（4）融资租赁合同无效，当事人就该情形下租赁物的归属有约定的，按照其约定；没有约定或者约定不明确的，租赁物应当返还出租人。但是，因承租人原因致使合同无效，出租人不请求返还或者返还后会显著降低租赁物效用的，租赁物的所有权归承租人，由承租人给予出租人合理补偿。

第八节　保理合同

一、保理合同的概念与特征

（一）保理合同的概念

保理合同是应收账款债权人将现有的或者将有的应收账款转让给保理人，保理人提供资金融通、应收账款管理或者催收、应收账款债务人付款担保等服务的合同。保理合同的本质是合同债权转让。

（二）保理合同的特征

（1）保理人须取得保理业务的资质。

（2）保理合同是要式合同。保理合同应当采取书面形式。

（3）保理合同是有偿合同、双务合同、诺成合同。

二、保理合同的效力

（一）保理人的权利和义务

1. 表明身份的义务

保理人向应收账款债务人发出应收账款转让通知的，应当表明保理人身份并附有必要凭证。

2. 有追索权的保理

当事人约定有追索权保理的，保理人可以向应收账款债权人主张返还保理融资款本息或者回购应收账款债权，也可以向应收账款债务人主张应收账款债权。保理人向应收账款债务人主张应收账款债权，在扣除保理融资款本息和相关费用后有剩余的，剩余部分应当返还给应收账款债权人。

3. 无追索权的保理

当事人约定无追索权保理的，保理人应当向应收账款债务人主张应收账款债权，保理人取得超过保理融资款本息和相关费用的部分，无须向应收账款债权人返还。

（二）应收账款债权人的义务

（1）真实交易义务。应收账款债权人与债务人虚构应收账款作为转让标的，与保理人订立保理合同的，应收账款债务人不得以应收账款不存在为由对抗保理人，但是保理人明知虚构的除外。

（2）不得变更或终止基础交易合同义务。应收账款债务人接到应收账款转让通知后，应收账款债权人与债务人无正当理由协商变更或者终止基础交易合同，对保理人产生不利影响的，对保理人不发生效力。

三、保理人债权实现的程序

应收账款债权人就同一应收账款订立多个保理合同，致使多个保理人主张权利的，已经登记的先于未登记的取得应收账款；均已经登记的，按照登记时间的先后顺序取得应收账款；均未登记的，由最先到达应收账款债务人的转让通知中载明的保理人取得应收账款；既未登记也未通知的，按照保理融资款或者服务报酬的比例取得应收账款。

第九节　承揽合同

一、承揽合同的概念和特征

（一）承揽合同的概念

承揽合同是指承揽人按照定作人的要求完成工作，交付工作成果，定作人给付报酬的合同。

（二）承揽合同的特征

（1）以完成一定工作为目的。

（2）标的为承揽人应向定作人交付的工作成果，该成果具有特定性。

（3）承揽人的义务具有不可让与性。

（4）承揽合同是双务、有偿、诺成性的不要式合同。

二、承揽合同的效力

（一）承揽人的权利和义务

1. 承揽人的义务

（1）以自己的设备、技术和劳力完成主要工作并按期交付工作成果。

（2）对完成的工作成果负瑕疵担保义务和保管义务。

（3）按约定提供材料或者妥善处理定作人提供的材料。

（4）接受定作人必要的监督、检查。

（5）按定作人的要求保守秘密，未经定作人许可，不得留存复制品或者技术资料。

（6）共同承揽人对定作人承担连带责任，但是当事人另有约定的除外。

2. 承揽人的权利

（1）报酬请求权。

（2）符合法定条件的留置权。

（二）定作人的权利和义务

1. 定作人的义务

（1）依约定提供材料。

（2）承揽工作需要定作人协助的，应当对承揽人进行协助。

（3）按时接收、验收承揽人交付的工作成果。

（4）按约定的期限和方式向承揽人支付报酬。

2. 定作人的权利

（1）监督承揽人工作，请求承揽人交付工作成果。

（2）在承揽人完成工作前可以随时解除合同，造成承揽人损失的，应当赔偿损失。

三、承揽人的留置权

定作人未向承揽人支付报酬或者材料费等价款的，承揽人对完成的工作成果享有留置权或者有权拒绝交付，但是当事人另有约定的除外。

第十节　建设工程合同

一、建设工程合同的概念和特征

（一）建设工程合同的概念

建设工程合同是指建设工程的发包人为完成工程建设任务，与承包人签订的约定由承包人按照发包方的要求完成工作并交付建设工程，由发包人支付价款的合同。建设工程合同包括工程勘察、设计、施工合同。

（二）建设工程合同的特征

（1）主体具有限定性。承包人必须是经过批准且具有相应资质的单位。

（2）标的具有特殊性，为基本建设工程，并非一般的加工定作物。

（3）合同管理具有严格性。建设工程合同的订立与履行受到国家的严格管理和监督。

（4）形式具有要式性。建设工程合同必须采取书面形式。

（5）建设工程合同是双务合同、有偿合同和诺成合同。

（三）建设工程合同的订立

1. 建设工程合同的订立原则

建设工程合同的订立必须遵守国家规定的程序，原则上应采取招标投标的方式。建设工程的招标投标活动，应当依照有关法律的规定公开、公平、公正进行。

2. 建设工程合同的违法转包与非法分包

建设工程转包一律属于非法；建设工程合同分包有合法分包和违法分包之分。合法分包须满足下列条件：

（1）经发包人同意；

（2）分包工程只能是承包人承包的部分工程，且不得是主体工程；

（3）分包人须具有相应资质；

（4）分包人不得再分包。

3. 建设工程合同无效时承包人的工程价款请求权

建设工程施工合同无效，但是建设工程经验收合格的，可以参照合同关于工程价款的约定折价补偿承包人。建设工程施工合同无效，且建设工程经验收不合格的，按照以下情形处理：

（1）修复后的建设工程经验收合格的，发包人可以请求承包人承担修复费用；

（2）修复后的建设工程经验收不合格的，承包人无权请求参照合同关于工程价款的约定折价补偿。发包人对因建设工程不合格造成的损失有过错的，应当承担相应的责任。

二、建设工程合同的效力

（一）勘察、设计合同的效力

1. 发包人的主要义务

（1）按照合同约定，全面、准确、及时地提供开展勘察、设计工作所需要的基础资料和概预算等文件的期限、质量要求、费用以及其他协作条件。

（2）按照合同约定向勘察、设计人支付勘察、设计费。

（3）维护勘察、设计成果。

2. 承包人的主要义务

（1）按照合同约定按期完成勘察、设计工作，向发包人提交勘察、设计成果，并对勘察、设计成果负瑕疵担保责任。

（2）按照合同约定完成协作事项。

（二）施工合同的效力

1. 发包人的主要义务

（1）做好施工前的准备工作，按照合同约定提供材料、设备、施工场地、建设资金、技术资料等。

（2）为承包人提供必要的条件，保证工程建设顺利进行。

（3）组织工程验收。

（4）接收建设工程并依约定支付工程价款。

2. 承包人的主要义务

（1）按时开工和按要求施工。

（2）接受发包人的必要监督。

（3）按期按质完工并交付建设工程。

（4）对建设工程合理使用期限内的质量安全负担保责任。

三、建设工程承包人的优先受偿权

发包人未按照约定支付价款的，承包人可以催告发包人在合理期限内支付价款。发包人逾期不支付的，除根据建设工程的性质不宜折价、拍卖外，承包人可以与发包人协议将该工程折价，也可以请求人民法院将该工程依法拍卖。建设工程的价款就该工程折价或者拍卖的价款优先受偿。

第十一节　运输合同

一、运输合同的概念和特征

（一）运输合同的概念

运输合同是指承运人将旅客或者货物从起运地点运输到约定地点，旅客、托运人或者收货人支付票款或者运输费用的合同。

（二）运输合同的特征

（1）标的物是承运人的运输行为。

（2）运输合同是双务合同和有偿合同。

（3）运输合同一般为诺成合同。

（4）运输合同通常是格式合同。

（5）承运人一般负有强制缔约义务。

二、客运合同

（一）客运合同的概念

客运合同是指承运人将旅客及其行李运送到约定地点，旅客依照约定支付票款的合同。

（二）承运人的义务

（1）严格履行安全运输义务，及时告知旅客安全运输应当注意的事项。

（2）按照有效客票记载的时间、班次和座位号运输旅客。

（3）尽力救助旅客。

（4）保证旅客人身安全。

（5）保证旅客行李安全。

（三）旅客的主要义务

（1）支付票款。

（2）持有效客票按客票记载的时间、班次和座位号乘坐。

（3）遵守安全事项，按限量和品类携带行李，不得携带危险或违禁物品。

（4）协助义务。

三、货运合同

（一）货运合同的概念

货运合同是指承运人将托运人交付运送的货物运送到约定地点，托运人或收货人依照约定支付运费的合同。货运合同大多为第三人利益合同。

（二）托运人的主要义务

（1）如实申报托运的货物。

（2）按照约定交付托运的货物，并在货物运输需要办理审批、检验等手续时将办理完有关手续的文件提交承运人。

（3）按照规定支付包括运费在内的相关费用。

（4）按照约定的方式包装货物。

（三）承运人的主要义务

（1）按照合同的约定接受托运人托运的货物并交付运输单证。

（2）遵从托运人中止运输、返还货物、变更到达地点或者将货物交给其他收货人的有关要求。

（3）通知收货人或托运人并交付货物。

（4）安全运送货物。

（四）承运人的运费请求权、货物留置权和提货权

货物在运输过程中因不可抗力灭失，未收取运费的，承运人不得请求支付运费；已经收取运费的，托运人可以请求返还。法律另有规定的，依照其规定。托运人或者收货人不支付运费、保管费或者其他费用的，承运人对相应的运输货物享有留置权，但是当事人另有约定的除外。收货人不明或者收货人无正当理由拒绝受领货物的，承运人依法可以提存货物。

四、多式联运合同

（一）多式联运合同的概念

多式联运合同是指两个或两个以上的承运人以不同的运输方式将旅客及其行李或货物运送至约定地点的运输合同。

（二）多式联运合同的效力

（1）多式联运经营人负责履行或者组织履行多式联运合同，对全程运输享有承运人的权利，承担承运人的义务。

（2）多式联运经营人可以与参加多式联运的各区段承运人就多式联运合同的各区段运输约定相互之间的责任；但是，该约定不影响多式联运经营人对全程运输承担的义务。

（3）多式联运经营人收到托运人交付的货物时，应当签发多式联运单据。按照托运人的要求，多式联运单据可以是可转让单据，也可以是不可转让单据。

（4）因托运人托运货物时的过错造成多式联运经营人损失的，即使托运人已经转让多式联运单据，托运人仍然应当承担赔偿责任。

（5）货物的毁损、灭失发生于多式联运的某一运输区段的，多式联运经营人的赔偿责任和责任限额，适用调整该区段运输方式的有关法律规定；货物毁损、灭失发生的运输区段不能确定的，依照民法典关于运输合同的规定承担赔偿责任。

第十二节　技术合同

一、技术合同的概念和类型

（一）技术合同的概念

技术合同是指当事人就技术开发、转让、许可、咨询或者服务订立的确立相互之间权利和义务的合同。

（二）技术合同的类型

技术合同包括以下类型：技术开发合同、技术转让合同、技术许可合同、技术咨询合同和技术服务合同。

二、技术开发合同

（一）技术开发合同的概念

技术开发合同是指当事人之间就新技术、新产品、新工艺或者新材料及其系统的研究开发所订立的合同。

（二）技术开发合同的类型

技术开发合同包括委托开发合同和合作开发合同。

（三）技术开发合同的效力

1. 委托开发合同的效力

（1）委托人的主要义务是按照约定支付研究开发经费和报酬，提供技术资料，提出研究开发要求，完成协作事项，接受研究开发成果。

（2）研究开发人的主要义务是按照约定制订和实施研究开发计划，合理使用研究开发经费，按期完成研究开发工作，交付研究开发成果，提供有关的技术资料和必要的技术指导，帮助委托人掌握研究开发成果。

（3）委托开发合同的当事人违反约定造成研究开发工作停滞、延误或者失败的，应当承担违约责任。

（4）委托开发完成的发明创造，除法律另有规定或者当事人另有约定外，申请专利的权利属于研究开发人。研究开发人取得专利权的，委托人可以依法实施该专利。研究开发人转让专利申请权的，委托人享有以同等条件优先受让的权利。

2. 合作开发合同的效力

（1）在合作开发合同中，当事人应当按照约定进行投资，包括以技术进行投资，分工参与研究开发工作，协作配合研究开发工作。

（2）合作开发完成的发明创造，申请专利的权利属于合作开发的当事人共有；当事人一方转让其共有的专利申请权的，其他各方享有以同等条件优先受让的权利。但是，当事人另有约定的除外。

（3）合作开发的当事人一方不同意申请专利的，另一方或者其他各方不得申请专利。

三、技术转让合同和技术许可合同

（一）技术转让合同

1. 技术转让合同的概念

技术转让合同是合法拥有技术的权利人，将现有特定的专利、专利申请、技术秘密的相关权利让与他人所订立的合同。

2. 技术转让合同的效力

（1）专利权转让合同的效力。

①转让方的主要义务是依合同的约定将专利权以及与该专利权有关的技术资料移交给受让方并提供必要的技术指导；

②受让方的主要义务是依合同约定支付价款。

（2）专利申请权转让合同的效力。

①转让方的主要义务是依约定将申请专利的权利移交给受让方，同时提供申请专利和实施发明创造所需要的技术情报和资料；

②受让方的基本义务是依合同约定支付价款。

（3）技术秘密转让合同的效力。

①让与人的主要义务是按照约定提供技术资料，进行技术指导，保证技术的实用性、可靠性，承担保密义务。

②受让人的主要义务是按照约定使用技术，支付转让费，承担保密义务。

（二）技术许可合同

1. 技术许可合同的概念和类型

（1）技术许可合同的概念。技术许可合同是合法拥有技术的权利人，将现有特定的专利、技术秘密的相关权利许可他人实施、使用所订立的合同。

（2）技术许可合同的类型。技术许可合同包括专利实施许可、技术秘密使用许可合同等。

2. 技术许可合同的效力

（1）专利实施许可合同的效力。

①许可人的主要义务是按照约定许可被许可人实施专利，交付实施专利有关的技术资料，提供必要的技术指导。

②被许可人的主要义务是按照约定实施专利，不得许可约定以外的第三人实施该专利，并按照约定支付使用费。

（2）技术秘密使用许可合同的效力。

①许可人的主要义务是按照约定提供技术资料，进行技术指导，保证技术的实用性、可靠性，承担保密义务。

②被许可人的主要义务是按照约定使用技术、支付使用费，承担保密义务。

四、技术咨询合同和技术服务合同

（一）技术咨询合同

1. 技术咨询合同的概念

技术咨询合同是当事人一方以技术知识为对方就特定技术项目提供可行性论证、技术预测、专题技术调查、分析评价报告等所订立的合同。

2. 技术咨询合同的效力

（1）委托人应当按照约定阐明咨询的问题，提供技术背景材料及有关技术资料，接受受托人的工作成果，支付报酬。受托人应当按照约定的期限完成咨询报告或者解答问题，提出的咨询报告应当达到约定的要求。

（2）技术咨询合同的委托人按照受托人符合约定要求的咨询报告和意见作出决策所造成的损失，由委托人承担，但是当事人另有约定的除外。

（二）技术服务合同

1. 技术服务合同的概念

技术服务合同是当事人一方以技术知识为对方解决特定技术问题所订立的合同。

2. 技术服务合同的效力

在技术服务合同中，委托人应当按照约定提供工作条件，完成配合事项，接受工作成果并支付报酬。受托人应当按照约定完成服务项目，解决技术问题，保证工作质量，并传授解决技术问题的知识。

第十三节　保管合同

一、保管合同的概念和特征

（一）保管合同的概念

保管合同是保管人保管寄存人交付的保管物，并返还该物的合同。

（二）保管合同的特征

（1）保管合同原则上是实践性合同。

(2) 保管合同是否有偿由当事人约定，没有约定或者约定不明确，依照交易习惯也无法确定时，视为无偿保管。

(3) 以保管行为为标的。

(4) 保管合同是不要式合同。

二、保管合同的效力

(一) 保管人的主要义务

(1) 给付保管凭证。

(2) 妥善保管保管物。

(3) 亲自履行保管义务。

(4) 在第三人对保管物主张权利时有通知义务。

(5) 返还保管物，包括原物和孳息。

(二) 寄存人的主要义务

(1) 负担必要费用和支付保管费。

(2) 告知义务。

(3) 声明义务。

第十四节　仓储合同

一、仓储合同的概念和特征

(一) 仓储合同的概念

仓储合同是指双方当事人约定由仓储营业人为存货人储存、保管货物，存货人为此支付仓储费的合同。

(二) 仓储合同的特征

(1) 仓储合同的保管人须为专门从事仓储保管业务的人。

(2) 仓储合同的标的是保管行为。

(3) 仓储合同为双务、有偿、诺成性的不要式合同。仓储合同自合同成立时生效。

二、仓储合同的效力

(一) 保管人的主要义务

(1) 按合同的约定接受存货人交付的货物。

(2) 出具仓单、入库单的义务。

(3) 妥善保管仓储物的义务。

(4) 接受检查的义务。

(5) 危险通知义务。

(6) 返还仓储物的义务。

(二) 存货人的主要义务

(1) 交付仓储物的义务。

（2）支付仓储费和必要费用的义务。

（3）提取仓储物的义务。

第十五节　委托合同

一、委托合同的概念和特征

（一）委托合同的概念

委托合同是指委托人和受托人约定，由受托人处理委托人事务的合同。

（二）委托合同的特征

（1）受托人既可以委托人的名义，也可以自己的名义对外进行活动。

（2）通常建立在彼此信任的基础之上，故委托人和受托人均享有单方解除合同的权利。

（3）标的为受托人提供的劳务。

（4）委托合同是双务、诺成、不要式合同。

（5）委托合同可以是有偿合同，也可以是无偿合同。

二、委托合同的效力

（一）委托人的义务

（1）偿付费用及支付报酬。有偿的委托合同，因受托人的过错造成委托人损失的，委托人可以请求赔偿损失。无偿的委托合同，因受托人的故意或者重大过失造成委托人损失的，委托人可以请求赔偿损失。受托人超越权限造成委托人损失的，应当赔偿损失。

（2）清偿受托人处理委托事务产生的债务。

（3）赔偿损失。受托人处理委托事务时，因不可归责于自己的事由受到损失的，可以向委托人请求赔偿损失。

（二）受托人的义务

（1）亲自处理委托事务。受托人应当亲自处理委托事务，不得擅自转委托，但符合条件的转委托除外。

（2）报告的义务。

（3）按照委托人的指示处理委托事务的义务。

（4）交付财产、转移权利给委托人。

（三）委托合同的终止

（1）委托人死亡、终止，或者受托人死亡、丧失民事行为能力、终止的，委托合同终止；但是，当事人另有约定或者根据委托事务的性质不宜终止的除外。

（2）因委托人死亡或者被宣告破产、解散，致使委托合同终止将损害委托人利益的，在委托人的继承人、遗产管理人或者清算人承受委托事务之前，受托人应当继续处理委托事务。

（3）因受托人死亡、丧失民事行为能力或者被宣告破产、解散，致使委托合同终止的，受托人的继承人、遗产管理人、法定代理人或者清算人应当及时通知委托人。因委托合同终止将损害委托人利益的，在委托人作出善后处理之前，受托人的继承人、遗产管理人、法定代理人或者清算人应当采取必要措施。

三、间接代理制度

（一）间接代理的概念

间接代理是指代理人以自己的名义从事代理活动，该代理活动的法律效果间接归属于本人的代理制度。

（二）间接代理的效力

1. 委托人的自动介入

受托人以自己的名义，在委托人的授权范围内与第三人订立的合同，第三人在订立合同时知道受托人与委托人之间的代理关系的，该合同直接约束委托人和第三人，即此时委托人自动介入受托人与第三人订立的合同关系中，取代受托人的合同当事人地位。当然，在有确切证据证明该合同只约束受托人和第三人时，不发生委托人自动介入受托人和第三人之间的合同关系的后果。

2. 委托人的介入权

委托人的介入权是指当受托人因第三人的原因对委托人不履行义务时，受托人应当向委托人披露第三人，以便委托人介入受托人与第三人之间的合同关系而直接向第三人主张权利。

委托人的介入权的行使需要具备的条件包括：

（1）受托人以自己的名义与第三人订立合同；

（2）第三人在订立合同时，不知道受托人和委托人之间存在代理关系；

（3）受托人因第三人的原因对委托人不履行义务；

（4）受托人在因第三人的原因对委托人不履行义务时，向委托人披露了第三人；

（5）不存在“第三人与受托人订立合同时如果知道该委托人就不会订立合同”的情形。

3. 第三人的选择权

第三人的选择权是指当受托人因委托人的原因对第三人不履行义务时，受托人向第三人披露委托人，第三人因此可以选择委托人或者受托人作为相对人主张权利。

第三人的选择权的行使需要具备的条件包括：

（1）受托人以自己的名义与第三人订立合同；

（2）第三人在订立合同时，不知道受托人和委托人之间存在代理关系；

（3）受托人因委托人的原因对第三人不履行义务；

（4）受托人向第三人披露了委托人。

第三人选定委托人作为其相对人的，委托人可以向第三人主张其对受托人的抗辩以及受托人对第三人的抗辩。

第十六节　物业服务合同

一、物业服务合同的概念和特征

（一）物业服务合同的概念

物业服务合同，是指物业服务人在物业服务区域内，为业主提供建筑物及其附属设施的维修养护、环境卫生和相关秩序的管理维护等物业服务，业主支付物业费的合同。

（二）物业服务合同的特征

（1）物业服务合同的主体地位平等，相互之间没有隶属关系。

（2）作为合同一方当事人的物业服务人包括物业服务企业和其他管理人。

（3）物业服务合同是以劳务为标的的合同。

（4）物业服务合同是双务合同、有偿合同、诺成合同、要式合同。

二、物业服务合同的效力

（一）物业服务人的义务

（1）提供物业服务的义务。

（2）对违法行为采取合理措施制止，并且报告和协助处理的义务。

（3）报告义务。

（4）后合同义务。

（二）业主的义务

（1）支付物业费的义务

（2）告知义务。

（三）物业服务合同的解除和续订

（1）业主对物业服务合同的任意解除权。业主依照法定程序共同决定解聘物业服务人的，可以解除物业服务合同。决定解聘的，应当提前60日书面通知物业服务人，但是合同对通知期限另有约定的除外。依据前述规定解除合同造成物业服务人损失的，除不可归责于业主的事由外，业主应当赔偿损失。

（2）物业服务合同的续订。物业服务期限届满前，业主依法共同决定续聘的，应当与原物业服务人在合同期限届满前续订物业服务合同。物业服务期限届满前，物业服务人不同意续聘，应当在合同期限届满前90日书面通知业主或者业主委员会，但是合同对通知期限另有约定的除外。

（3）不定期物业服务合同及解除。物业服务期限届满后，业主没有依法作出续聘或者另聘物业服务人的决定，物业服务人继续提供物业服务的，原物业服务合同继续有效，但是服务期限为不定期。当事人可以随时解除不定期物业服务合同，但是应当提前60日书面通知对方。

第十七节　行纪合同

一、行纪合同的概念和特征

（一）行纪合同的概念

行纪合同是指行纪人以自己的名义为委托人从事贸易活动，委托人支付报酬的合同。

（二）行纪合同的特征

（1）行纪人是以自己的名义办理行纪事务的，并且行纪人仅限于经过审查、登记可从事贸易活动的主体。

（2）行纪人为委托人办理的事务仅限于商品的寄售、购销等贸易活动。

（3）行纪合同是双务、有偿、诺成性的不要式合同。

二、行纪合同的效力

（一）行纪人的义务

（1）依委托人的指示从事贸易活动。

(2) 负担交易费用。

(3) 直接履行与第三人签订的合同。

(4) 保管并合理处分委托物。

(5) 报告和移交交易所得。

(二) 行纪人的权利

(1) 处分权。

(2) 介入权。

(3) 提存权。

(4) 请求支付报酬的权利和留置权。

第十八节　中介合同

一、中介合同的概念和特征

(一) 中介合同的概念

中介合同是指中介人向委托人报告订立合同的机会或者提供订立合同的媒介服务，委托人支付报酬的合同。

(二) 中介合同的特征

(1) 中介人所提供的服务是为他方报告订约机会或为订约媒介，但中介人只是委托人与第三人之间交易的中间人，既不是任何一方的代理人，也不是当事人。

(2) 委托人给付义务的履行具有不确定性。委托人虽然负有给付报酬的义务，但只有中介人促成合同成立时，才可以请求委托人支付报酬。

(3) 中介合同为有偿、诺成性的不要式合同。

二、中介合同的效力

(一) 委托人的义务

(1) 支付报酬的义务。

(2) 因中介人提供订立合同的媒介服务而促成合同成立的，由该合同的当事人平均负担中介人的报酬。

(二) 中介人的义务和权利

(1) 如实报告义务。

(2) 负担中介活动的费用。

(3) 请求委托人支付中介活动费用的权利。

第十九节　合伙合同

一、合伙合同的概念和特征

(一) 合伙合同的概念

合伙合同是两个以上合伙人为了共同的事业目的，订立的共享利益、共担风险的协议。

（二）合伙合同的特征

（1）合伙合同的人数至少为两人。

（2）合伙人必须共同出资。

（3）合伙人必须有共同的事业目的。

（4）合伙合同人之间负连带责任。

二、合伙合同的效力

（一）合伙人的义务

（1）履行出资义务。

（2）不得请求分割合伙财产。

（3）不得请求支付报酬。

（二）合伙人的权利

（1）追偿权。

（2）转让财产份额权。

（3）对合伙事务作出决定权。

（4）对合伙事务的执行权或监督执行权。

（5）利益分配、亏损分担请求权。

三、合伙期限

合伙人对合伙期限没有约定或者约定不明确，依据《民法典》第510条的规定仍不能确定的，视为不定期合伙。合伙期限届满，合伙人继续执行合伙事务，其他合伙人没有提出异议的，原合伙合同继续有效，但是合伙期限为不定期。

四、合伙合同终止的情形

（1）合伙人可以随时解除不定期合伙合同，但是应当在合理期限之前通知其他合伙人。

（2）合伙人死亡、丧失民事行为能力或者终止的，合伙合同终止；但是，合伙合同另有约定或者根据合伙事务的性质不宜终止的除外。

第十六章　准合同

大纲应试策略

本章包括无因管理和不当得利两节内容。本章内容较少，但出题频率较高。在背诵要点中，无因管理和不当得利的概念、构成要件、认定及其效力是较为重要的知识点。本章较难理解的知识点是无因管理和不当得利的认定，以及无因管理与无权代理、侵权行为等相关概念的界限。本章出题方式主要是选择题和简答题，案例分析题偶有涉及。

大纲背诵要点

第一节　无因管理

一、无因管理的概念

无因管理是指没有法定的或者约定义务，为避免他人利益受损失而进行管理或者服务的行为。

二、无因管理之债的构成要件

1. 管理他人事务

（1）须为管理事务。

（2）管理的事务须为他人的事务。

（3）管理的事务为合法事务。

（4）管理的事务不能是纯粹宗教的事务、道德的事务、一般性生活事务或公共性事务。

（5）管理的事务不能是经本人授权才能办理的事务或必须由本人亲自办理的事务。

2. 有为他人谋利益的意思

（1）为他人谋利益的意思，这是无因管理的主观构成要件，也是无因管理阻却违法性的根本原因。

（2）无因管理的成立不以管理事务的效果有利于本人作为要件，即使管理的效果未达到本人追求的目的，或者管理的效果不利于本人，但只要管理人有为他人谋利益的意思，即可成立无因管理。

3. 没有法定和约定的义务

三、无因管理之债的效力

（1）无因管理一经成立，当事人之间即形成债的关系，管理人享有请求偿还因管理或服务所支出的必要费用的权利；管理人因管理事务受到损失的，可以请求受益人给予适当补偿。管理事务不符合受益人真实意思的，管理人不享有上述权利；但是，受益人的真实意思违反法律或者违背公序良俗的除外。管理人管理事务不属于为避免他人利益受损失的情形，但是受益人享有管理利益的，受益人应当在其获得的利益范围内向管理人承担义务。无因管理的“必要费用”，包括管理人在管理或服务活动中直接支出的费用，以及在该活动中受到的实际损失。该必要费用，一般以本人所受利益范围为限。管理人为本人利益而以管理人的名义负担的债务，有权要求本人直接向债权人清偿。

（2）管理人管理他人事务，应当采取有利于受益人的方法。中断管理对受益人不利的，无正当理由不得中断。管理人管理他人事务，能够通知受益人的，应当及时通知受益人。管理的事务不需要紧急处理的，应当等待受益人的指示。

（3）管理结束后，管理人应当向受益人报告管理事务的情况。管理人管理事务取得的财产，应当及时转交给受益人。管理人管理事务经受益人事后追认的，从管理事务开始时起，适用委托合同的有关规定，但是管理人另有意思表示的除外。

民法学

第二节　不当得利

一、不当得利的概念

不当得利是指没有合法根据取得利益而使他人财产受损的事实。

二、不当得利之债的构成要件和类型

（一）不当得利之债的构成要件

（1）一方获得利益。

（2）另一方受有损失。

（3）一方获得的利益和他方受损之间有因果关系。

（4）获益没有合法根据。

（二）不当得利之债的类型

1. 因给付而发生的不当得利

因给付而发生的不当得利，也就是给付型不当得利，是指给付人在欠缺给付原因的情况下实施给付行为，导致受益人无法律原因而受有利益。

给付不当得利之债的类型有：

（1）给付原因自始不存在的给付不当得利。

（2）给付原因嗣后不存在的不当得利。

不当得利可因给付而发生，但并非所发生的给付都可依据不当得利主张返还。下列情形所为的给付，另一方的得利行为不构成不当得利：

（1）为履行道德义务进行的给付。

（2）债务到期之前的清偿。

（3）明知无给付义务而进行的债务清偿。

2. 非因给付而发生的不当得利

非因给付而发生的不当得利，也就是非给付型不当得利，是指受益人基于侵权行为、法律规定或自然事件等原因而获得利益。

三、不当得利之债的效力

（1）不当得利一经成立，当事人之间即形成债的关系，受有损失的一方享有请求返还其利益的权利，获得利益的一方负有返还利益的义务。应予返还的利益，包括原物、原物所生的孳息以及利用原物所取得的其他利益。返还利益的具体范围依获益方的主观心态而定：得利人为善意时，取得的利益已经不存在的，不承担返还该利益的义务；得利人为恶意时，受损失的人可以请求得利人返还其取得的利益并依法赔偿损失。一般认为，受益方为善意时，若损失大于利益，只返还现存利益；若损失小于利益，返还利益的范围以损失为准。受益方为恶意时，应返还其取得的全部利益，若利益少于损失，还须就损失与利益之间的差额进行赔偿。受益方取得利益时为善意，而后变为恶意的，返还的范围以恶意开始剩余的利益为限。

（2）得利人已经将取得的利益无偿转让给第三人的，受损失的人可以请求第三人在相应范围内承担返还义务。

第十七章　知识产权

大纲应试策略

本章包括知识产权的概念、特征、范围，著作权的概念、特征、主体、内容、客体，专利权的概念、特征、主体、内容、客体，商标权的概念、特征、主体、内容、客体等内容。在背诵要点中，各类知识产权的主体、内容和客体是核心考点。本章较难掌握的知识点是著作权各类权利的认定。除考查过的主观题外，本章较为重要的简答题有：商业秘密的概念和侵犯商业秘密的情形；表演者对其表演享有的权利的内容；发明和实用新型的区别；专利权的内容等。

大纲背诵要点

第一节　知识产权概述

一、知识产权的概念和特征

（一）知识产权的概念

1. 知识产权的概念

知识产权是指民事主体对创造性智力成果依法享有的权利的总称。知识产权有广义和狭义之分。

2. 广义的知识产权及其客体

广义的知识产权是指权利人依法就下列客体享有的专有的权利：

（1）作品；

（2）发明、实用新型、外观设计；

（3）商标；

（4）地理标志；

（5）商业秘密；

（6）集成电路布图设计；

（7）植物新品种；

（8）法律规定的其他客体。

3. 狭义的知识产权

狭义的知识产权，即传统意义上的知识产权，包括著作权、专利权、商标权三个组成部分，其中专利权与商标权合称工业产权。

（二）知识产权的特征

（1）专有性。

（2）地域性。

（3）时间性。

（4）客体的无形性。

二、知识产权的范围

（一）商业秘密的概念

商业秘密是指不为公众所知悉、具有商业价值并经权利人采取相应保密措施的技术信息、经营信息等商业信息。

（二）商业秘密的构成要件

（1）非公知性，即不为公众所知悉。有关信息不为其所属领域的相关人员普遍知悉和容易获得，应当认定为“不为公众所知悉”。

（2）具有商业价值。这要求作为商业秘密的有关信息应当具有现实的或者潜在的商业价值，能为权利人带来竞争优势。

（3）保密性。这要求权利人为防止信息泄露应当采取与其商业价值等具体情况相适应的合理保护措施。

（三）侵犯商业秘密的行为

经营者不得实施下列侵犯商业秘密的行为：

（1）以盗窃、贿赂、欺诈、胁迫、电子侵入或者其他不正当手段获取权利人的商业秘密。

（2）披露、使用或者允许他人使用以前项手段获取的权利人的商业秘密。

（3）违反保密义务或者违反权利人有关保守商业秘密的要求，披露、使用或者允许他人使用其所掌握的商业秘密。

（4）教唆、引诱、帮助他人违反保密义务或者违反权利人有关保守商业秘密的要求，获取、披露、使用或者允许他人使用权利人的商业秘密。

经营者以外的其他自然人、法人和非法人组织实施前述所列违法行为的，视为侵犯商业秘密。

第三人明知或者应知商业秘密权利人的员工、前员工或者其他单位、个人实施上述所列四项违法行为，仍获取、披露、使用或者允许他人使用该商业秘密的，视为侵犯商业秘密。

第二节　著作权

一、著作权的概念和特征

（一）著作权的概念

著作权（版权）是指著作权人对文学、艺术和科学作品依法享有的各项专有权利。

（二）著作权的特征

著作权除具有知识产权的特征外，还具有如下特征：

（1）权利内容具有人身权和财产权的双重属性。

（2）权利自动产生，既不需要发表，也无须任何部门审批。

二、著作权的主体

（一）著作权的主体的概念

著作权的主体即著作权人，是指依法对文学、艺术和科学作品享有著作权的人。

（二）作者

著作权原则上属于作者。作者分为如下两种：

（1）创作作品的自然人。

（2）法人或者非法人组织。由法人或者非法人组织主持，代表法人或者非法人组织意志创作，并由法人或者非法人组织承担责任的作品，法人或者非法人组织视为作者。

三、著作权的客体

（一）著作权的客体的概念

著作权的客体即作品，是指文学、艺术和科学领域内具有独创性并能以一定形式表现的智力成果。

（二）作品的类型

（1）文字作品；

（2）口述作品；

（3）音乐、戏剧、曲艺、舞蹈、杂技艺术作品；

（4）美术、建筑作品；

（5）摄影作品；

（6）视听作品；

（7）工程设计图、产品设计图、地图、示意图等图形作品和模型作品；

（8）计算机软件；

（9）符合作品特征的其他智力成果。

（三）不受著作权法保护的对象

（1）法律、法规，国家机关的决议、决定、命令和其他具有立法、行政、司法性质的文件，及其官方正式译文；

（2）单纯事实消息；

（3）历法、通用数表、通用表格和公式。

四、著作权的内容

著作权的内容包括著作人身权和著作财产权。著作人身权包括发表权、署名权、修改权和保护作品完整权，其余为著作财产权。署名权、修改权、保护作品完整权的保护期限不受限制，其他权利的保护期，著作权人为自然人的，为作者终生及死后 50 年（第 50 年的 12 月 31 日）。著作人身权不得转让，著作财产权可以依法转让，他人经著作权人许可行使上述著作财产权的，应当依法或依约支付报酬。

（1）发表权，即决定作品是否公之于众的权利。

（2）署名权，即表明作者身份，在作品上署名的权利。

（3）修改权，即修改或者授权他人修改作品的权利。

(4) 保护作品完整权，即保护作品不受歪曲、篡改的权利。

(5) 复制权，即以印刷、复印、拓印、录音、录像、翻录、翻拍、数字化等方式将作品制作一份或者多份的权利。

(6) 发行权，即以出售或者赠与方式向公众提供作品的原件或者复制件的权利。

(7) 出租权，即有偿许可他人临时使用视听作品、计算机软件的原件或者复制件的权利，计算机软件不是出租的主要标的的除外。

(8) 展览权，即公开陈列美术作品、摄影作品的原件或者复制件的权利。

(9) 表演权，即公开表演作品，以及用各种手段公开播送作品的表演的权利。

(10) 放映权，即通过放映机、幻灯机等技术设备公开再现美术、摄影、视听作品等的权利。

(11) 广播权，即以有线或者无线方式公开传播或者转播作品，以及通过扩音器或者其他传送符号、声音、图像的类似工具向公众传播广播的作品的权利，但不包括信息网络传播的权利。

(12) 信息网络传播权，即以有线或者无线方式向公众提供，使公众可以在其选定的时间和地点获得作品的权利。

(13) 摄制权，即以摄制视听作品的方法将作品固定在载体上的权利。

(14) 改编权，即改变作品，创作出具有独创性的新作品的权利。

(15) 翻译权，即将作品从一种语言文字转换成另一种语言文字的权利。

(16) 汇编权，即将作品或者作品的片段通过选择或者编排，汇集成新作品的权利。

(17) 应当由著作权人享有的其他权利。

著作权人可以许可他人行使前述第 5 项至第 17 项规定的权利，并依照约定或者著作权法有关规定获得报酬。著作权人可以全部或者部分转让上述第 5 项至第 17 项规定的权利，并依照约定或者著作权法有关规定获得报酬。

第三节　专利权

一、专利权的概念和特征

（一）专利权的概念

专利权是指发明创造的发明人、设计人或其他申请人以及上述主体的合法继承人依法享有的对某项发明创造的独占使用权。

（二）专利权的特征

专利权除具有知识产权的共同特征外，还具有公开性和行政授予性特征。

公开性是指只有将专利技术予以公开才能被授予专利权。

行政授予性是指专利权并非自动产生的权利，必须经专利行政部门授予才能取得。

二、专利权的主体

（一）专利权的主体

专利权的主体是专利权人，即享有专利法规定的权利并同时承担义务的人。我国自然人和单位都可以依照法定程序申请专利，成为专利权的主体。外国人、外国企业或者外国其他组织也可以成为我国的专利权人。

（二）专利权人取得专利权的方式

1. 原始取得

（1）职务发明创造和非职务发明创造。职务发明创造申请专利的权利属于该单位，申请被批准后，该单位为专利权人。利用本单位的物质技术条件所完成的发明创造，单位与发明人或者设计人订有合同，对申请专利的权利和专利权的归属作出约定的，从其约定。非职务发明创造申请专利的权利属于发明人或者设计人；申请被批准后，该发明人或者设计人为专利权人。

（2）合作发明创造和委托发明创造。两个以上单位或者个人合作完成的发明创造、一个单位或者个人接受其他单位或者个人委托所完成的发明创造，除另有协议的以外，申请专利的权利属于完成或者共同完成的单位或者个人；申请被批准后，申请的单位或者个人为专利权人。

2. 继受取得

继受取得是指通过合同或者继承取得专利权。

三、专利权的客体

（一）专利权客体的概念

专利权的客体是指符合专利条件的发明创造。

（二）专利权客体的类型

1. 专利权的客体类型

专利权的客体包括发明、实用新型和外观设计。发明专利的保护期限为 20 年；实用新型的保护期限为 10 年，外观设计专利权的保护期限为 15 年。

2. 发明和实用新型的区别

（1）发明所包含的范围大于实用新型。发明是对产品、方法或其改进所作出的新的技术方案；实用新型是对产品的形状、构造或者其结合所提出的适于实用的新的技术方案。实用新型的范围小于发明，不包括物品的制造方法。

（2）发明的创造性强于实用新型。发明应当具有突出的特点和显著的进步；而实用新型只强调实质性特点和进步。

（3）实用新型的审批程序比发明简便。发明须经实质审查；而实用新型比发明的审批手续简单，无须经过实质审查。

（4）发明与实用新型的保护期限不同。发明专利的保护期限为 20 年；而实用新型的保护期限为 10 年。二者都是自申请日起计算保护期。

3. 不授予专利权的情形

（1）违法的发明创造。对违反法律、社会公德或者妨害公共利益的发明创造，不授予专利权。对违反法律、行政法规的规定获取或者利用遗传资源，并依赖该遗传资源完成的发明创造，不授予专利权。

（2）禁止垄断的发明创造。对下列各项，不授予专利权：

①科学发现；

②智力活动的规则和方法；

③疾病的诊断和治疗方法；

④动物和植物品种；

⑤原子核变换方法以及用原子核变换方法获得的物质；

⑥对平面印刷品的图案、色彩或者二者的结合作出的主要起标识作用的设计。

对前述第 4 项所列产品的生产方法，可以依法授予专利权。

四、专利权的内容

（1）自己实施专利的权利。

（2）许可他人实施专利的权利。

（3）转让权。专利权人有权转让专利权和专利申请权。

（4）报酬权和受奖权。职务发明创造的发明人或设计人有权得到报酬或奖励。

（5）署名权和标记权。发明人或者设计人有权在专利文件中写明自己是发明人或者设计人，专利权人有权在其专利产品或包装上标明专利标识。

此外，专利权人还有权放弃专利权。

第四节　商标权

一、商标权的概念和特征

（一）商标权的概念

商标权是指商标注册人对其注册商标享有的专有使用权。

（二）商标权的特征

商标权除具有知识产权的共同特征外，还具有以下特征：

（1）权利内容的单一性。商标权只具有财产内容，不具有人身内容。所以，商标权是纯粹的财产权。

（2）行政授予性。行政授予性是指商标权并非自动产生的权利，必须经商标注册申请人申请和行政部门授予才能取得。

二、商标权的主体

商标权的主体包括商标权的原始主体和继受主体，商标权的原始主体是指商标注册人，继受主体是指依法通过注册商标的转让或者移转取得商标权的自然人、法人或者其他组织。

三、商标权的客体

（一）商标权的客体

商标权的客体是注册商标，即经商标局核准注册的商标。在我国，未经注册的商标虽然在不侵害他人注册商标的前提下可以使用，但不受法律保护，也不能取得商标专用权。注册商标包括商品商标、服务商标、集体商标、证明商标。

（二）商标的构成要素

（1）商标是指自然人、法人和其他组织在其商品或提供的服务上所使用的，由文字、图形、字母、数字、三维标志、颜色组合和声音等，以及上述要素的组合构成的，便于识别商品或服务来源的可视性标志。

（2）申请注册的商标，应当有显著特征，便于识别，并不得与他人在先取得的合法权利相冲突。

（三）商标的相对禁止注册条件

下列标志不得作为商标注册：

（1）仅有本商品的通用名称、图形、型号的。

（2）仅直接表示商品的质量、主要原料、功能、用途、重量、数量及其他特点的。

（3）其他缺乏显著特征的。

前述所列标志经过使用取得显著特征，并便于识别的，可以作为商标注册。

（四）商标的绝对禁止注册条件

下列标志不得作为商标使用：

（1）同中华人民共和国的国家名称、国旗、国徽、军旗、勋章相同或者近似的，以及同中央国家机关所在地特定地点的名称或者标志性建筑物的名称、图形相同的。

（2）同外国的国家名称、国旗、国徽、军旗相同或者近似的，但该国政府同意的除外。

（3）同政府间国际组织的名称、旗帜、徽记相同或者近似的，但经该组织同意或者不易误导公众的除外。

（4）与表明实施控制、予以保证的官方标志、检验印记相同或者近似的，但经授权的除外。

（5）同“红十字”“红新月”的名称、标志相同或者近似的。

（6）带有民族歧视性的。

（7）夸大宣传并带有欺骗性的。

（8）有害于社会主义道德风尚或者有其他不良影响的。

（9）县级以上行政区划的地名或者公众知晓的外国地名，不得作为商标。但是，地名具有其他含义或者作为集体商标、证明商标组成部分的除外；已经注册的使用地名的商标继续有效。

四、商标权的内容

（1）独占使用权。商标一经注册，商标权人即对注册商标在法定范围内享有专有使用的权利，他人未经许可不得使用，否则构成侵权。

（2）转让权。商标权人有权依照法律规定，将商标权转让给他人。商标转让后，原商标权人的权利丧失，受让人取得商标权。

（3）使用许可权。商标权人有权通过签订商标使用许可合同，许可他人使用自己的注册商标。

第十八章　人格权

大纲应试策略

本章包括人格权的概念、特征、一般人格权，生命权、身体权、健康权、姓名权、名称权、肖像权、名誉权、荣誉权、隐私权和个人信息保护等内容。在背诵要点中，有关人格权禁止性规定、人格标识许可使用、死者人格利益保护、精神损害赔偿请求权聚合、人体捐献、人体临床试验，从事人体基因、人体胚胎等有关医学和科研活动时所负的义务，性骚扰，以及各类具体人格权的认定、侵权表现及保护等是核心考点。本章较难掌握的知识点是各类人格权的认定。从最近几年考试情况分析，本章出题方式主要是选择题，民法典生效后，对主观题的考查会逐渐增多。除考查过的主观题外，本章较为重要的简答题有：一般人格权的概念和特征；我国民法典关于人体捐献的规定；名誉侵权的表现及因公共利益影响他人名誉仍应承担责任的情形；荣誉和名誉的区别；侵害隐私权的禁止行为等。本章较为重要的论述题有：民法典人格权编对我国人格权立法的发展与完善；合理使用他人的人格要素与不合理使用的民事责任；结合我国民法典的规定论述肖像权的内容；我国民法典对隐私权的保护；我国民法典中的个人信息保护。

大纲背诵要点

第一节 人格权概述

一、人格权的概念、特征、类型和保护

（一）人格权的概念

人格权是指民事主体依法享有的维护其独立法律人格所必备的基本民事权利。

（二）人格权的特征

（1）人格权是作为民事主体所应当具备的。

（2）民事主体享有人格权是经法律认可的。

（3）民事主体享有的人格权完全平等。

（4）人格权以人格利益为客体。

（5）人格权不得放弃、转让和继承。

（三）人格权的类型

人格权包括一般人格权和具体人格权。

一般人格权包括人身自由和人格尊严。

具体人格权包括生命权、身体权、健康权、姓名权、名称权、肖像权、名誉权、荣誉权、隐私权、个人信息权益等权利。

（四）人格权的保护

（1）民事主体的人格权受法律保护，任何组织或者个人不得侵害。

（2）死者的姓名、肖像、名誉、荣誉、隐私、尸体等受到侵害的，其配偶、子女、父母有权依法请求行为人承担民事责任；死者没有配偶、子女且父母已经死亡的，其他近亲属有权依法请求行为人承担民事责任。

（3）人格权受到侵害的，受害人有权依照民法典和其他法律的规定请求行为人承担民事责任。认定行为人承担侵害除生命权、身体权和健康权外的人格权的民事责任，应当考虑行为人和受害人的职业、影响范围、过错程度，以及行为的目的、方式、后果等因素。

（4）因当事人一方的违约行为，损害对方人格权并造成严重精神损害，受损害方选择请求其

承担违约责任的，不影响受损害方请求精神损害赔偿。

（5）民事主体有证据证明行为人正在实施或者即将实施侵害其人格权的违法行为，不及时制止将使其合法权益受到难以弥补的损害的，有权依法向人民法院申请采取责令行为人停止有关行为的措施。

（6）为公共利益实施新闻报道、舆论监督等行为的，可以合理使用民事主体的姓名、名称、肖像、个人信息等；使用不合理侵害民事主体人格权的，应当依法承担民事责任。

（7）行为人因侵害人格权承担消除影响、恢复名誉、赔礼道歉等民事责任的，应当与行为的具体方式和造成的影响范围相当。行为人拒不承担前述民事责任的，人民法院可以采取在报刊、网络等媒体上发布公告或者公布生效裁判文书等方式执行，产生的费用由行为人负担。

二、人格权和人身自由、人格尊严

1. 一般人格权的概念

一般人格权是指民事主体基于人身自由以及人格尊严等根本人格利益而享有的人格权。

2. 一般人格权的特征

（1）主体具有普遍性。自然人、法人及非法人组织均平等地享有一般人格权。

（2）权利客体的高度概括性。一般人格权的客体是高度概括的民事主体一般人格利益，是具体人格权之外的、尚未或无法具体化的人格利益，它涵盖了具体人格利益之外民事主体应当享有的所有其他人格利益。

（3）所保护的利益的根本性。人格平等、独立、自由和尊严都是民事主体之所以成为民事主体最根本的条件。

（4）权利内容的不确定性。一般人格权的内容无法事先确定，也不应当事先确定。

3. 一般人格权的功能

（1）产生具体人格权。一般人格权是具体人格权的渊源，即具体人格权源于一般人格权。

（2）解释具体人格权。当对具体人格权进行解释时，应当以一般人格权的基本原则和基本特征为标准，有悖于一般人格权基本原理的解释应属无效。

（3）补充具体人格权。一般人格权既可以概括现有的具体人格权，又可以产生新的具体人格权，还可以对尚未被具体人格权确认保护的其他人格利益发挥补充的功能。

4. 一般人格权的内容

一般人格权的内容通常概括为人身自由及人格尊严两个方面。

第二节 具体人格权

一、生命权、身体权和健康权

（一）生命权

1. 生命权的概念

生命权是指自然人享有的生命安全不受非法侵害的权利。

2. 生命权的内容

（1）生命安全维护权。

(2) 生命利益支配权。

(二) 身体权

1. 身体权的概念

身体权是指自然人享有的对其肢体、器官和其他组织进行支配并维护其安全与完整，从而享受一定利益的权利。

2. 身体权的保护

(1) 自然人的身体完整和行动自由受法律保护。任何组织或者个人不得侵害他人的身体权。

(2) 完全民事行为能力人有权依法自主决定无偿捐献其人体细胞、人体组织、人体器官、遗体。任何组织或者个人不得强迫、欺骗、利诱其捐献。完全民事行为能力人同意捐献的，应当采用书面形式，也可以订立遗嘱。自然人生前未表示不同意捐献的，该自然人死亡后，其配偶、成年子女、父母可以共同决定捐献，决定捐献应当采用书面形式。

(3) 禁止以任何形式买卖人体细胞、人体组织、人体器官、遗体。

(4) 以非法拘禁等方式剥夺、限制他人的行动自由，或者非法搜查他人身体的，受害人有权依法请求行为人承担民事责任。

3. 身体权的特征

(1) 身体权的主体限于自然人。

(2) 身体权的客体是权利人自身的物质性人格要素。

(3) 身体权的内容是自然人对其身体完整的维护及对肢体、器官和组织的支配，故身体权属于支配权。

(4) 身体权是不可转让的基本人格权。

4. 身体权的内容

(1) 保护自然人的身体完整性和完全性。

(2) 支配自己的肢体、器官和其他组织等身体组成部分。

(三) 健康权

1. 健康权的概念

健康权是指自然人依法享有的维护其健康、保持与利用其劳动能力并排除他人非法侵害的权利。

2. 健康权的保护

(1) 自然人的身心健康受法律保护。

(2) 自然人的生命权、身体权、健康权受到侵害或者处于其他危难情形的，负有法定救助义务的组织或者个人应当及时施救。

(3) 为研制新药、医疗器械或者发展新的预防和治疗方法，需要进行临床试验的，应当依法经相关主管部门批准并经伦理委员会审查同意，向受试者或者受试者的监护人告知试验目的、用途和可能产生的风险等详细情况，并经其书面同意。进行临床试验的，不得向受试者收取试验费用。

(4) 从事人体基因、人体胚胎等有关的医学和科研活动时的义务。从事与人体基因、人体胚胎等有关的医学和科研活动，应当遵守法律、行政法规和国家有关规定，不得危害人体健康，不得违背伦理道德，不得损害公共利益。

（5）违背他人意愿，以言语、文字、图像、肢体行为等方式对他人实施性骚扰的，受害人有权依法请求行为人承担民事责任。机关、企业、学校等单位应当采取合理的预防、受理投诉、调查处置等措施，防止和制止利用职权、从属关系等实施性骚扰。

3. 健康权的特征

（1）健康权以维护自然人的身体生理功能的正常发挥为根本利益。

（2）健康权是专属于自然人的人格权，始于出生、终于死亡，具有不可转让性。

（3）健康权是绝对权、对世权。

4. 健康权的内容

（1）健康维护权。

（2）劳动能力维护权。

（3）健康利益支配权。

二、姓名权和名称权

（一）姓名权

1. 姓名权的概念

姓名权是自然人依法享有的决定、使用、改变自己姓名，并排除他人非法侵害（如干涉、盗用、假冒等）的权利。

2. 姓名权的特征

（1）姓名权是以自然人的姓名为客体的人格权。

（2）姓名权是专属于自然人的人格权，与自然人的人身不可分离，既不得转让也不得抛弃。

（3）自然人决定、变更姓名应当依法向有关机关办理登记手续，但是法律另有规定的除外。

3. 姓名权的内容

（1）姓名决定权。

（2）姓名使用权和许可他人使用权。

（3）姓名变更权。

（二）名称权

1. 名称权的概念

名称权是法人及其他社会组织依法享有的决定、使用、改变其名称并排除他人非法干涉的权利。

2. 名称权的特征

（1）名称权的主体是自然人以外的其他民事主体，包括法人、非法人组织。

（2）名称权往往具有直接财产利益，商业名称权可以转让。

（3）法人、非法人组织决定、变更、转让名称的，应当依法向有关机关办理登记手续，但是法律另有规定的除外。

3. 名称权的内容

（1）名称决定权。

（2）名称使用权。

（3）名称变更权。

(4) 名称转让权和许可他人使用权。

三、肖像权

(一) 肖像和肖像权的概念

肖像，是指通过影像、雕塑、绘画等方式在一定载体上所反映的特定自然人可以被识别的外部形象。

肖像权是指自然人依法制作、使用、公开或者许可他人使用自己的肖像，借此享受一定利益并排除他人非法侵害的权利。

(二) 肖像权的特征

(1) 肖像权是专属于自然人的人格权，其主体限于自然人。

(2) 肖像权的客体是肖像权人的肖像，而不是肖像的载体。

(3) 肖像权是专有权。肖像直接关系到自然人的人格尊严与社会评价，与自然人的人格不可分离。

(三) 肖像权的内容

(1) 肖像制作权。

(2) 肖像使用权和许可使用权。

(3) 肖像利益维护权。

(四) 肖像的合理使用行为

合理实施下列行为的，可以不经肖像权人同意：

(1) 为个人学习、艺术欣赏、课堂教学或者科学研究，在必要范围内使用肖像权人已经公开的肖像。

(2) 为实施新闻报道，不可避免地制作、使用、公开肖像权人的肖像。

(3) 为依法履行职责，国家机关在必要范围内制作、使用、公开肖像权人的肖像。

(4) 为展示特定公共环境，不可避免地制作、使用、公开肖像权人的肖像。

(5) 为维护公共利益或者肖像权人合法权益，制作、使用、公开肖像权人的肖像的其他行为。

四、名誉权和荣誉权

(一) 名誉权

1. 名誉和名誉权的概念

名誉是对民事主体的品德、声望、才能、信用等的社会评价。

名誉权是指自然人依法享有的维护其名誉，享受名誉给自己带来的利益并排除他人非法侵害的权利。

2. 名誉权的特征

(1) 名誉权的主体包括所有的民事主体。

(2) 名誉权的客体为名誉。

(3) 名誉权不具有直接的财产内容，但与一定的财产利益相联系。

3. 名誉权的内容

(1) 名誉保有权。

(2) 名誉维护权。

(3) 名誉利益支配权。

4. 名誉权的保护

(1) 行为人为公共利益实施新闻报道、舆论监督等行为，影响他人名誉的，不承担民事责任，但是有下列情形之一的除外：

①捏造、歪曲事实；

②对他人提供的严重失实内容未尽到合理核实义务；

③使用侮辱性言辞等贬损他人名誉。

(2) 行为人发表的文学、艺术作品以真人真事或者特定人为描述对象，含有侮辱、诽谤内容，侵害他人名誉权的，受害人有权依法请求该行为人承担民事责任。行为人发表的文学、艺术作品不以特定人为描述对象，仅其中的情节与该特定人的情况相似的，不承担民事责任。

(3) 民事主体有证据证明报刊、网络等媒体报道的内容失实，侵害其名誉权的，有权请求该媒体及时采取更正或者删除等必要措施。

(4) 民事主体可以依法查询自己的信用评价；发现信用评价不当的，有权提出异议并请求采取更正、删除等必要措施。信用评价人应当及时核查，经核查属实的，应当及时采取必要措施。

(二) 荣誉权

1. 荣誉和荣誉权的概念

荣誉是特定人从特定组织获得的一种专门化和确定化的积极评价。

荣誉权是指主体对荣誉享有的获得、保持、利用并享受所产生利益的权利。

2. 荣誉和名誉的区别

(1) 来源不同。荣誉是由特定组织授予的，来源具有特定性；名誉是民事主体获得的生活评价，其来源是不特定的社会公众。

(2) 内容不同。荣誉是对民事主体的正面的、积极的、褒扬性的评价；名誉是对民事主体的客观评价，该评价可能是正面的积极的，也可能是负面的消极的，故名誉有好坏之分，而荣誉则无此区分。同时，荣誉是由一定组织依一定条件和程序给予的，是一种正式评价，表现为一定的形式如荣誉称号；名誉则是一种带有随意性的评价，没有固定的形式。

(3) 涉及的范围不同。荣誉仅仅是对民事主体的某个特定方面的评价，名誉则是对某一主体的综合性评价，涉及主体的各个方面。

(4) 能否剥夺或者撤销不同。荣誉可以依照一定的程序剥夺或者撤销，而名誉只可能发生改变，不可能被剥夺或者撤销。

3. 荣誉权的特征

(1) 权利主体包括所有的民事主体。

(2) 客体是民事主体获得的荣誉。

4. 荣誉权的内容

(1) 荣誉获得权。

(2) 荣誉维护权。

(3) 荣誉利用权。

五、隐私权和个人信息保护

(一) 隐私权

1. 隐私和隐私权的概念

隐私是自然人的私人生活安宁和不愿为他人知晓的私密空间、私密活动、私密信息。

隐私权是指自然人享有的对自己的个人隐私进行支配并排除他人非法干涉的人格权。

2. 隐私权的特征

(1) 隐私权的主体限于自然人，是专属于自然人的人格权利。

(2) 隐私权的客体是隐私，法律禁止以刺探、侵扰、泄露、公开等方式侵害他人的隐私权。

(3) 隐私权是支配权，权利人既可以利用隐私，也可以放弃隐私。

3. 隐私权的内容

(1) 隐私保密权。

(2) 隐私保护权。

(3) 隐私支配权。

4. 隐私侵害行为

除法律另有规定或者权利人明确同意外，任何组织或者个人不得实施下列行为：

(1) 以电话、短信、即时通讯工具、电子邮件、传单等方式侵扰他人的私人生活安宁。

(2) 进入、拍摄、窥视他人的住宅、宾馆房间等私密空间。

(3) 拍摄、窥视、窃听、公开他人的私密活动。

(4) 拍摄、窥视他人身体的私密部位。

(5) 处理他人的私密信息。

(6) 以其他方式侵害他人的隐私权。

(二) 个人信息保护

1. 个人信息的概念

个人信息是以电子或者其他方式记录的能够单独或者与其他信息结合识别特定自然人的各种信息，包括自然人的姓名、出生日期、身份证件号码、生物识别信息、住址、电话号码、电子邮箱、健康信息、行踪信息等。其中，敏感个人信息是一旦泄露或者非法使用，容易导致自然人的人格尊严受到侵害或者人身、财产安全受到危害的个人信息，包括生物识别、宗教信仰、特定身份、医疗健康、金融账户、行踪轨迹等信息，以及不满 14 周岁未成年人的个人信息。

2. 个人信息的处理

(1) 个人信息处理的原则和条件。处理个人信息的，应当遵循合法、正当、必要原则，不得过度处理，并符合下列条件：

①征得该自然人或者其监护人同意，但是法律、行政法规另有规定的除外；

②公开处理信息的规则；

③明示处理信息的目的、方式和范围；

④不违反法律、行政法规的规定和双方的约定。

(2) 处理个人信息的免责事由。处理个人信息也有不承担民事责任的例外，主要包括：

①在该自然人或者其监护人同意的范围内合理实施的行为；

②合理处理该自然人自行公开的或者其他已经合法公开的信息，但是该自然人明确拒绝或者处理该信息侵害其重大利益的除外；

③为维护公共利益或者该自然人合法权益，合理实施的其他行为。

(3) 敏感个人信息的处理。只有在具有特定的目的和充分的必要性，并采取严格保护措施的情形下，个人信息处理者方可处理敏感个人信息。处理敏感个人信息应当取得个人的单独同意；法律、行政法规规定处理敏感个人信息应当取得书面同意的，从其规定。

3. 信息处理者的信息安全保障义务的内容

(1) 信息处理者不得泄露或者篡改其收集、存储的个人信息；未经自然人同意，不得向他人非法提供其个人信息，但是经过加工无法识别特定个人且不能复原的除外。

（2）信息处理者应当采取技术措施和其他必要措施，确保其收集、存储的个人信息安全，防止信息泄露、篡改、丢失；发生或者可能发生个人信息泄露、篡改、丢失的，应当及时采取补救措施，按照规定告知自然人并向有关主管部门报告。

第十九章　婚姻家庭

大纲应试策略

本章包括亲属、结婚、家庭关系、离婚和收养等内容。在背诵要点中，结婚的要件、无效婚姻、可撤销婚姻、夫妻财产关系、诉讼离婚、离婚的法律后果、离婚时的救济和收养关系的成立是核心考点。除考查过的主观题外，本章较为重要的简答题有：结婚的要件；夫妻人身关系的内容；婚姻关系存续期间夫妻一方可以请求分割共同财产的情形；离婚的概念与特征；登记离婚的条件；判决离婚的法定事由；离婚损害赔偿的适用条件；收养的概念和特征；收养的效力；收养关系解除的法律后果。本章较为重要的论述题有：民法典婚姻家庭编对婚姻家庭制度的创新与发展；可撤销婚姻；夫妻共同债务的认定及清偿；约定财产制。本章案例分析题一般结合物权、合同等知识进行综合考查。

大纲背诵要点

第一节　亲属

一、亲属的概念和特征

（一）亲属的概念

亲属是指因婚姻、血缘和法律拟制而产生的一种人与人之间的社会关系。

（二）亲属的特征

（1）亲属具有身份性。

（2）亲属产生的原因具有特殊性。

（3）亲属间的权利义务具有法定性。

二、亲属的范围与家庭成员

（一）亲属的范围

我国民法典调整的亲属范围以近亲属为限，近亲属包括配偶、父母、子女、兄弟姐妹、祖父母、外祖父母、孙子女、外孙子女。

（二）家庭成员

家庭成员，是指同居一家共同生活并负有权利义务的亲属。在我国，配偶、父母、子女和其他共同生活的近亲属为家庭成员。

三、亲属的种类

亲属分为配偶、血亲和姻亲三类。其中，配偶在亲属关系中居于核心地位。

四、亲系与亲等

（一）亲系

亲系是亲属间的联络系统。

（二）亲等

我国民法典采用“代数”计算法，以“代”作为计算亲属关系亲疏远近的基本单位。

第二节　结婚

一、结婚的要件

（一）结婚的实质要件

1. 结婚的必备要件

（1）结婚必须男女双方完全自愿。

（2）达到法定婚龄。男不得早于22周岁，女不得早于20周岁。

（3）男女双方均无配偶。

2. 结婚的禁止要件

直系血亲和三代以内旁系血亲禁止结婚。

（二）结婚的形式要件

1. 结婚的形式要件

在我国，结婚必须履行的法定程序就是登记，要求结婚的男女双方必须亲自到婚姻登记机关申请结婚登记。完成结婚登记，即确立婚姻关系。

2. 事实婚姻

未办理结婚登记而以夫妻名义共同生活的现象称为事实婚姻。

二、无效婚姻

（一）无效婚姻的概念

无效婚姻是指虽已办理结婚登记但因欠缺结婚实质要件而不具有法律效力的婚姻。

（二）婚姻无效的情形

（1）重婚。

（2）有禁止结婚的亲属关系。

（3）未到法定婚龄。

（三）婚姻无效的宣告程序

1. 宣告婚姻无效的机关

我国采用的是宣告无效制，宣告婚姻无效的机关是人民法院。

2. 启动认定婚姻无效的程序

(1) 根据当事人的申请。有权向人民法院请求确认婚姻无效的主体，包括婚姻当事人及利害关系人。其中，利害关系人包括：

①以重婚为由的，为当事人的近亲属及基层组织；

②以未到法定婚龄为由的，为未到法定婚龄者的近亲属；

③以有禁止结婚的亲属关系为由的，为当事人的近亲属。

(2) 对受理的离婚案件，法院依职权主动审查婚姻的效力。

(四) 无效婚姻的法律后果

(1) 身份上的后果。无效婚姻自始没有法律约束力，当事人自始不具有夫妻的权利和义务。

(2) 财产上的后果。无效婚姻的当事人同居期间所得的财产，由当事人协议处理；协议不成的，由人民法院根据照顾无过错方的原则判决。对重婚导致的无效婚姻的财产处理，不得侵害合法婚姻当事人的财产权益。

(3) 父母子女关系方面的后果。无效婚姻当事人所生的子女，适用民法典婚姻家庭编关于父母子女的规定。例如，当事人双方均有抚养、教育和保护未成年子女的权利和义务；子女由一方直接抚养的，另一方应当负担一定的抚养费；一方抚养子女的，另一方享有探望子女的权利，等等。

(4) 损害赔偿责任。婚姻无效的，无过错方有权请求损害赔偿。

三、可撤销婚姻

(一) 可撤销婚姻的概念

可撤销婚姻是指虽已办理结婚登记，但撤销权人可基于法定事由向人民法院请求撤销的婚姻。

(二) 婚姻可撤销的情形

(1) 受胁迫。胁迫是指行为人以给另一方当事人或者其近亲属的生命、身体健康、名誉、财产等方面造成损害为要挟，迫使另一方当事人违背真实意愿结婚的情况。

(2) 隐瞒重大疾病。一方患有重大疾病，在结婚登记前未如实告知另一方的，另一方可以请求撤销婚姻。

(三) 撤销婚姻的程序

1. 撤销婚姻的机关

撤销婚姻须通过诉讼程序进行，撤销婚姻的机关是人民法院。

2. 撤销婚姻的程序

(1) 因胁迫结婚的，受胁迫的一方可以向人民法院请求撤销婚姻。请求撤销婚姻的，应当自胁迫行为终止之日起 1 年内提出。被非法限制人身自由的当事人请求撤销婚姻的，应当自恢复人身自由之日起 1 年内提出。

(2) 一方患有重大疾病的，应当在结婚登记前如实告知另一方；不如实告知的，另一方可以向人民法院请求撤销婚姻。其撤销婚姻的请求，应当自知道或者应当知道撤销事由之日起 1 年内提出。

3. 婚姻被撤销的法律后果

被撤销的婚姻与无效婚姻具有相同的法律后果。

第三节 家庭关系

一、夫妻关系

（一）夫妻人身关系

1. 夫妻人身关系的概念

夫妻人身关系是指基于夫妻身份而在夫妻之间当然产生的、没有直接财产内容的权利义务关系。

2. 夫妻人身关系的特征

（1）夫妻人身关系发生在合法夫妻之间。

（2）夫妻人身关系对夫妻双方而言既是权利，也是义务。

（3）夫妻人身关系由法律直接规定，夫妻双方不能通过约定加以改变或消灭。

3. 夫妻人身关系的内容

（1）夫妻的姓名权。夫妻双方都有各用自己姓名的权利。

（2）夫妻的人身自由权。夫妻双方都有参加生产、工作、学习和社会活动的自由，一方不得对他方加以限制或干涉。

（3）夫妻对抚育未成年子女有平等的权利和义务。夫妻双方平等享有对未成年子女抚养、教育和保护的权利，共同承担对未成年子女抚养、教育和保护的义务。

（4）夫妻相互忠实义务。夫妻应当互相忠实，互相尊重。

（二）夫妻财产关系

夫妻财产关系，是指夫妻在财产方面享有的权利和义务，包括夫妻财产制、夫妻间的相互扶养义务、夫妻间的相互继承权和夫妻间的日常家事代理权。

1. 夫妻财产制

（1）法定财产制。

1）法定财产制的概念。法定财产制是指在夫妻对婚前或婚后所得财产没有约定的情况下，当然适用法律规定的财产制度，包括法定夫妻共同所有财产制和法定夫妻个人特有财产制两类。

2）法定夫妻共同财产制。

①夫妻共同财产。夫妻在婚姻关系存续期间所得的下列财产，为夫妻共同财产，归夫妻共同所有：

a. 工资、奖金、劳务报酬；

b. 生产、经营、投资的收益；

c. 知识产权的收益；

d. 继承或者受赠的财产，但遗嘱或赠与合同中确定只归夫或妻一方的财产除外；

e. 其他应当归共同所有的财产。

②夫妻对共同财产有平等的处理权。

3）法定夫妻个人特有财产制。下列财产为夫妻一方的个人财产：

①一方的婚前财产；

②一方因受到人身损害获得的赔偿或者补偿；

③遗嘱或者赠与合同中确定只归一方的财产；

④一方专用的生活用品；

⑤其他应当归一方的财产。

4）夫妻共同债务。

①夫妻共同债务的概念。夫妻共同债务是指在婚姻关系存续期间，夫妻一方或双方为共同生活或共同生产、经营活动需要所负的债务。

②夫妻共同债务的特征。某笔债务是否属于夫妻共同债务，应从如下两个方面去考量：

a. 时间性。通常情况下，夫妻共同债务形成于婚姻关系存续期间，但在婚姻关系存续期间所负的债务，又并非都是夫妻共同债务。

b. 用途性。通常情况下，该类债务是为了用于夫妻共同生活或共同生产、经营活动。

③夫妻共同债务的认定。

a. 夫妻双方共同签名或者夫妻一方事后追认等共同意思表示所负的债务，以及夫妻一方在婚姻关系存续期间以个人名义为家庭日常生活需要所负的债务，属于夫妻共同债务。夫妻一方在婚姻关系存续期间以个人名义超出家庭日常生活需要所负的债务，不属于夫妻共同债务；但是，债权人能够证明该债务用于夫妻共同生活、共同生产经营或者基于夫妻双方共同意思表示的除外。

b. 债权人就一方婚前所负个人债务向债务人的配偶主张权利的，人民法院不予支持。但债权人能够证明所负债务用于婚后家庭共同生活的除外。

c. 夫妻一方与第三人串通，虚构债务，第三人主张该债务为夫妻共同债务的，人民法院不予支持。夫妻一方在从事赌博、吸毒等违法犯罪活动中所负债务，第三人主张该债务为夫妻共同债务的，人民法院不予支持。

（2）约定财产制。

1）约定财产制的概念。约定财产制是指夫妻以契约确定夫妻财产关系的制度，在适用上具有优先于法定财产制的效力。

2）夫妻财产约定的有效条件。

①约定的主体须为具备完全民事行为能力的夫妻双方。

②约定的意思表示必须自愿、真实。

③约定的内容必须合法且不违反公序良俗。

④约定的形式必须合法。约定应当采用书面形式。

3）夫妻对财产约定的法律效力。夫妻财产约定的效力包括对内效力和对外效力，即夫妻对婚姻关系存续期间所得的财产以及婚前财产的约定，对双方具有法律约束力。夫妻对婚姻关系存续期间所得的财产约定归各自所有，夫或者妻一方对外所负的债务，相对人知道该约定的，以夫或者妻一方的个人财产清偿。

2. 夫妻间的相互扶养义务

夫妻有相互扶养的义务。需要扶养的一方，在另一方不履行扶养义务时，有要求其给付扶养费的权利。

3. 夫妻间的相互继承权

夫妻有相互继承遗产的权利，且互为第一顺序继承人。

4. 夫妻间的日常家事代理权

夫妻一方因家庭日常生活需要而实施的民事法律行为，对夫妻双方发生效力，但是夫妻一方与相对人另有约定的除外。夫妻之间对一方可以实施的民事法律行为范围的限制，不得对抗善意相对人。

二、父母子女关系

（一）父母子女关系的概念

父母子女关系，又称为亲子关系，是指父母与子女间的权利和义务关系。父母包括生父母、养父母和有抚养关系的继父母。子女包括婚生子女、非婚生子女、养子女和有抚养关系的继子女。

（二）父母子女关系的内容

（1）父母对子女有抚养的义务。

（2）父母有教育、保护未成年子女的权利和义务，未成年子女造成他人损害的，父母应当依法承担民事责任。

（3）子女对父母有赡养扶助的义务。

（4）子女有不干涉父母婚姻的义务。

（5）父母和子女有相互继承遗产的权利。

（6）父、母或成年子女对亲子关系有请求确认或否认的权利。

三、其他亲属关系

（一）祖孙关系

祖孙关系是指祖父母、外祖父母和孙子女、外孙子女之间的权利和义务关系。

（二）兄弟姐妹关系

兄弟姐妹关系是指兄弟姐妹之间的权利和义务关系。

第四节　离婚

一、离婚的概念与特征

（一）离婚的概念

离婚是婚姻关系当事人在生存期间依法解除婚姻关系的法律行为。

（二）离婚的特征

（1）离婚主体只能是夫妻双方本人。

（2）离婚必须以有效婚姻关系的存在为前提。

（3）离婚必须在夫妻双方生存期间进行。

（4）离婚必须符合法定的条件，履行法定的程序。

（5）离婚会产生一系列法律后果。

二、登记离婚

（一）登记离婚的概念

登记（行政）离婚是指夫妻双方自愿离婚，并就离婚的法律后果达成协议，经婚姻登记机关认可，即可解除婚姻关系的离婚方式。

（二）登记离婚的条件

（1）双方当事人必须是办理结婚登记的合法夫妻。事实婚姻、同居关系，即使当事人协议离婚，也不能以登记离婚的方式解除。

（2）双方当事人须为完全民事行为能力人。这是当事人作出真实有效的离婚意思表示的保证。

（3）双方当事人必须有离婚的合意。夫妻双方自愿离婚的，应当签订书面离婚协议，载明双方自愿离婚的意思表示。

(4) 双方当事人对子女抚养、财产以及债务处理等事项达成协议。登记离婚同样会产生一系列法律后果，对这些善后事项双方当事人只有全部达成一致意见，才能适用登记离婚。

(三) 登记离婚的程序

(1) 申请。双方当事人须亲自到婚姻登记机关申请离婚登记。

(2) 审查、登记。婚姻登记机关查明双方确实是自愿离婚，并已经对子女抚养、财产以及债务处理等事项协商一致的，予以登记，发给离婚证。

三、诉讼离婚

(一) 诉讼离婚的调解制度

1. 诉讼外调解

夫妻一方要求离婚的，可以由有关组织进行调解或者直接向人民法院提起离婚诉讼。

2. 诉讼中调解

人民法院审理离婚案件，应当进行调解；如果感情确已破裂，调解无效的，应当准予离婚。调解是人民法院审理离婚案件的必经程序。只有在调解无效时，人民法院才可作出判决。

(二) 判决离婚

感情确已破裂是我国判决离婚的法定理由。如果夫妻感情没有破裂，即使调解无效，也不准予离婚。

夫妻感情确已破裂的情形包括：

(1) 重婚或者与他人同居；

(2) 实施家庭暴力或者虐待、遗弃家庭成员；

(3) 有赌博、吸毒等恶习屡教不改；

(4) 因感情不和分居满 2 年；

(5) 其他导致夫妻感情破裂的情形。

一方被宣告失踪，另一方提起离婚诉讼的，应当准予离婚。经人民法院判决不准离婚后，双方又分居满 1 年，一方再次提起离婚诉讼的，应当准予离婚。

(三) 诉讼离婚的特殊保护

1. 对军人婚姻的特殊保护

现役军人的配偶要求离婚，应当征得军人同意，但是军人一方有重大过错的除外。

2. 对女方的特殊保护

女方在怀孕期间、分娩后 1 年内或者终止妊娠后 6 个月内，男方不得提出离婚；但是，女方提出离婚或者人民法院认为确有必要受理男方离婚请求的除外。

四、离婚的法律后果

(一) 离婚在当事人身份上的效力

离婚导致配偶身份的消灭，当事人双方忠实义务终止，双方都有再婚的自由。

(二) 离婚在当事人财产上的效力

(1) 夫妻间扶养义务的终止。

（2）夫妻相互间继承权的丧失。

（3）夫妻共同财产的分割。

①离婚时，夫妻的共同财产由双方协议处理；协议不成的，由人民法院根据财产的具体情况，按照照顾子女、女方和无过错方权益的原则判决。

②夫妻之间订立借款协议，以夫妻共同财产出借给一方从事个人经营活动或者用于其他个人事务的，应视为双方约定处分夫妻共同财产的行为，离婚时可以按照借款协议的约定处理。

③夫妻一方隐藏、转移、变卖、毁损、挥霍夫妻共同财产，或者伪造夫妻共同债务企图侵占另一方财产的，在离婚分割夫妻共同财产时，对该方可以少分或者不分。离婚后，另一方发现有上述行为的，可以向人民法院提起诉讼，请求再次分割夫妻共同财产。请求再次分割夫妻共同财产的诉讼时效期间为3年，从当事人发现之日起计算。

（4）夫妻共同债务的清偿。

①离婚时，夫妻共同债务应当共同偿还。共同财产不足清偿或者财产归各自所有的，由双方协议清偿；协议不成的，由人民法院判决。

②当事人的离婚协议或者人民法院生效判决、裁定、调解书已经对夫妻财产分割问题作出处理的，债权人仍有权就夫妻共同债务向男女双方主张权利。

③一方就夫妻共同债务承担清偿责任后，主张由另一方按照离婚协议或者人民法院的法律文书承担相应债务的，人民法院应予支持。

（三）离婚在父母子女关系上的效力

（1）离婚后的父母子女关系。父母与子女间的关系，不因父母离婚而消除。离婚后，子女无论由父或者母直接抚养，仍是父母双方的子女。离婚后，父母对于子女仍有抚养、教育、保护的权利和义务。

（2）离婚后子女随何方生活的确定。离婚后，不满2周岁的子女，以由母亲直接抚养为原则。已满2周岁的子女，父母双方对抚养问题协议不成的，由人民法院根据双方的具体情况，按照最有利于未成年子女成长的原则判决。子女已满8周岁的，应当尊重其真实意愿。

（3）离婚后子女抚养费的负担。离婚后，子女由一方直接抚养的，另一方应当负担部分或者全部抚养费。负担费用的多少和期限的长短，由双方协议；协议不成的，由人民法院判决。前述规定的协议或者判决，不妨碍子女在必要时向父母任何一方提出超过协议或者判决原定数额的合理要求。

（4）离异父母对子女的探望权。离婚后，不直接抚养子女的父或者母，有探望子女的权利，另一方有协助的义务。行使探望权利的方式、时间由当事人协议；协议不成的，由人民法院判决。父或者母探望子女，不利于子女身心健康的，由人民法院依法中止探望；中止的事由消失后，应当恢复探望。

五、离婚时的救济

（一）离婚时的经济补偿

1. 经济补偿（请求权）的概念

经济补偿（请求权）是指夫妻一方因抚育子女、照料老年人、协助另一方工作等负担较多义务的，离婚时有权向另一方请求补偿。

2. 经济补偿（请求权）的成立条件

（1）须一方在共同生活中对家庭负担了更多的义务；

（2）必须于离婚时提出请求。

3. 确立经济补偿（请求权）制度的意义

经济补偿制度确立的意义在于肯定了家务劳动的经济价值，目的是给予对家庭负担了较多义务的一方以物质上的补偿，以体现法律在维护当事人利益上的公正。

（二）离婚时的经济帮助

1. 经济帮助（请求权）的概念

经济帮助（请求权）是指离婚时，如一方生活困难，有权请求另一方给予适当帮助。

2. 经济帮助（请求权）的成立条件

（1）要求帮助的一方确实有生活困难。

（2）要求帮助的一方的生活困难存在于离婚时。

（3）另一方有经济负担能力。

3. 确立经济帮助（请求权）制度的意义

确立经济帮助制度的意义在于消除生活困难的一方在离婚问题上的经济顾虑，使他们能够充分行使离婚自由的权利。

（三）离婚损害赔偿

1. 离婚损害赔偿的概念

离婚损害赔偿是指因夫妻一方的法定过错行为导致离婚的，无过错方得向有过错方请求赔偿。

2. 离婚损害赔偿请求权的成立条件

（1）须当事人双方具有法律认可的夫妻身份。

（2）须一方具有法定过错。法定过错包括：

①重婚；

②与他人同居；

③实施家庭暴力；

④虐待、遗弃家庭成员；

⑤其他重大过错。

（3）须因一方的法定过错而离婚。只有在因一方的法定过错导致离婚的情况下，才能产生离婚损害赔偿请求权。

（4）须无过错方因离婚而受到损害。损害包括物质损害和精神损害。

（5）须请求权人无法定过错。如果双方都有法定过错的，则任何一方都不能以对方有过错为由请求离婚损害赔偿。

3. 离婚损害赔偿请求权的行使

（1）无过错方作为原告向人民法院提起损害赔偿请求的，必须在离婚诉讼的同时提出。

（2）在婚姻关系存续期间，当事人不起诉离婚而单独提起损害赔偿请求的，人民法院不予受理。

（3）人民法院判决不准离婚的案件，对于当事人提出的损害赔偿请求，不予支持。

（4）当事人在婚姻登记机关办理离婚登记手续后，向人民法院提出损害赔偿请求的，人民法院应当受理。但当事人在协议离婚时已经明确表示放弃该项请求的，人民法院不予支持。

（5）夫妻一方均有法定过错情形，一方或者双方向对方提出离婚损害赔偿请求的，人民法院不予支持。

第五节　收养

一、收养的概念和特征

（一）收养的概念

收养是指自然人依照法律规定的条件和程序，领养他人的子女为自己的子女，使之发生父母子女间权利义务关系的民事法律行为。

（二）收养的特征

（1）收养是双方法律行为。

（2）收养是身份法律行为。

（3）收养关系是要式法律行为。

二、收养关系的成立

（一）收养关系成立的实质要件

1. 被收养人的条件

下列未成年人，可以被收养：

（1）丧失父母的孤儿。

（2）查找不到生父母的未成年人。

（3）生父母有特殊困难无力抚养的子女。

2. 送养人的条件

下列个人、组织可以做送养人：

（1）孤儿的监护人。监护人送养孤儿的，应当征得有抚养义务的人同意。有抚养义务的人不同意送养、监护人不愿意继续履行监护职责的，应当依法另行确定监护人。

（2）儿童福利机构。

（3）有特殊困难无力抚养子女的生父母。

（4）未成年人的父母均不具备完全民事行为能力且可能严重危害该未成年人的，该未成年人的监护人可以将其送养。

3. 收养人的条件

收养人应当同时具备下列条件：

（1）无子女或者只有一名子女。

（2）有抚养、教育和保护被收养人的能力。

（3）未患有在医学上认为不应当收养子女的疾病。

（4）无不利于被收养人健康成长的违法犯罪记录。

（5）年满30周岁。

（6）无配偶者收养异性子女的，收养人与被收养人的年龄应当相差40周岁以上。

符合上述条件的收养人，无子女的可以收养2名子女；有子女的只能收养1名子女。

4. 须各方当事人达成收养合意

（1）收养人收养与送养人送养，应当双方自愿。

（2）收养8周岁以上未成年人的，应当征得被收养人的同意。

（3）生父母送养子女，应当双方共同送养。生父母一方不明或者查找不到的，可以单方送养。

(4) 有配偶者收养子女，应当夫妻共同收养。

5. 放宽收养条件的法定情形

(1) 收养三代以内旁系同辈血亲的子女，可以不受下列条件限制：被收养人为生父母有特殊困难无力抚养的子女；送养人为有特殊困难无力抚养子女的生父母；无配偶者收养异性子女的，收养人与被收养人的年龄应当相差 40 周岁以上。此外，华侨收养三代以内旁系同辈血亲的子女，还可以不受收养人无子女或者只有 1 名子女的限制。

(2) 继父母收养继子女。继父或者继母经继子女的生父母同意，可以收养继子女，并可以不受下列条件的限制：被收养人为生父母有特殊困难无力抚养的子女；送养人为有特殊困难无力抚养子女的生父母；收养人无子女或者只有 1 名子女；收养人有抚养、教育和保护被收养人的能力；收养人未患有在医学上认为不应当收养子女的疾病；收养人无不利于被收养人健康成长的违法犯罪记录；收养人年满 30 周岁；无子女的收养人可以收养 2 名子女；有子女的收养人只能收养 1 名子女。

(二) 收养关系成立的形式条件

收养关系成立的形式条件，就是办理行政登记。收养应当向县级以上人民政府民政部门登记。收养关系自登记之日起成立。

三、收养的效力

(一) 收养的拟制效力

(1) 自收养关系成立之日起，收养人与被收养人之间形成拟制的父母子女关系，养父母与养子女的权利义务关系，适用民法典关于父母子女关系的规定。

(2) 被收养人与收养人的近亲属之间也形成相应的拟制血亲关系，养子女与养父母的近亲属间的权利义务关系，适用法律关于子女与父母的近亲属关系的规定。

(二) 收养的解消效力

收养关系一经成立，被收养人与其亲生父母及其他自然血亲的亲属之间的法律上的关系就此消灭。

(三) 收养行为的无效

1. 收养行为无效的情形

(1) 具有民法典关于民事法律行为无效的情形。

(2) 收养行为违反收养的实质条件和形式条件。

2. 收养行为无效的法律后果

收养行为无效的法律后果是，无效的收养行为自始没有法律约束力。

四、收养关系的解除

(一) 收养关系解除的法定情形

(1) 收养人侵害未成年养子女的合法权益。

(2) 养父母与养子女关系恶化。

(二) 收养关系解除的程序

1. 依行政程序解除

依行政程序解除收养关系必须具备以下条件：

（1）收养当事人之间达成了解除收养关系的协议。

（2）协议当事人须具有完全民事行为能力。

2. 依诉讼程序解除

依诉讼程序解除是指收养关系当事人不能就解除收养关系达成合意，一方依法诉请人民法院解除收养关系。

（三）收养关系解除的法律后果

1. 身份上的效力

（1）拟制血亲关系消除。

（2）自然血亲关系恢复。

2. 财产上的效力

（1）成年养子女给付生活费的义务。

（2）养父母的补偿请求权。

知识拓展

试论民法典婚姻家庭编对婚姻家庭制度的创新与发展。

婚姻家庭编是民法典的重要组成部分。婚姻家庭编以婚姻法、收养法为基础，在坚持婚姻自由、一夫一妻、男女平等基本原则的前提下，结合社会发展需要，修改了部分规定，并增加了一些新规定。

（1）婚姻家庭编在“一般规定”中增加了“家庭应当树立优良家风，弘扬家庭美德，重视家庭文明建设”的倡导性规定。新增婚姻家庭受国家保护的规定，落实了宪法规定的有关保护婚姻家庭原则。为强化对残疾人的保护，在规定保护妇女、未成年人、老年人的基础上，增加规定特殊保护残疾人。为了更好地维护未成年人的合法权益，将儿童利益最大化原则落实到婚姻家庭编中，并对亲属制度作了原则规定。

（2）在结婚制度中，为尊重当事人的婚姻自主权，婚姻家庭编不再将“患有医学上认为不应当结婚的疾病”作为禁止结婚的情形。完善了无效婚姻和可撤销婚姻制度，将隐瞒重大疾病作为可撤销婚姻的事由，完善受胁迫可撤销婚姻的规定，保护无效或者可撤销婚姻中的无过错方。

（3）在家庭关系中，完善家事代理权制度，完善了法定夫妻财产制，坚持采用婚后所得共同制，并将劳务报酬、投资收益纳入共同财产的范围。确立了婚内共同财产分割的原则，将关于婚内共同财产分割的规定上升为法律并进一步完善。明确夫妻共同债务的范围，有效平衡夫妻双方与债权人各方利益。对亲子关系的确认与否认进行规范。

（4）在离婚制度中，设置冷静期，防止冲动草率离婚，保护婚姻家庭。解决离婚诉讼中的“久调不判”问题，增加规定，经人民法院判决不准离婚后，双方又分居满一年，一方再次提起离婚诉讼的，应当准予离婚。保护离婚中的儿童，对于不满 2 周岁的子女，以由母亲直接抚养为原则，子女已满 8 周岁的，应当尊重其真实意愿。增加离婚分割共同财产照顾无过错方的权益的规定。完善离婚救济制度，充分尊重家务劳动的付出，将采用法定共同财产制的夫妻付出的家务劳动纳入离婚经济补偿的范围。完善离婚损害赔偿制度，将“有其他重大过错”规定为离婚损害赔偿的适用情形。

（5）在收养制度中，进一步完善收养条件，扩大被收养人范围，严格限制收养人条件，落实收养男性与女性同等保护的规则，规范政府部门的收养工作，完善外国人收养制度。

第二十章　继承

大纲应试策略

本章包括继承的概念、特征，继承的开始、接受，继承权，遗产，法定继承、遗嘱继承、遗嘱、遗赠、遗产管理人、遗赠扶养协议、遗产的分割、被继承人债务的清偿等内容。在背诵要点中，继承权的丧失、法定继承人的范围和顺序、遗嘱继承的有效和无效、遗嘱的形式、遗赠与遗嘱继承的区别、遗产的分割、遗产债务的清偿原则等是核心考点。本章较难掌握的是遗产的分配。除考查过的主观题外，本章较为重要的简答题有：继承的概念和特征；继承权的概念和特征；继承权、受遗赠权丧失的法定情形；遗产的概念和特征；法定继承的概念、特征和适用情形；遗嘱的概念和特征；遗嘱继承的概念和特征；遗嘱的适用条件；遗嘱无效的情形；遗赠扶养协议的概念和特征；遗赠扶养协议与遗赠的区别。本章较为重要的论述题有：民法典继承编对我国继承制度的创新与发展；遗嘱的效力；转继承；遗产的分割原则；遗产债务。

大纲背诵要点

第一节　继承概述

一、继承的概念和特征

（一）继承的概念

继承是指将自然人于死亡时遗留的个人合法财产依法转移给他人所有的法律制度。

（二）继承的特征

（1）继承因自然人死亡而发生。

（2）继承主体是死者一定范围内的近亲属。

（3）继承的客体是死者遗留的个人合法财产。

（4）继承产生财产权利变动的后果。

二、继承的开始和继承的接受

（一）继承的开始

继承从被继承人死亡时开始。

（二）继承的接受

继承开始后，继承人接受继承的意思表示，可以是明示的，也可以是默示的。继承开始后，只要继承人没有表示放弃继承，即视为接受继承。

三、继承权

（一）继承权的概念和特征

1. 继承权的概念

继承权是指自然人根据法律的规定或者有效遗嘱的指定取得被继承人遗产的权利。

2. 继承权的特征

（1）继承权是自然人享有的权利。

（2）继承权的产生是基于法律的规定或有效遗嘱的指定。

（3）继承权的客体是遗产。

（4）继承权是于被继承人死亡时才实际享有的权利。

（5）继承权不得转让。

（二）继承权的放弃

（1）继承人放弃继承的意思表示，应当在继承开始后、遗产分割前作出。没有表示的，视为接受继承。遗产分割后表示放弃的，放弃的不再是继承权，而是所有权。

（2）继承人放弃继承权须采用书面形式以明示方式作出。

（3）继承人因放弃继承权，致其不能履行法定义务的，放弃继承权的行为无效。

（4）放弃继承权的效力，追溯到继承开始的时间。

（三）继承权的丧失

继承人有下列行为之一的，丧失继承权：

（1）故意杀害被继承人；

（2）为争夺遗产而杀害其他继承人；

（3）遗弃被继承人，或者虐待被继承人情节严重；

（4）伪造、篡改、隐匿或者销毁遗嘱，情节严重；

（5）以欺诈、胁迫手段迫使或者妨碍被继承人设立、变更或者撤回遗嘱，情节严重。

继承人有前述第（3）项至第（5）项行为，确有悔改表现，被继承人表示宽恕或者事后在遗嘱中将其列为继承人的，该继承人不丧失继承权。

四、遗产

（一）遗产的概念

遗产是自然人死亡时遗留的个人合法财产。

（二）遗产的特征

（1）时间上的特定性。自然人死亡前，其财产不能作为遗产。所以自然人死亡的时间是划定遗产的时间界限。遗产只能根据自然人死亡时的财产状况来确定。

（2）内容上的财产性。遗产是自然人死亡时遗留的个人合法财产，具有财产性质。具有非财产属性的权益不能作为遗产，如人身权，当自然人死亡时，随主体的死亡而消灭。

（3）范围上的限定性。遗产只能是死亡自然人的个人财产，死亡自然人与他人共有的财产，不属于死者的部分就不是遗产。

（4）性质上的合法性。遗产只能是死亡自然人的合法财产，如果是死者生前非法侵占的他人财产或非法所得，则不得作为遗产。

（5）法律上的可转让性。遗产为依照法律规定能够转让给他人所有的财产。

（三）遗产的范围

下列财产可以作为遗产：自然人的收入；自然人所有的房屋、汽车、储蓄、有价证券和生活用品；自然人的林木、牲畜和家禽；自然人的文物、图书资料；自然人的专利权；自然人著作权中的财产权利；履行标的为财物的债权；担保物权；网络虚拟财产。但依照法律规定或者根据其性质不得继承的遗产，不得继承。

第二节　法定继承

一、法定继承的概念和特征

（一）法定继承的概念

法定继承是指根据法律规定的继承人范围、继承顺序以及遗产分配原则，继承被继承人遗产的法律制度。

（二）法定继承的特征

（1）法定继承基于一定的身份关系产生。

（2）法定继承是对遗嘱继承的补充。

（3）法定继承是对遗嘱继承的限制。

（4）法定继承具有法定性、强行性。

二、法定继承人的范围和法定继承顺序

（一）法定继承人的范围

法定继承人包括配偶、子女、父母、兄弟姐妹、祖父母、外祖父母，以及对公婆、岳父母尽了主要赡养义务的丧偶儿媳和丧偶女婿。

（二）法定继承顺序

第一顺序：配偶、子女、父母；

第二顺序：兄弟姐妹、祖父母、外祖父母。

继承开始后，由第一顺序继承人继承，第二顺序继承人不继承；没有第一顺序继承人继承的，由第二顺序继承人继承。

三、适用法定继承的情形

有下列情形之一的，遗产中的有关部分按照法定继承办理：

（1）遗嘱继承人放弃继承或者受遗赠人放弃受遗赠；

（2）遗嘱继承人丧失继承权或者受遗赠人丧失受遗赠权；

（3）遗嘱继承人、受遗赠人先于遗嘱人死亡或者终止；

（4）遗嘱无效部分所涉及的遗产；

（5）遗嘱未处分的遗产。

四、代位继承

（一）代位继承的概念

代位继承是指被继承人的子女或兄弟姐妹先于被继承人死亡，应由被继承人的子女或兄弟姐妹继承的遗产份额，由被继承人子女的直系晚辈血亲或兄弟姐妹的子女继承的法律制度。

（二）代位继承须具备的条件

（1）须被代位继承人先于被继承人死亡。

（2）须被代位继承人是被继承人的子女或兄弟姐妹。

（3）须被代位继承人未丧失继承权。若被代位继承人丧失继承权，不仅本人不能参加继承，他人也不能代位继承。

（4）须代位继承人是被代位继承人的直系晚辈血亲。

（三）代位继承的效力

具备代位继承条件的，即可发生代位继承，代位继承人取代被代位继承人的继承地位参与继承，代位继承人一般只能继承被代位继承人有权继承的遗产份额。因此，若代位继承人为数人，则只能共同继承被代位继承人有权继承的份额。

五、法定继承的遗产分配

（一）法定继承的遗产分配原则

1. 一般情况下应当均等

在没有法律规定的特别情形下，同一顺序的法定继承人应按照人数平均分配遗产。

2. 特殊情况下可以不均等

在下列情况下，同一顺序法定继承人的继承份额可以不均等：

（1）对生活有特殊困难又缺乏劳动能力的继承人，分配遗产时，应当予以照顾。

（2）对被继承人尽了主要扶养义务或者与被继承人共同生活的继承人，分配遗产时，可以多分。

（3）有扶养能力和有扶养条件的继承人，不尽扶养义务的，分配遗产时，应当不分或者少分。

（4）继承人协商同意的，也可以不均等。

（二）非继承人对遗产的取得

对继承人以外的依靠被继承人扶养的人，或者继承人以外的对被继承人扶养较多的人，可以分给适当的遗产。分给他们遗产时，按具体情况可多于或少于继承人。

第三节　遗嘱继承和遗赠

一、遗嘱继承的概念和特征

（一）遗嘱继承的概念

遗嘱继承是指按照被继承人生前所立的合法有效遗嘱继承被继承人遗产的法律制度。

（二）遗嘱继承的特征

（1）遗嘱继承的发生须以存在有效遗嘱为前提。

（2）遗嘱继承直接体现着被继承人的遗愿。

（3）遗嘱继承是对法定继承的排斥。

（4）遗嘱继承的效力优于法定继承。

二、遗嘱继承的适用条件

被继承人死亡后，只有具备以下条件时，才能适用遗嘱继承：

（1）须被继承人生前立有合法有效的遗嘱。

（2）须没有遗赠扶养协议。

（3）须遗嘱继承人未丧失继承权，也未放弃继承权。

三、遗嘱的概念和特征

（一）遗嘱的概念

遗嘱是指自然人生前按照法律规定处分自己的财产及安排有关事务，并于死亡后发生法律效力的单方民事法律行为。

（二）遗嘱的特征

（1）遗嘱是单方民事法律行为。

（2）遗嘱是死后生效的民事法律行为。

（3）遗嘱是遗嘱人亲自所为的民事法律行为。

（4）遗嘱是要式民事法律行为。

四、遗嘱的形式

（一）遗嘱的形式

我国民法典规定的遗嘱形式有自书遗嘱、代书遗嘱、打印遗嘱、录音录像遗嘱、口头遗嘱和公证遗嘱六种。

（1）自书遗嘱。自书遗嘱是指遗嘱人亲笔书写的遗嘱。自书遗嘱必须由遗嘱人亲笔书写、签名，注明年、月、日。签名由遗嘱人亲笔书写，而不能以盖章、按指印或画押代替签名。公民在遗书中涉及死后个人财产处分的内容，确为死者真实意思的表示，有本人签名并注明了年、月、日，又无相反证据的，可按自书遗嘱对待。

（2）代书遗嘱。代书遗嘱是指由遗嘱人口述，由他人代为书写、记录的遗嘱。代书遗嘱应当有两个以上见证人在场见证，由其中一人代书，并由遗嘱人、代书人和其他见证人签名，注明年、月、日。

（3）打印遗嘱。打印遗嘱是指使用电脑、打印机等设备打印出的遗嘱。打印遗嘱应当有两个以上见证人在场见证。遗嘱人和见证人应当在遗嘱每一页签名，注明年、月、日。

（4）录音录像遗嘱。录音录像遗嘱是指用录音录像设备录下遗嘱人的口述遗嘱或带有肖像的口述遗嘱。以录音录像形式立的遗嘱，应当有两个以上见证人在场见证。遗嘱人和见证人应当在录音录像中记录其姓名或者肖像，以及年、月、日。

（5）口头遗嘱。口头遗嘱是指遗嘱人在危急情况下以口头形式设立的遗嘱。口头遗嘱应当有两个以上见证人在场见证。危急情况消除后，遗嘱人能够以书面或者录音录像形式立遗嘱的，所立的口头遗嘱无效。

（6）公证遗嘱。公证遗嘱是指经公证机关公证的遗嘱。

（二）遗嘱见证人

代书遗嘱、录音录像遗嘱、打印遗嘱和口头遗嘱都必须有两个以上的见证人在场见证。

下列人员不能作为遗嘱见证人：

(1) 无民事行为能力人、限制民事行为能力人以及其他不具有见证能力的人；

(2) 继承人、受遗赠人；

(3) 与继承人、受遗赠人有利害关系的人。

继承人、受遗赠人的债权人、债务人，共同经营的合伙人，也应当视为与继承人、受遗赠人有利害关系，不能作为遗嘱的见证人。

五、遗嘱的效力

(一) 遗嘱有效

只有具备有效条件的遗嘱，才能发生法律效力。遗嘱有效应具备下列条件：

(1) 立遗嘱人须有遗嘱能力。遗嘱人立遗嘱时必须具有完全民事行为能力。

(2) 遗嘱人须意思表示真实。如不是遗嘱人的真实意思，则遗嘱无效。

(3) 遗嘱内容必须合法，遗嘱的内容不得违反法律和公序良俗。

(4) 遗嘱的形式必须符合法律的规定。遗嘱为要式法律行为，必须符合法律所要求的形式。

(二) 遗嘱无效

遗嘱无效是指遗嘱因违反法律规定而不能发生法律效力。遗嘱无效的情形有：

(1) 无民事行为能力人或者限制民事行为能力人所立的遗嘱无效。

(2) 遗嘱必须表示遗嘱人的真实意思，受欺诈、胁迫所立的遗嘱无效。

(3) 伪造的遗嘱无效。

(4) 遗嘱被篡改的，篡改的内容无效。

(5) 遗嘱人以遗嘱处分了国家、集体或者他人财产的，应当认定该部分遗嘱无效。

六、遗嘱的变更和撤回

遗嘱的变更是指遗嘱人生前依法对原先所立遗嘱内容作部分修改。

遗嘱的撤回是指遗嘱人废除原先所立的遗嘱，或者对原先所立遗嘱内容作全部修改。

七、遗赠

(一) 遗赠的概念

遗赠是指自然人以遗嘱的方式将其个人财产赠与国家、集体或者法定继承人以外的组织、个人，并于其死后生效的民事法律行为。

(二) 遗赠的特征

遗赠具备遗嘱所具有的法律特征，是单方民事法律行为，是死后生效的民事法律行为，是要式民事法律行为，是遗赠人亲自所为的民事法律行为。

(三) 遗赠的接受与受遗赠权的丧失

继承开始后，受遗赠人应当在知道受遗赠后60日内，作出接受或者放弃受遗赠的表示；到期没有表示的，视为放弃受遗赠。受遗赠人故意杀害被继承人的，丧失受遗赠权。

(四) 遗赠与遗嘱继承的区别

(1) 受遗赠人与遗嘱继承人的法律地位不同。受遗赠人不是继承人，没有继承权；而遗嘱继承人是继承人，享有继承权。

（2）受遗赠人与遗嘱继承人的范围不同。受遗赠人必须是法定继承人以外的人，既可以是自然人，也可以是国家或集体；而遗嘱继承人只能是法定继承人以内的人，并且只能是自然人。

（3）对遗赠和遗嘱继承的接受、放弃的方式不同。继承开始后，受遗赠人应当在知道受遗赠后 60 日内，作出接受或者放弃受遗赠的表示；到期没有表示的，视为放弃受遗赠。遗嘱继承人在继承开始后、遗产处理前，没有以书面形式表示放弃遗嘱继承的，视为接受继承。

第四节　遗产的处理

一、遗产管理人

（一）遗产管理人的概念

遗产管理人是指对遗产负责保存和管理责任的人。

（二）遗产管理人的产生

继承开始后，遗嘱执行人为遗产管理人；没有遗嘱执行人的，继承人应当及时推选遗产管理人；继承人未推选的，由继承人共同担任遗产管理人；没有继承人或者继承人均放弃继承的，由被继承人生前住所地的民政部门或者村民委员会担任遗产管理人。对遗产管理人的确定有争议的，利害关系人可以向人民法院申请指定遗产管理人。

（三）遗产管理人的职责

（1）清理遗产并制作遗产清单；

（2）向继承人报告遗产情况；

（3）采取必要措施防止遗产毁损、灭失；

（4）处理被继承人的债权债务；

（5）按照遗嘱或者依照法律规定分割遗产；

（6）实施与管理遗产有关的其他必要行为。

遗产管理人应当依法履行职责，因故意或者重大过失造成继承人、受遗赠人、债权人损害的，应当承担民事责任。

（四）遗产管理人的权利

遗产管理人有获得报酬权。

二、遗赠扶养协议

（一）遗赠扶养协议的概念

遗赠扶养协议是指由遗赠人与扶养人签订的，由扶养人对遗赠人负生养死葬的义务，遗赠人将自己财产的一部或全部在其死后转移给扶养人所有的协议。

（二）遗赠扶养协议的特征

（1）遗赠扶养协议是双方民事法律行为。

（2）遗赠扶养协议是有偿民事法律行为。

（3）遗赠扶养协议双方当事人义务履行的时间具有错时性。

（4）遗赠扶养协议具有优先于遗嘱继承和遗赠的执行效力。

（三）遗赠扶养协议与遗赠的区别

（1）行为性质不同。遗赠扶养协议是双方、双务、有偿民事法律行为；遗赠是单方、单务、无偿民事法律行为。

（2）行为的形式不同。遗赠扶养协议采用合同形式；遗赠采用遗赠形式。

（3）主体的范围不同。遗赠扶养协议的扶养人限于法定继承人以外的个人或者组织，不包括国家；遗赠中的受遗赠人除法定继承人以外的个人或者组织外，还包括国家。

（4）主体资格不同。遗赠扶养协议的遗赠人与扶养人订立协议时须均为完全民事行为能力人；遗赠人须为完全民事行为能力人，但不要求受遗赠人为完全民事行为能力人。

（5）法律效力不同。遗赠扶养协议具有优先于遗嘱继承和遗赠的执行效力；遗赠的执行不优先于遗嘱继承，二者的法律效力是相同的。

（四）遗赠扶养协议解除的后果

继承人以外的组织或者个人与自然人签订遗赠扶养协议后，无正当理由不履行，导致协议解除的，不能享有受遗赠的权利，其支付的供养费用一般不予补偿；遗赠人无正当理由不履行，导致协议解除的，则应当偿还继承人以外的组织或者个人已支付的供养费用。

三、遗产的分割

（一）遗产的确定

遗产的确定，是指在分割遗产前，应将遗产与他人共有的财产区分开，也叫作析产。确定遗产，应将遗产和下列财产区分开：

（1）遗产与夫妻共同财产的区分。夫妻共同所有的财产，除有约定的外，遗产分割时，应当先将共同所有的财产的一半分出为配偶所有，其余的为被继承人的遗产。

（2）遗产与家庭共同财产的区分。遗产在家庭共同财产之中的，遗产分割时，应当先分出他人的财产，其余的为被继承人的遗产。

（3）遗产与其他共有财产的区分。如与合伙人共有财产的区分、与朋友共有某物的区分等，应先分出他人的财产，剩余的为遗产。

（二）遗产分割的原则

（1）先遗嘱继承后法定继承原则。

（2）保留胎儿继承份额原则。

（3）互谅互让、协商分割原则。

（4）物尽其用原则。

（三）侵害他人继承权益的后果

人民法院对故意隐匿、侵吞或者争抢遗产的继承人，可以酌情减少其应继承的遗产。

（四）转继承

1. 转继承的概念

转继承是指继承开始后，继承人于遗产分割前死亡，本该由该继承人继承的遗产转由其法定继承人承受。

2. 转继承的适用条件

（1）被继承人于被继承人死亡后、遗产分割前死亡。

（2）被转继承人未丧失继承权，也未放弃继承权。

(3) 被转继承人生前未立另有安排的遗嘱。

3. 转继承的法律后果

继承开始后，受遗赠人表示接受遗赠，并于遗产分割前死亡的，其接受遗赠的权利转移给他的继承人。

四、被继承人债务的清偿

(一) 被继承人债务的概念

被继承人债务，又称遗产债务，是指被继承人死亡时遗留的应由被继承人个人清偿的财产债务。

(二) 清偿被继承人债务的原则

(1) 限定继承原则。继承人以所得遗产实际价值为限清偿被继承人依法应当缴纳的税款和债务。超过遗产实际价值部分，继承人自愿偿还的不在此限。

(2) 清偿债务优先于执行遗赠原则。执行遗赠不得妨碍清偿遗赠人依法应当缴纳的税款和债务。

(3) 保留必留份原则。分割遗产，应当清偿被继承人依法应当缴纳的税款和债务；但是，应当为缺乏劳动能力又没有生活来源的继承人保留必要的遗产。

(4) 连带责任原则。继承人共同继承遗产系共同所有，各共同继承人对遗产债务应当承担连带责任。但在共同继承人内部，则应当按照各自继承遗产份额的比例分担遗产债务。

(三) 继承人对遗产债务的清偿顺序

既有法定继承又有遗嘱继承、遗赠的，由法定继承人清偿被继承人依法应当缴纳的税款和债务；超过法定继承遗产实际价值部分，由遗嘱继承人和受遗赠人按比例以所得遗产清偿。

五、无人继承遗产的处理

无人继承又无人受遗赠的遗产，归国家所有，用于公益事业；死者生前是集体所有制组织成员的，归所在集体所有制组织所有。

第二十一章 侵权责任

大纲应试策略

本章包括侵权责任的概念、特征、归责原则，一般侵权责任的构成要件，损害赔偿，数人侵权行为及其责任，侵权责任的抗辩事由，监护人责任、完全民事行为能力人暂时丧失意识的侵权责任、用人者责任、定作人责任、网络侵权责任、违反安全保障义务的侵权责任、教育机构的侵权责任、产品责任、机动车交通事故责任、医疗损害责任、环境污染和生态破坏责任、高度危险责任、饲养动物损害责任、建筑物和物件损害责任。在背诵要点中，侵权责任的归责原则、数人侵权及其责任、侵权责任的抗辩事由、各类侵权责任的认定等是核心考点。本章较难掌握的知识点是侵权责任构成要件、损害赔偿和数人侵权形态。本章为重点章节，出题频率较高。本章出题方式包括各类题型。除考查过的主观题外，本章较为重要的简答题有：侵权责任的概念和特征；精神损害赔偿责任的主要适用情形；惩罚性赔偿的主要适用情形；法定分担损失的概念和构成要件；无意思联络数人侵权行为的概念和构成要件；医疗损害责任的概念、构成要件、不承担赔偿责任的法定事由；网络侵权责任的概念、类型和责任的承担；教育机构侵权责任的类型及责任承担；高度危险物品致人损害责任的类型及其责任承担。本章较为重要的论述题有：民法典侵权责任编对我国侵权责任制度的创新与发展；侵权责任的归责原则体系；一般侵权责任的构成要件；违反安全保障义务的侵权责任；产品责任的归责原则和责任承担；环境污染和破坏生态责任；抛掷物、坠落物致人损害责任与补偿的主要内容。本章内容也可以考查案例分析题。

大纲背诵要点

第一节　侵权责任概述

一、侵权责任的概念和特征

（一）侵权责任的概念

侵权责任是指行为人对其侵权行为或准侵权行为造成的损害依法应当承担的民事法律后果。

（二）侵权责任的特征

（1）侵权行为以违反法定义务为前提。

（2）侵权责任的主要形式是损害赔偿。

（3）侵权责任具有优先性。

二、侵权责任的归责原则

（一）侵权责任归责原则的概念和体系

1. 侵权责任归责原则的概念

侵权责任归责原则是据以确定行为人承担侵权民事责任的根据和标准。

2. 我国侵权责任归责原则的体系

我国的侵权责任归责原则采用的是过错责任原则和无过错责任原则的二元归责体系。过错推定、公平责任不宜确立为归责原则。过错推定是过错责任原则适用中的一种特殊形式，公平责任在我国解决的不是侵权责任承担的根据（可归责事由），而是特定情况下分担损害后果的问题。

（二）过错责任原则

1. 过错责任原则的概念

过错责任原则是指以行为人的过错作为归责根据的原则。

2. 过错责任原则的特征

（1）过错责任原则是一种主观归责原则。

（2）过错责任原则以行为人的过错作为责任的构成要件。

（3）过错责任原则适用于一般侵权行为。

（4）过错责任原则对确定责任范围具有决定性作用。

3. 过错推定

过错推定是指依照法律规定推定行为人有过错，行为人不能证明自己没有过错的，应当承担侵权责任。过错推定属于过错责任原则的一部分，是过错责任原则适用中的一种特殊情形，它仍然以侵权人的过错作为确定责任的根据。因此，其不是我国侵权责任的归责原则。

4. 过错责任原则的适用范围

过错责任原则适用于一般侵权行为，即只适用于行为人有过错的情形。只有法律规定适用无过错责任原则的侵权行为，才不适用过错责任原则。

过错推定不是普遍适用于一般侵权行为，过错推定只适用于法律规定的几种侵权行为。

5. 过错责任原则的适用方法

（1）谁主张谁举证，通常是由被侵权人对侵权人的过错进行举证和证明，而侵权人无须证明自己没有过错。

（2）过错推定实行举证责任倒置，无须被侵权人对侵权人的过错进行举证，而是由侵权人承担证明自己没有过错的责任。如果侵权人不证明或不能证明自己不存在过错，则推定侵权人有过错。如果侵权人能够证明自己没有过错，则不承担侵权责任。

（三）无过错责任原则

1. 无过错责任原则的概念

无过错责任原则是指不论行为人有无过错，只要行为人损害他人民事权益，就应依法承担民事责任的原则。

2. 无过错责任原则的特征

（1）无过错责任原则不以行为人有过错作为责任的构成要件。

（2）无过错责任原则的适用必须有法律的明确规定。

（3）无过错责任原则仍然存在免责事由。

3. 无过错责任原则的主要适用情形

（1）产品质量不合格致人损害。

（2）机动车交通事故中机动车一方致非机动车或行人的损害。

（3）环境污染、破坏生态致人损害。

（4）高度危险作业致人损害。

（5）饲养的动物致人损害。

（6）用人者的雇员在工作中致人损害。

（7）被监护人致人损害。

4. 无过错责任的适用方法

适用无过错责任原则免除了被侵权人过错的举证和证明责任，侵权人不得以证明自己没有过错而主张免责。但作为侵权责任的构成要件，除主观要件不需要举证外，对其他三个要件被侵权人还是要证明的，仍要证明侵权行为、损害后果以及二者之间的因果关系（因果关系推定的除外）。

第二节　一般侵权责任的构成要件

（1）加害行为。加害行为是指行为人实施的加害于被侵权人民事权益的不法行为。加害行为包括行为（包括作为和不作为）和违法两个要素。

（2）损害事实。损害事实是指被侵权人的人身权利、财产权利以及其他利益遭受的不利后果。我国民法典将损害后果分为财产损失、人身损害和精神损害三类。

（3）因果关系。因果关系是指加害行为与损害事实之间引起与被引起的关系。加害行为是损害发生的原因，被侵权人遭受的损害则是加害行为的后果。

（4）主观过错。过错是指侵权人的一种可归责的心理状态，表现为故意和过失两种形式。故意是行为人预见到损害后果的发生，并希望或者放任该结果发生的心理状态。过失是行为人应当预见到损害后果的发生，却因为疏忽大意而没有预见到或者已经预见而轻信能够避免损害后果发生的心理状态。

第三节　损害赔偿

一、人身损害赔偿

（一）人身损害赔偿的概念

人身损害赔偿是指法律对被侵权人的人身权益遭受侵害的后果所采取的以金钱赔偿为内容的一种救济措施。

（二）人身损害赔偿的范围

侵害他人造成人身损害的，应当赔偿医疗费、护理费、交通费、营养费、住院伙食补助费等为治疗和康复支出的合理费用，以及因误工减少的收入。造成残疾的，还应当赔偿辅助器具费和残疾赔偿金；造成死亡的，还应当赔偿丧葬费和死亡赔偿金。

二、财产损害赔偿

（一）财产损害赔偿的概念

财产损害赔偿，是指法律对被侵权人的财产权益遭受侵害的后果所采取的以金钱赔偿为内容的一种救济措施。

（二）财产损害赔偿的规则

1. 财产损失计算方式

侵害他人财产的，财产损失按照损失发生时的市场价格或者其他合理方式计算。

2. 侵害人身权益造成财产损失的赔偿数额的确定

侵害他人人身权益造成财产损失的，按照被侵权人因此受到的损失或者侵权人因此获得的利益赔偿；被侵权人因此受到的损失以及侵权人因此获得的利益难以确定，被侵权人和侵权人就赔偿数额协商不一致，向人民法院提起诉讼的，由人民法院根据实际情况确定赔偿数额。

三、精神损害赔偿

（一）精神损害赔偿的概念

精神损害赔偿是指法律对被侵权人的精神损害所采取的以金钱赔偿为内容的一种救济措施。

（二）精神损害赔偿的适用情形

（1）侵害自然人人身权益造成严重精神损害的，被侵权人有权请求精神损害赔偿。

（2）因故意或者重大过失侵害自然人具有人身意义的特定物造成严重精神损害的，被侵权人有权请求精神损害赔偿。

（3）因当事人一方的违约行为，损害对方人格权并造成严重精神损害，受损害方选择请求其承担违约责任的，不影响受损害方请求精神损害赔偿。

四、惩罚性赔偿

（一）惩罚性赔偿的概念

惩罚性赔偿是指法律规定某些情形下在补偿被侵权人的实际经济损失之外，再额外给予被侵权人一笔金钱的救济措施。该种救济的目的主要是惩罚侵权人，维护正常的市场秩序。

（二）惩罚性赔偿的适用情形

（1）故意侵害他人知识产权，情节严重的，被侵权人有权请求相应的惩罚性赔偿。

（2）明知产品存在缺陷仍然生产、销售，或者没有依据有关规定采取有效补救措施，造成他人死亡或者健康严重损害的，被侵权人有权请求相应的惩罚性赔偿。

（3）侵权人违反法律规定故意污染环境、破坏生态造成严重后果的，被侵权人有权请求相应的惩罚性赔偿。

五、法定分担损失规则

（一）法定分担损失规则的概念

法定分担损失是指受害人和行为人对损害的发生都没有过错的，依照法律规定由双方分担损失。

（二）法定分担损失规则的构成要件

（1）当事人对损害对发生均无过错。

（2）不属于适用无过错责任原则的情形。

（3）分担损失不是必须平均分担。

第四节 数人侵权行为及其责任

一、共同侵权行为及其责任

（一）共同侵权行为的概念

共同侵权行为是指二人以上共同故意或者共同过失侵害他人民事权益的行为。

（二）共同侵权行为的构成要件

（1）主体的复数性，是指侵权人为二人或者二人以上。

（2）意思上的联络性，是指数个行为人对加害行为具有共同故意、共同过失或者故意和过失的混合。

（3）损害结果的单一性，是指共同侵权行为所导致的损害结果是一个不可分割的整体。

（三）共同侵权行为的责任

二人以上共同实施侵权行为，造成他人损害的，应当承担连带责任。

二、教唆行为、帮助行为及其责任

（一）教唆行为、帮助行为的概念

教唆行为，是指通过开导、怂恿、利诱、刺激等方法使被教唆者接受教唆意图的行为。

帮助行为，是指通过提供工具或激励等方式在物质上或者精神上帮助他人实施侵权行为的行为。

（二）教唆、帮助侵权的责任

（1）教唆、帮助他人实施侵权行为的，应当与行为人承担连带责任。

（2）教唆、帮助无民事行为能力人、限制民事行为能力人实施侵权行为的，应当承担侵权责任；该无民事行为能力人、限制民事行为能力人的监护人未尽到监护职责的，应当承担相应的责任。

三、共同危险行为及其责任

（一）共同危险行为的概念

共同危险行为，又称准共同侵权行为，是指二人以上共同实施危及他人人身或财产安全的行为并造成损害后果，但不能确定谁是实际侵权人的情形。

（二）共同危险行为的构成要件

（1）主体的复数性。是指危险行为人为二人或者二人以上。

（2）行为的同一性。数个危险行为人实施的侵权行为是相同的。

（3）时间上的同时性或相继性。如果数个危险行为人所实施的行为不是同时发生或相继发生，则不会成立共同危险行为。

（4）行为的危险性。这种危险性表现为，每个人的行为都有可能侵害他人的民事权益，且这种可能性是现实存在的。

（5）行为的独立性。每个人都单独实施了危险行为，彼此之间无关联或者结合关系。

（6）实际侵权人的不确定性。

（7）损害结果的单一性。

（三）共同危险行为的责任

二人以上实施危及他人人身、财产安全的行为，其中一人或者数人的行为造成他人损害，能够确定具体侵权人的，由侵权人承担责任；不能确定具体侵权人的，行为人承担连带责任。

四、无意思联络的数人侵权行为及其责任

（一）无意思联络的数人侵权行为的概念

无意思联络的数人侵权行为是指二人以上虽无共同故意或者共同过失，但其侵害行为直接结合发生同一损害后果的侵权行为。

（二）无意思联络的数人侵权行为的构成要件

（1）主体的复数性。是指侵权人为二人或者二人以上。

（2）无意思联络。

（3）数个行为人分别实施了侵权行为。

（4）损害结果的单一性。数个侵权行为的结合所导致的损害结果是一个不可分割的整体，或者是分别实施的侵权行为造成了同一损害。

（三）无意思联络的数人侵权行为的责任

（1）累积的因果关系：承担连带责任的无意思联络的数人侵权。二人以上分别实施侵权行为造成同一损害，每个人的侵权行为都足以造成全部损害的，行为人承担连带责任。

（2）共同的因果关系：承担按份责任的无意思联络的数人侵权。二人以上分别实施侵权行为造成同一损害，能够确定责任大小的，各自承担相应的责任；难以确定责任大小的，平均承担责任。此种数人侵权的特点可以概括为“分别实施，结合造成”。

第五节　侵权责任的抗辩事由

一、正当理由的抗辩事由

（一）正当防卫

内容参见本部分第二章第四节“民事责任”。

（二）紧急避险

内容参见本部分第二章第四节“民事责任”。

（三）自甘风险

自愿参加具有一定风险的文体活动，因其他参加者的行为受到损害的，受害人不得请求其他参加者承担侵权责任；但是，其他参加者对损害的发生有故意或者重大过失的除外。

（四）自助行为

1. 自助行为的概念

自助行为是指权利人为保护自己的权利，在来不及请求公力救济的情况下，对义务人的财产予以扣押或者对其人身自由予以约束的行为。

2. 自助行为的构成要件

（1）目的是保护自身权利。

（2）情势紧迫不能及时获得国家机关的保护。

（3）不立即采取措施将使其合法权益受到难以弥补的损害。

（4）在保护自己合法权益的必要范围内采取扣留侵权人的财物等合理措施。

二、外来原因的抗辩事由

（一）不可抗力

内容参见本部分第二章第四节“民事责任”。

（二）受害人故意

损害是因受害人故意造成的，行为人不承担责任。

（三）被侵权人过错

被侵权人对同一损害的发生或者扩大有过错的，可以减轻侵权人的责任。

（四）第三人的原因

损害是因第三人造成的，第三人应当承担侵权责任。

第六节　特殊责任主体的侵权责任

一、监护人责任

（一）监护人责任的概念

监护人责任是指监护人对其所监护的被监护人造成他人损害所承担的侵权责任。

（二）监护人责任的特征

（1）监护人责任是替代责任。

（2）监护人责任为无过错责任。

（3）承担损害赔偿责任时，应优先使用被监护人的财产。

二、完全民事行为能力人暂时丧失意识的侵权责任

（1）完全民事行为能力人对自己的行为暂时没有意识或者失去控制造成他人损害有过错的，应当承担侵权责任；没有过错的，根据行为人的经济状况对受害人适当补偿。

（2）完全民事行为能力人因醉酒、滥用麻醉药品或者精神药品对自己的行为暂时没有意识或者失去控制造成他人损害的，应当承担侵权责任。

三、用人者责任

（一）用人者责任的概念

用人者责任是指用人者（用人单位、个人劳务使用人）对被使用人（工作人员、个人劳务提供人）在从事职务活动时致人损害的行为承担责任。

（二）用人单位责任

1. 用人单位责任的特征

（1）用人单位责任是替代责任。

（2）用人单位责任为无过错责任。

（3）用人单位责任以用人单位与直接侵权人存在特定关系为前提。

（4）用人单位责任是用人单位对工作人员在执行职务时致害行为承担的责任。

2. 用人单位责任的承担

用人单位的工作人员因执行工作任务造成他人损害的，由用人单位承担侵权责任。用人单位承担侵权责任后，可以向有故意或者重大过失的工作人员追偿。劳务派遣期间，被派遣的工作人员因执行工作任务造成他人损害的，由接受劳务派遣的用工单位承担侵权责任；劳务派遣单位有过错的，承担相应的责任。

（三）个人劳务使用人责任

1. 个人劳务使用人责任的概念

个人劳务使用人责任是指在个人之间提供劳务关系的情况下，提供劳务一方因劳务造成他人损害时，接受劳务一方对他人承担的侵权责任。

2. 个人劳务使用人责任的承担

（1）个人之间形成劳务关系，提供劳务一方因劳务造成他人损害的，由接受劳务一方承担侵权责任。接受劳务一方承担侵权责任后，可以向有故意或者重大过失的提供劳务一方追偿。提供劳务一方因劳务受到损害的，根据双方各自的过错承担相应的责任。

（2）提供劳务期间，因第三人的行为造成提供劳务一方损害的，提供劳务一方有权请求第三人承担侵权责任，也有权请求接受劳务一方给予补偿。接受劳务一方补偿后，可以向第三人追偿。

四、定作人责任

（一）定作人责任的概念

定作人责任是指承揽人在完成工作过程中造成第三人损害或者自己损害的，定作人依法承担的责任。

（二）定作人责任的承担

承揽人在完成工作过程中造成第三人损害或者自己损害的，定作人不承担侵权责任。但是，定作人对定作、指示或者选任有过错的，应当承担相应的责任。

五、网络侵权责任

（一）网络侵权责任的概念和归责原则

1. 网络侵权责任的概念

网络侵权责任是指对发生在互联网上的各种侵害他人民事权益的行为应承担的侵权责任。

2. 网络侵权责任的归责原则

网络侵权责任适用过错责任原则。

（二）网络侵权责任的类型

1. 互联网上自己侵权责任

网络用户、网络服务提供者利用网络侵害他人民事权益的，应当承担侵权责任。法律另有规定的，依照其规定。

2. 通知规则下的网络服务提供者的责任

（1）网络用户与网络服务提供者的连带责任。网络用户利用网络服务实施侵权行为的，权利人有权通知网络服务提供者采取删除、屏蔽、断开链接等必要措施。通知应当包括构成侵权的初步证据及权利人的真实身份信息。网络服务提供者接到通知后，应当及时将该通知转送相关网络用户，并根据构成侵权的初步证据和服务类型采取必要措施；未及时采取必要措施的，对损害的扩大部分与该网络用户承担连带责任。权利人因错误通知造成网络用户或者网络服务提供者损害的，应当承担侵权责任。法律另有规定的，依照其规定。

（2）不侵权声明。网络用户接到转送的通知后，可以向网络服务提供者提交不存在侵权行为的声明。声明应当包括不存在侵权行为的初步证据及网络用户的真实身份信息。网络服务提供者接到声明后，应当将该声明转送发出通知的权利人，并告知其可以向有关部门投诉或者向人民法院提起诉讼。网络服务提供者在转送声明到达权利人后的合理期限内，未收到权利人已经投诉或者提起诉讼通知的，应当及时终止所采取的措施。

3. 知道规则下的网络服务提供者的责任

网络服务提供者知道或者应当知道网络用户利用其网络服务侵害他人民事权益，未采取必要措施的，与该网络用户承担连带责任。

六、违反安全保障义务的侵权责任

（一）安全保障义务的概念

安全保障义务是指宾馆、商场、银行、车站、机场、体育场馆、娱乐场所等经营场所、公共场所的经营者、管理者或者群众性活动的组织者，在合理限度范围内应尽的使他人免受损害的义务。

（二）违反安全保障义务侵权责任的归责原则

违反安全保障义务的侵权责任的归责原则适用过错责任原则。

（三）违反安全保障义务侵权责任的承担规则

（1）宾馆、商场、银行、车站、机场、体育场馆、娱乐场所等经营场所、公共场所的经营者、管理者或者群众性活动的组织者，未尽到安全保障义务，造成他人损害的，应当承担侵权责任。

（2）因第三人的行为造成他人损害的，由第三人承担侵权责任；经营者、管理者或者组织者未尽到安全保障义务的，承担相应的补充责任。经营者、管理者或者组织者承担补充责任后，可以向第三人追偿。

七、教育机构的侵权责任

（一）教育机构的侵权责任的概念

教育机构的侵权责任，是指幼儿园、学校等教育机构对无民事行为能力人和限制民事行为能力人在教育机构学习、生活期间受到的人身损害承担的侵权责任。

（二）教育机构侵权责任的类型

1. 教育机构对自己不作为致害的侵权责任

（1）对无民事行为能力人受到损害的责任。无民事行为能力人在幼儿园、学校或者其他教育机构学习、生活期间受到人身损害的，幼儿园、学校或者其他教育机构应当承担侵权责任；但是，能够证明尽到教育、管理职责的，不承担侵权责任。由此可见，无民事行为能力人在幼儿园、学校或者其他教育机构学习、生活期间受到人身损害的，适用过错推定原则。

（2）对限制民事行为能力人受到损害的责任。限制民事行为能力人在学校或者其他教育机构学习、生活期间受到人身损害，学校或者其他教育机构未尽到教育、管理职责的，应当承担侵权责任。由此可见，限制民事行为能力人在幼儿园、学校或者其他教育机构学习、生活期间受到人身损害的，采取过错责任原则。

2. 教育机构对第三人致害的侵权责任

无民事行为能力人或者限制民事行为能力人在幼儿园、学校或者其他教育机构学习、生活期间，受到幼儿园、学校或者其他教育机构以外的第三人人身损害的，由第三人承担侵权责任；幼儿园、学校或者其他教育机构未尽到管理职责的，承担相应的补充责任。幼儿园、学校或者其他教育机构承担补充责任后，可以向第三人追偿。

第七节　产品责任

一、产品责任的概念

产品责任是指因产品有缺陷造成他人财产、人身损害，产品生产者、销售者所应承担的侵权责任。

二、产品责任的归责原则和构成要件

（一）产品责任的归责原则

我国产品责任的归责原则采取二元归责原则，既适用无过错责任原则，也适用过错责任原则，但以无过错责任原则为主导。

1. 无过错责任原则的适用情形

（1）生产者和销售者对直接责任（表面责任）的承担，均适用无过错责任原则。换言之，只要因使用或消费缺陷产品而受到损害的被侵权人向该产品的生产者、销售者主张赔偿，生产者和销售者均不得以无过错抗辩，即使是无过错的销售者，也应首先承担直接责任。

(2) 生产者的最终责任。无过错的销售者向受害者承担直接责任后，得向生产者追偿，由生产者承担最终责任，生产者的最终责任是无过错责任。如果受害者直接向生产者主张赔偿，这时适用的也是无过错责任。

2. 过错责任原则适用的情形

(1) 销售者的最终责任。由于销售者的过错使产品存在缺陷，销售者应承担最终责任。于此情形，如果销售者承担了责任，则不得再向生产者追偿；如果生产者承担了直接责任，生产者则可通过证明缺陷是由于销售者过错所致，而向销售者追偿。

(2) 运输者、仓储者等第三人等最终责任。运输者、仓储者等第三人不是直接责任的承担者，但如果产品的缺陷是因其过错所致，生产者或销售者在承担无过错的直接责任后，则可向有过错的运输者、仓储者等第三人追偿。运输者、仓储者等第三人对这种最终责任的承担适用过错责任原则。

（二）产品责任的构成要件

(1) 产品有缺陷。

(2) 被侵权人的人身、财产遭受损害。

(3) 因果关系。产品缺陷与被侵权人遭受的损害之间具有因果关系。

三、产品责任的责任主体

(1) 生产者、销售者均为责任主体，被侵权人可选择向其中之一或者二者请求赔偿。

(2) 产品缺陷由生产者造成的，销售者赔偿后，有权向生产者追偿。因销售者的过错使产品存在缺陷的，生产者赔偿后，有权向销售者追偿。

(3) 因运输者、仓储者等第三人的过错使产品存在缺陷，造成他人损害的，产品的生产者、销售者赔偿后，有权向第三人追偿。

四、产品责任的承担

（一）危及他人人身、财产安全的责任

因产品缺陷危及他人人身、财产安全的，被侵权人有权请求生产者、销售者承担停止侵害、排除妨碍、消除危险等侵权责任。

（二）跟踪观察缺陷产品责任

产品投入流通后发现存在缺陷的，生产者、销售者应当及时采取停止销售、警示、召回等补救措施；未及时采取补救措施或者补救措施不力造成损害扩大的，对扩大的损害也应当承担侵权责任。依照法律规定采取召回措施的，生产者、销售者应当负担被侵权人因此支出的必要费用。

（三）产品责任的惩罚性赔偿

明知产品存在缺陷仍然生产、销售，或者没有依据法律规定采取有效补救措施，造成他人死亡或者健康严重损害的，被侵权人有权请求相应的惩罚性赔偿。

第八节　机动车交通事故责任

一、机动车交通事故责任的概念

机动车交通事故责任是指机动车因过错或者意外造成他人人身伤亡或者损失时相关主体承担的侵权责任。

二、机动车交通事故责任的一般规则

机动车发生交通事故，首先由机动车强制保险赔付。在强制保险范围内，不适用侵权责任规则，不问过错，只按照机动车强制保险的规则进行。机动车强制保险赔付不足部分，适用民法典侵权责任编的规则处理。

三、各类机动车交通事故的责任主体及责任承担

(1) 因租赁、借用等情形机动车所有人、管理人与使用人不是同一人时，发生交通事故造成损害，属于该机动车一方责任的，由机动车使用人承担赔偿责任；机动车所有人、管理人对损害的发生有过错的，承担相应的赔偿责任。

(2) 当事人之间已经以买卖或者其他方式转让并交付机动车但是未办理登记，发生交通事故造成损害，属于该机动车一方责任的，由受让人承担赔偿责任。

(3) 以挂靠形式从事道路运输经营活动的机动车，发生交通事故造成损害，属于该机动车一方责任的，由挂靠人和被挂靠人承担连带责任。

(4) 未经允许驾驶他人机动车，发生交通事故造成损害，属于该机动车一方责任的，由机动车使用人承担赔偿责任；机动车所有人、管理人对损害的发生有过错的，承担相应的赔偿责任，但是法律另有规定的除外。

(5) 以买卖或者其他方式转让拼装或者已经达到报废标准的机动车，发生交通事故造成损害的，由转让人和受让人承担连带责任。

(6) 盗窃、抢劫或者抢夺的机动车发生交通事故造成损害的，由盗窃人、抢劫人或者抢夺人承担赔偿责任。盗窃人、抢劫人或者抢夺人与机动车使用人不是同一人，发生交通事故造成损害，属于该机动车一方责任的，由盗窃人、抢劫人或者抢夺人与机动车使用人承担连带责任。保险人在机动车强制保险责任限额范围内垫付抢救费用的，有权向交通事故责任人追偿。

(7) 非营运机动车发生交通事故，又称为好意同乘。非营运机动车发生交通事故造成无偿搭乘人损害，属于该机动车一方责任的，应当减轻其赔偿责任，但是机动车使用人有故意或者重大过失的除外。

第九节　医疗损害责任

一、医疗损害责任的概念

医疗损害责任，是指因医疗机构及其医务人员的过错致使患者在诊疗活动中受到损害，由医疗机构承担的侵权责任。

二、医疗损害责任的归责原则和构成要件

(一) 医疗损害责任的归责原则

医疗损害责任适用过错责任原则，但是，医疗产品损害责任适用无过错责任原则。

患者在诊疗活动中受到损害，有下列情形之一的，推定医疗机构有过错（适用推定过错责任原则）：

(1) 违反法律、行政法规、规章以及其他有关诊疗规范的规定；

(2) 隐匿或者拒绝提供与纠纷有关的病历资料；

(3) 遗失、伪造、篡改或者违法销毁病历资料。

（二）医疗损害责任的构成要件

（1）医疗机构及其医务人员具有违法的诊疗行为。

（2）患者遭受非正常损害。

（3）违法的诊疗行为与损害后果之间存在因果关系。

（4）医疗机构和医务人员有过错。

三、医疗损害责任的承担

（一）医疗损害责任的主体和责任形态

医疗损害责任中，医务人员是行为主体，医疗机构是责任主体。责任形态是替代责任。

（二）医疗机构不承担赔偿责任的情形

患者在诊疗活动中受到损害，有下列情形之一的，医疗机构不承担赔偿责任：

（1）患者或者其近亲属不配合医疗机构进行符合诊疗规范的诊疗；

（2）医务人员在抢救生命垂危的患者等紧急情况下已经尽到合理诊疗义务；

（3）限于当时的医疗水平难以诊疗。

四、医疗产品责任

因药品、消毒产品、医疗器械的缺陷，或者输入不合格的血液造成患者损害的，患者可以向药品上市许可持有人、生产者、血液提供机构请求赔偿，也可以向医疗机构请求赔偿。患者向医疗机构请求赔偿的，医疗机构赔偿后，有权向负有责任的药品上市许可持有人、生产者、血液提供机构追偿。

第十节　环境污染和生态破坏责任

一、环境污染和生态破坏责任的概念

环境污染和生态破坏责任是指环境污染、破坏生态造成他人财产或者人身损害而应承担的侵权责任。

二、环境污染和生态破坏责任的归责原则及构成要件

（一）环境污染和生态破坏责任的归责原则

环境污染和生态破坏责任适用无过错责任原则。

（二）环境污染和生态破坏责任的构成要件

（1）有污染环境、破坏生态的行为。

（2）发生损害。

（3）污染环境、破坏生态行为与损害之间存在因果关系。

三、环境污染和生态破坏责任的承担

（一）责任主体

因第三人的过错污染环境、破坏生态的，被侵权人可以向侵权人请求赔偿，也可以向第三人请求赔偿。侵权人赔偿后，有权向第三人追偿。

（二）责任范围

两个以上侵权人污染环境、破坏生态的，承担责任的大小，根据污染物的种类、浓度、排放量，破坏生态的方式、范围、程度，以及行为对损害后果所起的作用等因素确定。

（三）责任的形式

（1）违反国家规定造成生态环境损害，生态环境能够修复的，国家规定的机关或者法律规定的组织有权请求侵权人在合理期限内承担修复责任。侵权人在期限内未修复的，国家规定的机关或者法律规定的组织可以自行或者委托他人进行修复，所需费用由侵权人负担。

（2）违反国家规定造成生态环境损害的，国家规定的机关或者法律规定的组织有权请求侵权人赔偿下列损失和费用：

①生态环境受到损害至修复完成期间服务功能丧失导致的损失；

②生态环境功能永久性损害造成的损失；

③生态环境损害调查、鉴定、评估等费用；

④清除污染、修复生态环境等费用；

⑤防止损害的发生和扩大所支出的合理费用。

第十一节　高度危险责任

一、高度危险责任的概念和特征

（一）高度危险责任的概念

高度危险责任是指因从事高度危险作业造成他人损害或者保有高度危险物致人损害而应承担的侵权责任。

（二）高度危险责任的归责原则

高度危险责任适用无过错责任原则。

（三）高度危险责任的特征

（1）高度危险致人损害责任属于危险责任。

（2）高度危险责任是对合法行为承担的责任。

（3）高度危险责任是一种无过错责任。

（4）高度危险责任是自己的责任。

二、高度危险作业致人损害责任的类型及其责任承担

（1）民用核设施致人损害责任。民用核设施或者运入运出核设施的核材料发生核事故造成他人损害的，民用核设施的营运单位应当承担侵权责任；但是，能够证明损害是因战争、武装冲突、暴乱等情形或者受害人故意造成的，不承担责任。

（2）民用航空器致人损害责任。民用航空器造成他人损害的，民用航空器的经营者应当承担侵权责任；但是，能够证明损害是因受害人故意造成的，不承担责任。

（3）从事高空、高压、地下挖掘活动或者使用高速轨道运输工具致人损害责任。从事高空、高压、地下挖掘活动或者使用高速轨道运输工具造成他人损害的，经营者应当承担侵权责任；但是，能够证明损害是因受害人故意或者不可抗力造成的，不承担责任。被侵权人对损害的发生有重大过失的，可以减轻经营者的责任。

三、高度危险物品致人损害责任的类型及其责任承担

(1) 占有或者使用高度危险物致人损害责任。占有或者使用易燃、易爆、剧毒、高放射性、强腐蚀性、高致病性等高度危险物造成他人损害的，占有人或者使用人应当承担侵权责任；但是，能够证明损害是因受害人故意或者不可抗力造成的，不承担责任。被侵权人对损害的发生有重大过失的，可以减轻占有人或者使用人的责任。

(2) 遗失、抛弃高度危险物致人损害责任。遗失、抛弃高度危险物造成他人损害的，由所有人承担侵权责任。所有人将高度危险物交由他人管理的，由管理人承担侵权责任；所有人有过错的，与管理人承担连带责任。

(3) 非法占有高度危险物致人损害责任。非法占有高度危险物造成他人损害的，由非法占有人承担侵权责任。所有人、管理人不能证明对防止非法占有尽到高度注意义务的，与非法占有人承担连带责任。

(4) 未经许可非法进入高度危险区域损害责任。未经许可进入高度危险活动区域或者高度危险物存放区域受到损害，管理人能够证明已经采取足够安全措施并尽到充分警示义务的，可以减轻或者不承担责任。

第十二节　饲养动物损害责任

一、饲养动物损害责任的概念

饲养动物损害责任，是指饲养的动物致人损害，动物饲养人或管理人依法承担的侵权责任。

二、饲养动物损害责任的归责原则

饲养动物损害责任的归责原则主要是无过错责任原则，但是动物园的动物造成他人损害的，动物园的侵权责任适用过错推定原则。

三、饲养动物致人损害责任的类型及其责任承担

(一) 饲养动物损害的一般责任

(1) 饲养的动物造成他人损害的，动物饲养人或者管理人应当承担侵权责任；但是，能够证明损害是因被侵权人故意或者重大过失造成的，可以不承担或者减轻责任。

(2) 因第三人的过错致使动物造成他人损害的，被侵权人可以向动物饲养人或者管理人请求赔偿，也可以向第三人请求赔偿。动物饲养人或者管理人赔偿后，有权向第三人追偿。

(二) 饲养动物致人损害的特殊责任类型及责任承担

(1) 违反管理规定，未对动物采取安全措施造成他人损害的，动物饲养人或者管理人应当承担侵权责任；但是，能够证明损害是因被侵权人故意造成的，可以减轻责任。

(2) 禁止饲养的烈性犬等危险动物造成他人损害的，动物饲养人或者管理人应当承担侵权责任。

(3) 动物园的动物造成他人损害的，动物园应当承担侵权责任；但是，能够证明尽到管理职责的，不承担侵权责任。

(4) 遗弃、逃逸的动物在遗弃、逃逸期间造成他人损害的，由动物原饲养人或者管理人承担侵权责任。

第十三节　建筑物和物件损害责任

一、建筑物和物件损害责任的概念和归责原则

（一）建筑物和物件损害责任的概念

建筑物和物件损害责任，是指建筑物的建设单位、施工单位和物件的所有人、管理人或者其他主体对其所管领的建筑物或物件损害应当承担的侵权责任。

（二）建筑物和物件损害责任的归责原则

建筑物和物件损害责任的归责原则是过错责任原则，适用过错推定。由建筑物的建设单位、物件的所有人或管理人等证明自己没有过错。

二、建筑物、构筑物或者其他设施致人损害的责任

（1）建筑物等倒塌的致害责任。建筑物、构筑物或者其他设施倒塌、塌陷造成他人损害的，由建设单位与施工单位承担连带责任，但是建设单位与施工单位能够证明不存在质量缺陷的除外。建设单位、施工单位赔偿后，有其他责任人的，有权向其他责任人追偿。因所有人、管理人、使用人或者第三人的原因，建筑物、构筑物或者其他设施倒塌、塌陷造成他人损害的，由所有人、管理人、使用人或者第三人承担侵权责任。

（2）建筑物等脱落、坠落的致害责任。建筑物、构筑物或者其他设施及其搁置物、悬挂物发生脱落、坠落造成他人损害，所有人、管理人或者使用人不能证明自己没有过错的，应当承担侵权责任。所有人、管理人或者使用人赔偿后，有其他责任人的，有权向其他责任人追偿。

三、抛掷物、坠落物致人损害的责任与补偿

（1）禁止从建筑物中抛掷物品。从建筑物中抛掷物品或者从建筑物上坠落的物品造成他人损害的，由侵权人依法承担侵权责任；经调查难以确定具体侵权人的，除能够证明自己不是侵权人的外，由可能加害的建筑物使用人给予补偿。可能加害的建筑物使用人补偿后，有权向侵权人追偿。公安等机关应当依法及时调查，查清责任人。

（2）物业服务企业等建筑物管理人应当采取必要的安全保障措施防止前述规定情形的发生；未采取必要的安全保障措施的，应当依法承担未履行安全保障义务的侵权责任。

四、物件致人损害责任

（一）堆放物倒塌致害责任

堆放物倒塌、滚落或者滑落造成他人损害，堆放人不能证明自己没有过错的，应当承担侵权责任。

（二）妨害通行物的致害责任

在公共道路上堆放、倾倒、遗撒妨碍通行的物品造成他人损害的，由行为人承担侵权责任。公共道路管理人不能证明已经尽到清理、防护、警示等义务的，应当承担相应的责任。

（三）林木的致害责任

因林木折断、倾倒或者果实坠落等造成他人损害，林木的所有人或者管理人不能证明自己没有过错的，应当承担侵权责任。

（四）地下设施的致害责任

（1）地下施工致害责任。在公共场所或者道路上挖掘、修缮安装地下设施等造成他人损害，施工人不能证明已经设置明显标志和采取安全措施的，应当承担侵权责任。

（2）地下工作物致害责任。窨井等地下设施造成他人损害，管理人不能证明尽到管理职责的，应当承担侵权责任。

知识拓展

试论民法典侵权责任编对我国侵权责任制度的创新与发展。

侵权责任是行为人对其侵权行为或准侵权行为造成的损害依法应当承担的民事法律后果，属于民事基本法律制度。民法典侵权责任编总结实践经验，针对侵权领域出现的新情况，对侵权责任制度作了必要的补充和完善。

（1）民法典侵权责任编完善了责任体系。

①区分了侵害与损害、绝对权请求权与侵权损害赔偿请求权，进而明确了无论是过错责任还是无过错责任，都只是损害赔偿责任的归责原则。

②限缩了公平责任的适用，确立法定分担损失规则。

③确立“自甘风险”规则。

④明确规定“自助行为”制度，赋予自然人在一定条件下的自我保护权利。

⑤完善了个人劳务使用人责任。

（2）民法典侵权责任编完善了损害赔偿规则。

①拓展了精神赔偿的适用范围，扩大了惩罚性赔偿的适用范围。

②专门规定了产品质量缺陷的惩罚性赔偿规则。

③增加规定侵犯知识产权的惩罚性赔偿和环境污染、生态破坏侵权的惩罚性赔偿。

④在产品责任中对缺陷产品确立了召回过程中必要费用的负担规则，强化了生产者和销售者的责任。

（3）民法典侵权责任编顺应时代发展要求，积极作出回应。

①细化了网络侵权责任的具体规定，完善了权利人通知、网络服务提供者转通知的具体规则，明确因错误通知给网络用户或者网络服务提供者造成损害的，应当承担侵权责任。

②确立了生态责任制度，修改完善了生态环境损害责任制度：一是增加规定生态环境损害的惩罚性赔偿制度；二是明确生态环境损害的修复和赔偿制度。

（4）民法典侵权责任编对侵权责任领域的一些重点难点问题作出了有针对性的规定。

①完善了机动车交通事故责任的主体确定（如机动车挂靠时的责任主体），并明确将“好意同乘”作为机动车交通事故责任的减责事由。

②对高空抛物、坠物规则作了进一步完善：一是增加规定，禁止从建筑物中抛掷物品。二是增加规定，从建筑物中抛掷物品或者从建筑物上坠落的物品造成他人损害的，由侵权人依法承担侵权责任。三是增加规定，发生此类行为的，“公安等机关应当依法及时调查，查清责任人”，并明确“经调查难以确定具体侵权人”的，才适用由可能加害的建筑物使用人给予补偿的规定。四是增加规定，可能加害的建筑物使用人补偿后发现侵权人的，有权向侵权人追偿。五是增加规定，物业服务企业等建筑物管理人应当采取必要的安全保障措施防止此类行为的发生；未采取必要的安全保障措施的，应当依法承担未履行安全保障义务的侵权责任。

第三部分 法理学

第一章　绪论

大纲应试策略

本章内容包括法学和法理学。在背诵要点中，法学的研究对象、法学的分类、中国特色社会主义法治理论的内涵、习近平法治思想、西方法学的发展、西方法学的主要流派、马克思主义法学的主要特征等属于较为重要的内容。本章较难领会的内容包括西方各法学流派的主要观点，中国特色社会主义法治理论和习近平法治思想。从近些年考试情况分析，本章出题方式包括选择题、简答题和论述题，其中，西方法学流派主要考查分析题，本章通过论述题进行考查的内容占据一定比例，但往往和其他章节结合出题。除考查过的主观题外，本章较为重要的简答题有：马克思主义法学的特征；中国特色社会主义法治理论的主要内容；中国特色社会主义法治核心价值理论的主要内容；“十一个坚持”法治思想的主要内容。本章较为重要的论述题有：社会主义民主制度化、法律化和程序化是社会主义民主政治的根本保障及意义；党的领导、人民当家作主和依法治国的相互关系及意义；坚持依法治国和以德治国的相互结合，促进法治中国建设；依法治国与改革开放的关系。

大纲背诵要点

第一节　法学

一、法学的概念、研究对象和体系

（一）法学的概念

法学又称为法律科学，是一门以法或法律这一社会现象及其规律作为研究对象的人文社会科学。法学是介于人文科学和社会科学之间的一种学科形态。

（二）法学的研究对象

（1）法学以法律现象作为研究对象，考察法的产生、发展及其规律，研究各种法律规范、法律制度的性质、特点及其相互关系，研究法的内部联系和调整机制，研究法与其他社会现象的联系、区别及相互作用。凡属与法有关的问题和现象都在法学研究的范围之内。

（2）法学要研究解决不同民族不同国度人们所面临的问题，要为人们在规则下生活提供精神导向。

（三）法学体系

1. 法学体系的概念

法学体系是由互不相同但又有联系的分支学科构成的知识系统。

2. 法学体系的分类

（1）从法律制定到法律实施的角度，可以将法学分为立法学、司法学、法律解释学、法律社

会学等。

（2）从认识论的角度，法学可以分为理论法学和应用法学。

（3）从法学和其他学科的关系的角度，法学可分为法学本科和法学交叉学科。

二、法学的产生和发展

（一）法学产生的条件

法学是在法发展到一定阶段时才产生的，法学的产生晚于法的产生。法学产生的条件有：

（1）要有关于法律现象的材料的一定积累。

（2）要有专门研究法律现象的学者阶层的出现。

（二）法学的历史发展

1. 中国法学的历史发展

（1）我国早在春秋战国时期就出现了法家、儒家、墨家、道家等许多直接或间接探讨法学问题的学派。

（2）在西汉中期以后，儒家思想成为官方的正统思想，法学衰微。我国古代没有像西方那样产生法学派别林立的现象。

（3）鸦片战争以后，一些西方资产阶级的法律思想开始传入我国。

2. 西方法学的历史发展

（1）法学最早起源于古希腊。

（2）古罗马共和国时期，法学发展成为一门独立的学科。

（3）欧洲中世纪时期，法学成为神学的一个分支。

（4）12—16 世纪，出现了以恢复和研究罗马法为核心的新的法学，称为“罗马法复兴”。

（5）17—18 世纪，代表新兴资产阶级政治、经济要求的思想家们提出了许多重要的法律思想、理论和学说。

（6）19 世纪至今，出现了自然法学派、分析实证主义法学派、社会法学派和新自然法学派等法学流派。

三、西方的主要法学流派

（一）自然法学派

1. 代表人物

自然法学派有十七、十八世纪的近代古典自然法学派和现代的新自然法学派。近代自然法学派的代表人物有洛克、孟德斯鸠和卢梭；现代的新自然法学派代表人物有富勒、罗尔斯和德沃金。

2. 基本观点

古典自然法学派充分体现了自然法、自然权利与社会契约等人本主义法律观，崇尚自由平等，主张天赋人权。主张法是人的理性，强调自然法普遍永恒，且高于人定法，人定法符合自然法时才是真正的法律。人定法违反自然法，则是恶法，恶法非法。

（二）分析法学派

1. 代表人物

早期代表人物有边沁、奥斯丁，20 世纪的代表人物有凯尔森、哈特等。

2. 基本观点

分析法学派以实证主义哲学为基础，反对形而上学的思辨方式和寻求终极原理的做法，主张现行实在法优先，人定法之上并不存在更加高级的标准，反对超越现行法律制度的任何企图，主张恶法亦法。它试图将价值考虑排除出法理学科研究的范围，并把法理学的任务限定在分析和剖析实在法律制度的范围内。

（三）社会法学派

1. 代表人物

德国的艾尔利希、美国的霍姆斯和庞德都是社会法学派的代表人物。

2. 基本观点

社会法学派强调研究“现实的法学”，研究法律现实的各个方面，反对分析法学派仅仅对法律进行形式逻辑上的研究，但他们对其的批判是从反科学的立场出发的。他们对于法律的来源、性质和作用的论述，着重于宣扬法的社会性，即法律在现实社会中的实际效果。

（四）其他法学流派

其他法学流派中，影响较大的有历史法学派、哲理法学派、经济分析法学派、女权主义法学派等。20 世纪末还出现了以批判法学、法与文学运动为代表的后现代法学思潮。

四、马克思主义法学

（一）马克思主义法学的产生和发展

马克思主义法学是以马克思主义为指导，研究法律现象的学科的总称。马克思主义法学产生于 19 世纪 40 年代，1848 年问世的《共产党宣言》是历史唯物主义法学的纲领性文件。

（二）马克思主义法学的特征

（1）马克思主义法学坚持历史唯物主义的立场。马克思认为，不是国家和法决定市民社会，而是市民社会决定国家和法。马克思主义法学主张，法律实现、反映或体现了占统治地位的经济关系，法律归根结底是由社会的物质生活条件决定的。

（2）马克思主义法学认为法律具有阶级性和意识形态性。马克思主义法学主张，在阶级社会中，法律的内容和程序直接或间接地体现了统治阶级的利益，法律不仅体现了统治阶级的内在价值观，还为其提供了合法性。

（3）马克思主义法学致力于实现人的解放。在马克思的学说中，实现人的解放是法律的本质性要求，法律也是实现人的解放的一种方式，人的解放的实现离不开法律。

（三）马克思主义法学中国化的历史进程

中国共产党把马克思主义的普遍原理与中国实际相结合，形成了毛泽东思想、邓小平理论、“三个代表”重要思想、科学发展观、习近平新时代中国特色社会主义思想。这些思想都包含着丰富而深刻的法治理论，尤其是习近平法治思想实现了马克思主义法治思想新的历史性飞跃和中国特色社会主义法治理论的系统性创新发展。

1. 毛泽东思想的法治理论

（1）系统地提出了关于新中国国体和政体的学说。

（2）提出了社会主义法制的基本指导思想。

2. 邓小平理论、“三个代表”重要思想、科学发展观的法治理论

邓小平理论创立了中国特色社会主义法治理论；“三个代表”重要思想、科学发展观丰富和

发展了中国特色社会主义法治理论，初步形成了中国特色社会主义法治理论体系。其中重要的理论观点包括：

(1) 发展社会主义民主，就必须加强社会主义法制。

(2) 坚持党的领导、人民当家作主、依法治国有机统一。

(3) 坚持科学执政、民主执政、依法执政。

(4) 扩大人民民主，保证人民当家作主。

(5) 坚持以人为本，尊重和保障人权。

(6) 坚持中国特色社会主义政治发展道路。

3. 习近平法治思想

党的十八大以来，以习近平同志为核心的党中央立足全球视野，不断深化对共产党执政规律、社会主义建设规律、人类社会发展规律的认识，经过艰辛的理论探索和丰富的实践创新，创立了习近平新时代中国特色社会主义思想，形成了习近平法治思想，开启了马克思主义法学中国化新的历史进程。其基本精神和核心要义集中体现为习近平在2020年11月召开的中央依法治国工作会议上系统提出的“十一个坚持”。“十一个坚持”的基本内容是：

(1) 坚持党对全面依法治国的领导；

(2) 坚持以人民为中心；

(3) 坚持中国特色社会主义法治道路；

(4) 坚持依宪治国、依宪执政；

(5) 坚持在法治轨道上推进国家治理体系和治理能力现代化；

(6) 坚持建设中国特色社会主义法治体系；

(7) 坚持依法治国、依法执政、依法行政共同推进，法治国家、法治政府、法治社会一体建设；

(8) 坚持全面推进科学立法、严格执法、公正司法、全民守法；

(9) 坚持统筹推进国内法治和涉外法治；

(10) 坚持建设德才兼备的高素质法治工作队伍；

(11) 坚持抓住领导干部这个“关键少数”。

第二节　法理学

一、法理学的概念

(一) 法理学的含义

法理学是我国法学体系中的一门重要的理论学科。它是从总体上研究法和法律现象的一般规律，研究法的产生、本质、特征、作用、形式、发展、实施等基本知识、概念和原理，研究法的创制和实施的一般理论，并着重研究我国社会主义法和法治的基本理论问题的理论学科。

(二) 法理学的研究对象

法理学的研究对象是一般法，是法和全部法律现象及其规律性。

(1) 一般法首先是指法的整个领域或整个法律现实，包括所有部门法在内的整个法律领域，以及现行法从制定到实施的全过程。

(2) 一般法还可以指古今中外的一切的法，不仅仅是本国的现行法律。法理学要对古今中外一切类型的法律制度及其各个发展阶段的情况进行综合研究，它的研究结论应能解释法的一切现象。

（三）法理学在法学体系中的地位

法理学在整个法律体系中占有十分重要的地位，它是法学的一般理论、基础理论和方法论。

（1）法理学和部门法学的关系。法理学与部门法学之间是“一般”与“特殊”的关系。

（2）法理学和法制史学、法律思想史学的关系。法理学与法制史学、法律思想史学是“论”与“史”的关系。

二、法理学的研究方法和意义

（一）法理学的研究方法

1. 总的研究方法

马克思主义的哲学方法，即辩证唯物主义和历史唯物主义的方法。

2. 自身的研究方法

自身的方法论主要有社会调查的方法、历史调查的方法、价值分析的方法、阶级分析的方法、分析和比较的方法、词义分析的方法、社会效益和经济效益的分析方法等。

（二）研究法理学的意义

学习和研究法理学，有助于树立马克思主义法律观，提高社会主义法律意识、法律文化水平，增强社会主义法治观念，同时也为学习其他部门法学乃至整个法律科学奠定必要的专业理论基础。

三、中国特色社会主义法治理论

（一）中国特色社会主义法治理论的意义

（1）中国特色社会主义法治理论是对马克思主义法学基本原理进行创造性转换的科学理论，是马克思主义法学当代化、现实化和中国化的产物，是将普遍性的法治理论同中国具体的法治实践紧密结合的结果，是对法治中国建设的理论内涵和实践规律的科学总结。

（2）中国特色社会主义法治理论体系的形成，使我国法治建设在一个更加成熟、更加定型、更加科学的法治理论指导下全面推进。中国特色社会主义法治理论体系和话语体系的形成，不仅有利于增强亿万人民对社会主义法治的道路自信、理论自信和制度自信，也有利于提升中国在国际社会的法治话语权和影响力。

（二）中国特色社会主义法治理论的主要内涵

1. 社会主义民主制度化、法律化和程序化理论

（1）发展社会主义民主政治，制度问题带有根本性、全局性、稳定性和长期性。人治危险得很，搞法治才靠得住。从制度上、法律上保障和发展人民民主，这是我们党对社会主义民主法治规律认识的一个重大转变和提升。党的十六大、十七大和十八大进一步提出和强化“实现社会主义民主政治的制度化、规范化和程序化”，强调程序化的要求。

（2）民主政治的制度化、规范化和程序化彻底改变了社会主义政治生态，不仅有利于党和国家的长治久安，而且有利于在各领域各层次扩大公民有序政治参与。

2. 依法治国、建设社会主义法治国家理论

建设法治中国，坚持依法治国、依法执政、依法行政共同推进，坚持法治国家、法治政府、法治社会一体建设。建设社会主义法治国家，必须将“一个共同推进”和“一个一体建设”有

机结合起来，更加重视法治建设的整体推进和协调发展，更加重视调动各方面的主动性和积极性。

3. 中国特色社会主义法治的核心价值论

（1）人民主体地位。坚持人民主体地位既是全面推进依法治国的基本原则，也是社会主义法治的根本价值。法治建设为了人民、依靠人民、造福人民、保护人民，以保障人民根本利益为出发点和落脚点，保证人民依法享有广泛的权利和自由、承担应尽的义务，维护社会公平正义，促进共同富裕。

（2）公正是法治的生命线。当代中国法治的基本价值体系主要包括：保障和促进社会公平正义、维护社会和谐稳定、确保国家长治久安、推进经济持续发展、维护世界和平。其中，促进社会公平正义是法治的主要任务之一。

4. 党的领导、人民当家作主和依法治国有机统一

（1）在中国，发展社会主义民主政治，关键是要坚持党的领导、人民当家作主和依法治国有机统一。这是我国社会主义法治建设的一条基本经验。

（2）党的领导是关键，人民当家作主是目的，依法治国是途径。人民代表大会制度是坚持党的领导、人民当家作主、依法治国有机统一的根本制度安排。

（2）“三统一”的法治理论是对马克思主义法学思想和中国特色社会主义法治理论的重大发展。

5. 依法治国和以德治国相结合理论

（1）依法治国属于政治文明范畴，以德治国属于精神文明范畴，依法治国与以德治国并非彼此对立，而是相互补充、相互促进。

（2）法律是成文的道德，道德是内心的法律，法律和道德都具有规范社会行为、维护社会秩序的作用。因此，治理国家、治理社会必须一手抓法治、一手抓德治，既重视发挥法律的规范作用，又重视发挥道德的教化作用，实现法律和道德相辅相成、法治和德治相得益彰。

（3）从法哲学角度讲，一方面，道德使法律更善，增加了法律的德性；另一方面，法律使人们对待社会道德问题更加客观，增加了道德的理性。

（4）依法治国和以德治国相结合的理论是对我国古代治国理政经验的传承，也是对国家治理现代化理论的丰富和发展。

6. 推进法治中国建设，促进国家治理体系和治理能力现代化理论

（1）“法治中国”建设。“法治中国”是中国法治建设的升级版，是对“以法治国”和“依法治国”的超越，是“法治国家”、“法治政府”和“法治社会”的综合体。法治中国与富强中国、民主中国、文明中国、和谐中国、公平中国、美丽中国、平安中国等核心要素相辅相成，共同绘就中华民族伟大复兴的美好愿景。“法治中国”概念和理论的提出，能够更加全面科学有效地统领依法治国和法治建设的所有理论和实践问题。

（2）国家治理体系和治理能力现代化。党的十八届三中全会将“完善和发展中国特色社会主义制度，推进国家治理体系和治理能力现代化”作为全面深化改革的总目标。

（3）推进法治中国建设，促进国家治理体系和治理能力现代化。法治是国家治理体系的重要组成部分，法治体系是国家治理体系的重要依托，是国家治理体系的制度载体。推进国家治理体系和治理能力现代化，就是要实现党、国家、社会各项事务治理制度化、规范化、程序化，就是要提高党科学执政、民主执政、依法执政水平。全面推进依法治国是国家治理领域，服务于全面深化改革的总目标，其艰巨性和困难性可想而知。这将使我们真正转向主要依靠法律治理国家。

7. 中国特色社会主义法治体系理论

中国特色社会主义法治体系是全面推进依法治国进程中总揽全局、牵引各方的总纲领、总抓手，它包括宪法实施监督体系、法律法规体系、法治实施体系、法治监督体系、法治保障体系、党内法规体系等理论。建设中国特色社会主义法治体系就是要加快形成完备的法律规范体系、高效的法治实施体系、严密的法治监督体系、有力的法治保障体系和完善的党内法规体系，甚至以社会主义法治体系作为标准，来评价和检验我国法治建设的基本状况与成效。

8. 良法善治理论

（1）“法律是治国之重器，良法是善治之前提。”前一句话是形式法治的思想，后一句话是实质法治的思想，形式法治和实质法治的有机统一即通常所说的良法善治。

（2）“良法”应当符合以下标准：

①反映人民的意志和根本利益；

②反映公平、正义等价值追求；

③符合社会发展规律；

④反映国情、社情、民情；

⑤具备科学合理的体系，形式合理，并且立法、执法和司法符合法定程序，具有程序的正当性。

（3）“善治”应包括如下几个方面：善治是民主治理，善治是依法治理，善治是贤能治理，善治是社会共治，善治是法德合治。良法善治理论超越了工具主义法治和形式主义法治的局限，是对现代法治理论的重大创新。

9. 依法治国与改革开放的关系理论

（1）依法治国与改革开放是辩证统一关系，全面推进依法治国本身就是全面深化改革的有机组成部分，法治又是改革的牵引力、推动力和保障力。全面深化改革需要法治保障，全面推进依法治国也需要深化改革。这一理论既丰富了法治理论，也丰富和发展了现代化理论。

（2）以法治凝聚改革共识，发挥立法对改革的引领和推动作用，实现改革决策和立法决策相统一、相衔接；以法治规范改革行为，做到重大改革于法有据，运用法治思维和法治方式推进各项改革。许多重大改革都涉及现行法律，如果在法律当中没有规定，就要抓紧制定法律，一些合理的改革如果与现行法律有明显冲突，法律应适应改革需要，抓紧“立改废释”；以法治确认、巩固和扩大改革成果，将实践证明已经比较成熟的改革经验和行之有效的改革举措尽快上升为法律，使其更加定型化、精细化，并以法律的强制力保证其实施。

（3）在全面深化改革的总体框架下全面推进依法治国，在改革中完善法治，以改革驱动法治现代化。

（三）习近平法治思想对中国特色社会主义法治理论的新发展

（1）党的十八大以来，以习近平同志为核心的党中央审时度势，总结既有的理论与实践经验，创造性地提出了习近平法治思想。

（2）习近平法治思想是顺应中华民族伟大复兴要求而产生的重大理论创新成果，是马克思主义法治理论中国化的最新成果，是习近平新时代中国特色社会主义思想的重要组成部分，是新时代全面依法治国的根本遵循和行动指南。

（3）习近平法治思想中的“十一个坚持”，深刻回答了新时代为什么实行全面依法治国和如何推进全面依法治国的重大理论和实践问题，阐明了全面依法治国的政治方向、重要地位、工作布局、重点任务、重大关系、重要保障等，具有科学的理论形态和鲜明的理论风格。

（4）习近平法治思想是当代中国马克思主义法治理论，开辟了21世纪马克思主义法治理论的新境界。

知识拓展

试论坚持依法治国和以德治国的相互结合，促进法治中国建设。

（1）依法治国和以德治国关系密切，必须坚持一手抓法治、一手抓德治，既重视发挥法律的规范作用，又重视发挥道德的教化作用，以法治体现道德理念、强化法律对道德建设的促进作用，以道德滋养法治精神、强化道德对法治文化的支撑作用，实现法律和道德相辅相成、法治和德治相得益彰。法律是准绳，任何时候都必须遵循；道德是基石，要把依法治国基本方略、依法执政基本方式落实好，把法治中国建设好，必须坚持依法治国和以德治国相结合，使法治和德治在国家治理中相互补充、相互促进、相得益彰，推进国家治理体系和治理能力现代化。

（2）法律是成文的道德，道德是内心的法律，法律和道德都具有规范社会行为、维护社会秩序的作用。因此，治理国家、治理社会必须一手抓法治、一手抓德治，既重视发挥法律的规范作用，又重视发挥道德的教化作用，实现法律和道德相辅相成、法治和德治相得益彰。

（3）要强化道德对法治的支撑作用。坚持依法治国和以德治国相结合，重视发挥道德的教化作用，提高全社会文明程度，为全面依法治国创造良好人文环境。要在道德体系中体现法治要求，发挥道德对法治的滋养作用，努力使道德体系同社会主义法律规范相衔接、相协调、相促进。要把道德要求贯彻到法治建设中。以法治承载道德理念，道德才有可靠制度支撑。立法、执法、司法都要体现社会主义道德要求，都要把社会主义核心价值观贯穿其中，使社会主义法治成为良法善治。要把实践中广泛认同、较为成熟、可操作性强的道德要求及时上升为法律规范，引导全社会崇德向善。要坚持严格执法，坚持公正司法，发挥司法断案惩恶扬善功能。

（4）要运用法治手段解决道德领域突出问题。法律是底线的道德，也是道德的保障。要加强相关立法工作，明确对失德行为的惩戒措施。要依法加强对群众反映强烈的失德行为的整治。对突出的诚信缺失问题，既要抓紧建立覆盖全社会的征信系统，又要完善守法诚信褒奖机制和违法失信惩戒机制，使人不敢失信、不能失信。对见利忘义、制假售假的违法行为，要加大执法力度，让败德违法者受到惩治、付出代价。

（5）要提高全民法治意识和道德自觉。法律要发挥作用，首先全社会要信仰法律；道德要得到遵守，必须提高全体人民道德素质。要加强法治宣传教育，引导全社会树立法治意识，使人们发自内心信仰和崇敬宪法法律；同时要加强道德建设，弘扬中华民族传统美德，提升全社会思想道德素质。要坚持把全民普法和全民守法作为依法治国的基础性工作，使全体人民成为社会主义法治的忠实崇尚者、自觉遵守者、坚定捍卫者。要深入实施公民道德建设工程，深化群众性精神文明创建活动，引导广大人民群众自觉践行社会主义核心价值观，树立良好道德风尚，争做社会主义道德的示范者、良好风尚的维护者。

第二章　法的特征和本质

大纲应试策略

本章包括法的概述、法的本质和基本特征等内容，在背诵要点中，关于法本质的不同学说、法的基本特征是核心考点。从近些年考试情况分析，本章出题方式主要是选择题和简答题。除考查过的主观题外，本章较为重要的简答题如马克思主义法学关于法的本质的基本观点。

大纲背诵要点

第一节　法的概述

一、法的词义

（一）“法”的基本含义

首先，法是指一种实在的社会现象。

其次，法是描述这样一个社会现象的概念或名称。

（二）法的词义

（1）汉语中的“法”有哲理与典章制度意义之分。哲理意义上的“法”指“道理”“天理”；典章制度意义上的“法”即“法律”“法律制度”。

（2）西语中的“法”有主观法（人定法）与客观法（自然法）之分。真正在国法意义上使用的“法”（法律）主要是指国家机关制定和颁布的具体法律法规，即实在法。

二、当代中国关于“法”与“法律”的使用

（1）从狭义层面理解法律，即认为法律仅指由全国人民代表大会及其常务委员会制定的规范性法律文件。

（2）从广义层面理解法律，即包括宪法、法律、行政法规、地方性法规、规章等在内的一切规范性法律文件。

第二节　法的基本特征

一、法具有规范性和普遍性：法是调整人们行为的规范，具有规范性和普遍性

（一）法是调整人们行为的规范，具有规范性

（1）法律是一种社会规范。其特点在于它所调整的是人们之间的相互关系（社会关系）。

(2) 法律的规范性是指法律所具有的规定人们的行为模式、指导人们行为的性质，表现在法律规定了人们的一般行为模式，从而为人们的交互行为提供了一个模型、标准和方向。

(3) 法律规定的行为模式包括三种：①人们可以怎样行为（可为模式）；②人们不得怎样行为（勿为模式）；③人们应当或必须怎样行为（应为模式）。

(4) 法的规范性的特点有：

①它针对的对象是不特定的大多数人；

②它只对规范生效后发生的行为有效；

③在其有效期内，针对同样的情况反复适用。

（二）法的普遍性

法的普遍性是指法所具有的普遍约束力，它通常包括两重含义：

(1) 在一国主权范围内，法具有普遍效力，所有人都要遵守；

(2) 法律对同样的事和人同样适用，即法律面前人人平等。

二、法的国家意志性和权威性：法是由国家制定或认可的社会规范，具有国家意志性和权威性

（一）法的国家意志性

(1) 法是由国家制定和认可的社会规范，具有国家意志性。

(2) 国家制定和认可是法律规范形成的两种方式。制定即立法机关制定法律的活动，国家制定的法律通常称为成文法或制定法。认可是国家通过一定的方式承认其他社会规范如道德、宗教、风俗、习惯等社会规范具有法律效力的活动。

(3) 法律是国家意志的体现，但并不是说国家意志均体现为法律。国家意志也可以以其他形式表现出来，比如国家政策。

（二）法的权威性

(1) 法律由国家制定或认可意味着法律具有普遍适用的效力，体现了法律的统一性和权威性。

(2) 法的权威性不仅表现为人们必须遵守或服从它，还表现为当它与道德、宗教、政策等发生冲突时，它作为国家意志的体现具有更大的权威性。

三、法的权利和义务的一致性：法是以权利和义务为内容的社会规范，具有权利和义务的一致性

(1) 法律是以权利和义务为内容的社会规范。法律对人们行为的调整主要是通过权利和义务的设定来实现的，因而法律的内容主要表现为权利和义务。法律上权利和义务的规定具有确定性和可预测性的特点，它明确地告诉人们该怎样行为、不该怎样行为以及必须怎样行为，并预见到行为的后果以及法律的态度。

(2) 法律上的权利和义务具有一致性。法律只要规定了权利，就必须规定或者意味着相应的义务，没有无权利的义务，也没有无义务的权利。法律具有权利和义务的一致性。有的社会规范所规定的权利和义务，在内容、范围和保证实施的方式上与法律意义上的权利和义务有很大的区别。

四、法的国家强制性和程序性：法是由国家强制力保证实施的社会规范，具有国家强制性和程序性

（一）法的国家强制性

（1）任何社会规范都具有强制性，都有保证其实施的社会力量。法律不同于其他社会规范，它具有特殊的强制性，即国家强制性。国家强制性是一种外在的强制性。

（2）法具有国家强制性的原因：一是法律不一定能始终为人们所自愿遵守，需要通过国家强制力强迫遵行；二是法律不能自行实施，需要国家专门机关予以运用。

（3）国家强制力并不是保证法律实施的唯一力量。除了国家强制力外，政治、经济、文化等因素也能保证法律的实施。

（4）国家强制力仅是法律实施的“保证”力量，并不是说法律实施的任何过程都需要国家强制力的介入，国家强制力是法律实施的最后保障手段。法的国家强制力也不意味着法律实施的全过程都需要国家强制力，因为法通过人们的自觉遵守也能实现，不一定非得用惩罚措施，法的国家强制力具有潜在性和间接性。

（5）法律依靠国家强制力保证实施，并不意味着国家强制力可以超越法律，不受法律约束。国家运用强制力保证法律实施，也必须依法进行，接受法律约束。

（二）法的程序性

无论立法、执法还是司法，都有相应的法律程序。法律程序是保证法律公正的重要手段。

第三节　法的本质

一、关于法的本质的不同学说

（一）神意论

（1）神意论将法的本质直接或间接地归结为神的意志，即法是神的意志的体现。

（2）神意论的主要代表人物是西罗马帝国后期的圣·奥古斯丁和11世纪的托马斯·阿奎那。阿奎那在其《神学大全》一书中指出：神的智慧是一切法律的渊源，神的智慧本身具有法律性质。

（二）理性论

（1）理性论将法的本质解释为理性、人性等。

（2）首先将法的本质归结为理性的是古希腊斯多葛学派的哲学家，认为整个宇宙由理性构成，自然与理性是等同的，理性是永恒不变的、普遍的自然法基础。

（3）古罗马的西塞罗也指出：法是最高的理性，理性在人类智慧中稳定而充分发展之时，就是法律。

（4）荷兰的格劳秀斯、斯宾诺莎，英国的霍布斯、洛克，德国的普芬道夫，法国的孟德斯鸠、卢梭是理性论的代表人物。

（三）命令说

（1）英国哲学家霍布斯认为，法是国家对人民的命令，是用口头说明，或用书面文字，或用其他方法所表示的规则或意志，用以辨别是非，指示从违。英国功利主义法学派的鼻祖边沁也说过，法是国家行使权力处罚犯罪的威吓性命令。

（2）命令说的代表人物是英国的约翰·奥斯丁。他认为，法律是主权者对其臣民所发布的应当如何行为并以制裁为后盾的命令。法律的显著特点之一在于它是一种命令，每一个法律和规则都是命令，严格意义上的法律和规则是命令的总和。

（四）民族精神论

德国历史法学派代表人物萨维尼指出，自古以来，法就像语言、风俗、政治一样，是民主精神、民主特性和民族共同意志的体现。法随着民族的成长而成长，随着民族的加强而加强，最后随着民族个性的消亡而消亡。此为民族精神论。

（五）社会控制论

美国社会法学派代表人物罗斯科·庞德在《通过法律的社会控制》一书中指出，法是社会控制的手段，法是政治上组织起来的高度专门化的社会控制形式，是一种有系统有秩序地适用社会强力的社会控制。

（六）其他关于法本质的学说

（1）公益论。代表人物是法国思想家卢梭。卢梭在《社会契约论》中指出，法的本质就是社会的公益即人们的共同意志、普遍意志。

（2）自由意志论。代表人物是德国哲学家黑格尔。黑格尔在《法哲学原理》一书中指出，法的本质就是自由意志，将法的本质称为自由意志的定在，自由意志是法的内核。

（3）正义论。代表人物是美国哲学家罗尔斯。罗尔斯在《正义论》一书中将法的本质归结为正义，认为正义是至高无上的，它是社会制度的首要价值，如同真理是思想体系的首要价值一样。

（4）社会连带关系论。代表人物是法国法学家狄骥。狄骥认为，客观法高于实在法，实在法以客观法为生效条件，并以实现客观法为目的。社会连带关系不是道德义务，而是一个永恒不变的事实，即人们必须生活在社会中，必须具有社会连带关系。社会连带关系是一切社会的基础。

二、马克思主义法学关于法的本质的学说

（一）法的第一层本质（浅层本质）：国家（阶级）意志性，即法是统治阶级意志的体现

（1）法律是上升为国家意志的统治阶级意志的体现，法的第一层的本质是国家意志性。法律是统治阶级或取得胜利并掌握国家政权的阶级的意志的体现。统治阶级利用掌握国家政权这一政治优势，有必要、也有可能将本阶级的意志上升为国家意志，然后体现为国家的法律。

（2）法律所体现的统治阶级意志不是统治阶级内部的各党派、集团及每个成员的个别意志，也不是这些个别意志的简单相加，而是统治阶级的整体意志、共同意志或根本意志。这种共同意志或根本意志是统治阶级作为一个整体在政治上、经济上的根本利益的反映。

（3）法体现统治阶级的意志，但并不是说统治阶级的意志均体现为法律。法律仅仅是体现统治阶级意志的一种方式，统治阶级的意志还可以通过其他方式体现，如政策、纲领等。

（二）法的第二层本质（深层本质）：物质制约性，即法所体现的意志由一定的物质生活条件所决定

法的关系根源于物质生活关系。法律是国家意志的体现，而国家意志实质上是统治阶级的共同利益的反映。但法律并不是以意志为基础的，而是由物质生活条件决定的。物质生活条件主要是指统治阶级赖以建立其政治统治的经济关系。不以人的意志为转移的物质生活，即相互制约的

生产方式和交往形式，是国家意志和统治阶级意志的现实基础。

（三）法所体现的意志也受经济以外诸多因素的影响

（1）物质生活条件决定阶级意志的内容，但阶级意志的内容还受到经济以外的各种因素的不同程度的影响。法律和这些因素归根结底在由经济因素起决定作用的条件下相互作用。

（2）经济以外的各种因素主要包括政治、思想、文化、历史传统、民族、宗教、习惯等。在分析法律的本质时，不应忽略这些因素。如果将经济条件理解为法律的阶级意志内容的唯一决定因素，实际生活中无数现象就无法理解。

第三章　法的起源与演进

大纲应试策略

本章包括法的起源、法的演进、法律移植与继承、法律全球化等内容。在背诵要点中，法系、法律移植、法律继承和法律全球化是核心考点，其中，法系、法律移植、法律继承和法律全球化可以从多个角度考查分析题。本章较难理解的内容是法律继承和法律移植。除考查过的主观题外，本章较为重要的简答题有：法起源的一般规律；社会主义法的本质特征；法律全球化的重大进展；法律全球化的主要途径。本章较为重要的论述题有：法律继承的根据和理由；法律移植的必要性；结合法律全球化论述全球化对中国立法、执法和司法的影响。

大纲背诵要点

第一节　法的起源

一、法起源的主要原因

（1）法起源的经济因素。在原始社会后期，生产力水平有了很大的提高，产生了私有财产，出现了三次社会大分工，社会分工的发展使经常性的交换成为必要和可能。在社会发展某个很早的阶段，产生了这样一种需要：把每天重复着的产品生产、分配和交换用一个共同的规则约束起来，借以使个人服从生产和交换的共用条件。这个规则首先表现为习惯，不久便成为法。

（2）法起源的政治因素。法的产生是当时阶级划分和阶级斗争的结果。社会出现了私有制和阶级的分化，形成了两个对抗的社会利益集团——奴隶主阶级和奴隶。作为统治阶级的奴隶主，开始利用国家和法来维护自己的统治，这是法产生的政治根源。

（3）法起源的社会因素。社会公共事务的发展推动了法的出现。随着社会经济的发展，社会公共事务也比原始社会日益复杂和增多，原始社会中极为简单的习惯已无法适应处理这些事务的要求，因此需要产生一种新的行为规则，即法。

（4）法起源的意识因素。随着社会经济的发展，人的独立意识的成长促进了法的产生。

（5）法起源的其他因素。其他人文、地理等因素对法的起源也有影响。

二、法起源的一般规律

（1）法由个别调整逐步发展为规范性调整。由个别到一般、由自发到自觉，是人类认识和发展的一条基本规律，也是法起源和发展的规律。

（2）法由习惯到习惯法再到制定法。法的形态总是先表现为不成文形式，即习惯和习惯法，然后才发展为成文形式，即成文法。在这一过程中，文化的因素起着相当大的作用。

（3）法由与道德规范、宗教规范混为一体到相对独立。法律规则的专门化、独立化是社会规范分化的结果，法的形成过程实际上是法日益脱离宗教、道德规范而成为独立的专门的社会规范的过程。

第二节 法的演进

一、法的历史类型

法的历史类型是依据法所赖以存在的经济基础及所体现的国家意志的性质的不同，而对各种社会的法律制度所作的分类。根据法的历史类型，可以将法分为奴隶制法、封建制法、资本主义法和社会主义法。

（一）奴隶制法的特征

（1）严格保护奴隶主的私有制，这是奴隶制法的核心作用。

（2）奴隶制法公开反映和维护奴隶主贵族的等级特权。

（3）刑罚手段极其残酷，长期保留着原始社会的某些行为规范残余。

（二）封建制法的特征

封建制法是地主阶级意志的体现，确认农民对封建地主的依附关系，维护专制王权。

（三）资本主义法

1. 资本主义法律的本质

资本主义法律的本质是建立在资本主义经济基础上的法律上层建筑。资本主义法律所代表的是作为一个整体的资产阶级的意志和利益。资本主义法律在本质上绝不是“超阶级”的，所谓“法律是公共意志的体现”的说法是错误的。

2. 资本主义法律的特征

（1）资本主义法维护以剥削雇佣劳动为基础的资本主义私有制。

（2）资本主义法维护资产阶级专政和代议制政府。

（3）资本主义法维护资产阶级自由、平等和人权。

（四）社会主义法

1. 我国社会主义法的产生

中国社会主义类型的法的出现，是以革命根据地时期的法律为基础的，是对革命根据地法的继承和发展。借鉴人类法治文明成果是我国社会主义法产生的重要条件。社会主义法不是凭空产生的，它首先要符合社会发展的内在需求，同时也要借鉴和吸收人类法治文明的成果。

2. 我国社会主义法的本质特征

（1）人民性和阶级性的统一。我国社会主义法的本质，是工人阶级领导下的全国人民共同意志的体现。社会主义法强调工人阶级的领导，强调坚持人民主体地位，一切以人民为中心，体现了人民性与阶级性的统一。

(2) 正义性与政治性的统一。在中国共产党的领导下，我国社会主义法体现社会发展理念和追求公平正义，社会主义法是正义性与政治性的统一。

(3) 科学性与先进性的统一。我国社会主义法坚持从中国实际出发，吸收借鉴古今中外优秀的法律文化与制度经验，又与时俱进，不断发展与完善自身制度与实践，体现了科学性与先进性的统一。

二、法系

(一) 法系的概念

法系是按照世界上各个国家和地区法律的源流关系和历史传统以及形式上某些特点对法律所作的分类。法系是具有共性或共同历史传统的法律的总称。

世界上存在并发挥过重要影响的五大法系是中华法系、伊斯兰法系、印度法系、英美法系和大陆法系。其中，影响最大的法系是大陆法系和英美法系。

(二) 中华法系

中华法系是世界五大法系之一，中华法系形成于秦朝，到隋唐时期成熟。中华法系的代表性法典是《永徽律疏》，又称《唐律疏议》，这是中华法系完备的标志。中华法系的主要特点有：

(1) 法律以君主的意志为主。

(2) 礼教是法律的最高原则。

(3) 刑法发达，民法薄弱。

(4) 行政司法合一。

(三) 英美法系

(1) 英美法系又称为普通法法系、判例法系、不成文法系、海洋法系等。英美法系是以英国中世纪的法律，特别是 11 世纪伴随着诺曼征服之后形成的普通法（判例法）为基础而发展起来的法律的总称。

(2) 英美法系的分布范围包括英国本土（苏格兰除外）、美国（路易斯安那州除外）、爱尔兰、加拿大（魁北克省除外）、澳大利亚、新西兰、印度等，不少国家历史上曾是英国的殖民地、附属国。

(3) 英美法系包括英国法系和美国法系。其中，英国法与美国法的差别较大，英国法采取不成文宪法制和单一制，法院没有司法审查权；美国法采用成文宪法制和联邦制，法院有通过具体案件确定是否符合宪法的司法审查权，公民权利主要通过宪法规定。

(四) 大陆法系

(1) 大陆法系又称为民法法系、罗马法系、罗马—德意志法系、日耳曼法系、法典法系、成文法法系、德法法系等。大陆法系是以罗马法为基础而发展起来的法律的总称。它是在罗马法基础上，以 1804 年《法国民法典》和 1896 年《德国民法典》为代表性法典，以及在其法律传统影响下仿照它们而形成和发展起来的各国法律的总称，它以罗马法为历史渊源，以民法为典型，以法典化的成文法为主要形式。

(2) 欧洲大陆大多数国家（包括意大利、荷兰、比利时、西班牙、葡萄牙、俄罗斯、波兰、瑞士、瑞典、希腊、奥地利等）、前欧洲国家的殖民地（如埃及、南非等）、拉丁美洲多国（如墨西哥、巴西、阿根廷、智利、哥伦比亚等）的法律都属于大陆法系。此外，由于历史的原因，日本、泰国、土耳其、美国的路易斯安那州、加拿大的魁北克省、英国的苏格兰、菲律宾等国家和地区的法律也属于大陆法系。

（3）大陆法系包括法国法系和德国法系两个支系。法国法系是以 1804 年《法国民法典》为蓝本建立起来的，它以强调个人权利为主导思想，反映了自由资本主义时期社会经济的特点。德国法系是以 1896 年《德国民法典》为基础建立起来的，强调国家干预和社会利益，是垄断资本主义时期法律的典型。

（五）大陆法系和英美法系的联系和区别

1. 两大法系的联系

两大法系在赖以存在的经济基础、阶级本质、总的指导思想和基本原则等方面是一致的。

2. 两大法系的区别

两大法系的区别可以分为两类：一类是微观差别，即具体部门法律制度、法律规则方面的差别；另一类是宏观差别，即在总的法律形式方面的差别，如法律渊源、法律分类、适用法律的技术或法律推理、司法程序、法律概念、术语等方面的差别。宏观方面的差别主要体现在：

（1）法律的渊源不同。在大陆法系国家，法的正式渊源主要是指制定法，法院的判例不是正式意义上的法律渊源；在英美法系国家，制定法和判例法都是法的正式渊源，判例法在整个法律体系中占有非常重要的地位。

（2）法律分类不同。大陆法系国家法的基本分类是公法和私法，进入 20 世纪后又出现了经济法、劳动法等兼有公法和私法两种成分的法；英美法系国家无公法和私法之分，法的基本分类是普通法和衡平法。

（3）法典编纂的不同。大陆法系国家承袭古代罗马法的传统，基本法律一般采用系统的法典形式；英美法系国家，尤其是英国，一般不倾向于法典形式，它的制定法往往是单行的法律、法规，即使后来英美法系国家逐步采用法典形式，也主要是判例法的规范化。

（4）诉讼程序和判决程式不同。大陆法系的诉讼程序以法官为重心，奉行职权主义，具有纠问程序的特点。法官审理案件除了案件事实外，首先考虑制定法是如何规定的，随后按照有关规定来判决案件；英美法系的诉讼程序奉行当事人主义，法官一般充当消极的、中立的裁定者的角色，法官首先要考虑以前类似案件的判例，将本案的事实与以前案件事实加以比较，然后从以前判例中概括出可以适用于本案的法律规则。

（5）哲学倾向不同。大陆法系倾向于理性主义，而普通法系则倾向于经验主义。

三、法律继承与移植

（一）法律继承

1. 法律继承的含义

法律继承是不同历史类型的法律之间的延续和继受，一般表现为旧法对新法的影响和新法对旧法的承接和继受。

2. 法律继承的根据和理由

（1）社会生活条件的历史延续性决定了法律具有继承性。

（2）法律的相对独立性决定了法律发展过程中的延续性和继承性。

（3）法作为人类文明成果的共同性决定了法律继承的必要性。

（4）法律发展的历史事实验证了法律继承性。

（二）法律移植

1. 法律移植的含义

法律移植是指在鉴别、认同、调适、整合的基础上，引进、采纳、摄取、同化外国法，使之成为本国法律体系的有机组成部分，为本国所用。法律移植反映了一国对同时代其他国家法律制度的吸收与借鉴，法律移植的范围除外国法，还包括国际法律和国际惯例。

2. 法律移植的必然性和必要性

（1）社会发展和法律发展的不平衡性决定了移植的必然性。

（2）市场经济的客观规律和根本特征决定了法律移植的必要性。

（3）法律移植是对外开放的应有内容。

（4）法律移植是法制现代化的必然需要。

第三节　法律全球化

一、法律全球化的概念和趋势

（一）法律全球化的含义

法律全球化是指法律跨越国家的疆界，在世界范围传播、流动。具体而言，是指法律的各种要素如法律原则、法律理念、法律价值观、法律制度、执法标准与原则等在全球范围内的趋同，并在全球范围形成一个法治的标准或模范。

（二）法律全球化的趋势

（1）法律的“非国家化”。

（2）法律的“标本化”或“标准化”。

（3）法律的“趋同化”。

（4）法律的“世界化”。

二、法律全球化的进展和主要途径

（一）法律全球化的重大进展

（1）《联合国宪章》是世界共同遵守的基本规范。

（2）国际法的许多任意性规范成为强制性规范。

（3）国际司法机制正在强化。

（二）法律全球化的主要途径

1. 国际法的国内化、地方化

国际性法律的国内化、地方化是指联合国、国际组织和国际社会层面的法律被各国全部或部分承认或接受，全球性的法律成为各国法律的组成部分。这主要表现在以下两个方面：

（1）在人权领域中，联合国和国际组织已经形成了许多标准人权文件。标准人权文件中关于权利的规定对于主权的绝对性构成了实质性限制。

（2）世界贸易组织成立后，缔约方必须根据有关协议调整自己的法律制度，缔约方法律要遵循世贸规则以打破国际贸易壁垒。

2. 地方法或国内法的全球化

（1）新商人法穿越国家领土。新商人法有别于国家法和国际法，是一种“自我合法化”的法律，它不依赖国家或国际的法律和传统的法院，是一种“自我繁衍”和“自我发展”的法律制度。

（2）美国等西方国家通过“法律与发展”项目“推销”西方的法律。美国试图通过法律输出占领世界法律市场，并通过推广美国法的经验进而实现世界法律的美国化，从而影响了许多受援国法律发展的方向和法律改革的进程。

第四章　法的作用与法的价值

大纲应试策略

本章包括法的作用和法的价值两节内容。在背诵要点中，法的规范作用、法的秩序、自由、平等、人权、正义和效率六大价值，法的价值冲突的表现及冲突解决原则是核心考点。本章核心内容较难掌握，需要举一反三地复习和提高知识的融会贯通能力。本章较难掌握的知识点是法的各类规范作用的区别和认定，法的六大价值和价值冲突解决原则。本章考查主观题的频率较高，甚至结合宪法学知识综合考查分析题和论述题。其中，法的各种规范作用的判断，法的作用的局限性，法的各种价值都是分析题的考查内容。特别需要说明的是，法的各种价值不仅可以在法理学中单独命题，甚至可以跨学科命题。以平等价值为例，平等价值作为法律的基本价值之一，在各门学科中都有所体现：宪法确认了平等权是公民的一项基本权利；在刑法领域存在刑法适用平等原则；在民法领域，平等原则是一项基本原则；在诉讼法领域，当事人诉讼地位平等原则是诉讼法的基本原则；在组织法中，《人民法院组织法》确立了审判案件在适用法律上一律平等原则；《人民检察院组织法》规定行使检察权在适用法律上一律平等原则；等等。因此，平等价值既可以在法理学领域跨章节进行考查，如结合平等价值论述平等原则在司法上的体现（跨本章和第十二章知识）；也可以跨学科考查，如结合平等价值论述宪法学中的平等权与合理差别（跨本章和中国宪法学第四章知识）。因此，复习本章内容特别要注重知识的综合运用。除考查过的主观题外，本章较为重要的简答题有：法的作用的含义和实质；法的价值的特征。本章较为重要的论述题有：法的社会作用；法律与正义的相互关系；法的秩序价值；从法律的秩序价值角度论述当代中国法律对促进和谐社会安定和秩序的保障作用；法的效率价值的实现方式；法律确认和保障自由及法律在实践中对自由的保障作用；从法律确认和保障自由的角度论述法在激发社会主体活力方面的作用；法律确认和保障平等价值实现的基本方式；贯彻平等原则对贯彻落实法治原则、实现全面依法治国的总目标的意义；结合法律的平等价值论述平等原则在司法上的体现；结合法律的平等价值论述如何贯彻法律面前人人平等的权利保障原则；人权作为法律价值的意义和我国宪法对人权保护的特点；结合人权的法律价值和权利保障的法治原则论述我国宪法对人权的保障；“正义只有通过良好的法律才能实现”。

大纲背诵要点

第一节　法的作用

一、法的作用的概念

（一）法的作用的含义

法的作用是指法律对人们的行为、社会生活和社会关系产生的影响。

（二）法的作用的实质

（1）法的作用是国家权力和国家意志实现的具体表现。

（2）法的作用是社会经济状况的具体体现。

二、法的作用的分类

（一）法的规范作用和社会作用

一切社会的法的作用都可以有规范作用和社会作用之分，这个观点是英国新分析实证主义法学家拉兹首先提出来的。从法是一种社会规范的角度来看，法具有规范作用；从法的本质和目的的角度来看，法具有社会作用。

1. 法的规范作用

法的规范作用是指法作为行为规范，对人们的意志、行为发生的直接影响，对人们的行为所起到的保障和约束作用。法的规范作用可以分为指引作用、评价作用、预测作用、教育作用和强制作用。

2. 法的社会作用

法的社会作用是指法的社会、政治功能，即法作为社会关系的调整器，服务于一定的社会政治目的、目标，承担一定的社会政治使命，形成、维护、实现一定的社会秩序。法的社会作用可以分为维护阶级统治的作用和执行社会公共事务的作用。

3. 法的规范作用和社会作用的区别

法的规范作用和社会作用在考察基点、作用对象、存在方式、所处层面以及发挥作用的前提等方面存在着一定的差别。但是这两种作用是相辅相成的，它们之间是手段与目的的关系，其中，法的规范作用是手段，法的社会作用是目的，法的规范运行的目的就是实现法的社会作用。法通过调整人们行为这种规范作用，实现维护社会经济基础和发展生产力的社会作用。

（二）法的作用的其他分类

依据不同角度，法的作用可以分为整体作用和局部作用、预期作用和实际作用、直接作用与间接作用、积极作用和消极作用、直接作用和间接作用。

三、法的规范作用

（一）指引作用

1. 指引作用的含义

指引作用是指法律规范对本人行为起到的导向和引导作用。

2. 指引作用的对象

指引作用的对象是本人的行为，即所谓“对本人行为的指引”。

3. 指引作用的种类

（1）确定性指引，即对人们行为的指引是确定的，不允许存在选择余地，人们必须根据法律规范的指示而行为。

（2）不确定性指引，又称为有选择的指引，即对人们行为的指引是随行为人的主观意愿而定的，允许自行选择。人们根据这种指引，可以自行决定这样行为或不这样行为。

（二）评价作用

1. 评价作用的含义

评价作用是指法作为人们对他人行为的评价标准所起的作用。

2. 评价作用的对象

评价作用的对象是他人的行为，即所谓“对他人行为的评价”。

3. 评价作用的形式

（1）专门评价，指经法律专门授权的国家机关、组织及其成员对他人的行为所作的评价，如法院、仲裁机构、行政机关对人们行为所作的裁判或决定，其特点是代表国家，具有国家强制力，产生法律约束力，因此又称效力性评价。

（2）社会评价，指普通主体以舆论的形式对他人行为所作的评价，其特点是没有国家强制力和约束力，是人们自发的行为，因此又称为舆论性评价。

（三）预测作用

1. 预测作用的含义

预测作用是指根据法律可以预先估计人们相互间将怎样行为以及行为的后果等，从而对自己的行为作出合理的安排。

2. 预测作用的对象

预测作用的对象是人们之间的相互行为。

（四）教育作用

1. 教育作用的含义

教育作用是指通过法的实施，使法对一般人的行为产生影响。

2. 教育作用的对象

教育作用的对象是一般人的行为。

3. 教育作用的实现

（1）通过对违法行为人实施制裁，对包括违法者本人在内的一般人均起到警示和警戒的作用。

（2）通过对合法行为加以保护、赞许或奖励，对一般人的行为起到表率、示范作用。

（五）强制作用

1. 强制作用的含义

强制作用是指法律可以用来制裁、强制、约束违法犯罪行为。

2. 强制作用的对象

强制作用的对象是违法犯罪者的行为。

四、法的社会作用

（一）维护阶级统治的作用

（1）调整统治阶级与被统治阶级之间的关系。一方面，统治阶级用法律在经济上确认和维护自己赖以存在的经济基础，在政治上维护统治阶级对被统治阶级的政治统治，在思想意识形态上维护有利于统治阶级的思想、道德和意识形态。另一方面，由于被统治阶级的斗争，统治阶级在一定条件和限度内，也在法律中规定一些对被统治阶级有利的条款。这些条款既反映了被统治阶级斗争的成果，也是统治阶级为了维护自己的统治而暂时缓和阶级矛盾的一种手段。

（2）调整统治阶级与同盟者之间的关系。统治阶级与同盟者之间既存在共同的利益，又有利益冲突，统治阶级需要用法的形式确定与其同盟者之间的关系，适当给予同盟者在政治、经济上的某些权利和利益，同时对同盟者滥用权利的行为，甚或对与统治阶级进行政治对抗的行为也实行法律上的制裁。

(3) 调整统治阶级内部的关系。法维护的是统治阶级整体的长远的利益，统治阶级中个别成员违背统治阶级整体利益和长远利益的行为，也会受到法的制裁。统治阶级需要用法来规定和确认他们自己内部各阶层、集团的相互关系，以此建立起个人意志服从整个阶级的关系，通过这种服从，确保其成员权利的实现，解决其内部因财产、婚姻等问题而引起的矛盾和纠纷，保证其内部和谐一致。

(二) 执行社会公共事务的作用

(1) 维护人类社会的基本生活条件。

(2) 维护生产和交换条件。

(3) 促进教育、科学和文化事业的发展。

五、法的作用的局限性

(1) 法律调整的范围是有限的。法是调整社会关系的重要手段，但不是唯一手段。国家用以调整社会关系的重要手段，除法律外，还有经济、政治、行政、思想道德、政策、纪律、习俗、舆论等。法在社会生活调整中具有主导地位，但是并非所有问题都可以适用法律调整。很多社会关系需要由法和其他手段并行调整，在对有些社会关系的调整中，法只能起到辅助作用；对有些社会关系而言，法并不是有效的调整手段，比如人们的思想、信仰或私生活方面，就不宜采取法律手段加以调控。

(2) 法的特性与社会生活的现实之间存在着矛盾。作为一种规范，法必然具有抽象性、稳定性特征，而现实生活中的问题却是具体的和不断变化的。法还具有保守性，它总是落后于现实生活的变化，立法者认识能力上的局限性也会使法律存在某种不合理、不科学的地方。

(3) 法的制定和实施受人的因素的制约。“徒善不足以为政，徒法不足以自行。”如果没有高素质的立法者，就不可能有良好的法律。即使制定得很好的法律，也需要合适的人正确地执行和适用，才能真正发挥其作用。如果没有具备良好法律素质和职业道德的专业队伍，法律再好，其作用也是难以发挥的。法律的实施还需要大多数社会成员的遵守和支持，如果社会成员缺乏一定的法律意识，缺乏自觉遵守法律的道德风尚和习惯，法律也不可能有效地实施。

(4) 法的实施受政治、经济、文化等社会因素的制约。法总是十分依赖其外部条件，其作用总是容易受到社会因素的制约，其中的主要因素有经济体制、政治体制、执法机关的工作状况、各级领导干部及普通公民的法律观、传统法律文化等，这些因素都会对法的实施形成制约。

第二节　法的价值

一、法的价值的概念

(一) 法的价值的含义和特征

1. 法的价值的定义

法的价值是指人们对于法律的需要和实践过程中所体现出来的法的积极意义和有用性。

2. 法的价值的特征

(1) 法的价值是阶级性和社会性的统一。

①从主体角度看，法的价值是以人为主体的价值关系，具有阶级性与社会性。

②从客体角度看，法的价值的客体，即法律本身也具有双重属性。

(2) 法的价值是主观性与客观性的统一。

①法的价值的主观性是指法的价值是以主体的需要为基准或参照的，如果主体没有法律需要，法律的任何属性和功能都不能构成价值。

②法的价值的客观性是指法的价值是不以人的意志为转移的，其在一定社会实践中形成和发展起来并最终受一定物质生活条件所制约。

(3) 法的价值是统一性与多样性的统一。

①法的价值的多样性是指法的价值因时代、社会、阶级、群体而呈现出差别性、多样性和多元化。

②法的价值的统一性是指法所蕴含的某种共同的价值标准，具有统一性。

（二）社会主义法律价值体系的定义与特征

1. 社会主义法律价值体系的定义

社会主义法律价值体系是由社会主义社会中一组与法律的制定和实施相关的价值所组成的系统，它是社会主义法律制度的内在精神，是社会主义核心价值在法律领域的集中体现。

2. 社会主义法律价值体系的特征

(1) 社会主义法律价值关注人民利益与个人权利的统一性。

(2) 社会主义法律价值体系关注价值之间的协调统一。

二、法的主要价值

（一）秩序

1. 秩序、法律秩序的含义

秩序是指在一定的时间和空间范围内，事物之间以及事物内部要素之间相对稳定的结构状态。

法律秩序是通过法律调整建立起来的人与人、人与社会之间相对稳定、和谐有序的状态。

2. 法律秩序的作用

一方面，法律有助于解决社会纠纷和矛盾，减少冲突和混乱；另一方面，秩序是消解、缓和社会矛盾和冲突的一个基本参照标准。

3. 法律在建立和维护社会秩序方面的作用

(1) 在建立秩序方面，法律制度通常依照人们所向往的理想社会秩序来设计；法律不仅通过赋予社会主体一定的权利和自由来引导社会主体的各种行为，还通过对社会主体施加一定的义务与责任的方式，使之对自身的行为加以必要的克制与约束，以建立相应的社会秩序。

(2) 在维护社会秩序方面，法律既有助于维护合理的政治统治秩序和权力运行秩序，也有助于维护正常的经济秩序和社会生活秩序。

（二）自由

1. 自由、法学上的自由的概念

自由一般是指从受到束缚的状态中摆脱出来，或不受约束的状态。

法学上的自由是指主体的行为与法律的既有规定相一致或相统一。

2. 法学上的自由的特点

(1) 自由意味着主体可以自主选择和从事的行为。自由是一个主体性的范畴，是人的主体性的充分体现。

(2) 自由也表现为主体自主选择的行为必须与既有法律规定相一致。法学意义上的自由是指在法律容许范围内的自由。

（3）自由是人的本性，是人们不可剥夺的普遍权利。正如马克思所说，自由“确实是人的本质”“不自由对人来说就是一种真正的致命的危险”。

3. 法律确认和保障自由

（1）法律确认自由。法律确认自由通常采用如下两种方式：

①以权利和义务规定来设定主体享有自由的范围，即把自由法律化为权利。法律在把自由确认为权利的同时，也就确定了自由的范围，国家通过对权利的保护来实现自由。

②以权利和义务来设定主体自由的实现方式。

（2）法律保障自由。法律保障自由的方式有：

①法律通过划定国家权力本身的合理权限范围，明确规定公权力正当行使的程序，排除各种非法妨碍，以保障社会主体的自由免受公权力的侵害。

②法律对每个主体享有的自由进行界定和限制，防止主体之间对各自自由的相互侵害，防止社会主体超越权利滥用自由。

③法律禁止主体任意放弃自由。

④法律为各种对主体自由的非法侵害确立救济手段与救济程序。

4. 法律对主体自由保障的体现

（1）法律排除国家权力对某些个人自由的干涉，即保障主体的自由免受侵害。

（2）法律保障主体可以合法地享有行使各项权利的自由。

（三）平等

1. 平等的含义

法律上的平等主要是社会主体能够获得同等的待遇，包括形式平等与实质平等。

2. 平等的特点

（1）平等是一个历史的范畴，其所表达的内涵随着社会历史环境和条件的变化而变化。

（2）平等并不等于平均。

（3）平等要求排除特权和消除歧视，因而与特权相对立。

（4）平等与差别对待有条件共存。

3. 法律确认和保障平等的实现

法律一般是通过立法、执法和司法等活动来确认和保障平等的实现，其基本方式有：

（1）法律把平等宣布为一项基本的法律原则。

（2）法律确认和保障主体法律地位的平等。

（3）法律确认和保障社会财富、资源、机会与社会负担的平等分配。

（4）法律公平地分配法律责任。

（四）人权

1. 人权的含义

人权是作为人所享有或应当享有的权利。

2. 人权的特点

（1）人权是普遍性的权利。

（2）人权是本源性的权利。

（3）人权是综合性的权利。

（4）人权是历史发展的产物。

3. 人权作为法律价值的意义

（1）人权作为法律价值表明了法律对作为主体的人的肯定，即对人的独立且平等的人的尊严的尊重。

（2）人权作为法律价值，表明法律的来源、法律运作的各个环节以及法律的根本目的都基于人本身，并以人的现实生活为关注焦点，以人的理想生活为直接目标。

（3）人权作为法律价值，既是对法律的精神、原则、规范的直接检验和方向引导，也是对法律的内在品质进行批判的标准和完善的依据。

4. 人权的法律分类

（1）个体人权，是指自然人享有的人权。按照联合国人权公约的划分，个体人权可以分为公民权利和政治权利，以及经济、社会和文化权利两大类。

（2）集体人权，是指作为权利主体的群体享有的人权。集体人权包括一般社会群体的权利和特殊社会群体的权利两大类。

（五）正义

1. 正义的含义

正义是对一定社会现存经济关系的观念化的反映，是一种有着客观基础的、人们关于某种特定事物如思想、行为、规范、制度、事业等的理想状态及模式的主观评价尺度和价值判断。

2. 正义的分类

实体正义，是指通过法律上的实体权利和义务来公正地分配社会利益与负担的法律规则所体现出来的正义。

程序正义，是指为了实现法律上的实体权利与义务而公正地设定一系列必要程序所体现出来的正义。

程序正义是实现实体正义的前提，没有程序正义的保障就没有实体正义的实现。

3. 正义的特点

（1）正义既有普遍性又有特殊性。

（2）正义既具有超时代性又具有时代性。

（3）正义既具有客观性又具有主观性。

4. 正义作为法律价值的作用

（1）正义是法律的存在根据和评价标准。

（2）正义是法律发展和进步的根本动因。

（3）正义适用于具体的法律实践。

5. 法律对正义的保障作用

（1）通过将社会生活的主要领域及其重要的社会关系纳入法律之内，使正义融入法律规范和制度之中，实行法治化治理，严格依法办事，从而全面促进和保障社会正义。

（2）通过法律权利和法律义务机制，公正地、权威地分配资源、社会利益和负担，并设定公正的程序来保障，使实体正义与程序正义得以通过立法来落实。

（3）通过法律效果上的认可与惩罚机制，在执法与司法上保障实体正义与程序正义的实现。

（六）效率

1. 效率、法的效率价值的含义

效率，又称为效益，是指社会或个人通过一定的投入而获得收益最大化的比率。

法的效率价值就是指法所具有的或应当具有的促进社会财富增长和活动便利并满足人们对物质的需求和便利条件的价值。

2. 法的效率价值的实现

法律是通过有利于资源优化配置的权利义务分配来实现这一价值的。通常实现法的效率价值的方式包括：

（1）确认并保障主体的物质利益，从而鼓励主体增进物质利益。

（2）确认和保护产权关系，鼓励人们为着效益的目的而占有、使用或转让财产。

（3）确认、保护、创造最具有效率的经济运作模式，使之容纳更多的生产力。

（4）承认和保护知识产权，使人类创造性的智力成果最大化地发展。

（5）通过设立法律责任、赔偿与惩罚等机制，使社会上的违法犯罪行为最大限度地减少，从而使人们的人身安全与社会财富总量不受损害或少受损害，使社会效率得到一定程度的保障。

三、法的价值的冲突与解决

（一）法的价值冲突的表现

（1）个体之间法律所承认的价值冲突，如个人自由可能导致与他人利益的冲突。

（2）共同体之间发生的价值冲突，如国际人权与一国主权之间的冲突。

（3）个体与共同体之间的价值冲突，如个人自由与社会秩序之间常常会出现矛盾的情况。

（二）解决价值冲突的原则

（1）价值位阶原则。价值位阶原则是指在不同位阶的法律价值发生冲突时，在先的价值优先于在后的价值。就法律价值而言，法律的主要价值或基本价值如秩序、自由、平等、人权、正义、效率等，与非基本法律价值（如安全、安宁、安定、利益、公平、公正、和谐等）的位阶顺序不是并列的。当基本价值与非基本价值之间发生冲突时，应以基本价值为优位；基本价值之间有冲突时，人权和正义作为法治保障的核心和标尺，具有重要的价值地位，这与我国宪法确立的“国家尊重和保障人权”的原则精神相符合，它也是正义原则的具体体现。

（2）个案平衡原则。个案平衡原则是指在处于同一位阶上的法律价值之间发生冲突时，要基于个案的基本情况作出适当的平衡，同时，必须综合考虑主体之间的特定情形、需求和利益，便利个案的解决能够适当兼顾双方的利益。

（3）比例原则。比例原则即指为保护某种较为优越的法律价值不可避免地侵犯某一法益时，不得逾越达到此目的所必要的程度。

（4）人民根本利益原则。人民根本利益原则是当代中国社会主义法律价值体系中的根本价值原则，即以是否满足最广大人民的根本利益为标准，来解决一些存在重大疑难的法律价值冲突问题。它也可以作为价值位阶原则的补充和保障。

知识拓展

结合人权的法律价值和权利保障的法治原则论述我国宪法对人权的保障。

（1）人权是作为人所享有或应当享有的权利。人权是本源性权利，是法律的源泉；人权是判断法律善恶的标准，人权作为法律价值，既是对法律的精神、原则、规范的直接检验和方向引导，也是对法律的内在品质进行批判的标准和完善的依据；人权指出了立法、执法和司法所应坚持的最低的人道主义的标准和要求，有利于实现法律的有效性，促进法律的自我完善。

（2）权利保障原则是指尊重和保障人权，法律面前人人平等以及权利和义务相一致体现为现代法治的基本目标和价值定位。法治的所有价值目标都可以归结为充分尊重和保障人权，促进公民自由意识和能力的提高。对国家权力的法律限制本身就是对人权的有力保障。法律至上的最终目标也是为人的权利和自由发展服务的。充分尊重和扩展人权是法治终极性的目的价值。

（3）我国宪法对人权进行了全面保障。首先，我国宪法规定，国家尊重和保障人权，将基本人权原则作为我国宪法规定的基本原则之一贯彻落实，使人权从应然权利转变为实然权利。其次，我国宪法规定了公民的政治权利和自由，这类权利和自由保障公民的人身自由与安全，并确保其有效参与国家公共事务。我国还宪法规定了公民享有的经济、社会和文化权利，这类权利旨在实现对公民的物质和文化利益的保障。公民的政治权利和自由与经济、社会和文化权利都属于人权的基本内容，受到我国宪法的确认和保障。从主体范围上看，我国宪法保障的人权不仅包括个人权利，也包括集体权利，两种人权类型相辅相成。再次，我国宪法在人权保障中强调权利和义务的统一。我国宪法规定，任何公民享有宪法和法律规定的权利，同时必须履行宪法和法律规定的义务。中华人民共和国公民在行使自由和权利的时候，不得损害国家的、社会的、集体的利益和其他公民的合法的自由和权利。

第五章　法的渊源、效力与分类

大纲应试策略

本章包括法的渊源、效力与法的分类等内容。在背诵要点中，法的渊源的种类、当代中国法律渊源的构成、当代中国非正式意义上的法律渊源的种类、确立法律效力等级的原则、当代中国法律的效力、法的各种分类是核心考点。本章内容都属于法的本体知识，较容易掌握。本章出题方式包括各类题型，但选择题考查频率较高。除考查过的主观题外，本章较为重要的简答题有：当代中国正式意义上的法律渊源的构成；法的效力等级的一般原则。

大纲背诵要点

第一节　法的渊源

一、法的渊源的概念

（1）法的渊源又称法源或法律渊源，有多种含义，如历史渊源、法的理论渊源、法的文件渊源、法的形式渊源等。《考试分析》从形式渊源的角度阐述了法的渊源的含义。

（2）法的渊源可以分为实质意义上的渊源和形式意义上的渊源。法的实质意义上的渊源是指法的真正来源、根源和发源，是法得以产生的一定生产方式下的物质生活条件。法的形式意义上的渊源是指法的创制方式或表现形式，即法的效力渊源。

二、法的渊源的分类

（一）法的正式渊源

法的正式渊源又称为直接渊源或法定渊源，是指国家机关制定的具有法律效力的各种规范性法律文件。法的正式渊源包括制定法、习惯法、判例法和国际条约等。

（二）法的非正式渊源

非正式渊源又称为间接渊源或非法定渊源，是指那些具有法律意义的准则和观念，这些准则和观念尚未在正式法律中得到权威性的明文体现。

法的非正式渊源包括正义标准、理性原则、公共政策、道德信念、社会思潮、习惯、学说等。

三、当代中国法的渊源

（一）当代中国法的正式意义上的渊源

1. 宪法

宪法在我国法律渊源体系中居于首要地位，具有最高的法律效力，一切法律、行政法规和地方性法规都不得同宪法相抵触。

2. 法律

（1）在我国，作为法律渊源之一的法律一词是在狭义上使用的，专指最高国家机关及其常设机关，即全国人民代表大会及其常委会制定颁布的规范性文件，其法律效力仅次于宪法。

（2）法律可以分为基本法律和非基本法律。基本法律是由全国人民代表大会制定和修改，比较全面地规定和调整国家及社会生活某一方面的基本社会关系的法律，包括刑事、民事、国家机构和其他方面的基本法律；非基本法律又称为基本法律以外的法律，是指由全国人大常委会制定和修改的，规定和调整除基本法律调整以外的，关于国家和社会生活某一方面具体社会关系的法律。此外，全国人大及其常委会发布的具有规范性内容的决定、决议、规定、办法等，也属于我国法律渊源。

3. 行政法规

行政法规专指由国家最高行政机关，即国务院在法定职权范围内为实施宪法和法律而制定的有关国家行政管理的规范性文件。行政法规的效力仅次于宪法和法律。

4. 地方性法规

地方性法规是指省、自治区、直辖市和设区的市、自治州的人民代表大会及其常务委员会根据本地区的具体情况和实际需要，在法定权限内制定发布的适用于本地区的规范性文件。

5. 自治条例和单行条例

民族自治地方的人民代表大会有权依照当地民族的政治、经济和文化的特点，制定自治条例和单行条例。自治区的自治条例和单行条例，报全国人民代表大会常务委员会批准后生效；自治州、自治县的自治条例和单行条例，报省或者自治区的人民代表大会常务委员会批准后生效。

6. 特别行政区的法律

特别行政区法律属于基本法律，它不同于一般法律的特点在于它只适用于特别行政区。特别行政区的法律是根据宪法和特别行政区基本法的规定，在特别行政区内施行的法律。特别行政区的立法机关（立法会）享有自己的专属立法权，可以根据特别行政区基本法的规定和法定程序制定、修改和废除法律。特别行政区的立法机关制定的法律须报全国人大常委会备案，备案不影响该法律的生效。

7. 行政规章

（1）部门规章，即国务院各部、委员会、中国人民银行、审计署和具有行政管理职能的直属机构，在本部门的权限范围内制定发布的规章。

（2）地方政府规章，即省、自治区、直辖市和设区的市、自治州的人民政府，根据法律、行政法规和本省、自治区、直辖市的地方性法规制定的规范性文件。

8. 国际条约和国际惯例

(1) 国际条约。国际条约是两个或两个以上国家（或地区）就政治、经济、贸易、军事、法律、文化等方面的问题确定其相互权利义务关系的协议。我国签订或者加入的国际条约，具有与国内法一样的约束力。

(2) 国际惯例。国际惯例是在国际交往中逐渐形成的一些习惯做法和先例，通常是不成文的，最初被某些国家（或地区）长期反复使用，后来为各国（或地区）所接受并承认其法律效力，并成为国际法的主要来源之一。

（二）当代中国非正式意义上的法律渊源

1. 习惯

习惯是指人们在长期的生产、生活中约定俗成的一种行为规范。除了那些经过国家认可从而成为习惯法的以外，其他习惯均为非正式渊源。当代中国社会中来自民间的、行业的、各民族的一些习惯等可以成为法的非正式渊源。

2. 政策

除了那些上升为国家法律的政策外，其他政策在某种意义上讲均为我国非正式的法的渊源，包括以红头文件形式呈现的各类政策性文件。

3. 作为办案参考的指导性案例

指导性案例又称案例指导制度，是新世纪我国法治实践中产生的新生事物，它试图为案件裁判提供统一的标准，为法官或检察官的自由裁量权提供一个尺度范围，同时也促使裁判者在裁判过程中准确适用法律。目前指导性案例包括最高人民法院和最高人民检察院分别发布的多批次指导性案例，它没有经过立法机关发布，但它在具体司法实践中已经开始发挥一些作用，成为我国非正式法律渊源的组成部分。

第二节　法的效力

一、法的效力的概念和效力等级

（一）法的效力的含义

法的效力也称法律的适用范围，是指法律对哪些人，在什么空间、时间范围内有效。法律效力有广义和狭义之分，狭义上的法律效力是指规范性法律文件的效力，广义上的法律效力还包括非规范性法律文件的效力。

（二）法的效力等级的一般原则

(1) 上位法的效力高于下位法，即规范性法律文件的效力层次（不同位阶的法律）决定于其制定主体的法律地位，行政法规的效力高于地方性法规。

(2) 特别法优于一般法，指在同一位阶的法律之间，特别法优于一般法。即同一事项，两种法律都有规定的优先适用特别法。

(3) 新法优于旧法，即在同一位阶的法律之间，两者对同一事项规定不一样的，新颁布的法律优先适用。

二、法的效力范围

（一）法对人的效力

1. 法对人的效力的概念

法对人的效力是指法律对谁有效力，适用于哪些人。

2. 法对人的效力遵循的原则

(1) 属人主义，即法律只适用于本国人，不论其身在国内还是国外。对外国人，即便其身在该国内也不适用。

(2) 属地主义，即不论本国人或外国人，凡居住在本国管辖领域内的人一律适用本国法律。

(3) 保护主义，即以维护本国利益为基础，不管是什么国籍的人，在什么地方的行为，只要侵害了本国的利益，就适用本国的法律。

(4) 折中主义，即以属地主义为主，与属人主义、保护主义相结合的原则。这是近代以来大多数国家所采用的原则，我国也采用折中主义原则。凡是具有中华人民共和国国籍的人，都是中国公民，中国公民在中国领域内一律适用中国法律。

3. 中国法律对中国人的效力

(1) 在我国领域内，我国法律一律平等适用于我国公民。

(2) 中国公民在我国领域外，原则上仍适用中国法律，但当中国法律与其所在国的法律发生冲突时，要区别不同的情况，依据具体的国际条约、协定及国内法的规定，来确定是适用中国法律还是适用外国法律。

4. 中国法律对外国人的效力

(1) 外国人在中国领域内，除法律另有规定外，一般适用中国法律。

(2) 外国公民在我国领域外对我国国家或者公民犯罪，按刑法规定最低刑为3年以上有期徒刑的，可以适用我国刑法，但是按照犯罪地的法律不受处罚的除外。

(二) 法的空间效力

1. 法的空间效力的概念

法的空间效力是指法律在哪些地域范围内发生效力的问题。一般说来，在一个主权国家，法律适用于主权管辖范围内的全部领域，它包括领土、领海、领空和底土，以及作为领土延伸的驻外使馆、在外船舶及飞行器。

2. 中国法律的域内效力

(1) 中央国家机关制定的法在全国有效。

(2) 地方国家机关制定的规范性法律文件，只能在制定机关所管辖的范围内生效。

3. 中国法律的域外效力

法的域外效力是法的效力及于制定的机关所管理的领域之外。有的法不仅在国内生效，而且根据国家主权原则还往往规定适用于国外发生的事件和行为。

(三) 法的时间效力

1. 法的时间效力的概念

法的时间效力是指法律何时生效、何时终止效力以及法律对其颁布实施前的事件和行为有无溯及力的问题。

2. 法的生效时间

(1) 自法律颁发之日起生效。

(2) 由法律规定具体生效时间。

(3) 规定法律公布后符合一定条件时生效（附生效条件）。

3. 法的效力终止

(1) 明示废止：在新法或其他法律文件中明文规定废止旧法。

(2) 默示废止：在适用法律上出现新法和旧法冲突时，适用新法而使旧法事实上废止。

4. 法的溯及力

法的溯及力又称为法律溯及既往的效力，是指新法颁布后，对其生效前的事件和行为是否适用的问题。如果适用，则具有溯及力；如果不适用，则不具有溯及力。一般情况下，我国法律坚持“法律不溯及既往”的原则。但这个原则也有例外，特别是在刑法中。目前各国采用的通例是“从旧兼从轻”原则，即新法原则上不溯及既往，但新法不认为是犯罪或罪轻的，可以适用新法。

第三节　法的分类

一、法的一般分类

（一）成文法和不成文法

按照法律的创制方式和表达形式的不同，可以将法律分为成文法和不成文法。

成文法又称为制定法，是由国家立法机关制定和公布并以成文形式表现出来的法律。

不成文法是由国家认可其法律效力，但又不具有成文形式的法，包括指习惯法和判例法。

（二）实体法与程序法

按照法律规定内容的不同，可以将法律分为实体法与程序法。

实体法是以规定和确认权利与义务或职权与职责为主的法律。

程序法是以保证权利和义务得以实施或职权和职责得以履行的有关程序为主的法律。

（三）根本法与普通法

按照法律的地位、效力、内容和制定主体、制定程序的不同，可以将法律分为根本法与普通法。

根本法即宪法。

普通法指宪法以外的法律。

（四）一般法与特别法

按照法律适用范围的不同，可以将法律分为一般法与特别法。

一般法是指针对一般的人和事在不特别限定的地区和期间内普遍适用的法律。

特别法是指针对特定人、特定事或在特定地区、特定时间内适用的法律。

（五）国内法与国际法

按照法律的创制主体和适用主体的不同，可以将法律分为国内法与国际法。

国内法是指在一主权国家内，由特定国家法律创制机关创制的并在本国主权所及范围内适用的法律。

国际法是由参与国际关系的国家或组织通过协议制定或认可的，并适用于国家（或地区）之间的法律，其形式一般是国际条约和国际协议等。

二、西方两大法系的法律分类

（一）公法与私法

该分类源于古罗马法，古罗马法学家乌尔比安首先提出这种分类。它是在民法法系中适用的一种法律分类。

公法是主要调整国家与普通个人之间关系的法律，宪法、刑法、行政法、诉讼法属于公法。

私法主要是调整公民个人之间的关系，民商法属于私法。

经济法等一些社会法（广义的社会法）则属于兼具公法和私法特征的法律。

（二）普通法与衡平法

普通法专指英国在 11 世纪诺曼征服之后由法官通过判决形式逐渐形成的适用于全英格兰的一种判例法。

衡平法是指英国在 14 世纪后对普通法的修正和补充而出现的一种判例法。

知识拓展

指导性案例又称案例指导制度，是新世纪我国法治实践中产生的新生事物，它试图为案件裁判提供统一的标准，为法官或检察官的自由裁量权提供一个尺度范围，同时也促使裁判者在裁判过程中准确适用法律。《最高人民法院关于案例指导工作的规定》第 7 条规定：最高人民法院发布的指导性案例，各级人民法院审判类似案例时应当参照。

关于指导性案例的效力，学术界有判例说、司法解释说和法律适用说。请根据《最高人民法院关于案例指导工作的规定》第 7 条的规定对上述观点加以反驳，并分析指导性案例的作用。

（1）首先，指导性案例并非判例。判例属于法官造法，我国是成文法国家，不承认判例的效力，判例也并非我国的法律渊源。在我国，指导性案例既不是遵循先例，也不是法官造法，因此指导性案例不是判例。

其次，指导性案例不是司法解释。司法解释具有法律拘束力，指导性案例并不具有法律拘束力，只有指导作用。

再次，指导性案例不是法律适用。因为指导性案例规范法官进行法律适用的活动，而不是法律适用本身，因此指导性案例没有法律效力，不是法律适用活动。

（2）指导性案例的作用体现在：有助于司法机关统一法律适用的标准；有助于弥补司法解释的不足，配合司法解释发挥作用；有助于立法机关修订和完善法律制度，实现良法之治；有助于丰富和发展法学理论研究和法学教育；有助于加强人民群众对司法审判活动和执行活动的监督。

第六章　法律要素与法律体系

大纲应试策略

本章包括法律要素、法律体系和当代中国的法律体系等内容。在背诵要点中，法律规则的种类、逻辑结构，法律原则的特点、种类及其与法律规则的区别，法律部门的划分标准、划分原则，当代中国法律体系的构成、特色及完善等属于核心考点。本章较难掌握的知识点是法律规则的逻辑结构，法律规则与法律原则的适用，对于当代中国法律体系的完善，需要深刻领悟。本章内容的出题方式包括各类题型。除考查过的主观题外，本章较为重要的简答题有：法律部门的含义和特征；法律部门的划分标准；当代中国法律体系的构成。本章较为重要的论述题有：法律部门的划分原则；当代中国法律体系的完善；如何完善生态领域立法，促进生态文明法治建设；结合立法科学性原则、民主立法原则论述通过完善当代中国的法律体系保障法律制度的有效实施。

大纲背诵要点

第一节 法律要素

一、法律规则

（一）法律规则的含义和特点

1. 法律规则的含义

法律规则又称为法律规范，是采取一定的结构形式具体规定人们的法律权利、法律义务以及相应的法律后果的行为规范。

2. 法律规则的基本特征

（1）法律规则是一种一般的行为规则，它使用同一标准，对属于其效力范围内的主体行为进行指导和评价，这一特点使它有别于任何个别性调整措施。

（2）法律规则规定了一定的行为模式，是一种命令式的必须遵守的行为规则，这使它区别于不包含确定行为方案或仅具有倡导性的口号或建议。

（3）法律规则是由国家制定或认可的行为规则，具有强烈的国家意志性，这是它区别于其他社会规范的最基本特征。

（4）法律规则规定了社会关系参加者在法律上的权利和义务以及违反规则要求时的法律责任和制裁措施。

（5）法律规则有明确的、肯定的行为模式，有特殊的构成要素和结构，是一种高度发达的社会行为规则。

3. 法律规则与法律条文的关系

法律规则和法律条文有密切联系，法律规则是法律条文的内容，法律条文是法律规则的表现形式。但是，二者不能等同，二者的区别表现在：

（1）并非所有的法律条文都是直接规定法律规则。

（2）不是每一个条文都完整地表述一个法律规则。法律规则是由假定（条件）、行为模式和法律后果三要素构成的，但有的法律条文并非完整地将法律规则的三要素表述出来。

①有的法律条文只表述其中的假定（条件）和行为模式，而没有表述法律后果。

②有的法律条文只表述行为模式，而没有假定（条件）和法律后果。

（3）不是每一个条文只表述一个法律规则。一个条文可能包括两个或两个以上法律规则。

（4）一个法律规则可以包括在几个法律条文中。

（5）法律规则可以不用法律条文表述。

（二）法律规则的种类

1. 授权性规则、义务性规则和权义复合性规则

按照法律规则的内容规定不同（规定的行为模式的不同），法律规则可以分为授权性规则、义务性规则和权义复合性规则。

（1）授权性规则，是指规定人们有权做一定行为或不做一定行为的规则，即规定人们的“可为模式”的规则。

（2）义务性规则，是指在内容上规定人们的法律义务，即有关人们应当做或不应当做某种行

为的规则。其分为如下两类：

①命令性规则，是指规定人们的积极义务，即人们必须或应当作出某种行为的规则，其行为模式为“应为”模式。

②禁止性规则，是指规定人们的消极义务，即禁止人们做一定行为的规则，其行为模式为“勿为”模式。

（3）权义复合性规则。权义复合性规则是指兼具授予权利、设定义务两种性质的法律规则。

2. 强行性规则和任意性规则

按照规则对人们行为规定和限定的范围或程度不同，可以把法律规则分为强行性规则和任意性规则。

（1）强行性规则，又称为强制性规则，是指内容规定具有强制性，不论人们的意愿如何，都必须加以适用的规则。

（2）任意性规则，是指在一定范围内，允许人们自行选择或协商确定法律关系中的权利义务内容的法律规则。

3. 确定性规则、委任性规则和准用性规则

按照法律规则内容的确定性程度不同，可以将法律规则分为确定性规则、委任性规则和准用性规则。

（1）确定性规则，是指内容已明确肯定，无须再援引或参照其他规则来确定其内容的法律规则。

（2）委任性规则，是指内容尚未确定，而只规定某种概括性指示，法律规则的内容由相应国家机关通过相应途径或程序加以确定的法律规则。

（3）准用性规则，是指内容本身没有规定人们具体的行为模式，可以援引或参照其他相应内容规定的规则。

4. 调整性规则和构成性规则

依据法律规则功能的不同，可将法律规则分为调整性规则和构成性规则。

（1）调整性规则，是对已有行为方式进行调整的规则，它的功能在于控制行为。调整性规则调整的行为先于规则本身产生。

（2）构成性规则，是组织人们按照规则规定的行为去活动的规则，规则所指定的行为在逻辑上依赖于规则本身，即规则所调整的行为后于规则本身。

（三）法律规则的逻辑结构

法律规则是由假定（条件）、行为模式和法律后果三个要素构成的。

（1）假定（条件），指法律规则中规定的适用该规则的条件和情况的部分，即规则在什么时间、空间对什么人适用以及在什么情境下对人的行为有约束力的问题。

假定（条件）包含以下两个方面：

①法律规则的适用条件，其内容是法律规则在什么时间生效，在什么地域生效以及对什么人生效等；

②行为主体的行为条件，其往往是法律关系产生、变更或消灭的事实规定，内容包括行为主体的资格构成（行为主体的国籍、权利能力、行为能力、免责条件等）和行为的情境条件（行为的时间、地点、程序和状态等）。

（2）行为模式，是指法律规则中关于行为的规定，即法律关于允许做什么、禁止做什么和必须做什么的规定，它是从人们大量的实际行为中概括出来的法律行为要求。

法律规则中的行为模式分为可为模式、应为模式和勿为模式（不得为模式）三种，与此相适应的三种法律规则分别是授权性法律规则、命令性法律规则和禁止性法律规则。命令性法律规则和禁止性法律规则合称为义务性法律规则。

（3）法律后果，指法律规则中对遵守或违反规则的行为予以肯定或否定的评价的部分。

法律后果分为如下两类：

①肯定性法律后果，是法律规则中规定人们按照行为模式的要求行为而在法律上予以肯定的后果，它表现为法律规则对人们行为的保护、许可或奖励；

②否定性法律后果，是法律规则中规定人们不按照行为模式的要求行为而在法律上予以否定的后果，它表现为法律规则对人们行为的制裁、不予保护、撤销、停止，或要求恢复、补偿等。

二、法律原则

（一）法律原则的含义和作用

1. 法律原则的含义

法律原则是指可以作为法律规则的基础或本源的综合性、稳定性原理和原则。

2. 法律原则的作用

（1）法律原则为法律规则和法律概念提供基础或出发点，对法律的制定具有指导意义，对理解法律规则也具有指导意义。

（2）法律原则有时可以作为疑难案件的断案依据，以纠正严格执法可能带来的不公。

（3）法律原则能够填补法律规则可能存在的漏洞。

3. 法律原则与法律规则的区别

（1）在内容上，法律规则的规定是明确具体的；法律原则不预先设定明确的、具体的假定条件，更没有设定明确的法律后果，其要求比较笼统、模糊。

（2）在适用范围上，法律规则只适用于某一类型的行为；法律原则具有宏观的指导性，其适用范围比法律规则宽。

（3）在适用方式上，法律规则是以“全有或全无的方式”应用于个案当中的，如果一条规则所规定的事实是既定的，或者这条规则是有效的，在这种情况下，必须接受该规则所提供的解决办法。法律原则的适用则不同，它不是以“全有或全无的方式”应用于个案当中的，当两个原则在具体的个案中冲突时，法官必须根据案件的具体情况及有关背景在不同强度的原则间作出权衡。不同强度的甚至冲突的原则都可能存在于一部法律之中。

（4）在作用上，法律规则具有比法律原则强度大的显示性特征，它形成了法律制度中坚硬的部分，没有规则，法律制度就缺乏硬度。法律原则是法律规则的本源和基础，它们可以协调法律体系中规则之间的矛盾，弥补法律规则的不足与局限，它们甚至可以直接作为法官裁判的法律依据。

4. 法律原则的适用条件

（1）穷尽一切法律规则，才能适用法律原则。

（2）除非为了实现个案正义，否则不得舍弃法律规则而直接适用法律原则。

（3）没有更强的理由，不得径直适用法律原则。

（二）法律原则的种类

1. 公理性原则与政策性原则

按照法律原则产生的基础，可以把法律原则分为政策性原则和公理性原则。

政策性原则是国家关于社会发展、进步的决策、指示、决定及目的、目标，是基于政策性考量的原则。

公理性原则是从社会关系本质中产生的，得到广泛承认并被奉为法律的公理，是由法律上的事理推导出来的原则。

2. 基本原则和具体原则

按照法律原则对人的行为及其条件之覆盖面的宽窄和适用范围大小，可以把法律原则分为基本原则和具体原则。

基本原则是整个法律体系或某一部门法律所适用的、体现法的基本价值的原则。

具体原则是在基本原则指导下适用于某一法律部门中特定情形的原则。

3. 实体性原则和程序性原则

按照法律原则涉及的内容和问题不同，可以把法律原则分为实体性原则和程序性原则。

实体性原则是直接涉及实体性权利和义务等的原则。

程序原则是直接涉及程序法问题的原则。

三、法律概念

(一) 法律概念的含义和功能

1. 法律概念的含义

法律概念是对法律事实进行概括，抽象出它们的共同特征而形成的权威性范畴。法律概念与日常生活中用语的概念不同，它具有明确性、规范性、统一性等特点。

2. 法律概念的功能

(1) 表达功能。法律概念间的连接使法律得以表达，没有法律概念，法律是难以想象的。

(2) 认识功能。法律概念使人们得以认识和理解法律，不借助于法律概念，人们便无法认识法律的内容，难以进行法律交流，更无法在此基础上进行法律实践活动。

(3) 改进法律、提高法律科学化程度的功能。丰富而明确的法律概念可以提高法律的明确化程度和专业化程度，使法律成为专门的工具，使法律工作成为独立的职业。

(二) 法律概念的种类

按照法律概念所涉及的因素，可将其分为主体概念、关系概念、客体概念、事实概念。

(1) 主体概念，是用以表达法律关系主体的概念。

(2) 关系概念，是用以表达法律关系主体之间权利义务关系的概念。

(3) 客体概念，是用以表达各种权利义务所指向的对象的概念。

(4) 事实概念，是用以表达各种事件和行为的概念。

第二节　法律体系与法律部门

一、法律体系的概念

1. 法律体系的含义

法律体系即一国现行部门法体系。它是将一国现行全部法律规范根据一定的标准和原则划分成不同的法律部门，并由这些法律部门所构成的具有内在联系的统一整体。

2. 法律体系的特点

(1) 法律体系是由一国现行法律规范构成的体系，既不包括具有完整意义的国际法范畴，也不包括已经宣布废止的法律和尚未制定的法律，或者虽然制定颁布但尚未生效的法律。

（2）法律体系是由不同的部门法构成的有机整体。

二、法律部门的划分标准和原则

（一）法律部门的含义

1. 法律部门的概念

法律部门又称为部门法，是指一个国家根据一定原则和标准划分的本国同类法律规范的总称。

法律部门也是法律分类的一种形式，法律分类是指根据一定的标准和原则对一国现行全部法律规范所作的分类。

通常，凡是调整同一种类的社会关系的法律规范的总和即构成一个相对独立的法律部门。

2. 法律部门与法律制度的关系

（1）一种法律制度可能分属于几个法律部门。

（2）一个法律部门也可能包含多个法律制度。

3. 法律部门与规范性法律文件的关系

（1）法律部门和规范性法律文件的联系。规范性法律文件是表现法的内容的形式或载体，法律部门就是由规范性法律文件构成的。

（2）法律部门和规范性法律文件的区别。

①一个法律部门往往是由许多个规范性法律文件构成的。

②规范性法律文件的名称有时候与部门法的名称是一致的。

a. 部门法的名称与规范性法律文件的名称在许多情况下是对应的，但内容不同。

b. 部门法的名称与规范性法律文件的名称有时候并不对应。

4. 法律部门的特征

（1）构成一国法律体系的所有部门法是统一的，各个部门法之间是协调的。

（2）各个法律部门之间既相互联系又相互独立，它们的内容是有区别的。

（3）各个法律部门的结构和内容基本上是确定的，但又是相对的和变动的。

（4）法律部门是主客观相结合的产物。

（二）法律部门的划分标准

1. 法律调整的对象

法律调整的对象，即法律调整的社会关系，是划分法律部门的首要标准和第一位标准。法律调整的是社会关系，每部法律规范都是对于某一社会关系的规定，离开了社会关系，就不会有任何法律规范的存在。以法律所调整的不同社会关系为标准，可以把法律规范划归不同的法律部门。

2. 法律调整的方法

法律调整的对象虽然是划分法律部门的首要标准和第一位标准，但是仅依据这一标准不能解决所有法律部门的划分问题，有的法律部门是无法从社会关系的性质来说明的。因为法律调整的社会关系极为广泛，所以有必要辅之以调整方法。将法律调整的方法作为划分法律部门的辅助标准，就可以很好地解决上述问题。

将法律调整的方法作为法律部门划分的辅助性标准，采取的调整方式有如下两种：

（1）将承担法律责任的方式作为法律调整的方法。

（2）将法律所调整的社会关系的不同主体以及确定这种主体间权利义务关系的不同原则和形式等作为法律调整的方法。

（三）法律部门的划分原则

1. 客观原则（从实际出发原则）

划分法律部门不是主观任意进行的，它有相对稳定的客观依据，这就是社会关系。我们应当考虑到法律调整的不同社会关系的广泛程度以及法律、法规数量的多少。一般来说，社会关系范围较广并且相应的法律法规也较多的，可以成为一个甚至几个独立的法律部门。对于法律规范很少的社会关系领域，可以予以合并。所以，在划分法律部门时，一定要坚持从社会关系和法律规范的实际情况出发的原则。

2. 合目的性原则

划分法律部门的目的在于帮助人们了解和掌握本国现行法律。合目的性原则是划分部门法时首先应当坚持的原则。如果某种划分不利于这一目的，那么其划分就是无意义的。人们在学习和研究某个问题时，尤其是当人们想从数以千计的法律和法规中找到解决某个问题的有关法律时，必须借助于法律部门的划分的理论和知识，才能达到目的。所以，划分法律部门时，合目的性原则是首要坚持的原则。

3. 适当平衡原则

划分法律部门时应当注意各种法律部门之间要保持适当的平衡，各法律部门所包含的法律的范围不宜太宽，也不宜太窄。每个具体的法律部门所包含的法律、法规数量既不能太少，也不能太多。不同部门法包含的法律、法规应当保持适当的平衡。

4. 辩证发展原则

由于主客观条件都在变化，因此法律部门的划分就不可能是绝对不变的，只能是相对的。没有也不可能有运用于一切时代、适合于任何国家的、永远不变的法律部门划分模式。

5. 相对稳定原则

虽然法律部门是发展的，但是法律的稳定性特征要求我们不能频繁地变动法律部门的内容和结构。这就要求我们在划分法律部门时不能只考虑目前法律、法规的多少，而应当具有一定的前瞻性，考虑到法律、法规今后的发展，即考虑到即将制定或可能制定的法律、法规。

6. 主次原则（重点论原则）

具体的社会关系和法律规范是极为复杂的，有时同一部法律、法规可以被划归几个不同的法律部门。还有时候，有的法律被采用一个或者几个标准予以划分，很难弄清楚其到底应属于哪一个法律部门。在这种情况下，我们应该考虑这一法律、法规的主导因素是什么，按照其主导因素来进行划分和归类。

第三节　当代中国的法律体系

一、当代中国法律体系的特色

当代中国的法律体系是产生于我国社会主义经济基础之上的，并为我国社会主义经济基础服务的上层建筑之一。中国特色的社会主义法律体系，是以宪法为统帅，以法律为主干，以行政法规、地方性法规为重要组成部分，由宪法及宪法相关法、行政法、民商法、经济法、环境法、社会法、军事法、刑法、程序法等多个法律部门组成的有机统一整体。这一法律体系既与人类政治文明发展的普遍性原则相一致，又与中国社会主义初级阶段的基本国情相适应，与社会主义的根本任务相协调，具有鲜明的中国特色。

（1）体现了中国特色社会主义的本质要求。

（2）体现了改革开放和社会主义现代化建设的时代要求。

（3）体现了结构内在统一而又多层次的国情要求。

（4）体现了继承中国法律文化优秀传统和借鉴人类法治文明成果的要求。

（5）体现了动态、开放、与时俱进的社会发展要求。

二、当代中国法律体系的构成

（一）宪法及其相关法

宪法是我国社会主义法律体系的基础和主导性的法律部门，是其他部门法所有规范性法律文件的最高依据，处于特殊的地位，起着特殊的作用。

（二）行政法

行政法是有关国家行政管理活动的法律规范的总称，它是由调整行政管理活动中国家机关之间，国家机关同企业事业单位、社会团体、公民之间发生的行政关系的规范性文件组成的。

行政法分为如下两类：

（1）一般行政法，指对一般的行政关系加以调整的法律规范的总称。

（2）特别行政法，指对各专门行政职能部门管理活动适用的法律、法规。

（三）民商法

民商法是调整作为平等主体的公民之间、法人之间、公民与法人之间的财产关系和人身关系的法律规范的总和。从立法体例上看，我国采取民商合一的民事立法体例。

民商法分为如下两个次级法律部门：

（1）民法，是调整平等主体间的人身关系和财产关系的法律规范的总称。

（2）商法，是调整商事法律关系主体和商业活动的法律规范的总称。

（四）经济法

经济法是有关国家对经济实行宏观调控的各种法律规范的总和。经济法主要包括预算法、审计法、会计法、统计法、农业法、企业法、银行法、市场秩序法、税法等。

（五）环境法

环境法又称为环境资源法，是关于保护、治理和合理开发自然资源，保护环境、防治污染和其他公害、维护生态平衡的法律规范的总称。

环境法包括如下两方面法律：

（1）环境污染防治法，适用于噪声污染、大气污染、水污染、土壤污染等的防治，包括防沙治沙、清洁生产、气象、野生动物保护等领域的法律。

（2）资源法，适用于对森林、草原、土地、矿山、能源、水等资源的保护。

（六）社会法

社会法是调整国家在解决社会问题和促进社会公共事业发展过程中所产生的各种社会关系的法律规范的总称，它的主要功能是解决社会问题，促进社会事业的发展。

社会法部门的主要法律规范有：

（1）保护弱势群体的法律规范。

（2）维护社会稳定的法律规范。

（3）促进社会公益的法律规范。

（4）促进科教、文卫、体育事业发展的法律规范。

（七）军事法

军事法是有关国防和军队建设的法律规范的总称。

（八）刑法

刑法是规定有关犯罪及其法律后果的法律规范的总称。

（九）程序法

程序法部门是指规范因诉讼和非诉讼活动而产生的社会关系的法律规范的总和。

程序法是由如下两部分构成的：

（1）诉讼程序法，简称诉讼法，是有关诉讼活动的法律规范的总和，简称为诉讼法。

（2）非诉讼程序法，是有关非诉讼活动程序的法律规范的总和。

三、当代中国法律体系的完善

为适应推动科学发展、促进社会和谐、全面落实依法治国基本方略的要求，当前和今后一个时期，中国将根据经济社会发展的客观需要，紧紧围绕实现科学发展、加快转变经济发展方式、着力保障和改善民生、推动和谐社会建设，不断健全各项法律制度，推动中国特色社会主义法律体系不断完善。

具体而言，今后一段时间要着力加强和完善以下几个方面的立法。

（一）积极加强发展社会主义民主政治的立法

（1）适应积极稳妥推进政治体制改革的要求，完善选举、基层群众自治、国家机构组织等方面的法律制度；

（2）加强规范行政行为的程序立法，完善审计监督和行政复议等方面的法律制度；

（3）适应司法体制改革要求，进一步修改《法院组织法》《检察院组织法》，完善诉讼法律制度；

（4）完善国家机关权力行使、惩治和预防腐败等方面的法律制度，扩大社会主义民主，加强对权力行使的规范和监督，不断推进社会主义民主政治的完善和发展。

（二）继续加强经济领域立法

（1）适应社会主义市场经济发展要求，完善民商事法律制度；

（2）适应深化财税、金融等体制改革要求，完善预算管理、财政转移支付、金融风险控制、税收等方面的法律制度，特别是加强税收立法，适时将国务院根据授权制定的税收方面的行政法规制定为法律；

（3）完善规范国家管理和调控经济活动、维护国家经济安全的法律制度，促进社会主义市场经济健康发展。

（三）突出加强社会领域立法

坚持以人为本，围绕保障和改善民生，在促进社会事业、健全社会保障、创新社会管理等方面，进一步完善劳动就业、劳动保护、社会保险、社会救助、社会福利、收入分配、教育、医疗、住房以及社会组织等法律制度，不断创新社会管理体制机制，深入推进社会事业建设。

（四）更加注重文化科技领域立法

适应推进文化体制改革、促进科技进步的要求，完善扶持公益性文化事业、发展文化产业、鼓励文化科技创新、保护知识产权等方面的法律制度，推动社会主义文化大繁荣，建设创新型国家。

（五）高度重视生态文明领域立法

适应资源节约型、环境友好型社会建设的要求，完善节约能源资源、保护生态环境等方面的法律制度，从制度上积极促进经济发展方式转变，努力解决经济社会发展与环境保护的矛盾，实现人与自然的和谐相处。

（六）深入推进科学立法、民主立法，着力提高立法质量

（1）完善各项法律制度。

①完善人大代表参与立法工作机制，充分发挥人大代表在立法中的作用；

②完善法律案审议制度，建立健全科学民主的审议和表决机制；

③探索公众有序参与立法活动的途径和形式，完善立法座谈会、听证会、论证会和公布法律法规草案征求意见等制度，建立健全公众意见表达机制和采纳公众意见的反馈机制，使立法更加充分体现广大人民群众的意愿；

④建立健全立法前论证和立法后评估机制，不断提高立法的科学性、合理性，进一步增强法律、法规的可操作性。

（2）保障法律制度的有效实施。

①建立健全工作机制，做好法律法规配套规定制定工作；

②完善法律解释机制的途径和方法，建立法律解释常态化机制，对需要进一步明确法律规定的具体含义或者立法后出现新情况需要明确法律适用依据的，及时作出法律解释；

③健全备案审查机构，完善备案审查机制，改进备案审查方式，加强对法规、规章、司法解释等规范性文件的备案审查；

④健全法律法规清理工作机制，逐步实现法律法规清理工作常态化，确保法律体系内在科学和谐统一。

知识拓展

试论如何完善生态领域立法，促进生态文明法治建设。

完善生态领域立法，促进生态文明法制建设是完善当代中国社会主义法律体系的要求。生态文明法治思想揭示了人与自然是生命共同体的根本规律，揭示了经济发展与生态环境保护的辩证关系，揭示了生态产品的本质属性，揭示了生态是统一的、平衡的自然系统，是相互依存、紧密联系的有机链条，为我国生态文明建设提供了理论指导和行动指南，也是生态文明法治建设的根本遵循。

完善生态立法，增强生态立法的系统性、整体性、协同性，使生态环保法律体系更加科学完备、协调统一，促进生态文明法治建设。

（1）用严格的法律制度保护生态环境，加快建立和完善有效约束开发行为和促进绿色发展、循环发展、低碳发展的生态文明法律制度。深化资源型产品价格和税费改革，实行资源有偿使用制度和生态补偿制度。改革生态环境保护管理体制，完善并严格实行环境信息公开制度、环境影响评价制度和污染物排放总量控制制度。健全生态环境保护责任追究制度和生态环境损害赔偿制度。对领导干部实行自然资源资产离任审计。

（2）适应资源节约型、环境友好型社会建设的要求，构建科学合理生态安全格局，全面促进资源节约。推动资源利用方式根本转变，加强全过程节约管理，大幅降低能源、水、土地消耗强度，提高利用效率和效益，加大自然生态系统和环境保护力度。

(3) 提升法律制度设计的科学性和专业性。深入研究论证，把握科学规律，提高立法质量。加强法律体系协同配套工作。加强和改进行政法规、地方性法规制定、修改、清理等工作，认真做好各类相关法规、规章、司法解释、国家标准、规范性文件制定修改工作，增强法律体系整体功效。

(4) 加强生态文明宣传教育，增强全民节约意识、环保意识、生态意识，形成合理消费的社会风尚，营造爱护生态环境的良好风气。要统筹推进生态环境领域立法修法工作，加快完善中国特色社会主义生态环境保护法律体系，从制度上积极促进经济发展方式转变，努力解决经济社会发展与环境保护的矛盾，为促进经济社会发展全面绿色转型、建设人与自然和谐共生的现代化提供有力法治保障。

第七章 立法

大纲应试策略

本章包括立法概述、立法原则和立法程序等内容。在背诵要点中，立法的概念、特征、我国现行的立法体制、立法法修改的主要内容和意义、党领导立法与人大主导立法、立法原则是较为重要的知识点。本章较难掌握的内容是如何结合立法原则推进法治中国建设，这涉及较多跨章节的知识和对当前立法工作的政治敏锐度。本章出题方式包括各类题型。除考查过的主观题外，本章较为重要的简答题有：我国现行的立法体制及实行该立法体制的原因；立法法修改的主要内容和意义。本章较为重要的论述题有：加强人大在立法中的主导作用；立法体制机制的完善；我国的立法原则；在坚持立法科学性原则的基础上提高立法质量；党领导立法与人大主导立法；建设完备的法律规范体系，以良法促进发展、保障善治，统筹推进法治中国建设。

大纲背诵要点

第一节 立法概述

一、立法的概念

（一）立法的含义

立法，又称为法的创制、法的创立，是指有立法权的国家机关或经授权的国家机关，依照法定的职权和程序，创制、认可、修改或废止法律和其他规范性法律文件的专门性活动，是掌握国家政权的阶级把自己的意志上升为国家意志的活动。

在法学上，立法有广义和狭义之分，广义的立法是指有关国家机关依照法定的职权和程序，制定具有法律效力的各种规范性文件的活动；狭义的立法仅指最高国家权力机关及其常设机关依照法定的权限和程序制定规范性法律文件的活动。

（二）立法的特征

（1）立法是国家的一项专门活动。

（2）立法的主体是特定的国家机关。

（3）立法是专门机关依照法定的程序进行的活动。

（4）立法是特定国家机关运用专门技术的活动。

（5）立法是一项系统性、多层次性的综合性法律创制活动。

（6）立法的目标在于产生具有普遍性、规范性、强制性的法律规范，将统治阶级的意志上升为国家意志。

二、立法权与立法体制

（一）立法权的概念

立法权是一定的国家机关依法享有的创制、认可、修改或废止规范性法律文件的权力，是国家机关权力体系中最重要、最核心的权力。行政权、司法权等国家权力都应以立法权为依托。享有立法权是进行立法活动的前提。立法活动是行使立法权的过程和表现。

（二）立法体制的概念

立法体制是关于立法权的配置方面的组织制度，其核心是立法权限的划分问题。一国立法体制的形成，主要是由这个国家的国家性质、国家结构形式和文化传统等因素决定的。一般来说，国家结构形式对立法体制形成的影响最为明显。例如，实行单一制国家结构形式的国家，一般采用一元立法体制，而实行联邦制国家结构形式的国家，一般采用二元或多元立法体制。

（三）我国现行的立法体制

我国现行的立法体制可以概括为“既统一又分层次”的立法体制。实行该立法体制的原因（理由）有：

（1）我国是单一制国家，不是联邦制。这决定了我国的立法权必须相对集中于中央。

（2）我国实行人民代表大会制度，各级人民代表大会是人民行使国家权力的根本途径。这就决定了我国的立法权必须相对集中于国家权力机关。

（3）我国地域辽阔，人口众多，各地经济、政治、文化、社会情况各不相同，特别是民族多，这就决定了我国的立法不能全部集中在中央，必须给民族自治地方一定的立法权，在少数民族聚居的地方实行民族区域自治，以适应各地的不同情况。

（4）我国的立法权不能完全集中在国家权力机关的手中，必须给行政机关以一定的立法权，以适应体制改革和对外开放的实际需要。

（四）党领导立法与人大主导立法

加强党对立法工作的领导与人大主导立法，既是我国立法工作的根本原则，也是我国立法实践经验的科学总结，是党的领导与人民当家作主有机统一在立法领域的具体表现，两者相辅相成，并不矛盾。

1. 党领导立法

党领导立法强调坚持党的政治领导原则，党通过确定立法工作方针、批准立法规划、提出立法工作建议、明确立法工作的重大问题、加强立法队伍建设等，把握正确的政治方向。

2. 人大主导立法

人大主导立法是我国宪法确定的准则，我国是单一制国家，实行人民代表大会制度。有权的各级人民代表大会或人大常委会依法具体履行立法职责，落实立法工作任务，将人民的意志准确地体现在立法之中。其中，全国人大及其常委会在国家立法体制中处于核心地位。我国《宪法》第58条规定：全国人民代表大会和全国人民代表大会常务委员会行使国家立法权。《立法法》规定了地方人大及其常委会行使制定地方性法规的权限。这些正是人大主导立法的具体体现。

（五）2015年《立法法》的主要修改内容与意义

（1）授予设区的市地方立法权。修改后的《立法法》依法赋予所有设区的市地方立法权，同时明确地方立法权的边界，规定设区的市可以对“城乡建设与管理、环境保护、历史文化保护等方面的事项”制定地方性法规。这一修改意味着具有地方立法权的市实现扩围。

（2）落实“税收”法定原则。修改后的《立法法》将“税收”专设一项作为第六项，明确“税种的设立、税率的确定和税收征收管理等税收基本制度”只能由法律规定。这意味着政府收什么税、向谁收、收多少、怎么收等问题，都要通过人大立法决定。

（3）规范部门规章权限。修改后的《立法法》规定，部门规章规定的事项应当属于执行法律或者国务院的行政法规、决定、命令的事项。没有法律或国务院的行政法规、决定、命令的依据，部门规章不得设定减损公民、法人和其他组织权利或者增加其义务的规范，不得增加本部门的权力或者减少本部门的法定职责。

（4）发挥人大在立法工作中的主导作用。修改后的《立法法》规定，全国人大有关的专门委员会、常委会工作机构可以提前参与有关方面的法律草案起草工作；涉及综合性、全局性、基础性等事项的法律草案，可以由全国人大有关的专门委员会或者常委会工作机构组织起草。

（5）深入推进科学立法、民主立法。修改后的《立法法》将提高立法质量明确为立法的一项基本要求；规定建立开展立法协商，完善立法论证、听证、法律草案公开征求意见等制度；健全审议和表决机制。

（6）加强备案审查。修改后《立法法》规定，全国人大有关的专门委员会和常委会工作机构可以对报送备案的规范性文件进行主动审查；可以将审查、研究情况向提出审查建议的国家机关、社会团体、企业事业组织以及公民反馈，并可以向社会公开。

第二节　立法原则

一、合宪和法制统一原则

立法要遵守宪法，要维护法制统一，这是维护和保障立法活动合法性的重要原则。

（一）合宪原则

合宪原则是指享有立法权的立法机关在创制法律的过程中，应当以宪法为依据，符合宪法的理念和要求，遵循宪法的基本原则。合宪性要求具体还包括立法主体的合宪性、内容的合宪性和程序的合宪性等。

（二）依法立法原则

依法立法原则，是指在前述合宪原则的前提下，立法还应遵循《立法法》。我国现行《立法法》不仅明确规定了立法原则，还规定了不同立法主体所具有的不同立法权限与程序。《立法法》特别对法律、行政法规、地方性法规与规章等的制定主体、内容与程序作了明确的规制。各主体均应严格依法立法，保证立法合法。

（三）法制统一原则

法制统一原则是指立法应当依照法定的权限和程序，从国家整体利益出发，维护社会主义法制的统一和尊严。它同时要求立法机关所创设的法律应内部和谐统一，做到整个法律体系内各项法律、法规之间相互衔接且相互一致、相互协调。法制统一的前提和基础是宪法，只有在严格遵守和维护宪法的前提下，才能保证法制的统一。

二、民主原则

（一）立法的民主原则的含义

立法的民主原则是指在立法中要贯彻人民民主思想，集中反映和体现人民意志、利益和要求，保障、发展和发扬社会主义民主，使立法活动与人民群众参与相结合。

（二）立法的民主原则的内容

（1）立法内容的民主。立法内容的民主是指立法必须从最大多数人的最根本的利益出发，发扬社会主义民主，体现人民的意志，这是由我国社会主义的性质决定的。我国宪法规定的公民的基本权利体现了民主立法的原则，但要使立法的内容更充分体现民主原则，还要用其他法律将宪法规定的公民权利具体化。

（2）立法过程和立法程序的民主。立法过程和立法程序的民主性，首先要求立法主体的产生要民主；其次是立法过程要公开；最后是立法主体的活动要民主，保障人民通过多种途径参与立法活动。

三、科学原则

（一）科学原则的含义

科学原则是指立法必须从实际出发，科学合理地规定权利与义务、权力与责任，法律规范具体、明确，具有针对性和可执行性。

（二）科学原则的内容

（1）立法从实际出发，尊重客观规律，维护和保障立法的科学性。立法不能脱离客观实际存在，不能凭主观臆想进行。从实际出发首先要求立法要从现实的国情出发，符合国情；其次要求立法要尊重和反映客观规律。马克思深刻指出，立法者应当把自己看作一个自然科学家。他不是在制造法律，不是在发明法律，而仅仅是在表述法律。他把精神关系的内在规律表现在有意识的现行法律之中。这表明，立法者在立法时应当像科学家那样尊重科学性和规律性。

（2）立法活动应当科学合理地规定权利与义务、权力与责任。立法活动应该科学、合理地规定公民、法人和其他组织的权利和义务以及国家机关的权力与责任，这就要求在立法工作中首先要坚持权利本位，把保障权利作为设定权利义务的出发点；其次要考虑权利义务的平衡；此外，还要考虑弱势群体的实际承受能力。而国家机关的权力与责任是应当统一的。按照现代法治原则，国家机关并不是权力的天然享有者，权力的赋予必须以责任为基础，以维护公共利益、实现社会职能为目标。立法机关赋予国家机关以某种权力，必须与其承担的责任相对应。

（3）法律规范明确、具体，具有针对性和可执行性。这就要求立法者不仅在语言上要具有明确性和严谨性，而且要在内容上具有针对性和可执行性。法律不明确，执法者的自由裁量权就会扩大，法律的权威和效能就会降低。

第三节 立法的程序

一、立法程序的概念

（一）立法程序的含义

立法程序有广义和狭义之分。广义的立法程序是指有立法权的国家机关在创制、认可、修改或废止规范性法律文件的活动中所必须遵守的步骤和方法。狭义的立法程序仅指国家最高权力机关创制、认可、修改或废止法律的程序。

（二）立法程序的特点

（1）立法程序是法律规定的程序。

（2）立法程序规定了立法的步骤和方法。

（3）立法程序是所有立法环节必须遵守的程序。

二、我国法律的制定程序

（一）法律草案的提出

法律草案又称为法律议案，是具有立法提案权的国家机关和人员向立法机关提出的关于法律的创制、修改或废止的提案和建议。法律草案的提出是立法程序中的第一个步骤。

（二）法律草案的审议

法律草案的审议是指立法机关对已经制定出来的法律草案进行的审查和讨论。法律草案的审议阶段有二：第一，全国人大有关专门委员会进行审议；第二，立法机关全体会议的审议。在审议法律草案的过程中，相应机关要对法律草案的立法动机、立法精神、法律草案与其他法律之间的协调性以及立法技术等问题进行审查。法律草案的审议结果主要有：提付立法机关表决；搁置；终止审议。

（三）法律草案的表决与通过

法律草案的表决与通过是立法程序中具有决定意义的一个步骤。表决是有立法权的机关和人员对议案及法律草案表示的最终态度：赞成、反对或弃权。关于通过法律的法定人数，世界各国有不同的规定。我国宪法的修改，由全国人民代表大会以全体代表的2/3以上的多数通过；法律和其他议案由全国人民代表大会以全体代表的过半数通过。

（四）法律的公布

法律的公布是指立法机关或国家元首将已通过的法律以一定的形式予以公布，以便全社会遵照执行。法律的公布是法律生效的前提。法律通过后，凡是未经公布的，都不能产生法律效力。法律的公布必须由特定的机关采取特定的方式进行。宪法和修正案由全国人大以公告的方式公布实施；法律由国家主席根据最高权力机关的决定公布。

知识拓展

1. 试论加强人大在立法中的主导作用。

（1）人大主导立法是我国宪法确定的准则，我国是单一制国家，实行人民代表大会制度。有权的各级人民代表大会或人大常委会依法具体履行立法职责，落实立法工作任务，将人民的意志准确地体现在立法之中。其中，全国人民代表大会和全国人民代表大会常务委员会行使国家立法权，全国人大及其常委会在国家立法体制中处于核心地位。地方人大及其常委会行使制定地方性法规的权限。人大有关的专门委员会、常委会工作机构可以提前参与有关方面的法律草案起草工作；涉及综合性、全局性、基础性等事项的法律草案，可以由全国人大有关的专门委员会或者常委会工作机构组织起草。这些正是人大主导立法的具体体现。

(2) 加强人大在立法中的主导作用，理顺人大主导立法的外部关系。要加强党对立法工作的领导，党对立法工作的领导，是我国立法体制的内在要求，是形成完备的法律规范体系的必然要求，是我国立法工作的根本保证。立法是将党和人民的意志通过民主程序上升为国家意志的过程。党对立法工作的领导为立法指明政治方向，推动党的路线、方针、政策在立法中得到体现。要不断完善党对立法的领导方式，为良法善治提供体制机制保障。要加强政府参与立法活动，充分发挥政府在行政管理方面的专业特长和实际经验。

(3) 加强人大对立法工作的领导，要厘清人大主导立法的内部关系。一是人大与人大常委会。人大主导立法，人大常委会是人大的常设机关，常委会要向人大负责，二者在立法过程中的地位与职能不能简单并列。二是人大与相关的立法工作部门。在坚持和加强人大主导立法的基础上，充分发挥法制委员会和常委会法制工作委员会的职能作用。专门委员会作为人大的常设机构，是为人大代表和人大常委会组成人员履行职责提供保障和便利，不具有立法职能。各专门委员会在本级人民代表大会及其常务委员会领导下，研究、审议和拟订有关议案；对属于本级人民代表大会及其常务委员会职权范围内同本委员会有关的问题，进行调查研究，提出建议。立法是一项复杂的系统性和综合性工程，必然会受到党委、政府、政协等多个重要主体的直接或间接影响，只有形成党委领导、人大主导、政府配合、政协参与的立法关系，形成各个立法主体之间相互支撑、相互促进的立法协同局面，才能最大限度地提高立法质量。

2. 结合法理学和宪法学知识，论述2018年宪法修正案对地方立法体制的完善。

(1) 2018年宪法修正案增加设区的市制定地方性法规的规定：设区的市的人民代表大会和它们的常务委员会，在不同宪法、法律、行政法规和本省、自治区的地方性法规相抵触的前提下，可以依照法律规定制定地方性法规，报本省、自治区人民代表大会常务委员会批准后施行。地方立法是地方治理的重要手段，通过行使地方立法权，可以修改和废止不合时宜或者有缺陷的制度，补充和完善尚有不足或者需要改善的制度，从而推进地方治理的法治化。因此，增加设区的市制定地方性法规的规定是完善立法体制的重大举措。

(2) 立法体制是关于立法权的配置方面的组织制度，其核心是立法权限的划分问题，它既包括中央国家机关和地方国家机关关于立法权限的划分制度，也包括中央国家机关及地方国家机关之间关于立法权限划分的制度。2018年宪法修正案赋予设区的市和自治州制定地方性法规的立法权限，这是从国家根本法的层面扩大了地方立法的主体和权限范围，是完善社会主义立法体制的重大举措，是对我国地方立法实践的宪法确认。地方性法规是以宪法为核心的中国特色社会主义法律体系的重要组成部分。改革开放以来特别是党的十八大以来，地方立法发挥着越来越重要的作用，为地方经济社会发展提供了各具特色、极富针对性的制度保障。把设区的市的立法权进一步提升到国家根本法的高度予以权威确认，必将极大推动地方因地制宜运用立法手段解决本地具体问题，让社会主义法治的触角更加灵敏，使地方经济社会发展的活力和创造力充分迸发，加快建设社会主义现代化国家的步伐。

第八章　法律实施

大纲应试策略

本章包括法律实施概述、执法、司法、守法和法律监督等内容。本章是考查重点，因而核心考点密集。本章较难掌握的知识点是执法原则的运用、司法原则的运用、司法公信力、守法要素的运用、当代中国法律监督的种类及知识运用等。本章出题方式包括各类题型，尤其是分析题和论述题考查比例高，甚至结合宪法学知识综合考查分析题和论述题，因此，对于本章的复习，应当采取与第四章（法的作用与法的价值）同样的策略，要特别注重知识的综合运用能力，并提高与法理学知识相关时政热点的敏锐度。除考查过的主观题外，本章较为重要的简答题有：法律实施的含义和意义；法律实施的主要基础与动力；行政执法和司法的区别；执法活动中比例原则的内涵；司法体制改革的主要任务。本章较为重要的论述题有：法律实施的条件；法律的公正性和法律实施的关系；法律实现的意义；我国的执法原则；依法行政原则；结合依法行政原则论述推进法治政府建设的关键在于依法行政；结合严格执法原则论述严格执法对全面推进依法治国、建设社会主义法治国家的意义；结合严格执法原则论述严格执法对法治政府建设的意义；司法原则；司法法治原则的具体内涵和要求；司法平等原则的具体内涵和意义；司法独立原则；司法公正原则的要求和意义；结合实际论述公正司法原则的内容及公正是法治的生命线；结合司法公正原则论述推进严格公正司法，提高司法公信力；司法体制改革的方向和原则；完善我国的人权司法保障制度；提高司法公信力的改革要求和意义；建设公正高效的中国特色社会主义司法制度；守法的意义；当代中国法律监督的内容；制定《监察法》是加强宪法实施，丰富和发展人民代表大会制度，推进国家治理体系和治理能力现代化的战略举措。

大纲背诵要点

第一节　法律实施概述

一、法律实施

（一）法律实施的含义

法律实施，又称为法的实施，是指法在社会生活中被人们实际施行，即在社会生活中通过人们的执法、司法、守法、法律监督等方式对法律的贯彻落实。法律实施就是使法律从书本上的法律变成行动中的法律，使它从抽象的行为模式变成人们的具体行为，从应然状态进到实然状态。

（二）法律实施的方式

（1）法律的遵守（守法）。

（2）法律的执行（执法）。

（3）法律的适用（司法）。

（三）法律实施的意义

（1）法律实施是实现法的作用与目的的条件。

（2）法律实施是实现立法者的立法目的和法律的作用的前提，是实现法的价值的必由之路。

（3）法律实施是建立法治国家的必备条件。

（四）法律实施的主要基础与动力

（1）法律的人民性是法律实施的根本基础与动力。法律实施需要人民的拥护和信赖。我国宪法法律秉持“以人为本”的基本理念，以尊重人民主体地位、增进人民利益福祉、促进人的全面发展、保障和改善民生、确保改革成果的广泛公平分享为核心价值，必将获得人民群众发自内心的拥护和支持，进而不断增强宪法法律实施的内生动力，提升宪法法律实施的水平和效果。

（2）法律的公正性是法律实施的前提基础。公正是法律的生命线，保障和维护社会公正是法治的核心价值。法律公正是良法善治的基本标志，也是法律有效实施的基本前提。只有公正的法律才能获得人民群众的认可、接受和遵守。在法治的范畴内，法律公正主要包括权利公平、机会公平、规则公平等。

（3）法律的权威性是法律实施的根本保障和动力。法律的权威性是指在国家生活中法律应当有至上的效力和尊严，宪法和法律拥有足够的力量规范权力运行、制约权力任性，维护宪法法律秩序，维护国家制度安全。法律权威的重要标志和基本保障在于，法律由国家强制力保证实施。

（五）法律实施的状况与评价

1. 改革开放以来法律实施的情况

改革开放以来，我国法律实施的情况在不断变好，但仍存在如下问题和不足：

（1）保证宪法实施的监督机制和具体制度还不健全；

（2）有法不依、执法不严、违法不究的现象在一些地方和部门仍然存在；

（3）关系人民群众切身利益的食品药品安全、环境保护、生产安全等执法司法问题还比较突出；

（4）滥用职权、失职渎职、执法犯法甚至徇私枉法，严重损害国家法律权威。

2. 对法律实施进行评价和评估的主要标准

（1）人们按照法律规定的行为模式行为的程度；

（2）刑事案件的发案率、案件种类、破案率及对犯罪分子的制裁情况；

（3）各类合同的履约率与违约率；

（4）普通公民和国家公职人员对法律的了解程度，他们的法律意识及法治观念的提高或提高的程度；

（5）社会大众对社会生活中安全、秩序、自由、公正、公共福利等法的价值的切身感受；

（6）法律的社会功能和社会目的是否有效实现及其程度；

（7）有关法律活动的成本与收益的比率。

二、法律实现

（一）法律实现的含义

1. 法律实现的含义

法律实现是指法律的要求在社会中被转化为现实，法律权利得到保护，法律义务得到履行，法律的价值目标得到实现的活动。

2. 法律实现与法律实施的区别

（1）法律实施强调过程，法律实现强调结果。

（2）法律实施是手段（从应然状态到实然），法律实现是法律实施活动的直接目的。

（二）法律实现的意义

（1）法律实现是法律实施活动的直接目的。

（2）要发挥法的作用，就必须使法在生活中真正实现。

（3）法的实现是协调利益的有效工具。

（4）法的实现是实现法治国家的必备条件。

（三）影响法律实现的因素

根据辩证唯物主义关于事物之间普遍联系的观点，与法律实施过程相联系的各种社会因素都会影响法律在社会生活中的实现。其中有重要影响的因素包括：

（1）国家的阶级本质；

（2）法律、法规等规范性法律文件反映统治阶级（在社会主义国家是工人阶级领导的广大人民）意志的程度；

（3）现行法律与社会生活、归根到底是与经济发展相适应的程度；

（4）国家机关活动中贯彻法治原则的程度；

（5）社会成员的法律意识、法律文化水平等。

第二节　执法

一、执法的概念

（一）执法的含义

执法有广义和狭义之分。广义的执法是指国家行政机关、司法机关和法律、法规授权、行政主体委托的组织及其公职人员依照法定职权和程序贯彻实施法律的活动，包括一切执行法律、适用法律的活动。狭义上的执法则专指国家行政机关和法律、法规授权、行政主体委托的组织及其公职人员依照法定职权和程序行使行政管理职权、履行职责、实施法律的活动。本节在狭义上使用执法的概念。

（二）执法的特征

与司法活动相比较，执法的特征具体有：

（1）行政执法具有主动性，而司法具有被动性。

（2）行政执法具有单方面性，而司法活动需要多方主体参加。

（3）行政执法内容具有广泛性，而司法内容具有单一性。

（4）行政执法依法受到司法审查，不具有终极性（具有非终局性），而司法具有终局性。

（5）行政执法注重结果的实质性，而司法注重程序性。

（6）行政执法主体虽然具有法定性，但行政管理除了可以由行政机关实施外，还可以授权社会组织实施，甚至可以委托社会组织或个人实施；而司法只能由法定的司法机关实施。

二、执法的原则

（一）依法行政原则

1. 依法行政原则的含义

依法行政原则，又称为行政执法合法性原则，指行政机关必须依照法定的权限、法定程序和法治精神进行管理，越权无效。这是现代法治国家行政活动的一条最基本的原则。

2. 依法行政原则的具体要求

（1）执法的主体合法。国家行政机关的设立及其职权必须有法律依据，必须在法律规定的职权范围内活动，越权违法，越权无效。

（2）执法的内容合法。执法活动是根据法律的规定进行的，采用的具体方式也要符合法律的规定。

（3）执法的程序必须合法。要严格按照法定的步骤、顺序和时限进行执法，不得任意改变、省略和超越。

（二）合理性原则

1. 合理性原则的含义

合理性原则是指执法主体在执法活动中，特别是在行使自由裁量权进行行政管理时，必须做到适当、合理、公正，即符合法律的基本精神和目的，具有客观、充分的事实根据和法律依据，与社会生活常理相一致。

2. 合理性原则的要求

（1）执法主体要平等地对待行政相对人，对于实施了同样或类似行为的行政相对人应给予公平对待处理。

（2）行使自由裁量权时要以法律精神为指导，考虑相关因素，尽可能照顾到各方利益，在多方利益之间衡量时要合情合理，禁止偏袒，禁止谋私，严格控制自由裁量权的行使。

（3）对于法律只有原则规定或没有法律规定的，应以客观、充分的事实根据为基础，依据法律的基本精神和目的，遵循与社会公理相一致原则，公平合理地处理，执法要符合当地的善良风俗。

（4）对于不适当、不合理等显失公平的执法行为应该依法及时予以纠正，宣布无效或予以撤销。

（三）讲求效率原则

1. 讲求效率原则的含义

讲求效率原则是指行政机关应当在依法行政的前提下，讲求效率，主动有效地行使其权能，以尽可能低的成本取得最大的行政执法效益。

2. 讲求效率原则的具体要求

（1）与国家立法机关、司法机关相比，行政机关更强调效率，要求执法主体从保护公民权利和国家权益出发，对行政相对人的各项请求及时作出相应反应，对各种行政事务及时通过执法作出反应。

（2）执法主体必须严格按照法定程序和法定权限执法，不能借口效率而违反法律规定，效率原则是建立在行政合法性原则基础之上的。

（四）严格执法原则

1. 严格执法原则的含义

严格执法原则是指政府机关及其公职人员在执法活动中严格依法办事，严格、严明和严肃地执行国家法律。严格执法原则是对政府机关及其公职人员提出的重要执法原则，它与依法行政属于同一范畴。

2. 严格执法原则的要求

（1）执法者应当严谨、严肃、严明、公正地执法，应当在准确理解法律精神的基础上，严格规范地遵循法律，依法裁量当事人的行为，准确判断其是否符合法律的规定，是否需要依法惩处。

（2）反对任性执法、选择性执法、钓鱼式执法等非正常执法模式，强调执法者通过严格执法来维护法律权威。

（五）正当程序原则

正当程序原则是指执法机关在实施行政执法行为的过程中，必须遵循法定的步骤、方式、形式、顺序和时限，执法要做到程序公正，不单方面接触行政相对人，不在事先未通知和听取行政相对人申辩意见的情况下作出对相对人不利的处理。目的是使执法行为公平、公开、民主，保障公民、法人和其他组织的合法权益，以促进行政权行使的合法性和合理性，提高行政效率。

（六）其他原则

1. 比例原则

比例原则是指行政机关实施行政行为应兼顾行政目标的实现和保护相对人的权益，如果为了实现行政目标可能对相对人权益造成某种不利影响时，应使这种不利影响限制在尽可能小的范围和限度，使二者处于适度的比例。

比例原则的内涵包括如下三个方面内容：

（1）妥当性（适当性）原则。妥当性原则是指行政行为对于实现行政目的、目标是适当的。

（2）必要性原则。必要性原则是指行政行为应以达到行政目的、目标为限，不能给相对人权益造成过度的不利影响，即行政权的行使只能限于必要的度，以尽可能使相对人的权益遭受最小的侵害。

（3）比例性原则。比例性原则是指行政行为的实施应衡量其目的达到的利益与侵犯相对人的权益二者孰轻孰重。只有前者重于后者时，其行为才具有合理性，行政行为在任何时候不应给相对人权益造成超过行政目的、目标本身价值的损害。

2. 诚实守信原则

（1）行政信息真实原则。行政机关公布的信息应当全面、准确、真实。无论是向普通公众公布的信息，还是向特定人或者组织提供的信息，行政机关都应当对其真实性承担法律责任。

（2）保护公民信赖利益原则。非因法定事由并经法定程序，行政机关不得撤销、变更已经生效的行政决定；因国家利益、公共利益或者其他法定事由需要撤回或者变更行政决定的，应当依照法定权限和程序进行，并对行政管理相对人因此而受到的财产损失依法予以补偿。

3. 权责统一原则

其内涵分为如下两个方面：

（1）行政效能原则。行政机关依法履行经济、社会和文化事务管理职责，要由法律、法规赋予其相应的执法手段，保证政令有效。

（2）行政责任原则。行政机关违法或者不当行使职权，应当依法承担法律责任。这一原则的基本要求是行政权力和法律责任的统一，即执法有保障、有权必有责、用权受监督、违法受追究、侵权须赔偿。

第三节 司法

一、司法的概念

（一）司法的含义

司法又称为“法的适用”，是指司法机关依照法定职权和程序，具体应用法律处理案件的专门活动。

（二）适用司法的情形

（1）当公民、社会组织和其他国家机关在相互关系中发生了自己无法解决的争议，致使法律规定的权利义务无法实现时，需要司法机关适用法律裁决纠纷，解决争端。

（2）当公民、社会组织和其他国家机关在其活动中遇到违法、违约或侵权行为时，需要司法机关适用法律制裁违法犯罪，恢复权利。

（三）司法权的类型

（1）审判权，是适用法律处理案件，作出判决和裁定的司法权。

（2）检察权，包括代表国家批准逮捕、提起公诉、不起诉、抗诉等司法权。

（四）司法的特点

（1）被动性。司法活动的惯常机制是以“不告不理”为原则。

（2）中立性。法院以及法官的态度不受其他因素干涉，居中裁判，不偏不倚。

（3）终极性。司法是解决纠纷、处理冲突的最后环节，司法权的终极性意味着它是最终的判断权、最权威的判断权。

（4）形式性（程序性）。司法是司法机关依照法定程序所进行的活动，司法机关处理案件必须依据相应的程序法规定。

（5）专属性。司法是由特定的国家机关及其公职人员按照法定的职权实施法律的专门活动。

（6）交涉性。司法活动离不开多方当事人的诉讼参与。

二、司法的原则

（一）司法法治原则

1. 司法法治原则的含义

司法法治原则就是以事实为根据、以法律为准绳的原则。

以事实为根据，就是指司法机关审理一切案件，都只能以与案件有关的事实作为依据而不能以主观臆断作为依据。任何一个案件都是一种客观存在，由特定的、已经发生的事实构成。以事实为根据的“事实”包括被合法证据证明了的事实和依法推定的事实。前一种事实属于客观事实的范围，它是已经被具有证明力的、合法的证据所确定的事实。后一种事实是在案件客观事实真相无法查明的情况下，依照法律中有关举证责任和法律原则推定的事实。尽管这种事实可能与客观事实有所不同，但是，在法律上能够引起同样的效果。

以法律为准绳，就是指司法机关在司法过程中，要严格按照法律规定办事，把法律作为处理案件的唯一标准和尺度。在查办案件的全过程中，都要按照法定权限和法定程序，依照法律的有关规定，确定案件性质，区分合法与违法、一般违法和犯罪等，并根据案件的性质，给予恰当正确的裁决。以法律为准绳，意味着在整个司法活动中，在审理案件中，法律是最高的标准，这是社会主义法治对司法提出的必然要求。

2. 实行以事实为根据、以法律为准绳原则的要求

（1）坚持实事求是、从实际出发的思想路线，重证据，重调查研究，不轻信口供。

（2）坚持维护社会主义法律的权威和尊严，不仅要严格遵守实体法的规定，而且要严格执行程序法的各项规定。

（3）在司法工作中，正确处理依法办事与坚持党的政策的指导作用的关系。一方面，不能将坚持依法办事和坚持党的政策的指导作用对立起来；另一方面，也不能以政策改变、代替法律甚至取消法律，而是应当将两者统一起来。

（二）司法平等原则

1. 司法平等原则的含义

司法平等原则就是公民在法律面前一律平等原则。公民在法律面前一律平等原则的含义是：

（1）在我国，法律对于全体公民，不分民族、种族、性别、职业、社会出身、宗教信仰、财产状况等，都统一适用，所有公民依法享有同等的权利并承担同等的义务。

（2）任何权利受到侵犯的公民一律平等地受到法律保护，不能歧视任何公民。

（3）在民事和行政诉讼中，要保证诉讼当事人依法享有平等的诉讼权利，不能偏袒任何一方；在刑事诉讼中，要切实保障诉讼参与人依法享有的诉讼权利。

（4）对任何公民的违法犯罪行为，都必须追究法律责任，依法给予相应的法律制裁，不允许有不受法律约束或凌驾于法律之上的特殊公民，任何超出法律之外的特殊待遇都是违法的。

2. 实行司法平等原则的意义

（1）公民在法律面前一律平等原则是发展社会主义市场经济的必然要求。

（2）公民在法律面前一律平等原则是建设社会主义民主政治的重要保证。

（3）公民在法律面前一律平等原则是建设社会主义精神文明的必要条件。

（4）公民在法律面前一律平等原则是建设社会主义法治国家的题中应有之义。

（三）司法机关依法独立行使职权原则

1. 司法机关依法独立行使职权原则的含义

（1）司法权的专属性。国家的司法权只能由国家各级审判机关和检察机关依法行使，其他任何机关、团体和个人无权行使此项权力。

（2）行使职权的独立性。人民法院、人民检察院依照法律独立行使自己的职权，不受行政机关、社会团体和个人的干涉。

（3）行使职权的合法性。司法机关审理案件必须严格依照法律规定，正确适用法律，不得滥用职权，枉法裁判。

2. 实行司法机关依法独立行使职权原则的意义

（1）司法机关依法独立行使职权原则是发扬社会主义民主、维护国家法制统一的需要。

（2）司法机关依法独立行使职权原则是保证司法机关正确适用法律的前提和正常行使职权的基本条件。

①司法机关依法独立行使职权原则是保证司法机关正确适用法律的前提。

②司法机关依法独立行使职权原则是保证正常行使职权的基本条件。

（3）司法机关依法独立行使职权原则是维护社会主义司法公正的重要条件。

3. 对司法权实施监督的表现

(1) 司法权要接受党的领导和监督，这是司法权正确行使的政治保证。

(2) 司法权要接受国家权力机关的监督，司法权由国家权力机关产生，并对国家权力机关负责。

(3) 司法机关的上下级之间以及同级之间也存在监督和约束，这种监督和约束是通过司法制度中的一系列制度来体现和实现的。

(4) 司法权也要接受行政机关、企事业单位、社会团体、民主党派和人民群众的监督，还要接受舆论的监督。

(四) 司法责任原则

1. 司法责任原则的含义

司法责任原则是指司法机关和司法人员在行使司法权过程中侵犯公民、法人和其他社会组织的合法权益，造成严重后果而应承担的一种责任制度。司法责任原则是根据权力与责任相统一的法治原则而提出的权力约束机制。

司法机关和司法人员接受人民的委托，行使国家的司法权，有着重大责任。按照权力与责任相一致的原则，一方面对司法机关和司法人员行使国家司法权给予法律保障，另一方面对司法机关及其司法人员的违法和犯罪行为给予严惩。

2. 司法责任原则的意义

(1) 只有将司法权力与司法责任结合起来，才能更好地增强司法机关和司法人员的责任感，防止司法过程中的违法行为，并对违法行为进行法律制裁，以更好地维护社会主义司法的威信和社会主义法制的权威和尊严。

(2) 在我国，已颁布的《国家赔偿法》《法官法》《检察官法》等法律确立了司法责任制度，对于实现公正司法、廉洁司法必将产生深远的影响。

(五) 司法公正原则

1. 司法公正原则的含义

司法公正原则是指司法机关及其司法人员在司法活动的过程和结果中应坚持和体现公平和正义的原则。

2. 司法公正原则的内容

(1) 司法公正是社会正义的重要组成部分，它包括实体公正和程序公正。实体公正主要是指司法裁判的结果公正，当事人的权益得到了充分的保障，违法犯罪者受到了应得的惩罚和制裁。程序公正主要是指司法过程的公正，司法程序具有正当性，当事人在司法过程中受到公平的对待。实体公正和程序公正的关系是：程序公正是实体公正的前提和保障，没有程序公正，实体公正就无法实现。有程序公正也未必就有实体公正，实体公正是程序公正的目标和追求。正义是人类追求的共同理想，也是现代法律的核心价值。作为现代社会纠纷解决机制，司法是实现正义的重要途径。

(2) 司法活动的合法性、独立性、有效性，裁判人员的中立性，当事人地位的平等性以及裁判结果的公正性，都是司法公正的必然要求和体现。

3. 如何贯彻司法公正原则（实现公正司法的途径与措施）

司法公正是司法的生命和灵魂，是司法的本质要求和终极价值准则。追求司法公正是司法的永恒主题，也是民众对司法的期望。

(1) 实行司法改革。当今中国正在进行司法改革，它包括制度、程序和体制改革以及建立现代司法制度，其最终目的就是实现司法公正，并通过司法公正维护和促进社会公正。通过司法体制改革，改进和完善司法制度、提高司法人员素质和努力改善司法环境是贯彻司法公正原则的要求。

（2）实现公正司法。为了让人民群众在司法审判中切实感受到公平正义，必须确保：

①司法机关依法、公正、独立行使职权；

②切实维护当事人的诉讼权利；

③加强对司法工作的监督，不断推进司法公开；

④提高司法人员的业务素质和职业道德。

三、提高司法公信力

（一）深化司法体制综合配套改革

1. 司法体制改革的概念

司法体制改革是指在宪法规定的司法体制基本框架内，国家司法机关和国家司法制度实现自我创新、自我完善和自我发展，建设中国特色社会主义现代司法体系和司法制度。

2. 司法体制改革的方向和原则

（1）坚持正确的政治方向。坚持党的领导是我国社会主义司法制度的根本特征和政治优势。深化司法体制改革，必须在党的统一领导下进行，坚持党的领导，关键是坚持党对政法工作的领导，坚持党管政法干部的原则，坚持走中国特色社会主义司法改革之路，努力创造更高水平的社会主义司法文明。

（2）坚持以宪法为根本遵循。我国宪法以国家根本法的形式确立了司法制度的基本框架和司法活动的基本规矩，是组织实施司法体制改革的根本遵循。深化司法体制改革，不仅不能违反宪法的规定，更重要的是把宪法的规定落实到位。

（3）坚持以提高司法公信力为根本尺度。推进司法体制改革，必须坚持以提高司法公信力为根本尺度，以矛盾纠纷得到公正的解决、合法权益得到有效的维护为目标，确保取得人民满意的改革实效。

（4）坚持符合国情和遵循规律相结合，坚持依法有序推进。凡是同现行法律规定不一致的改革举措，必须先提请立法机关修改现行法律规定，然后再开展改革。修改现行法律规定的条件尚不成熟的，应及时提请立法机关进行授权，在授权范围内进行改革试点。

3. 司法改革的主要任务

（1）保证公正司法、提高司法公信力。重点包括推进以审判为中心的诉讼制度改革，改革法院案件受理制度，探索建立检察机关提起公益诉讼制度，实行办案质量终身负责制和错案责任倒查问责制，完善人民陪审员和人民监督员制度等。探索设立跨行政区划的人民法院和人民检察院，办理跨地区案件。完善行政诉讼体制机制，合理调整行政诉讼案件管辖制度，切实解决行政诉讼立案难、审理难、执行难等突出问题。

（2）增强全民法治观念、推进法治社会建设。重点包括发展中国特色的社会主义法治理论，把法治教育纳入国民教育体系和精神文明创建内容，完善守法诚信褒奖机制和违法失信行为惩戒机制，推进公共法律服务体系建设，构建对维护群众利益具有重大作用的制度体系，完善多元化纠纷解决机制等。

（3）加强法治队伍建设。重点包括完善法律职业准入制度，加快建立符合职业特点的法治工作人员的管理制度，建立法官、检察官逐级遴选制度，健全法治工作部门和法学教育研究机构人员双向交流与互聘机制，深化律师管理制度改革。

（二）落实司法责任制

1. 加强司法队伍建设，落实司法责任制改革

党的十九大报告指出，要深化司法体制综合配套改革，全面落实司法责任制，努力让人民群众在每一个司法案件中感受到公平正义。司法公正的实现，离不开德才兼备的高素质司法队伍；全面落实司法责任制改革的各项要求，也需要加强司法队伍建设。司法责任制改革被视为司法体制改革的关键。司法责任制改革作为必须紧紧牵住的“牛鼻子”，针对“审者不判、判者不审”问题对症下药，明确要求法官、检察官对案件质量终身负责。通过改革，形成以法官、检察官依法独立办案为前提，以法官、检察官员额为配套，以完善法官、检察官职业保障为条件，以主客观相统一为追责原则的司法权力运行机制。

2. 完善配套性措施

（1）完善法官、检察官入额遴选办法，加强编制和员额的省级统筹、动态调整，有条件的地方探索跨院入额；

（2）配套建立员额退出实施办法，让办案绩效不符合要求的法官、检察官退出员额；

（3）科学配置办案团队，专业化与扁平化相结合；

（4）推广科学分案办法，以随机分案为主、指定分案为辅；

（5）加强领导干部办案情况分级考核和定期通报；

（6）多措并举增补辅助人员，努力做到省级层面达到 1∶1 比例配置；

（7）对司法辅助事务进行内部集约化管理和外部社会化购买；

（8）利用信息化、大数据等辅助法官办案，建立类案与关联案件检索机制；

（9）对边疆民族地区，有序确定放权事项和步骤，研究制定边疆民族地区人员招录、待遇保障等特殊政策，加大民族地区双语法官、检察官培训力度，加强边疆民族地区人才培养。

（三）完善人权司法保障制度

完善人权司法保障制度是我国司法改革的重要组成部分，也是建设公正高效的社会主义司法制度的重要内容。完善人权司法保障制度要正确处理打击犯罪与保护人权、程序公平与实体公正、追求公正与注重效率的关系，确保人民群众有尊严地参加诉讼，及时得到公正的裁判结果。

（1）完善人权司法保障要注重对法治原则的遵循。法治原则要求良法善治，坚持法律面前人人平等。加强对人权的司法保障要以宪法和法律为依据，逐步健全人权司法保障的法律法规，完善制度设计、细化保障措施。在司法活动中，要切实遵守人权保障的相关法律规定，着力提升司法理念、加强保障力度、完善监督制约，做到尊重人权与防止侵权有机结合，充分发挥社会主义司法制度的优越性。

（2）完善人权司法保障要体现对基本人权的尊重。国家尊重和保障人权是宪法的明确要求，要始终贯彻尊重和保障人权的理念，切实保护公民的人身权利、财产权利、民主权利等合法权益。司法活动直接涉及公民的人身、自由、人格尊严、财产权益等基本权利，要以完善人权司法保障改革为契机，不断提升人权司法保障的制度化、法治化水平。

（3）完善人权司法保障要突出对司法权力的制约。在司法活动中，当事人及诉讼参与人的权利相对于司法机关的公权力，处于弱势地位，容易受到侵犯。完善人权司法保障就要强化对司法权力的限制和制约，防止滥用权力侵犯人权。要完善外部监督制约，认真贯彻《宪法》和《刑事诉讼法》关于司法机关“分工负责、互相配合、互相制约”的基本原则，完善内部监督制约，改

革人民陪审员制度，健全人民监督员制度，推进审判公开、检务公开，为公民维护自身权利提供坚实的制度保障。

（4）完善人权司法保障要强化对诉讼权利的保障。树立理性、平和、文明、规范的执法理念，严禁刑讯逼供、体罚虐待。充分保障犯罪嫌疑人、被告人的辩护权、辩解权等诉讼权利，要重视其辩护辩解的内容，对涉及无罪、罪轻的辩护意见要认真核实。完善律师执业权利保障机制，发挥律师在依法维护公民和法人合法权益方面的重要作用。

（5）完善人权司法保障要加强对公民权利的救济。完善人权司法保障，既要有效防止侵权行为的发生，又要切实保障公民权利在受到侵犯后，能及时得到有效救济。不论是民事诉讼、行政诉讼还是刑事诉讼，司法活动本身就是对公民权利最有效的救济手段。

（四）提高司法公信力

1. 提高司法公信力的意义

深化司法体制改革，建设公正高效权威的社会主义司法制度，是推进国家治理体系和治理能力现代化的重要举措。其中，公正是法治的生命线。司法公正对社会公正具有重要引领作用，司法不公对社会公正具有致命的破坏作用。必须完善司法管理体制和司法权力运行机制，规范司法行为，加强对司法活动的监督，努力让人民群众在每一个司法案件中感受到公平正义。公正司法事关人民切身利益，事关社会公平正义，事关全面推进依法治国。要坚持司法体制改革的正确方向，坚持以提高司法公信力为根本尺度，坚持符合国情和遵循司法规律相结合。

2. 提高司法公信力的改革要求

（1）完善确保依法独立公正行使审判权和检察权的制度。主要有：建立领导干部干预司法活动、插手具体案件处理的记录、通报和责任追究制度，健全尊重法院裁判制度，建立健全司法人员履行法定职责保护机制等举措。

（2）优化司法职权配置。主要有：推动实行审判权和执行权相分离的体制改革试点，统一刑罚执行体制，探索实行法院、检察院司法行政事务管理权和审判权、检察权相分离，最高人民法院设立巡回法庭，探索设立跨行政区划的人民法院和人民检察院，探索建立检察机关提起公益诉讼制度等举措。

（3）推进严格公正司法。主要有：推进以审判为中心的诉讼制度改革，实行办案质量个人负责制和错案责任倒查问责制等举措。

（4）保障人民群众参与司法。主要有：完善人民陪审员制度，构建开放、动态、透明、便民的阳光司法机制等举措。

（5）加强人权司法保障。主要有：健全落实罪刑法定、疑罪从无、非法证据排除等法律原则的法律制度。完善对限制人身自由司法措施和侦查手段的司法监督等举措。

（6）加强对司法活动的监督。主要有：完善检察机关行使监督权的法律制度，完善人民监督员制度。建立终身禁止从事法律职业制度等举措。

第四节　守法

一、守法的概念

（一）守法的含义

法的遵守有广义和狭义之分。广义上的法的遵守，就是法的实施。狭义的法的遵守，又称为守法，专指公民、社会组织和国家机关以法律为自己的行为准则，依照法律行使权利、履行义务的活动。包括积极守法和消极守法（不违法）。

（二）守法的意义

全民守法是社会主义法治的重要内容，也是维护社会秩序、实现法律目的的需要。认真遵守法律是广大人民群众实现自己根本利益的必然要求。在我国，法律是工人阶级领导的全体人民共同意志和根本利益的体现。只有严格遵守法律，才能使体现在法律中的人民的根本利益得到实现，才能真正实现立法的目的。

二、守法的要素

守法的要素包括守法主体、守法范围和守法内容等构成要素。

（一）守法主体

守法主体是指在一个国家和社会中应当遵守法律的主体，即一定守法行为的实施者。守法的主体包括：一切国家机关、武装力量、政党、社会团体、企业事业组织，中华人民共和国公民，在我国领域内的外国组织、外国人和无国籍人。

（二）守法范围

守法范围是指守法主体必须遵守的行为规范的种类。在我国，除了国家政策外，法律的范围主要为制定法，非规范性法律文件也属于守法的范围。

（三）守法内容

守法内容包括履行法律义务和行使法律权利。

三、守法的原因和状态

（一）守法的原因

1. 守法的理由的学说

守法的原因是指人们遵守法律的理由。西方不同的法哲学流派就此主要提出了如下学说：

（1）社会契约论。

（2）功利主义论。

（3）暴力威慑论。

（4）法律正当论。

2. 守法的各种理由（原因）

国内外学者给出的守法理由有：

（1）习惯。

（2）出于对合法性的认识。

（3）出于畏惧。

（4）出于社会压力。

（5）出于对个人利益的考虑。

（6）出于道德上的要求。

一般而言，社会成员遵守法律往往出于多方面的考虑。在一个现代文明不太发达的社会里，守法多出于习惯、畏惧心理和道德等多种因素的考虑；而在法治文明较为发达的社会里，人们守法一般出于对法律的认同和信仰的考虑。

（二）守法的状态

守法的状态是指人们对法律的遵守程度。包括如下三种类型：

（1）守法的最低状态是不违法犯罪，守法是与违法相对应的一种状态。

（2）守法的中层状态是依法办事，形成统一的法律秩序。

（3）守法的高级状态是守法主体不论是外在的行为还是内在动机都符合法的精神和要求，严格履行法律义务，充分行使法律权利，从而真正实现法律调整的目的。

第五节　法律监督

一、法律监督的概念

（一）法律监督的含义

（1）狭义上的法律监督，是指由特定的国家机关依照法定职权和法定程序，对立法、执法和司法活动的合法性进行的监督。

（2）广义上的法律监督，是指由所有的国家机关、社会组织和公民对各种法律活动的合法性进行的监督。法理学在广义上研究和使用法律监督这一概念。

（二）法律监督的意义

（1）法律监督是社会主义民主政治的保障和重要组成部分。

（2）法律监督是依法治国、建设社会主义法治国家的保证。

（3）法律监督是建立和完善社会主义市场经济的需要。

二、当代中国的法律监督

（一）国家监督

1. 国家权力机关的监督

国家权力机关的监督是指各级人民代表大会及其常务委员会为全面保证国家法律的有效实施，通过法定程序，对由它产生的国家机关实施法律的监督。这种监督在国家监督乃至全部法律监督中都处于核心的主导地位。国家权力机关监督的内容可以概括为法律上的监督和工作监督两种。法律上的监督是指全国人大及其常委会对法律实施的监督。工作监督主要是指对政府、检察机关和审判机关工作的监督。

2. 国家监察机关的监督

国家监察机关的监督是由新修改的《宪法》和新出台的《监察法》所规定的，由国家监察机关作为主体进行的监督。在我国，各级监察委员会是行使国家监察职能的专责机关，依照宪法和法律对所有行使公权力的公职人员进行监察，调查职务违法和职务犯罪，开展反腐败工作，维护宪法和法律的尊严。

3. 国家司法机关的监督

国家司法机关的监督是以国家司法机关为主体进行的监督。国家司法机关的监督包括检察机关的监督和审判机关的监督。检察机关的监督即检察监督，是一种专门监督。检察机关的监督分为刑事诉讼监督、民事诉讼监督和行政诉讼监督。审判机关的监督即人民法院的监督，分为人民法院系统内的监督、人民法院对检察机关的监督和人民法院对行政机关的监督。

4. 国家行政机关的监督

国家行政机关的监督是指以行政机关为监督主体进行的监督。它既包括国家行政系统内部上下级之间以及行政系统内部设立的专门机关的法律监督，也包括行政机关在行使行政权时对行政相对人的监督。国家行政机关的监督可以分为一般行政监督、专门行政监督、行政复议和行政监管四类。

（二）社会监督

社会监督即非国家机关的监督，是指由各政党、各社会组织和人民群众依照宪法和有关法律，对各种法律活动的合法性进行的监督。社会监督的类型有：

（1）政党的监督，特指中国共产党作为执政党对法律活动的监督。

（2）社会组织的监督，主要是指人民政协、民主党派和社会团体的监督。

（3）社会舆论的监督，主要是指借助传媒手段进行的新闻舆论的监督。

（4）人民群众的监督，是指由人民群众直接进行的法律监督。

（三）《监察法》制定的意义、指导思想与主要原则

1.《监察法》制定的意义

（1）制定《监察法》是贯彻落实党中央关于深化国家监察体制改革决策部署的重大举措。制定《监察法》，贯彻落实党中央关于深化国家监察体制改革决策部署，使党的主张通过法定程序成为国家意志，对于创新和完善国家监察制度，实现立法与改革相衔接，以法治思维和法治方式开展反腐败工作，意义重大、影响深远。

（2）制定《监察法》是坚持和加强党对反腐败工作的领导，构建集中统一、权威高效的国家监察体系的必然要求。《监察法》是反腐败工作国家立法成果，是一部对国家监察工作起统领性和基础性作用的法律。为整合反腐败资源力量，加强党对反腐败工作的集中统一领导，实现对所有行使公权力的公职人员监察全覆盖提供法律依据。

（3）制定《监察法》是坚持党内监督与国家监察有机统一，坚持走中国特色监察道路的创制之举。制定《监察法》就是通过立法方式保证依规治党与依法治国、党内监督与国家监察有机统一，将党内监督同国家机关监督、民主监督、司法监督、群众监督、舆论监督贯通起来，不断提高党和国家的监督效能。

（4）制定《监察法》是加强宪法实施，丰富和发展人民代表大会制度，推进国家治理体系和治理能力现代化的战略举措。

2.《监察法》的指导思想

《监察法》的指导思想是，高举中国特色社会主义伟大旗帜，全面贯彻党的十九大精神，坚持以马克思主义、毛泽东思想、邓小平理论、“三个代表”重要思想、科学发展观、习近平新时代中国特色社会主义思想为指导，坚持党的领导、人民当家作主、依法治国有机统一，坚持统筹推进“五位一体”总体布局和协调推进“四个全面”战略布局，加强党对反腐败工作的集中统一领导，实现对所有行使公权力的公职人员监察全覆盖，使依规治党与依法治国、党内监督与国家监察有机统一，推进国家治理体系和治理能力现代化。

3. 监察立法工作的思路和原则

（1）坚持正确的政治方向。严格遵循党中央确定的指导思想、基本原则和改革要求，把坚持和加强党对反腐败工作的集中统一领导作为根本政治原则贯穿立法全过程和各方面。

（2）坚持与宪法修改保持一致。宪法是国家各种制度和法律法规的总依据。《监察法》草案相关内容及表述均与 2018 年宪法修正案关于监察委员会的各项规定相衔接、相统一。

（3）坚持问题导向。着力解决我国监察体制机制中存在的突出问题。

（4）坚持科学立法、民主立法、依法立法。贯彻落实党中央决策部署，吸收各方面意见，回应社会关切，严格依法按程序办事。

知识拓展

试论制定《监察法》是加强宪法实施，丰富和发展人民代表大会制度，推进国家治理体系和治理能力现代化的战略举措。

（1）宪法是国家的根本法，是治国安邦的总章程，是党和人民意志的集中体现。在总体保持我国宪法连续性、稳定性、权威性的基础上，全国人民代表大会对宪法作出部分修改，把党和人民在实践中取得的重大理论创新、实践创新、制度创新成果上升为宪法规定，实现了宪法的与时俱进。2018 年宪法修改的重要内容之一，是增加有关监察委员会的各项规定，对国家机构作出了重要调整和完善。通过完备的法律保证宪法确立的制度得到落实，是宪法实施的重要途径。在 2018 年人民代表大会上，先通过宪法修正案，然后再审议监察法草案，及时将宪法修改所确立的监察制度进一步具体化，是党依宪执政、依宪治国的实践和写照。

（2）人民代表大会制度是我国的根本政治制度，是坚持党的领导、人民当家作主、依法治国有机统一的根本政治制度安排。人民行使国家权力的机关是全国人民代表大会和地方各级人民代表大会。监察法草案根据宪法修正案将行使国家监察职能的专责机关纳入国家机构体系，明确监察委员会由同级人大产生，对它负责，受它监督，拓宽了人民监督权力的途径，提高了社会主义民主政治制度化、规范化、法治化水平，丰富和发展了人民代表大会制度的内涵，推动了人民代表大会制度与时俱进。

（3）国家监察法形成了严密完整的国家监督体系，全覆盖的监察范围、集中统一的权威监察体制有助于保障对权力的高效监督。监察法的颁行依照合宪合法的依法治国路径，逐步推进和完成制度的构建，符合宪法体制的发展，对今后我国依法治国，提升国家治理能力具有重大的制度价值和现实意义。国家监察立法是对国家权力结构配置的创设和重组，推动了国家治理能力的提升。监察委员会的设立改变了国家权力结构，使得我国国家政体变为立法机关加“一府一委两院”的国家权力结构，这对构建现代国家治理体系与提升治理能力有巨大的推动作用，对推进国家治理体系和治理能力现代化具有深远意义。

第九章　法律职业与法律方法

大纲应试策略

本章包括法律职业、法律解释、法律推理和法律论证等内容，属于法理学传统重点内容。本章知识点较多，几乎每一个知识点在考试中都有所涉及。在背诵要点中，法律职业的概念、特征，审判伦理、检察伦理和律师伦理，法律解释的含义、特点、必要性、分类、方法，当代中国的正式法律解释，法律推理的概念、特征、方式，法律论证的概念、特征和正当性标准都是较为重要的知识点。本章较难的知识点是关于法律方法的运用。本章出题方式包括各类题型，特别是分析题，每一个较为重要的知识点都可以出分析题。除考查过的主观题外，本章较为重要的简答题有：法律解释的概念和特征；立法解释的主要任务；我国法律解释体制的基本内容；法律推理的概念和特征；法律论证的含义和特点。本章较为重要的论述题如法律论证的作用。

大纲背诵要点

第一节 法律职业

一、法律职业的概念

（一）法律职业的含义

法律职业是指以法官、检察官、律师为代表的，受过专门的法律专业训练，具有娴熟的法律技能与法律伦理的法律人所构成的自治性共同体。从狭义上说，法律职业主要包括法官、检察官、律师三种具体的职业。从广义上说，法律职业还包括一切受过法律专业训练、从事法律工作的人员，如司法辅助人员、企业和行政机关里从事法律事务的人、法学教师、法学研究人员等。

（二）法律职业的特征

（1）法律职业的技能特征。

（2）法律职业的伦理特征。

（3）法律职业的自治特征。

（4）法律职业的准入特征。

二、国家统一法律职业资格制度

（一）国家统一法律职业资格考试制度的适用主体

国家统一法律职业资格考试制度是国家统一组织的选拔合格法律职业人才的国家考试制度。根据国家统一法律职业资格考试制度及其实施办法，初任法官、初任检察官，申请律师执业、公证员执业和初次担任法律类仲裁员，以及行政机关中初次从事行政处罚决定审核、行政复议、行政裁决、法律顾问的公务员，应当通过国家统一法律职业资格考试，取得法律职业资格。

（二）法律职业人员范围

主要包括：法官；检察官；律师；公证员、法律类仲裁员等其他法律职业。

（三）法律职业任职条件

1. 积极条件

（1）具有中华人民共和国国籍；

（2）拥护中华人民共和国宪法，享有选举权和被选举权；

（3）具有良好的政治、业务素质和道德品行；

（4）具有完全民事行为能力；

（5）具备全日制普通高等学校法学类本科学历并获得学士及以上学位；全日制普通高等学校非法学类本科及以上学历，并获得法律硕士、法学硕士及以上学位；全日制普通高等学校非法学类本科及以上学历并获得相应学位且从事法律工作满 3 年。参加国家统一法律职业资格考试并获得通过，法律法规另有规定的除外。

2. 消极条件

（1）因故意犯罪受过刑事处罚的；

（2）曾被开除公职或者曾被吊销律师执业证书、公证员执业证书的；

（3）被吊销法律职业资格证书的；

（4）被给予 2 年内不得报名参加国家统一法律职业资格考试（国家司法考试）处理期限未满或者被给予终身不得报名参加国家统一法律职业资格考试（国家司法考试）处理的；

（5）因严重失信行为被国家有关单位确定为失信联合惩戒对象并纳入国家信用信息共享平台的；

（6）因其他情形被给予终身禁止从事法律职业处理的。

（四）建设德才兼备的高素质法治工作队伍

（1）坚持建设德才兼备的高素质法治工作队伍，是习近平法治思想的重要内容，也是全面推进依法治国的组织保障。

（2）全面推进依法治国，必须着力建设一支忠于党、忠于国家、忠于人民、忠于法律的社会主义法治工作队伍，推进法治专门队伍革命化、正规化、专业化、职业化，提高职业素养和专业水平。

（3）坚持抓住领导干部这个“关键少数”，是全面推进依法治国的关键问题。不断提高领导干部运用法治思维和法治方式深化改革、推动发展、化解矛盾、维护稳定、应对风险的能力，要求他们做尊法学法守法用法的模范。

（4）坚持依法治权，用宪法和法律法规设定权力、规范权力、制约权力、监督权力，把权力关进法律和制度的笼子里。

第二节　法律职业伦理

一、法律职业伦理的概念

法律职业伦理是指法律人在其职业实践中必须遵守的一种道德律。

二、法律职业伦理的主要内容

（一）审判伦理

1. 审判伦理的含义

审判伦理就是法官伦理，是法官从事审判工作应遵循的基本准则。

2. 法官的职责

法官的根本职责是参加合议庭审判案件或者独任审判案件。

3. 法官职业道德

（1）法官职业道德的核心是公正、廉洁、为民。

（2）法官职业道德的基本要求是忠诚司法事业、保证司法公正、确保司法廉洁、坚持司法为民、维护司法形象。

4. 法官的义务

（1）严格遵守宪法和法律；

（2）秉公办案，不得徇私枉法；
（3）依法保障当事人和其他诉讼参与人的诉讼权利；
（4）维护国家利益、社会公共利益，维护个人和组织的合法权益；
（5）保守国家秘密和审判工作秘密，对履行职责中知悉的商业秘密和个人隐私予以保密；
（6）依法接受法律监督和人民群众监督；
（7）通过依法办理案件以案释法，增强全民法治观念，推进法治社会建设；
（8）法律规定的其他义务。

（二）检察伦理

1. 检察伦理的含义

检察伦理，就是检察官伦理，是检察官从事检察工作应遵循的基本准则。

2. 检察官的职责

检察官的职责是依法进行法律监督，代表国家进行公诉和对法律规定由人民检察院直接受理的犯罪案件进行侦查。

3. 检察官职业道德的基本要求

（1）坚持忠诚品格，永葆政治本色。
（2）坚持为民宗旨，保障人民权益。
（3）坚持担当精神，强化法律监督。
（4）坚持公正理念，维护法制统一。
（5）坚持廉洁操守，自觉接受监督。

4. 检察官的义务

（1）严格遵守宪法和法律；
（2）秉公办案，不得徇私枉法；
（3）依法保障当事人和其他诉讼参与人的诉讼权利；
（4）维护国家利益、社会公共利益，维护个人和组织的合法权益；
（5）保守国家秘密和检察工作秘密，对履行职责中知悉的商业秘密和个人隐私予以保密；
（6）依法接受法律监督和人民群众监督；
（7）通过依法办理案件以案释法，增强全民法治观念，推进法治社会建设；
（8）法律规定的其他义务。

（三）律师伦理

1. 律师伦理的含义

律师伦理，是指律师接受委托为当事人提供法律服务过程中应遵循的基本伦理道德准则。

2. 律师职业的特点

（1）律师必须是受过法律专业训练，具备丰富法律知识的人；
（2）律师必须是依法取得律师执业证书的人；
（3）律师是为社会提供法律服务的执业人员。

3. 律师在执业中的权利和义务

律师应当维护当事人的合法权益，维护法律正确实施，维护社会公平和正义，律师执业必须遵守宪法和法律，恪守律师执业道德和执业纪律。律师执业必须以事实为根据、以法律为准绳。律师执业应当接受国家、社会和当事人的监督。律师依法执业受法律保护，任何组织和个人不得侵害律师的合法权益。

4. 律师职业道德

（1）忠诚。律师应当坚定中国特色社会主义理想信念，坚持中国特色社会主义律师制度的本质属性，拥护党的领导，拥护社会主义制度，自觉维护宪法和法律的尊严。

（2）为民。律师应当始终把执业为民作为根本宗旨，全心全意为人民服务，通过执业活动努力维护人民群众的根本利益，维护公民、法人和其他组织的合法权益。认真履行法律援助义务，积极参加社会公益活动，自觉承担社会责任。

（3）法治。律师应当坚定法治信仰，牢固树立法治意识，模范遵守宪法和法律，切实维护宪法和法律尊严，在执业中坚持以事实为根据，以法律为准绳，严格依法履责，尊重司法权威，遵守诉讼规则和法庭纪律，与司法人员建立良性互动关系，维护法律正确实施，促进司法公正。

（4）正义。律师应当把维护公平正义作为核心价值追求，为当事人提供勤勉尽责、优质高效的法律服务，努力维护当事人合法权益。引导当事人依法理性维权，维护社会稳定。依法充分履行辩护或代理职责，促进案件依法、公正解决。

（5）诚信。律师应当牢固树立诚信意识，自觉遵守执业行为规范，在执业中恪尽职守、诚实守信、勤勉尽责、严格自律。积极履行合同约定义务和法定义务，维护委托人合法权益，保守在执业活动中知悉的国家秘密、商业秘密和个人隐私。

（6）敬业。律师应当热爱律师职业，珍惜律师荣誉，树立正确的执业理念，不断提高专业素质和执业水平，注重陶冶个人品行和道德情操，忠于职守，爱岗敬业，尊重同行，维护律师的个人声誉和律师行业形象。

第三节　法律解释

一、法律解释的概念

（一）法律解释的含义

1. 法律解释的含义

法律解释是指一定的人或组织对法律规定含义的说明。

2. 法律解释的特点

（1）法律解释的对象是法律规定及其附随情况。

（2）法律解释与具体案件密切相关。法律解释往往由待处理的案件引起。

（3）法律解释具有一定的价值取向性。法律解释的过程是一个价值判断和价值选择的过程。

（4）法律解释受解释学循环的制约。解释学循环是指“整体”只有通过理解它的“部分”才能得到理解，而对“部分”的理解又只能通过对“整体”的理解来实现。

（二）法律解释的必要性

（1）由于法律具有概括性、抽象性的特点，因此需要法律解释化抽象为具体，变概括为特定。

（2）人们对同一法律规定往往有不同的理解，因此需要通过法律解释来统一人们的理解，保证法的实施的统一性。

（3）对于立法缺憾，需要通过法律解释改正、弥补。

（4）由于法律滞后于社会发展，需要通过法律解释解决法律的稳定性与社会发展之间的矛盾。

(5) 通过法律解释普及法律知识，开展法制教育。

二、法律解释的分类

(一) 正式解释与非正式解释

(1) 正式解释（法定解释、有权解释），是指由特定的国家机关、官员或其他有解释权的人对法律作出的具有法律约束力的解释。正式解释包括立法解释、司法解释和行政解释三种。

(2) 非正式解释（学理解释、无权解释），是指由学者或其他个人及组织对法律规定所作的不具有法律约束力的解释。

(二) 限制解释、扩充解释与字面解释

(1) 限制解释，是指在法律条文的字面含义显然比立法原意广时，作出比字面含义窄的解释。

(2) 扩充解释，是指在法律条文的字面含义显然比立法原意窄时，作出比字面含义广的解释。

(3) 字面解释，是指严格按照法律条文字面的通常含义解释法律，既不缩小，也不扩大。

三、法律解释的方法

(1) 文法解释（语法解释、文义解释、文理解释、语义解释），是指严格遵循法律规范的字面含义的一种以尊重立法者意志为特征的解释。

(2) 历史解释，是指通过对法律文件制定的时间、地点、条件等历史背景材料的研究，或者通过将这一法律与历史上同类法律规范进行比较研究来阐明法律规范的内容和含义。

(3) 系统解释（体系解释、逻辑解释），是指通过分析某一法律规范在整个法律体系和所属法律部门中的地位和作用，来揭示其内容和含义。

(4) 目的解释，是指从制定某一法律的目的来解释法律，这里讲的目的不仅是指原先制定该法律时的目的，也可以是探求该法律在当前条件下的需要；既可以指整部法律的目的，也可以指个别法条、个别制度的目的。

(5) 社会学解释，是指着重于社会效果的预测和社会利益的衡量，根据各种社会因素对法律规范的社会目的和社会效益进行解释，以更深刻地理解法律的社会内容和利益所在，适应社会的发展变化，使法律适用符合社会政策。

(6) 比较法解释，是指通过比较外国的立法和判例及其原则、经验和效果，对本国法律进行解释。其不仅有助于在法的适用中准确理解立法原意，同时有助于弥补法律漏洞。

四、当代中国的正式法律解释

我国建立了以全国人大常委会的解释权为核心和主体的各机关分工配合的法律解释体制。法律解释分为立法解释、司法解释和行政解释三种形式。

(一) 立法解释

1. 立法解释的含义

立法解释有广义和狭义两种理解。广义上的立法解释，泛指有权制定法律、法规的国家机关或其授权机关对自己制定的法律、法规所作的解释。狭义上的立法解释，专指全国人大常委会对

法律的解释。

2. 立法解释的任务

（1）阐明法律实施中产生的疑义。即对法律规定本身不十分清楚、明确的条文进行说明，或者规定本身虽然清楚、明确，但实施法律的人不了解立法者的立法精神，因此需要立法解释的。

（2）适应社会发展，赋予法律规定以新含义。在没有对原法律进行修改、补充、废止之前，通过赋予法律规定新含义的方法补充法律。

（3）解决法条冲突以及司法解释之间的冲突。一方面，当出现法条冲突，而不能用法条竞合的一般规则来解释时，需要全国人大常委会进行立法解释；另一方面，根据我国现行法律解释体制，最高人民法院和最高人民检察院都有权进行司法解释，如果它们的司法解释发生冲突，应当报请全国人大常委会作出最终解释。

（二）司法解释

1. 司法解释的含义

司法解释是指国家最高司法机关对司法工作中具体应用法律问题所作的解释。司法解释只能由最高司法机关作出。

2. 司法解释的种类

（1）审判解释，是指由最高人民法院对人民法院在审判过程中具体应用法律问题所作的解释。

（2）检察解释，是指由最高人民检察院对人民检察机关在检察工作中具体应用法律问题进行的解释。

3. 司法解释的基本作用

（1）对法律规定不够具体而使理解和执行有困难的问题进行解释，赋予比较概括、原则的规定以具体内容。

（2）通过法律解释适应变化了的新的社会情况。法律调整应当与社会现实相协调，应当随社会的发展而赋予某类行为以相应的法律意义，作出适合社会发展的评价。

（3）对适用法律中的疑问进行统一的解释，保证法律适用的统一性。一种情况是在适用法律的过程中对具体法律条文理解不一致，通过解释，统一认识，正确司法；另一种情况是为统一审理标准，针对某一类案件、某一问题或某一具体个案，就如何理解和执行法律规定而作出的统一解释。

（4）对各级法院、各级检察院之间应如何依据法律规定相互配合审理案件，确定管辖以及有关操作规范问题进行解释。

（5）通过解释活动，弥补立法的不足。

（三）行政解释

1. 行政解释的含义

行政解释指由国家最高行政机关，即国务院及其主管部门对有关法律和法规进行的解释。

2. 行政解释的情形

（1）对不属于审判和检察工作中的其他法律如何具体应用的问题所作的解释；

（2）国务院及其主管部门在行使职权时对自己制定的法规进行的解释。

3. 行政解释的要求

（1）为了保证国家法制的统一，行政解释不得与宪法和法律相抵触。

（2）全国人大常委会有权撤销国务院及其主管部门违反宪法和法律的解释。

第四节　法律推理与论证

一、法律推理的概念

（一）法律推理的含义

法律推理通常是指以法律与事实两个已知的判断为前提，运用科学的方法和规则，为法律适用提供正当理由的一种逻辑思维活动。

（二）法律推理的特征

（1）法律推理是法律运用中的一种思维活动。

（2）法律推理以法律与事实为两个已知的判断作为推理的前提。

（3）法律推理运用多种科学的方法和规则进行。

（4）法律推理的目的是为法律提供正当理由。

（5）法律推理的结果往往涉及当事人的利害关系。

（三）法律推理的方法

法律推理的方法有两大类：一是形式逻辑方法，二是辩证逻辑方法。

二、法律推理的方式

（一）形式推理

形式推理（分析推理）是指运用演绎推理、归纳推理和类比推理解决法律问题的方法。

1. 演绎推理

（1）演绎推理的含义。演绎推理（三段论推理）是从一般到特殊的推理形式，即从一般的知识推出特殊的知识的必然性推理。

（2）演绎推理的特点。法院既有可以适用的法律规则和原则（大前提），也有通过审理确定的、可以归入该规则或原则的案件事实（小前提），由此法院可以作出一个确定的判决（结论）。在结构上，演绎推理由大前提、小前提和结论三部分构成。

2. 归纳推理

（1）归纳推理的含义。归纳推理是从特殊到一般的推理，即从个别知识推出一般知识的或然性推理活动。

（2）归纳推理的特点。归纳推理是在没有现成的对号入座的法律规则或原则的情况下，法院从以往判例中总结出法律规则或原则的活动。

3. 类比推理

（1）类比推理的含义。类比推理是一种从个别到个别的推理，即根据两类对象的某些属性的相似性推出它们在另一些属性方面也具有相似性的或然性推理活动。

（2）类比推理的特点。法院有时可以在确定两个案件的事实存在相似性的情况下，推定两个案件适用的法律以及判决结果也应相似。这就是所谓“类似案件，类似处理”。

（二）辩证推理

1. 辩证推理的含义

辩证推理（实质推理）是指这样一种情形：当作为推理前提的是两个或两个以上的相互矛盾

的法律命题时，借助于辩证思维，从中选择出最佳的命题，以解决法律问题。

2. 辩证推理的作用

辩证推理的作用主要是为了解决因法律规定的复杂性而引起的疑难问题。这里的“疑难问题”包括如下四种情况：

（1）法律规定本身的意义模糊。

（2）法律有缺漏，出现了“法律空隙”或“法律漏洞”，即在法律中对有关主题没有直接的明文规定。

（3）同一位阶的法律规定之间有抵触，发生冲突。

（4）某些法律规定明显落后于社会发展情势，即出现通常所说的“合法”与“合理”的矛盾。

三、法律论证的概念

（一）法律论证的含义

法律论证主要是指在司法过程中对判决理由的正当性、合法性或合理性进行论证，即在诉讼过程中，诉讼主体运用证据确定案件事实、得出结论的思维过程。

（二）法律论证的特点

（1）法律论证是合目的论证。法律论证的目的，是从多种合理甚至合法的法律主张中论证出最佳选择。

（2）法律论证是合情理论证。法律论证理论是对传统法律教义学和解释理论的超越，即意识到法律三段论的局限，强调“法外”因素在法律正当性论证（证成）中的意义，实际上与论理解释中的目的解释和社会学解释以及实质推理异曲同工，属于演绎论证和归纳论证之外的似真论证，即合情理论证。

（3）法律论证具有可证伪性。法律论证一般由两个部分组成，即法律问题和事实问题。由于事实、法律、社会等因素的变化，论证的结论有可能被证伪或被修正，因此，法律论证的结论不是绝对的，具有可废止性，或称为可改写性或可证伪性。

四、法律论证的正当性标准

（一）内容的融贯性

融贯是指法律体系本身的价值与事实、整体与部分、规则与原则、原理与精神的系统性、连贯性和一致性，以及法律体系与外部社会之间的内外融贯。融贯性标准不仅是在寻求一种法律意义上的合法性，而且是在追求一种广泛的正当性，即社会认同，包括道德评价和利益平衡以及消弭事实与价值之间的差异等。

（二）程序的合理性

法律论证理论建立在对结论的非绝对性、非唯一性认知上，论证过程的合理、公正决定着结论的正当性。谈判、调解、仲裁、听证会、论证会、法庭辩论和审判等各种机制和程序，各有特定的程序规则。因此，应建立相应的程序标准。

（三）依据的客观性和逻辑的有效性

法律论证不是完全主观和随意的主张，而是必须依据基本的法律和社会规范以及合理的逻辑规则达成。尽管评价性判断的依据可能是多元的，但必须是客观的，如法律规则、政策、公共道德准则、科学依据、统计数据、行业惯例、地方习俗、民族习惯等。在论证中需要遵循基本的形式逻辑规则，如概念的一致性、逻辑的严谨性、因果关系的客观性等。不恰当的炒作、不确定的舆论、流言或臆测都不符合法律论证的基本要求。

（四）效果最优性

衡量法律论证的优劣，既要看形式，看过程，也要重结果，重实效。当代中国法律论证，要跳出形式主义、教条主义的窠臼，充分考量方案所产生的社会效果，努力实现法律效果、政治效果、社会效果相统一。

第十章 法律关系

大纲应试策略

本章包括法律关系的含义与分类、法律关系的构成要素和法律关系的产、变更、消灭等内容。在背诵要点中，法律关系的认定、分类、法律事件和法律行为是较为重要的知识点。本章内容较易掌握，除了法律事实外，没有过多需要仔细品味的内容。本章的出题方式包括各类题型。除考查过的主观题外，本章较为重要的简答题有：法律权利的概念和特点；法律权利和权力的区别。本章较为重要的论述题如法律关系的含义和特点。

大纲背诵要点

第一节 法律关系概述

一、法律关系的概念

（一）法律关系的含义

法律关系是根据法律规范产生的、以主体之间的权利与义务关系的形式表现出来的特殊社会关系。

（二）法律关系的特征

1. 法律关系是依法建立的社会关系

（1）法律规范是法律关系产生的前提。

（2）法律关系不同于法律规范调整或保护的社会关系本身。

（3）法律关系是法律规范的实现形式，是法律规范的内容（行为模式及法律后果）在现实社会生活中得到的具体贯彻。

（4）法律关系是人与人之间符合法律规范的社会关系。

2. 法律关系是一种体现意志性的特殊社会关系

法律关系属于思想社会关系和上层建筑现象：

（1）法律关系是根据法律规范建立的，而法律规范是国家意志的体现。

（2）法律关系参加者的意志对法律关系的建立和实现有着重要作用。有的法律关系的建立要根据法律关系参加者的意志。有的法律关系的建立只需要法律关系参加者一方的意志即可成立。有的法律关系的产生可以不通过人的意志，而是由于某种不以当事人的意志为转移的事件。在法律关系产生或实现的过程中，国家意志和法律关系参加者的意志是相互作用的。承认法律关系的意志性，并不否认它的客观性。其客观性主要表现在：

①任何法律关系都根源于一定的经济关系，反映一定的经济关系的要求；

②法律关系作为一定的社会关系的特殊形式，除了受经济关系的制约外，还受其他社会关系的制约，反映一定社会关系的性质、内容和发展规律的要求；

③从法律关系本身来看，其一经形成，就作为一种社会法律现象存在，对一定社会关系发生影响。

3. 法律关系是以法律上的权利义务为内容的社会关系

法律规范与法律关系中都包含着主体的权利与义务，但它们在法律规范中的表现形式不同：

（1）法律规范中的权利和义务具有可能性，法律关系中的权利和义务具有现实性。

（2）法律规范中的权利和义务是抽象的，法律关系中的权利和义务是具体的。

二、法律关系的分类

（一）基本法律关系、普通法律关系与诉讼法律关系

这是按照法律关系所体现的社会内容的性质对法律关系所作的分类。

（1）基本法律关系，是由宪法或宪法性法律文件所确认或创立的、直接反映该社会经济制度和政治制度基本性质的法律关系。

（2）普通法律关系，是依据宪法以外的法律而形成的，存在于各类权利主体和义务主体之间的法律关系。法律关系中的大部分是普通法律关系。

（3）诉讼法律关系，是依据诉讼法律规范而形成的、存在于诉讼程序之中的法律关系。

（二）平权型法律关系与隶属型法律关系

这是按照法律关系主体的法律地位是否平等对法律关系所作的分类。

（1）平权型法律关系，又称为平向法律关系，是存在于法律地位平等的当事人之间的法律关系。

（2）隶属型法律关系，又称为纵向法律关系，是一方当事人可依据职权而直接要求他方当事人为或不为一定行为的法律关系。

（三）绝对法律关系与相对法律关系

这是按照法律关系主体是否完全特定化对法律关系所作的分类。

（1）绝对法律关系，是指权利主体特定而义务主体不特定的法律关系。

（2）相对法律关系，是存在于特定的权利主体和特定的义务主体之间的法律关系。

（四）调整性法律关系和保护性法律关系

这是按照法律关系产生的依据、作用和实现规范的内容不同对法律关系所作的分类。

（1）调整性法律关系，是基于人们的合法行为产生的、发挥法的调整作用的法律关系，它所实现的是法律规范的行为模式的内容。

（2）保护性法律关系，是由于违法行为而产生的、旨在恢复被破坏的权利和秩序的法律关系。

第二节　法律关系的构成要素

一、法律关系的主体

（一）法律关系主体的含义

1. 法律关系主体的含义

法律关系主体是指法律关系的参加者，即法律关系中权利的享有者和义务的承担者。

2. 法律关系主体的特性

（1）法律关系主体具有法律性，即法律关系主体是由法律规范所规定的，不在法律规定的范围内，不得任意参加法律关系，成为法律关系的主体。

（2）法律关系主体具有社会性，即法律规范规定什么人和社会组织能够成为法律关系主体不是任意的，而是由一定社会物质生活条件决定的。

（二）法律关系主体的范围

在我国，能够参与法律关系的主体包括自然人（公民）、法人、其他社会组织和国家。自然人包括中国公民、居住在中国境内或者在中国境内活动的外国公民和无国籍人。

（三）法律关系主体的权利能力和行为能力

1. 权利能力

权利能力是权利主体享有权利和承担义务的能力，它反映了权利主体取得享有权利和承担义务的资格。

2. 行为能力

行为能力是权利主体能够通过自己的行为取得权利和承担义务的能力。

3. 权利能力和行为能力的关系

行为能力以权利能力为前提，自然人有权利能力并不一定有行为能力，但法人的权利能力和行为能力是一致的。

二、法律关系的内容

1. 法律权利的含义

法律权利是国家通过法律赋予法律关系主体可以自主决定做出某种行为的能力或资格。

2. 法律权利和权力的区别

（1）针对的对象不同。在我国现行宪法中，对中央国家机关使用职权一词，对地方国家机关使用权限一词，对公民则使用权利一词。

（2）主体不同。权利主体一般是公民与法人和其他社会组织，权力主体则只能是被授予权力的国家机关及其特定的工作人员。

（3）自由度不同。权利主体对其享有的某些权利是可以转让或放弃的，职权不能放弃、不可让与。

（4）强制性程度不同。权力的强制性是直接的，权利的强制性则是以权力为中介的，是间接的。

3. 法律权利和法律义务的相互关系

（1）权利和义务相辅相成，有权利即有义务，有义务即有权利，没有无权利的义务，也没有无义务的权利，二者互为目的，互为手段。

（2）从本质上看，权利是法律所保护的某种利益；从行为方式的角度看，权利表现为要求义务人可以怎样行为、必须怎样行为和不得怎样行为。权利的实现离不开义务的履行，它反映着主体在社会关系中独立自主和相互协作的关系的状态。

三、法律关系的客体

（一）法律关系客体的概念

法律关系的客体是指法律关系主体之间权利和义务所指向的对象。

（二）法律关系客体的种类（范围）

1. 物

法律意义上的物是指法律关系主体支配的、在生产和生活上所需要的客观实体。物成为法律关系客体的条件有：

（1）应得到法律的认可。

（2）应为人类所认识和控制。

（3）能够为人们带来某种物质利益，具有经济价值。

（4）须具有独立性。

2. 行为

行为，即义务人为满足权利人的要求而完成的特定行为，包括作为和不作为，又称为积极行为和消极行为。

3. 精神产品

精神产品是人通过某种物体（如书本、砖石、纸张、胶片、磁盘）或大脑记载下来并加以流传的思维成果。

4. 人身利益

人身利益是指以人身及各个生理器官组成的生理整体（有机体）作为载体的人的精神利益。

5. 数据信息

数据信息是指以数据形式存在的有价值的情报或资讯。

第三节　法律关系的产生、变更和消灭

一、法律关系产生、变更与消灭的条件

（一）法律关系的产生、变更与消灭的含义

法律关系产生、变更和消灭称为法律关系的演变。

法律关系的产生指的是法律关系主体之间出现了权利、义务关系。

法律关系的变更指的是法律关系的主体、客体或内容中的任何一项发生了变化。

法律关系的消灭指的是法律关系主体间的权利、义务关系完全终止。

（二）法律关系产生、变更与消灭的条件

（1）抽象条件：法律规范的存在。

（2）具体条件：法律事实的存在。

二、法律事实

（一）法律事实的含义

法律事实是指能够引起法律关系产生、变更和消灭的各种事实的总称。其具有如下特点：

（1）法律事实是一种规范事实，没有法律规范就不会有法律事实。

（2）法律事实是一种能用证据证明的事实。法律事实不仅是客观事实，而且它还应是能用证据证明的客观事实。

（3）法律事实是一种具有法律意义的事实，是对法律关系产生了影响的事实。

（二）法律事实的分类

按照法律事实是否与当事人的意志有关，可以把法律事实分为法律事件和法律行为。

1. 法律事件

（1）法律事件的含义。法律事件是法律规范规定的、与当事人意志无关的，能够引起法律关系产生、变更或消灭的客观事实。

（2）法律事件的种类。

①绝对事件不是由人们的行为而是由某种自然原因引起的。

②相对事件是由人们的行为引起的，但它的出现在该法律关系中并不以权利主体意志为转移。

2. 法律行为

从法律关系的角度看，法律行为是指与当事人意志有关的，能够引起民事法律关系产生、变更和消灭的作为或不作为。

3. 法律事实的两种复杂情况

（1）同一法律事实可能引起多种法律关系的变化。

（2）某一法律关系的变化可能由两个或两个以上的法律事实所致。通常把两个或两个以上的法律事实所构成的一个整体的事实系统，称为“事实构成”。

第十一章　法律责任与法律制裁

大纲应试策略

本章包括法律责任和法律制裁等内容。在背诵要点中，法律责任的种类、法律责任的构成、归责原则、免责条件、法律制裁的种类等属于核心考点。本章没有太多的难点。本章出题方式包括各类题型。除考查过的主观题外，本章较为重要的简答题有：法律责任的功能；法律责任免除的条件。

大纲背诵要点

第一节　法律责任

一、法律责任的概念

（一）法律责任的含义

法律责任是指行为人由于违法行为、违约行为或者由于法律规定而应承受的某种不利的法律后果。

1. 法律责任的特点

（1）承担法律责任的最终依据是法律。

（2）法律责任具有国家强制性。

2. 法律责任产生的原因

（1）违法行为。广义的违法行为是指所有违反法律的行为，包括犯罪行为和狭义的违法行为。狭义的违法行为，包括民事和行政侵权行为。

（2）违约行为。

（3）法律规定。这主要是指无过错责任。法律规定成为产生法律责任的原因，是指从表面上看，责任人并没有从事任何违法行为，也没有违反任何契约义务，仅仅由于出现了法律所规定的法律事实，就要承担某种赔偿责任。

3. 法律责任的目的

法律责任的目的在于保障法律上的权利、义务、权力得以生效，在它们受到阻碍，而使法律所保护的利益受到侵害时，通过适当的救济，使对侵害发生有责任的人承担责任，消除侵害并尽量减少未来发生侵害的可能性。法律责任的目的是通过惩罚、救济和预防三个功能的发挥来实现的。

（二）法律责任的种类

1. 刑事责任

（1）刑事责任的含义。刑事责任是指行为人因犯罪行为所必须承受的，由司法机关代表国家所确定的否定性法律后果。

（2）刑事责任的特征。

①刑事责任是犯罪人向国家所负的一种法律责任，刑事法律是追究刑事责任的唯一法律依据。

②刑事责任是一种惩罚性的责任，是所有法律责任中最严厉的一种。

③刑事责任通常由个人承担，也有一些刑事责任由单位承担。

2. 民事责任

（1）民事责任的含义。民事责任是指行为人由于违反民事法律、违约或者由于民法规定所应承担的一种法律责任。

（2）民事责任的特征。

①民事责任主要是一种救济责任，其功能主要在于救济当事人的权利，赔偿或补偿当事人的损失。当然，民事责任也具有惩罚功能，但惩罚功能并非民事责任的主要功能。

②民事责任主要是一种财产责任。

③民事责任主要是一方当事人对另一方当事人的责任，在法律允许的情况下，民事责任可以由当事人协商解决。

④民事责任可以分为违约责任和侵权责任。

3. 行政责任

（1）行政责任的含义。行政责任是指因违反行政法规定或因行政法的规定而应承担的法律责任。

（2）行政责任的特征。

①承担行政责任的主体包括行政主体和行政相对人。

②产生行政责任的原因是行政违法行为或法律、法规的规定。通常情况下，行政责任实行过错推定的方法，在法律规定的特殊场合，实行严格责任。

③与刑事责任和民事责任相比，行政责任的承担方式较为多样化，可以是行为责任、精神责

任，甚至还可以是人身责任等。这些责任方式共同执行着行政责任惩罚、救济和预防的功能。

4. 违宪责任

（1）违宪责任的含义。违宪责任是指由于有关国家机关制定的某种法律、法规和规章与宪法规定相抵触，或有关国家机关、社会组织或公民从事了与宪法规定相抵触的活动，而产生的法律责任。

（2）违宪责任产生的原因。违宪责任产生的原因是违宪行为。

二、法律责任的构成

法律责任的构成要件是指承担法律责任必须具备的各种条件或必须符合的标准，它是国家机关要求行为人承担法律责任时进行分析、判断的标准。法律责任的构成要件概括为责任主体、违法行为、损害结果、因果关系、主观过错五个方面。

（一）责任主体

责任主体是指承担法律责任的主体。责任主体必须具有法定责任能力。能够成为违法主体并且承担法律责任的自然人必须是达到法定年龄并具有责任能力的人；能够成为违法主体并且承担法律责任的组织必须是能够独立承担民事责任或具备刑事责任能力的法人或组织。

（二）违法行为

违法行为是指违反法律规定的义务、超越权利的界限行使权利以及侵权行为的总称。广义的违法行为包括一般违法行为和犯罪行为。狭义的违法行为仅指除犯罪以外的一般违法行为。一般情形或多数情形下，违法行为是法律责任产生的前提，没有违法行为就没有法律责任。但在特殊情况下，法律责任的承担不以违法行为为条件，而是以法律规定为构成条件。

（三）损害结果

损害结果是指由于违法行为所导致的损失和伤害的事实，包括人身、财产和精神方面的损失和伤害。损害应当具有确定性，必须是一个确定的现实存在的事实。有些法律责任的承担不以实际损害结果的存在为条件。财产损害一般包括实际损害、丧失所得利益及预期可得利益。

（四）因果关系

因果关系即违法行为与损害结果之间的因果关系，它是存在于自然界和人类社会中的各种因果关系的特殊形式。法律归责原则上要求证明违法行为与损害结果之间的因果关系。

（五）主观过错

主观过错指承担法律责任的主体在主观上存在的故意或者过失。故意和过失在不同的法律领域中具有不同的意义。在刑事法律领域，行为人要有罪过；在民事法律领域，行为人要有过错，但法律规定行为人无过错也要承担民事责任的，或者推定行为人有过错的，依照规定；在行政法律领域，实行推定过错的方法，一般只要行为人实施了违法行为就视其为主观有过错，法律另有规定的除外。

三、归责与免责

（一）归责的含义

1. 归责的含义

归责，又称为法律责任的归结，是指由特定的国家机关或国家授权的机关依法对行为人的法律责任进行判断和确认。

2. 归责的作用

归责是一个复杂的责任判断过程，判断、确认、追究以及免除责任时必须依照一定的原则。

归责的原则是特定法律制度的价值取向的体现，一方面，指导着法律责任的立法，另一方面，指导着法律实施中对责任的认定与归结。

（二）归责的原则

1. 责任法定原则

（1）责任法定原则的含义。责任法定原则是指法律责任作为一种否定性的法律后果应当由法律规范预先规定，包括在法律规范的逻辑结构之中，当出现违法行为或法定事由的时候，按照事先规定的责任性质、责任范围、责任方式追究行为人的责任。

（2）责任法定原则的内容。

①刑事法律是追究刑事责任的唯一法律依据，罪刑法定。

②由特定的国家机关或国家授权的机构归责。

③反对责任擅断。

④反对有害追溯。

⑤允许人民法院行使自由裁量权，准确认定和归结行为人的法律责任。

2. 因果联系原则

因果联系原则是指在认定行为人违法责任之前，应当首先确认行为与危害或损害结果之间的因果联系；在认定行为人违法责任之前，应当首先确认意志、思想等主观方面因素与外部行为之间的因果联系；在认定行为人违法责任之前，应当区分这种因果联系是必然的还是偶然的，直接的还是间接的。

3. 责任与处罚相称原则

责任与处罚相称原则是法律公正精神在法律责任归结上的具体表现，其含义是指：

（1）法律责任的性质与违法行为性质应当相适应。

（2）法律责任的轻重和种类应当与违法行为的危害或者损害相适应。

（3）法律责任的轻重和种类应当与行为人主观恶性相适应。

4. 责任自负原则

责任自负原则，是指违法行为人应当对自己的违法行为负责，不能让没有违法行为的人承担法律责任，即反对株连或变相株连；要保证责任人受到法律追究，也要保证无责任者不受法律追究，做到不枉不纵。当然，在某些特殊情况下，为了法律秩序特别是财产保护上的需要，也产生责任转承问题。

（三）免责的含义

免责又称为法律责任的减轻和免除，是指法律责任由于出现法定条件被部分或全部地免除。

免责不同于“不负责任”或“无责任”，因为免责以法律责任的存在为前提，而后两者并不存在责任。不应把未达到法定责任年龄、精神失常、正当防卫、紧急避险等不负法律责任的条件当作免除责任的条件。

免责并不意味着被免责的违法行为是合理的、法律允许的或法律不管的，更不意味着被免责的行为是法律所赞成或支持的。

（四）免责的条件

在我国的法律规定和法律实践中，免责的条件和情况是多种多样的。免责的条件主要包括时效免责、不诉免责、自首立功免责、有效补救免责、自助免责等。

1. 时效免责

时效免责是指违法者在其违法行为发生一定期限后不再承担强制性法律责任，如果没有法律的特别规定，违反法律的行为超过一定期限将不再被追究法律责任，法律责任因时间的流逝而消失。

2. 不诉免责

不诉免责即所谓"告诉才处理""不告不理"。在我国，不仅大多数民事违法行为是受害当事人或有关人员告诉才处理，而且有些刑事违法行为也是不告不理。不告不理意味着当事人不告，国家就不会把法律责任归结于违法者，亦即意味着违法者实际上被免除了法律责任。

3. 自首立功免责

自首立功免责是指对那些违法之后有自首或立功表现的人，免除其部分或全部法律责任。

4. 有效补救免责

有效补救免责是指对于那些实施违法行为，造成一定损害，但在国家机关归责之前采取及时补救措施的人，免除其部分或全部责任。

5. 自助免责

自助免责是指对自助行为所引起的法律责任的减轻或免除。自助行为是指权利人为保护自己的权利，在情势紧迫而又不能及时请求国家机关予以救助的情况下，对他人的财产或自由施加扣押、拘束或其他相应措施，而为法律或公共道德所认可的行为。自助行为可以免除部分或全部法律责任。

第二节　法律制裁

一、法律制裁的概念

（一）法律制裁的含义

法律制裁是由特定的国家机关对违法者（或违约者）依其所应承担的法律责任而实施的强制性措施。

（二）法律责任与法律制裁的关系

（1）法律制裁是承担法律责任的一个重要方式。

（2）应承担法律责任是实施和接受法律制裁的前提，法律制裁是具体承担法律责任的结果或体现。没有法律责任就没有法律制裁。

（3）法律责任并不等于法律制裁，有法律责任并不一定就有法律制裁。

二、法律制裁的种类

（一）刑事制裁

1. 刑事制裁的含义

刑事制裁是司法机关对于犯罪者根据其所应承担的刑事责任而确定和实施的强制性惩罚措施。

2. 刑事制裁的方式和适用主体

刑事制裁以刑罚为主，其适用主体既可以是公民，也可以是法人或其他组织。

3. 刑事制裁的种类及其特点

刑事制裁的方式主要是刑罚。刑罚分为主刑和附加刑两类。主刑包括管制、拘役、有期徒刑、无期徒刑、死刑。附加刑包括罚金、剥夺政治权利和没收财产等。

（二）民事制裁

1. 民事制裁的含义

民事制裁是指是由人民法院确定并实施的，对民事责任主体依其所应承担的民事责任而给予的强制性惩罚措施。

2. 民事制裁的方式

承担民事责任的方式即民事制裁的方式主要有：停止侵害；排除妨碍；消除危险；返还财产；恢复原状；修理、重作、更换；继续履行；赔偿损失；支付违约金；消除影响、恢复名誉；赔礼道歉等。人民法院审理民事案件，除适用以上制裁方式外，还可以对违法者予以训诫、责令具结悔过、收缴进行非法活动的财物和非法所得等。

3. 民事制裁的特点

民事制裁在制裁目的、制裁程序和制裁方式上不同于刑事制裁。民事制裁是以财产关系为核心的、适用范围最为广泛的法律制裁形式。

（三）行政制裁

1. 行政制裁的含义

行政制裁是指国家行政机关对行政违法者实施的强制性惩罚措施。

2. 行政制裁的种类

（1）行政（政务）处分，是国家行政机关或其他组织依照行政隶属关系，对于违法失职的国家公务员或所属人员所实施的惩罚措施，主要有警告、记过、记大过、降级、降职、开除等形式。

（2）行政处罚，是指行政机关依法对违反行政管理秩序的公民、法人或者其他组织，以减损权益或者增加义务的方式予以惩戒的行为。行政处罚的种类：警告、通报批评；罚款、没收违法所得、没收非法财物；暂扣许可证件、降低资质等级、吊销许可证件；限制开展生产经营活动、责令停产停业、责令关闭、限制从业；行政拘留；法律、行政法规规定的其他行政处罚。其中，限制人身自由的行政处罚，只能由法律规定。

（四）违宪制裁

1. 违宪制裁的含义

违宪制裁是对违宪行为所实施的一种强制措施。

2. 承担违宪制裁的主体

在我国，监督宪法实施的全国人民代表大会及其常务委员会是行使违宪制裁权的机关，承担宪法责任的主体主要是国家机关及其领导干部。

3. 违宪制裁方式

违宪制裁措施包括撤销或改变同宪法相抵触的法律、行政法规、地方性法规、规章等规范性文件，罢免违宪的国家机关领导成员等。

第十二章　法治

大纲应试策略

本章包括法治概述、习近平法治思想与全面依法治国等内容。在背诵要点中，法治的概念，法治与法制的区别，法治与民主的关系，法治的基本原则，社会主义法治理念，法治思维与法治方式，习近平法治思想（核心要义、全面依法治国的政治方向、重要地位、工作布局、重点任务、重大关系、重要保障），全面依法治国的重要意义、目标、基本原则、基本格局、基本途径和建设中国特色的社会主义法治体系都是比较重要的内容。本章是重点章节，内容较难掌握。本章出题特色是主观题比重大，尤其是论述题的比重很大，所涉及的论述题都需要联系我国法治建设的实际进行深化掌握，时政性很强。除考查过的主观题外，本章较为重要的简答题有：法治与法制的区别；法治与民主的关系；全面依法治国的重要地位；全面依法治国的重点任务；全面依法治国的重大关系；全面依法治国的重要保障；全面依法治国的重大意义。本章较为重要的论述题有：社会主义法治与社会主义民主的关系；社会主义法治理念的基本内容；法治思维；法治思维与法治方式的含义及相互关系；以法治思维和法治方式推进政府清单落实；全面依法治国的政治方向；全面依法治国的工作布局；全面依法治国的重点任务；全面依法治国的人才保障；依法治国是实现国家治理体系和治理能力现代化的必然要求；全面依法治国的基本原则；全面依法治国应坚持以人民为中心，坚持人民的主体地位；全面依法治国的基本格局；“一个共同推进”“一个一体建设”；建设完善的党内法规体系，推进依规治党；法治建设是推进国家治理体系和治理能力现代化的重要依托。

大纲背诵要点

第一节　法治概述

一、法治的概念

（一）法治的含义

法治是一种治国方略，是依法办事的原则，是将国家权力的行使和社会成员的活动纳入完备的法律规则系统。法治包含如下多种内涵和意义：

（1）法治是一种治国方略或社会调控方式，在这个意义上，法治是相对于人治而言的。

（2）法治是依法办事的原则。法治作为一个动态的或能动的社会范畴，其基本的意义是依法办事。

（3）法治是良好的法律秩序。无论是作为治国方略，还是作为依法办事的原则，法治最终要表现为一种良好的法律秩序。

（4）法治代表某种包含特定价值规定性的社会生活方式。法治不是单纯的法律秩序，而是有特定价值基础和价值目标的法律秩序。

（二）法制与法治

1. 法制的含义

法制通常在两种意义上使用：一种是静态意义上的法制，即法律和制度；另一种是动态意义上的法制，即指立法、执法、司法、守法和法律监督的活动和过程。

2. 法治与法制的区别

（1）法制侧重于形式意义上的法律制度及其实施；法治不仅包括形式意义上的法律制度及其实施，更强调实质意义上的法律至上、权利保障的内涵。法治的核心在于保障人权。

（2）法治关注法律制度的内容，讲究“良法”之治，强调法律的至高权威，强调法律的公正性、稳定性、普遍性、公开性和平等性，以及对权力的制约与对人权的保障；法制侧重于关注法的规范性和有效性，要求严格依法办事，以实现立法者期望的法律秩序，对法律本身的内容和价值取向并无特殊的规定性。只要有法律和制度存在就有法制存在，但这不一定就是法治。

(3) 法治与人治相对立，法治要求“法律的统治”，将法律置于统治者的权力之上，要求公共权力必须依法取得和行使；法制与人治并不截然对立，历史上的专制君主和法西斯独裁统治者为了建立有利于他们的统治秩序，也可以在一定时期建立或推行法制。

(4) 法治的政治基础是民主政治，其根本意义在于制约国家权力，以确认和保障公民的权利和自由，实现公民对国家和社会事务的管理。在没有民主和宪政的时代，不可能有真正的法治。法制的问世先于法治，早在没有民主和宪政的时候，就已经存在法制。古代东方和西方都有倡导法制者，那时的法制与民主和宪政无关，而是专制和主权的统治工具。

(三) 法治与人治

法治是与人治对立的治国方略。法治与人治的区别主要表现为：

(1) 法治是民主政治，人治一般是君主专制或贵族政治；

(2) 法治依据的是反映众人意志的法律，人治依据的是统治者个人或少数人的意志；

(3) 当法律与当权者个人的意志发生冲突时，法治国家中的法律高于个人意志，而人治国家中则相反。

(四) 法治与民主

1. 法治与民主的一般关系

(1) 民主的含义。“民主”指的是一种国家制度、政治制度。作为国家制度，民主的最大特点在于，它以公民的意志作为其政治合法性的基础。作为政治制度，民主不仅指国家的组织形式，即政体，而且也指国家的本质，即国体，即什么阶级在国家中占有支配地位。

(2) 法治与民主的矛盾。法治的前提是国家里没有一个最高的权威和力量，如果有，只有作为妥协的法律是最高的权威。民主的前提是国家中有一个最高权威，即公意或多数，而公意是可以随时变化的，如果法律沦为工具，法治就不可能真正实现。

(3) 法治与民主的统一。民主与法治都是人类文明一直追求的价值目标，现代民主制可能是最易与法治原则相融合的制度。一方面，法治是一种以民主宪政为核心的政治法律制度，法治与民主息息相关，没有民主就没有法治。作为一种政治法律制度，法治必须建立在民主基础上，民主化是实现法治的先决条件。另一方面，从民主的发展史来看，民主理念要在国家统治中得到实现，离不开法治：①法治用程序保障了民主制的正常运行，没有法治及相关的意识形态建设，民主政治就缺乏根本，甚至会走向反面，法治的确立有助于培养与民主相适应的思想和道德。②法治将民主制度化、法律化，为民主创造一个可操作的、稳定的运行和发展空间，把民主容易偏向激情引导到理性的轨道，为民主的健康发展保驾护航。③在法治社会中，民主是法治不可分割的一部分，法治支持民主，民主也兼容法治。既不能抛开民主片面地强调法治，也不能脱离法治的轨道片面地强调民主。

2. 社会主义法治与民主的关系

社会主义法治与民主有着非常密切的关系，两者相互依存，不可分离。如果离开社会主义民主讲法治，法治就可能改变性质；如果离开社会主义法治来讲民主，民主就有可能失去强有力的保障，就可能偏离社会主义方向。社会主义法治与民主的关系可以概括为：社会主义民主是社会主义法治前提或基础，社会主义法治是社会主义民主的保障。

(1) 社会主义民主是社会主义法治前提或基础。

①从民主作为一种国家制度来看，社会主义民主是社会主义法治的政治前提和基础；

②从民主作为一种公共决策方法和机制来看，社会主义民主决定着社会主义法的创制的

质量；

③社会主义民主是社会主义法治的力量源泉；

④社会主义民主在促进社会主义法治发展方面也有重大作用。

（2）社会主义法治是社会主义民主的保障。

①社会主义法治确认人民群众当家作主的地位，确认国家的基本民主体制及其活动原则的合法性；

②社会主义法治确认和保障广大人民群众享有广泛的民主权利和自由，为政治参与提供畅通的渠道；

③社会主义法治确认和规范社会主义民主的范围以及实现社会主义民主的程序和方式；

④社会主义法治是保卫社会主义民主的重要武器。

二、法治的基本原则

（一）法律至上原则

（1）法律至上是法治区别于人治的根本标志，也是法治的首要条件。法律至上原则是指法律具有至高无上的地位和权威，是法治最基本和首要的原则，其中宪法至上是法律至上原则的核心。

（2）不确立法律至上，即使法律完全建立在民主基础上，也仅是“纸上的法律”，人权保障、法律面前人人平等、政府权力受制约的原则均无法实现。

（3）法律至上原则意在强调法律在整个社会规范体系中具有至高无上的地位，其他任何社会规范都不能否定法的效力或与法相冲突。

（二）权利保障原则

1. 尊重和保障人权

法治的所有价值目标可以归结为充分尊重和保障人权，促进公民自由意识和能力的提高。对国家权力的法律限制本身就是对人权的有力保障。法律至上的最终目标也是为人的权利和自由发展服务的。充分尊重和保障人权是法治的终极性的目的价值。

2. 法律面前人人平等

法律面前人人平等是民主和法治的基本要求。

首先，法治原则要求法律适用上的平等，即在执法和司法过程中，对一切公民权利和自由的平等保护，对一切主体义务的平等要求，对违法行为平等地追究法律责任，不承认任何法外特权。

其次，法律面前人人平等还要求在立法上平等分配各种社会资源。

最后，平等还意味着尊重社会主体的多元价值观和生活方式，消除歧视与偏见。

3. 权利义务相一致

法治原则要求在法的制定和实施过程中贯彻主体的权利与义务相一致原则。

一方面，确认和保障主体的权利和自由是法治的根本目的。另一方面，权利和义务具有一致性，没有无权利的义务，也没有无义务的权利，这是平等原则的必然要求。对国家权力而言，在资源分配上不能将权利分配给一部分人，将义务分配给另一部分人；对社会主体而言，在行使权利时，也必须尊重他人和社会的相应权利，不能只享有权利而不承担义务。

（三）权力制约原则

1. 权力制约原则的含义

权力制约原则是指国家权力之间的分工和制约。法治内在地要求对国家权力进行合理的分配和有效的制约。权力如何分配和制约是法治国家权力结构的基本问题。能否实现法治，也取决于国家权力结构中是否实行分配和制约。

2. 权力制约原则的内容

（1）法治之所以强调对国家权力的分工和制约，是因为法治的目的就在于运用法律防止国家权力的专横、恣意和腐败，保障公民的权利和自由。法治所强调的对国家权力进行制约，是权力之间的相互制约。让权力之间互相监督，是维护法的权威、保证国家权力的执行者不违背法律的有力措施。

（2）法治原则特别强调对国家行政权力的制约，要求严格依法行政。行政机关执掌着大量日常公共生活的组织指挥权能，代表公权力，能够通过各种抽象和具体行政行为直接干预公民和社会组织的活动，行政权力行使的广泛性、主动性和强制性、单方面性等都使得对行政权的约束成为法治的重点。

（四）正当程序原则

1. 正当程序原则的含义

正当程序原则主要是针对国家公权力而言的，要求国家机关在行使权力的时候，应当按照公正的程序采取公正的方法进行。它强调程序正义，如个人不能做自己的法官，法官应听取双方当事人的意见等内容。

2. 正当程序原则的确立

确立正当程序原则的法律最早源于英国，其理论根据主要是自然公正原则。自然公正原则要求，任何权力的行使都必须公正。后来美国联邦宪法修正案对“正当法律程序”作出了规定：不经正当法律程序，不得剥夺任何人的生命、自由和财产。从此，奠定了正当法律程序原则在美国的宪法地位。

3. 我国关于正当程序原则的运用

随着我国依法治国方略的确立和实施，以自然公正为法律基础的正当程序原则将会被广泛地应用到立法、行政、司法等社会生活领域。

三、社会主义法治

（一）社会主义法治的含义

1. 社会主义法治的含义

社会主义法治的核心内容就是要实行依法治国。依法治国，就是广大人民群众在党的领导下，依照宪法和法律规定，通过各种途径和形式管理国家事务，管理经济和文化事业，管理社会事务，保证国家各项工作都依法进行，逐步实现社会主义民主的制度化、法律化，使这种制度和法律不因领导人的改变而改变，不因领导人看法和注意力的改变而改变。

2. 依法治国的意义

（1）依法治国是党领导人民治理国家的基本方略。

（2）依法治国是发展社会主义市场经济的客观需要。

（3）依法治国是社会文明进步的重要标志。

（4）依法治国是国家长治久安的重要保障。

（二）社会主义法治理念

1. 社会主义法治理念的内涵

（1）法治理念的含义。法治理念是人们对法律的功能、作用和法律的实施所持有的内心信念和观念，是指导一国法律制度设计和司法、执法、守法实践的思想基础和主导价值追求。

（2）社会主义法治理念的含义。社会主义法治理念是指关于社会主义法治的理想、信念和观念，是社会主义法治的内在要求、精神实质和基本原则的概括和反映。当代中国社会主义法治理念是马克思主义关于国家与法的理论同中国国情和现代化建设实际相结合的产物，是中国社会主义民主与法治实践经验的总结，是党的领导、人民当家作主、依法治国思想的统一体。

（3）社会主义法治理念的核心本质。社会主义法治理念的核心本质是广泛的人民性，社会主义法治理念只有以人民的根本利益为宗旨，才能真正深得民心，为人民所拥护。

（4）牢固树立社会主义法治理念的意义。牢固树立和自觉践行社会主义法治理念，对于保障社会主义法治的正确方向，推进依法治国进程，具有重大的现实意义和深远的历史意义。

（5）社会主义法治理念的基本特征。

①系统的科学性和合理性；

②鲜明的政治性和时代性；

③真正的开放性和可实证性。

④充分借鉴和吸收了人类法治文明的优秀成果，中国传统的法律思想是社会主义法治理念的重要来源，因此社会主义法治理念与中国传统法律文化之间存在着必然的联系。

2. 社会主义法治理念的基本内容

社会主义法治理念是社会主义法治建设的指导思想，是社会主义法治的观念体系、理论体系，而不是具体的制度体系。当代中国社会主义法治理念是马克思主义国家与法的理论同中国国情和现代化建设实际相结合的产物。社会主义法治理念作为一种价值观念体系，是建设社会主义法治文化、增强全社会法律意识的价值指引，是指导一国法律制度设计和司法、执法、守法实践的思想基础和主导价值追求。社会主义法治理念的基本内容有：

（1）依法治国。依法治国是社会主义法治的核心内容，是中国共产党领导人民治理国家的基本方略。

（2）执法为民。执法为民是社会主义法治的本质要求，这是党全心全意为人民服务的根本宗旨和立党为公、执政为民的执政理念在政法工作上的体现。

（3）公平正义。公平正义是社会主义法治的价值追求。公平正义是社会主义和谐社会的关键环节。

（4）服务大局。服务大局是社会主义法治的重要使命。

（5）党的领导。党的领导是社会主义法治的根本保证。

（三）法治思维与法治方式

1. 法治思维的含义

法治思维是指按照社会主义法治的逻辑来观察、分析和解决社会问题的思维方式，它是将法律规定、法律知识、法治理念付诸实施的认识过程。

2. 法治思维的特征。

（1）法治思维是规则思维。

（2）法治思维是平等思维。

（3）法治思维是权力受制约思维。

（4）法治思维是程序思维。

（5）法治思维是人权保障思维。

3. 法治思维与法治方式的关系及其作用

（1）法治方式与法治思维是内在的和外在的关系，法治方式就是法治思维实际作用于人的行为的外在表现。法治思维影响和决定着法治方式。法治方式广义上包括立法、执法、守法与法律监督等多种法律手段与方式。

(2) 在市场经济条件下，人们的思想观念多元、多变，各种利益分歧、矛盾冲突相互交织，只有社会主义法治才能有效整合各方利益、化解各种冲突，为社会和谐、稳定奠定坚实基础。在整个改革过程中，要高度重视运用法治思维和法治方式，发挥法治的引领和推动作用。各级领导干部都要提高运用法治思维和法治方式深化改革、推动发展、化解矛盾、维护稳定的能力，努力推动形成办事依法、遇事找法、解决问题用法、化解矛盾靠法的良好法治环境，在法治轨道上推动各项工作。

(3) 法治思维和法治方式的运用标志着我们党对执政规律的认识、对法治的认识、对领导干部素质和能力建设的认识都提到了新高度，对于建设社会主义法治强国具有重要意义。

第二节 习近平法治思想与全面依法治国

一、习近平法治思想的核心要义

习近平法治思想的主要内容和理论精髓，集中体现为习近平总书记在中央全面依法治国工作会议上提出的“十一个坚持”，从理论逻辑上可以划分为以下几个方面。

(一) 全面依法治国的政治方向

全面依法治国的政治方向体现在全面依法治国由谁领导、为了谁、依靠谁、走什么路等问题上。

(1) “谁领导”。坚持中国特色社会主义法治道路，最根本的是坚持中国共产党的领导。要自觉地把党的领导贯彻到依法治国全过程和各方面，更好地落实全面依法治国基本方略。

(2) “为了谁”“依靠谁”。“以人民为中心”是社会主义法治的核心价值，全面依法治国最广泛、最深厚的基础是人民，必须坚持为了人民、依靠人民，不断增强人民群众获得感、幸福感、安全感、公平感。

(3) “走什么路”。中国特色社会主义法治道路，是社会主义法治建设成就和经验的集中体现，是建设社会主义法治国家的唯一正确道路。在法治建设实践中要自觉坚持党的领导，坚持中国特色社会主义制度，贯彻中国特色社会主义法治理论。要从中国国情和实际出发，走适合自己的法治道路。

(二) 全面依法治国的重要地位

(1) 全面依法治国是新时代坚持和发展中国特色社会主义的基本方略，在“五位一体”总体布局和“四个全面”战略布局中具有基础性、引领性、支撑性作用。

(2) 全面依法治国既是中国特色社会主义的本质要求，也是中国特色社会主义的重要保障。

(三) 全面依法治国的工作布局

(1) 坚持在法治轨道上推进国家治理体系和治理能力现代化。

(2) 坚持建设中国特色社会主义法治体系。

(3) 坚持依法治国、依法执政、依法行政共同推进，法治国家、法治政府、法治社会一体建设。

(四) 全面依法治国的重点任务

(1) 全面贯彻实施宪法是全面依法治国的首要任务，要坚持依宪治国、依宪执政，更好展现国家根本法的力量、更好发挥国家根本法的作用。

(2) 科学立法、严格执法、公正司法、全民守法是全面依法治国的关键环节，要坚持全面推进科学立法、严格执法、公正司法、全民守法，继续推进法治领域改革，解决好立法、执法、司法、守法等领域的突出矛盾和问题。

(3) 坚持统筹推进国内法治和涉外法治，坚决维护国家主权、尊严和核心利益。

（五）全面依法治国的重大关系

全面依法治国涉及一系列重大辩证关系，包括政治和法治、民主和专政、改革和法治、发展和安全、依法治国和以德治国、依法治国和依规治党等。

（六）全面依法治国的重要保障

全面依法治国需要坚强有力的保障体系，包括政治保障、制度保障、思想保障、组织保障、人才保障、运行保障、科技保障等。其中，全面依法治国必须重视法治工作队伍建设，必须抓住领导干部这个“关键少数”，重视发挥领导干部关键作用，要求各级领导干部带头尊崇法治、敬畏法律，了解法律、掌握法律，不断提高运用法治思维和法治方式深化改革、推动发展、化解矛盾、维护稳定、应对风险的能力，做尊法学法守法用法的模范。

二、全面依法治国的意义、目标与原则

（一）全面依法治国的重要意义

(1) 依法治国是坚持和发展中国特色社会主义的本质要求和重要保障。

(2) 依法治国是实现国家治理体系和治理能力现代化的必然要求。

(3) 依法治国事关我们党执政兴国，事关人民幸福安康，事关党和国家长治久安。

(4) 依法治国也是全面建成小康社会、实现中华民族伟大复兴的中国梦的必然要求。

(5) 依法治国是全面深化改革、完善和发展中国特色社会主义制度，提高党的执政能力和执政水平的必然要求。

依法治国是党领导人民治理国家的基本方略，是党的执政方式和国家治理方式的重大变革。它把坚持党的领导、发扬人民民主和严格依法办事统一起来，从制度上和法律上保证党的基本路线和基本方针的贯彻实施，保证党始终发挥领导核心的作用。这对于推进社会主义民主政治建设，促进社会主义市场经济的发展，确保国家长治久安和社会稳定等都具有极其重要的意义。

（二）全面依法治国的总目标

全面依法治国的总目标是：建设中国特色社会主义法治体系，建设社会主义法治国家。即在中国共产党领导下，坚持中国特色社会主义制度，贯彻中国特色社会主义法治理论，形成完备的法律规范体系，坚持依法治国、依法执政、依法行政共同推进，坚持法治国家、法治政府、法治社会一体建设，实现科学立法、严格执法、公正司法、全民守法，促进国家治理体系和治理能力现代化。

（三）全面推进依法治国应坚持的基本原则

1. 党的领导原则（坚持中国共产党的领导）

党的领导是中国特色社会主义最本质的特征，是社会主义法治最根本的保证。把党的领导贯彻到依法治国的全过程和各方面，是我国社会主义法治建设的一条基本经验。必须坚持党领导立法、保证执法、支持司法、带头守法，把依法治国基本方略同依法执政基本方式统一起来，把党总揽全局、协调各方同人大、政府、政协、审判机关、检察机关依法依章程履行职能、开展工作

统一起来，把党领导人民制定和实施宪法法律同党坚持在宪法法律范围内活动统一起来。

2. 人民主体地位原则（坚持人民主体地位）

人民是依法治国的主体和力量源泉，人民代表大会制度是保证人民当家作主的根本政治制度。必须坚持法治建设为了人民、依靠人民、造福人民、保护人民，以保障人民根本权益为出发点和落脚点，保证人民依法享有广泛的权利和自由、承担应尽的义务，维护社会公平正义，促进共同富裕。

3. 法律面前人人平等原则（坚持法律面前人人平等）

平等是社会主义法律的基本属性。任何组织和个人都必须尊重宪法法律权威，都必须在宪法法律范围内活动，都必须依照宪法法律行使权力或权利、履行职责或义务，都不得有超越宪法法律的特权。

4. 依法治国和以德治国相结合原则

必须坚持一手抓法治、一手抓德治，既重视发挥法律的规范作用，又重视发挥道德的教化作用，以法治体现道德理念、强化法律对道德建设的促进作用，以道德滋养法治精神、强化道德对法治文化的支撑作用，实现法律和道德相辅相成、法治和德治相得益彰。

5. 从实际出发原则（坚持从中国实际出发）

必须从我国基本国情出发，同改革开放不断深化相适应，总结和运用党领导人民实行法治的成功经验，围绕社会主义法治建设重大理论和实践问题，推进法治理论创新。汲取中华法律文化精华，借鉴国外法治有益经验，但决不照搬外国法治理念和模式。

三、全面依法治国的基本格局

坚持中国特色社会主义法治道路，既要建成一套高效严密、统一协调的法治体系，更要以此为前提，实现科学立法、严格执法、公正司法、全民守法，促进国家治理体系和治理能力现代化，建成社会主义法治国家。

（一）科学立法

科学立法是法治的前提。在中国特色社会主义法律体系形成之后，提高立法质量成为立法的中心任务。

1. 尊重客观规律

不仅要按照客观经济规律尤其是市场经济的价值规律、市场和自由关系的内在规定性等来及时进行法律的废改立，而且要充分反映社会规律，将社会文化以及民主政治建设和生态文明发展规律及时用法律的形式加以固定和强化，使改革发展稳定工作在良法体系的规范和保障下科学地推进。

2. 体现民意

立法应当回应人民群众的真实关切和心愿，而不是部门利益至上、利用立法搞地方保护主义。人民性是法律的最根本特征，也是衡量法律质量的根本标准。凡是人民群众呼声高、要求强的，就应当及时进行立法；凡是与人民利益和意志不尽相符或根本背离的，必须及时进行废改。

3. 切合实际

立法必须立足现实，以解决现实问题和现实利益诉求为导向，既要有预见性和超前性，又要增强针对性和务实性。

4. 完善程序

民主立法是科学立法的保障，科学民主的立法程序是良法产生的基本途径，拓宽立法渠道、加强开门立法，为科学立法奠定基础。

5. 符合科学

立法应当按照科学的法治原理和原则加以完善，既要将人类法治发展史上凝聚的宝贵法治遗产，如罪刑法定、无罪推定和非法证据排除等及时吸纳到立法之中，又要增强可操作性和逻辑性，明确具体的适用条件、行为模式和法律后果，克服权利义务关系不明、责任抽象、有效性不足的局限性。

（二）严格执法

1. 严格执法的含义

严格执法是对行政机关的正当要求，是指行政机关应当严格、严明和严肃地执行国家法律。所谓严格是指行政机关及其工作人员严守法定的实质标准和程序要求，坚持在法律的轨道上按照法律的规格和标准行使行政权力、执行法律法规；所谓严明是指执法作风端正、执法纪律严明，坚决消除慵懒散，杜绝乱作为、瞎折腾；所谓严肃是对执法态度、执法精神方面的要求，执法者应当奉行法治精神、严肃认真地履行执法职责，确保公正执法、文明执法、理性执法。

2. 严格执法的原因和途径

法律的生命在于实施，法律的权威也在于实施，严格执法是全面推进依法治国的重要内容。然而，在现实中，由于有的执法人员法治意识淡薄、人治思想严重，有的部门权力制约不够、自由裁量权过大，导致不执法、乱执法、选择性执法、以权谋私、执法寻租等现象依然存在，偏离了法治的轨道、妨碍了法治的实施、损害了法治的权威，不符合人民群众的诉求和期待。为此，要依法惩处各类违法行为，加大关系群众切身利益的重点领域执法力度。完善执法程序，建立执法全过程记录制度。明确具体操作流程，重点规范行政许可、行政处罚、行政强制、行政征收、行政收费、行政检查等执法行为。严格执行重大执法决定法制审核制度。

（三）公正司法

（1）公正司法是对司法机关的基本要求。司法是正义的最后防线，也是法治的生命线。

（2）司法公信力是法治的基本要求，也是社会主体普遍关注的重点。当前，司法领域存在的主要问题是，司法不公、司法公信力不高问题十分突出。司法不公的深层次原因在于司法体制不完善、司法职权配置和权力运行机制不科学、人权司法保障制度不健全。所以，必须完善司法管理体制和司法权力运行机制，规范司法行为，加强对司法活动的监督，努力让人民群众在每一个司法案件中感受到公平正义。

（四）全民守法

1. 全民守法的含义

全民守法是法治建设的基础工程，法治根系于社会大众对法律的信守和遵从。全民守法是指全体社会成员和一切国家机关、政党、社会团体、企事业组织，都必须尊重宪法法律权威，都必须在宪法法律范围内活动，都必须依照宪法法律行使权力或权利、履行职责或义务，都不得有超越宪法法律的特权。

2. 全民守法的要求

必须维护国家法制统一、尊严、权威，切实保证宪法法律有效实施，绝不允许任何人以任何借口任何形式以言代法、以权压法、徇私枉法。为此：

（1）必须深入开展法治宣传教育，大力弘扬社会主义法治精神，努力建设社会主义法治文化，增强全社会厉行法治的积极性和主动性；必须依法抑恶扬善、严格执法司法，形成守法光荣、违法可耻的社会氛围；

（2）必须发挥法治建设的强大效能，引导人民群众按照法律的规定和程序，依法表达利益诉求、依法维护自身利益；

（3）必须完善国家工作人员学法用法制度，坚持把领导干部带头学法、模范守法作为树立法治意识的关键，充分发挥领导干部率先垂范的带动效应，使全体人民成为社会主义法治的忠实崇尚者、自觉遵守者、坚定捍卫者。

（五）人才强法

要注重人才强法，加强法治队伍建设和法治人才培养。无论是法律的制定、法律的实施，还是法律的监督，在全面推进依法治国的每一个层面，都需要高素质的法治人员。法治的高度政治性、专业性和专门性以及技术性，要求必须重视法治专门人才的建设，发挥法治人才的作用。全面推进依法治国，必须大力提高法治工作队伍思想政治素质、业务工作能力、职业道德水准，着力建设一支忠于党、忠于国家、忠于人民、忠于法律的社会主义法治工作队伍，为加快建设社会主义法治国家提供强有力的组织和人才保障。

四、全面依法治国的基本途径

（一）坚持"一个共同推进"：坚持依法治国、依法执政、依法行政共同推进

1. 依法治国

依法治国是党领导人民治理国家的基本方略，是以法律权威至上为核心、以权力制约为机制、以人权保障为目标的治理模式，其内涵与社会主义法治的含义相同。

2. 依法执政

（1）依法执政的含义。依法执政是中国共产党的执政方式在新时期的重要转变，是指党依据宪法和法律以及党内法规体系治国理政和管党治党，实现党和国家政治生活的法律化、制度化、规范化。

（2）依法执政的基本内容。

①党领导立法，保证党的主张和意志通过法定程序上升为国家意志；

②依照宪法和法律，党领导国家政权，运用国家政权，实现党的宗旨、目标和任务；

③保证和支持行政机关依法严格执法、司法机关公正司法，确保民主的法律化、制度化；

④带头遵守宪法法律，自觉维护宪法法律权威；

⑤通过依法执政的体制机制改革，自觉提升运用法治思维和法治方式执政的意识和能力；

⑥依法保障和规范党的机关和党员干部执掌和运用权力的行为，反对以言代法、以权废法、徇私枉法。

3. 依法行政

（1）依法行政的含义。依法行政是指各级政府在党的领导下依法行使行政管理权和依法执行法律。无论是哪一层级的政府及其部门，其权力的设定、取得、运行和监督都必须依法进行，确保始终不偏离法治的轨道。

（2）依法行政的基本要求。

①以合法性原则为基本指导，坚持法定职责必须为、法无授权不可为、违法行为必追究。

②改革行政执法体制，推进综合执法、严格执法责任，构建权责统一、权威高效、程序严谨的依法行政体制，切实防止选择性执法、多头执法、违法执法，牢固树立权力来源于人民、权力依据法律授权、权力为了人民并受人民监督的法治观念。

4. 依法治国、依法执政、依法行政的关系

依法治国、依法执政、依法行政是相互联系、相辅相成的关系，具有价值取向的一致性、基

本要求的统一性、运行机制的关联性。依法治国是全局、依法执政是核心、依法行政是关键，三者缺一不可、不可偏废，应当通盘谋划、共同推进。

（二）坚持"一个一体建设"：坚持法治国家、法治政府、法治社会一体建设

1. 法治国家

（1）法治国家的含义。法治国家是全面推进依法治国的根本目标。法治国家是指依法赋予、运行和制约国家权力，通过公正司法和严格执法来维护法律权威并实现人民权利的国家存在形式。

（2）法治国家的基本要求。

①法律之治。法律之治是法治国家的第一要件。在所有规范形式和调整方式中，法治是治国理政的基本方式。国家的政治、经济、社会、文化所涉及的一切国家权力形式之间及其与公民权利之间的关系，均被纳入法律调控的范围，接受法律的治理。

②权力制约。依法制约公共权力。国家权力不是无限的，更不可主观任性地运行。相反，应当是有限的、分立的、受法律监督制约的。

③注重程序。无论是司法过程、执法行为，还是政治决策与民主政治活动，都应该有一套程序规范引导，并固化为法律程序，获得全体组织和所有人的一体遵循。程序是法治国家不同于人治国家的重要分水岭。

④法律权威。法律与人尤其是领导者个人的权威比较是否具有至上性是人治与法治的最根本区别。当法律权威高于领导者个人的权威时，便是法治，反之，便只会是人治。

⑤人权保障。坚持人民主体地位，以人民的基本权利和利益为最高价值追求，是法治国家的生命力之所在。

⑥良法善治。不仅要有完备的法律体系，更需要抛弃恶法、弘扬良法，用文明进步的良善价值来主导和统率法律规范；不仅要依法治理，更要构建法治先行、透明公开、公平正义、以人为本、高效理性、权责统一的现代治理体系。依法进行良善治理的国家才是真正的法治国家。

2. 法治政府

（1）法治政府的含义。法治政府是政府依据宪法法律设立、政府权力法定、政府决策和行为严格依据法律程序进行并对其后果承担相应责任的政府。

（2）建设法治政府的意义。政府依法行政和严格执法，是法治的重心。在所有的国家机关中，与群众关系最密切的是各级人民政府，国家的法律法规也需要各级政府来实施。政府的决策与执法活动是否符合法治精神和法治原则，不仅关系到法治国家能否建成，更关系到社会的稳定和人民的幸福。因此，必须牢牢抓住这个关键，在规范政府权力的行使、防止权力滥用、明确权力价值取向上作出全面的法治制度安排，并确保在法治实践中得到有效落实。只有这样，全面推进依法治国、加快建成法治国家才不至于流于形式。

（3）法治政府的特征。

①法治政府是有限政府，其权力受到法律的界分和限定，不能超越法律的界限运行；

②法治政府是责任政府，有权必有责，有责必承担；

③法治政府是人民政府，以人的基本自由和权利为依归；

④法治政府是程序政府，一切重大决策和行动都必须通过公正参与、专家论证、风险评估、合法性审查和集体讨论决定；

⑤法治政府是阳光政府，实行信息公开，赋予社会大众广泛的知情权和参与权，以民主决策和民主监督来实现公开公正、保障政府的法治本色；

⑥法治政府是诚信政府，应当自觉维护法律权威、自觉履行职责，为政令畅通、政民和谐奠

定基础。

要加快建设职能科学、权责法定、执法严明、公开公正、廉洁高效、守法诚信的法治政府。

3. 法治社会

（1）法治社会的含义。法治社会是社会依法治理、社会成员人人崇尚法治和信仰法治、社会组织依法自治、社会秩序在法治下和谐稳定的社会。

（2）全面推进依法治国，推进法治社会建设。法治社会是与法治国家相互关联、相辅相成的。没有法治社会，便没有法治国家。因此，全面推进依法治国，必须推进法治社会建设：

①全社会树立法治意识。

②社会组织多层次多领域依法治理。

③党和国家依据宪法法律治理社会。

总之，法治国家、法治政府和法治社会三者内在统一、相互融合、相互促进，共同成长为社会主义法治国家。

五、建设中国特色社会主义法治体系

（一）形成完备、良善的法律规范体系

要形成完备、良善的法律规范体系，必须做到：

（1）健全宪法实施和监督制度；

（2）完善我国的立法体制；

（3）深入推进科学立法、民主立法；

（4）加强重点领域立法，进一步形成完善的、科学规范的中国特色社会主义法律规范体系。

（二）形成公正高效的法治实施体系

1. 执法

要形成公正高效的法治实施体系，在行政执法领域必须做到：

（1）依法全面履行政府职能；

（2）健全依法决策机制（包括公众参与、专家论证、风险评估、合法性审查、集体讨论决定）；

（3）深化行政执法体制改革；

（4）坚持严格规范公正文明执法；

（5）全面推进政务公开（坚持公开为常态、不公开为例外原则，推进决策公开、执行公开）。

2. 司法

公正是法治的生命线，实现公正司法必须做到：

（1）完善确保依法独立行使审判权和检察权的制度；

（2）优化司法职权配置（让公安机关、检察机关、审判机关、司法行政机关各司其职）；推进严格司法（坚持以事实为根据、以法律为准绳）；

（3）保障人民群众参与司法，加强人权司法保障；

（4）加强对司法活动的监督。

（三）形成科学严密的法治监督体系

（1）形成科学严密的法治监督体系，特别是要强化对行政权力的制约和监督，通过加强党内监督、人大监督、民主监督、行政监督、司法监督、审计监督、社会监督、舆论监督制度的建设，努力形成科学有效的权力运行制约和监督体系，增强监督合力和实效。

（2）加强对政府内部权力的制约，是强化对行政权力制约的重点。要完善政府内部层级监督

和专门监督，改进上级机关对下级机关的监督，建立常态化监督制度。完善纠错问责机制，健全责令公开道歉、停职检查、引咎辞职、责令辞职、罢免等问责方式和程序。

（四）形成充分有力的法治保障体系

形成充分有力的法治保障体系，这方面主要应当强化两大保障体系：

1. 加强法治工作队伍建设

在加强法治工作队伍建设方面，主要包括：

（1）建设高素质法治专门队伍；

（2）加强法律服务队伍建设，特别是加强律师队伍思想、政治与组织建设；

（3）创新法治人才培养机制。

2. 加强和改进党对全面推进依法治国的领导

在加强和改进党对全面推进依法治国的领导方面，主要应强调：

（1）党的领导是全面推进依法治国、加快建设社会主义法治国家最根本的保证。必须加强和改进党对法治工作的领导，把党的领导贯彻到全面推进依法治国全过程。

（2）强化依法执政的法治意识，让各级党组织和领导干部深刻认识到依法行政是依法治国的关键。

（3）将进一步完善党内法规、从严管党、从严治党上升到法治国家建设保障的高度。

（五）形成完善的党内法规体系

形成完善的党内法规体系，这是党中央针对全面从严治党的新战略提出的全新主张，也是依法治国与依规治党相结合的具体体现。党在新时期既要坚持全面依法治国与依法执政，又要坚持全面从严治党，在从严治党问题上必须从源头抓起，不断完善党内法规。十八大以来，中央出台了一系列准则、条例和规则，包括修改党章，为从严治党提供了规则基础。

六、推进国家治理体系和治理能力现代化

（一）国家治理体系和治理能力现代化的含义

国家治理体系和治理能力现代化，是国家治理现代化的具体表现，其核心内涵主要是实现国家治理的制度化、程序化、法治化。

（二）推进国家治理体系和治理能力现代化的意义

（1）从当前中国社会主义法治的理论与实践的要求来看，法治是国家治理体系和治理能力的重要依托，坚持在法治轨道上推进国家治理体系和治理能力现代化，是实现良法善治的必由之路。

（2）我国宪法是国家的根本大法，是国家制度和法律法规的总依据。因此，必须在宪法范围内和法治轨道上推进国家治理体系和治理能力现代化。通过宪法法律确认和巩固国家根本制度、基本制度、重要制度，并运用国家强制力保证实施，保障了国家治理体系的系统性、规范性、协调性、稳定性，这有利于充分实现国家和社会治理的有法可依、有法必依、执法必严、违法必究，最终实现国家治理现代化。

知识拓展

1. 试论以法治思维和法治方式推进政府清单落实。

（1）法治思维是指按照社会主义法治的逻辑来观察、分析和解决社会问题的思维方式，它是将法律规定、法律知识、法治理念付诸实施的认识过程。法治方式是指公权力执掌者在法治理念

和法律精神的指导下，通过制定、执行法律、法规、规章，运用法律、法规、规章创制的制度、机制、设施、程序处理各种经济、社会问题，解决各种社会矛盾、争议，促进经济、社会发展的措施、方法、手段。法治方式就是法治思维实际作用于人的行为的外在表现。各级政府必须坚持在党的领导下、在法治轨道上，运用法治思维和法治方式开展工作，为国家治理体系和治理能力现代化提供法治保障，努力打造清单明晰、程序正义、问责法定、公开透明的具有较高公信力、满意度的现代政府。

（2）运用法治思维和法治方式推进清单落实。现代政府的权力必须是法律赋予的，必须在法律界限之内行使。各级政府应以清单授权为边界依据，落实好已公布的权力清单、负面清单、责任清单等各类清单，进而厘清政府与市场边界，推进全面深化改革。

要落实已公布的权力清单。落实好政府向社会全面公开的政府职能、法律依据、实施主体、职责权限、管理流程、监督方式等事项，做到“法无授权不可为”，把政府的权力关进笼子里。

要落实已公布的责任清单。落实好政府明确的责任事项、追责情形及其法律法规条款依据，做到“法定责任必须为”。政府要努力保持宏观经济稳定，加强和改善公共服务，着力改善民生；加强市场监管，维护市场秩序，大幅度减少政府对资源的直接配置，保障公平竞争。

要落实已公布的负面清单。对公民、企业等民事主体而言，要做到“法无禁止即可为”，使之能够更好地参与市场经济活动。

2. 试论全面依法治国的政治方向。

全面依法治国的政治方向决定法治建设的成败得失，全面依法治国的政治方向体现在全面依法治国由谁领导、为了谁、依靠谁、走什么路等问题上。

（1）“谁领导”。坚持中国特色社会主义法治道路，最根本的是坚持中国共产党的领导。要自觉地把党的领导贯彻到依法治国全过程和各方面，更好地落实全面依法治国基本方略。党的领导是中国特色社会主义最本质的特征，是社会主义法治最根本的保证，是中国特色社会主义法治之魂。坚持党总揽全局、协调各方的领导核心地位，领导立法、保证执法、支持司法、带头守法，把党的领导贯穿于全面依法治国全过程各方面。加强党中央对法治中国建设的集中统一领导、系统谋划、整体推进，健全党领导全面依法治国的制度和工作机制，推进党的领导制度化、法治化。运用法治思维和法治手段巩固执政地位、改善执政方式、提高执政能力。

（2）“为了谁”“依靠谁”。“以人民为中心”是社会主义法治的核心价值，全面依法治国最广泛、最深厚的基础是人民，必须坚持为了人民、依靠人民，不断增强人民群众获得感、幸福感、安全感、公平感。坚持人民主体地位，依法保障人民权益，这是全面推进依法治国的根本目的。坚持法治建设为了人民、依靠人民、保护人民、造福人民，必须更全面、更深入、更广泛地体现人民利益、反映人民愿望、维护人民权利、增进人民福祉，努力让人民群众在每一项法律制度、每一个执法决定、每一宗司法案件中都感受到公平正义，把实现好、维护好、发展好最广大人民根本利益作为法治建设的根本目的与核心价值，作为法治建设的出发点和落脚点，弘扬人民权益靠法律保障、法律权威靠人民维护的社会主义法治精神。积极回应人民群众新要求新期待，着力解决法治领域人民群众反映强烈的突出问题，不断增强人民群众获得感、幸福感、安全感。

（3）“走什么路”。中国特色社会主义法治道路，是社会主义法治建设成就和经验的集中体现，是建设社会主义法治国家的唯一正确道路，应在法治建设实践中自觉坚持党的领导、坚持中国特色社会主义制度、贯彻中国特色社会主义法治理论。要从中国国情和实际出发，走适合自己的法治道路。坚定不移走中国特色社会主义法治道路，从根本上保证了我国社会主义法治建设始终朝着正确的方向阔步前进。中国特色社会主义法治道路的核心要义是坚持党的领导，坚持中国特色社会主义制度，贯彻中国特色社会主义法治理论。中国特色社会主义法治道路的本质特征是坚持党的领导、人民当家作主、依法治国有机统一。中国特色社会主义法治道路的根本制度安排是人民代表大会制度。中国特色社会主义法治道路的使命具有双重性：一方面，要建成法治中国，实现国家治理体系和治理能力现代化；另一方面，要学习借鉴人类法治文明的有益成果，开创不同于西方的法治文明。

3. 试论全面依法治国的工作布局。

（1）推进全面依法治国，工作布局很关键、是引领。习近平总书记从坚持和发展中国特色社会主义的总体布局和战略全局出发，提出“坚持在法治轨道上推进国家治理体系和治理能力现代化”“坚持建设中国特色社会主义法治体系”“坚持依法治国、执法执政、依法行政共同推进，法治国家、法治政府、法治社会一体建设”三个理论命题，科学回答了全面依法治国谋篇布局的问题，既为全面依法治国指明了总目标，又为全面依法治国推出了总抓手。

（2）坚持在法治轨道上推进国家治理体系和治理能力现代化。坚持全面依法治国，是中国特色社会主义国家制度和国家治理体系的显著优势。法治是国家治理体系和治理能力的重要依托。统筹推进“五位一体”总体布局、协调推进“四个全面”战略布局，要发挥法治的引领、规范、保障作用，更好发挥法治固根本、稳预期、利长远的重要作用，着力固根基、扬优势、补短板、强弱项，推动各方面制度更加成熟、更加定型，逐步实现国家治理制度化、程序化、规范化、法治化，筑法治之基、行法治之力、积法治之势。

（3）坚持建设中国特色社会主义法治体系。中国特色社会主义法治体系包括法律规范体系、法治实施体系、法治监督体系、法治保障体系和党内法规体系。形成完备的法律规范体系，健全国家治理急需的法律制度、满足人民日益增长的美好生活需要必备的法律制度，以高质量立法推动高质量发展；形成有效的法治实施体系，深入推进依法行政，促进司法公平公正正义，加快推进法治社会建设；形成严密的法治监督体系，突出监督重点，加大监督力度，完善监督机制，提升监督能力，形成监督合力；形成有力的法治保障体系，加强政治保障、队伍保障、制度保障、物质保障等；形成完善的党内法规体系，抓好党内法规的制定，提高党内法规执行力。

（4）坚持依法治国、依法执政、依法行政共同推进，法治国家、法治政府、法治社会一体建设。全面依法治国是一个系统工程，必须统筹兼顾、把握重点、整体谋划。依法治国、依法执政、依法行政是一个有机联系的整体，三者具有内涵的统一性、目标的一致性、作用的相关性，必须彼此协调、共同推进、形成合力。依法治国是党领导人民治理国家的基本方略；依法执政是党治国理政的基本方式，是依法治国的政治前提；依法行政是依法治国的重要环节和关键。这三者紧密联系，不可分割，必须共同推进。法治国家、法治政府、法治社会三者相互联系、内在统一，是法治建设的三个方面，缺少任何一个方面，全面依法治国的总目标就无法实现。在全面依法治国进程中，必须将法治国家、法治政府、法治社会建设同步规划、同步实施、一体建设。同时，三者各有侧重、相辅相成。法治国家是根本任务和远大目标，法治政府是重点任务和主体工程，法治社会是构筑法治国家的基础任务和普遍要求。

4. 试论全面依法治国的重点任务。

（1）全面贯彻实施宪法是全面依法治国的首要任务，要坚持依宪治国、依宪执政。坚持依法治国，首先是依宪治国；坚持依法执政，首先是依宪执政。以宪法为根本活动准则，坚定做到“两个不动摇”，坚持宪法确定的中国共产党领导地位不动摇，坚持宪法确定的人民民主专政的国体和人民代表大会制度的政体不动摇，这是中国特色社会主义民主政治制度的根本原则。全面贯彻实施宪法，加强宪法实施和监督，重点加强合宪性审查工作和落实宪法解释程序机制，同时，要弘扬宪法精神，维护宪法权威。

（2）科学立法、严格执法、公正司法、全民守法是全面依法治国的关键环节，要坚持全面推进科学立法、严格执法、公正司法、全民守法，继续推进法治领域改革，解决好立法、执法、司法、守法等领域的突出矛盾和问题。科学立法是全面依法治国的前提。完善以宪法为核心的中国特色社会主义法律体系，加强重点领域、新兴领域、涉外领域立法，以良法促进发展、保障善治。严格执法是依法治国的关键。加快建设法治政府，实现“职能科学、权责法定、执法严明、公正公开、廉洁高效、守法诚信”的法治政府目标，推进政府依法全面履行职能，健全行政决策机制，深化行政执法体制改革，严格规范公正文明执法。公正司法是依法治国的防线，公平正义是政法工作的生命线。深化司法体制综合配套改革，解决影响司法公正和制约司法能力的深层次问题，全面落实司法责任制，推进以审判为中心的诉讼制度改革，深化执行体制改革，加强人权司法保障，加强司法制约监督，最终建立起公正高效权威的中国特色社会主义司法体制。全民守法是依法治国的基础，是法治社会的基础工程。落实“谁执法谁普法”普法责任制，形成覆盖城乡、便捷高效、均等普惠的现代公共法律服务体系，培育全社会办事依法、遇事找法、解决问题用法、化解矛盾靠法的法治环境，不断提升全体公民法治意识和法治素养。

（3）坚持统筹推进国内法治和涉外法治，加快涉外法治工作战略布局，善于运用法律武器维护国家利益。在对外斗争中要拿起法律武器，占领法治制高点，要积极参与国际规则制定，做全球治理变革进程的参与者、推动者、引领者。要加快涉外法治工作战略布局，协调推进国内治理和国际治理，更好维护国家主权、安全、发展利益。要强化法治思维，运用法治方式，有效应对挑战、防范风险，综合利用立法、执法、司法等手段开展斗争，坚决维护国家主权、尊严和核心利益。要推动全球治理变革，推动构建人类命运共同体。

5. 结合党的领导原则论述坚持党领导立法、保证执法、支持司法、带头守法。

（1）党的领导是中国特色社会主义最本质的特征，是社会主义法治最根本的保证。把党的领导贯彻到依法治国的全过程和各方面，是我国社会主义法治建设的一条基本经验。必须坚持党领导立法、保证执法、支持司法、带头守法，把依法治国基本方略同依法执政基本方式统一起来，把党总揽全局、协调各方同人大、政府、政协、审判机关、检察机关依法依章程履行职能、开展工作统一起来，把党领导人民制定和实施宪法法律同党坚持在宪法法律范围内活动统一起来。

（2）坚持党的领导，具体体现在党领导立法、保证执法、支持司法、带头守法上。必须坚持实现党领导立法、保证执法、支持司法、带头守法，健全党领导全面依法治国的制度和工作机制，通过法定程序使党的主张成为国家意志、形成法律，通过法律保障党的政策有效实施，确保全面依法治国正确方向。具体而言，党领导立法，就是善于使党的主张通过法定程序成为国家意志，完善党对立法工作中重大问题的决策程序，凡立法涉及重大体制和重大政策调整的，必须报党中央讨论决定。法律制定和修改的重大问题由全国人大常委会党组向党中央报告。党保证执法，就是各级政府必须坚持在党的领导下、在法治轨道上开展工作，创新执法体制，完善执法程序，建立权责统一、权威高效的依法行政体制。党支持司法，就是各级党政机关和领导干部要支持法院、检察院依法独立公正行使职权，任何党政机关和领导干部都不得让司法机关做违反法定职责、有碍司法公正的事情，任何司法机关都不得执行党政机关和领导干部违法干预司法活动的要求。党带头守法，就是把坚持各级领导干部带头学法、模范守法作为树立法治意识的关键，完善国家工作人员学法用法制度。

6. 从立法、执法、司法工作监督角度论述建设严密的法治监督体系。

建设法治中国，必须抓紧完善权力运行制约和监督机制，规范立法、执法、司法机关权力行使，构建党统一领导、全面覆盖、权威高效的法治监督体系。

（1）推进对法治工作的全面监督。加强党对法治监督工作的集中统一领导，把法治监督作为党和国家监督体系的重要内容，保证行政权、监察权、审判权、检察权得到依法正确行使，保证公民、法人和其他组织合法权益得到切实保障。加强国家机关监督、民主监督、群众监督和舆论监督，形成法治监督合力，发挥整体监督效能。推进执纪执法贯通、有效衔接司法。完善人民监督员制度。坚持以公开为常态、不公开为例外，全面推进立法公开、执法公开、司法公开，逐步扩大公开范围，提升公开服务水平，主动接受新闻媒体舆论监督和社会监督。党委政法委应当指导、推动政法单位建立健全与执法司法权运行机制相适应的制约监督体系，构建权责清晰的执法司法责任体系，健全政治督察、综治督导、执法监督、纪律作风督察巡查等制度机制。

(2) 加强立法监督工作。建立健全立法监督工作机制，完善监督程序。推进法律法规规章起草征求人大代表、政协委员意见工作。依法处理国家机关和社会团体、企业事业组织、公民对法规规章等书面提出的审查要求或者审查建议。加强备案审查制度和能力建设，实现有件必备、有备必审、有错必纠。完善备案审查程序，明确审查范围、标准和纠正措施。强化对地方各级政府和县级以上政府部门行政规范性文件、地方各级监察委员会监察规范性文件的备案审查。加强对司法解释的备案监督。将地方法院、检察院制定的规范性文件纳入本级人大常委会备案审查范围。加快建立全国统一的备案审查信息平台。建立健全党委、人大常委会、政府、军队等之间的备案审查衔接联动机制。建立健全备案审查工作年度报告制度。

(3) 加强对执法工作的监督。加强省市县乡四级全覆盖的行政执法协调监督工作体系建设，强化全方位、全流程监督，提高执法质量。加大对执法不作为、乱作为、选择性执法、逐利执法等有关责任人的追责力度，落实行政执法责任制和责任追究制度。完善行政执法投诉举报和处理机制。

(4) 加强对司法活动的监督。健全对法官、检察官办案的制约和监督制度，促进司法公正。全面推行法官、检察官办案责任制，统一规范法官、检察官办案权限。加强审判权、检察权运行监督管理，明确法院院长、庭长和检察院检察长、业务部门负责人监督管理权力和责任，健全审判人员、检察人员权责清单。完善对担任领导职务的法官、检察官办案情况的考核监督机制，配套建立内部公示、定期通报机制。健全落实司法机关内部人员过问案件记录追责、规范司法人员与律师和当事人等接触交往行为的制度。构建科学合理的司法责任认定和追究制度。完善司法人员惩戒制度，明确惩戒情形和程序。完善民事、行政检察监督和检察公益诉讼案件办理机制。健全对最高人民法院巡回法庭、知识产权法院、金融法院、互联网法院等的法律监督机制。拓展公益诉讼案件范围，完善公益诉讼法律制度，探索建立民事公益诉讼惩罚性赔偿制度。完善检察建议制度。完善刑事立案监督和侦查监督工作机制。

(5) 加强人权司法保障。建立重大案件侦查终结前对讯问合法性进行核查的制度。健全讯问犯罪嫌疑人、听取辩护人意见工作机制。建立对监狱、看守所的巡回检察制度。完善看守所管理制度。完善有效防范和及时发现、纠正冤假错案工作机制。健全辩护人、诉讼代理人行使诉讼权利保障机制。

第十三章　法与社会

大纲应试策略

本章包括法与社会的一般关系、法与经济、法与政治、法与政策、法与文化等内容。在背诵要点中，法与社会的相互关系、当代中国社会主义法在和谐社会中的作用、当代中国社会主义法在社会治理中的作用、依法治理网络空间的主要内容、通过法律实现“共建共治共享”的社会治理新理念、法与经济基础的一般关系、社会主义法与社会主义市场经济的关系、法与科技的关系、法与国家的关系、法与政治的关系、社会主义法与共产党政策的关系、法律意识、法与文化、法与道德等内容都比较重要。本章属于重点章节，重点内容很多，出题方式包括各类题型，但以分析题和论述题为主。本章出题特色是主观题比重大，尤其是论述题的比重大，所涉及的论述题都需要联系我国法治建设的实际进行深化掌握，一些内容具有较强的时政性。本章主观题很多，除考查过的主观题外，本章较为重要的简答题有：法与社会的相互作用；法与经济基础的关系；法对科技的作用；法与政治的一般关系；社会主义法与中国共产党政策的相互关系；法律文化的内容和特点。本章较为重要的论述题有：当代中国社会主义法在社会治理中的作用；依法实施创新驱动战略；依法治理网络空间的含义及内容；通过法律实现“共建共治共享”的社会治理新理念；法律对我国新时期社会发展理念的体现、保障和促进作用；科技对法的影响；全民守法对弘扬社会主义法治精神、建设社会主义法治文化的意义；法是传播道德、保障道德实施的有效手段；社会主义法与社会主义道德的关系。

大纲背诵要点

第一节　法与社会的一般关系

一、法与社会的相互作用

（一）社会是法律的基础

1. 法是社会的产物

（1）法是社会的产物，社会性质决定法律性质，社会物质生活条件最终决定着法的本质。

（2）法律也像上层建筑的其他组成部分一样，不仅消极地反映社会，而且还对社会具有强大的反作用。它要么表现为对社会发展的促进作用，要么表现为对社会发展的阻碍作用。

2. 社会是法的基础

（1）社会是法赖以产生或形成的基础。

（2）制定、认可法律的国家以社会为基础，国家权力以社会力量为基础；国家法以社会法为基础，“纸上的法”以“活法”为基础。

（二）法律是社会关系的调整器

1. 法律对社会调整的内容

（1）法对社会的调整，首先是通过调和社会各种冲突的利益，进而保证社会秩序得以确立和维护。法律已成为对社会进行调整的首要工具。

（2）法对社会的调整，还表现为通过法律对社会机体的疾病进行疗治。就是运用法律解决经济、政治、文化、科技、道德、宗教等方面的各种社会问题，由此实现法的价值，发挥法的功能。

2. 法律调整的局限性

法律不是万能的，有其局限性。

二、法与社会和谐

（一）和谐社会的内涵

1. 和谐社会的内涵

（1）社会主义和谐社会就是民主法治、公平正义、诚信友爱、充满活力、安定有序、人与自然和谐相处的社会。

①民主法治，就是社会主义民主得到充分发扬，依法治国基本方略得到切实落实，各方面积极因素得到广泛调动。

②公平正义，就是社会各方面的利益关系得到妥善协调，人民内部矛盾和其他社会矛盾得到正确处理，社会公平和正义得到切实维护和实现。

③诚信友爱，就是全社会互帮互助、诚实守信，全体人民平等友爱、融洽相处。

④充满活力，就是能够使一切有利于社会进步的创造愿望得到尊重，创造活动得到支持，创造才能得到发挥，创造成果得到肯定。

⑤安定有序，就是社会组织机制健全，社会管理完善，社会秩序良好，人民群众安居乐业，社会保持安定团结。

⑥人与自然和谐相处，就是生产发展，生活富裕，生态良好。

（2）和谐社会不可能自发地实现，有关和谐社会的价值理想需要一系列方针和措施来体现，其具体要求也必须通过有效手段来实施和保障。在我国当代和谐社会的六个基本特征中，公平正义、诚信友爱、充满活力、安定有序和人与自然和谐相处是和谐社会的基本价值目标，而民主法治除了作为建构和谐社会的内容和价值取向之外，还具有特殊的意义。如果说社会主义民主是建设社会主义和谐社会的政治基础和前提，那么社会主义法治就是建设社会主义和谐社会的制度手段和关键因素。

2. 当代中国法律在构建和谐社会中的地位

无论是从逻辑还是事实上看，和谐社会的构建都必须借助于法律制度的推动和保障，和谐社会离不开法，法也离不开和谐社会的建设。

（1）和谐社会的原则精神与基本目标和要求必须上升为国家意志，转化为法律，通过法律来体现，以获得全体社会成员的共识，并因此而取得权威性、确定性、规范性、稳定性和可操作性。

（2）鉴于现实利益关系的复杂性和客观性，必须以法律手段保证构建和谐社会的一系列方针和措施的实施。只有以法律所具有的国家强制力为后盾，才能有效防止破坏和排除干扰。

（二）当代中国社会主义法在构建社会主义和谐社会中的作用

1. 民主法治：法对于社会主义民主的实现具有重要作用

（1）社会主义民主是社会主义法治的前提和基础。

（2）社会主义法治是社会主义民主的体现和保障。

2. 公平正义：法通过确认并保障正义标准的实现，协调主体之间的利益关系

（1）在民主基础上达成关于公平正义的共识，将其制定为法律，确定利益主体和利益范围，指导利益分配，协调利益关系。

（2）当产生利益纠纷时，以法律判明是非；当利益受到侵害时，通过法律救济，使不同利益主体共存，公平合理地分享经济发展和社会进步的成果。

（3）通过法律切实保障弱势群体的利益，是实现公平正义的重要任务之一。

3. 诚信友爱：法可以为诚信友爱的实现提供良好的制度环境

首先，价值观只有通过行为表现出来，才能形成现实的合作与互动关系，法在指导和规范主

体之间的互动行为关系方面有不可替代的作用。

其次，法通过确立和维护普遍的社会正义标准，抑制和制裁违法行为，可以促进良好社会风气的形成，为全社会范围内诚信友爱精神的巩固和发展提供有利的制度环境。

4. 充满活力：法为激发主体的活力创造制度条件

（1）法律将社会公认的主体行为自由确定为法律上的“权利”，排除来自各个方面包括国家权力对主体自由的非法限制和干预，从而有效保障主体自由的实现。

（2）法通过制度安排直接鼓励公民从事有益于社会的创造性活动，进一步激发主体的创新欲望。

5. 安定有序：法为维护社会的安定和秩序提供有力保障

（1）法可以确认和规范各种社会组织和国家机关的构成，界定其内部关系和不同组织之间的相互关系。

（2）法可以指导社会组织的活动，规范国家权力的运行。

（3）法可以大大提高社会管理的水平，使之制度化、规范化，做到有据、有序、有效、有力。

（4）法还可以缓和矛盾与冲突，将纠纷的解决控制在“秩序”的范围以内。

6. 人与自然和谐相处：法协调人与自然的关系，为经济发展与自然环境的和谐提供制度支持

以法律形式规范和调节人与自然的关系，确定可持续发展的基本原则和规范，抑制生产和消费活动中的任意性，制裁破坏资源和环境的违法行为，是实现可持续发展、维护良好生态环境的必要手段。

（三）通过法律体现和保障社会和谐发展的新理念：创新、协调、绿色、开放、共享

法律助推五大社会发展理念，体现和保障创新、协调、绿色、开放、共享的社会发展。

（1）创新：依法实施创新驱动发展战略。将创新摆在第一位，是因为创新是引领发展的第一动力。

（2）协调：依法增强社会发展的整体协调性。

（3）绿色：依法推进人与自然和谐共生的绿色发展观。

（4）开放：依法形成对外开放的发展新体制。

（5）共享：依法践行以人民为中心的共享发展思想。

三、法与社会治理

（一）社会治理的内涵

社会治理是指政府、社会组织、企事业单位、社区以及个人等多种主体通过平等的合作、对话、协商、沟通等方式，依法对社会事务、社会组织和社会生活进行引导和规范，最终实现社会公共利益最大化的过程。

在当代中国，“社会治理”被认为是对“社会管理”的超越和升华。它是指在党的领导下，由政府主导，吸纳社会组织等多方面治理主体参与对社会公共事务依法治理的活动；是以实现和维护人民利益为核心，发挥多元治理主体的作用，针对国家治理中的社会问题，完善社会福利、保障改善民生，运用法治思维与法治方式化解社会矛盾，促进社会公平，推动社会有序发展的过程。

（二）当代中国社会主义法在社会治理中的作用

（1）从经济和社会发展的角度看，社会主义法是解决社会复杂矛盾、维护社会稳定的利器。

（2）从政治运行角度看，社会主义法是政治权力认可并制定的行为规则。

（3）从社会治理和法治本质看，执法为民是社会主义法治的本质要求。

（4）从价值追求看，社会主义法坚定不移地追求社会公平正义。

（5）从公众参与看，社会主义法广泛引导社会参与。

（6）从法治德治角度看，社会主义法与道德相互支撑。

总之，依法治国作为治国理政的基本方式，在推进国家治理体系和治理能力现代化中具有基础性地位和作用。在社会治理过程中，通过推进国家与社会治理法治化，保障宪法和法律认真贯彻落实，使法治现代化成为全面实现建设富强民主文明和谐美丽的社会主义现代化强国的根本保障。

（三）依法治理网络空间

1. 依法治理网络空间的含义

依法治理网络空间，是指社会治理依法向网络空间覆盖，建立健全网络综合治理体系，加强依法管网、依法办网、依法上网，全面推进网络空间法治化。

2. 依法治理网络空间的内容

（1）完善网络法律制度。通过立改废释并举等方式，推动现有法律法规延伸适用到网络空间。

①完善网络信息服务方面的法律法规，修订互联网信息服务管理办法，研究制定互联网信息服务严重失信主体信用信息管理办法。

②完善网络安全法配套规定和标准体系，建立健全关键信息基础设施安全保护、数据安全管理和网络安全审查等网络安全管理制度。

③研究制定个人信息保护法。健全互联网技术、商业模式、大数据等创新成果的知识产权保护方面的法律法规。

④修订预防未成年人犯罪法，制定未成年人网络保护条例。

（2）培育良好的网络法治意识。

①坚持依法治网和以德润网相结合，弘扬时代主旋律和社会正能量。加强和创新互联网内容建设，实施社会主义核心价值观、中华文化新媒体传播等工程。

②提升网络媒介素养，推动互联网信息服务领域严重失信“黑名单”制度和惩戒机制，推动网络诚信制度化建设。

③建立健全互联网违法和不良信息举报一体化受理处置体系。

④加强全社会网络法治和网络素养教育，制定网络素养教育指南。

⑤加强青少年网络安全教育，引导青少年理性上网。

⑥深入实施中国好网民工程和网络公益工程，引导网民文明上网、理性表达。

（3）保障公民依法安全用网。

①牢固树立正确的网络安全观，依法防范网络安全风险。

②落实网络安全责任制，明确管理部门和网信企业的网络安全责任。

③建立完善统一高效的网络安全风险报告机制、研判处置机制，健全网络安全检查制度。

④加强对网络空间通信秘密、商业秘密、个人隐私以及名誉权、财产权等合法权益的保护。

⑤健全网络与信息突发安全事件应急机制，完善网络安全和信息化执法联动机制。

⑥加强网络违法犯罪监控和查处能力建设，依法查处网络金融犯罪、网络诽谤、网络诈骗、网络色情、攻击窃密等违法犯罪行为。

⑦建立健全信息共享机制，积极参与国际打击互联网违法犯罪活动。

（四）通过法律实现“共建共治共享”的社会治理新理念（推进社会治理法治化）

1. 通过法律实现“共建共治共享”的社会治理新理念的含义

通过法律实现“共建共治共享”的社会治理新理念，核心是推进社会治理法治化，全面提升社会治理法治化水平，依法维护社会秩序、解决社会问题、协调利益关系、推动社会事业发展，培育全社会办事依法、遇事找法、解决问题用法、化解矛盾靠法的法治环境，促进社会充满活力又和谐有序。

2. 通过法律实现“共建共治共享”的社会治理新理念的内容

（1）完善社会治理体制机制。

①完善党委领导、政府负责、民主协商、社会协同、公众参与、法治保障、科技支撑的社会治理体系，打造共建共治共享的社会治理格局。

②健全地方党委在本地区发挥总揽全局、协调各方领导作用的机制，完善政府社会治理考核问责机制。

③引领和推动社会力量参与社会治理，建设人人有责、人人尽责、人人享有的社会治理共同体，确保社会治理过程人民参与、成效人民评判、成果人民共享。

④加强社会治理制度建设，推进社会治理制度化、规范化、程序化。

（2）推进多层次多领域依法治理。

①推进市域治理创新，依法加快市级层面实名登记、社会信用管理、产权保护等配套制度建设，开展市域社会治理现代化试点，使法治成为市域经济社会发展的核心竞争力。

②深化城乡社区依法治理，在党组织领导下实现政府治理和社会调节、居民自治良性互动。区县职能部门、乡镇政府（街道办事处）按照减负赋能原则，制定和落实在社区治理方面的权责清单。

③加强基层群众性自治组织规范化建设，修改城市居民委员会组织法和村民委员会组织法。

④全面推进基层单位依法治理，企业、学校等基层单位普遍完善业务和管理活动各项规章制度，建立运用法治方式解决问题的平台和机制。

⑤广泛开展行业依法治理，推进业务标准程序完善、合法合规审查到位、防范化解风险及时和法律监督有效的法治化治理方式。

⑥依法妥善处置涉及民族、宗教等因素的社会问题，促进民族关系、宗教关系和谐。

（3）发挥人民团体和社会组织在法治社会建设中的作用。

①人民团体要在党的领导下，教育和组织团体成员和所联系群众依照宪法和法律的规定，通过各种途径和形式参与管理国家事务，管理经济文化事业，管理社会事务。

②促进社会组织健康有序发展，推进社会组织明确权责、依法自治、发挥作用。加大培育社会组织力度，重点培育、优先发展行业协会商会类、科技类、公益慈善类、城乡社区服务类社会组织。推动和支持志愿服务组织发展，开展志愿服务标准化建设。完善政府购买公共服务机制，促进社会组织在提供公共服务中发挥更大作用，等等。

（4）增强社会安全感。

①加快对社会安全体系的整体设计和战略规划，贯彻落实加快推进社会治理现代化开创平安中国建设新局面的意见。

②完善平安中国建设协调机制、责任分担机制，健全平安建设指标体系和考核标准。

（5）依法有效化解社会矛盾纠纷。

①坚持和发展新时代“枫桥经验”，畅通和规范群众诉求表达、利益协调、权益保障通道，加强矛盾排查和风险研判，完善社会矛盾纠纷多元预防调处化解综合机制，努力将矛盾纠纷化解在基层。

②全面落实诉讼与信访分离制度，深入推进依法分类处理信访诉求。

③充分发挥人民调解的第一道防线作用，完善人民调解、行政调解、司法调解联动工作体系。充分发挥律师在调解中的作用，建立健全律师调解经费保障机制。

第二节　法与经济

一、法与经济基础

（一）法与经济基础的一般关系

法律是上层建筑的组成部分，它与经济基础的关系是形式与内容的关系。

（1）法律只能在经济基础所蕴含的可能性范围内选择，而不能任意地选择；法律的性质、内容和发展趋势等，都主要是由其赖以建立的经济基础的状况和要求所决定的。

（2）法律虽然根源于经济基础，但作为一种超经济的力量，对经济基础既具有依赖性，又具有一定的反作用和相对独立性。

（二）法律与经济基础的相互作用

1. 经济基础决定法：经济基础对法律的决定作用

（1）经济基础决定法律的性质。

（2）经济基础决定法律的基本内容。

（3）经济基础的发展变化决定法律的发展变化。

2. 法律对经济基础的反作用

（1）法律对经济基础具有选择和确认作用。

（2）法律对经济基础具有加速或延缓其发展的作用。

（3）法律对经济基础具有保障和促进作用。

（4）法律对生产关系的某些方面具有否定、阻碍或限制作用。

二、法与市场经济

（一）法与商品经济、市场经济关系的历史发展

（1）法是伴随着商品经济的出现而产生的，法是商品交换的产物。在法与商品经济的关系方面，商品经济处于主导地位。

（2）法的产生和发展与商品经济的发展密不可分。法的发展程度，法对商品经济的作用程度，直接受商品经济发展程度及其对法的需求程度所制约。商品经济越发展，法就越兴旺，法的权威性就越高，法的部门就越多，法的体系就越发达，法对商品经济和市场经济的作用就越大，反之亦然。

（二）法与社会主义市场经济的关系

社会主义市场经济实质上是法治经济。

1. 法律对社会主义市场经济在微观方面的作用

（1）社会主义市场经济是主体独立的经济，市场主体的行为需要法律来规范，市场主体的地位需要法律来确认和保障。

（2）市场经济关系是契约关系，现代市场经济运行过程中的各种活动，几乎都是通过契约来实现的，契约关系是一种法的关系，具有法律约束力，也需要法律来确认和保障。

（3）市场经济是自由竞争、平等竞争的经济，法律就是竞争的规则。

（4）市场经济的运行需要有正常的秩序，需要有正常的市场进入、市场交易秩序，这些都离不开法律的作用。

（5）市场经济还是开放性经济，要求主权国家不仅要完善国内法律体系，而且要善于运用国际法律、规则和惯例等。

2. 法律在社会主义市场经济宏观调控方面的作用

法律在社会主义市场经济宏观调控方面的作用主要表现在对市场经济运行的引导、促进、保障和必要的制约方面。

三、法与科技

（一）科技对法的影响

（1）科学技术影响法的内容，成为法律规定的重要依据。科学技术进步所形成的新的科学知识，不断被运用到法律领域，成为法律规定的重要的科学依据。

（2）科学技术的发展扩展了法律调整的领域。在科学技术的研究发明和推广应用的实践活动中出现的大量的新的社会关系需要法律规范的调整。

（3）科学技术的发展引起了有关的传统法律概念和原则的变化。

①随着科技的发展，科学技术知识内容的立法所占的比重不断增加，而这类专业性、技术性比较强的立法任务要求立法者具备一定的专门性的科学文化知识，需要将这类立法工作委托给专门的机关或人员，这导致“委任立法”范围的不断扩大。

②随着通信、交通技术的进步，以及信息交换的加快，法律时效和时限观念不断加强。

（4）科学技术的发展完善了法律调整机制，为立法和执法提供了新的技术和手段，对法的制定和实施产生了重大影响。

（5）科学技术的发展影响了法学教育、法制宣传和法学研究的方式和内容，促进其方式和内容的更新和发展，推动人类法律意识的变化。

（二）法对科技的作用

（1）法保证科学技术的顺利发展有良好的社会环境。法律通过确认和保障科技活动主体科学研究、发明创造的自由，通过打击敌人、惩治罪犯、保护人民的作用，从而创造良好的、宽松的政治、经济、社会环境。

（2）法为组织科学技术活动提供必要的准则。

①法确认和保证科学技术发展在国家社会生活中的优先地位，确定国家科技发展战略，确立科技管理体制和科技运行机制。

②法在推动国际科学技术合作，促进科学技术成果的全球共享和高效能运用方面也有重要作用。

（3）法是鼓励科学技术发展的有效手段。法通过规定对公民的创造性劳动的保护和鼓励措施，如授予职称、荣誉称号和物质奖励等，激发人们为科技发展作出贡献的热情。

（4）科学技术本身具有两面性，法律要防范其负面作用。

第三节　法与政治

一、法与国家的关系

（一）国家是法律存在的政治基础

国家权力是法的支持和保障，这主要表现在：

(1) 国家是法的产生和发展直接的推动力之一。

①从历史发展的观点看，国家政权的建立是一个国家的法得以产生的政治前提。

②政权的稳固是法的发展的基本条件之一。

③政权职能和历史任务的发展也推动了法的内容和作用的变化。

(2) 国家权力是创制法的直接力量。国家权力是创制法的直接主体，借助于国家权力，立法能够最大限度地表达社会关系所决定的利益和意志。

(3) 国家权力以其强制力参与和保障法的实现。在现代社会，法的实施和实现除了依靠传统、习惯、舆论、利益引导等积极因素外，也必须依靠国家权力的支持。

(二) 法律对国家权力起到支持和制约作用

法律不是完全依附于国家，而是具有相对于国家权力的独立性的。法本身的相对独立性和法的调整能力使得法有可能，也必须把国家权力纳入法律调整，但这并不是说法律可以脱离国家权力而存在。

具体而言，法律对国家权力的支持和制约作用表现在：

(1) 法律确认国家权力的合法性。国家权力需要借助合法性信念来巩固自身，而法律是确立现代国家权力合法性的最重要的方式之一。

(2) 通过法来组织和完善国家权力机构体系。这就是说，以法律来规定国家机构的权限和职责范围，保障各个机构各司其职、各安其位。

(3) 通过法律制约和监督国家权力的运行。

①法律作为一种有效的约束手段，可以把国家权力分散到不同部门、不同层次的机关，使得权力之间可以相互制约。

②法律可把国家权力的各部分整合为统一的等级体系，使得权力之间通过相互配合而发挥更大的作用。

(4) 法有助于提高国家权力运行的效率。

①法为国家权力的行使规定了方向、原则和界限等，以此促进国家权力行使的合理化。这种合理化就意味着其运行效率的提高。

②法还可以通过传播一定的价值观来发挥其思想教育作用，为提高国家权力的运行效率、完成其功能提供良好的社会氛围。

二、法与政治的关系

(一) 法与政治的一般关系

法与政治都属于上层建筑，都受一定的经济关系制约并反作用于一定的经济关系。但二者仍有不同：

(1) 政治通过把利益关系集中、上升为政治关系来反映经济关系；法以规则、程序和技术形式使经济关系制度化。

(2) 政治突出体现社会生活的组织性；法突出体现社会生活的规则性和秩序性。

(3) 政治的控制和调整功能通过政治行为和过程实现；法通过对主体权利义务的确认和保障实现对社会的控制和调整。

(二) 法与政治的相互作用

1. 政治对法的影响和制约作用

(1) 政治在上层建筑中居于主导地位，法的产生和实现往往与一定的政治活动相关，反映和服务于一定的政治。

(2) 政治活动和政治关系的发展变化必然在一定程度或意义上影响法律的内容或价值追求的发展变化。

2. 法对政治的确认和调整作用

法作为上层建筑相对独立的部分，对政治并非无所作为。法在多大程度上离不开政治，政治也便在多大程度上离不开法，法对政治具有确认、调整和影响作用。

(1) 法与政治体制。在集权型权力结构中，法的被需要还只是作为人治这种权力运行方式的点缀或辅助；而在分权型权力结构中，权力的配置和行使都须以法为依据。

(2) 法与政治功能。法不仅贯穿经济关系反映和凝聚为政治关系的过程，且将利益和各种社会资源的权威性分配以规范、程序和技术形式固定下来，使之具有形式上共同认同的性质，并因此具有形式上的正统性。

(3) 法与政治角色的行为。法对于国家机构、政治组织、利益集团等政治角色行为和活动的程序性和规范性控制，以及政党法治化趋势，都表明了法对重要政治角色行为控制、调整的必然性和必要性。

(4) 法与政治运行和发展。政治运行的规范化，政治发展中政治生活的民主化（如政治过程的透明、公民政治参与的途径等）和政治体系的完善化，离不开法的运作。

三、法与政策的关系

(一) 法与政策的一般关系

1. 政策的概念

政策通常是指一定政党或其他政治组织为达到一定时期的政治目标，处理国家事务、社会公共事务而提出并贯彻的路线、方针、规范和措施的总称。执政党的政策最具影响力，与国家政权的联系最为密切。

2. 法与政策的关系

(1) 政策对法具有指导作用。

(2) 法对政策实施具有保障作用。

3. 执政党政策与法的一致性

(1) 法与执政党政策都产生并服务于社会的经济基础。

(2) 法与执政党政策都体现着一定阶级的意志和要求。

(3) 法与执政党政策的基本指导思想和价值取向是一致的。

(4) 法与执政党政策所追求的社会目的从根本上是一致的。

4. 执政党政策与法的区别

(1) 意志属性不同。

(2) 表现形式不同。

(3) 实施的途径和保障方式不同。

(4) 稳定性程度和程序化程度不同。

(二) 中国社会主义法与中国共产党政策的关系

中国共产党的政策与社会主义法在本质上的一致性以及在外部形式和调整方式上的不同特点决定了二者的相互关系。首先，党的政策是社会主义法的核心内容；其次，社会主义法是贯彻党的政策，完善和加强党的领导的不可或缺的基本手段；最后，党的政策充分发挥作用，能够保障、促进社会主义法的实现。正确认识社会主义法与党的政策的关系，既不能把二者割裂、对立起来，也不能把二者简单等同。

具体而言，中国社会主义法体现为以宪法为核心的中国特色社会主义法律体系，是在中国共产党领导之下制定和不断完善的，是通过将党的政策上升为法律的方式形成和发展起来的庞大体系。当前，坚持依宪治国、依宪执政，是全面推进依法治国的工作重点。宪法作为国家的根本大法，是治国安邦的总章程，是党和人民意志的集中体现，具有最高的法律地位、法律权威、法律效力。坚持依法治国首先要坚持依宪治国，坚持依法执政首先要坚持依宪执政。党领导人民制定宪法法律，也领导人民实施宪法法律，党自身必须在宪法法律范围内活动。宪法和法律的实施，也是保障党的基本路线方针政策得以贯彻落实的重要途径。要坚持宪法确定的中国共产党领导地位不动摇，坚持宪法确定的人民民主专政的国体和人民代表大会制度的政体不动摇，加强宪法实施和监督，推进合宪性审查工作，维护宪法权威。理解了这些根本的法治精神，就能很好地理解两者的基本关系。

第四节　法与文化

一、法律意识与法律文化

（一）法律意识的概念

1. 法律意识的含义和内容

（1）法律意识的含义。法律意识是社会意识的一种特殊形式，泛指人们对法律，特别是对本国现行法律的思想、观点、心理或态度等的总称。

（2）法律意识的内容。

①人们对法律的产生、本质和作用的看法。

②人们对现行法律的理解、解释、态度和情绪。

③人们对自己和他人权利、义务的认识。

④对人们行为的合法性的评价。

⑤人们对法的精神、价值的理解。

⑥人们关于法律的知识和修养。

（3）法律意识产生的现实基础。法律意识属于上层建筑的范畴，不依赖于个人意志的社会物质生活条件是法律意识得以产生、存在和发展的现实基础。

2. 法律意识与其他社会意识的区别

（1）法律意识的对象是法律现象。

（2）法律意识具有强制性和指令性。

3. 法律意识的本质

在法律文化观念中，法律意识居于核心地位。法律意识是社会主体在法律实践活动中所形成的主观体验和认识在意识中的反映，是对法律现象本身的价值作出的主观价值判断。

（二）法律意识的分类

1. 个人法律意识、群体法律意识、社会法律意识

依据法律意识主体的不同，可以将法律意识分为个人法律意识、群体法律意识和社会法律意识。

（1）个人法律意识，是具体的个人对法律现象的思想、看法、意见和情趣，它是个人独特的社会地位和社会经历的反映。

（2）群体法律意识，是指家庭、集体、团体、阶级、阶层、民族、政党等不同的社会集合体对法律现象的意识。这种法律意识最为复杂。

（3）社会法律意识，是指社会作为一个整体对法律现象的意识，是一个社会中个人法律意识、各种群体法律意识相互交融的产物，因此这种法律意识往往是对一个国家法制状况的总的反映。

2. 职业法律意识和非职业法律意识

依据法律意识的专门化、职业化的不同程度，可以将法律意识分为职业法律意识与非职业法律意识。

（1）职业法律意识，是指法官、检察官、律师、法学研究与教学人员等专门法律工作者的法律意识。

（2）非职业法律意识，是广大人民群众对法律现象的最一般的理解。

3. 法律心理和法律思想体系

从认知阶段来看，法律意识可以分为低级阶段的法律心理和高级阶段的法律思想体系。

（1）法律心理，是人们在日常生活中形成的关于法律的零星的感觉、情绪、习性等。

（2）法律思想体系，是对法律思想观点的理论概括，是思想化、理论化、系统化的法律意识，是法律意识的高级阶段。

4. 占统治地位的法律意识与不占统治地位的法律意识

从法律意识的社会政治属性角度，可以将法律意识分为占统治地位的法律意识与不占统治地位的法律意识。

占统治地位的法律意识与不占统治地位的法律意识对于社会经济制度和法律制度有着不同的作用，一般来说，前者的作用是正面的、积极的，后者的作用是负面的、消极的和破坏性的。

占统治地位的法律意识有如下两种作用形式：

（1）间接作用形式，即法律意识首先渗透到法律制度与法律调整之中，再由法律制度对社会进行法律调整，最终达到通过法律制度和法律调整来间接影响社会的效果。

（2）直接作用形式，即法律意识不是通过法律制度与法律调整来间接影响社会，而是直接发挥意识形态所固有的作用，向全社会传播和灌输统治阶级的世界观、价值观与法律观，推广和普及法律意识与法制教育，为实施和贯彻统治阶级的阶级意志创造一个良好的外部环境，从而达到维护现行政治制度的目的。

（三）法律意识的作用

1. 统治阶级的法律意识往往直接起到法的作用

一个国家占统治地位的法律意识不仅仅属于独立于法律制度而存在的思想上层建筑领域，而且渗透到法律制度、法律调整过程中，成为法律制度的有机组成部分。在一定的条件下，特别是在一个国家法律制度不完备、缺乏明确法律规定时，统治阶级的法律意识往往直接起到法的作用。但是法律意识本身并不等于法，在一定条件下法律意识可以起到法的作用，但这并不是法律意识本身固有的属性，而是国家在特定条件下赋予某些法律意识的属性。

2. 法律意识体现了社会主体对于一定法律现象的价值评价

法律意识是法律文化的基本构成要素，那些不依赖于个人意志的社会物质生活条件是法律意识得以产生、存在和发展的现实基础。一定的法律意识体现了社会主体对于一定法律现象的价值评价。法律意识是社会主体在法律实践活动中所形成的主观体验和认识在意识中的反映，是对法律现象本身的价值所作出的主观判断。

3. 法律意识制约和影响着法律实践活动

（1）占统治地位的法律意识对法律调整机制的影响。占统治地位的法律意识既渗透到法的制定和实施中，成为法律调整全过程时刻不可脱离的因素，又可独立于法律调整，发挥社会意识形态所固有的思想教育作用，灌输统治阶级的法律意识形态、价值观，普及法律知识、文化，为实现法律调整、实行法治创造良好的思想、心理条件。

（2）法律意识对立法的影响。在法律的创制过程中，立法者的法律意识直接影响着法律创制活动的效果。如果立法者能够正确认识和反映一定社会关系的客观要求，有效地进行创制法律的活动，那么这样的法律就会促进经济的发展和社会的进步。

（3）法律意识对法律适用的影响。在法律适用的过程中，司法人员法律意识的水准对于适用法律的活动以及案件的审判影响很大。它直接关系司法人员能否准确理解法律规范的精神实质，能否合法、公正地审理案件，能否有效地维护国家利益和公民权利。

（4）法律意识是社会变革的推动力量。法律实践是一个生动现实的过程，在一个急剧变化的社会里，随着从传统社会向现代社会的转型，法律必然要发生变化。在这种情况下，新的法律意识往往成为社会变革的推动力量。

4. 法律意识对于坚持和实行依法治国，建设社会主义法治国家的意义

大力培养公民的社会主义法律意识，对于坚持和实行依法治国，建设社会主义法治国家，具有十分重要的意义。社会主义法律意识的培养包括宣传和灌输马克思主义法律观、价值观及普法教育两方面内容，二者相辅相成，缺一不可。

（1）宣传和灌输马克思主义法律观、价值观。这是培养社会主义法律意识在质的方面的要求。宣传和灌输马克思主义法律观、价值观，要求我们自觉抵制封建主义、资本主义法律意识以及其他错误思想的不良影响，以马克思主义为指导，树立正确的法律观与价值观。

（2）普法教育。这是培养社会主义法律意识在量的方面的要求。普法教育，要求开展法治宣传，普及法律常识，重视法制教育，加强法学研究，要求广大干部群众掌握一定程度的法律知识，养成学法、知法、守法、用法的习惯，增强主人翁责任感，强化民主意识，坚决同一切违法犯罪现象作斗争。培养社会主义法律意识，重在公民意识，要培养广大公民的主人翁观念、权利义务观念、自由纪律观念、平等观念。

（四）法律文化的概念

1. 法律文化的含义

法律文化是一种特殊的文化现象。法律文化一般是指在一定社会物质生活条件的作用下，国家创制的法律规范、法律制度或人们关于法律现象的态度、价值、信念等的复合有机体。

2. 法律文化的组成

（1）物质性的法律文化，诸如法律制度、法律规范等，即制度形态的法律文化。

（2）精神性的法律文化，诸如法律学说、法律心理、法律习惯等，即观念形态的法律文化。

3. 法律文化与法律现实的关系

法律文化与现行法、法律实践、法律意识等法律现实有着密切的联系。法律文化的载体是法律现实，法律文化蕴含其中。但是，法律文化并不等于现行法、法律实践以及法律意识，也并非简单地等同于这些法律现象的总和。法律文化是这些法律现象中所包含的知识、智慧和经验，是其中一切有价值的、流传久远的行为方式或思想方式，是一种文化传统。法律文化不包括现行法、法律实践、法律意识中一切因偶然因素、个别事件而变化的成分。它是一个国家、地区和民族从事法律活动的过程中长期起作用的“定式”，是一种习惯。

4. 法律文化的内容和特点

（1）法律文化是人们从事法律活动的行为模式和思维模式。

（2）法律文化具有多样性。

（3）法律文化具有阶级性、相对独立性和民族性。

（五）当代中国的法律文化

当代中国的法律文化受到多种法律文化的影响，包括中国传统的法律文化、西方资本主义的法律文化、苏联的法律文化和中国社会主义建设过程中所形成的法律文化，这些法律文化在不同的历史时期、不同的条件下对不同的社会阶层发挥着不同的影响。总的来讲，中国社会主义建设过程中所形成的法律文化影响最大，而中国传统法律文化则在其中发挥着潜在的作用。

（六）弘扬社会主义法治精神，建设社会主义法治文化

1. 弘扬社会主义法治精神，建设社会主义法治文化，“全民守法”是基础

（1）全面推进依法治国，科学立法是前提、严格执法是保障、公正司法是生命线，法治建设的成效如何则要看全民守法的情况如何。

（2）法律的权威源自人民的内心拥护和真诚信仰，同时必须弘扬社会主义法治精神，建设社会主义法治文化，增强全社会厉行法治的积极性和主动性，形成守法光荣、违法可耻的社会氛围，使全体人民都成为社会主义法治的忠实崇尚者、自觉遵守者、坚定捍卫者。

（3）只有法律成为人们自觉遵守的规则，内化于心、外化于行，法的意义、法的精神才能真正展现出来，法治的思想才能最终落地。因此，在全面推进依法治国的过程中，全民守法对于弘扬社会主义法治精神和建设社会主义法治文化具有特殊重要的意义。

（4）要达到“全民守法”的目标，必须以法治政府的建立促进法治社会的发育，以司法的严谨、执法的严格来培育公民守法的自觉性。

①要加快建设职能科学、权责法定、执法严明、公开公正、廉洁高效、守法诚信的法治政府。

②要充分发挥司法公正对于社会公正的引领作用，并在此基础上，推进覆盖城乡居民的公共法律服务体系建设，健全依法维权和化解纠纷机制、利益表达机制、协商沟通机制、救济救助机制，畅通群众利益协调、权益保障法律渠道。

2. 弘扬社会主义法治精神，建设社会主义法治文化，推动法治宣传与教育

推动社会主义法治文化和法治精神建设，离不开类型多样的法治宣传与教育。开展法治宣传与教育，已经成为推进依法治国、建设社会主义法治国家的一项重要基础性工作。同时，将法治教育纳入正式的国民教育系列也是必不可少的重要举措。

二、法与道德

（一）道德的含义

道德是人们在社会生活中形成的关于善与恶、好与坏、美与丑、正义与非正义、公正与偏私、诚实与虚伪等伦理观念、思想、原则、标准的总和。

（二）法与道德的区别

（1）产生方式不同。

（2）表现形式不同。

（3）实现方式不同。

（4）调整范围不完全相同。

（5）评价的尺度不同。

（6）权利义务的特点不同。

（三）法与道德的联系

1. 道德是法律的基础和评价标准

（1）道德是法律的理论基础。

（2）道德是法律的价值基础，是判断、评价法律的价值尺度。

（3）道德是法律运作的社会基础。

（4）道德是法律的补充，它具有弥补法律漏洞的作用。

2. 法律是传播道德、保障道德实施的有效手段

（1）通过立法，将社会中的道德理念、信念、基本原则和基本要求法律化、制度化、规范化，赋予社会的道德价值观念以法律的强制力，进一步强化、维护、实现道德规范。

（2）法律是道德的承载者，它弘扬、发展一定社会的道德理念、信条和原则，促进社会道德的更新和变革。

（3）法律是形成新的道德风貌、新的精神文明的强大力量。

（四）法与道德的冲突及解决

在多元化的社会规范体系中，在多样化的社会调控方式中，道德与法最为重要，两者是社会关系调控的根本的规范，但是这两种基本的社会规范并不总是协调一致的，而是时常处于相互冲突之中。

1. 法与道德的冲突

（1）法律与道德冲突的表现形式。法律与道德在日常法律适用中的冲突主要表现为情理与法理上的冲突。情理与法理的冲突主要表现为合法不合理与合理不合法两种情况。

第一种情况是道德上不许可，但法律上是许可的。

第二种情况是道德上许可，但法律上不许可。

（2）法律与道德冲突的结果。道德与法律相冲突往往出现如下两种结果：

①没有坚实社会基础的法律在道德面前修改或崩溃，适应道德的新法律产生。

②在法律的影响下，一些旧道德退出历史舞台，形成与法律相适应的新道德。

2. 解决法律与道德冲突的措施

（1）提高立法质量，尽量避免出现法律的漏洞，要最大限度地减少法律与道德进行不必要碰撞的概率。

（2）在宣传法律过程中，对旧道德进行批判，使道德与法律尽量吻合。

（五）社会主义法与社会主义道德的关系

社会主义法与社会主义道德之间具有极为密切的联系，二者相互渗透，相互作用，相互促进。

1. 社会主义道德对社会主义法的作用

（1）社会主义道德是社会主义法制定的价值指导。

（2）社会主义道德对法的实施的促进作用。

（3）社会主义道德可以弥补社会主义法在调整社会关系方面的不足。

2. 社会主义法对社会主义道德建设的作用

（1）社会主义法以法律规范的形式把社会主义道德的某些原则和要求加以确认，使之具有法的属性。

（2）社会主义法是进行社会主义道德教育的重要方式。

三、法与宗教

（一）宗教的含义

与法律、道德、习惯等一样，宗教也是一种社会现象，它包括人们对于超自然、超社会的力量——“神灵”的信仰以及祭祀规范、仪式和活动等内容。

（二）法与宗教的联系和区别

1. 法与宗教的联系

法与宗教的联系，表现在精神、规则、组织结构三个层面上。但是，在不同民族以及不同历史发展阶段中，这种联系又各有不同。

（1）在政教合一的国家中，宗教与法在精神、规则和组织结构三个层面都是融为一体的。

①在精神层面，宗教的精神就是法的精神，法贯穿着宗教精神，法的正当性、行为的正当性均从宗教教义的基本精神来解释。

②在规则层面，宗教规范即是法律规范，不仅调整和管理宗教事务，也同时调整和管理世俗事务。

③在组织结构层面，有时宗教领袖亦即国家的领袖，不过，更多的情况是世俗国家的领袖从属于宗教，其世俗统治权来源于宗教。同时，宗教的神职人员也是法律的实施者。在政教合一的情况下，任何法律改革也都不能不以宗教改革为先导或披上宗教的外衣。

（2）在现代国家，普遍实行政教分离的制度。在政教分离的条件下，国家不得确立或禁止某个宗教，国家行为与宗教分离，宗教不得干预国家活动，不得干预国家设立的各项制度，公民有宗教信仰自由，宗教组织管理宗教事务，宗教活动在社会公共领域须遵守国家的法律。但是，即使在一些实行政教分离的现代西方国家中，宗教的精神和社会活动方式对法仍存在着比较深刻的影响。

2. 法与宗教的区别

（1）产生方式不同。宗教规范是宗教创始人和领袖借助神的名义规定的。

（2）实施方式不同。宗教规范主要通过信仰机制，依靠自愿行为。

（3）适用原则不同。宗教规范以属人主义原则为标准，只对教徒具有约束力，不同于法律的属地主义和属人主义相结合的原则。

（三）我国法律在处理宗教问题中的作用

1. 宗教信仰自由原则

在对待宗教的态度上，我国社会主义法贯彻“宗教信仰自由”的原则。这是由于：

（1）宗教信仰属于思想领域的问题，对待思想问题，采用简单的强制办法不能奏效。

（2）宗教具有群众基础和民族性。我国是多民族的国家，宗教问题往往同民族问题相联系。

（3）奉行宗教信仰自由的政策，不但不会削弱社会主义制度和共产党领导，而且有利于社会安定团结；反之，在宗教信仰问题上处理得不好，就会激化社会矛盾，不利于社会主义制度的巩固。

（4）贯彻宗教信仰自由的原则有利于我们建立最广泛的统一战线，反之，不学会与不同文化、不同宗教信仰的人们和平共处，互相尊重，只能使我们在国际关系中处于不利地位。

2. 宗教信仰自由原则的内容

（1）每个公民既有信仰宗教的自由，也有不信仰宗教的自由；有信仰这种宗教的自由，也有信仰那种宗教的自由。

（2）有过去不信教现在信教的自由，也有过去信教现在不信教的自由。

（3）在同一宗教内，有信仰这个教派的自由，也有信仰那个教派的自由。不论信教或者不信教，也不论信什么教，公民自己完全有自由。任何国家机关、社会团体和个人，都不得强制公民信仰宗教或者不信仰宗教，不得歧视信仰宗教的公民和不信仰宗教的公民。

（4）国家保护正常的宗教活动。任何人不得利用宗教进行破坏社会秩序、损害公民身体健康、妨碍国家教育制度的活动。宗教团体和宗教事务不受外国势力的支配。

（5）坚持宗教信仰自由的原则，必须坚决反对邪教。

知识拓展

试论弘扬法治精神，加强社会主义法治文化建设的重要性。

（1）法治精神是对法治的崇尚、遵守、捍卫的心理状态的内、外部表现，法治文化则是对法治的思想观念和行为趋向沉淀和积累的总和。社会主义法治精神追求法律至上、公平正义、尊重程序、保障人权。法治文化是一个国家、民族和地区对于法律生活所持有的以价值观为核心的思维方式和行为方式。我国的法治文化是一种以公平、正义为价值取向的具有中国特色的法治文化，是党领导下的以人民民主为内涵的法治文化，在价值观念上，体现主体平等观、诚实信用观和法律至上观；在意识形态上，体现自由、平等和人权，也就是法律的权威性和公众的普遍信仰。

（2）弘扬法治精神，才能保障人民当家作主。我国保障人民民主权利的法治体系日趋完备，人民民主权利的法治保障水平日益提高，但促进人民有序参与国家治理还需要进一步完善法治建设。只有弘扬法治精神，才能加快法制建设。弘扬法治精神，才能巩固党的执政地位。依法执政、科学执政、民主执政是全面落实依法治国基本方略的重要内容，也是我们党治国理政的基本方式。依法治国，就是要从法律制度上把坚持党的领导、人民当家作主和依法治国有机统一起来。弘扬法治精神，才能加强宪法和法律的实施，才能推进严格执法、公正司法。弘扬法治精神，才能形成全民学法守法用法的社会氛围，才能实现人与人和谐相处、人与自然和谐相处。

（3）建设社会主义法治文化，为推进法治化提供了可靠的精神基础，法治文化是法治化的前提。法治文化的生成，意味着人们形成了共同的法治价值观念，从而为法治化的推进提供了可靠的精神基础。法治文化是法治化的内在保障，是法治化的行为基础，是法治化的动力源泉。法治文化一旦形成，会使法治价值、法治理念在人们心中得以强化和固化，从而成为人们的自觉和习惯，实现法治化就会成为人民群众的内心信念和追求目标。

（4）建设社会主义法治文化，是推进依法治国方略的重要实践，也是法治社会建设的重要保障。坚持法治国家、法治政府、法治社会一体建设，不仅要形成完备、良善的法律规范体系，公正高效的法治实施体系，科学严密的法治监督体系，充分有力的法治保障体系，完善的党内法规体系，更需要有尊崇法治精神、敬畏法律权威、自觉遵守法律规范的良好法治社会环境，而这样的法治社会环境需要高度发达的法治文化来支撑和塑造。法治国家和法治社会建设需要在一定的文化环境中进行，离不开文化基础，因此，法治文化是法治社会建设的重要保障。

第四部分 中国宪法学

第一章　宪法基本理论

大纲应试策略

本章包括宪法的概念、特征、分类，宪法的历史发展，宪法原则和宪法规范等内容。在背诵要点中，宪法的特征、我国“八二”宪法和五个宪法修正案、宪法基本原则等属于核心考点，其中，我国五个宪法修正案的内容较难记忆，而宪法的基本原则考查频率最高。除考查过的主观题外，本章较为重要的简答题有：近代宪法产生的条件；2018 年宪法修正案关于宪法序言修改的主要内容；2018 年宪法修正案关于监察委员会的规定；2018 年宪法修正案关于国家机构修改的主要内容；人民主权原则的主要内容及在我国宪法中的体现；基本人权原则在我国宪法中的体现；宪法关系的特点和种类；宪法规范的类型。本章较为重要的论述题有：宪法作为根本法的特征；宪法的实质特征；从全面依法治国的重点任务角度阐述宪法和依宪治国的关系；坚持“三统一”对依宪治国的作用；“八二”宪法的内容和特点；2004 年宪法修正案对公民财产权的修改及意义；2018 年宪法修改的意义；结合 2018 年宪法修正案关于国家机构的修改论述推进国家治理体系和治理能力现代化及其意义；2018 年宪法修正案关于加强党的领导对立法工作和全面依法治国的意义；2018 年宪法修正案对地方立法体制的完善；人民主权原则在我国宪法中的体现；人权入宪的规定及意义；法治原则的内容及在我国宪法中的体现；权力制约与监督原则在我国宪法中的体现及对贯彻权力制约法治原则的作用；我国宪法规范的特点。

大纲背诵要点

第一节　宪法概述

一、宪法的概念

宪法是确立公民权利保障和国家机构权限的根本法。

二、宪法的特征

（一）宪法的形式特征

1. 宪法内容的根本性

宪法规定国家的根本制度，是对国家和社会生活的宏观规范和调整，宪法规定的内容是有关国家制度和社会制度的基本原则和主要问题，宪法规范国家和社会生活的总体运行规则，以及各种政治参与主体的政治地位和权利义务界限。

2. 宪法效力的最高性

在一国的法律体系中，宪法具有最高的法律效力。具言之，宪法的最高法律效力体现在：

（1）宪法对法的最高法律效力。宪法是其他普通法律的立法基础，是其他普通法律制定的依据和基础，为其提供立法原则。宪法是国家的根本法，规定其他法律的立法原则，为整个国家的法律体系的构建提供准则、依据和基础，所以宪法是“母法”，普通法律是“子法”。任何其他法律都不得同宪法相抵触，否则，该法律即为无效。在国家的整个法制体系的构建和运行中，宪法是核心和根本，具有最高的法律效力，一切普通法律规范的有效与否及其存废，都应以宪法规范为确定和取舍的依据。

（2）宪法对人的最高法律效力。宪法是一切国家机关、社会团体和全体公民的最高行为准则，任何组织和个人都不得享有超越于宪法之上的特权。

3. 宪法制定、修改程序的特殊性

（1）宪法的制定程序与其他普通法律不同。宪法是由专门的制宪机构制定的，而普通法律由国家立法机关制定。

（2）宪法草案的通过要求多数甚至全体公民投票。宪法的修改程序也不同于普通法律。这表现为一般对修宪提案权的主体有特别的限制。对于宪法内容的修正往往也附加特别的限制，而普通法律的修正并不存在特别附加限制条款。

（二）宪法的实质特征

1. 宪法是公民权利的保障书

（1）从宪法的历史发展的角度看，宪法确立的目的就是确认公民的基本权利。宪法与公民权利之间存在着极为密切的联系，宪法最主要、最核心的价值是保障公民的基本权利。

（2）从宪法的内容上看，国家权力的正确行使和公民权利的有效保障是宪法文本中最为主要的部分，而且从二者之间的关系上看，对国家权力的规制也是为了更好地实现和保障公民的基本权利。

（3）从国家的法律体系看，宪法是全面规定公民基本权利的法律部门，对于其他普通法律中对公民的法律权利的设计和规定具有重要的指引作用。

2. 宪法是民主制度法律化的基本形式

宪法作为民主制度法律化的基本形式表现在宪法确立了国家的民主施政规则：

（1）宪法规定了代议制和普选制，为人民主权的实现构建了政治运行机制。

（2）宪法以根本法的形式赋予人民广泛的政治权利和其他社会、经济、文化权利，这些权利既是人民当家作主的政治地位在其他社会生活领域的具体体现，同时也是人民政治权利实现的保障。

（3）宪法具体规范了国家机构的职权和行使程序，为国家权力的运行提供了法定界限。

3. 宪法是各种政治力量对比关系的集中体现：宪法确认社会各阶级的政治地位

（1）宪法是在社会政治斗争中取得胜利并掌握了国家政权的那个阶级的意志和利益的集中表现，是统治阶级以根本法的形式确认本阶级的斗争成果、巩固本阶级已经取得的在政治上和经济上的统治地位的法律武器。

（2）宪法在内容和形式上要受到阶级力量对比关系的决定和影响，这是各阶级社会政治地位的动态反映。

三、宪法的分类

（一）宪法的传统分类

1. 成文宪法和不成文宪法

成文宪法和不成文宪法是英国学者蒲莱士首次提出的宪法分类。这种分类所依据的标准为宪法是否具有统一法典形式。

（1）成文宪法，是指以统一的宪法典的形式表现出来的宪法。

（2）不成文宪法，是指没有统一的法典形式而由带有宪法性质的各种政治文件、法律文件、宪法惯例和宪法判例组成的宪法。

2. 刚性宪法和柔性宪法

英国学者蒲莱士最早提出该分类。这种分类所依据的标准是宪法的效力和修改程序是否与普通法律相同和宪法有无严格的制定、修改机关以及程序。

（1）刚性宪法，是指在效力上高于普通法律、在修改程序上比普通法律严格的宪法。

（2）柔性宪法，是指制定、修改的机关和程序都与普通法律相同的宪法。

3. 钦定宪法、协定宪法和民定宪法

这是以制定宪法的机关为标准对宪法所作的分类。

（1）钦定宪法，是指由君主或以君主的名义制定和颁布的宪法。

（2）协定宪法，是指由君主与国民或者国民的代表机关协商制定的宪法。

（3）民定宪法，是指由民意机关或者公民公决制定的宪法。

（二）马克思主义的宪法分类

马克思主义的宪法分类是马克思主义宪法学者依据宪法的阶级本质和赖以建立的经济基础的不同，对宪法进行的分类。按照这个标准，宪法被划分为资本主义类型的宪法和社会主义类型的宪法。这种分类方法最鲜明的特点在于揭示宪法的本质，反映了宪法的阶级属性。

四、宪法与依宪治国

（一）依宪治国的含义

依宪治国就是依据宪法治理国家，全面贯彻实施宪法，维护宪法的尊严和权威。

坚持依法治国首先要坚持依宪治国，坚持依法执政首先要坚持依宪执政。我国现行宪法确立的一系列制度、原则和规则，制定的一系列大政方针，都充分反映了我国各族人民的共同意志和根本利益。维护宪法尊严和权威，是维护国家法制统一、尊严、权威的前提，也是维护最广大人民根本利益、确保国家长治久安的重要保障。全国各族人民、一切国家机关和武装力量、各政党和各社会团体、各企业事业组织，都必须以宪法为根本的活动准则，并且负有维护宪法尊严、保证宪法实施的职责。任何组织或者个人，都不得有超越宪法和法律的特权。一切违反宪法和法律的行为，都必须予以追究。

（二）宪法与依宪治国的关系

宪法与依宪治国互为基础和前提，是形式与内容的关系，两者是辩证统一的。宪法是国家的根本法，具有最高的法律效力。宪法的生命在于实施，宪法的权威也在于实施。

唯有依宪治国，方能使宪法真正成为现实力量，保证任何组织和个人都不得有超越宪法和法律的特权，实现“一切违反宪法和法律的行为，必须予以追究”。只有坚持依法治国基本方略和依法执政基本方式，使执政党在宪法和法律范围内活动，真正做到党领导立法、保证执法、带头守法，才能使宪法成为所有国家机关及其工作人员的最高行为准则。

依宪治国，必须坚持中国特色社会主义道路，坚持党的领导、坚持人民当家作主。保证宪法实施，就是保证人民根本利益的实现。依宪治国是宪法规范与宪法实施的政治实践相结合的产物。宪法是静态意义的法律文本；依宪治国是动态性质的实践过程，也是宪法实现的最终结果。

第二节　宪法的产生和历史发展

一、近代宪法的产生

（一）近代宪法产生的条件

（1）经济条件：宪法是近代资本主义经济发展的必然产物，是资本主义商品经济发展的必然结果。

（2）政治条件：资产阶级国家政权的建立和以普选制、议会制为核心的民主制度的形成，为近代宪法产生的政治条件，宪法是资产阶级政治发展要求的必然结果。

（3）思想条件：宪法是以资产阶级启蒙思想和民主政治理论为基础发展起来的。资产阶级启蒙思想家提出的民主、自由、平等、人权和法治等理论，为近代宪法的产生奠定了思想基础。

（二）英、美、法三国宪法的产生及其特点

1. 英国宪法

（1）英国是世界上最早实行宪制的国家。

（2）英国宪制的确立，是通过逐步限制王权和扩大资产阶级政治权力的途径实现的。

（3）英国宪法最突出的特点是体现议会至上原则，宪制的核心思想是人民主权。

（4）英国是典型的不成文宪法国家，英国宪法由宪法性法律、宪法惯例、宪法判例等构成。

2. 美国宪法

（1）美国宪法是世界上第一部成文宪法，是比较典型地体现分权与制衡思想的宪法。美国宪法由宪法正文和宪法修正案构成。

（2）美国宪法正文主要确立了下列几项原则：人民主权原则和有限政府原则，权力分立和制约与平衡原则，联邦与州的分权原则，对军队的文职控制原则。在上述宪法原则中，权力分立和制约与平衡原则体现得最为具体、科学和富有特点。

（3）以宪法修正案对宪法进行调整和完善是美国宪政实践中的创造。美国是世界上首次采取修正案方式对宪法实施修改的国家。

3. 法国宪法

在欧洲大陆，法国是最早制定成文宪法的国家，法国宪法是欧洲大陆第一部成文宪法，该部宪法以保障人权为最大特点。1946 年，法兰西第四共和国宪法规定了宪法委员会制度，主要目的是保障议会的权力。1958 年法兰西第五共和国宪法设立专章规定宪法委员会，其目的是约束议会权力的行使。

（三）宪法的发展及其趋势

（1）公民权利扩大。各国宪法越来越强调对人权的保障，不断扩大公民基本权利的范围。

（2）政府权力的扩大。政府权力的扩大，是社会发展的必然。各国宪法一方面确认和授予政府更多的权力，另一方面也更加注重通过设定多种监督机制对政府权力加以限制，以防止政府权力的滥用。

（3）宪法保障制度日趋完善。各国越来越重视建立合宪性审查制度来维护宪法的最高权威。各国普遍认为，必须建立完善合宪性审查的机构与制度，行使合宪性审查的职能，保障宪法的实施。

（4）宪法与国际法的结合。宪法领域从国内法扩展到国际法。许多国家的宪法出现了同国际法相结合的内容。在人权的国际法保障方面尤为明显。

二、新中国宪法的产生和发展

（一）新中国宪法的历史沿革

1.《中国人民政治协商会议共同纲领》

1949年9月29日，中国人民政治协商会议第一届全体会议通过了《中国人民政治协商会议共同纲领》（简称《共同纲领》），起到了临时宪法的作用。

2. 1954年《宪法》

1954年9月20日，第一届全国人民代表大会第一次全体会议通过了《中华人民共和国宪法》，这是中华人民共和国成立后的第一部宪法。

3. 1975年《宪法》

1975年《宪法》，是新中国成立后的第二部宪法。

4. 1978年《宪法》

1978年《宪法》，是新中国成立后的第三部宪法。

5. 1982年《宪法》

1982年《宪法》，是新中国成立后颁布的第四部宪法，即现行宪法，简称为“八二”宪法。在结构上，1982年《宪法》除序言外，分为总纲、公民的基本权利和义务、国家机构以及国旗、国徽、首都，共4章。

（二）中国现行宪法的内容和特点

1. 总结了历史的经验，规定了国家的根本任务和指导思想

2. 发展了民主宪制，恢复完善了国家机构体系

（1）加强了人民代表大会制度，省级以上人大设立了专门委员会，规定了人民代表的权利和义务，扩大了人大常委会的职权。

（2）恢复设置国家主席，并调整了国家主席的职权。

（3）设立了中央军事委员会，加强党和国家对武装力量的统一领导。

（4）实行了行政和军事系统的首长负责制。

（5）体现了精简国家机构和人员的要求。

3. 强调加强民主与法制，保障公民的基本权利和自由

（1）确认了国家一切权力属于人民的原则，坚持和完善人民代表大会制度。

（2）规定了国家生活中的一系列民主原则。

（3）扩大了公民的民主权利和自由。

4. 维护国家的统一和民族团结

（1）规定了设立特别行政区制度。

（2）健全了民族区域自治制度。

（三）宪法修正案

从1988年起，我国开始采用宪法修正案的方式对宪法个别内容予以修改和完善。迄今为止，我国现行宪法共进行过五次修改，形成了52条宪法修正案。

1. 1988年宪法修正案

（1）在第11条增加1款对私营经济作了规定。

（2）删去第10条第4款中不得出租土地的规定，增加规定：土地的使用权可以依照法律的规定转让。

2. 1993 年宪法修正案

(1) 将“社会主义初级阶段”和“建设有中国特色社会主义的理论”及“改革开放”正式写进宪法。

(2) 确立“家庭联产承包为主的责任制”的法律地位，实行“社会主义市场经济”，将“国营经济”改为“国有经济”。

(3) 规定“中国共产党领导的多党合作和政治协商制度将长期存在和发展”。

3. 1999 年宪法修正案

(1) 将邓小平理论写进《宪法》序言，与马克思列宁主义、毛泽东思想一起，成为指引我国社会主义现代化建设的旗帜。

(2) 明确了“中华人民共和国实行依法治国，建设社会主义法治国家”。

(3) 明确了“我国将长期处于社会主义初级阶段”，确立了我国社会主义初级阶段的基本经济制度和分配制度。即：国家在社会主义初级阶段，坚持公有制为主体、多种所有制经济共同发展的基本经济制度，坚持按劳分配为主体、多种分配方式并存的分配制度。

(4) 修改了我国的农村生产经营制度，确立了非公有制经济在社会主义市场经济中的地位。

①确立了农村生产经营制度。即：农村集体经济组织实行家庭承包经营为基础、统分结合的双层经营体制。

②确立了非公有制经济在社会主义市场经济中的地位。即：在法律规定范围内的个体经济、私营经济等非公有制经济，是社会主义市场经济的重要组成部分。

(5) 将镇压“反革命的活动”修改为镇压“危害国家安全的犯罪活动”。

4. 2004 年宪法修正案

(1) 对《宪法》序言的修改，体现了与时俱进的精神。这主要有三个内容：

①确立“三个代表”重要思想在国家政治和社会生活中的指导地位。

②增加“三个文明”协调发展的内容，即推动物质文明、政治文明和精神文明协调发展。

③在爱国统一战线的表述中增加“社会主义事业的建设者”。

(2) 对“经济制度”的修改，体现了保护“私权”的精神。这主要体现在：

①进一步明确国家对发展非公有制经济的方针。对非公有制经济既鼓励、支持、引导，又依法监督、管理，以促进非公有制经济健康发展。

②完善对私有财产保护的规定。

一是进一步明确国家对全体公民的合法的私有财产都给予保护，保护范围既包括生活资料，又包括生产资料。

二是用“财产权”代替原条文中的“所有权”，在权利含义上更加准确、全面。

三是我国几部现行法律根据不同情况已经作出了征收和征用的规定，在《宪法》中增加对私有财产的征收、征用制度规定，有利于正确处理私有财产保护和公共利益需要的关系。

③增加建立健全社会保障制度的规定。即：国家建立健全同经济发展水平相适应的社会保障制度。

(3) 对“公民的基本权利和义务”的修改，体现了保护“人权”的精神。在《宪法》第二章“公民的基本权利和义务”中增加“国家尊重和保障人权”条款。

(4) 对“国家机构”的修改，体现了服务实践的精神。

①完善全国人民代表大会组成的规定。宪法修正案在全国人民代表大会组成的规定中增加“特别行政区”。

②关于紧急状态的规定。宪法修正案将“戒严”改为“紧急状态”。

③关于国家主席职权的规定。在国家主席的职能方面，增加规定“进行国事活动”。

④修改乡镇政权任期的规定。宪法修正案将乡、镇人大的任期由 3 年改为 5 年。

除了上述四大部分的修改外，还有如下重要修改：

（1）宪法修正案将《宪法》第四章的章名“国旗、国徽、首都”修改为“国旗、国歌、国徽、首都”。

（2）将《义勇军进行曲》作为国歌写入宪法。

5. 2018 年宪法修正案

2018 年对《宪法》进行了第五次修改，通过了第 32 条到第 52 条共 21 条修正案，主要涉及《宪法》序言、贯彻党的领导、国家机构等方面的内容。

（1）对《宪法》序言的修改。

①增加了“科学发展观，习近平新时代中国特色社会主义思想”的内容，宪法确立其在国家政治和社会生活中的指导地位，反映了全国各族人民的愿望，体现了党的主张和人民意志的统一，具有重大的现实意义和深远的历史意义。

②创新、协调、绿色、开放、共享的新发展理念是十八大以来以习近平同志为核心的党中央推动我国经济发展实践的理论结晶，《宪法》序言中明确写入“贯彻新发展理念”，“推动物质文明、政治文明、精神文明、社会文明、生态文明协调发展，把我国建设成为富强民主文明和谐美丽的社会主义现代化强国，实现中华民族的伟大复兴”。

③统一战线的范围扩大到包括“致力于中华民族伟大复兴的爱国者”。

④在民族关系上，“平等团结互助和谐的社会主义民族关系已经确立，并将继续加强”。

⑤充实和平外交政策的内容，增加了“坚持和平发展道路，坚持互利共赢开放战略”，提出了“构建人类命运共同体”的构想。

⑥完善依法治国和宪法实施举措，将《宪法》序言中“健全社会主义法制”修改为“健全社会主义法治”。

（2）对《宪法》总纲的修改。

①充实和加强中国共产党的全面领导的内容，在《宪法》第 1 条增加规定，“中国共产党领导是中国特色社会主义最本质的特征”。宪法从社会主义制度的本质属性角度对坚持和加强党的全面领导进行规定，有利于在全国人民中强化党的领导意识，有效地把党的领导落实到国家工作全过程和各方面，确保党和国家事业始终沿着正确方向前进。

②增加倡导社会主义核心价值观的内容，《宪法》第 24 条第 2 款中“国家提倡爱祖国、爱人民、爱劳动、爱科学、爱社会主义的公德”修改为“国家倡导社会主义核心价值观，提倡爱祖国、爱人民、爱劳动、爱科学、爱社会主义的公德”。

（3）对国家机构的修改。

为推进国家治理体系和治理能力的现代化，在国家机构方面进行了以下的修改：

①推进合宪性审查工作，将全国人大法律委员会改名为“宪法和法律委员会”。

②“中华人民共和国主席、副主席每届任期同全国人民代表大会每届任期相同，连续任职不得超过两届”，修改为“中华人民共和国主席、副主席每届任期同全国人民代表大会每届任期相同”。

③增加设区的市制定地方性法规的规定。在《宪法》第 100 条增加一款，作为第 2 款，“设区的市的人民代表大会和它们的常务委员会，在不同宪法、法律、行政法规和本省、自治区的地方性法规相抵触的前提下，可以依照法律规定制定地方性法规，报本省、自治区人民代表大会常务委员会批准后施行”。

④为实现反腐败对公职人员的全覆盖，在国家机构中设立“监察委员会”。在2018年通过的21条宪法修正案中，有11条和监察委员会有关。

第三节 宪法原则

一、人民主权原则

（一）人民主权原则的概念和历史发展

1. 人民主权原则的概念

人民主权原则又被称为主权在民原则，即国家的最高权力属于人民，它所要解决的是权力来源与国家合法性问题。人民主权原则是宪法原则的核心。

2. 人民主权原则的历史发展

（1）近代意义上的主权概念和人民主权学说。人民主权原则源于近代意义的主权概念。近代意义上的主权概念是由法国古典法学家让·博丹首次提出的。主权理论是在论证王权的绝对性的基础上提出来的，后来向议会主权转变。

（2）人民主权原则的确立。人民主权理论根源于资产阶级革命时期法国思想家卢梭的社会契约论。在经历了君主主权向议会主权、议会主权又向人民主权的两次转变后，人民主权原则最终在美国宪法中得以首次确立。人民主权原则认为，国家是人民根据自由意志缔结契约的产物，所以国家的最高权力应当属于人民而不属于君主。现在，人民主权原则已被世界各国的宪法规定所接受和接纳。

（二）人民主权原则在我国宪法中的体现

（1）《宪法》第2条规定：中华人民共和国的一切权力属于人民。人民行使国家权力的机关是全国人民代表大会和地方各级人民代表大会。

（2）根据《宪法》规定，人民除通过人民代表大会行使国家权力外，还依照法律规定，通过各种途径和形式，管理国家事务，管理经济和文化事业，管理社会事务。

二、基本人权原则

（一）基本人权原则的概念和历史发展

1. 基本人权原则的概念

人权是人之所以为人而应当享有的权利，不得非法限制和剥夺。基本人权是人为满足其生存需要而应当享有的那些重要权利。

2. 基本人权原则的历史发展

基本人权原则最初是作为对抗封建等级和王权专制的对立物而产生的。在资产阶级革命胜利以后，这样的政治宣言就被写在了宪法之中。最初各国宪法所规定的公民基本权利主要是有关公民人身自由、政治权利和财产权方面的内容，随着社会的发展，社会经济文化权利成为公民基本权利的重要内容。此外，有关基本人权的保护也从国内法扩展到国际法，基本人权成为世界各国普遍承认的价值和观念。

（二）基本人权原则在我国宪法中的体现

（1）从《共同纲领》开始，我国在历部宪法中都以专门章节的形式规定“公民的基本权利和义务”，列举公民的基本权利。1982年《宪法》调整了宪法章节的结构安排，将“公民的基本权利和义务”一章规定在“总纲”之后、“国家机构”的前面，突出了公民基本权利作为国家权力来源的宪法价值。但我国宪法中并没有使用“人权”的概念。随着社会的进步和对于人权认识的加深，我国从 20 世纪 80 年代末开始认识到，人权是一个国际通行的概念和价值观，因此我国积极宣传社会主义人权价值观，并发布了十余个中国人权白皮书，同时积极加入国际人权公约。

（2）2004 年宪法修正案增加了“国家尊重和保障人权”的规定。这是我国宪法首次引入“人权”的概念，确立了基本人权原则，人权条款对理解宪法基本权利提供了指引。宪法修正案中增加规定“人权”，既表明了我国社会的进步和发展，也表明了我国履行所加入的国际人权公约的义务的诚意。我国宪法明确列举了公民的基本权利，但并没有穷尽所有为现代文明国家和国际公约所承认的权利类型。宪法修正案中增加规定的“人权”，实际上包括了我国宪法中所没有规定的公民所应该享有的而又为我国所加入的国际人权公约所确认的基本权利，“人权”入宪是自然权利实证化的过程，为保护公民的上述基本权利提供了规范基础。

三、法治原则

（一）法治原则的概念和历史发展

1. 法治原则的概念

法治原则是指在宪制之下，立法、行政、司法各部门的行为都必须以宪法和法律作为行使权力的根据和界限，国家必须根据宪法和法律予以治理的宪法原则。

2. 法治原则的历史发展

宪制的发展史是权力不断受到约束和规范的历史。人民不断追求个人的自由与幸福，防止国家专制恣意之行为。在宪制之下，立法部门、行政机构以及司法部门的行为都应当以宪法和法律作为政府行使权力的根据与界限。国家治理必须依据宪法和法律。

（二）法治原则的内容

1. 宪法优位

（1）宪法优位。宪法是国家的最高法律，法律必须受宪法拘束。也就是说，全国人民代表大会及其常务委员会制定的法律，必须受到宪法的约束，而不能与宪法相抵触，否则无效，这就是宪法优位。

（2）法律优位。为了确保一个国家法制的统一，宪法优位还进一步要求在行政和立法机关之间的关系上要遵循法律优位原则，也就是说行政机关的一切行政行为或其他活动都不得与法律相抵触。作为抽象行政行为的行政法规和行政规章必须在法律规定的范围之内作出。

2. 法律保留

（1）法律保留原则的含义。法律保留原则的基本含义是，关于公民基本权利的限制等专属立法事项，应当由立法机关通过法律来规定，行政机关不得代为规定，行政机关实施的行政行为必须要有法律的授权，不得与法律相抵触。

（2）法律保留原则的内容。《立法法》第 8 条和第 9 条确立了法律保留原则，即对公民政治权利的剥夺、限制公民人身自由的强制措施和处罚，只能制定法律。该项原则的实质在于要求行政权的行使必须在代议机关的监督之中，没有代议机关（民意）的同意，行政权就不得行使。法律保留原则既体现了立法权对行政权的制约，也体现了行政权的民意基础。

3. 审判独立

审判独立即法官在审判案件时不受任何干涉或压迫，只服从于宪法和法律。

（三）法治原则在我国宪法中的体现

（1）《宪法》序言明确规定，本宪法以法律的形式确认了中国各族人民奋斗的成果，规定了国家的根本制度和根本任务，是国家的根本法，具有最高的法律效力。

(2)《宪法》明确规定，中华人民共和国实行依法治国，建设社会主义法治国家。国家维护社会主义法制的统一和尊严。一切法律、行政法规和地方性法规都不得同宪法相抵触。一切国家机关和武装力量、各政党和各社会团体、各企业事业组织都必须遵守宪法和法律。一切违反宪法和法律的行为，必须予以追究。任何组织或者个人都不得有超越宪法和法律的特权。

(3)《宪法》规定了审判独立原则，即：人民法院依照法律规定独立行使审判权，不受行政机关、社会团体和个人的干涉。

四、权力制约与监督原则

(一) 权力制约与监督原则的概念

1. 权力制约与监督原则的概念

权力制约与监督原则又被称为权力制衡原则，是指国家权力机关的各部分之间相互监督、相互制约，以保障公民权利的原则，既包括了公民权利对于国家权力的制约，也包括了国家权力对于国家权力的制约。

2. 权力制约与监督原则的内涵

(1) 国家权力分为立法权、行政权、司法权，并分别由三个不同的国家机关行使。

(2) 在立法、行政、司法等部门之间建立一种相互平衡与相互制约的关系。

(二) 权力制约与监督原则在我国宪法中的体现

我国实行人民代表大会制度，在国家权力统一行使的基础上，国家机关分工负责，相互制约。我国宪法在以下三个方面体现了权力制约与监督原则：

1. 人民对国家权力的制约监督

(1)《宪法》规定，中华人民共和国的一切权力属于人民。

(2)《宪法》规定，全国人民代表大会和地方各级人民代表大会都由民主选举产生，对人民负责，受人民监督。

(3)《宪法》规定，一切国家机关和国家工作人员必须依靠人民的支持，经常保持同人民的密切联系，倾听人民的意见和建议，接受人民的监督，努力为人民服务。

2. 公民权利对国家权力的制约监督

(1) 宪法规定了公民的基本权利，这些基本权利意味着国家不得干预和予以保护的义务。

(2) 宪法明确了公民对于任何国家机关和国家工作人员，有提出批评和建议的权利。

3. 国家机关内部的制约监督

宪法规定了不同国家机关之间、国家机关内部不同的监督方式：

(1)《宪法》规定，国家行政机关、监察机关、审判机关、检察机关都由人民代表大会产生，对它负责，受它监督。

(2)《宪法》规定，监察委员会依照法律规定独立行使监察权，不受行政机关、社会团体和个人的干涉。监察机关办理职务违法和职务犯罪案件，应当与审判机关、检察机关、执法部门互相配合，互相制约。

(3)《宪法》规定，人民法院、人民检察院和公安机关办理刑事案件，应当分工负责，互相配合，互相制约，以保证准确有效地执行法律。

第四节　宪法规范

一、宪法规范的概念

（一）宪法规范的概念

宪法规范是调整宪法关系的各种规范的总和。

（二）宪法关系

1. 宪法关系的概念

宪法关系是经由宪法调整而包含有宪法上的权利义务内容的社会关系。

2. 宪法关系的特点

（1）宪法关系所涉及的领域非常广泛，几乎包括国家和社会生活的各个方面，而且均属于宏观的或者原则性方面的社会关系。

（2）宪法关系的一方通常总是国家或者国家机关。

3. 宪法关系的类型

（1）国家与公民之间的关系。

（2）国家与其他社会主体之间的关系。

（3）国家机关之间的关系。

（4）国家机关内部的关系。

在上述四个宪法关系中，国家与公民之间的关系是宪法调整的核心关系。

二、宪法规范的特点

（一）内容的政治性

宪法规范内容的政治性是由宪法所调整的社会关系决定的。

（1）从宪法最初的产生来看，宪法就是为了保障人权而对国家权力的行使进行严格限制的一个崭新的法律部门，因此，宪法内容的设计从一开始就具有强烈的政治色彩。

（2）从宪法规范的具体内容来看，主要是有关国家权力、政治过程、平衡各种政治利益的规则、规范国家与公民及各种政治力量之间的关系。与普通法律只是调整公民和法人的个人生活或社会生活的规则内容相比，宪法内容的政治性是显而易见的。

（3）宪法规范内容的实现和变化都要受到各种政治力量对比关系的决定性影响，也体现了宪法规范的政治性。

（二）效力的最高性

宪法规范具有最高的法律效力，这是由宪法规范的性质和内容决定的，也是由宪法的最高法律地位决定的。宪法规范是有关国家和社会生活的最根本的规则和问题，是国家的根本法和总章程，因此，它在整个法律体系中居于最高的法律地位，具有最高的权威性，构成宪法的每一个规范自然就具有最高性的特点。

（三）立法的原则性

宪法规范表现为原则性和概括性。宪法是国家的根本法和总章程，要为社会政治调整和国家权力行使提供规范依据，这就决定了宪法规范在内容设计上要囊括国家生活和社会生活的各个方面，任何的立法空白都会使社会活动的总体调整陷于无法可循的境地。如果宪法在立法上过于具体庞杂，必然会导致规范主次不分明和经常性修改，也不利于保护宪法的稳定性和权威性。所以，宪法的原则性是宪法的概括性、适应性和相对稳定性的基础和综合体现。

（四）实施的多层次性

大部分的宪法规范只提供了调整社会关系的宏观性原则，宪法规范的实现不可能是直接的一次性调整具体社会政治事项和个人间的权利义务关系，从而形成宪法秩序。宪法规范的调整和规范职能，要根据实际需要进行多层次性的具体化，包括立法具体化和宪法解释，使其成为一种具有直接的可操作性的行为规范，这样才能通过社会主体的自觉守宪行为和有权机关的合宪性审查行为而最终实现。但是，有的宪法规范由于立法形式比较具体，其实现就可能是一次性的或较少具体化层次即可完成，特定的宪法主体和合宪性审查机关直接执行这些规范即可形成宪法相关秩序，实现宪法规范的职能。

三、宪法规范的类型

（一）组织权限规范

宪法中用大部分的条文去处理国家机关的组织、权限和职权行使的程序，或者至少规定其原则。

（二）权利义务规范

这类规范是宪法在调整公民基本权利和基本义务的过程中形成的，是公民行使权利、履行义务的宪法基础。

（三）宪法委托规范

这类规范和权利义务规范也属于实体规范，但只是规定了国家的义务，而没有赋予人民任何主观权利。广义的宪法委托规范包含宪法中所有的要求特定机关为具体行为的规定，一般仅限于狭义的对立法机关为立法委托。

（四）宪法指示规范

宪法指示强制国家为一定行为，和宪法委托不同，原则上所有公权力机关直接或间接的都是其规范对象，行为也不以立法机关为限，公权力机关可以根据国家发展的实际情况决定履行宪法指示的具体方式和先后顺序。

知识拓展

1. 结合法理学和宪法学知识，论述2018年宪法修正案关于加强党的领导对立法工作和全面依法治国的意义。

（1）2018年宪法修正案充实和加强了中国共产党的全面领导的内容，在《宪法》中增加规定，“中国共产党领导是中国特色社会主义最本质的特征”。宪法从社会主义制度的本质属性角度对坚持和加强党的全面领导进行规定，有利于在全国人民中强化党的领导意识，有效地把党的领导落实到国家工作全过程和各方面，确保党和国家事业始终沿着正确方向前进。

（2）2018年宪法修正案对于加强党对立法工作的领导具有重要意义。加强党对立法工作的领导与人大主导立法，既是我国立法工作的根本原则，也是我国立法实践经验的科学总结。党领导立法强调坚持党的政治领导原则，党通过确定立法工作方针、批准立法规划、提出立法工作建议、明确立法工作的重大问题、加强立法队伍建设等，把握正确的政治方向。

（3）2018 年宪法修正案为全面依法治国确立了政治方向，那就是“坚持中国特色社会主义法治道路，最根本的是坚持中国共产党的领导”，自觉地把党的领导贯彻到依法治国全过程和各方面，更好落实全面依法治国基本方略。全面依法治国的总目标是建设中国特色社会主义法治体系，建设社会主义法治国家。要坚持这个总目标，必须坚持中国共产党的领导。2018 年宪法修正案确立了“中国共产党领导是中国特色社会主义最本质的特征”，也是社会主义法治最根本的保证。把党的领导贯彻到依法治国的全过程和各方面，是我国社会主义法治建设的一条基本经验。必须坚持党领导立法、保证执法、支持司法、带头守法，把依法治国基本方略同依法执政基本方式统一起来，把党总揽全局、协调各方同人大、政府、监察机关、审判机关、检察机关依法履行职能统一起来，把党领导人民制定和实施宪法法律同党坚持在宪法法律范围内活动统一起来。

2. 试论 2018 年宪法修改的意义。

（1）宪法是国家的根本法，2018 年全国人大对现行宪法进行了第五次修改，通过了 21 条修正案。此次修改主要涉及《宪法》序言、贯彻党的领导、国家机构等方面的内容。

（2）宪法确立了“科学发展观，习近平新时代中国特色社会主义思想”在国家政治和社会生活中的指导地位，反映了全国各族人民的愿望，体现了党的主张和人民意志的统一，具有重大的现实意义和深远的历史意义；宪法所确立的贯彻新发展理念，是党中央推动我国经济发展实践的理论结晶。宪法充实和加强中国共产党的全面领导的内容，规定中国共产党领导是中国特色社会主义最本质的特征。这是从社会主义制度的本质属性角度对坚持和加强党的全面领导进行规定，有利于在全国人民中强化党的领导意识，有效地把党的领导落实到国家工作全过程和各方面，确保党和国家事业始终沿着正确方向前进。充实“五个文明”协调发展的内容，实现社会全面发展的宪法总体布局。为推动国家治理体系和治理能力现代化，在国家机构方面进行了修改，推动了合宪性审查工作，完善了任期限任制，确认了设区的市制定地方性法规的立法权限，设立监察委员会，实现了反腐败对公职人员的全覆盖。

（3）此次宪法修改，为在国家政治和社会生活中贯彻习近平新时代中国特色社会主义思想提供了宪法保障；为全面贯彻实施宪法确立的国家根本任务、发展道路、奋斗目标提供了宪法保障；为确保党的长期执政和国家长治久安提供了宪法保障；为进一步全面推进依法治国提供了宪法保障；为支持和健全人民当家作主提供了宪法保障。

3. 试论人民主权原则在我国宪法中的体现。

人民主权原则又被称为主权在民原则，即国家的最高权力属于人民。人民主权原则也是我国宪法确立的基本原则之一。人民主权原则在我国宪法中体现为：

（1）《宪法》第 2 条规定：“中华人民共和国的一切权力属于人民。人民行使国家权力的机关是全国人民代表大会和地方各级人民代表大会。人民依照法律规定，通过各种途径和形式，管理国家事务，管理经济和文化事业，管理社会事务。”在我国，人民是国家权力的主人，国家的一切权力属于人民，贯彻宪法确立的人民主权原则，我国的政治、经济和社会等方面都得到了发展。人民行使国家权力的机关是全国人民代表大会和地方各级人民代表大会，这充分体现了人民主权原则。国家的一切权力属于人民，但是全体人民不可能都直接参与执掌政权和管理国家，因此就由有选举权的公民选举人大代表，由人大代表组成人民代表大会，再由人民代表大会选举由宪法规定的应当选举的上一级人大代表或本级常委会组成人员，产生上一级人大或本级人大常设机关，由这些机关代表人民行使职权。国家行政机关、监察机关、审判机关、检察机关都由人民代表大会产生，对它负责，受它监督。这表明，人民代表大会在国家机关体系中处于核心地位。从一定意义上说，也就是人民在我国政权体系中处于核心地位。

（2）根据《宪法》规定，人民除通过人民代表大会行使国家权力外，还依照法律规定，通过各种途径和形式，管理国家事务，管理经济和文化事业，管理社会事务。这表明在我国，人民行使民主权利、当家作主的途径和方式多种多样，但最基本的途径是人民代表大会。从事任何一项具体工作，因为都参与特定领域的国家和社会事务管理，故而都是实现当家作主的民主权利的具体方式。但是，只有人民代表大会这一实现民主、参与国家和社会事务管理的途径没有上述限制。这种具有广泛性和权威有效性的实现民主方式，是人民主权原则的具体体现。

第二章　宪法的制定和实施

大纲应试策略

本章包括宪法制定、宪法解释、宪法修改和宪法监督等内容。在背诵要点中，制宪权、宪法修改的形式和我国宪法的修改、宪法解释的体制和我国宪法的解释、合宪性审查等都是较为重要的知识点。本章出题方式包括各类题型。合宪性审查既是本章的难点又是本章的重点。复习合宪性审查，要结合《立法法》《全国人民代表大会组织法》《法规、司法解释备案审查工作办法》等。除考查过的主观题外，本章较为重要的简答题有：我国宪法关于合宪性审查依据的规定；我国的合宪性审查机关及其意义。本章较为重要的论述题有：制宪权的性质和主要特征；我国宪法的解释制度；我国宪法的修改制度；全面深入推进宪法实施和监督；结合 2018 年宪法修正案论述关于宪法宣誓制度的建立及意义。

大纲背诵要点

第一节　宪法制定

一、宪法制定概述

（一）宪法制定的概念

宪法制定是指制宪主体行使制宪权的活动。

（二）制宪权、修宪权与立法权

制宪权、修宪权和立法权是属于不同层次的权力形态。制宪权属于最高层次的权力，修宪权次之，而立法权再次之。

1. 制宪权

制宪权是指人民创制宪法的权力。制宪权一种原生性权力。

2. 修宪权

修宪权是依据制宪权而产生的一种权力，是一种从制宪权派生出来的权力，可以理解为制度化的制宪权。

3. 立法权

通常意义上讲的立法权，是制定一般法律的活动。这种立法活动要遵从制宪权的宗旨，不能脱离制宪的目的与原则。

（三）宪法制定的主体和机构

1. 宪法制定的主体

宪法制定的主体即行使制宪权的主体。制宪权的主体是制宪权得以运行的首要因素。各国宪法确立了国民拥有制宪权，但这是从抽象意义上来界定的。现代宪法的制定都是通过国民代表组成的国民代表会议行使制宪权。

2. 制宪机构

为了能够有效地行使制宪权，国家通常根据需要成立制宪机关，如制宪会议、国民大会、立宪会议、制宪委员会等形式的机关。

制宪机关不同于宪法起草机关，二者的区别表现在：

（1）制宪机关是行使制宪权的国家机关，而宪法起草机构是具体的、专门的工作机关，不能独立地行使制宪权。

（2）制宪机关一般是一种常设的机构，而宪法起草机关是临时性的机关，一旦宪法的起草任务完成便宣告解散。

（3）制宪机关有权批准通过宪法，而宪法起草机关无权批准通过宪法。

（4）制宪机关由公民选举产生，具有广泛的民意基础，而宪法起草机关往往通过任命的方式产生，注重成员的广泛性。

（四）宪法制定的程序

（1）成立专门的制宪机构。

（2）提出宪法草案。

（3）宪法草案的通过。

（4）公布。

二、中国宪法的制定

《共同纲领》在新中国成立初期起着临时宪法的作用，人民政协行使着一定范围的制宪权。1954 年 9 月 20 日，第一届全国人民代表大会第一次会议通过了 1954 年《宪法》。

第二节　宪法的解释

一、宪法解释概述

（一）宪法解释的概念

1. 宪法解释的含义

宪法解释是指在宪法实施过程中，享有宪法解释权的国家机关依照法定程序对宪法的含义、内容和界限所作的说明和补充。

2. 宪法解释的分类

（1）正式解释，是享有宪法解释权的机关对宪法作出的具有宪法效力的解释。

（2）非正式解释，是指有解释权之外的机关或个人对宪法的解释。

（二）宪法解释的方法

（1）文义解释，又被称为字面解释，是根据宪法规范所使用的文字的字面意思而进行解释的方法。

(2) 目的解释，有时又被称为原意解释，是通过探求制宪者的原意来解释宪法的方法。

(3) 体系解释，是根据宪法规范在宪法典中的位置，与其他规范的关联，从整体的角度来确定解释对象的含义与内容的解释方法。

(三) 宪法解释的体制

1. 立法机关解释体制

立法机关解释体制就是由制定宪法的机关作为解释宪法的机关。在立法机关解释体制下，立法机关是制定宪法的机关，同时也是解释宪法的机关。

2. 司法机关解释体制

司法机关解释体制就是由司法机关负责解释宪法。在实行司法机关解释宪法的体制下，只有司法机关解释宪法才是有权解释，其他机关、团体或个人的解释都属无权解释。司法机关按照司法程序对宪法进行解释，司法机关对宪法的解释采用不告不理的原则，但在审理案件中一旦有必要将宪法条文应用于具体案件，就有权解释宪法。司法机关在审理具体案件援引宪法条文时，宪法解释仅仅对审理的案件具有约束力，不具有普遍适用的效力。

3. 专门机关解释体制

专门机关解释体制既不是由制定宪法的机关解释宪法，也不是由司法机关解释宪法，而是由专门机关解释宪法。专门机关解释体制是依据宪法或其他宪法性法律的专门授权成立的机关行使宪法解释权的一种制度。这种宪法解释具有专门性和权威性的特点，在原理上能克服上述两种解释体制所存在的弊端，将宪法解释的司法性与专门性有效地结合在一起。

二、中国宪法的解释

(1) 我国现行宪法解释体制属于立法机关解释体制。1954 年《宪法》和 1975 年《宪法》都没有对宪法解释权的归属作出规定。这种解释体制首先是由 1978 年《宪法》予以确认和建立的。1982 年《宪法》再次以根本法的形式确认了宪法解释的机关是全国人民代表大会常务委员会，这与我国的宪法体制相吻合。

(2) 实行立法机关解释体制的理由。宪法解释权由全国人大常委会行使，这种解释体制存在的理由是：全国人大作为最高的国家权力机关既有制宪权，也有立法权，而全国人大常委会是全国人大的组成部分，拥有解释宪法的权力，使得宪法解释具有立法性质和普遍的约束力，并使宪法解释工作成为一种经常性的行为。从一定的意义上讲，全国人大常委会比其他的国家机关更了解宪法的原意和精神，因而，这种解释体制具有一定的合理性。

(3) 我国立法机关解释体制存在的问题。我国宪法解释体制在实际生活中还存在着一定的问题，最突出的表现就是宪法解释缺乏具体的规范化程序，因此，在我国目前还应当建立和完善一些具体的解释程序，将宪法解释进一步规范化。

第三节　宪法修改

一、宪法修改概述

(一) 宪法修改的概念

1. 宪法修改的概念

宪法修改是指有权修改宪法的机关依据法定程序对宪法规范予以补充、调整、删除的行为，以保证宪法的内容与社会的发展相适应。

2. 宪法修改的限制

一些国家在其宪法中规定，政体、基本权利等方面的内容不得成为宪法修改的对象。

（二）宪法修改的形式

1. 全面修改

全面修改是指对宪法的重新制定，即以新的宪法取代旧的宪法。

2. 部分修改

部分修改是对宪法的部分条款加以改变，或者增加一些新的条款，而不改动其他条款的一种修改方式。

（三）宪法修改的程序

1. 提案

2. 审议和表决

二、中国宪法的修改

（1）新中国成立至今，我国一共制定了四部宪法，前面三部采用全面修改的方式，现行宪法即1982年《宪法》是第四部宪法，该部宪法生效以后，采用部分修改的方式。现行宪法经过了五次修改，通过了52条宪法修正案。

（2）我国的宪法修改制度包括以下三个方面的内容：

①修宪机关。全国人民代表大会行使修改宪法的职权。

②修宪提案主体。宪法的修改，由全国人民代表大会常务委员会或者1/5以上的全国人民代表大会代表提议。

③修宪通过程序。修宪由全国人民代表大会以全体代表的2/3以上的多数通过。

（3）从现行宪法的修改来看，中国共产党中央委员会的宪法修改建议对我国的宪法修改制度和宪法修改实践具有重要的意义。

（4）我国宪法修改程序在实践中主要存在如下问题：

①修宪程序不完整，只规定修宪提案权主体和通过程序，没有审议程序、公布程序等必要的内容。

②修宪程序与宪法制度具体运行之间存在一定的距离，修宪程序缺乏规范化。为了建设社会主义法治国家，有必要进一步完善宪法修改制度，建立规范的修宪程序。

③修宪频率比较高，客观上影响了宪法权威的树立。

第四节　宪法监督

一、合宪性审查制度概述

（一）合宪性审查的概念

1. 合宪性审查制度的概念

合宪性审查制度是指由特定的机关对立法行为以及其他行为进行审查并处理的一种制度。

2. 合宪性审查的对象

除了立法行为可以作为合宪性审查的对象外，还应该包括对包括行政行为在内的其他行为的审查。

（二）合宪性审查的模式

1. 普通法院模式

普通法院模式即由普通法院行使合宪性审查权的模式。

2. 专门机关模式

专门机关模式即成立专门的机关行使合宪性审查权的模式。宪法法院作为一种专门的合宪性审查机关，体现了司法性与专门性相结合的特点。

3. 立法机关模式

立法机关模式就是由立法机关行使合宪性审查权的模式。立法机关制定的法律是否违反宪法，只能由立法机关自己来审查。立法机关模式的局限性最突出的表现就是不能体现合宪性审查机关的专门性和裁判过程的司法性，特别是无法解决自身监督自身的问题。

（三）合宪性审查的方式

1. 事先审查

事先审查是法律、法规或其他的法律文件在发生法律效力前，或行为还没有实施前，由特定的机关所作的一般性的预防性审查。

2. 事后审查

事后审查是指法律、法规或其他的法律文件在发生法律效力后，或者行为已经实施后，由特定的机关所作的具体审查。

二、中国的宪法监督制度

（一）中国宪法监督制度的内容

宪法监督制度是由特定机关对公权力行为进行合宪性审查并作出处理的制度。我国的宪法监督制度具有自己的特点，反映了我国的宪法理念。我国 1954 年《宪法》首次确立了宪法监督制度，1978 年《宪法》也规定了宪法监督制度，但直到 1982 年《宪法》颁布，我国现行宪法的监督制度才趋于定型。按照现行宪法的规定，我国宪法监督制度的主要内容表现在下列方面：

1. 合宪性审查的依据

（1）宪法是最高法，在整个法律体系中具有最高的效力。《宪法》序言庄严地宣告了宪法是我国的根本法，具有最高的法律效力。全国各族人民、一切国家机关和武装力量、各政党和各社会团体、各企业事业组织，都必须以宪法为根本的活动准则，并且负有维护宪法尊严、保证宪法实施的职责。

（2）宪法规定，一切法律、行政法规和地方性法规都不得同宪法相抵触；任何组织或者个人都不得有超越宪法和法律的特权。

2. 合宪性审查的机关

（1）全国人大及其常委会行使监督宪法实施的职权。这不仅为保证合宪性审查工作的经常开展提供了依据，而且能够使合宪性审查制度经常性地、有权威地进行，有利于对违宪事件的及时处理。

（2）全国人大中的各专门委员会审议全国人民代表大会常务委员会交付的被认为同宪法、法律相抵触的国务院的行政法规、决定和命令，国务院各部门的命令、指示和规章，国家监察委员会的监察法规，省、自治区、直辖市和设区的市、自治州的人民代表大会及其常务委员会的地方性法规和决定、决议，省、自治区、直辖市和设区的市、自治州的人民政府的决定、命令和规章，民族自治地方的自治条例和单行条例，经济特区法规，以及最高人民法院、最高人民检察院具体应用法律问题的解释，提出意见。

3. 合宪性审查的程序

（1）国务院、中央军事委员会、最高人民法院、最高人民检察院和各省、自治区、直辖市的人民代表大会常务委员会认为行政法规、地方性法规、自治条例和单行条例同宪法或者法律相抵触的，可以向全国人民代表大会常务委员会书面提出进行审查的要求，由常务委员会工作机构分送有关的专门委员会进行审查、提出意见。前述以外的其他国家机关和社会团体、企业事业组织以及公民认为行政法规、地方性法规、自治条例和单行条例同宪法或者法律相抵触的，可以向全国人民代表大会常务委员会书面提出进行审查的建议，由常务委员会工作机构进行研究，必要时，送有关的专门委员会进行审查、提出意见。有关的专门委员会和常务委员会工作机构可以对报送备案的规范性文件进行主动审查。

（2）全国人民代表大会专门委员会、常务委员会工作机构在审查、研究中认为行政法规、地方性法规、自治条例和单行条例同宪法或者法律相抵触的，可以向制定机关提出书面审查意见、研究意见；也可以由宪法和法律委员会与有关的专门委员会、常务委员会工作机构召开联合审查会议，要求制定机关到会说明情况，再向制定机关提出书面审查意见。制定机关应当在2个月内研究提出是否修改的意见，并向全国人民代表大会宪法和法律委员会和有关的专门委员会或者常务委员会工作机构反馈。上述审查程序既可以是事后主动审查，也可以是事后被动审查。由各专门委员会分别审查相关领域的法律文件的合宪性，这无疑进一步强化了我国的宪法监督制度。

4. 合宪性审查的结果

（1）对审查的处理。

①全国人民代表大会宪法和法律委员会、有关的专门委员会、常务委员会工作机构向制定机关提出审查意见、研究意见，制定机关按照所提意见对行政法规、地方性法规、自治条例和单行条例进行修改或者废止的，审查终止。全国人民代表大会宪法和法律委员会、有关的专门委员会、常务委员会工作机构经审查、研究认为行政法规、地方性法规、自治条例和单行条例同宪法或者法律相抵触而制定机关不予修改的，应当向委员长会议提出予以撤销的议案、建议，由委员长会议决定提请常务委员会会议审议决定。

②全国人民代表大会有权改变或者撤销全国人民代表大会常务委员会不适当的决定；全国人民代表大会常务委员会有权撤销国务院制定的同宪法相抵触的行政法规、决定和命令，并有权撤销省、自治区、直辖市国家权力机关制定的同宪法相抵触的地方性法规和决议。

（2）审查情况的反馈和公开。全国人民代表大会有关的专门委员会和常务委员会工作机构应当按照规定要求，将审查、研究情况向提出审查建议的国家机关、社会团体、企业事业组织以及公民反馈，并可以向社会公开。

（二）中国宪法监督制度的完善

我国的宪法监督制度在具体运作中还存在着一些问题，完善该项制度是社会主义法治建设的需要。

（1）《全国人民代表大会组织法》《立法法》规定了全国人民代表大会各专门委员会具体审查相关立法的合宪性的职责。但全国人民代表大会设有10个专门委员会，这导致合宪性审查权的行使过于分散。

（2）就合宪性审查的对象来看，主要是对行政法规、地方性法规、自治条例和单行条例等进行合宪性审查，而对法律、规章等法律形式如何进行合宪性审查缺乏明确的规定。

（3）关于合宪性审查的启动程序、审理程序和审理结果方面的规定相对比较抽象。

总体而言，各界在这个问题上取得了一定的共识，那就是要建立能够真正维护国家法制统

一、约束政府权力、保障公民自由的宪法监督机制。

（三）我国的宪法宣誓制度

（1）根据《全国人民代表大会常务委员会关于实行宪法宣誓制度的决定》，全国人民代表大会及其常务委员会、国务院、中央军事委员会、国家监察委员会、最高人民法院、最高人民检察院等中央国家机构和县级以上人民代表大会及其常务委员会、人民政府、监察委员会、人民法院、人民检察院等县级以上地方国家机构选出或任命的国家工作人员在就任时应当公开对宪法宣誓。

（2）宣誓的誓词为："我宣誓：忠于中华人民共和国宪法，维护宪法权威，履行法定职责，忠于祖国，忠于人民，恪尽职守、廉洁奉公，接受人民监督，为建设富强民主文明和谐美丽的社会主义现代化强国努力奋斗！"

（3）2018年宪法修正案明确规定："国家工作人员就职时应当依照法律规定公开进行宪法宣誓。"这是以根本法的形式确立了宪法宣誓制度。

知识拓展

1. 请结合宪法实施理论和知识，论述如何全面深入推进宪法实施和监督。

宪法实施是指宪法规范在实际生活中的贯彻落实，是宪法制定颁布后的运行状态，也是宪法作用于社会关系的基本形式。宪法的生命在于实施，宪法的权威也在于实施。要坚持和完善中国特色社会主义制度，推进国家治理体系和治理能力现代化，必须更加注重发挥宪法的重要作用。

（1）始终坚持正确的政治方向。宪法的实施和监督，事关党和国家的前途命运，事关人民群众的幸福安康，具有高度政治性和法律性，必须牢牢把握正确的政治方向。我国实行依宪治国、依宪执政，应贯彻以宪法为核心的依宪治国、依宪执政。坚持依宪治国、依宪执政，最核心的一条就是坚持中国共产党领导，坚持人民民主专政的国体和人民代表大会制度的政体。

（2）将宪法精神贯彻到立法工作全过程和各方面。宪法规定的是国家的重大制度和重大事项，在国家和社会生活中具有总括性、原则性、纲领性、方向性。宪法是所有立法活动的根本依据，立法活动的首要要求是依宪立法。要牢固树立宪法意识，不断加强和改进立法工作，提高立法质量和效率，以完备的法律推动宪法实施，保证宪法确定的制度、原则和精神得到贯彻实施。在具体工作中，无论是审议修改法律案、开展立法调研，还是进行制度设计、研究重大问题，都要始终坚持以宪法为依据，坚决把宪法精神贯彻到立法工作的各方面和全过程，努力使每一项立法都符合宪法精神和人民意愿。

（3）不断健全保证宪法全面实施的体制机制。全面贯彻实施宪法是建设社会主义法治国家的首要任务和基础性工作。全国人大及其常委会负有保证宪法实施、加强宪法监督的法定职责，落实宪法解释程序机制，积极回应涉及宪法有关问题的关切，实现宪法稳定性和适应性相统一。继续推进合宪性审查工作，严格按照宪法规定、遵循宪法原意，认真研究、及时回应各方面对宪法问题的关切。定期听取备案审查工作报告，督促制定机关纠正与宪法精神和法律规定相抵触，或者不符合、不适应的规范性文件，维护国家法制的统一、尊严和权威。积极稳妥处理法治建设中的涉宪性、合宪性问题，保证各项法律法规和制度政策符合宪法规定、遵循宪法原则、体现宪法精神。加强备案审查制度，进一步加强主动审查和专项审查，实行有件必备、有备必审、有错必纠，坚决维护宪法法律的权威和尊严。推动弘扬宪法精神、树立宪法权威。进一步加强宪法宣传教育，着力提高领导干部运用法治思维和法治方式深化改革、推动发展、化解矛盾、维护稳定的能力，在全社会形成尊崇宪法、敬畏宪法、遵守宪法、维护宪法的良好氛围。

2. 结合2018年宪法修正案论述关于宪法宣誓制度的建立及意义。

宪法是国家的根本法，是我国社会主义法律体系的基础，具有最高的法律效力。同时，宪法是社会共同体的基本规则，凝聚着基本共识和价值观。2018年宪法修正案规定："国家工作人员在就职时应当依照法律规定公开进行宪法宣誓"，公开进行宪法宣誓的国家工作人员包括全国人大及其常委会、国务院、中央军委、国家监察委员会、最高人民法院、最高人民检察院等中央国家机构和县级以上人大及其常委会、人民政府、监察委员会、人民法院、人民检察院等县级以上地方国家机构选出或任命的国家工作人员。

建立宪法宣誓制度的意义主要在于：

（1）宪法宣誓制度的建立有利于维护宪法的最高法律地位、法律权威和法律效力。全面贯彻实施宪法，是推进依法治国、建设社会主义法治国家的首要任务。任何组织和个人都必须尊重宪法权威，在宪法和法律范围内活动，将宪法作为其行为准则。

（2）宪法宣誓制度的建立有利于激励和教育国家工作人员忠于宪法、遵守宪法、维护宪法，是我国宪法实施制度的完善和最新发展。经人民代表大会及其常委会选举或决定任命的国家工作人员，在庄严的就职仪式上宣誓，对国家法律和权力赋予者郑重承诺。通过宪法宣誓可以使国家工作人员明确权力来源于宪法，宪法高于权力，宪法约束权力，按照宪法法律规定行使权力。宣誓者将为人民服务的公仆意识和承诺公开化，产生神圣的使命感和强烈的责任感，时刻受到誓言和自身道德良知的约束。

（3）宪法宣誓制度的建立有助于提高公民的宪法意识。就职宣誓是一次很好的宪法教育，有助于公民更好地认知宪法，提高宪法意识，并从内心产生对宪法的情感寄托，使尊重和维护宪法权威成为公民的心理基础。

（4）宪法宣誓制度的建立有助于在全社会传播宪法理念，树立法治信仰。开展普遍的宪法教育，对于全社会树立法治信仰和宪法精神具有重要意义。建立宪法宣誓制度，是开展宪法教育，普及宪法知识，以宪法凝聚社会共识的有效手段。

第三章　国家基本制度

大纲应试策略

本章包括国家性质、政权组织形式、选举制度、政党制度、国家结构形式等内容。在背诵要点中，我国的所有制形式、自然资源的归属、分配原则、"五个文明"建设的内容及协调发展、选举制度的基本原则、选举程序、人民代表大会制度、民族区域自治制度、特别行政区制度、基层群众自治制度是本章的核心内容。本章较难掌握的知识点是"五个文明"建设、选举制度、特别行政区制度和基层群众自治制度。本章内容非常庞大，涉及的法律众多，除了《宪法》外，还要掌握《立法法》《全国人民代表大会组织法》《全国人民代表大会议事规则》《选举法》《民族区域自治法》《香港特别行政区基本法》《澳门特别行政区基本法》《城市居民委员会组织法》《村民委员会组织法》等有关法律的重要规定。本章出题方式包括各类题型。关于简答题、论述题等主观题，除考查过的外，本章较为重要的简答题有：我国宪法关于现阶段的爱国统一战线的规定及爱国统一战线的特点；宪法总纲中关于民族关系和民族政策的规定；现行宪法关于集体经济的规定；我国宪法规定的分配原则；宪法总纲中关于教育政策的规定；我国选举法关于代表辞职的规定；人民代表大会制度的概念和特征；人民代表大会制度的组织原则；我国采取的国家结构形式及原因；我国宪法关于行政区域建置和划分权限的规定；我国行政区划的划分原则；民族区域自治制度的优越性；民族自治地方的自治机关及其特点；特别行政区的概念和特点；特别行政区的政权组织及主要职权。本章较为重要的论述题有：我国现阶段的爱国统一战线及其特点；宪法关于新发展理念的规定对"五个文明"的协调发展和社会和谐发展的新理念的体现和保障作用；人民代表大会制度是我国根本的政治制度；人民代表大会制度的组织原则；人民代表大会制度的优越性；人民代表大会制度的完善；党领导立法和人大主导立法是对人民代表大会制度的完善；人民代表大会制度是对坚持党的领导、人民当家作主和依法治国的有机统一的根本安排；影响国家结构形式的要素；我国行政区划的划分原则；我国的民族自治机关；民族自治地方自治机关的自治权；特别行政区的法律地位；特别行政区与一般行政区的联系和区别；基层群众自治制度的优势。

大纲背诵要点

第一节　国家性质

一、国家性质概述

（一）国家性质的概念

国家性质也称国体，或者说国家的阶级本质、政权的阶级本质，是指各个阶级在国家中的地位，具体来讲就是哪个阶级是统治阶级，哪个阶级是被统治阶级，哪个阶级是联盟的对象。

（二）国家性质在国家制度中的地位

国家性质是国家制度的核心，其他的一些制度，如国家结构形式、政党制度、选举制度等，都是围绕着国家性质展开的。国家性质与国家形式之间的关系是内容与形式之间的关系，国家性质反映的是本质方面的内容，而其他的制度，如政权组织形式、国家结构形式则是本质的外在反映。

二、中国的国家性质

（一）人民民主专政的概念

1. 我国的国家性质

我国的国家性质是人民民主专政。

2. 人民民主专政和无产阶级专政的一致性

人民民主专政实质是无产阶级专政，这是因为：

（1）从领导权来看，工人阶级掌握领导权、成为领导力量是无产阶级专政和人民民主专政的根本标志。

（2）从阶级基础来看，无产阶级专政与人民民主专政都是以工农联盟为阶级基础。

（3）从历史使命来看，无产阶级专政与人民民主专政的历史使命是一样的。

（4）从国家职能来看，无产阶级专政与人民民主专政都承担相同的国家职能。

（二）人民民主专政的阶级结构

（1）以工人阶级为领导。以工人阶级为领导是人民民主专政的根本标志。

（2）工农联盟是阶级基础。

（3）知识分子是依靠力量。

（4）统一战线是人民民主专政的重要特色。

（三）中国共产党领导是中国特色社会主义最本质的特征

我国宪法规定，社会主义制度是我国的根本制度，中国共产党领导是中国特色社会主义最本质的特征。这一规定把党的领导和社会主义制度内在统一起来。

（四）爱国统一战线

现阶段我国的统一战线称为爱国统一战线，它是由中国共产党领导的，有各民主党派和各人民团体参加的，包括全体社会主义劳动者、社会主义事业的建设者、拥护社会主义的爱国者、拥护祖国统一和致力于中华民族伟大复兴的爱国者的政治联盟。

现阶段爱国统一战线有如下特点：

（1）以中国共产党的领导为最高原则。

（2）以政治协商为主要工作方式。

（3）以爱国主义为政治基础和界限范围。

（4）以“三大任务”（服务于现代化建设、服务于祖国统一、服务于世界和平）为奋斗目标。

（5）以中国人民政治协商会议为组织形式。

三、经济制度

（一）经济制度的概念

经济制度是指一个国家通过宪法和法律调整而形成的、以生产资料所有制和各种基本经济关系为内容的规则和政策的总称。在经济制度中，所有制的问题是其核心内容。

（二）中国的所有制形式

1. 公有制经济

（1）我国社会主义经济制度的基础是生产资料的社会主义公有制，即全民所有制和劳动群众集体所有制。

（2）国有经济，即社会主义全民所有制经济，是国民经济中的主导力量。国家保障国有经济的巩固和发展。

（3）农村中的生产、供销、信用、消费等各种形式的合作经济，是社会主义劳动群众集体所有制经济。参加农村集体经济组织的劳动者，有权在法律规定的范围内经营自留地、自留山、家庭副业和饲养自留畜。城镇中的手工业、工业、建筑业、运输业、商业、服务业等行业的各种形式的合作经济，都是社会主义劳动群众集体所有制经济。国家保护城乡集体经济组织的合法的权利和利益，鼓励、指导和帮助集体经济的发展。

2. 自然资源和土地所有权

（1）自然资源所有权。

①矿藏、水流、森林、山岭、草原、荒地、滩涂等自然资源，都属于国家所有，即全民所有；由法律规定属于集体所有的森林和山岭、草原、荒地、滩涂除外。

②国家保障自然资源的合理利用，保护珍贵的动物和植物。

③禁止任何组织或者个人用任何手段侵占或者破坏自然资源。

（2）土地制度。

①城市的土地属于国家所有。农村和城市郊区的土地，除由法律规定属于国家所有的以外，

属于集体所有；宅基地和自留地、自留山，也属于集体所有。

②国家为了公共利益的需要，可以依照法律规定对土地实行征收或者征用并给予补偿。

③任何组织或者个人不得侵占、买卖或者以其他形式非法转让土地。土地的使用权可以依照法律的规定转让。

④一切使用土地的组织和个人必须合理地利用土地。

3. 非公有制经济

我国的非公有制经济包括个体经济、私营经济以及“外商投资经济”。在法律规定范围内的个体经济、私营经济等非公有制经济，是社会主义市场经济的重要组成部分。国家保护个体经济、私营经济等非公有制经济的合法的权利和利益。国家鼓励、支持和引导非公有制经济的发展，并对非公有制经济依法实行监督和管理。

（三）分配制度

按劳分配原则是我国社会主义分配制度的基础，我国实行各尽所能、按劳分配的原则。

（四）社会主义市场经济

我国现行的经济体制是社会主义市场经济。

四、物质文明、政治文明、精神文明、社会文明和生态文明的协调发展

（一）物质文明的含义

物质文明是人类改造自然界的物质成果，表现为物质生产的进步和人们物质生活的改善及不断丰富。

（二）政治文明的含义

1. 政治文明的含义

政治文明是人类在进行社会治理过程中取得的有关政治思想、政治制度和政治运作行为方面的成果，表现为政治制度设计和运行的民主化、法制化和科学化。

2. 社会主义政治文明建设的内容和特点

（1）中国共产党的领导是社会主义政治文明建设的保障。

（2）人民当家作主是社会主义政治文明建设的本质特点。

（3）坚持依宪治国是社会主义政治文明建设的根本途径。

（三）精神文明的含义

1. 精神文明的含义

精神文明是伴随着物质文明的产生而产生的，是社会生产实践中的精神产品。我国宪法规定的精神文明建设主要包括文化教育建设和思想道德建设两项内容。

2. 文化教育建设

（1）发展社会主义教育事业。

①国家发展社会主义的教育事业，提高全国人民的科学文化水平。

②国家举办各种学校，普及初等义务教育，发展中等教育、职业教育和高等教育，并且发展学前教育。

③国家发展各种教育设施，扫除文盲，对工人、农民、国家工作人员和其他劳动者进行政治、文化、科学、技术、业务的教育，鼓励自学成才。

④国家鼓励集体经济组织、国家企业事业组织和其他社会力量依照法律规定举办各种教育

事业。

⑤国家推广全国通用的普通话。

(2) 发展社会主义科学事业。国家发展自然科学和社会科学事业，普及科学和技术知识，奖励科学研究成果和技术发明创造。

(3) 发展社会主义卫生、体育事业。

①国家发展医疗卫生事业，发展现代医药和我国传统医药，鼓励和支持农村集体经济组织、国家企业事业组织和街道组织举办各种医疗卫生设施，开展群众性的卫生活动，保护人民健康。

②国家发展体育事业，开展群众性的体育活动，增强人民体质。

(4) 发展社会主义文学艺术和其他文化事业。

①国家发展为人民服务、为社会主义服务的文学艺术事业、新闻广播电视事业、出版发行事业、图书馆博物馆文化馆和其他文化事业，开展群众性的文化活动。

②国家保护名胜古迹、珍贵文物和其他重要历史文化遗产。

3. 思想道德建设

(1) 国家通过普及理想教育、道德教育、文化教育、纪律和法制教育，通过在城乡不同范围的群众中制定和执行各种守则、公约，加强社会主义精神文明的建设。

(2) 国家倡导社会主义核心价值观，提倡爱祖国、爱人民、爱劳动、爱科学、爱社会主义的公德，在人民中进行爱国主义、集体主义和国际主义、共产主义的教育，进行辩证唯物主义和历史唯物主义的教育，反对资本主义的、封建主义的和其他的腐朽思想。

(四) 社会文明的含义

1. 社会文明的含义

社会文明是社会领域的进步程度和社会建设的积极成果。

2. 社会文明的内容

(1) 社会主体文明，是社会主义社会文明的主体方面和基础条件，包括个人发展、家庭幸福、邻里和睦、社会和谐等方面。

(2) 社会关系文明，是社会主义社会文明的结构要求和核心内容，包括人际关系、家庭关系、邻里关系、社团关系、群体关系等方面。

(3) 社会观念文明，是社会主义社会文明的精神状态和前提条件，包括社会理论、社会心理、社会风尚，社会道德等方面。

(4) 社会制度文明，是社会主义社会文明的规范要求和基本保证，包括社会制度、社会体制、社会政策、社会法律等方面。

(5) 社会行为文明，是社会主义社会文明的外在表现和关键所在，包括社会活动、社会工作、社会管理等方面。

3. 社会文明建设要求

(1) 现代国民教育体系更加完善，终身教育体系基本形成，全民受教育程度和创新人才培养水平明显提高。

(2) 社会就业更加充分。

(3) 覆盖城乡居民的社会保障体系基本建立，人人享有基本生活保障。

(4) 合理有序的收入分配格局基本形成，中等收入者占多数，绝对贫困现象基本消除。

(5) 人人享有基本医疗卫生服务。

(6) 社会管理体系更加健全。

（五）生态文明的含义

1. 生态文明的含义

生态文明是人类遵循人、自然、社会和谐发展这一客观规律而取得的物质与精神成果的总和；生态文明是以人与自然、人与人、人与社会和谐共生、良性循环、全面发展、持续繁荣为基本宗旨的社会形态。

2. 生态文明建设措施

（1）小康全面不全面，生态环境质量是关键。良好生态环境是最公平的公共产品，是最普惠的民生福祉。我国明确把生态环境保护摆在突出的位置，既要绿水青山，也要金山银山，决不以牺牲环境为代价去换取一时的经济增长。

（2）国家强调要基本形成节约能源资源和保护生态环境的产业结构、增长方式、消费方式。为此要做到：循环经济形成较大规模，可再生能源比重显著上升。主要污染物排放得到有效控制，生态环境质量明显改善。

（3）生态文明观念在全社会牢固树立。

（六）"五个文明"的协调发展

（1）"八二"宪法规定了物质文明和精神文明的协调发展。2004 年宪法修正案将"政治文明"写入宪法后，就使三种形式的文明连成一体。2018 年宪法修正案又将"社会文明"和"生态文明"写入宪法，指出：推动物质文明、政治文明、精神文明、社会文明、生态文明协调发展，把我国建设成为富强民主文明和谐美丽的社会主义现代化强国，实现中华民族伟大复兴。

（2）我国的社会主义现代化建设是一个巨大的系统工程，具体来讲，就是"五个文明"的协调发展。"五个文明"协调发展是中国共产党统筹推进经济建设、政治建设、文化建设、社会建设、生态建设的"五位一体"总体布局的宪法化表达。

（3）社会主义社会应该是物质文明、政治文明、精神文明、社会文明和生态文明全面发展的社会，实现现代化的过程是包括经济、政治、文化、社会和生态发展在内的全面进步的过程。在这个过程中，生态文明是"五个文明"系统中的前提，物质文明是"五个文明"系统中的基础，政治文明是"五个文明"系统中的保障，精神文明是"五个文明"系统中的灵魂，社会文明是"五个文明"系统中的目的。强调"五个文明"共同发展、协调发展，是对人类社会发展趋势的正确回应，"五个文明"共同构成文明系统整体，协调发展，相互影响，相互制约，最终实现宪法确立的国家根本任务。

第二节　政权组织形式

一、政权组织形式概述

（一）政权组织形式的概念

政权组织形式即政体，是指特定社会的统治阶级采用一定的原则和方式组织实现国家权力的机关体系，确定各机关之间的相互关系。

（二）政权组织形式的类型

国家政体在形式上主要表现为两大类型即君主制和共和制。共和制主要包括总统制、议会制、半总统制和人民代表制。君主制分为议会君主制和二元君主制。现代资本主义国家的政体主要是共和制和议会君主制。

（三）政权组织形式在国家制度中的地位

政权组织形式由国家性质决定。国体和政体的关系是：

（1）国体决定政体，任何国体均有与之相适应的政体，有什么样的国家性质就有与之相适应的政权组织形式，国体只有借助于政体才能外化出来。

（2）政体对国体具有反作用，没有适当的政体，统治阶级是无法对国家进行有效统治的。

二、中国的政权组织形式

（一）人民代表大会制度的概念和特征

1. 人民代表大会制度的概念

我国的政权组织形式是人民代表大会制度。人民代表大会制度是马克思主义关于政权组织形式的基本理论同中国具体实际情况相结合的产物，是人民通过选举的方式，选举代表组成各级国家权力机关，由各级国家权力机关产生其他的国家机关，其他国家机关对权力机关负责，权力机关对人民负责的一种制度。

2. 人民代表大会制度的特征

（1）人民代表大会制度的目标是规范国家权力和保障公民权利。人民代表大会制度的核心内容是国家的一切权力属于人民。

（2）人民代表大会在国家机关体系中居最高的地位，其他机关由它产生，对它负责，受它监督。

（3）人民代表大会制度实行的是一院制。

（4）人大代表是兼职代表。

（5）在人民代表大会中设立常务委员会作为常设机关。

（二）人民代表大会制度是我国的根本政治制度

人民代表大会制度是我国的根本政治制度，其理由有：

（1）人民代表大会制度直接全面地反映了我国的阶级本质。

（2）人民代表大会制度产生于我国的革命斗争中，是其他制度赖以建立的基础。

（3）人民代表大会制度反映了我国政治生活的全貌，是人民实现民主管理的最好方式。

（三）人民代表大会制度的组织原则

民主集中制是人民代表大会的组织活动原则。民主集中制在人民代表大会制度中主要表现为：

（1）各级国家权力机关由民主选举产生，对人民负责，受人民监督。

（2）其他国家机关由人民代表大会产生，对人民代表大会负责，受人民代表大会监督。

（3）在中央与地方的关系上，遵循在中央的统一领导下，充分发挥地方的主动性和积极性的原则。

三、坚持和完善人民代表大会制度

（一）人民代表大会制度的优越性

（1）人民代表大会制度便于人民参加国家管理。

（2）人民代表大会制度便于集中统一行使国家权力。

（3）人民代表大会制度能在保证中央统一领导下充分发挥地方的主动性和积极性。

（二）人民代表大会制度的完善

（1）进一步理顺党与人大的关系，完善党对人大的领导。

（2）进一步完善以人民代表大会制度为基础的宪制。

（3）进一步加强人大的自身建设。

（4）进一步规范权力运用的具体程序。

第三节　选举制度

一、选举制度概述

（一）选举制度的概念

选举制度是指国家通过法律规定选举代表机关代表和国家公职人员所应遵循的各项原则和制度的总称。

（二）选举制度的功能

（1）选举是政府合法性的来源。

（2）选举是公民参与政治生活的基本形式。

（3）选举是公民自我治理的保障。

（三）中国选举制度的历史发展

1949年中华人民共和国成立后，中央人民政府委员会于1953年颁布了新中国的第一部选举法。1979年我国颁布了新的选举法。此后，又在1982年、1986年、1995年、2004年、2010年、2015年和2020年进行了7次修正。第七次选举法修改的主要内容如下：

（1）新增选举工作遵循三原则的规定，即：全国人民代表大会和地方各级人民代表大会代表的选举工作，坚持中国共产党的领导，坚持充分发扬民主，坚持严格依法办事。

（2）修改增加代表名额基数的规定，即：不设区的市、市辖区、县、自治县的代表名额基数为140名，每5 000人可以增加1名代表；人口超过155万的，代表总名额不得超过450名；人口不足5万的，代表总名额可以少于140名。乡、民族乡、镇的代表名额基数为45名，每1 500人可以增加1名代表；但是，代表总名额不得超过160名；人口不足2 000的，代表总名额可以少于45名。

（3）新增重新确定代表名额备案的规定，即：依照第14条第1款的规定重新确定代表名额的，省、自治区、直辖市的人民代表大会常务委员会应当在30日内将重新确定代表名额的情况报全国人民代表大会常务委员会备案。

（4）将“行政处分”修改为“政务处分”，即：国家工作人员有第58条第1款所列行为的，还应当由监察机关给予政务处分或者由所在机关、单位给予处分。

二、中国选举制度的基本原则

（一）选举权的普遍性原则

1. 选举权普遍性原则的含义

选举权的普遍性，就是指一个国家内享有选举权和被选举权的人数占到了全体年满法定选举年龄的公民总数的绝大多数，从而使选举权和被选举权的享有者在全国范围内达到广泛程度的原则。

2. 我国选举权普遍性原则的体现

(1) 凡年满18周岁的我国公民，除被依法剥夺政治权利的人外，不分民族、种族、性别、职业、家庭出身、宗教信仰、教育程度、财产状况和居住期限，都有选举权和被选举权。据此，在我国享有选举权的基本条件有三个：一是具有中国国籍，是中华人民共和国公民；二是年满18周岁；三是依法享有政治权利。

(2) 下列人员准予行使选举权：

①被判处有期徒刑、拘役、管制而没有附加剥夺政治权利的；

②被羁押，正在受侦查、起诉、审判，法院或检察院没有决定停止行使选举权利的；

③正在取保候审或者被监视居住的；

④正在受拘留处罚的。

(二) 选举权的平等性原则

1. 选举权平等性原则的含义

选举权的平等性原则是指在选举中，一切选民具有同等的法律地位，法律在程序上对所有的选民同等对待，选民所投的选票具有同等的法律效力的原则。

2. 选举权平等性原则的要求

(1) 除法律有特别的规定外，选民平等地享有选举权和被选举权。

(2) 在一次选举中，选民平等地拥有投票权。

(3) 每一代表所代表的选民的人数相同。本行政区域内各选区每一代表所代表的人口数应当大体相等。实行城乡按相同人口比例选举人大代表，应当体现以下原则要求：

①保障公民都享有平等的选举权，实行城乡按相同人口比例选举代表，体现人人平等；

②保障各地方在国家权力机关有平等的参与权，各行政区域不论人口多少，都应有相同的基本名额数，都能选举一定数量的代表，体现地区平等；

③保障各民族都有适当数量的代表，人口再少的民族，也要有一名代表，体现民族平等。

(三) 直接选举与间接选举并用的原则

1. 直接选举与间接选举的含义

直接选举，是指由选民直接投票选举人民代表大会代表的一种选举。

间接选举，是指由下一级人民代表大会代表选举上一级人民代表大会代表的一种选举。

2. 直接选举与间接选举并用的原则的体现

我国实行直接选举与间接选举并用的原则，即我国在县级以及县级以下实行直接选举，县级以上（不包括县级）实行间接选举。

(四) 差额选举的原则

1. 等额选举和差额选举的含义

等额选举，是指民意机关代表或公职人员选举中候选人的人数与应选代表名额相等的选举。

差额选举，是指民意机关代表或公职人员选举中候选人的人数多于应选代表名额的选举。

2. 差额选举原则的体现

(1) 全国和地方各级人民代表大会代表实行差额选举，代表候选人的人数应多于应选代表的名额。

(2) 由选民直接选举人民代表大会代表的，代表候选人的人数应多于应选代表名额1/3至1倍。

(3) 由县级以上的地方各级人民代表大会选举上一级人民代表大会代表的，代表候选人的人数应多于应选代表名额1/5至1/2。

（五）秘密投票的原则

秘密投票也称无记名投票，与记名投票相对应，是选民不署自己的姓名，亲自书写选票并投入密封票箱的一种投票方法。全国和地方各级人民代表大会代表的选举，一律采用无记名投票的方法。

三、中国选举的组织和程序

（一）选举的组织机构

1. 间接选举的主持机构

在实行间接选举的地方，由本级人大常委会主持本级人大代表的选举。

2. 直接选举的主持机构

在实行直接选举的地方，设立选举委员会主持本级人大代表的选举。选举委员会设主任1人，副主任若干人，委员若干人。不设区的市、市辖区、县、自治县的选举委员会受本级人大常委会的领导。乡、民族乡、镇的选举委员会受不设区的市、市辖区、县、自治县的人大常委会的领导。

（二）选举委员会的职责

（1）划分选举本级人民代表大会代表的选区，分配各选区应选代表的名额。

（2）进行选民登记，审查选民资格，公布选民名单；受理对于选民名单不同意见的申诉，并作出决定。

（3）确定选举日期。

（4）了解核实并组织介绍代表候选人的情况；根据较多数选民的意见，确定和公布正式代表候选人名单。

（5）主持投票选举。

（6）确定选举结果是否有效，公布当选代表名单。

（7）法律规定的其他职责。

此外，选举委员会应当及时公布选举信息。

（三）选举的程序

选举的程序为：划分选区—选民登记—代表候选人的产生—投票选举—公布选举结果。

1. 划分选区

县、乡两级的人大代表名额分配到选区，按选区进行选举。选区可以按居住状况划分，也可以按生产单位、事业单位、工作单位划分。选区的大小，按照每一选区选1名至3名代表划分，在各选区中，每一代表所代表的人口数应当大体相等。

2. 选民登记

（1）选民登记。具体操作中，采用“一次登记、长期有效”的原则，做到“不错登”“不漏登”“不重登”。

①凡年满18周岁、没有被剥夺政治权利的我国公民都应列入选民名单。

②精神病患者享有选举权利，不能行使选举权利的，经选举委员会确认，不列入选民名单。

（2）公布选民名单。

①选民名单应在选举日的20日以前公布，实行凭选民证参加投票选举的，并应当发给选民证。

②对于公布的选民名单有不同意见的，可以在选民名单公布之日起 5 日内向选举委员会提出申诉。选举委员会对申诉意见，应在 3 日内作出处理决定。申诉人如果对处理决定不服，可以在选举日的 5 日以前向人民法院起诉，人民法院应在选举日以前作出判决。人民法院的判决为最后决定。

3. 代表候选人的产生

（1）推荐代表候选人。全国和地方各级人大的代表候选人，按选区或者选举单位提名产生。各政党、各人民团体，可以联合或者单独推荐代表候选人。选民或者代表，10 人以上联名，也可以推荐代表候选人。

（2）确定正式代表候选人。

①在直接选举时，选举委员会汇总所推荐的代表候选人后，将代表候选人名单及代表候选人的基本情况在选举日的 15 日以前公布，并交各该选区的选民小组讨论、协商，确定正式代表候选人名单。如果所提代表候选人的人数超过《选举法》第 31 条规定的最高差额比例，由选举委员会交各该选区的选民小组讨论、协商，根据较多数选民的意见，确定正式代表候选人名单；对正式代表候选人不能形成较为一致意见的，进行预选，根据预选时得票多少的顺序，确定正式代表候选人名单。正式代表候选人名单及代表候选人的基本情况应当在选举日的 7 日以前公布。

②在间接选举时，由各该级人大主席团将各政党、各人民团体、选民或者代表提出的代表候选人名单及代表候选人的基本情况印发全体代表，由全体代表酝酿、讨论。如果所提代表候选人的人数符合《选举法》第 31 条规定的差额比例，直接进行投票选举。如果所提代表候选人的人数超过《选举法》第 31 条规定的最高差额比例，进行预选，根据预选时得票多少的顺序，按照本级人大的选举办法根据选举法确定的具体差额比例，确定正式代表候选人名单，进行投票选举。

4. 投票选举

（1）直接选举。在实行直接选举的地方，由选举委员会主持投票选举工作，并通过召开选举大会，设立投票站和流动票箱的方式进行投票。选举人对于代表候选人可以投赞成票，可以投反对票，可以另选其他任何选民，也可以弃权。选民如果在选举期间外出，经选举委员会同意，可以书面委托其他选民代为投票。每一选民接受的委托不得超过 3 人，并应当按照委托人的意愿代为投票。每次选举所投的票数，多于投票人数的无效，等于或者少于投票人数的有效。每一选票所选的人数，多于规定应选代表人数的作废，等于或者少于规定应选代表人数的有效。

（2）间接选举。县级以上地方各级人民代表大会在选举上一级人民代表大会代表时，由各该级人民代表大会主席团主持。

5. 公布选举结果

在选民直接选举人民代表大会代表时，选区全体选民的过半数参加投票，选举有效。代表候选人获得参加投票的选民过半数的选票时，始得当选。县级以上的地方各级人民代表大会在选举上一级人民代表大会代表时，代表候选人获得全体代表过半数的选票时，始得当选。

（四）对代表的监督和罢免

1. 对代表的监督

全国和地方各级人民代表大会的代表，受选民和原选举单位的监督。选民或者原选举单位都有权罢免自己选出的代表。

2. 对代表的罢免

（1）对于县级的人民代表大会代表，原选区选民 50 人以上联名，对于乡级的人民代表大会代表，原选区选民 30 人以上联名，可以向县级的人民代表大会常务委员会书面提出罢免要求。

罢免县级和乡级的人民代表大会代表，须经原选区过半数的选民通过。

（2）县级以上的地方各级人民代表大会举行会议的时候，主席团或者1/10以上代表联名，可以提出对由该级人民代表大会选出的上一级人民代表大会代表的罢免案。罢免由县级以上的地方各级人民代表大会选出的代表，须经各该级人民代表大会过半数的代表通过。在人民代表大会闭会期间，县级以上的地方各级人民代表大会常务委员会主任会议或者常务委员会1/5以上组成人员联名，可以向常务委员会提出对由该级人民代表大会选出的上一级人民代表大会代表的罢免案。在代表大会闭会期间，罢免案须经常务委员会组成人员的过半数通过。

（五）代表的辞职和补选

1. 代表的辞职

（1）全国人民代表大会代表，省、自治区、直辖市、设区的市、自治州的人民代表大会代表，可以向选举他的人民代表大会的常务委员会书面提出辞职。常务委员会接受辞职，须经常务委员会组成人员的过半数通过。接受辞职的决议，须报送上一级人民代表大会常务委员会备案、公告。

（2）县级的人民代表大会代表可以向本级人民代表大会常务委员会书面提出辞职，乡级的人民代表大会代表可以向本级人民代表大会书面提出辞职。县级的人民代表大会常务委员会接受辞职，须经常务委员会组成人员的过半数通过。乡级的人民代表大会接受辞职，须经人民代表大会过半数的代表通过。接受辞职的，应当予以公告。

2. 代表的补选

人大代表因故在任期内出缺，由原选区或者原选举单位补选。补选出缺的代表可以采用差额选举，也可以采用等额选举。

（六）对破坏选举的制裁

为保障选民和代表自由行使选举权和被选举权，对有下列行为之一，破坏选举，违反治安管理规定的，依法给予治安管理处罚；构成犯罪的，依法追究刑事责任：

（1）以金钱或者其他财物贿赂选民或者代表，妨害选民和代表自由行使选举权和被选举权的；

（2）以暴力、威胁、欺骗或者其他非法手段妨害选民和代表自由行使选举权和被选举权的；

（3）伪造选举文件、虚报选举票数或者有其他违法行为的；

（4）对于控告、检举选举中违法行为的人，或者对于提出要求罢免代表的人进行压制、报复的。

国家工作人员有上述所列行为的，还应当由监察机关给予政务处分或者由所在机关、单位给予处分。以上述所列违法行为当选的，其当选无效。

第四节　政党制度

一、政党制度概述

（一）政党的概念和特征

1. 政党的概念

政党是指由一定阶级或阶层的先进分子所组成的，以夺取、控制或者影响国家政权运作为目的的，具有严格纪律和组织体系的政治组织。

2. 政党的特征

（1）政党是一定阶级、阶层的政治组织，具有鲜明的阶级性。

（2）政党具有明确的政治纲领，其目的是夺取或控制政权，以及影响政治权力的运用。

（3）政党是以结社自由为法律基础建立起来的社会政治组织，具有一定的组织体系。

（4）政党有严格的组织纪律，用以规范和约束政党的组织和成员的活动，以保证政党纲领的贯彻执行。

（二）政党制度的概念和类型

1. 政党制度的概念

政党制度是关于政党的地位、作用以及有关政党掌握或影响国家政权的各种制度的总称。

2. 政党制度的类型

以社会制度为标准可以将政党制度分为资本主义制度下的政党制度和社会主义制度下的政党制度。以掌握权力的形式为标准可以分为一党制、两党制、多党制和一党领导的多党合作制。我国实行一党领导的多党合作制。

（三）政党与近代民主政治

政党是近代民主政治发展的产物，政党制度的形成促进了近代民主政治的发展。政党制度将平等、竞争机制引入国家政权领域中，使民主制度公开化、程序化、规范化，拓宽了公民参与国家政治的途径。

二、中国的政党制度

（一）中国政党制度的概念

中国共产党领导的多党合作与政治协商制度是我国的政党制度，是宪法制度中的重要组成部分。我国逐步确立了中国共产党处于领导地位，各民主党派充分参与的多党合作和政治协商制度。各民主党派都接受中国共产党的领导，成为参政党。中国共产党对民主党派的方针是“长期共存、互相监督、肝胆相照、荣辱与共”。

（二）中国共产党领导的多党合作和政治协商制度的内容

（1）中国共产党在国家政权中居领导地位。中国共产党对民主党派的领导主要表现为政治领导，而不是对其发号施令。

（2）各民主党派的参政、议政。各民主党派不是共产党的下级组织，而是与共产党一起参与国家政权和社会主义事业的建设工作，具有法律范围内的政治自由、组织独立和法律地位平等。

（3）中国共产党与民主党派的关系不是执政党与反对党的关系，也不存在轮流执政的问题，但民主党派具有重要的监督作用。

（4）中国人民政治协商会议是我国多党合作和政治协商的重要形式。

（三）中国人民政治协商会议的性质和主要职能

1. 中国人民政治协商会议的性质

中国人民政治协商会议是中国人民的爱国统一战线组织。在性质上，中国人民政治协商会议不属于国家机构体系，不是国家机关，也不同于一般的人民团体，而是爱国统一战线和多党合作的重要形式。

2. 中国人民政治协商会议的主要职能

（1）通过各种形式参与有关国家事务和地方事务重要问题的讨论。

（2）密切联系各方面人士，向党和国家机关反映各界人民群众的意见和要求，宣传和贯彻执行宪法和法律，协助党和政府贯彻各项政策，维护和巩固安定团结的政治局面。

（3）组织政协委员进行视察、参观和调查活动，向有关机关或其他组织提出建议和批评。

（4）积极开展同台湾同胞和各界人士的联系，促进祖国和平统一。

（5）调整和处理爱国统一战线各方面的关系和人民政协会议内部合作的重要事项。

（6）组织和推动政协委员的学习活动。

（7）积极开展人民外交活动，为维护世界和平作出贡献。

第五节　国家结构形式

一、国家结构形式概述

（一）国家结构形式的概念和类型

1. 国家结构形式的概念

国家结构形式是指国家整体与组成部分、中央与地方的相互关系。

2. 国家结构形式的类型

（1）单一制。单一制是指由若干不具有独立性的行政单位或自治单位组成，各组成单位都是国家不可分割的组成部分的一种国家结构形式。单一制的特征有：全国只有一部宪法和一个统一的法律体系；只有一个中央政权机关，各地方的自治单位或行政单位受中央的统一领导；每个公民只有一个国籍；国家整体在国际关系中是唯一的主体。

（2）复合制。复合制是指由两个或者两个以上具有一定独立性的成员单位联合组成的联盟的国家或国家的联盟。近代复合制主要有联邦和邦联两种形式。

①联邦。联邦是指由两个或两个以上的成员单位所组成的联盟的国家。联邦制的特征有：联邦和各成员单位都有自己的宪法和法律，都有各自的国家机关体系；公民具有双重国籍，既是成员单位的公民，又是联邦的公民；联邦和各成员单位的权力划分是依据宪法，联邦的权力是来自各成员单位的授予；在国际关系中，各成员单位一般没有独立对外交往的权力。

②邦联。邦联是指由两个或两个以上具有独立性的国家为了实现某种共同目标而结成的松散的国家联盟。这种联盟一般以条约为基础。邦联的特征有：邦联不是一个主权国家，没有统一的宪法和集中统一的国家机关体系；结成邦联的各个国家都有自己的独立的主权、中央国家机关体系和法律制度体系；邦联的决定要经各个国家的批准才能够产生效力。

（二）影响国家结构形式的要素

国家结构形式的形成取决于多种因素。由于各个国家的情况不同，在国家结构形式的选择上也有一定的差异。影响国家结构形式的因素主要包括历史传统、民族因素和政治因素。

二、中国的国家结构形式

（一）单一制国家结构形式的宪法规定

中国是社会主义性质的国家，在国家结构形式的问题上坚持了马克思主义关于国家结构形式的基本观点，并充分考虑到中国的实际。从新中国成立初期的《共同纲领》到现行《宪法》，都肯定了中华人民共和国是全国各族人民共同缔造的统一的多民族国家。我国实行的是单一制。

（二）实行单一制国家结构形式的原因

（1）实行单一制是由我国民族关系的历史和各民族的居住现状所决定的，是保障各少数民族与汉族平等发展的需要。

（2）实行单一制是由我国经济发展的实际需要所决定的，也是缩小各少数民族与汉族之间经济文化发展差距的有效途径。

(3) 实行单一制是由我国政治发展的基本需要所决定的，有利于国家统一和政治稳定。

(三) 行政区划及其变更的法律程序

1. 行政区划的含义

行政区划是行政区域划分的简称，是国家为了进行管理，将国家的领土依据政治、经济、民族状况和地理历史条件的不同，划分为若干大小不同、层次不同的区域的一种制度。

2. 我国行政区划的原则

我国行政区划的原则有：有利于现代化建设，有利于行政管理，有利于各民族团结，有利于巩固国防，照顾到自然条件和历史状况。

3. 我国的行政区划

(1) 我国的行政区划如下：全国分为省、自治区、直辖市；省、自治区分为自治州、县、自治县、市；县、自治县分为乡、民族乡、镇。直辖市和较大的市分为区、县。自治州分为县、自治县、市。自治区、自治州、自治县都是民族自治地方。

(2) 国家在必要时得设立特别行政区。在特别行政区内实行的制度按照具体情况由全国人民代表大会以法律规定。

(3) 各少数民族聚居的地方实行区域自治，设立自治机关。

综上所述，我国存在着三种不同的行政单位：普通行政地方、民族自治地方、特别行政区。除普通行政地方外，各民族自治地方和特别行政区都是我国不可分离的部分。

4. 行政区划变更的法律程序

(1) 省、自治区、直辖市的设立、撤销、更名，报全国人民代表大会批准。

(2) 下列行政区划的变更由国务院审批：

①省、自治区、直辖市的行政区域界线的变更，人民政府驻地的迁移，简称、排列顺序的变更；

②自治州、县、自治县、市、市辖区的设立、撤销、更名和隶属关系的变更以及自治州、自治县、设区的市人民政府驻地的迁移；

③自治州、自治县的行政区域界线的变更，县、市、市辖区的行政区域界线的重大变更。

(3) 县、市、市辖区的部分行政区域界线的变更，县、不设区的市、市辖区人民政府驻地的迁移，国务院授权省、自治区、直辖市人民政府审批；批准变更时，同时报送国务院备案。

(4) 乡、民族乡、镇的设立、撤销、更名，行政区域界线的变更，人民政府驻地的迁移，由省、自治区、直辖市人民政府审批。

(5) 依照法律、国家有关规定设立的地方人民政府的派出机关的撤销、更名、驻地迁移、管辖范围的确定和变更，由批准设立该派出机关的人民政府审批。

三、民族区域自治制度

(一) 维护和发展各民族的平等团结互助和谐关系

为适应新时代民族关系发展的新要求，我国宪法规定，维护和发展各民族的平等团结互助和谐关系。该规定有利于铸牢中华民族共同体意识，加强各民族交往交流交融，促进各民族和睦相处、和衷共济、和谐发展。

(二) 民族区域自治的概念

1. 民族区域自治的概念

民族区域自治，就是在国家的统一领导下，依照宪法、民族区域自治法和其他法律的有关规定，以各少数民族聚居区为基础建立民族自治地方，设立自治机关，行使自治权。

2. 民族区域自治的特征

（1）建立民族自治地方必须以宪法和法律为依据，在国家统一领导下进行，而不可各自为政、擅自设立。

（2）建立民族自治地方要以少数民族聚居区为基础，绝不能在散居民族区域设立。

（3）民族区域自治的内容是设立自治机关，行使自治权，切实保障少数民族当家作主，享有管理本民族内部事务和本地区地方事务的权利。

3. 民族区域自治制度的优越性

（1）民族区域自治制度体现了人民民主专政制度和民族平等原则、国家整体利益和各民族具体利益的高度结合，有利于国家的统一领导。

（2）民族区域自治制度保证了聚居的少数民族能够充分享有自治权，同时散居全国各地的少数民族的权益也能够得以保障。

（3）民族区域自治制度把行政区域和经济文化发展区域有机结合起来，能够更好地因民族制宜、因地区制宜地发展经济文化事业。

（4）有利于民族团结和各民族间的互相合作。

（三）民族自治地方

1. 民族自治地方的含义

民族区域自治地方是少数民族聚居并实行区域自治的行政区域。

2. 民族自治地方的类型

按照民族构成的划分，我国民族自治地方有三种类型：

（1）以一个少数民族聚居区为基础而建立的自治地方。

（2）以两个或两个以上的少数民族聚居区为基础而建立的自治地方。

（3）以一个人口较多的少数民族聚居区为基础，同时包括一个或几个人口较少的其他少数民族聚居区而建立的自治地方。

在相当于乡一级的少数民族聚居区，建立民族乡。民族乡不是民族自治地方，但民族乡的人民代表大会可以依照法律规定的权限采取适合民族特点的具体措施。

（四）民族自治地方的自治机关

1. 民族自治地方的自治机关的含义

民族自治地方的自治机关是指按照宪法和法律规定设立的，在民族自治地方行使相应的地方国家机关职权以及行使民族区域自治权的国家机关。民族自治地方的自治机关是自治区、自治州、自治县的人民代表大会和人民政府。

2. 民族自治地方的自治机关的组织原则和领导制度

民族自治地方自治机关与一般地方国家机关实行同样的组织原则和领导制度。同时，民族自治地方自治机关是行使自治权的政权机关，在组成上又具有如下特点：

（1）民族自治地方的人大都是由实行区域自治的民族以及居住在本行政区域内的其他民族的公民按人口比例产生代表组成，人口特别少的其他民族，至少应有1名代表。

（2）民族自治地方的人大常委会中应当有实行区域自治的民族的公民担任主任或者副主任。

（3）自治区主席、自治州州长、自治县县长由实行区域自治的民族的公民担任。

（4）民族自治地方政府的其他组成人员和自治机关所属工作部门的干部中，应当合理配备实行区域自治的民族和其他少数民族的人员。

（五）民族自治地方自治机关的自治权

（1）制定自治条例和单行条例。民族自治地方的人民代表大会有权依照当地民族的政治、经济和文化的特点，制定自治条例和单行条例。自治区的自治条例和单行条例，报全国人大常委会批准后生效；自治州、自治县的自治条例和单行条例，报省、自治区、直辖市的人大常委会批准后生效，并报全国人大常委会和国务院备案。

（2）贯彻执行国家的法律和政策。民族自治地方根据本地方的实际情况，贯彻执行国家的法律和政策，对于上级国家机关的决议、决定、命令和指示，如有不适合民族自治地方实际情况的，自治机关可以报经上级国家机关批准变通执行或停止执行。

（3）管理地方财政。民族自治地方的自治机关有管理地方财政的自治权。

（4）安排和管理地方经济建设事业的自主权。

（5）管理本地方的教育、科学、文化、卫生、体育事业的自主权。

（6）组织本地方维护社会治安的公安部队。

（7）其他方面的职权。

四、特别行政区制度

（一）“一国两制”与特别行政区制度

1. 创设特别行政区制度的宪法依据

国家在必要时得设立特别行政区。在特别行政区内实行的制度按照具体情况由全国人民代表大会以法律规定。

2. “一国两制”与特别行政区制度

“一国两制”是“一个国家，两种制度”的简称，是在统一的社会主义国家内，在中央的统一领导下，可以在局部地区因历史的原因而不实行社会主义的制度，依法保留原有的制度。

（二）特别行政区的概念与特点

1. 特别行政区的概念

特别行政区是指在统一的中华人民共和国范围内，根据我国宪法和法律所设立的具有特殊的法律地位，实行特别的政治、经济制度的行政区域。

2. 特别行政区的特点

（1）特别行政区享有高度的自治权。特别行政区享有的高度自治权，有立法权、行政管理权、独立的司法权和终审权。此外，特别行政区财政独立、使用自己的货币，其收入全部用于自己的需要，中央人民政府不在特别行政区征税。

（2）特别行政区保留原有的资本主义制度和生活方式五十年不变。在特别行政区内“不实行社会主义制度和政策，保持原有的资本主义制度和生活方式，五十年不变”。

（3）特别行政区由当地人管理。特别行政区的行政机关和立法机关由该区永久性居民依照基本法的规定组成，实现“港人治港”“澳人治澳”。

（4）特别行政区原有的法律基本不变。在特别行政区，除了基本法附件上所列举的法律外，全国性的法律一般不在特别行政区内适用，特别行政区继续适用原有的、不与基本法相抵触的法律。

（三）特别行政区的法律地位

1. 特别行政区与中央人民政府的关系

确定特别行政区的法律地位，主要是明确特别行政区与中央人民政府的关系：

（1）特别行政区的设立以及所实行的制度由全国人大以法律来规定，特别行政区是中华人民共和国的一个享有高度自治权的地方行政区域，直辖于中央人民政府，中央人民政府与特别行政区的关系是单一制国家结构形式内中央与地方之间的关系。

（2）特别行政区享有高度的自治权，但不享有主权，也不是一个独立的政治实体，其法律地位相当于省、自治区、直辖市。

2. 特别行政区与中央人民政府之间的权力划分

中央对特别行政区行使的权力有：

（1）中央人民政府负责管理与特别行政区有关的外交事务。

（2）中央人民政府负责管理特别行政区的防务。

（3）中央人民政府任命特别行政区行政长官和行政机关的主要官员。

（4）全国人大常委会决定特别行政区进入紧急状态。

（5）全国人大常委会享有对特别行政区基本法的解释权。

（6）全国人大对特别行政区基本法享有修改权。

（四）特别行政区的高度自治权

（1）行政管理权。特别行政区依基本法的规定自行处理特别行政区的行政事务，包括经济、财政、金融、贸易、工商业、土地、航运、民航、教育、科学、文化、体育、宗教、劳工和社会服务等事项。

（2）立法权。特别行政区的立法机关依据基本法的规定，有权制定适用于特别行政区的法律。特别行政区的立法机关制定的法律须报全国人大常委会备案，备案不影响该法律的生效。

（3）独立的司法权和终审权。特别行政区法院独立进行审判，不受任何干涉，在特别行政区发生的案件由特别行政区法院进行审理，特别行政区终审法院享有终审权。

（五）特别行政区的政治体制

1. 特别行政区政治体制确立的基本原则

（1）体现以爱国者为主体的政权性质。

（2）符合“一国两制”的基本精神。

（3）同当地历史情况和具体现实相结合。

（4）适当吸纳各种既有体制的优势。

2. 特别行政区政治体制的特点

特别行政区政治体制的特点可以概括为：行政主导、司法独立、行政与立法相互制约与配合。

3. 行政主导

行政主导的主要表现有：

（1）行政长官在特别行政区处于特殊地位，是特别行政区的首长，代表特别行政区。

（2）法律草案、预算案及其他重要议案由政府向立法会提出。

（3）政府向立法会提出的议案优先列入议程。

（4）立法会通过的法案须经行政长官签署、公布，方能生效。

（5）行政长官对立法会通过的法案有相对否决权。

（6）行政长官有权根据法律规定的程序解散立法会。

（7）其他。

4. 司法独立

（1）特别行政区享有独立的司法权和终审权。

(2) 特别行政区法院独立进行审判，不受任何干涉，司法人员履行审判职责的行为不受法律追究。

(3) 各级法院是特别行政区的司法机关，行使特别行政区的审判权。

5. 行政与立法之间的关系

(1) 行政对立法的制衡机制。

①行政长官可以拒绝签署立法会通过的法案，并可在3个月内将法案发回立法会重新审议。

②如果行政长官拒绝签署立法会再次通过的法案，或者立法会拒绝通过政府提出的财政预算案或者其他重要法案，经协商仍不能取得一致意见，行政长官可解散立法会，但在其任期内只能解散立法会一次。

③立法会议员所提出的法律草案，凡涉及政府政策者，在提出前必须得到行政长官的书面同意。

(2) 立法会对行政长官的制衡机制。

①行政长官发回重新审议的法案，如获得立法会以不少于全体议员的2/3的多数再次通过，行政长官必须在1个月内签署公布，否则行政长官可解散立法会。

②在以下两种情况下，立法会可迫使行政长官辞职：一是行政长官因两次拒绝签署立法会通过的法案而解散立法会，重新选举的立法会仍以全体议员2/3的多数通过所争议的原案，而行政长官仍拒绝签署；二是行政长官因立法会拒绝通过财政预算案或者其他重要法案而解散立法会，重新选举的立法会继续拒绝通过所争议的原案。

③如果行政长官有严重的违法或者渎职行为，经法定程序，立法会可提出弹劾案，报中央人民政府决定。

(3) 行政与立法之间的配合。

①香港和澳门特别行政区的行政会议的成员，由行政长官从行政机关的主要官员、立法会议员和社会人士中委任。

②行政长官在作出重要决策、向立法会提交法案、制定附属立法（或行政法规）和解散立法会之前，须征询行政会议（行政会）的意见。

③行政长官如不采纳行政会议（行政会）多数成员的意见，应将具体理由记录在案。

(六) 特别行政区的政权组织

1. 行政长官

(1) 行政长官的性质和地位。行政长官是特别行政区的首长，代表特别行政区，对中央人民政府和特别行政区负责。作为特别行政区的首长，对立法会负责。

(2) 行政长官的任职条件。行政长官由年满40周岁，在香港或澳门通常居住连续满20年并在外国无居留权（《澳门特别行政区基本法》没有将在外国无居留权作为任职条件的限制）的特别行政区永久性居民中的中国公民担任。

(3) 行政长官的产生。行政长官在当地通过选举或者协商产生，由中央人民政府任命（但是根据修正后的《香港特别行政区基本法附件一香港特别行政区行政长官的产生办法》，行政长官通过选举产生）。

(4) 行政长官的任期。行政长官任期5年，可连任一次。

(5) 行政长官的职权。行政长官有执行权，立法、行政和司法方面的职权。

2. 行政机关

(1) 行政机关的性质、地位和组成。特别行政区政府是特别行政区的行政机关，对立法会负责。政府的首长是行政长官；政府设政务司、财政司、律政司和各局、处、署。

（2）行政机关主要官员的任职条件及任命。政府主要官员由行政长官提名报中央人民政府任命。主要官员由在香港或澳门通常居住连续满 15 年并在外国无居留权（《澳门特别行政区基本法》没有将在外国无居留权作为任职条件的限制）的特别行政区永久性居民中的中国公民担任。

（3）行政机关的职权。行政机关主要行使的职权有：制定并执行政策，管理各项行政事务，办理基本法规定的中央人民政府授权的对外事务，编制并提出财政预算、决算，拟订并提出法案、议案、附属法规，委派官员列席立法会并代表政府发言。

3. 立法机关

立法会是特别行政区的立法机关，享有包括立法权、财政权、监督权和任免权等各项权力在内的广泛的权力。

4. 司法机关

（1）香港特别行政区设立终审法院、高等法院、区域法院、裁判署法庭和其他专门法庭。香港特别行政区没有单独的检察机关，其检察职能属于政府下设的律政司，属于行政机关。

（2）澳门特别行政区设立初级法院（包括行政法院）、中级法院和终审法院，初级法院还可根据需要设立若干专门法庭。行政法院是管辖行政诉讼和税务诉讼的法院，不服行政法院裁决者，可向中级法院上诉。终审法院是澳门特别行政区的最高法院，行使澳门特别行政区的终审权。澳门特别行政区设有独立的检察机关，属于司法机关的范畴。

五、基层群众自治制度

（一）基层群众性自治组织的概念

基层群众性自治组织是指依据法律规定，以城乡居民（村民）一定的居住地为基础设立，并由居民（村民）选举产生的成员组成的，实行自我管理、自我教育、自我服务的社会组织。

（二）城市居民委员会

1. 城市居民委员会的性质

城市居民委员会是城市居民自我管理、自我教育、自我服务的基层群众性自治组织。

2. 城市居民委员会的组成和任期

（1）居民委员会由主任、副主任和委员共 5 至 9 人组成。多民族居住地区，居民委员会中应当有人数较少的民族的成员。居民委员会向居民会议负责并报告工作。

（2）居民委员会主任、副主任和委员，由本居住地区全体有选举权的居民或者由每户派代表选举产生；根据居民意见，也可以由每个居民小组选举代表 2 至 3 人选举产生。年满 18 周岁的本居住地区居民，不分民族、种族、性别、职业、家庭出身、宗教信仰、教育程度、财产状况、居住期限，都有选举权和被选举权；但是，依照法律被剥夺政治权利的人除外。

（3）居民委员会每届任期 5 年，其成员可以连选连任。

3. 城市居民委员会的设立

（1）居民委员会的设立、撤销、规模调整，由不设区的市、市辖区的人民政府决定。

（2）居民委员会根据居民居住状况，按照便于居民自治的原则，一般在 100 户至 700 户的范围内设立。

（3）居民委员会根据需要设人民调解、治安保卫、公共卫生等委员会。

（4）居民委员会可以分设若干居民小组，小组长由居民小组推选。

4. 城市居民委员会的任务

（1）宣传宪法、法律、法规和国家的政策，维护居民的合法权益，教育居民履行依法应尽的义务，爱护公共财产，开展多种形式的社会主义精神文明建设活动。

（2）办理本居住地区居民的公共事务和公益事业。

（3）调解民间纠纷。

（4）协助维护社会治安。

（5）协助人民政府或者它的派出机关做好与居民利益有关的公共卫生、计划生育、优抚救济、青少年教育等项工作。

（6）向人民政府或者它的派出机关反映居民的意见、要求和提出建议。

（三）村民委员会

1. 村民委员会的性质

村民委员会是农村村民自我管理、自我教育、自我服务的基层群众性自治组织。

2. 村民委员会的组成

村民委员会由主任、副主任和委员共 3 至 7 人组成。村民委员会成员中，应当有妇女成员，多民族村民居住的村应当有人数较少的民族的成员。村民委员会向村民会议、村民代表会议负责并报告工作。

3. 村民委员会的任期和选举

（1）村民委员会的任期。村民委员会每届任期 5 年，届满应当及时举行换届选举。村民委员会主任、副主任和委员，由村民直接选举产生。任何组织或者个人不得指定、委派或者撤换村民委员会成员。村民委员会成员可以连选连任。

（2）村民委员会的选举。

1）村民委员会的选举，由村民选举委员会主持。村民选举委员会由主任和委员组成，由村民会议、村民代表会议或者各村民小组会议推选产生。选举村民委员会，由登记参加选举的村民直接提名候选人，候选人的名额应当多于应选名额。

2）年满 18 周岁的村民，不分民族、种族、性别、职业、家庭出身、宗教信仰、教育程度、财产状况、居住期限，都有选举权和被选举权；但是，依照法律被剥夺政治权利的人除外。

3）村民委员会选举前，应当对下列人员进行登记，列入参加选举的村民名单：

①户籍在本村并且在本村居住的村民；

②户籍在本村，不在本村居住，本人表示参加选举的村民；

③户籍不在本村，在本村居住 1 年以上，本人申请参加选举，并且经村民会议或者村民代表会议同意参加选举的公民。

4）已在户籍所在村或者居住村登记参加选举的村民，不得再参加其他地方村民委员会的选举。

5）村民选举委员会应当组织候选人与村民见面，由候选人介绍履行职责的设想，回答村民提出的问题。

4. 村民委员会的设立

（1）村民委员会根据村民居住状况、人口多少，按照便于群众自治，有利于经济发展和社会管理的原则设立。

（2）村民委员会的设立、撤销、范围调整，由乡、民族乡、镇的人民政府提出，经村民会议讨论同意，报县级人民政府批准。

（3）村民委员会可以根据村民居住状况、集体土地所有权关系等分设若干村民小组。

（4）村民委员会根据需要设人民调解、治安保卫、公共卫生与计划生育等委员会。

5. 村民会议

（1）村民会议的召集。

①村民会议由本村 18 周岁以上的村民组成。

②召开村民会议，应当有本村 18 周岁以上村民的过半数，或者本村 2/3 以上的户的代表参加，村民会议所作决定应当经到会人员的过半数通过。法律对召开村民会议及作出决定另有规定的，依照其规定。召开村民会议，根据需要可以邀请驻本村的企业、事业单位和群众组织派代表列席。

③村民会议由村民委员会召集。有 1/10 以上的村民或者 1/3 以上的村民代表提议，应当召集村民会议。召集村民会议，应当提前 10 天通知村民。

（2）村民会议的职权。

①村民会议审议村民委员会的年度工作报告，评议村民委员会成员的工作；有权撤销或者变更村民代表会议不适当的决定。此外，村民会议可以制定和修改村民自治章程、村规民约，并报乡、民族乡、镇的人民政府备案。

②村民会议可以授权村民代表会议审议村民委员会的年度工作报告，评议村民委员会成员的工作，撤销或者变更村民委员会不适当的决定。

6. 村民代表会议

（1）村民代表会议的组成。人数较多或者居住分散的村，可以设立村民代表会议，讨论决定村民会议授权的事项。村民代表会议由村民委员会成员和村民代表组成，村民代表应当占村民代表会议组成人员的 4/5 以上，妇女村民代表应当占村民代表会议组成人员的 1/3 以上。村民代表由村民按每 5 户至 15 户推选一人，或者由各村民小组推选若干人。村民代表的任期与村民委员会的任期相同。村民代表可以连选连任。村民代表应当向其推选户或者村民小组负责，接受村民监督。

（2）村民代表会议的召集。村民代表会议由村民委员会召集。村民代表会议每季度召开一次。有 1/5 以上的村民代表提议，应当召集村民代表会议。村民代表会议有 2/3 以上的组成人员参加方可召开，所作决定应当经到会人员的过半数同意。

7. 对村民委员会的监督

（1）村民委员会实行村务公开制度。

（2）村民委员会不及时公布应当公布的事项或者公布的事项不真实的，村民有权向乡、民族乡、镇的人民政府或者县级人民政府及其有关主管部门反映，有关人民政府或者主管部门应当负责调查核实，责令依法公布；经查证确有违法行为的，有关人员应当依法承担责任。

（3）村应当建立村务监督委员会或者其他形式的村务监督机构，负责村民民主理财，监督村务公开等制度的落实，其成员由村民会议或者村民代表会议在村民中推选产生，其中应有具备财会、管理知识的人员。

（4）村民委员会成员及其近亲属不得担任村务监督机构成员。

（5）村务监督机构成员向村民会议和村民代表会议负责，可以列席村民委员会会议。

8. 基层政府和村民委员会的关系

（1）乡、民族乡、镇的人民政府对村民委员会的工作给予指导、支持和帮助，但是不得干预依法属于村民自治范围内的事项。村民委员会协助乡、民族乡、镇的人民政府开展工作。

（2）村民委员会不是政府的派出机关，也不是下属部门，更不是一级地方政权。

9. 对村民合法权益的维护

（1）村民委员会或者村民委员会成员作出的决定侵害村民合法权益的，受侵害的村民可以申请人民法院予以撤销，责任人依法承担法律责任。需要注意的是，这是《村民委员会组织法》规定的唯一可诉事项。

（2）村民委员会不依照法律、法规的规定履行法定义务的，由乡、民族乡、镇的人民政府责令改正。乡、民族乡、镇的人民政府干预依法属于村民自治范围事项的，由上一级人民政府责令改正。

10. 村民委员会的任务

（1）宣传宪法、法律、法规和国家的政策，教育和推动村民履行法律规定的义务，爱护公共财产，维护村民的合法权益，发展文化教育，普及科技知识，促进男女平等，做好计划生育工作，促进村与村之间的团结、互助，开展多种形式的社会主义精神文明建设活动。

（2）办理本村的公共事务、公益事业，调解民间纠纷，协助维护社会治安，向人民政府反映村民的意见、要求和提出建议。

（3）协助乡、民族乡、镇人民政府开展工作。

（4）支持和组织村民依法发展各种形式的合作经济和其他经济，承担本村生产的服务和协调工作，促进农村生产建设和社会主义市场经济的发展。

（5）尊重并支持集体经济组织依法独立进行经济活动的自主权，维护以家庭承包经营为基础、统分结合的双层经营体制，保障集体经济组织和村民、承包经营户、联户或者合伙的合法财产权和其他合法的权益。

（6）依照法律规定，管理本村属于村农民集体所有的土地和其他财产，引导村民合理利用自然资源，保护和改善生态环境。

（7）多民族居住的村，村民委员会应当教育和引导各民族村民加强民族团结，互相尊重，互相帮助。

（8）村民委员会实行村务公开，应当保证公布内容的真实性，并接受村民的查询。

（四）基层群众自治制度的发展与完善

1. 基层群众性自治组织存在的问题

基层群众自治制度是建设中国特色社会主义民主政治的一项重要内容，也是保障人民直接行使民主权利的重要制度。通过多年的实践，我国基层群众自治组织建设虽然取得了不小的成绩，但其优越性并没有完全发挥出来。

基层群众性自治组织存在的问题有：

（1）居民委员会和村民委员会的自治职能错位。

（2）部分自治组织的经济状况较差。

（3）部分人员的素质较低。

（4）多数居民委员会和村民委员会的民主建设停留在抓换届选举上，忽视或放松了民主决策、民主管理、民主监督的贯彻等。

2. 基层群众性自治组织的完善途径

（1）尊重宪法和法律规定的关于基层群众性自治组织的自治权和法律地位，避免将其当作人民政府的派出机关。

（2）提高基层群众性自治组织干部的素质。

(3) 帮助基层群众性自治组织增加经济来源。

(4) 搞好基层群众性自治组织的制度建设，规范自治组织的行为。

(5) 拓宽基层群众自治的途径和形式。

知识拓展

1. 试论我国的民族区域自治机关。

(1) 民族自治地方的自治机关是指按照宪法和法律规定设立的，在民族自治地方行使相应的地方国家机关职权以及行使民族自治权的国家机关。民族自治地方的自治机关是自治区、自治州、自治县的人民代表大会和人民政府。从性质上讲，民族自治地方的人民代表大会是在本民族自治地方的区域内代表人民行使国家权力的机关，民族自治地方的人民政府是它的执行机关。民族区域自治机关在国家机构体系中的地位具有二重性：一方面，它们都是中央统一领导下的一级地方国家政权机关，是我国国家机构体系的重要组成部分，它也行使宪法规定的地方国家政权机关的职权；另一方面，它是民族自治地方实行自治权的国家机关。这就是说，它还要依照宪法、民族区域自治法规定的权限行使自治权，并根据本地方的实际情况贯彻执行国家的法律和政策。民族自治区域机关不包括民族自治地方的司法机关和监察机关，因为司法机关和监察机关体系是统一的。民族自治机关是中央统一领导下的一级地方国家政权机关，是我国国家机构体系的组成部分，其产生方式和同级国家政权机关的产生方式相同。

(2) 民族区域自治机关和一般地方国家政权机关都是我国人民民主专政的政权组织，它们都是按照民主集中制的原则产生并进行工作的，各自治地方的人民政府同样实行首长负责制的领导体制。同时，民族自治地方的自治机关是行使自治权的政权机关，在组成上又具有突出的民族性特点，这主要表现在：①民族自治地方的人大都是由实行区域自治的民族以及居住在本行政区域内的其他民族的公民按人口比例产生代表组成，人口特别少的其他民族，至少应有1名代表。②民族自治地方的人大常委会中应当有实行区域自治的民族的公民担任主任或者副主任。③自治区主席、自治州州长、自治县县长由实行区域自治的民族的公民担任。④民族自治地方政府的其他组成人员和自治机关所属工作部门的干部中，应当合理配备实行区域自治的民族和其他少数民族的人员。这些特征从组织上保证了民族自治机关的民族性，保证了民族自治机关能够在民族自治地方顺利有效地开展工作，从而将党和国家的民族政策及法律规定贯彻实施，使少数民族的自治权得到充分实现。

2. 试论基层群众自治制度的优势。

基层群众自治制度是指基层群众性自治组织形式及其运作方式，是基层群众性自治组织自我管理、自我教育、自我服务的形式，是社会主义民主制度的一个重要方面，具有重大的制度优势。

(1) 我国的基层群众自治与人民群众的切身利益密切相关，能够直接反映人民群众的利益诉求。在自治的内容上，群众自治的事务涉及群众方方面面的切身利益，人民群众能够获得看得见、摸得着的利益，能够表达自己的利益诉求，能够保护自己的权利不受侵犯。在行使民主权利的方式上，人民群众在自己生活的社区内，通过选举、决策、管理和监督，直接参与基层公共事务和公益事业的管理，使得民主参与具有直接性和有效性。基层群众自治的这一特点和优势有利于调动人民群众参与的积极性，增强民主的广泛性和真实性，使之成为广大人民群众学习民主、实践民主的成本低、效益高的大学校，有利于培养具有公民意识的现代公民。

（2）我国的基层群众性自治组织在党和政府的主导下进行，能够坚持正确的方向并稳定有序地发展。我国基层群众自治制度的建设与实践活动是在党和政府的主导下开展的，这是我国社会主义民主政治的一大特点，也是发展社会主义民主政治的一大政治优势。坚持党的领导，是基层群众自治坚持正确的政治方向，有计划、有步骤地稳定有序发展的根本保证。实践证明，基层群众自治制度较好地解决了我国人民民主发展问题，使得亿万人民群众广泛参与的民主政治建设健康有序地发展，成为推动社会进步的巨大力量。

（3）我国的基层群众自治能够与经济与社会发展相适应、相促进。这种适应和促进主要体现在：一是在工作部署上的适应和促进。在推进基层群众自治的过程中，始终以推动、保障党和国家的中心工作为目标，与整体经济社会发展相适应。二是在实践推进上的适应和促进。基层群众自治实践的许多环节，都是围绕人民群众最关心、最直接、最现实的利益问题展开的，既锻炼了群众的议事能力，又维护了群众的经济利益，体现了民主目的性与手段性的统一。

（4）我国的基层群众自治是循序渐进、逐步发展的。这主要体现在：一是党对发展基层群众自治的认识，是与时俱进、逐步深化的；二是基层群众自治的实践，基本是由点到面、由浅入深、由单领域向多领域逐步推开的；三是基层群众自治的各项制度、法律、法规是逐步健全的；四是人民群众当家作主的能力，也是在实践中逐步提高的。通过基层的民主实践锻炼，广大人民群众逐步提高了参政议政能力，逐步学会了依法、理性地行使民主权利，这种渐进推进式的发展，避免了不切实际的极端冒进，降低了风险和成本，使国家能够集中精力解决发展尤其是经济发展问题，也使得亿万人民群众在稳定有序的基层民主实践中逐步提高自身素质。

第四章　公民的基本权利和义务

大纲应试策略

本章包括公民基本权利的一般原理、我国公民的基本权利和我国公民的基本义务等内容。在背诵要点中，公民基本权利的限制、平等保护与合理差别、政治权利和自由等相关基本权利是核心考点，也是难点。本章出题方式包括各类题型。除考查过的主观题外，本章较为重要的简答题有：人权和公民权的联系和区别；我国宪法关于公民政治权利的规定；我国宪法规定的对公民财产实行征收、征用并给予补偿的条件；国家赔偿请求权的含义、种类和意义。本章较为重要的论述题有：我国公民正确行使权利和自由的原则；公民基本权利的限制；我国现行宪法规定的“公民在法律面前一律平等”的内涵；宪法上的平等保护与合理差别的内涵；我国宪法平等权的规定对贯彻法律面前人人平等的法治原则的要求；我国宪法规定的平等权的内容及其意义；我国宪法规定的平等权是我国公民的一项基本权利，也是我国宪法的基本原则；我国宪法关于宗教信仰的规定及在处理宗教问题上的作用；我国宪法规定的公民人身自由的主要内容；我国宪法上的通信自由和通信秘密；我国宪法对公民私有财产权的保障；我国宪法上的社会保障权；我国宪法规定的政治诉愿权；我国宪法对公民私有财产权的保障及意义。

大纲背诵要点

第一节　公民基本权利的一般原理

一、公民基本权利的相关概念

（一）公民的概念

1. 公民

公民是指具有某个国家国籍的自然人。

2. 国籍

国籍在宪法上是指一个人隶属于某个国家的法律上的身份。国籍的取得方式有两种：一种是因出生而取得，称为出生国籍或原始国籍；一种是因加入而取得，称为继有国籍。我国对出生国籍采用以血统主义为主、出生地主义为辅的原则。

（二）公民和人民

（1）二者的性质不同。公民是法律概念，与外国人和无国籍人相对应；人民是政治概念，与敌人相对应，在不同历史时期有着不同的内涵。在现阶段，人民是指全体社会主义劳动者、社会主义事业的建设者、拥护社会主义的爱国者、拥护祖国统一和致力于中华民族伟大复兴的爱国者。

（2）二者的法律地位有别。“人民的权利”主要是指人民当家作主的政治权利；“公民的权利”是指所有具有中国国籍的人所享有的法律权利。

（3）地位不同导致二者在享有权利方面的差异。公民中的人民，享有宪法和法律规定的全部权利并履行全部义务；而公民中的敌人则不能享受全部的法律权利，也不能履行公民的某些光荣义务。

（4）二者的范围不同。我国公民的范围要比人民的范围更广泛，除了包括人民以外，还包括人民的敌人。

（5）二者的适用对象不同。公民通常所表达的是个体的概念，人民所表达的是群体的概念。

（三）基本权利

基本权利对国家权力的行使构成了直接的约束，是为宪法规范所承认和保障的公民享有的必不可少的权利。

（四）人权和公民的基本权利

1. 人权

人权是一个政治概念，是指人作为人应该享有的权利，其最初的含义包括人们追求生活、财产、自由和幸福的权利。随着人类社会的发展，人权经历了一个由公民权利和政治权利到社会经济文化权利，从个人权利到集体权利，从国内人权到国际人权这样一个内容不断丰富，主体日渐广泛和权利普世化的过程。

2. 公民权和人权的关系

（1）公民权和人权的联系。

①公民权是人权的法律化和具体化，人权是公民权的政治基础。

②宪法中公民权的相关规定以人权作为其政治基础和理性依据，而这种人权入宪的过程也为人权的发展和实现提供了具体化途径和法律保障。

（2）人权与公民权的区别。

①二者性质不同。人权是一个政治概念，在实践中不断发展，不同的人们可以对人权有各自的理解和解释。而公民权是一个法律概念，其含义和保护方式有着法律的界定，人权的内容一旦入宪而成为公民权，就具有了固定含义，只能依法解释和保护。

②二者不能简单等同。人权的一个方面的要求可能具体化为公民权的若干项权利，而公民权的一项权利也可能同时体现着人权的多方面要求，二者不能一一对等。

③人权与公民权相比，还具有阶级性、民族性、地域性以及时代性和国际性的特点。公民权具有法律属性。

二、公民基本权利的主体

（一）自然人

公民是基本权利最常见和一般的主体。

（二）法人

宪法中规定的一些基本权利同样为法人所享有。

三、公民基本权利的限制

（一）基本权利限制的根源

基本权利的限制，或者源于不同权利之间的冲突，或者出于对公共利益的保护。宪法作为一国法律秩序的基石，必然要对权利冲突或者公共利益保护进行相应的安排，对基本权利的行使进行相应的规制。

（二）基本权利限制的形式

基本权利限制的形式有基本权利的宪法限制和基本权利的法律限制。

1. 基本权利的宪法限制

（1）宪法的基本权利条款中，有时不仅具有权利保障的内容，也有权利行使的限定规定。这被称之为基本权利的宪法限制。

（2）在我国，公民合法地行使基本权利的基本前提是不损害社会、国家和集体利益，不损害他人的利益。为了维护国家和社会公共利益，在必要时可以对公民的基本权利进行限制，以取得权利主体之间的利益的平衡。不过，更常见的限制情形是宪法授权立法机关对基本权利予以限制，此为基本权利的法律限制，即法律保留。

2. 基本权利的法律限制

基本权利的法律限制一方面是对公民基本权利的限缩，公民基本权利被法律所限定；另一方面又具有对公民基本权利保护的意涵，唯有立法机关的法律才可以限缩基本权利，防止公民基本权利受到来自行政机关的非法限制。

（三）限制基本权利遵循的原则

对基本权利进行限制，在立法上除要符合法律保留原则外，还应遵守下列原则：

1. 明确性原则

法律对公民基本权利所作的限制，必须内容明确，可以成为公民行动的合理预期。如果法律条文过于宽泛、笼统和模糊，在接受宪法审查的时候，此类法律往往会被宣告为违宪而无效。

2. 比例原则

比例原则要求为公共利益而限制公民基本权利的时候，必须要在手段和目的之间进行利益衡量。限制基本权利的目的必须具有宪法正当性。它包括如下三个方面的内容：

(1) 手段合适性，所采用手段必须适合目的之达成。

(2) 限制最小化，立法所采取的是对基本权利影响、限制最小的手段。

(3) 狭义比例原则，要求手段达成的公共目的与造成的损害之间具有适当的比例关系，即均衡法。

第二节　我国公民的基本权利

一、平等权

(一) 我国宪法关于平等权的规定及平等权的含义

1. 我国宪法关于平等权的规定

我国宪法规定的平等权条款分为一般平等权条款和具体平等权条款。

(1) 一般平等权条款。

①宪法规定，任何组织或者个人都不得有超越宪法和法律的特权。

②宪法规定，中华人民共和国公民在法律面前一律平等。任何公民享有宪法和法律规定的权利，同时必须履行宪法和法律规定的义务。

(2) 具体平等权条款。

①民族平等权。宪法规定，中华人民共和国各民族一律平等。

②选举平等权。宪法规定，中华人民共和国年满 18 周岁的公民，不分民族、种族、性别、职业、家庭出身、宗教信仰、教育程度、财产状况、居住期限，都有选举权和被选举权；但是依照法律被剥夺政治权利的人除外。

③宗教信仰平等权。宪法规定，任何国家机关、社会团体和个人不得强制公民信仰宗教或者不信仰宗教，不得歧视信仰宗教的公民和不信仰宗教的公民。

④性别（男女）平等权。宪法规定，中华人民共和国妇女在政治的、经济的、文化的、社会的和家庭的生活等各方面享有同男子平等的权利。

2. 平等权作为宪法基本权利的含义

平等权既是我国公民的一项基本权利，也是我国宪法的基本原则。保护公民的平等权是宪法的要求。平等权作为我国公民的基本权利，具有如下含义：

(1) 平等权的主体是全体公民，它意味着全体公民法律地位的平等。

(2) 平等权是公民的基本权利，是国家的基本义务。公民有权利要求国家给予平等保护，国家有义务无差别地保护每一个公民的平等地位。国家不得剥夺公民的平等权，也不能允许其他组织和个人侵害公民的平等权。

(3) 平等权意味着公民平等地享有权利履行义务。平等不能和特权并存，平等也不允许歧视现象存在。

(4) 平等权是贯穿于公民其他权利的一项权利，它通过其他权利，如男女平等、民族平等、受教育权平等而具体化。

(二) 平等权的效力

有关平等权的效力范围，存在这样两种观点：

一种认为平等权仅仅限定于法律适用上的平等，而不包含法律内容上的平等，这一学说被称为“法律适用平等说”。

另一种观点则认为，平等权并不限于人们在法律适用上的平等，人们在法律内容上也享有平等的权利，这种学说被称为“法律内容平等说”或者“立法者拘束说”。

应坚持“法律内容平等说”。

（三）平等保护与合理差别

对于所有的公民应当采取无差别的对待，除非存在进行差别对待的合理理由。尤其是不得把种族、性别、家庭出身、宗教信仰作为法律上的不同对待的理由。

1. 区别对待的标准

判断政府的措施是合理差别还是违反平等保护的歧视性做法的标准有：

（1）政府进行差别对待的目的必须是实现正当的而且是重大的利益。

（2）这种差别对待必须是实现其所宣称的正当目的的合理的乃至是必不可少的手段。

（3）政府负有举证责任。

2. 合理差别的类型

合理差别有以下几种具体类型：

（1）由于年龄的差异所采取的责任、权利等方面的合理差别。

（2）依据人的生理差异所采取的合理差别。

（3）依据民族的差异所采取的合理差别。

二、政治权利

政治权利亦称参政权，是公民参与政治活动的一切权利和自由的总称。政治权利主要包括选举权与被选举权、言论自由、出版自由、集会游行示威自由、结社自由等方面的内容。

（一）选举权与被选举权

选举权与被选举权就是指公民享有选举与被选举为国家权力机关的代表或其他国家机关公职人员的权利。它包含三个方面的内容：

（1）公民有权按照自己的意愿选举人民代表。

（2）公民有被选举为人民代表的权利。

（3）公民有权依照法律监督被选出的人民代表和其他国家机关公职人员，对其中不称职者有权罢免。

（二）言论自由

1. 言论自由的含义

言论自由是指公民通过口头等形式表达其意见和观点的自由。

2. 言论自由的分类

从言论的内容上进行分类，可以将言论分成政治言论和非政治言论。除了保护公民的政治言论外，其他类型的言论同样受到宪法的保护。

3. 言论自由的限制

（1）公民在行使言论自由时不得侵害他人的隐私权和名誉权，否则可能构成民事侵权。

（2）淫秽言论会受到限制或者禁止。

（3）煽动仇恨和挑衅言论会受到约束或者限制。

4. 各国对言论自由的限制范围和限制方式

（1）预防制（事前限制）。在这种制度下，凡演说、出版等言论均需在表达以前受国家机关

（主要是军警机关）的干预和检查，所以也被称为“警治制度”。

（2）追惩制（事后制裁）。在这种制度下，言论与出版不受事前检查，而是表达者一旦违法后按法定程序受制裁。

（三）出版自由

出版自由是言论自由的扩展表现，是广义的言论自由。它主要是指在宪法和法律规定的范围内，公民有通过出版物系统地表达自己的意见和思想的权利。

（四）集会、游行、示威自由

1. 集会、游行、示威的含义

集会是指聚集于露天公共场所，发表意见、表示意愿的活动。

游行是指在公共道路、露天公共场所列队行进、表达共同意愿的活动。

示威是指在露天公共场所或者公共道路上以集会、游行、静坐等方式，表达要求、抗议或者支持、声援等共同意愿的活动。

2. 集会、游行、示威的特征

（1）集会、游行、示威是指在露天公共场所或公共道路所举行的活动。

（2）集会、游行、示威是由公民举行的活动。

（3）集会、游行、示威是为了表达某种意愿。

3. 对集会、游行、示威的限制

（1）国外法律对集会、游行、示威的限制方式。

①登记制（申报制），即仅须在集会、游行、示威前向有关机关报告，无须经其批准。

②批准制（许可制），即集会、游行、示威须向有关机关申请并获得批准（或许可）方能举行。

③追惩制，即在集会、游行、示威前不受任何国家机关的干涉，只在集会、游行、示威中有违法行为时，才依法予以惩罚。

（2）我国对集会、游行、示威的限制。我国《集会游行示威法》对于集会、游行、示威采取许可制（或称为批准制）。

（五）结社自由

1. 结社自由的含义

结社自由是指公民为了一定的宗旨而依照法律规定的手续组织某种社会团体的自由。

2. 结社自由的属性

结社自由是具有双重属性的基本权利。该权利一方面保障个人可以自由组织、加入或者不加入社团；另一方面也保障社团本身的自主性活动。

3. 我国对结社自由的确认

我国宪法规定了结社自由。1998 年 10 月，国务院发布了《社会团体登记管理条例》。根据该条例的规定，我国的社会团体的成立实行核准登记制度。

三、宗教信仰自由

（一）宗教信仰自由的概念

宗教信仰自由是指公民个人可以在社会中选择其宗教信仰和公开参加其信仰的宗教的仪式或者选择不信仰任何宗教而不必担心受迫害或歧视的自由。通俗地讲，每个公民既有信仰宗教的自由，也有不信仰宗教的自由；有信仰这种宗教的自由，也有信仰那种宗教的自由；在同一宗教里

面，有信仰这个教派的自由，也有信仰那个教派的自由；有过去信教而现在不信教的自由，也有过去不信教而现在信教的自由。

（二）宗教信仰自由的内容

（1）信仰的自由。国家不得禁止公民信仰某种宗教，也不得鼓励公民信仰某种宗教。

（2）参加宗教仪式的自由。国家不得强迫公民履行某种宗教仪式或禁止、限制公民履行某种宗教仪式。

（3）组成宗教社团的自由。公民有设立并参加某种宗教社团的自由。国家既不得限制也不得强制或鼓励公民参加某种宗教社团或宗教社团活动。

（三）我国宪法关于宗教信仰自由的规定

（1）中华人民共和国公民有宗教信仰自由。

（2）任何国家机关、社会团体和个人不得强制公民信仰宗教或者不信仰宗教，不得歧视信仰宗教的公民和不信仰宗教的公民。

（3）国家保护正常的宗教活动。任何人不得利用宗教进行破坏社会秩序、损害公民身体健康、妨碍国家教育制度的活动。

（4）宗教团体和宗教事务不受外国势力的支配。

四、人身自由

人身自由是指与主体人身不可分离的宪法规定的基本权利。人身自由权是公民参加各种社会活动、参加国家政治生活和享受其他权利自由的先决条件，也是公民最基本、最起码的权利，是其他一切权利和自由的基础。根据我国宪法规定，从广义上讲，人身自由包括：公民的人身自由不受侵犯，公民的人格尊严不受侵犯，公民的住宅不受侵犯，公民的通信自由和通信秘密受法律保护。从狭义上讲，人身自由不包括公民的住宅不受侵犯，公民的通信自由和通信秘密受法律保护。

（一）公民的人身自由不受侵犯

公民的人身自由不受侵犯是指公民的人身和行动不受非法搜查、拘禁、逮捕、剥夺、限制和侵害的权利。我国宪法规定，公民的人身自由不受侵犯。任何公民，非经人民检察院批准或者决定或者人民法院决定，并由公安机关执行，不受逮捕。禁止非法拘禁和以其他方法非法剥夺或者限制公民的人身自由，禁止非法搜查公民的身体。

（二）公民的人格尊严不受侵犯

人格权是指与人身有密切联系的名誉、姓名、肖像等不容侵犯的权利。我国宪法规定，公民的人格尊严不受侵犯。禁止用任何方法对公民进行侮辱、诽谤和诬告陷害。

（三）公民的住宅不受侵犯

公民的住宅不受侵犯又称为住宅权，是指公民居住、生活以及保存私人财产的场所不受非法侵入和搜查。住宅权保护的核心法益是居住安全和生活安宁。我国宪法规定，公民的住宅不受侵犯。禁止非法搜查或者非法侵入公民的住宅。

（四）公民的通信自由和通信秘密受法律保护

1. 通信自由和通信秘密的概念

通信自由是指公民有根据自己的意愿自由进行通信不受他人干涉的自由。通信秘密是指公民通信的内容受国家法律保护，任何人不得非法私拆、毁弃、偷阅他人的信件。

2. 公民的通信自由和通信秘密受法律保护的内容

我国宪法规定，中华人民共和国公民的通信自由和通信秘密受法律的保护。除因国家安全或者追查刑事犯罪的需要，由公安机关或者检察机关依照法律规定的程序对通信进行检查外，任何组织或者个人不得以任何理由侵犯公民的通信自由和通信秘密。据此，扣押和检查公民的通信必须遵守以下规定：

(1) 只有公安机关、国家安全机关和检察机关才有权依照法律规定的程序扣押和检查公民的邮件、电报、电子邮件。

(2) 扣押和检查公民的通信只有两种原因：一是国家安全的需要，二是追查刑事犯罪的需要。

(3) 对于扣押的邮件、电报、电子邮件等，经查明不影响国家安全或与犯罪无关，应立即通知邮电部门或网络服务单位。

(4) 需扣押的邮件、电报、电子邮件等，应由人民检察院、国家安全机关或公安机关通知邮电部门或网络服务单位。

五、财产权

(一) 财产权的概念

就财产权的主体不同，可以将其分为公共财产和私有财产。公共财产权又包括国有财产和集体所有的财产。私有财产权属于宪法上的一种基本权利，与其他宪法上的基本权利一样，都是公民针对国家而享有的一种权利，即公民所享有的、国家权力不能进行不法侵害的一种权利，直接反映了公民和国家权力之间在宪法秩序中的关系。

(二) 私有财产保护的宪法规范体系及特点

2004 年宪法修正案建立了对私有财产保护的规范体系。我国现行宪法关于私有财产权的规定有如下特点：

(1) 其规定于宪法“总纲”，而不是规定于“公民的基本权利义务”部分。

(2) 与对公共财产的保护相比，在措辞上存在差别，即社会主义公共财产神圣不可侵犯。

(3) 强调受保护的财产必须是合法的。

(三) 私有财产的征收或者征用

国家在征收或者征用公民私有财产时必须要满足公共利益、正当程序和公平补偿三个条件，才能满足合宪性的要求。如果政府的行政立法并没有剥夺公民的财产所有权，但是对公民财产权构成了实质性侵害，造成财产价值实质性减损，被称为管制性征收。

(四) 财产权的社会义务

个人在自由行使财产权的同时应负有社会义务，应当使其财产有助于社会公共福利的实现。这是基于维护社会正义的目的对财产权进行的一定限缩。

六、社会文化权利

(一) 社会文化权利的概念和特点

1. 社会文化权利的概念

社会文化权利是指公民享有的社会及文化教育的权利。社会文化权利是公民获得基本生活条件的权利。我国公民的社会文化权利主要包括劳动权、休息权、社会保障权和文化教育权。

2. 社会文化权利的特点

（1）社会文化权利是公民从社会获得基本生活条件的权利，是公民的积极权利，国家负有保障权利实现的义务。

（2）社会文化权利是保障公民过有尊严的生活的手段，体现了社会正义原则。

（3）社会文化权利的内容、范围及其实现随着社会经济发展而不断改变。

（二）劳动权

劳动权是指有劳动能力的公民，有获得工作和取得劳动报酬的权利。劳动既是权利，也是义务，具有自由权与社会权的综合性质。我国宪法规定，中华人民共和国公民有劳动的权利和义务。国家通过各种途径，创造劳动就业条件，加强劳动保护，改善劳动条件，并在发展生产的基础上，提高劳动报酬和福利待遇。劳动是一切有劳动能力的公民的光荣职责。国有企业和城乡集体经济组织的劳动者都应当以国家主人翁的态度对待自己的劳动。国家提倡社会主义劳动竞赛，奖励劳动模范和先进工作者。国家提倡公民从事义务劳动。国家对就业前的公民进行必要的劳动就业训练。

（三）休息权

休息权是指劳动者在享受劳动权的过程中，有为保护身体健康，提高劳动效率，根据法律和制度的有关规定而享有的休息和休养的权利。我国宪法规定，中华人民共和国劳动者有休息的权利。国家发展劳动者休息和休养的设施，规定职工的工作时间和休假制度。

（四）社会保障权

1. 社会保障权的概念

社会保障权是指社会成员为了维护人的有尊严的生活而向国家要求给付的权利。

社会保障权有广义和狭义之分。狭义的社会保障权属于社会弱势群体的权利，重点在于社会救助、国家对年老体弱者的物质帮助等权利；广义的社会保障权属于一般性的权利，只要是符合条件的公民都可以无条件享有，权能领域范围比较广，涉及医疗、养老、保险、基本住房等基本生活领域。

2. 2004 年宪法修正案对社会保障制度的确认

2004 年宪法修正案增加了“国家建立健全同经济发展水平相适应的社会保障制度”的条款，这一规定体现了以人为本，经济与社会协调发展的基本思想。社会保障制度包括社会保险、社会救济、社会福利、优抚安置等各项制度。社会保障制度的建立与健全对于公民物质帮助等社会经济权利的实现具有重大意义。因此，2004 年宪法修正案之后，广义的社会保障权已经成为我国宪法所承认的一项基本权利。

3. 社会保障权的内容

（1）退休人员的生活保障权。我国宪法规定，国家依照法律规定实行企业事业组织的职工和国家机关工作人员的退休制度。退休人员的生活受到国家和社会的保障。

（2）物质帮助权。我国宪法规定，中华人民共和国公民在年老、疾病或者丧失劳动能力的情况下，有从国家和社会获得物质帮助的权利。

（五）文化教育权

1. 公民有受教育的权利和义务

受教育权是指公民接受文化、科学、品德等方面教育训练的权利。受教育和劳动一样，既是公民的权利，也是公民的义务。我国宪法规定，中华人民共和国公民有受教育的权利和义务。国家培养青年、少年、儿童在品德、智力、体质等方面全面发展。

2. 公民有进行科学研究、文学艺术创作和其他文化活动的自由

科学研究自由是指公民有权通过各种方式从事各种科学研究工作，同时也意味着公民有权在科学工作中自由地探讨问题、发表意见，对各种科学问题和各种学派持有自己的见解。

文化艺术活动自由是指公民有权按照自己的意愿和兴趣从事各项文艺活动，有权按照自己的特点发展自己文化艺术的风格。

我国宪法规定，中华人民共和国公民有进行科学研究、文学艺术创作和其他文化活动的自由。国家对于从事教育、科学、技术、文学、艺术和其他文化事业的公民的有益于人民的创造性工作，给以鼓励和帮助。

七、监督权

（一）监督权的概念

监督权又称诉愿权，是指公民依照宪法规定而享有的提出诉求或者进行监督的权利。监督权包括批评、建议、申诉、控告、检举权和国家赔偿请求权。

（二）监督权的内容

（1）批评权，是指公民对国家机关和国家工作人员在工作中的缺点和错误，有提出批评意见的权利。

（2）建议权，是指公民对国家机关和国家工作人员的工作提出合理的、建设性的意见的权利。

（3）申诉权，是指公民对国家机关作出的决定不服，可向有关国家机关提出请求，要求重新处理的权利。

（4）控告权，是指公民对违法失职的国家机关及其工作人员的侵权行为提出指控，请求有关机关对违法失职者给予制裁的权利。

（5）检举权，是指公民对国家机关工作人员违法失职行为向有关机关进行检举的权利。

（6）国家赔偿请求权，是指国家机关和国家机关工作人员违法行使职权侵犯公民的合法权益造成损害时，受害人有取得国家赔偿的权利。

八、特定群体的权利

特定群体的权利是指处于特殊法律地位或具有特殊情况的公民所享有的权利。主要包括以下类型：

（1）保障妇女的权利。宪法规定，中华人民共和国妇女在政治的、经济的、文化的、社会的和家庭的生活等各方面享有同男子平等的权利。

（2）保护婚姻、家庭、母亲、儿童和老人。宪法规定，婚姻、家庭、母亲和儿童受国家的保护；禁止破坏婚姻自由，禁止虐待老人、妇女和儿童。

（3）保障残疾人的权利。宪法规定，国家和社会帮助安排盲、聋、哑和其他有残疾的公民的劳动、生活和教育。

（4）保障残废军人和烈士军属的权利。宪法规定，国家和社会保障残废军人的生活，抚恤烈士家属，优待军人家属。

（5）保护华侨、归侨、侨眷的权益。宪法规定，国家保护华侨的正当的权利和利益，保护归侨和侨眷的合法的权利和利益。

第三节　我国公民的基本义务

一、维护国家统一和民族团结

我国宪法规定，中华人民共和国公民有维护国家统一和全国各民族团结的义务。

二、遵守宪法和法律

我国宪法规定，中华人民共和国公民必须遵守宪法和法律，保守国家秘密，爱护公共财产，遵守劳动纪律，遵守公共秩序，尊重社会公德。据此规定，该义务包括如下六项内容：

（1）公民必须遵守宪法和法律。

（2）公民必须保守国家秘密。

（3）公民必须爱护公共财产。

（4）公民必须遵守劳动纪律。

（5）公民必须遵守公共秩序。

（6）公民必须尊重社会公德。

三、维护祖国安全、荣誉和利益

我国宪法规定，中华人民共和国公民有维护祖国的安全、荣誉和利益的义务，不得有危害祖国的安全、荣誉和利益的行为。

四、依法服兵役和参加民兵组织

（1）我国宪法规定，保卫祖国、抵抗侵略是中华人民共和国每一个公民的神圣职责。依照法律服兵役和参加民兵组织是中华人民共和国公民的光荣义务。

（2）我国现行《兵役法》规定我国实行以志愿兵役为主体的志愿兵役与义务兵役相结合的兵役制度。我国公民不分民族、种族、职业、家庭出身、宗教信仰和教育程度，凡年满 18 周岁的，都有义务依法服兵役。依法被剥夺政治权利的公民没有服兵役的资格。

五、依法纳税

我国宪法规定，中华人民共和国公民有依照法律纳税的义务。

除了以上专门规定的五项义务外，我国公民的基本义务还包括在基本权利条文中规定的下列五项义务：劳动的义务；受教育的义务；夫妻双方有实行计划生育的义务；父母有抚养教育未成年子女的义务；成年子女有赡养扶助父母的义务。

知识拓展

1. 结合法理学平等价值中有关形式平等和实质平等的知识，论述我国宪法规定的平等权是我国公民的一项基本权利，也是我国宪法的基本原则。

（1）平等主要是社会主体能够获得同等的待遇，包括形式平等和实质平等。形式平等是指法律面前人人平等，即对所有的人不分其身份或地位平等地适用法律。实质平等是指法的内容的平等，即立法者要根据平等原则制定法律，立法过程受平等原则的约束。实质平等要求在充分考虑公民的个体特征及权利客体特质的基础上，依照事物的本质，相同情况相同处理，不同情况差别处理，从而保障法律正义的精神得到保护。平等权是指公民平等地享有权利，不受任何差别对待，要求国家给予同等保护的权利与原则。我国宪法规定的平等权，并不限于人们在法律适用上的平等，人们在法律内容上也享有平等的权利。平等权既是我国公民的一项基本权利，也是我国宪法的基本原则，体现了形式平等和实质平等的统一。

（2）平等权首先表现为法律面前人人平等，这既是我国公民享有的权利，也是我国宪法的基本原则，体现了形式平等和实质平等的要求。我国宪法规定，中华人民共和国公民在法律面前一律平等。从平等权的规定看，法律面前平等意味着公民行使权利和履行义务平等，不允许因其性别、身份、职业等因素不同而享有法外的特权，这从宪法角度确定了平等权的适用范围。平等权作为一项宪法原则，包括的主要内容有：所有公民平等地享有权利和平等地履行义务；在我国，任何公民都受法律约束，不允许有超越法律规定的任何特权；所有公民在法律适用上一律平等。

（3）法律面前平等在本质上是权利与义务平等，禁止任何差别对待。但基于实质平等的要求，我国宪法确立的平等权，并不意味着对所有公民采取无差别待遇，只要存在差别待遇的合理理由，就应当承认这种差别，这就是合理差别。合理差别并不违反平等权的要求，也符合形式平等和实质平等的要求。如果不承认现实生活中存在的合理的差别，仅仅以形式平等的理念处理各种宪法问题，有可能导致平均主义，混淆平等与自由的界限。当然，那些不具有宪法上正当理由的违反平等权的不合理差别，是违反宪法规定的。

2. 结合法理学和宪法学知识，论述我国宪法关于宗教信仰的规定及在处理宗教问题上的作用。

（1）我国宪法规定，中华人民共和国公民有宗教信仰自由。任何国家机关、社会团体和个人不得强制公民信仰宗教或者不信仰宗教，不得歧视信仰宗教的公民和不信仰宗教的公民。国家保护正常的宗教活动。任何人不得利用宗教进行破坏社会秩序、损害公民身体健康、妨碍国家教育制度的活动。宗教团体和宗教事务不受外国势力的支配。

（2）在对待宗教的态度上，我国社会主义法不是运用行政命令的办法强制消灭宗教，不允许人们有宗教信仰，而是贯彻宗教信仰自由原则。宗教信仰自由原则的内容包括：每个公民既有信仰宗教的自由，也有不信仰宗教的自由；有信仰这种宗教的自由，也有信仰那种宗教的自由；在同一宗教里面，有信仰这个教派的自由，也有信仰那个教派的自由；有过去信教而现在不信教的自由，也有过去不信教而现在信教的自由。总之，不论信教或者不信教，也不论信什么教，都不得强制公民信仰宗教或者不信仰宗教，不得歧视信仰宗教的公民和不信仰宗教的公民。坚持宗教信仰自由原则，同时坚决反对邪教。

（3）贯彻宗教信仰自由，依法加强对宗教事务的管理，目的在于引导宗教与社会主义社会相适应。宗教是一种历史现象，在社会主义社会中将长期存在。这种适应并不要求宗教信徒放弃唯心主义、有神论的思想和宗教信仰，而是要求他们在政治上热爱祖国，拥护社会主义制度和共产党的领导，遵纪守法。同时，以法律的手段改革不适应社会主义的宗教制度和教条，利用宗教教义、教规和宗教道德中的某些积极因素为社会主义服务。

3. 试论我国宪法规定的政治诉愿权。

政治诉愿权是公民依照宪法规定而享有的提出政治诉求和进行政治监督的权利。它既是国家一切权力属于人民的体现，也是公民作为国家管理活动的相对方对抗国家机关及其工作人员违法失职行为的有效手段。我国宪法规定，中华人民共和国公民对于任何国家机关和国家工作人员，有提出批评和建议的权利；对于任何国家机关和国家工作人员的违法失职行为，有向有关国家机关提出申诉、控告或者检举的权利，但是不得捏造或者歪曲事实进行诬告陷害。公民通过这项权利的行使，既可对国家机关和国家工作人员实行监督，同时又可维护自己的合法权益，使其免遭国家机关和国家工作人员的不法侵害。公民的政治诉愿权包括批评、建议、申诉、控告、检举和取得赔偿的权利。

（1）批评、建议权。批评权是指公民对国家机关和国家工作人员在工作中的缺点和错误，有提出批评意见的权利。建议权是指公民对国家机关和国家工作人员的工作提出合理的、建设性的意见的权利。公民行使批评、建议权，对国家机关和国家工作人员的职务活动，进行监督、评议，防止国家机关和国家工作人员的官僚主义，提高工作效率，促使国家机关和国家工作人员更好地履行自己的职责。

（2）申诉、控告和检举权。申诉权是指公民对国家机关作出的决定不服，可向有关国家机关提出请求，要求重新处理的权利。控告权是指公民对违法失职的国家机关及其工作人员的侵权行为提出指控，请求有关机关对违法失职者给予制裁的权利。检举权是指公民对国家机关工作人员违法失职行为向有关机关进行检举的权利。控告和检举是公民同国家机关工作人员的违法失职行为作斗争的两种不同手段，控告权是因涉及公民自身的合法权益而行使，是一种救济权利；检举权不一定是自身权益受到侵害，是对国家机关及其工作人员行使的监督权利。为了保障公民监督权的有效实现，我国宪法规定，对于公民的申诉、控告或者检举，有关国家机关必须查清事实，负责处理。任何人不得压制和打击报复。

（3）国家赔偿请求权。国家赔偿请求权是指国家机关和国家机关工作人员违法行使职权侵犯公民的合法权益造成损害时，受害人有取得国家赔偿的权利。国家赔偿包括行政赔偿和刑事赔偿。国家赔偿制度的建立和完善，将进一步增强国家机关工作人员执法、司法的严肃性，增强国家机关及其工作人员为人民、为社会负责的责任感，它是保障公民合法权益的重要法律制度。

第五章　国家机构

大纲应试策略

本章包括国家机构概述、全国人大及其常委会、国家主席、国务院、中央军委、监察委员会、人民法院和人民检察院、地方国家机关等内容。本章较为重要的知识点包括全国人大及其常委会和司法机关，较难记忆的知识点包括全国人大及其常委会和地方国家机关的相关内容。本章内容较难记忆，需要理顺各个国家机关的关系，并强化知识记忆。复习本章内容，要掌握相关宪法性法律的规定，这些法律包括但不限于《全国人民代表大会组织法》《全国人民代表大会议事规则》《全国人民代表大会常务委员会议事规则》《各级人民代表大会常务委员会监督法》《全国人民代表大会和地方各级人民代表大会代表法》《国务院组织法》《监察法》《人民法院组织法》《人民检察院组织法》《地方各级人民代表大会和地方各级人民政府组织法》等。本章出题方式包括各类题型。除考查过的主观题外，本章较为重要的简答题有：国家机构的特点；我国宪法规定的责任制原则的表现形式及意义；全国人大代表的性质和地位；我国宪法规定的法律的制定和修改权限；全国人大常委会的宪法监督权和对国家机关的监督职权；全国人大常委会的法律解释权；全国人大常委会的人事任免权；全国人大常委会的有关重要事项决定权；终止人大代表资格的情形；全国人大代表的义务；国家主席的职权；国务院的提案权；中央军委的性质和领导体制；上下级人民法院之间审判监督的体现；人民法院审判案件在适用法律上一律平等原则的主要内容。本章较为重要的论述题有：国家机构贯彻民主集中制原则的体现；全国人大专门委员会；设立监察委员会对中国法律监督体系的健全及意义；人民法院的基本制度；人民检察院的工作原则；人民检察院的领导体制。

大纲背诵要点

第一节 国家机构概述

一、国家机构的概念和特点

（一）国家机构的概念

国家机构是国家为实现其管理社会、维护社会秩序职能而建立起来的国家机关的总和。

（二）国家机构的特点

(1) 阶级性。国家机构是统治阶级为了实现自己的使命而设立的政治组织，国家机构的权力运作和职责都反映了统治阶级的意志和利益，具有鲜明的阶级性。

(2) 历史性。国家机构是一定历史范畴的产物，是社会发展到一定阶段的产物，随着国家的产生而出现，也会随着国家的消亡而消亡。

(3) 特殊的强制性。国家机构是一种国家组织，拥有特殊的强制力，即以军队、警察、监狱、法庭等为主要内容的国家暴力。因此，国家机构不同于一般的社会组织。

(4) 组织性。国家机构具有的组织体系，其设置、职权划分及其相互之间的关系非常复杂，不同国家机关按照法律规定组成完整严密的整体，保证国家基本职能的实现。

(5) 协调性。国家机构根据宪法划分职权，国家权力按照行使职权的性质和范围的不同而分工行使；同时各个国家机关之间又相互协作、互相配合，共同为实现宪法规定的目标而运行。

（三）国家机构的体系

各个国家机关的有机组合，就构成了国家机关的体系。国家机构分为中央国家机关和地方国家机关两大类。

中央国家机关是国家最高层次的政权组织体系，依据宪法分为全国人大及其常委会、国家主席、国务院、中央军事委员会、国家监察委员会、最高人民法院和最高人民检察院。

依据宪法规定，县级以上的地方国家机关分为地方人民代表大会及其常务委员会、人民政府、监察委员会、人民法院和人民检察院。乡、民族乡、镇的国家机关分为人民代表大会和人民政府。

二、中国国家机构组织和活动的主要原则

（一）党的领导原则

中国共产党是我国最高政治领导力量。中国共产党按照总揽全局、协调各方的原则，在同级各种组织包括各级国家机关中发挥领导核心的作用，并发挥党组织在中央和地方国家机关中的领导作用。要把党的领导贯彻到党和国家机构履行职责全过程，推动各方协调行动，形成合力。

（二）民主集中制原则

1. 民主集中制原则的含义和要求

民主集中制是社会主义国家政权组织和活动的基本原则。民主集中制是一种民主与集中相结合的制度，是在民主基础上的集中和在法治规范下的民主的结合。根据这一原则的要求，我国的国家权力必须集中由代表人民意志的、由民主选举产生的人大统一行使；各个国家机关之间不是分权关系，而是为实现国家管理任务进行的工作分工关系；各个国家机关依据宪法的具体规定，在人大及其常委会的统一领导和监督下，行使各自职责范围内的权力。

2. 民主集中制原则的主要表现

（1）在意志代表方面，人大由民主选举产生，对人民负责，受人民监督；由人大代表人民的最高意志，制定法律，决定国家的重大问题。

（2）在权限划分方面，国家行政机关、国家监察机关、国家审判机关、国家检察机关、国家军事机关等由人大选举或决定产生，对它负责，受它监督；各机关在其宪法权限内处理属于各自职权范围内的国家事务。

（3）在中央和地方的权力关系方面，遵循在中央统一领导下，充分发挥地方积极性、主动性的原则，但必须坚持中央的集中统一领导。

（4）在国家机关内部关系方面，人大及其常委会实行集体领导体制，而行政机关和军事机关则都实行首长个人负责制。

（5）在具体工作方面，任何一个国家机关，具体决策过程都必须遵循民主集中制的原则，既不能出现“一言堂”的情况，更不能出现互相推诿的情况。

3. 民主集中制原则的作用

民主集中制是与我国国情相适应的国家机构的基本原则。实行民主集中制，既防止了权力过分集中，又避免了不必要的牵制，保证了国家机关工作的有效进行。

（三）责任制原则

1. 责任制原则的含义

责任制原则是指国家机关及其工作人员，对其决定、行使职权、履行职责所产生的结果，都必须承担责任。

2. 责任制原则的具体体现

（1）人大向人民负责，每一个代表都要受原选区选民或原选举单位的监督，原选区选民或原选举单位可罢免自己所选出的代表；国家行政机关、国家监察机关、国家审判机关、国家检察机关和国家军事领导机关则向人大及其常委会负责。

（2）责任制的形式有集体负责制和个人负责制两种。集体负责制是指机关的全体组成人员和领导成员在重大问题的决策或决定上权利平等，全体成员集体讨论，并按照少数服从多数的原则作出决定，集体承担责任。人大及其常委会、人民法院、人民检察院等都实行集体领导、集体负责的责任制度。个人负责制是指在决策问题上由首长个人作出决定并承担相应责任的决策形式。行政机关、军事机关都实行这种集体讨论、个人决定和个人负责的责任制度。

（四）法治原则

1. 法治原则的含义

法治原则要求国家机关在其组织和活动中都要依法办事，不因领导人的改变而改变，不因领导人的看法和注意力的改变而改变。

2. 法治原则的主要表现

（1）国家机关的设立和活动都有法可依，任何国家机关及其附属机构的存在都必须符合宪法和法律的规定。

(2) 国家机关作出决定、命令、裁判等工作的程序必须符合法律的要求，符合法律规范。

(3) 任何违反宪法和法律的国家机关的行为，必须予以纠正。

(五) 其他原则

除了党的领导原则、民主集中制原则、责任制原则和法治原则外，还有民族平等和民族团结的原则、效率原则、联系群众原则。它们都是宪法规定的、国家机关应当遵循的组织和活动原则。

第二节　全国人民代表大会及其常务委员会

一、全国人民代表大会

(一) 性质和地位

全国人民代表大会是最高国家权力机关，又是国家的立法机关。

(1) 就其性质而言，所谓最高国家权力机关，意味着全国人民代表大会是国家权力的最高体现者，集中代表全国各族人民的意志和利益，行使国家的立法权和决定国家生活中的其他重大问题。

(2) 就其地位而言，全国人大作为最高国家权力机关，在我国国家体系中居于最高地位，而其他国家机关都由它产生并对它负责，受它监督，行使它所赋予的一定的权力，因而，其他国家机关的权力都不能超越它的权力之上，也不能与它并列。全国人大通过的法律和决议，其他国家机关都必须遵照执行，都要保证它的实施。

(二) 组成和任期

1. 组成

全国人民代表大会由省、自治区、直辖市、特别行政区和军队选出的代表组成。这表明：我国实行地域代表制和职业代表制相结合、以地域代表制为主的代表机关组成方式。根据现行选举法和组织法，全国人大代表以间接方式由各省、自治区、直辖市人大和军队选举产生。全国人民代表大会代表的名额不超过 3 000 人，由全国人大常委会确定各选举单位代表名额比例的分配。

2. 任期

全国人民代表大会每届任期 5 年。全国人民代表大会任期届满的 2 个月以前，全国人民代表大会常务委员会必须完成下届全国人民代表大会代表的选举。如果遇到不能进行选举的非常情况，由全国人民代表大会常务委员会以全体组成人员的 2/3 以上的多数通过，可以推迟选举，延长本届全国人民代表大会的任期。在非常情况结束后 1 年内，必须完成下届全国人民代表大会代表的选举。

(三) 职权

1. 修宪权与合宪性审查权：修改宪法，监督宪法的实施

(1) 修改宪法。宪法的修改，由全国人民代表大会常务委员会或者 1/5 以上的全国人民代表大会代表提议，并由全国人民代表大会以全体代表的 2/3 以上的多数通过。

(2) 监督宪法的实施。

①监督各项法律、行政法规、地方性法规以及各种规章是否符合宪法的原则和条文规定。

②监督一切国家机关、武装力量、各政党和社会团体、各企业事业组织的行为是否违反宪法。

2. 立法权：制定和修改基本法律

全国人民代表大会制定和修改刑事、民事、国家机构的和其他的基本法律。全国人大常委会在全国人大闭会期间可以修改基本法律（特别行政区基本法除外），但有如下两个限制：

（1）修改不能与基本法律的基本原则相抵触。

（2）只能进行部分的修改和补充。

3. 任免权：选举、决定和罢免国家领导人

（1）选举、决定（任命）国家领导人。全国人大选举全国人大常委会委员长、副委员长、秘书长和委员；选举中华人民共和国主席、副主席；根据中华人民共和国主席的提名，决定国务院总理的人选；根据国务院总理的提名，决定国务院副总理、国务委员、各部部长、各委员会主任、审计长、秘书长的人选；选举中央军事委员会主席；根据中央军事委员会主席的提名，决定中央军事委员会其他组成人员（副主席、委员）的人选；选举国家监察委员会主任；选举最高人民法院院长；选举最高人民检察院检察长。

（2）罢免国家领导人。全国人民代表大会主席团、3 个以上的代表团或者 1/10 以上的代表，可以提出对全国人民代表大会常务委员会的组成人员，中华人民共和国主席、副主席，国务院和中央军事委员会的组成人员，国家监察委员会主任，最高人民法院院长和最高人民检察院检察长的罢免案。

4. 决定权：决定国家重大问题

（1）审查和批准国民经济和社会发展计划和计划执行情况的报告。

（2）审查和批准国家的预算和预算执行情况的报告。

（3）批准省、自治区和直辖市的建置。

（4）决定特别行政区的设立及其制度。

（5）决定战争和和平的问题。

5. 最高监督权

全国人大有权监督由它产生的其他国家机关的工作，这些国家机关都要向全国人大负责：

（1）听取并通过全国人大常委会的工作报告，有权改变或撤销后者不适当的决定。

（2）听取、建议修改和通过国务院的工作报告。

（3）听取最高人民法院、最高人民检察院的工作报告。

（4）中央军委主席、国家监察委员会也要向全国人大及其常委会负责。

6. 其他职权

全国人大有权行使应当由最高国家权力机关行使的其他职权。

（四）会议制度和工作方式

1. 会议制度

全国人大的工作方式是举行会议。

（1）会议前的准备。

①会议的召集。全国人大每年举行 1 次会议，由全国人大常委会召集。全国人大常委会在全国人大会议举行的 1 个月前，将开会日期和建议大会讨论的主要事项通知全国人大代表。每届全国人大第一次会议，在本届全国人大代表选举完成后 2 个月内，由上届全国人大常委会召集。

②临时会议。如果全国人大常委会认为必要，或者有 1/5 以上的全国人大代表提议，可以临时召集全国人大会议。

③预备会议。全国人大每次会议举行预备会议，选举本次会议的主席团和秘书长，通过本次会议的议程和其他准备事项的决定。

（2）举行会议。

①主席团主持全国人大会议。主席团推选常务主席若干人，召集并主持主席团会议。

②全国人大会议公开举行；在必要的时候，经主席团提议、代表团团长会议决定，可以举行秘密会议。

③全国人大会议须有2/3以上的代表出席始得举行。国务院的组成人员，中央军委的组成人员，国家监察委员会主任，最高人民法院院长和最高人民检察院检察长，列席全国人大会议；其他有关机关、团体的负责人，经全国人大常委会决定，可以列席全国人大会议。

2. 工作程序

（1）提出议案。全国人大主席团、全国人大常委会、全国人大各专门委员会、国务院、中央军事委员会、国家监察委员会、最高人民法院、最高人民检察院，以及1个代表团或者30名以上的代表联名，可以向全国人大提出属于全国人大职权范围内的议案。

（2）审议议案。对国家机关提出的议案，由主席团决定是否列入大会议程；对代表团和代表提出的议案，则由主席团审议决定是否列入大会议程，或者先交有关专门委员会审议，提出是否列入大会议程的意见，再决定是否列入大会议程。

（3）表决通过议案。议案经审议后，由主席团提交大会表决，并由主席团决定采用无记名投票方式或者举手表决方式或其他方式通过。宪法规定，宪法修正案由全国人民代表大会以全体代表2/3以上的多数通过；法律和其他议案由全国人民代表大会以全体代表过半数通过。

（4）公布法律、决议。法律议案通过后即成为法律，由中华人民共和国主席签署主席令予以公布。

（五）专门委员会

1. 专门委员会的性质、组成、任期

（1）性质。全国人大设10个专门委员会。专门委员会是常设性机构，各专门委员会受全国人民代表大会领导；在全国人民代表大会闭会期间，受全国人民代表大会常务委员会领导。各专门委员会不是独立的行使职权的国家机关，对外不能发号施令，它只是帮助全国人大及其常委会研究、审议和拟定有关议案的按专业分工设立的辅助性工作机构。

（2）组成。各专门委员会由主任委员、副主任委员若干人和委员若干人组成。各专门委员会的主任委员、副主任委员和委员的人选由主席团在代表中提名，全国人大会议表决通过。在大会闭会期间，全国人民代表大会常务委员会可以任免专门委员会的副主任委员和委员，由委员长会议提名，常务委员会会议表决通过。

（3）任期。各专门委员会每届任期同全国人民代表大会每届任期相同，履行职责到下届全国人民代表大会产生新的专门委员会为止。各专门委员会主任委员主持委员会会议和委员会的工作。副主任委员协助主任委员工作。各专门委员会可以根据工作需要，任命专家若干人为顾问；顾问可以列席专门委员会会议，发表意见，但无表决权。顾问由全国人民代表大会常务委员会任免。

2. 专门委员会的任务

（1）审议全国人民代表大会主席团或者全国人民代表大会常务委员会交付的议案。

（2）向全国人民代表大会主席团或者全国人民代表大会常务委员会提出属于全国人民代表大会或者全国人民代表大会常务委员会职权范围内同本委员会有关的议案，组织起草法律草案和其他议案草案。

（3）承担全国人民代表大会常务委员会听取和审议专项工作报告有关具体工作。

（4）承担全国人民代表大会常务委员会执法检查的具体组织实施工作。

（5）承担全国人民代表大会常务委员会专题询问有关具体工作。

（6）按照全国人民代表大会常务委员会工作安排，听取国务院有关部门和国家监察委员会、最高人民法院、最高人民检察院的专题汇报，提出建议。

（7）对属于全国人民代表大会或者全国人民代表大会常务委员会职权范围内同本委员会有关的问题，进行调查研究，提出建议。

（8）审议全国人民代表大会常务委员会交付的被认为同宪法、法律相抵触的国务院的行政法规、决定和命令，国务院各部门的命令、指示和规章，国家监察委员会的监察法规，省、自治区、直辖市和设区的市、自治州的人民代表大会及其常务委员会的地方性法规和决定、决议，省、自治区、直辖市和设区的市、自治州的人民政府的决定、命令和规章，民族自治地方的自治条例和单行条例，经济特区法规，以及最高人民法院、最高人民检察院具体应用法律问题的解释，提出意见。

（9）审议全国人民代表大会主席团或者全国人民代表大会常务委员会交付的质询案，听取受质询机关对质询案的答复，必要的时候向全国人民代表大会主席团或者全国人民代表大会常务委员会提出报告。

（10）研究办理代表建议、批评和意见，负责有关建议、批评和意见的督促办理工作。

（11）按照全国人民代表大会常务委员会的安排开展对外交往。

（12）全国人民代表大会及其常务委员会交办的其他工作。

（六）临时性委员会

临时性委员会是全国人大根据实际需要为完成某项特定工作任务而设立的临时性工作机构。它是临时性的，没有固定任期。

临时性委员会的特点是：调查任务没有完成，临时性委员会就一直存在下去；调查任务完成，临时性委员会的任期也就结束。临时性委员会不受每届人大任期的限制。

（七）调查委员会

全国人大及其常委会在必要的时候，可以组织对特定问题的调查委员会。调查委员会的组成人员必须是全国人大代表。调查委员会是临时性的委员会，无一定任期，对特定问题的调查任务一经完成，该委员会即予撤销。

二、全国人民代表大会常务委员会

（一）性质和地位

全国人大常委会是全国人大的常设机关，也是国家立法机关，它隶属于全国人民代表大会，必须服从全国人民代表大会的领导和监督，向全国人民代表大会负责并报告工作。全国人大常委会是在全国人大闭会期间行使国家权力，履行经常性的立法权、监督权的机关。

（二）组成和任期

1. 组成

全国人大常委会在每届全国人民代表大会第一次会议时，由全国人大主席团从本届的代表中提名，经各代表团酝酿协商后，再由主席团根据多数代表的意见，确定正式代表候选人名单，然后交付全体代表进行差额选举，组成全国人大常委会。

全国人民代表大会常务委员会由下列人员组成：委员长，副委员长若干人，秘书长，委员若干人。全国人民代表大会常务委员会组成人员中，应当有适当名额的少数民族代表。全国人民代表大会常务委员会的组成人员不得担任国家行政机关、监察机关、审判机关和检察机关的职务。

2. 任期

全国人大常委会每届任期同全国人大每届任期相同，即5年。组成人员得连选连任，但委员长、副委员长连续任职不得超过两届。

（三）职权

1. 宪法解释权和宪法监督权

（1）全国人大常委会有权对宪法进行解释。

（2）全国人大常委会有权监督宪法的实施，有权撤销国务院制定的同宪法、法律相抵触的行政法规、决定和命令。

（3）全国人大常委会有权撤销省、自治区、直辖市的人大和人大常委会制定的同宪法、法律和行政法规相抵触的地方性法规和决议。

2. 立法权和法律解释权

（1）全国人大常委会有权制定和修改除应当由全国人大制定的法律以外的其他法律。在全国人大闭会期间，全国人大常委会还可以对全国人大制定的法律进行部分补充和修改，但是不得同该法律的基本原则相抵触。

（2）全国人大常委会有权解释法律，不仅可以解释由它自己制定的法律，还可以解释由全国人大制定的法律，因为全国人大常委会是全国人大的常设机关，了解全国人大的立法意图，能够作出准确的解释。

3. 国家重大事项的决定权

（1）对国民经济和社会发展计划以及国家预算部分调整方案的审批权。

（2）决定批准或废除同外国缔结的条约和重要协定。

（3）决定驻外全权代表的任免。

（4）规定军人和外交人员的衔级制度和其他专门衔级制度，规定和决定授予国家的勋章和荣誉称号。

（5）决定特赦。

（6）遇到国家遭受武装侵犯或者必须履行国际间共同防止侵略的条约的情况，有权决定宣布战争状态。

（7）决定全国总动员或者局部动员。

（8）决定全国或者个别省、自治区和直辖市进入紧急状态。

4. 任免权

（1）根据国务院总理的提名，决定部长、委员会主任、审计长、秘书长的人选。

（2）根据中央军委主席的提名，决定中央军委其他组成人员的人选。

（3）根据国家监察委员会主任的提请，任免国家监察委员会副主任、委员。

（4）根据最高人民法院院长的提请，任免最高人民法院副院长、审判员、审判委员会委员和军事法院院长。

（5）根据最高人民检察院检察长的提请，任免最高人民检察院副检察长、检察员、检察委员会委员和军事检察院检察长，并且批准省、自治区、直辖市的人民检察院检察长的任免。

5. 监督权

（1）在全国人大常委会会议期间，常委会组成人员10人以上联名，可以向常务委员会书面提出对国务院及国务院各部门和国家监察委员会、最高人民法院、最高人民检察院的质询案。

（2）国务院、国家监察委员会、最高人民法院、最高人民检察院在全国人大常委会会议上，围绕本单位职权范围内的事务向全国人大常委会做工作汇报。

（3）全国人大常委会对法律实施工作进行执法检查。

6. 其他职权

由于全国人大常委会是全国人大的常设机关，所以，在宪法列明的职权之外，常委会的其他职权必须经全国人大授权方能享有；在授权范围内，全国人大常委会可以作出有法律约束力的决定。

（四）会议制度和工作程序

1. 会议制度

全国人大常委会的工作方式是举行会议。会议有如下两种形式：一是由常委会全体组成人员组成的全体会议。二是处理全国人大常委会重要的日常工作的委员长会议。全国人大常委会全体会议，一般每两个月举行一次，由委员长召集并主持。有特殊需要的时候可以临时召集会议。常委会全体会议须有常委会全体组成人员过半数出席才能举行。在全国人大常委会举行会议的时候，国务院、中央军委、国家监察委员会、最高人民法院、最高人民检察院的负责人列席会议；各省、自治区、直辖市的人大常委会派主任或者副主任一人列席会议；必要时可以邀请有关全国人大代表列席会议。

2. 工作程序

（1）一般程序。

①提出议案。全国人大常委会会议期间，委员长会议、国务院、中央军事委员会、国家监察委员会、最高人民法院、最高人民检察院、全国人大各专门委员会以及常委会组成人员 10 人以上联名，可以向常务委员会提出属于常务委员会职权范围内的议案。

②审议议案。国家机关提出的议案，由委员长会议决定列入常委会会议议程，或者先交有关的专门委员会审议、提出报告，再决定列入常委会会议议程；常委会组成人员提出的议案，由委员长会议决定是否列入常委会会议议程，或者先交有关的专门委员会审议、提出是否列入会议议程的意见，再决定是否列入常委会会议议程。

③表决通过议案。议案经审议后，由常委会会议表决通过。表决议案由常委会全体组成人员的过半数通过。

④决定公布。

（2）质询程序。在全国人大常委会会议期间，常委会组成人员 10 人以上联名，可以向常务委员会书面提出对国务院及国务院各部门和国家监察委员会、最高人民法院、最高人民检察院的质询案。

三、全国人民代表大会代表

（一）代表的法律地位

1. 代表的法律地位

全国人大代表是最高国家权力机关——全国人民代表大会的组成人员，其中一部分代表同时又是全国人大常委会的组成人员。他们是全国人民派往最高国家权力机关的使者，接受人民的委托，代表全国人民的意志和利益，并且依照宪法和法律的规定集体行使国家权力，是最高国家权力机关的重要组成部分。

2. 代表的工作

（1）代表在全国人大会议期间的工作。

①出席会议，审议各项议案和报告。

②可依照法定程序提出包括修改宪法议案的各项议案。

③参加各项选举，可对主席团提名的国家领导机构的负责人名单提出意见。

④参加决定国务院组成人员和军委副主席、委员的人选。

⑤可提出询问，可依照法律规定的程序，书面提出对国务院以及国务院各部门、国家监察委员会、最高人民法院、最高人民检察院的质询案。

⑥可依照法律的规定提出罢免案。

⑦可依法提议组织关于特定问题的调查委员会。

⑧可向全国人大提出对各方面工作的建议、批评和意见。

（2）代表在全国人大闭会期间的工作。

①全国人大代表在常委会的统一安排下，对有关地区、有关单位进行视察，就被视察的各方面的工作提出建议、批评、意见，但不直接处理问题。

②可应邀列席全国人大常委会会议以及各专门委员会会议。

③列席原选举单位的人民代表大会会议和人大常委会会议，回答原选举单位对代表工作的询问，协助政府推行工作。

④有权按照法律规定的程序提议临时召集全国人大会议。

⑤向全国人大常委会提出对各方面工作的建议、批评和意见。

（二）代表的权利

（1）全国人大代表有出席全国人大会议，发表意见，参与表决，共同决定中央国家机关领导人员的人选和国家生活中的重大问题的权利。

（2）根据法律规定的程序提出议案、建议和意见的权利。一个代表团或者 30 名以上的代表联名，可以向全国人大提出属于全国人大职权范围内的议案。

（3）依照法律规定的程序提出质询案的权利。全国人大会议期间，一个代表团或者 30 名以上的代表联名，可以书面提出对国务院以及国务院各部门、国家监察委员会、最高人民法院、最高人民检察院的质询案。全国人大常委会会议期间，常委会组成人员 10 人以上联名，可以向常务委员会书面提出对国务院以及国务院各部门、国家监察委员会、最高人民法院、最高人民检察院的质询案。

（4）依法提出罢免案的权利。全国人大代表有权依照法律规定的程序，提出对全国人大常委会的组成人员，中华人民共和国主席、副主席，国务院和中央军事委员会的组成人员，国家监察委员会主任，最高人民法院院长和最高人民检察院检察长的罢免案。

（5）人身特别保护权。在全国人大开会期间，非经全国人大会议主席团的许可，在全国人大闭会期间，非经全国人大常委会的许可，全国人大代表不受逮捕或者刑事审判。如果因为全国人大代表是现行犯而被拘留的，执行拘留的公安机关应当立即向全国人大主席团或者全国人大常委会报告。

（6）言论免责权。全国人大代表在全国人大各种会议上的发言和表决不受法律追究。

（7）物质保障权。全国人大代表在履职时，所在单位根据实际需要予以时间保障和工资福利保障，国家根据实际需要给予适当的补贴和物质上的便利。

（三）代表的义务

全国人大代表从人民中选举产生，但他们与普通公民还是有所区别的，其中最为主要的就在于他们所承担的特殊义务：

（1）模范地遵守宪法和法律，在自己参加的生产、工作和社会活动中，宣传法治并协助宪法和法律的贯彻实施。

（2）与原选举单位和人民群众保持密切联系，接受原选举单位和人民群众的监督，原选举单位有权罢免其所选出的代表。

（3）保守国家秘密。

（4）出席全国人大会议，认真参与对国家事务的讨论和决定，积极参加代表的视察活动。

第三节 中华人民共和国主席

一、国家主席的性质和地位

（一）国家主席的性质

国家主席是我国的国家元首。国家主席不是握有一定国家权力的个人，而是一个国家机关，包括国家主席和副主席。国家主席是国家主权的代表，是国家统一和民族团结的象征。国家主席对内代表整个国家机构和国家权力，对外代表中华人民共和国和全体中国公民。

（二）国家主席的地位

由于国家主席的国家最高代表性质，他的尊严就是国家尊严的象征，所以国家主席有着最尊贵的法律地位，无论在国内还是在国外，都应受到最高级别的礼遇。

二、国家主席的产生和任期

（一）国家主席的产生

国家主席由全国人大选举产生。国家主席、副主席的人选，由主席团提名，经各代表团酝酿协商后，再由主席团根据多数代表的意见确定正式候选人名单，最后由主席团把确定的候选人名单交付大会表决，由大会选举产生国家主席和副主席。

（二）国家主席、副主席任职的基本条件

（1）必须是有选举权和被选举权的中华人民共和国公民。

（2）必须年满 45 周岁。

（三）国家主席、副主席的任期

国家主席、副主席每届任期同全国人大每届任期相同，都是 5 年。国家主席、副主席可以由全国人大罢免。

（四）国家主席、副主席的缺位和补选

在任期届满前，国家主席缺位时，由副主席继任；副主席缺位时（即国家主席不缺位而副主席缺位），由全国人大补选；国家主席、副主席都缺位时，由全国人大补选，在补选以前，由全国人大常委会委员长暂时代理主席职位。

三、国家主席的职权

我国国家主席没有个人决策权，其职权要同全国人大及其常委会的职权结合起来行使。由于国家主席的职权必须与全国人大及其常委会的职权结合行使，因此，国家主席既不向全国人大及其常委会负责，也不报告工作。国家主席行使职权时，主要采取国家主席令的形式。国家主席的职权主要有：

（1）公布法律、发布命令权。法律在全国人大或全国人大常委会正式通过后，由国家主席予

以颁布施行。国家主席根据全国人大或者全国人大常委会的决定，发布特赦令、紧急状态令、动员令、宣布战争状态等。

（2）任免权。全国人大或全国人大常委会确定国务院总理、副总理、国务委员、各部部长、各委员会主任、审计长、秘书长的正式人选后，由国家主席宣布其任职。根据全国人大常委会的决定，国家主席派遣和召回驻外全权代表，即驻外使节。

（3）外交权。国家主席对外代表国家，进行国事活动，接受外国使节，根据全国人大常委会的决定，批准和废除同外国缔结的条约和重要协定。

（4）荣典权。根据全国人大常委会的决定，国家主席代表国家向那些对国家有重大功勋的人或单位授予国家的勋章和荣誉称号。

第四节　国务院

一、国务院的性质和地位

（一）国务院的性质

国务院即中央人民政府，是最高国家权力机关的执行机关，是最高国家行政机关。执行机关和行政机关表明了国务院的性质，即国务院是通过在全国范围内组织一系列的行政管理活动，执行全国人大及其常委会各项决议的最高国家行政机关。

（二）国务院的地位

国务院在全国行政机关系统中居最高地位，它统一领导地方各级人民政府的工作，统一领导和管理国务院各部委的工作。由于国务院是由最高国家权力机关组织产生的，必须对全国人大及其常委会负责并报告工作，因此，相对于最高国家权力机关来说，国务院处于从属地位。

二、国务院的组成和任期

（一）国务院的组成

国务院由总理、副总理若干人、国务委员若干人、各部部长、各委员会主任、审计长、秘书长组成。国务院总理人选根据国家主席的提名，由全国人大决定；副总理、国务委员、各部部长、各委员会主任、审计长和秘书长的人选，根据总理的提名，由全国人大决定；在全国人大闭会期间，根据总理的提名，由全国人大常委会决定部长、委员会主任、审计长、秘书长的人选。组成人员的任免决定以后，由国家主席负责宣布。

（二）国务院的任期

国务院每届任期同全国人大每届任期相同，即5年。总理、副总理、国务委员连续任职不得超过两届。

（三）国务院主要组成机构

1. 国务院的主要组成机构

国务院的主要组成机构包括国务院办公厅，各部、各委员会、中国人民银行、审计署等国务院组成部门，国务院直属特设机构，国务院直属机构，国务院办事机构，国务院组成部门管理的国家行政机构，国务院直属事业单位，国务院议事协调机构等。国务院各部、各委员会的设立、撤销或者合并，经总理提出，由全国人民代表大会决定；在全国人民代表大会闭会期间，由全国人民代表大会常务委员会决定。

2. 审计机关

国务院设立审计机关，对国务院各部门和地方各级政府的财政收支，对国家的财政金融机构和企业事业组织的财务收支，进行审计监督。审计机关在国务院总理领导下，依照法律规定独立行使审计监督权，不受其他行政机关、社会团体和个人的干涉。

三、国务院的领导体制

国务院实行总理负责制。

总理负责制是指国务院总理对他主管的工作负全部责任，与此相联系，他对自己主管的工作有完全决定权。具体内容是：

（1）由总理提名组成国务院，总理有向全国人大及其常委会提出任免国务院其他组成人员的议案的权力。

（2）总理领导国务院的工作，副总理、国务委员协助总理工作，其他组成人员都在总理领导下工作，向总理负责。

（3）总理召集和主持召开国务院常务会议和全体会议，对于所议事项总理有最后决定权，并对决定的后果承担全部责任。

（4）国务院发布的行政法规、决定和命令、向全国人大及其常委会提出的议案、任免国务院有关人员的决定，都由总理签署。

四、国务院的职权

1. 法规制定权

法规制定权包括规定行政措施、制定行政法规、发布决定和命令，并组织实施，审查它们的实施情况。

2. 提案权

（1）国民经济和社会发展计划和计划执行情况。

（2）国家预算和预算的执行情况。

（3）必须由全国人大常委会批准和废除的同外国缔结的条约和协定。

（4）国务院组成人员中必须由全国人大或者全国人大常委会决定任免的人选。

（5）在国务院职权范围内的其他必须由全国人大或者全国人大常委会审议或决定的事项。

3. 领导权

（1）国务院有权改变或者撤销地方各级国家行政机关的不适当的决定和命令，有权改变或者撤销各部、各委员会发布的不适当的命令、指示和规章。

（2）国务院所属各部委和地方各级行政机关必须接受国务院的统一领导和监督。

4. 管理权

管理权包括对国防、民族、民政、公安、司法行政、文教、经济、卫生、体育、华侨、外交等各项行政工作的领导和管理权。

5. 任免权

国务院有权依法任免国家行政机关的领导人员。

6. 行政区域划分权

国务院有权批准省、自治区、直辖市的区域划分，批准自治州、县、自治县、市的建置和区域划分。

7. 紧急状态决定权

国务院有权决定省、自治区、直辖市范围内部分地区进入紧急状态。

8. 其他职权

其他职权主要是指由最高国家权力机关通过明确的决议，以法律形式授予国务院以上述列举权力之外的职权。

第五节　中央军事委员会

一、中央军事委员会的性质和地位

(1) 中央军委是国家的最高军事领导机关。

(2) 中央军委是我国国家机构的重要组成部分。

二、中央军事委员会的组成和任期

(一) 组成

中央军事委员会由下列人员组成：主席，副主席若干人，委员若干人。中央军委主席的人选由全国人大主席团提名，经全国人大各代表团酝酿协商后，再由主席团根据多数代表的意见，确定正式候选人名单，然后由全国人大选举产生。全国人大选举时，采用无记名投票方式，以获得全体代表过半数的选票当选。全国人大根据中央军委主席的提名，决定中央军委其他组成人员的人选。全国人大有权罢免中央军委主席和中央军委其他组成人员。在全国人大闭会期间，全国人大常委会根据中央军委主席的提名，决定中央军委其他组成人员的人选。

(二) 任期

中央军委每届任期同全国人大每届任期相同，即 5 年，但没有届数限制。

三、中央军事委员会的领导体制

中央军委实行主席负责制，其具体内容是：

(1) 中央军委主席对全国人大及其常委会负责，但不报告工作。中央军委在中央国家机关体系中处于从属于最高国家权力机关的法律地位。

(2) 中央军委副主席和委员均由中央军委主席提名。

(3) 中央军委的有关重大问题要经委员会集体讨论，但是中央军委主席有决定权。中央军委其他组成人员必须接受中央军委主席的领导，中央军委发布的军令和其他命令须由中央军委主席签署方有法律效力。

第六节　监察委员会

一、监察委员会的性质和地位

(一) 监察委员会的性质

各级监察委员会是国家的监察机关，是行使国家监察职能的专责机关，依法对所有行使公权力的公职人员进行监察，调查职务违法和职务犯罪，开展廉政建设和反腐败工作，维护宪法和法律的尊严。

(二) 监察委员会的地位

国家监察委员会由全国人大产生，对全国人大及其常委会负责，并接受其监督。地方各级监察委员会由本级人大产生，对本级人大及其常委会和上一级监察委员会负责，并接受其监督。

二、监察委员会的组成和任期

（一）监察委员会的组成

中华人民共和国设立国家监察委员会和地方各级监察委员会。监察委员会由下列人员组成：主任，副主任若干人，委员若干人。国家监察委员会主任由全国人民代表大会选举产生，国家监察委员会副主任、委员由国家监察委员会主任提请全国人大常委会任免。

（二）监察委员会的任期

监察委员会主任每届任期同本级人民代表大会每届任期相同。国家监察委员会主任连续任职不得超过两届。

三、监察委员会的领导体制

中华人民共和国国家监察委员会是最高监察机关。国家监察委员会领导地方各级监察委员会的工作，上级监察委员会领导下级监察委员会的工作。省、自治区、直辖市、自治州、县、自治县、市、市辖区设立监察委员会。

四、监察委员会和人民法院、人民检察院、执法部门的关系

（1）监察委员会依照法律规定独立行使监察权，不受行政机关、社会团体和个人的干涉。

（2）监察机关办理职务违法和职务犯罪案件，应当与审判机关、检察机关、执法部门互相配合，互相制约。

第七节　人民法院和人民检察院

一、人民法院

（一）性质和任务

1. 人民法院的性质

人民法院是国家的审判机关，是适用法律的专门机关，独立行使国家审判权。

2. 人民法院的任务

人民法院的任务是通过审判刑事案件、民事案件、行政案件以及法律规定的其他案件，惩罚犯罪，保障无罪的人不受刑事追究，解决民事、行政纠纷，保护个人和组织的合法权益，监督行政机关依法行使职权，维护国家安全和社会秩序，维护社会公平正义，维护国家法制统一、尊严和权威，保障中国特色社会主义建设的顺利进行。

（二）组织系统、职权和领导体制

1. 人民法院的组织系统

人民法院的组织系统由最高人民法院、地方各级人民法院和专门人民法院构成。

（1）最高人民法院。最高人民法院是我国最高审判机关，依法行使国家最高审判权，同时监督地方各级人民法院和专门人民法院的审判工作。最高人民法院可以设巡回法庭，审理最高人民法院依法确定的案件。巡回法庭是最高人民法院的组成部分。巡回法庭的判决和裁定即最高人民法院的判决和裁定。

（2）地方各级人民法院。地方各级人民法院分为高级人民法院、中级人民法院和基层人民法院三级。

（3）专门人民法院。目前我国设立的专门人民法院有军事法院、海事法院、知识产权法院和金融法院等。军事法院是设在军队中的审判机关，分为高级、中级、基层三级。海事法院是设在一定沿海、沿江港口城市的审理海事、海商案件的审判机关，在审级上相当于中级人民法院，其审判工作受所在地高级人民法院监督，当事人对海事法院的判决、裁定不服的上诉案件，由当地高级人民法院管辖。知识产权法院和金融法院属于中级人民法院级别。

2. 人民法院的职权

（1）基层人民法院的职权。基层人民法院审理第一审案件，法律另有规定的除外。基层人民法院对人民调解委员会的调解工作进行业务指导。

（2）中级人民法院的职权。中级人民法院管辖的案件是：

①法律规定由其管辖的第一审案件；

②基层人民法院报请审理的第一审案件；

③上级人民法院指定管辖的第一审案件；

④对基层人民法院判决和裁定的上诉、抗诉案件；

⑤按照审判监督程序提起的再审案件。

此外，中级以上人民法院设赔偿委员会，依法审理国家赔偿案件。

（3）高级人民法院的职权。高级人民法院管辖的案件包括：

①法律规定由其管辖的第一审案件；

②下级人民法院报请审理的第一审案件；

③最高人民法院指定管辖的第一审案件；

④对中级人民法院判决和裁定的上诉、抗诉案件；

⑤按照审判监督程序提起的再审案件；

⑥中级人民法院报请复核的死刑案件。

（4）专门人民法院的职权。

①军事法院。军事法院管辖现役军人的刑事犯罪案件，军队在编职工的刑事犯罪案件，最高人民法院授权审理的案件，在作战区和戒严区由统帅部、最高人民法院授权审理的案件。

②海事法院。海事法院管辖第一审海事案件和海商案件。

③知识产权法院。知识产权法院的职权依照《最高人民法院关于北京、上海、广州知识产权法院案件管辖的规定》执行，各有侧重。

（5）最高人民法院的职权。

①监督地方各级人民法院和专门人民法院的审判工作；

②法律规定由其管辖的和其认为应当由自己管辖的第一审案件；

③对高级人民法院判决和裁定的上诉、抗诉案件；

④按照全国人民代表大会常务委员会的规定提起的上诉、抗诉案件；

⑤按照审判监督程序提起的再审案件；

⑥高级人民法院报请核准的死刑案件，死刑除依法由最高人民法院判决的以外，应当报请最高人民法院核准；

⑦最高人民法院可以对属于审判工作中具体应用法律的问题进行解释。最高人民法院可以发布指导性案例。

3. 人民法院的领导体制

最高人民法院对全国人大及其常委会负责并报告工作。地方各级人民法院对本级人大及其常委会负责并报告工作。

（1）最高人民法院监督地方各级人民法院和专门人民法院的审判工作。这种监督主要表现在：

①对高级人民法院和专门人民法院的判决和裁定的上诉案件和最高人民检察院按审判监督程序提出的抗诉案件进行审判。

②对下级人民法院已经生效的判决、裁定发现确有错误的，按审判监督程序提审或指令下级人民法院再审。

③核准死刑案件。

④通过检查案件、考核工作对下级人民法院进行监督。

（2）上级人民法院监督下级人民法院的审判工作。这种监督主要表现在：

①上级人民法院有权审判下级人民法院移送的第一审案件。

②审判对下级人民法院的判决和裁定不服上诉和抗诉的案件。

③对下级人民法院已经发生法律效力的判决和裁定，如果发现确有错误，有权提审或指令下级人民法院再审。

④对管辖权有争议的下级人民法院受理的案件，指定受理法院。

⑤通过检查案件、考核工作，对下级人民法院进行监督。

（三）组成和任期

1. 人民法院的组成

（1）最高人民法院的组成。

①最高人民法院由院长 1 人，副院长、审判委员会委员、庭长、副庭长以及审判员若干人组成，还配有助理审判员、书记员、司法警察等人员。

②最高人民法院设有民事审判庭、行政审判庭、刑事审判庭、环境资源审判庭、审判监督庭等审判庭、六个巡回法庭以及其他必要机构。各级人民法院设立审判委员会。设立赔偿委员会，处理所管辖的国家赔偿案件。设立法官考评委员会，负责对本院法官的考核工作。

③最高人民法院院长由全国人大选举和罢免。最高人民法院副院长、审判委员会委员、庭长、副庭长、审判员由全国人大常委会根据最高人民法院院长的提请任免。最高人民法院巡回法庭庭长、副庭长，由最高人民法院院长提请全国人大常委会任免。

（2）地方各级人民法院的组成。

①地方各级人民法院由院长 1 人，副院长、审判委员会委员、庭长、副庭长、审判员若干人组成，还配有助理审判员、书记员、司法警察等人员。

②根据审判需要设立刑事、民事、行政、经济、告诉申诉等审判庭及必要的其他机构。设立审判委员会，由审判委员会讨论重大疑难案件。中级以上人民法院设立赔偿委员会，处理所管辖的国家赔偿案件。

③各级人大选举和罢免本级人民法院院长。各级人大常委会根据本级人民法院院长的提请任免同级人民法院副院长、审判委员会委员、庭长、副庭长、审判员，在人民法院院长因故不能担任职务时，决定由副院长代理院长。在省、自治区内按地区设立的和在直辖市内设立的中级人民法院院长，由省、自治区、直辖市人大常委会根据主任会议的提名决定任免，副院长、审判委员会委员、庭长、副庭长和审判员由高级人民法院院长提请省、自治区、直辖市人大常委会任免。

（3）专门人民法院的组成。

①专门人民法院的组成人员与地方各级人民法院基本相同。各专门人民法院由院长 1 人，副院长、审判委员会委员、庭长、副庭长、审判员若干人组成，还配有助理审判员、书记员及司法

警察等。

②根据审判特点，设立必要的审判庭及必要的其他机构。

③专门人民法院的设置、组织、职权和法官任免，由全国人民代表大会常务委员会规定。专门人民法院院长、副院长、审判委员会委员、庭长、副庭长、审判员等人员根据全国人大常委会的特别规定任免。

2. 人民法院院长的任期

各级人民法院院长每届任期同本级人大每届任期相同，都是5年。最高人民法院院长连续任职不得超过两届。

（四）工作原则和基本制度

1. 依法独立审判原则

（1）含义和要求。人民法院依照法律规定独立行使审判权，不受行政机关、社会团体和个人的干涉。这一原则要求：

①人民法院在审判工作中要以事实为根据、以法律为准绳，独立进行审判，实事求是地对案件作出公正判决和裁定，不受行政机关、社会团体和个人的干涉。

②人民法院在办理各种案件活动中，只服从法律，严格依法办事，在职权范围内的活动必须独立进行。

（2）意义。

①审判工作贯彻依法独立审判原则有利于保证国家审判权的统一行使，保证国家法律统一执行，保证审判工作正常进行，保证案件正确判决。

②人民法院独立审判，并不是不受任何监督。人民法院要向同级人大及其常委会负责并报告工作，受其监督。人民检察院是法律监督机关，人民法院的审判活动要接受人民检察院依法进行的监督。人民法院独立审判应接受人民群众的监督。

2. 审判案件在适用法律上一律平等原则

（1）含义。人民法院审判案件在适用法律上一律平等，禁止任何形式的歧视。

（2）要求。审判案件在适用法律上一律平等原则要求：

①人民法院对一切公民都必须一律平等对待，一切公民的合法权益，都要依法予以保护，任何公民的违法犯罪行为，都要依法予以追究。

②适用法律一律平等，要求在适用法律上不能有任何歧视，对公民一律平等对待，不能因公民的家庭出身、地位高低、政治倾向等非法定条件而对公民有不公正的待遇。

③适用法律面前一律平等原则，也应当表现在对待法人或其他组织方面，不论组织规模大小、企业性质、何人经营、主办单位等情况如何，都应平等地保护其合法权益、追究其法律责任。

3. 被告人有权获得辩护原则

（1）内容。被告人有权获得辩护，是宪法和有关法律规定的一项重要的司法原则和制度，是国家赋予被告人保护自己合法权益的一种重要诉讼权利。

①在刑事诉讼中，被告人和他的辩护人有权根据事实和法律，提出证明被告人无罪、罪轻或者免除、减轻刑事处罚的材料和意见，以维护被告人的合法权益。

②有关法律规定了被告人行使辩护权利的具体制度，必要时人民法院应当为被告人指定承担法律援助义务的律师担任被告人的辩护人。

（2）意义。实行辩护制度，有助于人民法院全面客观地认定案件事实，正确适用法律，公正判决或裁定案件以及避免错案冤案的发生。

4. 使用本民族语言文字进行诉讼原则

(1) 内容。各民族公民都有用本民族语言文字进行诉讼的权利。对于不通晓当地通用的语言文字的诉讼参与人，人民法院应当为他们翻译。在少数民族聚居或者多民族共同居住的地区，人民法院应当用当地通用的语言进行审理，用当地通用的文字发布判决书、裁定书、布告和其他文件。

(2) 意义。

①我国是统一的多民族国家，各民族公民都有用本民族语言文字进行诉讼的权利，这是民族平等原则在诉讼制度方面的具体表现。宪法和法律这一规定，是确保各民族公民平等地享有诉讼的权利和地位，反对民族歧视，维护民族平等和加强民族团结的重要法律保障。

②贯彻这一原则，有利于人民法院审理案件，有利于当事人行使诉讼权利和履行诉讼义务，有利于人民法院的判决、裁定的执行以及人民法院对人民群众进行法制教育。

5. 合议制度

(1) 人民法院审理案件，由合议庭或者法官一人独任审理。

(2) 绝大多数案件以合议庭形式审判，合议庭审判是我国人民法院审理案件的基本组织形式。人民法院审判第一审案件，由审判员组成合议庭或者由审判员和人民陪审员组成合议庭进行，简单的民事案件、轻微的刑事案件和法律另有规定的案件可以由审判员一人独任审理。人民法院审判上诉和抗诉案件由审判员组成合议庭进行。合议庭由法官组成，或者由法官和人民陪审员组成，成员为三人以上单数。合议庭由一名法官担任审判长。院长或者庭长参加审理案件时，由自己担任审判长。

(3) 审判长主持庭审、组织评议案件，评议案件时与合议庭其他成员权利平等。合议庭评议案件应当按照多数人的意见作出决定，少数人的意见应当记入笔录。评议案件笔录由合议庭全体组成人员签名。合议庭或者法官独任审理案件形成的裁判文书，经合议庭组成人员或者独任法官签署，由人民法院发布。合议庭审理案件，法官对案件的事实认定和法律适用负责；法官独任审理案件，独任法官对案件的事实认定和法律适用负责。合议庭评议案件采取少数服从多数原则，体现了民主集中制原则，保证案件能够充分讨论、提高质量。对于疑难、重大案件由合议庭提请院长提交本院审判委员会讨论决定。

6. 回避制度

在审判阶段，回避制度是指人民法院受理的案件如果与审判人员有利害关系或其他关系，应当回避。这是为了保护当事人合法权益，保证公正审判，防止审判人员主观偏向的诉讼制度。为保证当事人行使申请回避的权利，人民法院在开庭时，应当向当事人宣布合议庭组成人员及书记员名单，告知当事人有申请回避的权利。是否批准回避申请，由人民法院院长决定。院长的回避，由本院审判委员会决定。

7. 公开审判制度

(1) 含义。公开审判是指人民法院对受理的案件公开审理和公开宣判。通过公开审理，使当事人充分行使法律规定的诉讼权利，对证据互相质证，明辨是非，便于审判人员查清事实。

(2) 内容。人民法院审理案件，除法律规定的特别情况外，一律公开进行。根据《人民法院组织法》以及相关诉讼法的规定，审理案件，除涉及国家秘密、个人隐私和未成年人犯罪案件以外，应当公开进行。

(3) 意义。公开审判是人民法院各项诉讼制度和原则的中心环节。公开审判，可以把人民法院的审判活动直接置于当事人及人民群众的监督之下，有助于增强审判人员的责任感，改进审判作风，严格依法办事，从而保证审判质量，防止冤假错案的发生。公开审判还可以使旁听群众受到深刻的法制教育，对犯罪分子起到威慑作用，达到减少犯罪的效果。

8. 两审终审制

（1）含义和内容。人民法院审判案件实行两审终审制。两审终审制是指一个案件经过两级人民法院的审判，即告终结的制度。

（2）意义。两审终审制是我国多年司法经验的总结，既可以使第一审的错误的或不当的判决和裁定在发生法律效力前得到及时的纠正，保证案件的正确处理；又可以便于群众进行诉讼，避免因审级过多，而引起诉讼的拖延，节省人力、财力和时间。

9. 审判监督制度

（1）含义。审判监督制度是指人民法院对已经发生法律效力的判决和裁定，发现确有错误，依法重新进行审判的一种特殊审判工作制度。

（2）提起审判监督程序的主体。根据法律规定，有权提起审判监督程序的主体是：

①各级人民法院院长对本院已经发生法律效力的判决和裁定，如果发现认定事实上或者适用法律上有错误，必须提交审判委员会处理。

②最高人民法院对各级人民法院已经发生法律效力的判决和裁定，上级人民法院对下级人民法院已经发生法律效力的判决和裁定，如果发现确有错误，有权提审或者指令下级人民法院再审。

③最高人民检察院对各级人民法院已经发生法律效力的判决和裁定；上级人民检察院对下级人民法院已经发生法律效力的判决和裁定，如果发现确有错误，有权按审判监督程序提出抗诉。

（3）意义。确立审判监督制度，是我国审判工作中实事求是、有错必纠、对人民高度负责的精神的体现，通过审判监督制度，纠正错误的判决和裁定，能够保护公民和组织的合法权益，纠正冤假错案，有利于社会的稳定。

10. 审判委员会制度

审判委员会既是各级人民法院内部设立的审判工作组织，又是人民法院进行审判工作的一种制度，该制度对保证办案质量和实现国家审判职能有重大作用。

（1）审判委员会的任务。

①总结审判工作经验；

②讨论决定重大、疑难、复杂案件的法律适用；

③讨论决定本院已经发生法律效力的判决、裁定、调解书是否应当再审；

④讨论决定其他有关审判工作的重大问题。

（2）审判委员会的职权。

①最高人民法院对属于审判工作中具体应用法律的问题进行解释，应当由审判委员会全体会议讨论通过；发布指导性案例，可以由审判委员会专业委员会会议讨论通过。

②合议庭认为案件需要提交审判委员会讨论决定的，由审判长提出申请，院长批准。审判委员会讨论案件，合议庭对其汇报的事实负责，审判委员会委员对本人发表的意见和表决负责。审判委员会的决定，合议庭应当执行。审判委员会讨论案件的决定及其理由应当在裁判文书中公开，法律规定不公开的除外。

11. 司法责任制

人民法院实行司法责任制，建立健全权责统一的司法权力运行机制。

二、人民检察院

（一）性质和任务

1. 人民检察院的性质

人民检察院是国家的法律监督机关。

2. 人民检察院的任务

人民检察院的任务是通过行使检察权，追诉犯罪，维护国家安全和社会秩序，维护个人和组织的合法权益，维护国家利益和社会公共利益，保障法律正确实施，维护社会公平正义，维护国家法制统一、尊严和权威，保障中国特色社会主义建设的顺利进行。

（二）组织系统、职权和领导体制

1. 人民检察院的组织系统

人民检察院的组织系统由最高人民检察院、地方各级人民检察院和军事检察院等专门人民检察院构成。

（1）最高人民检察院。最高人民检察院是国家最高检察机关，领导地方各级人民检察院和专门人民检察院的工作。最高人民检察院对最高人民法院的死刑复核活动实行监督；对报请核准追诉的案件进行审查，决定是否追诉。最高人民检察院可以对属于检察工作中具体应用法律的问题进行解释。最高人民检察院可以发布指导性案例。

（2）地方各级人民检察院。地方各级人民检察院分为省级人民检察院、设区的市级人民检察院和基层人民检察院三级。

（3）专门人民检察院。专门人民检察院主要有军事检察院等。

2. 人民检察院的职权

（1）依照法律规定对有关刑事案件行使侦查权。

（2）对刑事案件进行审查，批准或者决定是否逮捕犯罪嫌疑人。

（3）对刑事案件进行审查，决定是否提起公诉，对决定提起公诉的案件支持公诉。

（4）依照法律规定提起公益诉讼。

（5）对诉讼活动实行法律监督。

（6）对判决、裁定等生效法律文书的执行工作实行法律监督。

（7）对监狱、看守所的执法活动实行法律监督。

（8）法律规定的其他职权。

3. 人民检察院的领导体制

（1）人民检察院的领导体制实行双重从属制，即：

①最高人民检察院领导地方各级人民检察院和专门人民检察院的工作，上级人民检察院领导下级人民检察院的工作。

②最高人民检察院对全国人大及其常委会负责并报告工作，地方各级人民检察院对本级人大及其常委会负责并报告工作。

③地方各级人民检察院检察长的任免，须报上一级人民检察院检察长提请本级人民代表大会常务委员会批准。

（2）国家权力机关对人民检察院的领导。这主要表现在：

①最高人民检察院检察长由全国人民代表大会选举和罢免，副检察长、检察委员会委员和检察员由检察长提请全国人民代表大会常务委员会任免；全国人大及其常委会审议最高人民检察院的工作报告，对最高人民检察院进行各种形式的监督等。

②地方各级人民检察院检察长由本级人民代表大会选举和罢免，副检察长、检察委员会委员和检察员由检察长提请本级人民代表大会常务委员会任免；地方各级人大及其常委会审议同级人民检察院的工作报告，对检察院的工作进行各种形式的监督等。

（3）上级人民检察院对下级人民检察院的领导。这主要表现为：

1）主要组成人员的任免。地方各级人民检察院检察长的任免，须报上一级人民检察院检察长提请本级人民代表大会常务委员会批准。省、自治区、直辖市人民检察院分院检察长、副检察长、检察委员会委员和检察员，由省、自治区、直辖市人民检察院检察长提请本级人民代表大会常务委员会任免。全国人民代表大会常务委员会和省、自治区、直辖市人民代表大会常务委员会根据本级人民检察院检察长的建议，可以撤换下级人民检察院检察长、副检察长和检察委员会委员。

2）业务领导。上级人民检察院对下级人民检察院行使下列职权：

①认为下级人民检察院的决定错误的，指令下级人民检察院纠正，或者依法撤销、变更；

②可以对下级人民检察院管辖的案件指定管辖；

③可以办理下级人民检察院管辖的案件；

④可以统一调用辖区的检察人员办理案件。

下级人民检察院应当执行上级人民检察院的决定；有不同意见的，可以在执行的同时向上级人民检察院报告。

（4）人民检察院内部的领导关系。

人民检察院内部的领导关系是：人民检察院检察长领导本院检察工作，管理本院行政事务。人民检察院副检察长协助检察长工作。检察官在检察长领导下开展工作，重大办案事项由检察长决定。检察长可以将部分职权委托检察官行使，可以授权检察官签发法律文书。

各级人民检察院设检察委员会。检察委员会由检察长、副检察长和若干资深检察官组成，成员应当为单数。检察委员会履行下列职责：①总结检察工作经验；②讨论决定重大、疑难、复杂案件；③讨论决定其他有关检察工作的重大问题。地方各级人民检察院的检察长不同意本院检察委员会多数人的意见，属于办理案件的，可以报请上一级人民检察院决定；属于重大事项的，可以报请上一级人民检察院或者本级人民代表大会常务委员会决定。

（三）工作原则

1. 依法独立行使检察权原则

人民检察院依照法律规定独立行使检察权，不受行政机关、社会团体和个人的干涉。这是检察机关的一项重要原则，也是检察机关进行法律监督、实现检察职能的重要保证。人民检察院独立行使检察权，有利于维护社会主义法制的统一实施，保证案件得到公正处理。

2. 行使检察权在适用法律上一律平等原则

人民检察院行使检察权在适用法律上一律平等，不允许任何组织和个人有超越法律的特权，禁止任何形式的歧视。

3. 司法公正原则

人民检察院坚持司法公正，以事实为根据，以法律为准绳，遵守法定程序，尊重和保障人权。

4. 司法公开原则

人民检察院实行司法公开，法律另有规定的除外。

5. 司法责任制原则

人民检察院实行司法责任制，建立健全权责统一的司法权力运行机制。

6. 公民使用本民族语言文字进行诉讼原则

人民检察院在办理案件过程中，对于不通晓当地通用的语言文字的诉讼参与人，应当为他们翻译。在少数民族聚居或者多民族共同居住的地区，应当用当地通用的语言进行讯问，用当地通用的文字制作起诉书或其他法律文书。

三、人民法院、人民检察院和公安机关的关系

（一）分工负责、互相配合、互相制约的内容

1. 分工负责

人民法院、人民检察院和公安机关的分工负责主要表现在：除当事人自诉案件外，在办理刑事案件时，公安机关负责对案件的侦查、拘留、执行逮捕、预审。人民检察院负责检察、批准逮捕、检察机关直接受理的案件的侦查、提起公诉。人民法院负责审判。

各司其职、各尽职责，避免互相推诿扯皮或争夺管辖权。

2. 互相配合

人民法院、人民检察院和公安机关的互相配合主要表现在：每一机关的工作依法完成后移交下一个环节的工作机关时，都能依法顺利接收并开始新环节的工作。每一个机关在工作上需要另一机关协助时，能依法在职权范围内协助。

互相配合表明三机关虽然职责不同，但目的和任务是一致的，适用的法律和执行的政策是一致的。三机关在办理刑事案件时，既不能互相对立，又必须坚持原则，严格依照法律，密切配合，以切实保证惩罚犯罪，保障公民的合法权益。

3. 互相制约

人民法院、人民检察院和公安机关的互相制约主要表现在：三机关通过各自的工作发现另外机关的工作问题，可提出建议要求其纠正：通过下一阶段的工作审查前一阶段工作是否存在问题，并作出相应的处理。具体表现在：

（1）公安机关在侦查过程中，需要逮捕犯罪嫌疑人时要经过人民检察院审查批准，对不予批准的，公安机关认为有错误的，可以要求复议以及向上级人民检察院要求复核。

（2）人民检察院对公安机关侦查终结移送起诉的案件，进行审查，决定是否起诉。犯罪事实不清、证据不足的，可以退回公安机关补充侦查或自行侦查。在办理案件中发现公安机关有违法情况，应当通知公安机关予以纠正。公安机关对人民检察院的决定认为有错误的，可以要求复议，以及要求上一级检察机关复核。

（3）人民法院对人民检察院提起公诉的案件，经审判，根据具体情况和法律作出有罪、无罪的判决。人民检察院认为判决有错误的，可以提出抗诉。对发生法律效力的判决，人民检察院认为有错误的，可以依照审判监督程序通过抗诉引起再审。

通过互相制约，可以纠正错误，避免冤假错案，避免放纵罪犯。

（二）实行分工负责、互相配合、互相制约的意义

分工负责、互相配合和互相制约三者密切相关，只有分工负责，才能互相配合，互相制约；只有互相制约才能保证办案质量。实行分工负责、互相配合、互相制约，才能发挥三机关的整体功能，防止主观片面和滥用权力，保证准确有效地适用法律，以及保护公民的合法权益。

第八节　地方各级人民代表大会和地方各级人民政府

一、地方各级人民代表大会

（一）性质和地位

地方各级人民代表大会是指省、自治区、直辖市、自治州、市、县、市辖区、乡、民族乡、镇的人民代表大会。它们是本行政区域内的国家权力机关，它们同全国人民代表大会一起构成中

国国家权力机关体系。

（二）组成和任期

地方各级人民代表大会由人民选举的代表组成。

地方各级人民代表大会每届任期5年。

（三）主要职权

1. 地方性法规的制定权

地方各级人民代表大会在本行政区域内保证宪法、法律和行政法规的遵守和执行。在不同宪法、法律和行政法规相抵触的前提下，省、自治区、直辖市的人民代表大会可以制定和颁布地方性法规，报全国人民代表大会常务委员会和国务院备案；设区的市、自治州的人民代表大会根据本行政区域的具体情况和实际需要，在不同宪法、法律、行政法规和本省、自治区的地方性法规相抵触的前提下，可以依照法律规定的权限制定地方性法规，报省、自治区的人民代表大会常务委员会批准后施行，并由省、自治区的人民代表大会常务委员会报全国人民代表大会常务委员会和国务院备案。省、自治区、直辖市以及设区的市、自治州的人民代表大会根据区域协调发展的需要，可以开展协同立法。

2. 地方重大事项的决定权

3. 选举和罢免权

（1）县级以上的地方各级人民代表大会选举本级人民代表大会常务委员会的组成人员；选举省长、副省长，自治区主席、副主席，市长、副市长，州长、副州长，县长、副县长，区长、副区长；选举本级监察委员会主任、人民法院院长和人民检察院检察长；选出的人民检察院检察长，须报经上一级人民检察院检察长提请该级人民代表大会常务委员会批准；选举上一级人民代表大会代表。乡、民族乡、镇的人民代表大会选举本级人民代表大会主席、副主席；选举乡长、副乡长，镇长、副镇长。

（2）地方各级人民代表大会有权罢免本级人民政府的组成人员。县级以上的地方各级人民代表大会有权罢免本级人民代表大会常务委员会的组成人员和由它选出的监察委员会主任、人民法院院长、人民检察院检察长。罢免人民检察院检察长，须报经上一级人民检察院检察长提请该级人民代表大会常务委员会批准。

4. 监督权

地方各级人民代表大会监督本级人民政府的工作。县级以上的地方各级人民代表大会听取和审议本级人民代表大会常务委员会的工作报告；听取和审议本级人民政府和人民法院、人民检察院的工作报告；改变或者撤销本级人民代表大会常务委员会的不适当的决议；撤销本级人民政府的不适当的决定和命令。

5. 其他职权

（四）会议制度

地方各级人民代表大会的工作方式主要是举行会议。地方各级人民代表大会会议每年至少举行一次。乡、民族乡、镇的人民代表大会会议一般每年举行两次。县级以上地方各级人大会议由本级人大常委会召集，乡级人大会议由上一次的人大会议主席团负责召集。地方各级人大举行会议时由主席团主持，县级以上地方各级人民政府组成人员和监察委员会主任、人民法院院长、人民检察院检察长、乡级人民政府领导人列席本级人大会议。地方各级人大举行会议时，主席团、常务委员会、各专门委员会、本级人民政府及县级以上地方各级人大代表10人以上和乡镇人大代表5人以上联名，可以提出属于本级人大职权范围内的议案，由主席团决定是否列入大会议程。地方各级人民代表大会进行选举和通过决议，以全体代表的过半数通过。

（五）专门委员会

省、自治区、直辖市、自治州、设区的市的人民代表大会根据需要，可以设法制委员会、财政经济委员会、教育科学文化卫生委员会、环境与资源保护委员会、社会建设委员会和其他需要设立的专门委员会；县、自治县、不设区的市、市辖区的人民代表大会根据需要，可以设法制委员会、财政经济委员会等专门委员会。各专门委员会受本级人民代表大会领导；在大会闭会期间，受本级人民代表大会常务委员会领导。各专门委员会的主任委员、副主任委员和委员的人选，由主席团在代表中提名，大会通过。在大会闭会期间，常务委员会可以任免专门委员会的个别副主任委员和部分委员，由主任会议提名，常务委员会会议通过。各专门委员会每届任期同本级人民代表大会每届任期相同，履行职责到下届人民代表大会产生新的专门委员会为止。

（六）调查委员会

县级以上的地方各级人民代表大会可以组织关于特定问题的调查委员会。主席团或者 1/10 以上代表书面联名，可以向本级人民代表大会提议组织关于特定问题的调查委员会，由主席团提请全体会议决定。调查委员会由主任委员、副主任委员和委员组成，由主席团在代表中提名，提请全体会议通过。调查委员会应当向本级人民代表大会提出调查报告。人民代表大会根据调查委员会的报告，可以作出相应的决议。人民代表大会可以授权它的常务委员会听取调查委员会的调查报告，常务委员会可以作出相应的决议，报人民代表大会下次会议备案。

二、县级以上地方各级人民代表大会常务委员会

（一）性质和地位

省、自治区、直辖市、自治州、县、自治县、市、市辖区的人民代表大会设立常务委员会。县级以上地方各级人大常委会是本级人民代表大会闭会期间行使地方国家权力的机关，是本级国家权力机关的组成部分。它从属于本级人民代表大会，对本级人民代表大会负责并报告工作。

（二）组成和任期

省、自治区、直辖市、自治州和设区的市的人大常委会由主任、副主任若干人、秘书长、委员若干人组成，由本级人大在代表中选举产生。县、自治县、不设区的市、市辖区的人大常委会由主任、副主任若干人、委员若干人组成，由本级人大在代表中选举产生。常务委员会组成人员不得担任国家行政机关、监察机关、审判机关和检察机关的职务；如果担任上述职务，必须向常委会辞去常委会的职务。

县级以上地方各级人民代表大会常务委员会每届任期 5 年。

（三）主要职权

1. 制定地方性法规的权力

省级人大常委会在本级人大闭会期间，根据本行政区域的具体情况和实际需要，在不同宪法、法律和行政法规相抵触的前提下，可以制定和颁布地方性法规，报全国人大常委会和国务院备案；设区的市、自治州的人大常委会在本级人大闭会期间，根据本行政区域的具体情况和实际需要，在不同宪法、法律、行政法规和本省、自治区的地方性法规相抵触的前提下，可以依照法律规定的权限制定地方性法规，报省、自治区的人民代表大会常务委员会批准后施行，并由省、自治区的人民代表大会常务委员会报全国人民代表大会常务委员会和国务院备案。省、自治区、直辖市以及设区的市、自治州的人大常委会根据区域协调发展的需要，可以开展协同立法。

2. 在本行政区域内，保证宪法、法律、行政法规和上级人民代表大会及其常务委员会决议的遵守和执行

3. 领导或者主持本级人民代表大会代表的选举

4. 召集本级人民代表大会会议

5. 重大事项决定权

6. 监督权

（1）监督本级人民政府、监察委员会、人民法院和人民检察院的工作，听取和审议有关专项工作报告，组织执法检查，开展专题询问等；联系本级人民代表大会代表，受理人民群众对上述机关和国家工作人员的申诉和意见；监督本级人民政府对国有资产的管理，听取和审议本级人民政府关于国有资产管理情况的报告。

（2）听取和审议本级人民政府关于年度环境状况和环境保护目标完成情况的报告；听取和审议备案审查工作情况报告。

（3）撤销下一级人民代表大会及其常务委员会的不适当的决议；撤销本级人民政府的不适当的决定和命令。

7. 人事任免权

（1）在本级人民代表大会闭会期间，决定副省长、自治区副主席、副市长、副州长、副县长、副区长的个别任免；在省长、自治区主席、市长、州长、县长、区长和监察委员会主任、人民法院院长、人民检察院检察长因故不能担任职务的时候，根据主任会议的提名，从本级人民政府、监察委员会、人民法院、人民检察院副职领导人员中决定代理的人选；决定代理检察长，须报上一级人民检察院和人民代表大会常务委员会备案。

（2）根据监察委员会主任的提名，任免监察委员会副主任、委员。

（3）任免人民法院副院长、庭长、副庭长、审判委员会委员、审判员，任免人民检察院副检察长、检察委员会委员、检察员，批准任免下一级人民检察院检察长；省、自治区、直辖市的人民代表大会常务委员会根据主任会议的提名，决定在省、自治区内按地区设立的和在直辖市内设立的中级人民法院院长的任免，根据省、自治区、直辖市的人民检察院检察长的提名，决定人民检察院分院检察长的任免。

（4）在本级人民代表大会闭会期间，决定撤销个别副省长、自治区副主席、副市长、副州长、副县长、副区长的职务；决定撤销由它任命的本级人民政府其他组成人员和监察委员会副主任、委员，人民法院副院长、庭长、副庭长、审判委员会委员、审判员，人民检察院副检察长、检察委员会委员、检察员，中级人民法院院长，人民检察院分院检察长的职务。

（5）在本级人民代表大会闭会期间，补选上一级人民代表大会出缺的代表和罢免个别代表。

8. 其他职权

（四）会议制度

县级以上地方各级人大常委会的会议由主任召集并主持，每两个月至少举行一次。常务委员会会议有常务委员会全体组成人员过半数出席，始得举行。常务委员会的决议，由常务委员会以全体组成人员的过半数通过。

三、地方各级人民政府

（一）性质和地位

地方各级人民政府是指省、自治区、直辖市、自治州、设区的市、县、自治县、不设区的

市、市辖区、乡、民族乡、镇的人民政府。地方各级人民政府是地方各级国家权力机关的执行机关，是地方各级国家行政机关，由同级人民代表大会产生，对同级人大负责并报告工作。地方各级人民政府都是国务院统一领导下的国家行政机关，都服从国务院。地方各级人民政府实行重大事项请示报告制度。

（二）组成和任期

省、自治区、直辖市、自治州、设区的市的人民政府分别由省长、副省长，自治区主席、副主席，市长、副市长，州长、副州长和秘书长、厅长、局长、委员会主任等组成。县、自治县、不设区的市、市辖区的人民政府分别由县长、副县长，市长、副市长，区长、副区长和局长、科长等组成。

乡、民族乡的人民政府设乡长、副乡长。民族乡的乡长由建立民族乡的少数民族公民担任。镇人民政府设镇长、副镇长。

新的一届人民政府领导人员依法选举产生后，应在2个月内提请本级人大常委会任命人民政府秘书长、厅长、局长、委员会主任和科长。

地方各级人民政府每届任期同本级人民代表大会每届任期相同，均为5年。

（三）主要职权

（1）执行本级人大及其常委会的决议，以及上级国家行政机关的决定和命令，规定行政措施，发布决定和命令。

（2）领导所属各工作部门和下级人民政府的工作。

（3）改变或者撤销所属各工作部门的不适当的命令、指示和下级人民政府的不适当的决定、命令。

（4）依照法律的规定任免、培训、考核和奖惩国家行政机关工作人员。

（5）编制和执行国民经济和社会发展规划纲要、计划和预算，管理本行政区域内的经济、教育、科学、文化、卫生、体育、城乡建设等事业和各项行政工作。

（6）保护共有财产，保护公民私人所有的合法财产，维护社会秩序，保障公民的人身权利、民主权利和其他权利。

（7）履行国有资产管理职责。

（8）保护各种经济组织的合法权益。

（9）铸牢中华民族共同体意识，促进各民族广泛交往交流交融，保障少数民族的合法权利和利益。

（10）保障宪法和法律赋予妇女的男女平等、同工同酬和婚姻自由等各项权利。

（11）办理上级国家行政机关交办的其他事项。

（四）领导体制

地方各级人民政府实行行政首长负责制。由行政首长主持和负责地方各级人民政府的行政工作，以保证行政工作的效率。县级以上地方各级人民政府会议分为全体会议和常务会议，政府工作中的重大问题，须经政府常务会议或者全体会议讨论决定。

（五）派出机关

省、自治区的人民政府，在必要时经国务院批准，可分别设若干派出机关。县、自治县的人民政府在必要的时候，经省、自治区、直辖市的人民政府批准，可以设立若干区公所，作为它的派出机关。市辖区、不设区的市的人民政府，经上一级人民政府批准，可以设立若干街道办事处，作为它的派出机关。

知识拓展

结合法理学和宪法学知识，论述设立监察委员会对中国法律监督体系的健全及意义。

2018 年宪法修正案在“国家机构”中设立了“监察委员会”，对监察委员会的性质、组成、职权等作出规定。监察委员会纳入国家机构体系。2018 年宪法修正案增加对监察委员会的相关规定，为设立监察委员会并为其依法行使职权开展工作提供了宪法依据。监察委员会的设立整合了党和国家反腐败的资源力量，建立了集中统一、权威高效的监察体系，对同级国家权力机关负责，依照法律规定独立行使监察权，不受行政机关、社会团体和个人的干涉。监察委员会的设立有利于我国形成更加严密的法律监督体系，从而顺利实现全面推进依法治国的目标。

（1）设立监察委员会是健全国家监督体系的重要内容。当代中国国家监督体系包括国家权力机关的监督、国家监察机关的监督、国家司法机关的监督和国家行政机关的监督，其中，国家监察机关的监督是由国家监察机关作为主体进行的监督。监察监督的确立实现了党内监督和国家监察的有机统一，将党内监督同国家机关监督、民主监督、司法监督、群众监督、舆论监督贯通起来，不断提高党和国家的监督效能，补齐了行政监察范围过窄的疏漏，解决反腐败力量分散问题，真正把权力关进制度笼子，确保党和人民赋予的权力用来为人民谋利益。

（2）监察委员会是实现国家自我监督的专责机关。2018 年宪法修正案规定：“中华人民共和国各级监察委员会是国家的监察机关。”这明确了监察委员会的性质和地位。在国家权力结构中设置监察机关，专责对履行公权力的公职人员进行监督，实现党性和人民性的高度统一。监察委员会是实现国家自我监督的机关，不是行政机关、司法机关，而是代表国家对所有行使公权力的公职人员进行监督，既调查职务违法行为，又调查职务犯罪行为。同时，监察委员会在履行职责过程中，既要加强日常监督、查清职务违法犯罪事实，进行相应处置，还要开展严肃的思想政治工作，进行理想信念宗旨教育，做到惩前毖后、治病救人，努力取得良好的政治效果、法纪效果和社会效果。

（3）监察委员会拓宽了“让人民监督权力”的渠道。2018 年宪法修正案规定：“中华人民共和国设立国家监察委员会和地方各级监察委员会。监察委员会由下列人员组成：主任，副主任若干人，委员若干人。监察委员会主任每届任期同本级人民代表大会每届任期相同。国家监察委员会主任连续任职不得超过两届。监察委员会的组织和职权由法律规定。”这明确了监察委员会的基本构成要素。监察机关的主要职能是调查职务违法和职务犯罪，开展廉政建设和反腐败工作，维护宪法和法律的尊严；主要职责是监督、调查、处置。各级监察机关通过行使监督职权，推动监督监察常规化、常态化，强化了人大作为国家权力机关的监督职能，拓宽了“让人民监督权力”的渠道，使国家监督体系更加完备、科学、有效，这是对人民代表大会制度的丰富和完善。

（4）监察委员会既要接受党的领导，也要接受人大监督，与其他机关和部门相互配合、相互制约。2018 年宪法修正案规定：“中华人民共和国国家监察委员会是最高监察机关。国家监察委员会领导地方各级监察委员会的工作，上级监察委员会领导下级监察委员会的工作。”“国家监察委员会对全国人民代表大会和全国人民代表大会常务委员会负责。地方各级监察委员会对产生它的国家权力机关和上一级监察委员会负责。”监察委员会首先必须始终接受党的领导和监督；其次，监察委员会要对人大及其常委会负责，并接受其监督。2018 年宪法修正案规定：“监察委员会依照法律规定独立行使监察权，不受行政机关、社会团体和个人的干涉。监察机关办理职务违法和职务犯罪案件，应当与审判机关、检察机关、执法部门相互配合、相互制约。”监察机关履行监督、调查、处置职责，行使调查权限，是依据法律授权，行政机关、社会团体和个人无权干涉。同时，有关单位和个人应当积极协助配合监察委员会行使监察权。在宪法中对这种关系作出明确规定，是将客观存在的工作关系制度化法律化，可确保监察权依法正确行使，并受到严格监督。

监察委员会的设立，进一步完善了权力制约与监督机制，有利于形成严密的法律监督体系，把权力关进笼子里。监察委员会的设立对于贯彻依法治国方略，推进国家治理体系和治理能力现代化具有重要意义。

第五部分 中国法制史

第一章　绪论

大纲应试策略

本章包括中国法制史的概念、中国传统法制的主要特征、中国法制历史中的优秀传统、中华法系和中华法文化的创造性转化等内容。本章考查方式主要是选择题和简答题。本章较为重要的简答题有：中国传统法制的主要特征；中国法制历史中的优秀传统；中华法系的特点及重塑中华法系的意义。

大纲背诵要点

一、中国法制史的概念

中国法制史是研究中国法律的起源，各个历史时期法律制度的发生、特点、作用和演变规律的科学。

二、中国传统法制的主要特征

（1）法自君出，重权隆法。
（2）诸法并存，民刑有分。
（3）家族本位，伦理法制。
（4）调处息争，无讼是求。

三、中国法制历史中的优秀传统

（1）德配王命，民贵君轻。
（2）礼法结合，综合为治。
（3）体系完备，律例并行。
（4）以法治官，明职课责。
（5）法尚公平，执法原情。

四、中华法系

1. 中华法系的特点

（1）皇权至上。皇帝拥有最高权力，法律为皇权服务。
（2）维护宗法伦理。宗法与政治高度结合，形成家国一体、亲贵合一的特有体制。

（3）引礼入法，法律不断儒家化。礼与法不断相互渗透与结合，构成了中华法系最本质的特征和特有的中华法文化。

（4）以刑为主，诸法并存。家族本位的特点决定了法律体系以刑事法为主，同时还有民事法、行政法、诉讼法等法律部门，使诸法并存。

2. 中华法系的解体和重塑

(1) 中华法系是在中国特定的历史条件下形成的，是中华法文化的特殊性及其世界影响力的集中体现，显示了中华民族的伟大创造力和中华法制文明的深厚底蕴。

(2) 至近代，由于国情的巨大变化，中华法系失去了所依附的载体而退出历史舞台，但中华法系所凝聚的中华民族精神和法文化精华中的因子没有消亡。

(3) 今天复兴或重塑中华法系，使深厚的具有民主性精华的法文化与新的国情态势和时代任务相结合，使世界性和民族性相统一，对于实现依法治国的方略，提高全民的法律意识，增强中华民族的自豪感与自信心具有重大历史意义。

五、中华法文化的创造性转化

(1) 中华法文化底蕴之深厚、特点之鲜明、影响之深远，以及治国经验之丰富、理性，都显示了古圣先贤的政治智慧、法律智慧与“舍我其谁”的治国抱负。中华民族所创造的法文化资源，既是标志其文明高度的丰碑，也是支持我国当前治国理政和增强文化自信所需要的智库。

(2) 我国传统法文化中菁芜并存，要去芜存菁，激活传统法文化的优秀部分，使之创造性转化，为全面依法治国、坚持中国特色社会主义法治道路、建设新时代中国特色社会主义法治体系服务。

第二章　夏商西周春秋战国法律制度

大纲应试策略

本章包括夏、商、西周、春秋、战国法律制度等内容。在背诵要点中，奴隶制五刑、《吕刑》、九刑、礼与刑的关系、西周时期的刑罚适用原则、五过、契约、六礼、七出三不去、大司寇、五听、春秋时期公布成文法的活动、《法经》、商鞅变法的主要内容等是核心考点。本章出题方式包括各类题型。本章较为重要的简答题有：西周时期礼与刑的关系；西周时期婚姻关系成立的条件；《法经》的内容、特点和历史地位。除考查过的分析题外，本章比较典型的分析题有：西周时期婚姻成立和解除的条件（同姓不婚、六礼、七出三不去）、奴隶制五刑、五过、罪疑从轻、罪疑从赦、赎刑制度化、契约（质剂、傅别）、五听、《法经》。需要注意的是，中国法制史古文分析题的考查，不仅仅局限于《考试大纲》或者《考试分析》所列内容，超出《考试大纲》范围的内容也会考查分析论述题，其他章节的内容也有类似情形。这要求考生在复习时要注意答题方法和平日积累，拓宽知识面。

大纲背诵要点

第一节　夏商法律制度

一、中国法律的起源

（一）夏朝的建立与中国法律的产生

(1) 夏朝的建立，标志着中国进入了国家和法的历史发展阶段。

（2）夏朝统治者对原始社会的“礼”和其他氏族习惯加以改造，使之上升为习惯法，同时还颁布法令，惩处违抗“王命”的行为和其他犯罪。

（二）中国法律起源的特点

（1）古代法的起源与宗法等级制度紧密结合，具有明显的宗法伦理性质。

（2）古代法的起源主要是以“刑始于兵”和“礼源于祭祀”的形式完成。

（3）古代法的起源以自给自足的自然经济结构为基础。

二、立法概况

（一）禹刑

1. 夏朝的法律形式（渊源）

（1）礼法。夏商时期的法律规范，主要是由原始氏族社会的习惯转化而成的礼法。

（2）王命、誓。夏王发布的“王命”和“誓”，也是重要的法律渊源。

2. 禹刑

“禹刑”并不是一部成文法典，而是泛指夏朝的法律和刑罚。

3. 罪名

（1）违抗“王命”罪。

（2）“不孝”罪。

（3）昏、墨、贼。“己恶而掠美为昏，贪以败官为墨，杀人不忌为贼”：行为恶劣而夺取善名为昏，贪婪败坏官纪为墨，肆无忌惮地杀人为贼。犯此三项者，均处死刑。

4. 刑罚适用原则

夏朝刑罚适用原则为“与其杀不辜，宁失不经”。

（二）汤刑

1. 汤刑

“汤刑”被认为是商朝法律制度的总称。

2. 法律形式

（1）礼法。商朝的礼法是不成文的习惯法。

（2）“誓”“诰”“命”。

①“誓”的内容偏重于出兵打仗前的盟誓，主要是发布军令或宣布军纪，大体相当于后来的军法。

②“诰”的内容偏重于王对大臣、诸侯或下属官吏发出的命令、指示或训诫。

③“命”则是商王针对具体事情发布的命令。

3. 罪名

商朝除继续沿用夏朝的不孝、违命（又称为不用命，即违抗王命）等罪名外，还创设如下罪名：

（1）“乱政”“疑众”。

①“乱政”主要包括三种政治性犯罪：

一是“析言破律”，即随意曲解或破坏法律政令；

二是“乱名改作”，即扰乱法定名分或变乱政制法度；

三是“执左道以乱政”，即利用旁门左道干扰统治秩序。

②“疑众”。“疑众”罪包括五种蛊惑人心、制造混乱的犯罪行为，对这些犯罪行为都处死刑：

一是“作淫声、异服、奇技、奇器”以疑众，即制作违禁乐舞、奇装异服、奇技淫巧；

二是“行伪而坚，言伪而辨”以疑众，即言行虚伪狡诈又巧言辩解；

三是“学非而博”以疑众，即坚持习用并宣扬违法理论；

四是“顺非而泽”以疑众，即顽固顺从非法事物且文过饰非；

五是“假于鬼神、时日、卜筮”以疑众，即假托鬼神、祭祀名义而悖礼逆制。

(2)“三风十愆”。“三风十愆”属于职务犯罪，即官吏有巫风、淫风、乱风三类恶劣风气以及与之相关的十种行为者，当处墨刑。

①巫风，就是庭内起舞、沉溺酒歌等；

②淫风，就是贪求财物、迷恋美色、狩猎不休（游猎无度），怠惰政事等；

③乱风，则指狎侮、违背或蔑视圣人之言，拒逆不纳忠直规劝，疏远年长德高之人，亲近凶顽或无知幼童，或者庇护小人等。

三、刑事立法

（一）奴隶制五刑

1. 五刑的内容

（1）墨刑（黥刑），是在罪人面上或额头刺刻后再涂上墨，留下痕迹作为受刑人的标志。

（2）劓刑，是割去受刑人的鼻子的刑罚。

（3）剕刑（刖刑、髌刑、膑刑），是砍去受刑人之足的刑罚，秦汉时称为斩趾（砍脚），此刑或断人之足（剕有斩左、右趾之分，斩右趾重于斩左趾），或剔去膝盖骨（膑），使人丧失行走能力。

（4）宫刑（淫刑、腐刑），源于苗民的椓刑，是破坏受刑人生殖器官的残酷刑罚。

（5）大辟，死刑的总称。

2. 五刑的影响

奴隶制五刑始于夏商，沿用于春秋、战国、秦、汉、魏、晋、南北朝，直至隋朝才被封建制五刑取代，在中国沿用了数千年之久。

（二）五刑外的其他刑罚

除“正刑有五”外，还存在诸如鞭扑、流刑、劳役刑、赎刑等刑罚。

四、司法制度

（一）天罚与神判

夏商神权政治表现在司法上具有浓重的“天罚”与“神判”特色，这是夏商诉讼制度的显著特征。

（二）监狱

1. 夏朝的监狱

（1）夏朝的监狱称为“圜土”。

（2）夏朝的监狱也称为“夏台”（“钧台”）。

2. 商朝的监狱

（1）商朝继续沿用夏朝监狱的名称，称为“圜土”。

（2）商朝还将监狱称为“囹圄”。

（3）后世史书也称商时的监狱为“羑里”。

第二节　西周法律制度

一、立法概况

（一）“明德慎罚”的立法指导思想

西周提出“以德配天”的民本思想，形成了“敬天保民”的政治思想和“明德慎罚”的法律思想。在这一思想的指导下，西周的立法真正形成了“礼”与“刑”相辅相成的结合。

（二）宗法制度

1. 宗法制度的含义和内容

（1）含义。宗法制度是一种以血缘为纽带，家族组织与国家政权相结合，以维护贵族世袭统治的制度。宗法制度由氏族社会的父家长制发展而来。

（2）内容。西周初年把土地、人民封赐给各级诸侯，各级诸侯又把自己封国内的部分土地封赐给卿大夫，卿大夫再把自己采邑内的部分土地给其臣属（“士”），这样层层分封，形成了周天子、诸侯、卿大夫、士之间严密的等级结构。分封主要以父亲的直系血亲关系为依据，由此构成了以周天子为中心的家天下的宗法制度。

2. 宗法制度的基本原则

（1）周天子、诸侯、卿大夫、士的宗祧都实行嫡长子继承制。

（2）大宗与小宗权利义务关系明确，相辅相成。

（3）家国一体，亲贵合一，等级秩序分明。

（三）礼与刑的关系

1. 礼的原则：抽象的精神原则（“亲亲”“尊尊”）

古代的礼有两层含义：一是抽象的精神原则，二是具体的礼仪形式。作为抽象的精神原则的礼，寓于具体的礼仪形式之中；具体的礼仪形式则以抽象的精神原则为指导。西周礼制之中，抽象的精神原则主要可归纳为“亲亲”与“尊尊”。在“亲亲”“尊尊”两大原则之下，又形成了“忠”“孝”“节”“义”等具体的精神规范。但比较而言，忠高于孝，国重于家。

2. 礼的内容

礼的内容是由“五礼”构成的，包括吉礼、凶礼、军礼、宾礼、嘉礼。吉礼是祭祀之礼，古人认为祭祀鬼神、祭祀祖先能给自己带来福祉，故称祭祀之礼为吉礼；凶礼是丧葬之礼；军礼是行兵打仗之礼；宾礼是迎宾待客之礼；嘉礼是冠婚之礼。

3. 礼与刑的关系

礼与刑联系紧密，互为表里，相辅相成，共同构成上古法制的完整体系。礼与刑二者有别：

（1）作用不同。

①礼是要求人们自觉遵守的积极规范，侧重于预防；刑则是对犯罪行为的制裁，侧重于事后的处罚。正所谓“礼者禁于将然之前，而法者禁于已然之后”，礼可以在行为发生之前发挥作用，而法（刑）只在行为发生之后才起作用。

②礼强调道德教化，刑则着重于惩罚制裁。若道德教化不成，对于严重违礼的行为则要适用刑罚，即所谓“礼之所去，刑之所取，失礼则入刑，相为表里者也”。

（2）适用原则不同。“礼不下庶人，刑不上大夫”，体现的是宗法体制下的等级特权制度，也是法律的重要原则。

①“礼不下庶人”，是指庶人忙于生产劳动，不具备贵族的身份和礼所要求的物质条件，因而不可能按贵族的礼仪行事，礼也主要不是为他们设立的。但这绝不意味着庶人可以不受礼的约束，任何越礼的行为都要受到惩罚，对庶人更是如此。

②“刑不上大夫”，首先是指刑罚的目的主要不是针对贵族，而是防范和制裁庶人；其次是指贵族犯罪在适用刑罚上可以享有减免特权，一般犯罪能够获得宽宥。贵族若有严重犯罪，一般不适用肉刑；也可被放逐乃至赐死，但处死不在市朝行刑，以体现贵族“可杀不可辱”的尊严。

二、刑事立法

（一）九刑

“周有乱政，而作九刑。”九刑有两种含义：

（1）周朝制定的九篇刑书。

（2）西周的九种刑罚，即墨、劓、剕、宫、大辟五刑加上鞭、扑、流、赎四种刑罚，合称“九刑”。

（二）吕刑

《吕刑》是西周中期具有代表性的法典，其主要内容有：

（1）在刑罚适用上强调“明于刑之中”，即用刑适中。

（2）在刑罚适用原则上强调“其罪惟均，其审克之”“上下比罪”，即强调惩罚与罪行相符。

①“其罪惟均，其审克之”。即法官犯“五过”之罪就与罪犯受同等处罚，对此务必详查核实。

②“上下比罪”。即在法律没有明文规定的情况下适用类推方法，即重罪应适用上刑（重刑），但有某些从轻处罚事由的应当比照下刑（轻刑）即较轻的罪处罚；反之亦然。

（3）在刑事政策上强调“轻重诸罚有权、刑罚世轻世重”。

（4）在刑事司法上贯彻“五刑之疑有赦、五罚之疑有赦”的审案原则。

（5）在刑罚立法上，规定了较为完整的赎刑制度。赎刑即按规定或经允许缴纳一定钱财折抵原定刑罚。《吕刑》系统记载了比较完整的赎刑制度，赎刑制度进一步系统化。

（三）主要刑法原则

1. 老幼犯罪减免刑罚

（1）西周时期有“三赦”之法：“一曰幼弱，二曰老耄，三曰蠢愚”，即对于老耄（80 岁以上的老人）、幼弱（7 岁以下的幼童）、蠢愚（患痴呆症者）这三者，除犯故意杀人罪外，一般皆赦免其罪。

（2）“八十、九十曰耄，七年曰悼。悼与耄，虽有死罪不加刑焉。”即 80 岁以上的老人及 7 岁以下的幼童犯罪，可免予刑事处罚。

（3）这一原则正是西周“明德慎罚”思想在刑法中的具体体现。作为矜老恤幼的标志，后世法律沿袭和发展了这一制度。

2. 区分故意与过失、惯犯与偶犯

（1）西周时期将故意称为“非眚”，将过失称为“眚”，将惯犯称为“惟终”，将偶犯称为“非终”。

（2）“三宥之法”：“壹宥曰不识，再宥曰过失，三宥曰遗忘”，即对于不识或者弗知（不知道）、过失和遗忘三种情形在定罪量刑时予以宽宥减免。

（3）西周在定罪量刑时已考虑到行为人的主观动机，即后世所谓原心定罪（论心定罪），是

刑罚适用原则的重大发展。

3. 罪疑从轻、罪疑从赦

（1）西周时期为保证适用法律的谨慎，防止错杀无辜，对犯罪事实有疑的案件，实行从轻处断或赦免罪责的原则。

（2）《尚书·吕刑》中明确规定："五刑之疑有赦，五罚之疑有赦，其审克之"，即凡是有疑点的犯罪，都从轻发落或者赦免刑罚。这也是"明德慎罚"思想在刑法原则上的体现。

（3）从赦原则在司法审判中要经过"三刺"的程序："一曰讯群臣，二曰讯群吏，三曰讯万民"，即对于有疑的案件，通过讯群臣、讯群吏、讯万民三道程序，以示慎重。罪疑从轻、罪疑从赦体现了慎刑思想，具有原始民主制的遗风。

4. 宽严适中

（1）西周在定罪量刑时强调"中道""中罚""中正"，即要求宽严适中，罪刑相当，符合正道。

（2）《尚书·吕刑》记载："士制百姓于刑之中"，即执行刑罚要准确、合理、不偏不倚、无过与不及，也就是严格地符合法律（刑书）所制定的标准。

5. 因地、因时制宜

（1）西周初期针对封国的具体情况实行灵活权衡的原则，确立了"刑新国，用轻典；刑乱国，用重典；刑平国，用中典"的刑事政策。这一政策对于稳定和巩固宗周起到了良好作用，也成为后世治国的重要原则。

（2）西周时期实行"轻重诸罚有权、刑罚世轻世重"的刑事政策，即主张结合犯罪的主客观情势权衡量刑，不可一味地从轻或从重，体现了因地、因时制宜原则。

6. 上下比罪

西周时期确立了"上下比罪"即类推的原则，即"罪无正律，则以上下刑而比附其罪也"。上下比罪就是上下比附其罪，就是在没有法律明文规定的情况下类推适用。《尚书·吕刑》也记载："上刑适轻，下服；下刑适重，上服，轻重诸罚有权"，即应当判处重刑，但有从轻情节的，则可判处轻刑；应当判处轻刑，但有从重情节的，则可以判处重刑；轻重不同的各种刑罚可视情况灵活运用。

7. 同罪异罚

（1）贵族和一般人犯罪实行同罪异罚。一般人犯杀人或盗贼罪，要在闹市正法，并暴尸三天示众；而王族或有爵位的贵族犯死罪，则由甸师氏秘密处死，一般不当众行刑。应处宫刑者，由贵族们议决减免。

（2）西周关于八辟之法的规定，亦公开赋予特定身份者享受减免刑罚的特权，后世的"八议"制度即源于此。

（四）主要罪名

1. 贼、藏、盗、奸

"毁则为贼，掩贼为藏，窃贿为盗，盗器为奸。"即毁坏礼法者为贼，窝藏隐匿罪人者为藏，窃人财物者为盗，偷盗国器宝物者为奸。

2. 违抗王命罪

违抗王命罪属于政治性犯罪，犯者处死刑。

3. 寇攘奸宄罪

（1）"寇"是强盗。

（2）"攘"是盗窃。

（3）“奸”是外乱，泛指起于外部的破坏社会秩序的犯罪。

（4）“宄”是内乱，泛指起于内部的破坏社会秩序的犯罪。

4. “五过”之疵

“五过”之疵是指西周时期官吏渎职犯罪的下列五种情形：

（1）惟官，即秉承上意，依仗权势。

（2）惟反，即利用职权，报私恩怨。

（3）惟内，即内亲用事，暗中牵制。

（4）惟货，即贪赃受贿，敲诈勒索。

（5）惟来，即接受请托，徇私枉法。

5. 其他罪名

（1）不孝不友。不孝即不孝顺父母、祖父母，不友即不亲近兄弟。

（2）杀人越货。杀人越货就是抢劫杀人，犯者处死。

三、民事立法

（一）契约：质剂、傅别

1. 司约和质人

（1）司约。依据《周礼》，西周设有专职官员管理立契事宜，称为“司约”。

（2）质人。西周设“质人”，作为市场管理人员。

2. 契约形式

（1）买卖契约。质剂是西周时期买卖契约的称谓。凡是买卖奴隶、牛马等大宗交易使用的较长的契券称为“质”；凡是买卖兵器、珍异等小件物品使用的较短的契券称为“剂”。

（2）借贷契约。傅别是西周时期借贷契约的称谓。“傅”就是指将借贷的内容写在文书之中，“别”就是指将这样的券书一分为二，债权人和债务人各拿一半。

（二）婚姻制度

1. 一夫一妻制

西周时期实行一夫一妻制的婚姻原则。

2. 婚姻的成立

西周时期婚姻的成立须具备如下三个条件：

（1）“父母之命，媒妁之言”。

①婚姻缔结必须经过父母之命，而不允许男女自由恋爱。

②婚姻缔结必须经过媒妁之言，而不允许男女自由结识。

（2）“同姓不婚”。

（3）履行“六礼”程序。六礼是西周时期婚姻成立经过的六道烦琐程序：

①“纳采”，即男家请媒妁向女家提亲；

②“问名”，即男方询问女子名字、生辰等，卜于宗庙以定吉凶；

③“纳吉”，即卜得吉兆后即与女家订婚；

④“纳征”，又称“纳币”，即男方派人送聘礼至女家，婚约正式成立；

⑤“请期”，即商请女方择定婚期；

⑥“亲迎”，即婚期之日新郎迎娶新妇。

至此，婚礼始告完成，婚姻最终成立。

3. 婚姻的解除（七出、三不去）

（1）七出。七出是指女子若有下列七种情形之一，丈夫或公婆即可休弃（单方面解除婚约）：“无子，一也；淫佚，二也；不事舅姑，三也；口舌；四也；盗窃，五也；妒忌，六也；恶疾，七也。”无子者为绝嗣不孝，淫者乱族，不顺公婆者为“逆德”，口多言者离间亲属，盗窃者违反规矩，妒者乱家，有恶疾者不能供祭祖先。

（2）三不去。按照周朝礼制，已婚妇女若有下列三种情形者，虽有七出之行，但夫家不得休弃，即所谓“三不去”：“有所娶无所归，不去；与更三年丧，不去；前贫贱后富贵，不去。”

①“有所娶无所归”是指女子出嫁时有娘家可依，但休妻时已无本家亲人可靠，若此时休妻则会置女子于无家可归之境，故不能休妻。

②“与更三年丧”是指女子入夫家后与丈夫一起为公婆守过三年之孝，已尽子媳之道，亦不能休妻。

③“前贫贱后富贵”是指夫娶妻时贫贱，但婚后富贵的，不得离弃妻子。

“三不去”在某种程度上是对休妻的限制，但根本上是出于维护宗法伦理道德的需要。

（三）嫡长子继承制

（1）嫡长子继承制是西周时期宗法制度的一项基本原则。西周的宗法制着眼于从长远解决周天子及各级贵族的爵封继承和宗祧继承问题，同时也解决财产继承问题。

（2）嫡长子继承制的目的是保持贵族的政治特权、祭祀权和财产权不致分散或受到削弱。从天子、诸侯、卿大夫到士，各级贵族的领地和世袭身份只能由正妻（嫡妻）所生的长子继承。庶子只能由嫡长子分给部分利益。嫡长子继承制对于稳定家国关系具有重大意义。

四、司法制度

（一）司法机构：大司寇、小司寇

1. 大司寇

中央常设最高司法官（司法机关）为大司寇。

2. 小司寇

大司寇之下设小司寇，协助大司寇处理案件，处理狱讼。

（二）狱、讼

1. 狱、讼

西周时期最早区分了刑事诉讼和民事诉讼。

（1）“讼，谓以财货相告者”，即“讼”是指民事诉讼，审理民事案件称为“听讼”。

（2）“狱，谓相告以罪名者”，即“狱”是指刑事诉讼，审理刑事案件称为“断狱”。

2. 诉讼费用

（1）西周时期将收取的刑事诉讼费用称为“钧石”、“钧金”（30 斤铜）。

（2）西周时期将收取的民事诉讼费用称为“束矢”（100 支箭）。

（三）五听

在审判方式上，西周时期最早实行“五听”的审讯方式，即运用察言观色进行审讯。五听是西周时期司法官判断当事人陈述真伪的五种方式：

（1）辞听：“观其出言，不直则烦”，即观察当事人的言语表达，理屈者则言语错乱。

（2）色听：“观其颜色，不直则赧然”，即观察当事人的面部表情，理屈者则面红。

（3）气听："观其气息，不直则喘"，即观察当事人的呼吸，无理则喘息。

（4）耳听："观其听聆，不直则惑"，即观察当事人的听觉，理亏则听语不清。

（5）目听："观其眸子，视不直则眊然"，即观察当事人的眼睛和视觉，无理则双目失神。

五听是通过观察被讯问者的感官反应以确定其陈述之真伪，虽然近于主观，但比起夏商的神明裁判具有明显的进步，在某种意义上可以说是审判心理学的萌芽。周以后历朝的司法实践都沿用了五听。

第三节　春秋法律制度

一、成文法的公布

（一）郑国"铸刑书于鼎"

郑国的执政子产"铸刑书于鼎"是中国历史上第一次公布成文法的活动。

（二）邓析《竹刑》

郑国大夫邓析私刻《竹刑》，《竹刑》并非官方法律，但统治者最终采纳并公布了《竹刑》。

（三）晋国铸刑鼎

晋国的执政赵鞅"铸刑鼎"是中国历史上第二次公布成文法的活动。

（四）其他公布成文法的活动

（1）《被庐之法》，是晋文公在被庐检阅军队时制定的关于选贤任官，建立官僚制度之法。

（2）《仆区法》，是楚文王制定的禁止隐匿亡人和窝藏赃物之法。

（3）《茆门法》，是楚庄王制定的关于宫门守卫、保障国君安全之法。

（五）成文法公布引起的论争

（1）新兴地主阶级反对旧贵族垄断法律，强烈要求将成文法公布于众，以保障他们的私有财产和既得权益，摆脱宗法等级制度的羁绊。

（2）成文法的公布引起了旧贵族的激烈反对。晋国上大夫叔向反对郑国"铸刑书于鼎"。孔子对晋国"铸刑鼎"也持反对意见。

二、成文法公布的历史意义

（1）公布成文法是国家治理与社会控制的新型方式，是对旧的法律观念、法律制度以及社会秩序的一种否定，打破了"刑不可知，则威不可测"的信条，使法律由秘密状态走向公开化，开创了古代法制建设的新纪元。

（2）公布成文法在客观上为法律制度的进一步发展，为罪和刑对应的成文法典的出现提供了条件，也为各种新型社会关系的产生和发展提供了可靠保证。

（3）春秋时期公布成文法，开辟了一种全新的集权制的统治模式，为战国至秦统一时期"法治"取代"礼治"拉开了序幕，也为后世法律制度的发展与完善积累了经验。

第四节　战国法律制度

一、立法指导思想

（1）"一断于法"。将法律作为治理国家的基本手段。

（2）刑无等级。要求制定公正、平等的法律，在保障国家和君主利益的基础上，平等地适用法律，使全社会都在法律的约束下生活。

（3）轻罪重刑。用严刑峻法达到以法治国的目的。

（4）法布于众。向全社会公布成文的法律，从而否定了法律的秘密状态。

二、《法经》

（一）李悝变法的主要内容

（1）在政治上废除“世卿世禄”制度。

（2）在经济上实行“尽地力之教”和“善平籴”政策。

（3）在法律上制定了《法经》。

（二）《法经》的内容、特点和历史地位

1.《法经》的内容

《法经》共有六篇，即《盗法》、《贼法》、《囚法》（《网法》）、《捕法》、《杂法》和《具法》。李悝认为“王者之政，莫急于盗贼”，即惩治盗、贼是当时法律的首要任务，于是便将《盗法》和《贼法》列于法典的头两篇。《法经》各篇规定的主要内容有：

中国法制史

（1）《盗法》，为有关侵犯官私财产所有权方面的犯罪的法律规定。

（2）《贼法》，为惩治危害国家安全、危害他人人身安全（人身伤害）以及破坏社会秩序的犯罪的法律规定。

（3）《囚法》，是关于囚禁和审判罪犯的法律规定。

（4）《捕法》，是关于追捕盗、贼及其他犯罪者的法律规定。《囚法》和《捕法》二篇属于诉讼法的范围。

（5）《杂法》，是关于“盗贼”以外的其他犯罪与刑罚的法律规定，主要规定了“六禁”，即下列六种犯罪行为：

①淫禁。禁止“淫侈”，即惩罚奸淫、通奸行为。

②狡禁。禁止“轻狡”，即惩罚盗窃兵符玺印或议论国家法令等政治狡诈行为。

③城禁。禁止“越城”，即惩罚偷越城墙行为。

④嬉禁。禁止“博戏”，即惩罚赌博、博戏行为。

⑤徒禁。禁止“聚集”，即惩罚聚集行为。

⑥金禁。禁止“借假不廉”，即惩罚受贿行为。

此外，还有一条惩罚“逾制”即僭越的规定，即惩罚享用不该享用的特权或器物服饰的行为。

（6）《具法》，是关于定罪量刑基本原则的规定，起着“具其加减”的作用，相当于近现代刑法典的总则部分。

2.《法经》的特点

（1）在内容上，以惩治盗、贼为首要任务，反对旧贵族的等级特权，体现重刑主义精神。

（2）在体例上，出现了先开列罪名再规定刑罚的罪刑法定倾向。

（3）在篇目排序上，相当于法典总则的《具法》列在最后且适用于其他各篇。

3.《法经》的历史地位

（1）《法经》是中国历史上第一部比较系统、完整的成文法典，在中国立法史上具有重要地位。

(2)《法经》的体例和内容，为后世成文法典的编纂奠定了重要基础。

(3)《法经》六篇为秦、汉直接继承，成为秦、汉律的主要篇目。

三、商鞅变法

（一）改法为律

商鞅“改法为律”，使法律的公平、正义之意涵得到强调，而其杀戮、威吓之意削减，把法律的普遍性、公开性和强制性提到更高的位置，乃为历史的进步。

（二）制定连坐法

连坐制度对于维护社会秩序、保障政权的稳定有重要作用；但容易激化矛盾，造成潜在的危险，充分体现了法家重刑主义的严苛性。

（三）颁布《分户令》

颁布了《分户令》，强制百姓分家立户，以增加国家的财政收入。

（四）变法的历史意义

(1) 商鞅变法在政治、经济和法律制度等方面推行全面改革，使秦国从一个西疆小国发展成为国力强盛、制度先进的大国，为秦灭六国、统一天下奠定了坚实的基础。

(2) 商鞅通过改法为律，使得秦律成为秦国的主要法典，其内容比较系统、完整，适用范围较为广泛，并且保持相对稳定。

(3) 商鞅变法以后，律成为中国历朝历代的主要法律形式。商鞅变法这种承上启下的作用使中国法制传统和特色得到了延续和传承。

知识拓展

材料一：《周礼·天官·小宰》：听称责（借贷）以傅别。听买卖以质剂。

材料二：《周礼·地官·质人》：大市以质，小市以剂。

材料三：郑玄（东汉）注：质剂，两书一札，同而别之，长曰质，短曰剂。称责谓贷予，傅别谓券书（契约文书）也。听讼责者，以券书决之。傅，傅著约束于文书；别，别为两，两家各得一也。傅别、质剂皆今之券书也。事异，异其名耳。

大市，人民马牛之属，用长券；小市，兵器珍异之物，用短券。

请运用中国法制史知识和理论，分析论述下列问题：

(1) 材料一中“质剂”和“傅别”指的是何种契约？

(2) 如何区分材料三中“大市”和“小市”？

(3) 如何评价材料记载的内容？

(1) 质剂是西周时期的买卖契约；傅别是西周时期的借贷契约。

(2) 质，用于“大市”，也就是在买卖奴隶、牛马时使用的较长的契券；剂，用于“小市”，也就是买卖兵器、珍异之物时使用的较短的契券。

(3) ①西周时期已经存在了简单的商品交易，出现了调整民事关系的需要，质剂和傅别的出现表明西周时期相应的契约纠纷不断增多。

②质剂是买卖关系成立的凭证，如果买卖双方发生纠纷，可以作为诉讼的证据；傅别是借贷关系成立的凭证，如果借贷双方发生纠纷，也可以作为诉讼的证据。

③质剂和傅别的出现，促进了西周时期司法制度中证据的运用和发展，特别对于财产关系的

纠纷，就是以质剂、傅别、券书、契券等契约文书作为依据，而不是以人证为依据，从而影响了古代契约纠纷的证据运用方式，这对证据运用制度和司法审判制度的完善起到了促进作用。

第三章　秦汉三国两晋南北朝法律制度

大纲应试策略

本章包括秦、汉、三国、两晋、南北朝法律制度等内容。在背诵要点中，这一时期的立法、法律形式、刑罚、刑罚适用原则、罪名、司法机关、公室告与非公室告、春秋决狱、秋冬行刑、死刑复奏等内容属于核心考点。本章较难掌握的知识是亲亲得相首匿原则、经义断狱及其知识运用。本章内容较多，出题方式包括各类题型，但以选择题和分析题为主。除考查过的主观题外，本章较为重要的简答题有：汉文、景帝刑制改革的内容、历史意义和局限性；亲亲得相首匿原则、汉律儒家化。除考查过的分析题外，本章比较典型的分析论述题有：秦朝的法律答问、廷行事、刑事责任能力、盗窃按赃值定罪原则、共犯和教唆犯加重处罚原则、诬告反坐、公室告、非公室告、不直、纵囚、失刑；汉朝的刑制改革、上请原则、盗环案、腹诽、血亲复仇、赦宥、春秋决狱、秋冬行刑；三国两晋南北朝的服制定罪、缘法断罪、存留养亲、死刑复奏等。

大纲背诵要点

第一节　秦朝法律制度

一、立法概况

（一）立法指导思想

（1）“缘法而治”。

（2）“法令由一统”。

（3）严刑重法。

（二）主要法律形式

（1）律，是秦朝通过正式立法程序制定、颁布、实施的具有稳定性、规范性和普遍适用性的律文。

（2）令，是皇帝针对某些具体事项临时发布的命令，具有最高的法律效力。

（3）法律答问，是采用法律答问的形式对法律条文、术语、律义作出的具有法律效力的解释。

（4）封诊式，是关于司法机关审判原则、治狱程式以及对案件进行调查、勘验、审讯、查封等方面的法律规定、文书程式和一些具体案例。

（5）廷行事，是最高司法机关判案的成例，可作为司法实践中同类案件判决的依据。

除了上述五种主要法律形式外，秦朝的法律形式还有课、程等。

二、刑事立法

（一）定罪量刑的主要原则

1. 以身高为刑事责任标准

秦律规定，未成年人犯罪，减轻或者免除刑罚。秦朝是中国历史上唯一以身高作为确认刑事责任依据的朝代。

2. 区分故意与过失

秦律重视故意犯罪与过失犯罪的区别，秦朝将故意称为“端”或“端为”，过失称为“不端”。故意犯罪处刑从重，过失犯罪处刑从轻。

3. 盗窃按赃值定罪

对于侵犯财产的盗窃罪，秦朝按照所盗的赃值即财产价值定罪，数额少的定罪轻，数额大的定罪重。

4. 共同犯罪加重处罚

秦朝在侵犯财产罪的处罚方面，两人或两人以上共同犯罪的处罚要比个体犯罪的处罚重，五人以上共同犯罪的则为重大犯罪。

5. 累犯和教唆犯罪加重处罚

秦朝对于犯罪被处刑后再犯罪的累犯，一律加重处罚；对于教唆他人犯罪的，也加重处罚。

6. 自首减轻处罚

（1）凡携带所借公物外逃，后主动自首者，不以盗窃罪论处，而以逃亡罪论处，这实际上相当于减轻处罚。

（2）隶臣妾在服刑期间逃亡后又自首，仅笞五十，补足服役期限。

（3）若犯罪后能主动消除犯罪后果，可减免处罚。

7. 诬告反坐

秦朝对故意捏造事实陷害他人者，使无罪者入罪，轻罪者入于重罪，即构成诬告罪，按被诬告人所受到的刑罚，对诬告者处罚。

8. 连坐原则

秦朝继续沿用商鞅变法时期实行的连坐制度。

（二）主要刑名

1. 死刑

死刑包括戮、磔、腰斩、车裂、枭首、弃市、凿颠、抽肋、镬烹、囊扑、定杀等。

2. 肉刑

肉刑包括墨（黥）刑、劓刑、刵刑、宫刑等。

3. 作刑

作刑类似于后世的徒刑，是在一定时期内对罪犯限制人身自由，并强制无偿劳役之刑。

（1）城旦舂。男子为城旦即筑城，女子为舂米。

（2）鬼薪白粲。男子为鬼薪即强制男犯去山中砍柴以供宗庙祭祀之用，女子为白粲即强制女犯择米，以择出的白米供宗庙祭祀之用。

（3）隶臣妾。男子为隶臣，女子为隶妾，即为官府劳役或充当官奴婢。

（4）司寇，即伺察贼寇的劳役刑。

（5）候，即充当斥候即探马。

4. 财产刑

财产刑即对于某些犯罪强制罪犯交纳一定数量的财产，以示惩罚。

（1）赀刑。赀刑以财产罚为主，也有与财产罚相关的力役罚，对轻微犯罪者实行赀甲、赀盾、赀徭等。

（2）赎刑。赎刑是缴纳一定数量的赎金或提供一定期限的劳役以替代判定的刑罚。

5. 耻辱刑

耻辱刑包括髡刑（剃去犯人头发）、耐刑（剃去犯人胡须）和完刑（保全发肤免髡剃）。

秦朝的耻辱刑大多与劳役刑（徒刑）结合使用，将耻辱刑作为附加刑适用，如“髡钳城旦舂”、“完为城旦”和“耐为鬼薪”等。

6. 其他刑

（1）废，即废除违法者官籍永不叙用的处罚，适用于官吏的轻微犯罪。

（2）谇，即对轻微犯罪的官吏加以斥责、诘问的处罚。

（3）免及收，即籍没，将犯罪妻、子没入官府为奴。

（4）迁，即将受刑者遣送到指定地区服役落户，不准擅自返回的刑罚。

（三）主要罪名

除谋反、盗贼犯罪和不敬皇帝等罪外，秦朝还有以下罪名：

1. 思想言论犯罪

（1）诽谤与妖言，即严禁臣民议论皇帝与朝政。

（2）以古非今，即借用前代史实讽喻非议当朝政治的行为。

（3）妄言，即煽动反对或推翻秦朝统治的行为。

（4）非所宜言，即说了不该说的话。

（5）投书，即投递有害于封建统治秩序或发泄私愤陷害无辜的举报信的行为。

2. 盗徙封

盗徙封，即偷偷移动田界标志企图侵占他人田产。

三、经济立法

秦朝经济立法涉及农业管理与自然资源保护立法、官营手工业管理立法和市场与货币管理立法三个方面的内容。

四、司法制度

（一）中央司法机关

（1）皇帝掌握着最高司法审判权，重大案件往往由皇帝亲自审判和裁决。

（2）秦朝的中央最高司法机关是廷尉，廷尉属于九卿之一，负责审理地方的上诉案和郡县不能决断的疑难案件，同时也负责审理皇帝交办的“诏狱”。

（3）御史大夫。“三公”之一的御史大夫也有重大案件的司法审判权。

（二）诉讼程序

1. 起诉方式

秦朝的起诉方式包括两种，一是当事人或亲属到官府告发，二是官府主动纠举犯罪。

2. 公室告与非公室告

秦朝对告诉有限制，即在起诉制度中，秦朝还实行“公室告”和“非公室告”制度。

（1）公室告。秦朝把贼杀伤、盗他人等杀人、伤人、偷盗等严重危害封建统治的犯罪，列为严惩对象，这类诉讼称为“公室告”，对于公室告，官府必须受理。

（2）非公室告。秦朝把“子盗父母，父母擅杀、刑、髡子及奴妾”等家庭成员内部的案件，称为“非公室告”，对于非公室告，官府不得受理。子控告父母，臣妾告发主人的，也不得受理，对于“非公室告”案件，若强行告发的，要论罪。

3. 州告

秦朝对于“州告”案件，官府不予受理。所谓“州告”，即控告但所控告的内容不实，又以其他事控告的，官府不仅不受理，还要以所告不实的罪论处，以防止诬告。

（三）审判制度

1. 审讯

（1）审理。

①秦朝将讯问被告称为“讯狱”；将审断定罪称为“治狱”。

②秦朝将审讯效果分为“上”“下”“败”三类。“上”，即能据供查证，弄清事实；“下”，为动刑后查清案情；“败”，指采用恐吓手段审讯却没有查清案情。

（2）证据。秦朝证据的运用包括口供、证人证言、物证，重视现场勘验和司法鉴定。秦朝把调查或勘验的笔录称为“爰书”。

（3）查封。秦朝把查封财产称为“封守”。

2. 判决

（1）宣判。秦朝司法官作出判决后要向被告宣读判决书，称为“读鞫”。

（2）再审。宣读判决书后当事人不服的，可以申请再审，称为“乞鞫”。

3. 法官责任

（1）司法官故意重罪轻判或轻罪重判的，以“不直”之罪追究办错案的法律责任。

（2）故意减轻犯罪情节或者应当论罪而不论罪的，对法官以“纵囚”之罪论处。

（3）过失导致处刑不当、失其轻重的，对法官以“失刑”之罪论处。

第二节　汉朝法律制度

一、立法概况

（一）立法指导思想：汉初黄老思想与“约法省刑”

汉初兴盛黄老学说，统治阶级实行无为而治的黄老思想和约法省刑的立法指导思想。无为而治具体体现为“轻徭薄赋”和“约法省刑”。

（二）汉武帝时“德主刑辅”与正统法律思想的确立

（1）汉武帝采纳董仲舒“罢黜百家、独尊儒术”的主张，将儒家思想奉为至尊，实现了儒法的合流。

（2）经过董仲舒的理论阐释和附会，“三纲”成为法律制度的核心和宗旨，鼓吹“君权神授”，强调君主集权。董仲舒系统地阐述了“礼法并用”“德主刑辅”的立法指导思想。

（3）德主刑辅和礼法并用成为官方正统的法律思想，并对后世产生了极大的影响。德主刑辅这一立法指导思想是对以往法制经验的总结，并为后世王朝所沿袭和发展。

（三）主要立法："约法三章"、《九章律》与"汉律六十篇"

1. "约法三章"

刘邦兵进咸阳，与关中父老"约法三章"，即：杀人者死，伤人及盗抵罪，余悉除去秦法。"约法三章"标志着西汉立法的开端。

2. 《九章律》与"汉律六十篇"

（1）《九章律》。汉高祖刘邦命丞相萧何参照秦法，作《九章律》。《九章律》是在《法经》6篇和《秦律》的基础上，增加户、兴、厩3篇而形成的。《户律》规定的是户籍、田赋、婚姻之事；《兴律》规定的是征发徭役、城防守备之事；《厩律》规定的是牛马蓄养和驿传之事。《九章律》是汉朝的基本法典。

（2）"汉律六十篇"。

①叔孙通制定的《傍章律》18篇，是有关朝廷礼仪方面的法律；张汤制定的《越宫律》27篇，是有关宫廷警卫方面的法律；赵禹制定的《朝律》6篇，是有关朝贺方面的法律。

②《九章律》《傍章律》《越宫律》《朝律》共计60篇，合称"汉律六十篇"，构成了汉朝法律的基本框架。

（四）法律形式

（1）律，是以刑事规范为主的具有普遍性和稳定性的成文法。

（2）令，是皇帝随时发布的诏令或由臣下提出经皇帝批准的立法建议。

（3）科，是律以外规定犯罪与刑罚以及行政管理方面的单行法规，又称"科条""事条"。

（4）比（决事比），是指在律无正条时比照援引典型判例作为裁断案件的依据。

二、刑事立法

（一）文景时期的刑制改革

1. 刑制改革的原因

（1）深层次原因。汉文帝时期经济持续发展，社会稳定，为改革刑制提供了基本条件。

（2）法律原因。汉朝刑罚体系混杂，层次体系不清；刑罚残酷。

（3）社会原因。汉文帝时期社会稳定，但肉刑的实施阻碍了犯人的自新之路，带来不少社会问题，招致有识之士的批评。

（4）直接诱因（导火索）：缇萦上书。

2. 刑制改革的内容

（1）文帝刑制改革。

①改革内容。汉文帝主要是针对以往的奴隶制五刑进行改革，即：将墨刑改为髡钳城旦舂；将劓刑改为笞三百；将斩左趾改为笞五百；将斩右趾改为弃市（死刑）。

②改革弊端。笞数过多，出现了变相死刑；将斩右趾改为弃市，这是由轻改重，扩大了死刑的范围。

（2）景帝刑制改革。改革内容有：

①减少笞数。两次减少笞数，最终将笞三百降为笞一百；将笞五百降为笞二百。

②改革刑具。颁布《箠令》，规定笞杖规格、受刑部位以及行刑不得中途换人等。

3. 刑制改革的历史意义

（1）文景时期的刑制改革顺应了历史发展的趋向，使以肉刑为主的奴隶制五刑趋于瓦解，拉开了由奴隶制五刑向封建制五刑过渡的序幕，拉开了由肉刑向劳役刑转变的序幕。

（2）文景时期的刑制改革顺应了历史发展，使以肉刑为主的刑制摆脱了原始形态，刑罚的残酷程度大为减轻，刑罚制度趋于规范，为后世封建五刑体系的建立奠定了基础。

（3）这次改革无疑是古代刑制由野蛮走向文明的里程碑，在中国法制发展史上具有重要的意义。

4. 文景帝刑制改革后确立的刑罚体系

（1）死刑。执行方法主要是殊死，即斩首、枭首、腰斩和弃市。

（2）肉刑。主要是宫刑和东汉初期恢复的斩右趾。

（3）笞刑。

（4）徒刑。

（5）徙边。徙边就是将犯人迁移至边疆指定地区的刑罚。

（6）禁锢。禁锢就是终身不得为官。

（7）赎刑。汉朝创设“女徒顾山”，属于赎刑的范围，即允许被判处徒刑的女犯回家，但需每月缴纳官府三百钱，由官府雇人上山砍伐木材或从事其他劳作，以代替女犯的劳役刑。

（8）罚金。罚金就是强制犯人在一定期限内向国家缴纳一定数量钱币的刑罚。

（二）刑罚适用原则

1. 上请

上请制度最早确立于汉朝。上请是指对于一定范围内的官僚贵族及其子孙犯罪，司法机关不得擅自裁判处理，而须奏请皇帝裁决的制度。通常皇帝会给予官僚贵族以减免刑罚的优待。上请制度体现了封建法律是特权法的本质。

2. 亲亲得相首匿（亲亲相隐、亲属相隐、亲属相隐不为罪、同居亲属相隐不为罪）

亲亲得相首匿是指亲属之间可以相互首谋隐匿犯罪行为，不予告发或作证。该原则源于“父为子隐，子为父隐”的思想。汉宣帝时有诏令规定，直系三代血亲之间和夫妻之间，除犯谋反、大逆以外的罪行，均可因互相隐匿犯罪行为而免于刑罚。

3. 矜老恤幼原则

汉朝继承了西周以来的矜老恤幼原则，对老人、孩童、妇女、残疾人等生理上之弱势群体在定罪量刑上给予特殊宽宥，以标榜仁政。

（三）主要罪名

1. 危害中央集权制的犯罪

（1）阿党附益：诸侯国的官吏与诸侯王结党，知其犯罪不举奏为“阿党”，朝廷大臣交通诸侯，助其获得非法利益构成“附益”。

（2）左官：朝廷官员“舍天子而仕诸侯”即为左官。

（3）非正：非嫡系子孙继承爵位，因违反嫡长子继承制而构成犯罪，依律免为庶人。

（4）出界：诸侯王擅自越出封国疆界者，轻者免为庶人或耐为司寇，重者诛杀。

（5）逾制（僭越）：诸侯百官在器用、服饰、乘舆、仪仗等方面逾越规制，即使用了不该使用的器用、服饰、乘舆等。

（6）漏泄省中语：泄露朝廷机密事宜。

（7）酎金不如法：帝王酎祭时诸侯所献贡金的成色不符合标准。酎金不如法者，构成酎金罪。

（8）事国人过员：诸侯王在王国内滥用人力，扩张势力者，免爵。

2. 危害君主专制的犯罪

（1）欺谩、诋欺、诬罔：对皇帝不忠、欺骗、轻慢、毁辱和污蔑等行为。

（2）废格诏书：官吏不执行皇帝的诏令。

（3）怨望诽谤：因怨恨不满而诽谤朝政。

（4）左道：以邪道巫术诅咒皇帝、蛊惑民众者，依律处死刑。

（5）矫制：官吏诈称皇帝诏命者，轻者免官，重者腰斩。视后果轻重分为“大害”“害”“不害”三种。

3. 危害皇帝尊严和安全的犯罪

（1）不敬、大不敬：对皇帝及其先祖、皇帝使用的器物、牲畜等有轻蔑失礼的行为。

（2）阑入与失阑：阑入是指无凭证擅自闯入宫殿，失阑是指警卫人员失职造成他人无证进入宫殿。

4. 危害国家政权的犯罪

（1）蔽匿盗贼：地方官吏隐瞒盗贼消息不上报朝廷的行为。武帝时制定《沈命法》，规定：“群盗起不发觉，发觉而弗捕满品者，二千石以下至小吏主者皆死”“敢蔽匿盗贼者，没其命也”。

（2）见知故纵：治安官吏得知贼盗犯罪真情，不及时举告者，与罪犯判处同等刑罚；如抓到贼盗重犯不及时严办者，判处死刑。

（3）群饮酒：三人以上无故群饮，罚金四两。

（4）通行饮食：为盗贼提供饮食，传递情报，充当向导者，罪至大辟。

5. 思想言论犯罪

汉朝沿用了秦朝的诽谤妖言、非所宜言等罪，在惩治思想言论犯罪方面有所发展。比较典型的是腹诽罪。“腹诽”即口无言词而心有异议，就是虽心怀不满但未诉诸言论。

三、经济立法

（一）盐铁酒专卖

汉武帝时期为了增加财政收入，将盐、铁、酒等有关国计民生的产品由国家专营，制定法律严禁私人生产和销售，称为“禁榷”。

（二）抑商政策

1. 抑商政策

汉承秦制，坚持“重农抑商”政策，限制商人经营采矿冶铁、近海煮盐，对商人实行人格歧视，并加重其赋税。汉朝推行的抑商政策体现在：

（1）不许商人穿丝衣乘车马。

（2）不许商人购买土地，土地和奴婢超限者没入官府。

（3）不许商人及其子孙去做官。

（4）对商人多征收一倍于民的算赋。

（5）谪发商人到边远地区戍守。

2. 《告缗令》

汉武帝时颁布《告缗令》，向商人征收苛重的财产税，并鼓励告发不如实申报财产、不按令纳税的商人。抑商政策使汉朝商业发展受到很大影响。

（三）对外贸易立法

一方面，通过互市缓和与匈奴的矛盾，但不准以违禁物品如铁、兵器、马匹、铜钱等与匈奴互市。

另一方面，在同西域和中亚各国的贸易中采取种种优惠政策，为汉朝以后历代王朝发展与西域各民族和邻近国家的友好往来奠定了良好基础。

四、行政立法

（一）皇帝制度

汉朝皇帝制度在沿袭秦制的基础上进一步发展，皇权得到加强。

（二）中枢与地方行政机构

1. 中枢机构

（1）三公九卿制。西汉初期沿用秦朝的制度，在中央设立三公，三公是指丞相、太尉和御史大夫。丞相掌行政，具体职责是辅佐皇帝，总理百政；太尉掌军事，为最高武官；御史大夫为监察官之首，掌监察。三公互不隶属，直属于皇帝。丞相之下设九卿。

（2）尚书台。汉朝设尚书台，尚书台是汉朝“出纳王命，敷奏万机”的国家中枢机构。尚书台的设立使三公的职权被削弱。尚书台的建立和完善是古代行政管理体制的重要发展。

2. 地方行政机构

（1）汉初分封诸王，形成郡县和王国、侯国并存的局面。

（2）通过步步削藩，西汉的地方政权最终形成郡、县两级制，县以下设乡、里、亭。

（3）汉武帝将全国分为 13 州（部）作为监察区，到了东汉末年，州逐渐演变为地方一级独立的行政机关，并定格为最高行政区，从而形成州、郡、县三级的地方政权机构。

（三）官吏管理制度

1. 官吏的选任制度

（1）察举。察举是由皇帝下诏责成中央和地方各级长官每年向朝廷推荐贤能之人为官的选拔和任用官吏的制度。

（2）征召。征召有两种：一是皇帝诏令各郡推举“贤良方正能直言极谏者”，经过皇帝对策（面试）后任用为官，称为诏举，也叫“举贤良文学”；二是皇帝特诏征用有特殊才能或德高望重之士，由皇帝派遣专使以特诏聘书“辟书”聘请。

（3）辟举。辟举又称辟除，是高级主管官吏或地方郡守以上官吏在其辖内对有名望和才德之士，向中央举荐或自选为属吏的制度。

（4）任子。任子即高级官吏可以保任其子弟为官。

（5）太学补官。汉武帝以后在中央设立太学，招收贤俊好学子弟学习儒家经典，经考试成绩优良者，可以补官。

2. 官员任职限制与回避制度

（1）官员任职限制。商人子弟、赘婿以及因贪赃被免官者不得为官，宗室子弟不得任公位高官。

（2）任官回避制度。在官吏选任中实行回避制度，为此制定了“三互法”，规定“婚姻之家及两州人士，不得对相监临（即不得交互为官）”。

3. 官吏考课制度

汉朝一般官吏主要根据法律考核其所任职务的完成情况。对地方郡国守相和县令的考核，则通过“上计”的方式进行考课。

4. 官吏休假与致仕制度

汉朝对有功之臣给予省亲的假期，对有病官吏令其回家养老，对到一定年龄的官吏实行退休制度。汉朝的退休制度称为“致仕”，致仕的年龄为 70 岁。

（四）监察制度

1. 监察机关

（1）中央监察机关。汉朝在中央设御史台，为最高监察机关，长官为御史大夫，职掌全国的最高监察权，下设御史中丞和侍御史等属官。

（2）地方监察机关。

①在京师设立的司隶校尉可纠举包括丞相在内的百官，及京师近郡犯法者，并可直接弹劾三公。

②汉武帝把全国分为13个监察区，以州（部）刺史作为地方监察机关。刺史在御史中丞的领导下，依据《六条问事》行使监察权。

2. 监察法规

（1）《六条问事》。《六条问事》是对所属郡、国进行监督的六条标准。

（2）《监御史九条》。汉初颁行监察法规《监御史九条》，是我国历史上第一部地方性监察法规。

五、司法制度

（一）诉讼与审判

1. 起诉制度：告劾

（1）“告”，是指当事人或其亲属直接到官府控告，类似现代的自诉。告诉有限制：

①告诉应按照司法管辖逐级进行，严禁越诉，有冤狱才得越级上书皇帝。

②卑幼不得告发尊长。除谋反、大逆之罪外，一般不准卑幼亲属告发尊长，否则以不孝罪处刑。

③严禁诬告，诬告者实行反坐。

（2）“劾”，是指官吏代表国家纠举犯罪。

2. 审讯制度

（1）鞫狱。汉朝对被告的审讯称为“鞫狱”。审讯过程中所获取的被告的口供即所谓的“辞服”，是定罪量刑的主要依据。为了获取口供，审讯过程中允许使用刑讯。

（2）读鞫。经过审判的各项程序，事无可疑后，法官可依据律令作出判决，并向被告及其亲属宣读，称为“读鞫”。

（3）乞鞫。被告及其亲属对判决不服的，可以在宣读判决书后的3个月内申请重审，称为“乞鞫”。

3. 录囚制度

汉朝建立了录囚制度，即由皇帝或上级司法机关通过对囚徒的复核审录，监督和检查下级司法机关的决狱情况，以平反冤案，疏理滞狱。录囚之制对平反冤狱、改善狱政、监督司法及统一法律适用具有积极作用。

（二）春秋决狱

1. 春秋决狱的含义

“春秋决狱”，又称“经义断狱”“引经决狱”，是指以儒家经典的精神和事例作为司法审判的依据，特别是以《春秋》一书中的“微言大义”作为司法审判依据的审判方式，它是汉武帝确立“罢黜百家，独尊儒术”的必然产物。“春秋决狱”源于儒家经典《春秋》“重志”的做法，为董仲舒首倡。

2. 春秋决狱的原则

(1) 春秋决狱最重要的原则被认为是"论心定罪"，即以《春秋》之义去考察犯罪者的主观动机，再对案件作出裁决。

(2) 春秋决狱的原则，按照董仲舒的论述应该是"本事原志"，即春秋决狱，应兼顾事实和动机。但是，由于儒家经典教义不具有法的规范性和确定性，法吏又往往不谙晓儒术，于是在司法实践中常常任意比附，造成司法专断和腐败。

3. 春秋决狱的意义

(1) 春秋决狱推动了律学的兴起和发展，并修正了审判原则。

(2) 春秋决狱促进了法律儒家化的进程，开辟了引礼入法的通道。

(3) 春秋决狱始于西汉中期，沿用于魏晋南北朝，是特定历史条件下形成的一种特殊审判方式。

(三) 秋冬行刑

(1) 汉朝死刑的执行采取秋冬行刑制度。秋冬行刑是指中国古代将死刑的执行安排在秋冬两季进行的制度。除谋反、大逆等"决不待时"者外，一般死刑犯须在秋天霜降以后、冬至以前执行。

(2) 秋冬行刑源于西周、特别是先秦阴阳五行家的"赏以春夏，刑以秋冬"的理论，其把司法镇压与阴阳运行、四季变换联系起来，借助天的权威和实际生活感受来加强司法的严肃性。

(3) 汉朝将秋冬行刑制度化，在客观上有利于农业生产与社会秩序的稳定，又标榜了德政慎罚。

(4) 秋冬行刑是汉朝法律儒家化在刑罚执行上的反映，该制度为后世法律所继承，对后世影响深远。

第三节　三国两晋南北朝法律制度

一、立法概况

(一) 曹魏律

《曹魏律》又称《新律》《魏律》，其在继承汉律的基础上进行了较大的改革：

(1) 删繁就简，增加篇目至18篇，扩充了法典的内容，又删削了条文。

(2) 将《法经》中的《具法》(商鞅改法为律后为《具律》) 改为《刑名》，置于律首，突出了法典总则的性质和地位。

(3) "八议"入律，使礼与律进一步融合。

(4) 改革刑罚，使刑罚制度进一步规范化。

(二) 晋律

《晋律》又称《泰始律》，共20篇。《晋律》的主要成就在于：

(1) 从《刑名》中分出一篇为《法例》篇，完善了刑律总则的内容。

(2) 精简律令，律文和字数均较汉律大为精简。

(3) 将律和令明确区分开，"律以正罪名，令以存事制"，解决了汉朝以来律令混杂、矛盾的局面。

(4) 增加律注，并与法典文本合为一体，经张斐、杜预作注的释文与律文具有同等的法律效力，经张斐、杜预作注的《晋律》，又称“《张杜律》”。

（5）首次规定“准五服以制罪”制度，作为定罪量刑的原则。

（三）北魏律

《北魏律》根据汉律、参酌魏晋律，经过“综合比较、取精用宏”而制定，共20篇。

（四）北齐律

1.《北齐律》的特点

（1）形成12篇的法典体例。

（2）首创《名例律》的法典篇目。

（3）确立“重罪十条”，为后世之“十恶”所本。

（4）确立死、流、徒、鞭、杖五刑，为隋唐新五刑体系的最终建立奠定了基础。

2.《北齐律》的历史地位

《北齐律》是魏晋南北朝时期具有最高水准的封建成文法典，以“法条明审，科条简要”著称，在古代法典发展史上起着承前启后的重要作用，对隋唐的立法产生了深远的影响。

（五）麟趾格

“格”源于汉朝的“科”，最早出现于北魏时期。北魏“以格代科”，科失去了独立的法律地位，至东魏颁布《麟趾格》，格才开始成为独立法典。《麟趾格》是中国历史上第一部以“格”命名的法典。

（六）大统式

西魏政权颁布了中国历史上第一部以“式”命名的封建成文法典——《大统式》。“式”的出现，影响了后世特别是隋唐的法律形式。

（七）律学

（1）三国两晋南北朝时期是中国传统律学发展的重要阶段。魏晋时期，律学开始从经学的束缚中解脱出来，发展成为独立的学科。律学的研究对象侧重于立法技术、法律运用、刑名原理、定罪量刑原则以及法律术语的规范化解释，律学研究趋于规范化、科学化。

（2）律学家对于《刑名》作为法典总则的性质、内容与地位，已经有了明确的认识和清晰的阐释。

（3）律学家对各种罪名的基本概念、相互区别已有比较清晰的了解和高度概括。张斐对20个法律概念及其含义作了精要的表述，这些罪名概念的界定，基本符合各项罪名的主要构成要件。反映了犯罪学理论取得了较高水平，对后世注律产生了深远影响：

①“其知而犯之谓之故”，即明知故犯为故意犯罪；

②“意以为然谓之失”，即因主观判断错误而致罪或根本没有想到而误犯为过失犯罪；

③“违忠欺上谓之谩”，即违背忠诚而欺瞒上级为欺谩罪；

④“背信藏巧谓之诈”，即背信弃义而暗藏奸巧为奸诈罪；

⑤“亏礼废节谓之不敬”，即亏废礼教仪节为不敬罪；

⑥“两讼相趣谓之斗”，即两相争斗为斗殴罪；

⑦“两和相害谓之戏”，即因嬉戏而相害为戏伤罪；

⑧“无变斩击谓之贼”，即私下攻击伤害为贼罪；

⑨“不意误犯谓之过失”，即无意中冒犯为过失；

⑩“逆节绝理谓之不道”，即违绝仪节伦理为不道罪；
⑪“陵上僭贵谓之恶逆”，即凌辱尊长权贵为恶逆罪；
⑫“将害未发谓之戕”，即预谋杀人而伤害为戕贼罪；
⑬“唱首先言谓之造意”，即主谋首倡为造意；
⑭“二人对议谓之谋”，即二人商议为合谋；
⑮“制众建计谓之率”，即统率策划为首犯；
⑯“不和谓之强”，即不经合意为强迫；
⑰“攻恶谓之略”，即强行侵犯为攻掠；
⑱“三人谓之群”，即三人合意为群伙；
⑲“取非其物谓之盗”，即获取他人财物为盗罪；
⑳“货财之利谓之赃”，即贪猎不义货财为赃罪。

(4) 罪刑原则与刑事理论取得进步。根据律学家刘颂提出的援法断罪原则，审理判决案件首先应以律典法令的明确内容为依据；如果没有，则以名例原则为依据；律典法令和名例原则均无相应规定者，则不应定罪量刑。这就要求各级司法官不得在法律规定之外治罪用刑。这种援法断罪的思想，近于现代罪刑法定原则，为中国古代律学理论和法律思想的一大进步。

二、刑事立法

（一）“准五服以制罪”

1. “准五服以制罪”

《晋律》首次规定了“准五服以制罪”制度。“准五服以制罪”是指亲属间的犯罪，据五等丧服所规定的亲等来定罪量刑。“五服”是中国古代以丧服为标志确定亲属之间亲疏远近的制度。中国传统父系家族血缘亲属的长幼范围，通常包括上至高曾祖、下至玄曾孙的九代世系，统称九族。按服制规定，有服亲属应为死者服丧。古代服制把亲属分为五等：斩衰、齐衰、大功、小功、缌麻。服制不仅确定婚姻、继承与赡养等关系，而且也是亲属相犯时施用刑罚轻重的原则。依据服制定罪原则，比照常人，亲属相犯，凡以尊犯卑，服制愈近，处罚愈轻，服制愈远，处罚愈重；凡以卑犯尊，服制愈近，处罚愈重，服制愈远，处罚愈轻。对于家庭（族）内的财产侵犯，则服制愈近，处罚愈轻，服制愈远，处罚愈重。

“准五服以制罪”是法律儒家化的重要标志之一，使法律成为“峻礼教之防”的工具，其影响极为深远。该制度一直沿用到清末。清末修律，实行罪刑法定，该制度被废除。

2. “存留养亲”制度

北魏时出现了存留养亲制度。这是古代法律家族化、伦常化的具体体现，也是服制影响法律的显著标志。

（二）“八议”“官当”入律

1. “八议”入律

(1) “八议”是指贵族官僚中的八种人犯罪后，普通司法机关无权处理，须在大臣“议其所犯”后，由皇帝对其所犯罪行决定减免刑罚的制度。曹魏时期“八议”正式入律。

(2) “八议”即议亲（皇亲国戚）、议故（皇帝故旧）、议贤（有大德行与影响的人）、议能（有大才能的人）、议功（有大功勋的人）、议贵（贵族官僚）、议勤（为国家勤劳服务的人）、议宾（前朝皇室宗亲）。

(3) 自曹魏以后，“八议”遂成为历代封建法律的重要内容。该制度被后世继承，一直沿用到清末。清末修律，该制度被废除。

2. “官当”入律

“官当”是指官员犯罪后，允许以官爵抵罪的制度。《北魏律》首次规定“官当”制度。南朝《陈律》对“官当”规定得较为详细。“官当”制度的形成，表明特权法的进一步发展。

（三）“重罪十条”

（1）“重罪十条”罪名正式确立于《北齐律》，是直接危害国家根本利益的十种重大犯罪的总称，包括反逆、大逆、叛、降、恶逆、不道、不敬、不孝、不义、内乱。“犯此十者，不在八议论赎之限”。

（2）“重罪十条”将儒家纲常礼教内容引入刑律，促进了礼与法的结合，也使法律能够更好地服务于皇权。隋唐直至明清律典中“十恶”制度即源于此。

（四）新五刑的初步形成

1. 封建五刑制度初步形成

（1）曹魏将刑罚体系确立为死、髡、完、作、赎、罚金和杂抵 7 种刑名。

（2）晋代确立了死、徒、笞、罚金和赎刑 5 种刑罚。

（3）北魏根据“赦死从流”理论创立流刑，把流刑为减死之刑，确立了死、流、徒、鞭、杖五刑，初步形成了以劳役刑为中心的五刑体系。

（4）西魏和北齐诏令废宫刑，宫刑退出历史舞台，为封建制五刑的创立扫清了障碍。

（5）北周将五刑体系由轻至重排列：杖、鞭、徒、流、死，又首创按道里远近划分流刑为五等的制度。

2. 刑罚制度的改革进步

（1）限制族刑，逐步缩小缘坐范围。

（2）肉刑日趋减少，并最终废除宫刑。

（3）酷刑的使用逐渐减少，死刑的执行方法逐渐集中为少数几种。

（4）定流刑为减死之刑。

三、司法制度

（一）中央司法机关的变化

1. 大理寺

北齐时将廷尉改为大理寺，将大理寺作为中央最高审判机关，并扩大了机构的编制。北周刻意复古，垂涎周朝天下八百载，将秋官大司寇作为中央最高审判机关。

2. 其他中央司法机关

（1）曹魏在廷尉之下设律博士，以教授法律、培养司法官吏为职责。

（2）魏晋南北朝时期的尚书台（省）的司法审判权力逐步扩大。尚书台下设的三公曹、二千石曹、都官曹、比部等，也负责司法审判。

（二）登闻鼓直诉制度

西晋在朝堂外悬设登闻鼓，允许有重大枉屈者击鼓鸣冤，直诉于中央甚至皇帝，登闻鼓上诉直诉制度形成，该制度经改革一直沿用至清朝。上诉直诉制度加强了司法机关的内部检查监督，有利于发现和纠正冤假错案。

（三）死刑复奏制度

（1）三国曹魏时期确立了死刑复奏制度，即对于应当处死刑的，要将案件及时奏闻朝廷，审判完毕后都要呈报皇帝，皇帝亲自过问，如果没有疑问或者冤屈方可执行。各地死刑案件都要上报才能执行。

（2）北魏正式将死刑复奏确立为定制，北魏明确规定，各地死刑案件一律上报奏谳，由皇帝亲自过问，须无疑问或无冤屈时才可执行。

（3）死刑复奏制度的确立一方面标榜慎刑，另一方面也使皇帝更牢固地掌握最高审判权。

（四）刑讯制度

（1）北魏以重枷、大杖逼供。

（2）南梁创立“测罚”之法：对不招供者断绝饮食，三日后才许进食少量的粥，循环使用。

（3）南陈创立“测立”之法：对受审者先鞭打二十，笞捶三十，再迫其负枷械刑具，站立于顶部尖圆、仅容两足的一尺高的土垛上，折磨逼供。

知识拓展

1. 材料一：《秦简·法律答问》：甲盗牛，盗牛时高六尺，系一岁，复丈，高六尺七寸，问甲何论？当完城旦。

材料二：《秦简·法律答问》：甲谋遣乙盗，一日，乙且往盗，未到，得，皆赎黥。

材料三：《秦简·法律答问》：甲谋遣乙盗杀人，受分十钱，问乙高未盈六尺，甲何论？当磔。

请运用中国法制史知识和理论，分析论述下列问题：

（1）材料一中，分析甲因盗牛承担刑事责任的原因。

（2）材料二中，甲、乙是否承担刑事责任？为什么？

（3）材料三中，甲、乙是否承担刑事责任？为什么？

（4）结合上述材料，试析秦朝法律中教唆他人犯罪加重处罚的条件。

（1）材料一中，甲因盗牛被处以完城旦的刑罚，承担了刑事责任。秦朝是以身高作为承担刑事责任的标准，甲身高六尺七寸，超过了六尺五寸的刑事责任能力标准，因此，甲应当承担刑事责任。

（2）材料二中，甲、乙都应承担刑事责任。依据秦律规定，教唆他人犯罪的，教唆犯和现行犯都应承担刑事责任并处以同等刑罚，因此，材料二中，甲教唆乙盗窃，甲、乙都应当承担刑事责任，并都处以赎黥的刑罚。

（3）材料三中，甲承担刑事责任，乙不承担刑事责任：①秦朝以身高作为承担刑事责任的依据，乙未达到承担刑事责任的身高标准（男子六尺五寸、女子六尺二寸），因此，乙不承担刑事责任。②依据秦律规定，对于教唆犯，与现行犯同罪，但教唆未成年人犯罪的，加重处罚。材料三中，甲唆使乙抢劫杀人，并从乙所获赃值中分得十钱，甲属于教唆未成年人抢劫杀人的教唆犯，因此甲应当承担刑事责任并处以磔刑。

（4）秦律规定教唆他人犯罪加重处罚的条件是：①教唆人实施了教唆行为，至于被教唆人是否实施教唆之罪或者是否得财，在所不问。②被教唆人是未成年人。如果被教唆人已经成年，则同等处罚，而不必加重处罚。

2.《史记·张释之冯唐列传》（第四十二）：有人盗高庙坐（通“座”）前玉环，得，文帝怒，下廷尉治。释之案（通“按”）盗宗庙服御物者为奏，当弃市。上大怒曰：“人亡道，乃盗先帝器！吾属廷尉，欲致之族，而君以法奏之，非吾所以共（通‘恭’）承宗庙之意也。”释之免冠顿首谢曰：“法如是足也。且罪等，然以逆顺为基。今盗宗庙器而族之，有如万分之一，假令愚民

取长陵一抔土，陛下何以加其法欤?”文帝与太后言之，乃许廷尉当。

请运用中国法制史知识和理论，分析论述下列问题：

(1) 概括分析材料中廷尉张释之维持盗环案犯罪人当弃市的理由。

(2) 概括分析汉文帝最终准许张释之的判决说明的问题。

(3) 结合现代刑法理论说明材料可提供的历史借鉴意义。

(1) 廷尉张释之维持盗环案行为人当弃市的理由是：①依据汉律，对盗环案的行为人判处弃市属于最重刑罚，不能违背法律再行加重，实行族诛。②弃市和族诛同是死罪，对于犯同样罪行的行为人，应当以罪状的轻重为依据（就是材料中提到的“然以逆顺为基”）。③对行为人判处刑罚应当有一个最高界限，如果仅就某个案将行为人判处法律规定的最高刑罚，则在以后出现更重的罪行时，法律将无所适从。

(2) 汉文帝最终准许了张释之的判决表明：①历史的教训以及受黄老学说“明法”思想的影响，使得汉初的统治者比较注意明法守身，不以个人意志破坏法律的一致性。②汉文帝作为“明法守身”的代表，表现了一位帝王很可贵的“法信于民”的法律意识。③汉文帝通过盗环案认识到，公正的法律只有得到公正的执行，才能够取信于民。

(3) 汉朝廷尉张释之依法审案，可提供的历史借鉴意义有：①定罪量刑应以法律规定为准绳，不能以主观好恶作为定罪量刑的标准。②刑罚的轻重应与犯罪人的主观恶性和客观危害行为相适应，做到罚当其罪。

第四章　隋唐宋法律制度

大纲应试策略

本章包括隋、唐、宋法律制度等内容。本章属于重点章节，在背诵要点中，较为重要的知识点包括《开皇律》、德本刑用的立法指导思想、唐朝的主要法律形式、《贞观律》、《唐律疏议》、唐朝定罪量刑的各项原则、五刑、十恶、六杀、六赃、保辜，唐朝的契约、婚姻、继承，唐朝的御史台，唐朝的官吏管理，唐朝的中央司法机关，唐朝的会审、告诉、回避、死刑复奏和法官责任制度，《宋刑统》、编敕、编例、条法事类，凌迟、刺配、折杖法和重法地法，宋朝的不动产买卖契约、典卖契约、财产继承，宋朝的国家机构的调整，官员选任与考课制度，监察制度，宋朝的中央司法机关，鞫谳分司制、翻异别推制和务限法。本章较难掌握的知识包括对唐朝的类推、自首等定罪量刑原则的理解，五刑量刑加减、十恶、六赃、六杀、保辜的适用，唐朝法官责任制度，以及宋朝的鞫谳分司制、翻异别推制和务限法等。本章内容很多，出题方式为各种题型，但以选择题和分析题为主，尤其是涉及唐朝的古文分析题，命题频率很高。除了考查过的简答题外，本章较为重要的简答题有：《开皇律》的主要成就、唐律的特点和历史地位、唐朝的御史台、宋朝的折杖法、宋朝不动产买卖契约的构成要件、宋朝的典卖契约、宋朝的鞫谳分司制。本章较为重要的分析题有：唐朝的共犯以造意为首，唐律律文与疏议的关系，立法宽简、稳定、划一，礼法结合，区分公罪与私罪，八议，上请，例减，赎刑，官当，合并论罪从一重，十恶，依伦理身份定罪，更犯和累犯加重，良贱相犯依身份论处，五刑，五刑之加减，六赃，六杀，保辜，婚姻（结婚、嫁娶违律、婚姻的解除），告诉的限制，刑罚执行，缘法断罪，同职连署制；宋朝的重法地法、典卖契约、收质、质举、鞫谳分司制、务限法。

大纲背诵要点

第一节　隋朝法律制度

一、立法概况

（一）《开皇律》

《开皇律》以《北齐律》为蓝本制定，定12篇500条，是法制史上具有代表性的一部成文法典，为唐律提供了直接的蓝本。

（二）《大业律》

《大业律》在体例上由12篇增至18篇，在内容上删除了“十恶”条款，减轻了某些犯罪的处刑。但隋炀帝并未认真实施《大业律》。

二、《开皇律》的主要成就

（一）《开皇律》的内容

（1）《开皇律》删除了前代酷刑，首次确定封建五刑制度，刑罚定型为死、流、徒、杖、笞五刑。

（2）《开皇律》在《北齐律》“重罪十条”的基础上，首次确立了“十恶”罪名。

（3）《开皇律》完善了“八议”和“官当”制度。

（二）《开皇律》的历史影响

（1）《开皇律》以“刑网简要，疏而不失”著称，代表了隋朝立法的最高成就。

（2）其继承了秦汉以来的历代立法经验，删繁就简，补充完善，为唐朝立法奠定了基础。

（3）《开皇律》的篇目、体例、概念术语及具体制度变革内容多为唐朝立法继承，成为后世立法的模板。

第二节　唐朝法律制度

一、立法概况

（一）立法指导思想

（1）“德礼为政教之本，刑罚为政教之用”集中体现了初唐法制指导思想的基本精神，既强调治理国家必须兼有德礼和刑罚，如同一天之中有早、晚，一年之中有四季，不可或缺；又强调德礼和刑罚在实施政教中的关系是“德本”“刑用”。

（2）“德礼为政教之本，刑罚为政教之用”表现为贞观君臣明法慎刑、以宽仁治天下的民本主义思想，形成了融礼、法为一体，相互为用的治国指导方针，对后世产生了重大影响。

（二）立法宽简、稳定、划一

（1）“立法务求宽简，取便于时”。所谓“宽”，是指立法在内容上要做到轻刑省罚；所谓

“简”，是指立法在形式上要做到条文简明。立法必须宽大、简明，严禁一罪有数种规定或时常变更法令，以避免执法者因缘为奸、枉法舞弊。

(2) 出于立法宽简、稳定、划一的立法目的，唐太宗特别强调法律的变更一定要“详慎而行之”，对那些不适宜的法律的修订也要遵照法定程序进行。法律经讨论后决定是否修改。对于法律未经申报而擅自修改，要承担刑事责任。

(三) 主要法律形式及相互关系

1. 主要法律形式：律、令、格、式

(1) 律，是关于定罪量刑的基本法典。

(2) 令，是有关国家政权组织体制、尊卑贵贱等级制度与行政管理活动方面的法规。

(3) 格，是用以“禁违止邪”的“永为法则”，是皇帝针对“百官有司之所常行之事”临时颁发的各种敕令，经过汇编后上升为普遍适用的法律，称为“永格”。

(4) 式，是中央政府内部各机构关于行政管理、行政程序及具体办事规则的规定，包括国家机关的公文程式和活动细则，具有行政法规的性质。

2. 律、令、格、式的相互关系

律、令、格、式彼此既相互联系，又发挥着不同的作用，对复杂的社会关系起到了综合调整的重要作用。其中，令、格、式是从积极方面规定国家机关和官民人等应当遵行的制度、准则和规范，律则从消极方面规定违反令、格、式以及其他一切犯罪的刑罚制裁。几种法律形式并用，使法律的运用既有相对稳定性，又有一定灵活性，形成一个周密的法律体系。

(四) 法律典籍

1.《武德律》

《武德律》，12 篇，是唐朝制定的第一部法典，是唐朝立法的开端。它以《开皇律》为基础，增加 53 条新格制成。

2.《贞观律》

《贞观律》是唐太宗命长孙无忌、房玄龄等人修订而成。《贞观律》以《开皇律》为基础，定篇目为 12 篇，500 条。《贞观律》构筑了唐律的基本框架，标志着唐朝基本法典的定型化。贞观年间还制定了《贞观令》《贞观格》《贞观式》，奠定了唐朝法制的基本格局。

3.《永徽律》

(1)《永徽律疏》。唐高宗年间颁布《永徽律》，共 12 篇，502 条。长孙无忌等人又奉命对律文进行逐条逐句的疏证解释，赋予与律文同等的法律效力，并将疏议附于律条之后合编，称为《永徽律疏》。《永徽律疏》在元朝以后被称为《唐律疏议》，《永徽律疏》是现存最早、最完整的封建成文法典，是中华法系的代表性法典，也是中国古代最具社会影响力的法典，集中体现了唐朝法律空前发达的盛况。

(2) 唐律 12 篇的主要内容。唐律的结构，包含近代刑法之总则和分则两大部分。第 1 篇《名例》为总则篇，第 2 篇至第 12 篇则相当于近代刑法的分则。

①《名例》，根据《唐律疏议》：“名者五刑之罪名，例者五刑之体例”，分别指适用刑罚的各种罪名和定罪量刑的通例，大致相当于近代刑法的总则。

②《卫禁》，主要规定对皇帝、宫殿、太庙、陵寝等的警卫，及关津要塞和边防的保卫。

③《职制》，主要涉及职官及其职责、程序、公文递送等方面的职务犯罪和一些非职务犯罪。

④《户婚》，主要规定户口、家庭、婚姻、赋役、土地管理等方面的犯罪内容。

⑤《厩库》，主要规定马牛的供养使用以及兵甲、财帛、仓库的保护。

⑥《擅兴》，主要是关于军队的征调指挥、行军出征、军需供给和工程兴造方面的法律。

⑦《贼盗》，主要规定谋反、谋大逆、恶逆等十恶方面的犯罪和杀人、强盗、窃盗等重大刑事犯罪及相应的刑事责任。

⑧《斗讼》，主要规定斗殴犯罪和告讼犯罪。

⑨《诈伪》，是关于惩治欺诈和伪造的法律。

⑩《杂律》，是不便于列入其他篇目的犯罪规定，在唐律中主要起到拾遗补阙的作用，主要规定市场管理、债权债务、犯奸失火以及其他一些轻微危害社会秩序和经济关系的犯罪和处罚。

⑪《捕亡》，是关于追捕逃犯、逃丁、逃兵和逃奴婢的法律。

⑫《断狱》，是关于审讯、判决、执行和监狱管理方面的法律。

4.《开元律》

5.《唐六典》

（1）《唐六典》是唐玄宗开元年间修订的系统规定唐朝官制的政书。

（2）《唐六典》以《周礼》为指导和模式，“以官统典”，采取了“官领其属，事归于职”的编制方法，分为理职、教职、礼职、政职、刑职、事职6篇，共30卷。

（3）《唐六典》内容涉及三师、三公、三省、六部、各寺、监直至州县等40余个国家机关的设置、人员编制以及官员的选拔、任用、考核、奖惩、俸禄、休致、执掌等方面。有关的历史沿革，分别作注附于正文之下。

（4）《唐六典》是记载唐朝官制的重要文献，对于后世王朝的行政立法产生了重大影响。

6.《大中刑律统类》

（1）《大中刑律统类》简称为《大中刑统》，该法典采取“刑律统类”，即以“刑统”的编纂方式，将律文按照各自的性质分为若干门，并将“条件相类”即性质相同的令、格、式、敕等附在律文之后。

（2）《大中刑统》是中国历史上第一部以“刑统”命名的封建成文法典，改变了自秦汉以来编修刑律的传统体例，形成“刑统”这种新的法典编纂方式，影响了五代和宋朝的立法。

（五）唐律的特点和历史地位

1. 唐律的特点

（1）“一准乎礼”。唐律内容“一准乎礼”，真正实现了礼与法的统一。唐律无论是其律条，还是对律条的注疏，都集中体现了儒家的礼治精神，全面贯彻了礼的核心内容——三纲五常。

（2）科条简要、繁简适中。秦汉法律一向以繁杂著称，西晋、北齐修律得以精简。唐朝在前律的基础上再行精简，定律12篇，共502条。凝练概括，又严密周详。

（3）用刑持平。唐律规定的刑罚比以往各朝大为轻省，死刑、流刑大为减少。除涉及礼教的犯罪外，比后世明清律的处刑都轻。

（4）立法技术空前完善。唐律的篇章结构井然有序，法律形式相得益彰，概念精练明确，用语确切简要，逻辑严谨缜密，疏议得当精深，显示立法技术的高度成熟与发达。

2. 唐律的历史地位

（1）唐律对中国封建法律的影响。唐律是目前为止保存下来最早、最完整的中国古代法典。它产生于经济、政治和文化鼎盛发展的唐朝，承袭秦汉的立法成果，吸取汉晋律学的成就，表现出高度的成熟性，因而成为传统法典的楷模，在中国法制史上具有继往开来、承前启后的重要地位，对宋、元、明、清法律产生了深刻影响。

（2）唐律对东亚各国的影响。唐律作为中华法系的典型代表，其影响力远远超越国界，对亚洲特别是东亚各国产生了重大影响。如朝鲜高丽王朝颁行的《高丽律》，其篇章和内容皆取法于唐律。日本制定的《大宝律》和《养老律》都以唐律为蓝本。越南李朝太尊时期的《刑书》和陈朝颁布的《国朝刑律》，其原则、内容也大都参用唐律。可见，唐律在世界法制史上也占有重要地位。

二、刑事立法

（一）定罪量刑的主要原则

1. 区分公罪与私罪

唐朝继承《开皇律》关于区分公罪与私罪的规定。官吏“缘公事致罪而无私曲者”为公罪；“不缘公事，私自犯者”，或“虽缘公事，意涉阿曲”为私罪。公罪处刑从轻，私罪处刑从重。

2. 共同犯罪以造意为首

唐律把二人以上的共同犯罪，称为“共犯罪”。其中心环节是对共犯区分首犯与从犯：“以造意为首，随从者减一等。”造意是指“倡首先言”的行为，造意者为首犯，随从者是从犯，其罪减首犯一等。在家庭成员的共同犯罪中，以家长为首犯；在职官参与的共同犯罪中，以长官为首犯。唐朝共犯原则体现了家族主义对刑法的影响，浸透了礼教及宗法观念。

3. 合并论罪从重

对于犯数罪，唐律采取“二罪以上俱发，以重者论”。即：凡一人犯两种或两种以上之罪的，采取重罪吸收轻罪，从重者论，刑不累加的原则。

4. 自首减免刑罚

唐律完善了自首的规定。

（1）严格区分自首和自新的界限。犯罪未被举发而能到官府交代罪行的，叫作自首，自首者不追究其刑事责任。犯罪被揭发，或被官府查知逃亡后再投案的，称作自新。自新是被迫的，对自新者采取减轻刑事处罚的原则。

（2）不是所有犯罪都可享受自首的待遇。对于伤害他人，不能返还原物，无公文过关，强奸，私自研习天文者，都不适用自首。

（3）自首者虽可免罪，但赃物须按规定如数偿还，以防止自首者非法获财。

（4）对自首不彻底行为作了严格规定。犯罪分子交代犯罪性质不彻底的，叫“自首不实”；犯罪情节不作彻底交代的，叫“自首不尽”。凡“自首不实及不尽者”，各依“不实不尽之罪罪之。至死者听减一等”。如实交代的部分，不再追究。此外，轻罪已发，能首重罪者，免其重罪；审问他罪而能自首余罪者，免其余罪。

（5）规定了自首的方式。原则上为罪犯本人向官府坦白其犯罪行为。但罪犯可委托他人代自己向官府自首。他人代首在法律上与自己亲首一样，免予处罚。即使未受罪犯委托，在法定相容隐的范围内，亲属可代为自首，唐律称“为首”。除向官府陈述罪行外，有一些与财产相关的犯罪中，罪犯还可向受害的财主坦白其罪，称为“首露”。首露者，视同向官府自首。

5. 类推原则

（1）对法无明文规定的犯罪，凡应减轻处罚的，则列举重罚处刑的规定，比照从轻处断；凡应加重处刑的犯罪，则列举轻罚处刑的规定，比照从重处断。即“举重以明轻”“举轻以明重”。

（2）“举重以明轻”和“举轻以明重”确立了类推的原则和方法，体现了唐律简约的风格和立法技术的进步。

（3）类推原则的规定体现了对司法官适用类推断狱的严格要求，反映了唐朝立法对于类推的基本价值取向：既予以认可，以发挥其对现行律典的灵活补充作用；又予以规范和限制，以防其破坏法制。

6. 老幼废疾减刑

（1）唐朝继承了西周、汉朝以来实行的矜老恤幼原则，并发展为“老幼废疾减刑原则”。唐律对老幼废疾者，分为如下三种情形减免刑罚：

①年龄在70岁以上、15岁以下，以及废疾（轻病残）者，犯流罪以下的，适用赎刑。

②年龄在80岁以上、10岁以下，以及笃疾（重病残）者，犯谋反、谋大逆和杀人罪应处死刑的，须上请。犯盗罪以及伤人罪，适用赎刑。其他犯罪均不论处。

③年龄在90岁以上、7岁以下，即使犯死罪，也不处刑。

（2）唐律对老幼废疾减免处罚的规定，体现了儒家的仁政思想以及唐律所具有的文明化和科学化倾向，这些规定体现了宽刑精神，反映了唐朝法制的开明。老幼废疾减刑原则体现了唐律礼融于法、礼法结合和一准乎礼的礼法关系。

7. 累犯加重

唐律对于盗窃、强盗犯罪，更犯累科，即犯罪已被告发或已配决者，重又犯罪的要加重处罚，此为累犯加重原则。

8. 贵族官员犯罪减免刑罚

为了保护贵族、官僚的特殊地位，唐律确定了对于犯罪贵族、官僚给予特别减免或适用特殊审理程序的制度，包括议、请、减、赎、官当等。议、请、减、赎、官当等制度所确定的法律特权由大到小，构成了一套前所未有的系统的、完密的特权保障体系。

（1）议。议即“八议”，规定，犯死罪者，先由司法官将其罪行和符合议的条件上奏，再由大臣们集议并提出处理意见，最后由皇帝裁决；犯流罪以下罪，依律减一等处刑。但“犯十恶者，不用此律”。

（2）请。请即“上请”，上请的规格低于八议，指皇太子妃大功以上亲，八议者期亲以上亲属和五品以上官员，犯死罪者上请皇帝裁决；犯流罪以下，例减一等。但“犯十恶，反逆缘坐，杀人，监守内奸、盗、略人、受财枉法者，不用此律”。

（3）减。减即减刑。减的规格低于上请。减的对象是七品以上官员，上请者的祖父母、父母、兄弟、姊妹、妻、子孙等，对他们适用减刑，仅限于流罪以下。

（4）赎。适用赎刑的范围包括诸应议、请、减及九品以上官员，官品得减者之祖父母、父母、妻、子孙，犯流罪以下，适用赎刑。但对被判处加役流等重刑者不适用，死刑虽然可以适用赎刑，但限制非常严格。

（5）当。当即“官当”，指以官品抵罪，特指抵当徒罪。一般公罪比私罪加当徒刑一年。

9. 同居相隐不为罪

凡同财共居者，如果是大功以上亲属以及外祖父母、外孙、孙媳妇、夫的兄弟和兄弟的妻子，都可以相互容隐其犯罪，部曲、奴婢可以为主人隐匿犯罪（但主人不为其隐），都不以犯罪论处，即使为犯罪者通风报信，使之得以隐匿、逃亡，也不负刑事责任，非同居小功以下亲属之间相互容隐犯罪，其罪行可比照凡人减三等处理。但犯谋反、谋叛、谋大逆之罪的，不得相隐。

10. 良贱相犯依身份论处

唐律规定了良贱相犯依身份论处的原则。一般而言，以良犯贱依法可减轻处罚，或者不处罚；以贱犯良则较常人加重处罚。奴婢的法律地位更是低下，“奴婢贱人，律比畜产”。此外，卑幼对尊长，奴婢对主人，即使预备犯罪也按真罪处理。

11. 化外人有犯

（1）化外人即外国人，化外人有犯即化外人相犯。《唐律疏议·名例》规定，同一国家侨民在中国犯罪，按其本国法律处断，实行属人主义原则；不同国家侨民相犯或唐朝人与外国人相犯，则按照唐律处刑，实行属地主义原则。唐律的这一规定体现了属人主义与属地主义相结合的原则，既反映了对外国法律和习俗的尊重，以便于公平、妥善地解决外国人犯罪问题，又体现了维护国家主权的意识。

（2）唐朝对外国人在中国境内的活动作出具体规定，如外国人非法入境，与中国人从事货物交易活动，比照中国人非法出境从事货物交易活动治罪。外国人因出使进入中国境内而从事货物交易活动，计赃准盗论。

12. 疑罪各依所犯以赎论

（1）唐律处理疑罪的基本原则是疑罪从赎。对于疑罪行为，唐律规定不处实刑，而根据犯罪触犯的罪名，决定赎金数额。

（2）疑罪分为三种情形：

①所涉罪名成立或者不成立，理由相当；

②行为情节涉嫌犯罪，但缺乏足够的证据证明；

③虽有作为旁证的言词传闻，但不能完全排除合理怀疑，以及其他类似情况。

（3）对疑狱持不同意见的法官，可提出异议，但不能超过三次。

（4）该原则表现了唐律慎刑的立场，是慎刑思想在司法领域的体现。该原则还体现了唐律严密的证据制度，并肯定了法官判断的独立性。

（二）五刑制度

1. 封建制五刑的主要内容

封建制五刑为笞、杖、徒、流、死 20 等。

（1）笞刑。唐朝的笞刑以十为差，共分为五等，即笞十、笞二十、笞三十、笞四十、笞五十。

（2）杖刑。唐朝的杖刑以十为差，共分为五等，即杖六十、杖七十、杖八十、杖九十、杖一百。

（3）徒刑。唐朝以半年为差，将徒刑分为五等，即徒一年、徒一年半、徒二年、徒二年半、徒三年。

（4）流刑。唐朝以五百里为差，将流刑分为三等，即流二千里、流二千五百里、流三千里。唐朝的流刑中还有加役流，加役流是唐太宗为宽贷死刑而增设的流刑刑种，但加役流不是唐朝正式的流刑。对于流刑，都要服劳役 1 年，但对于加役流，处流三千里，服劳役 3 年。

（5）死刑。唐朝的死刑有绞、斩两等。

2. 五刑的加减

五刑共 20 等，律文称加、减若干等，指从某一刑等起上下推算。但《唐律疏议·名例》规定："二死、三流各同为一减。"即斩、绞两等死刑和三等流刑在递减量刑时都作为一等计算。具体而言：

（1）加刑。律文凡称"加"者，就是加至较重的等次。但除非律条有特别规定，一般递加不加至死刑，加入绞者，不加至斩。

（2）减刑。减刑对笞、杖、徒三刑而言是依等次递减。但是，减刑对流、死二刑而言，则不是按等次递减，而是按刑种递减。

（三）主要罪名

1. 十恶

（1）十恶的内容。"十恶"是包括直接危害皇权统治秩序以及严重破坏家庭伦常关系的重大犯罪行为，包括谋反、谋大逆、谋叛、恶逆、不道、大不敬、不孝、不睦、不义、内乱十罪。犯十恶者，“为常赦所不原”。

①谋反，“谓谋危社稷”，即图谋反对皇帝，推翻君主政权的犯罪。

②谋大逆，“谓谋毁宗庙、山陵及宫阙”，即图谋毁坏宗庙、陵寝以及宫阙的犯罪。

③谋叛，“谓谋背国从伪”，即图谋背叛朝廷，投奔外国的犯罪。

④恶逆，“谓殴及谋杀祖父母、父母，杀伯叔父母、姑、兄姐、外祖父母、夫、夫之祖父母、父母者”，即殴打或谋杀祖父母、父母；杀伯叔父母、姑、兄姊、外祖父母、夫、夫之祖父母、父母的犯罪。

⑤不道，即“谋杀一家非死罪三人及支解人、造畜蛊毒、厌魅”，即杀死同一家不当处死的三人及以上；肢解被杀人的尸体；制造、存放用毒虫制成的毒药及用巫术杀人的犯罪。

⑥大不敬，即盗大神御之物、乘舆服御物（盗取大祀时供奉神仙和祖先的物品及皇帝的御用物品）；盗及伪造御宝（盗取或伪造皇帝的玉印和玉玺）；合和御药，误不如本方及封题误（因失误开错了药方）；若造御膳，误犯食禁；御幸舟船，误不牢固（给皇帝造船因失误而不牢固）；指斥乘舆，情理切害及对捍制使（不尊重钦差大臣），而无人臣之礼等的犯罪。

⑦不孝，即告发、咒骂祖父母、父母，及祖父母、父母在而别籍异财（分家析财、另立门户），若供养有阙；居父母丧，身自嫁娶，若作乐，释服从吉（脱掉丧服、改着吉服）；闻祖父母、父母丧，匿不举哀；诈称祖父母、父母死等的犯罪。

⑧不睦，即谋杀或卖缌麻以上亲，殴打或告发丈夫及丈夫大功以上尊长、小功尊亲属的犯罪。

⑨不义，即杀本属府主、刺史、县令、现授业师，吏、卒杀本部五品以上官长；闻夫丧匿不举哀，若作乐，释服从吉及改嫁的犯罪。

⑩内乱，即奸小功以上亲，或者奸父、祖妾的犯罪。

（2）犯“十恶”重罪处刑的特点。

①犯十恶者大多处以死刑或其他重刑，对于犯谋反、谋大逆、谋叛三罪一般要实施连坐。

②对谋反、谋大逆、谋叛三罪处刑没有首从之分，一律重惩。

③贯彻纲常伦理原则，以违礼为刑事责任的依据，并依尊卑而同罪异罚。

④对于即使享有议、请、减、赎、当特权者，若犯“十恶”，也取消一切优免。

2. 六杀

（1）六杀的内容。对于杀人罪，唐朝区分了“六杀”。

①谋杀，即预谋杀人，包括已杀成和未杀成。

②故杀，即事先虽无预谋，但情急杀人时已有杀人的意念。

③斗杀，即在斗殴中出于激愤失手将人杀死。

④误杀，即由于种种原因杀错了对象。

⑤过失杀，即“耳目所不及，思虑所不至”而杀人（因当事人的过失造成他人死亡的行为）。

⑥戏杀，即“以力共戏”而导致杀人（在相互嬉戏的过程中造成一方死亡的行为）。

（2）六杀的处罚。

①谋杀，一般减故杀罪数等处罚，但奴婢谋杀主人，子孙谋杀尊亲属，以及已杀成者则处以死刑。

②故杀，一般处以斩刑。

③误杀，减故杀罪一等处罚。

④斗杀，绞。

⑤戏杀，减斗杀二等处罚。

⑥过失杀，一般以赎论。

3. 六赃

（1）六赃的内容。《唐律疏议·杂律》首次将六种非法攫取公私财物的行为归纳到一起，冠以“六赃”之名，即“受财枉法”“受财不枉法”“受所监临财物”“强盗”“窃盗”“坐赃”。除前五种外的所有赃罪均可归入“坐赃”。六赃涵盖了侵犯官私财产的所有犯罪行为。其中，强盗与窃盗的罪犯为一般主体，而受财枉法、受财不枉法、受所监临财物和坐赃的罪犯是各级官吏。

①“受财枉法”，是指“受有事人财而为曲法处断”的行为，即官吏收受当事人贿赂而利用职权曲法枉断，为其牟取不正当利益，或为其开脱罪责。

②“受财不枉法”，是指“虽受有事人财，判断不为曲法”的行为。

③“受所监临财物”，是指“监临之官不因公事而受监临内财物”的行为，一般是主管官员私下接受所监管的吏民的财物。

④“强盗”，是指“以威若力而取其财”的行为，即以暴力或暴力威胁而取他人财物。

⑤“窃盗”，是指“潜形隐面而取”的行为，即秘密占有不属于自己的官私财物。

⑥“坐赃”，是指非监临官即监临主司以外的其他官员“因事受财”构成的犯罪，即利用不正当手段获取本不当得的财物。

（2）六赃的处罚原则。

①以赃值定量刑标准。

②受刑之外，犯罪人还必须退还赃款赃物。

③官吏犯赃，还要“官除名，吏罢役”。

4. 保辜

（1）为准确区分伤害罪和伤害致死的杀人罪，明确因斗殴而导致的法律责任，唐律规定了保辜制度。所谓保辜，即在伤害行为发生后，确定一定的期限，限满之日根据被害人的死伤情况决定加害人所应承担的刑事责任。在法定的期限内加害人可以积极救助被害人，在挽救被害人生命的同时减轻自己的罪责。

（2）保辜的期限根据伤害的方式和程度而定，辜限内被害人死亡的，以杀人罪论处；在限外死亡或虽在限内而以他因死者，以伤害罪论。保辜制度力求准确认定加害人的法律责任，使之罪刑相应；同时要求行为人在法定的期限内积极对被害人施救，以减轻自身的法律责任，这对减轻犯罪后果、缓和社会矛盾起到了良好作用。

三、民事立法

（一）民事行为能力

关于民事行为能力，唐朝既没有明确的概念，也没有统一的年龄规定，大体上与法律所确认的丁年，即为国家服徭役和交纳赋税的法定年龄相当。

（二）所有权

（1）唐朝推行均田制，法律严格保护根据均田制而取得的土地所有权，严禁占田过限，严格控制口分田的买卖。盗耕种公私田、妄认和盗买盗卖公私田、在官侵夺公私田等侵犯土地所有权的行为，法律予以严惩。

（2）唐律还对遗失物（阑遗物）、宿藏物（埋藏物）、漂流物、山林矿山的所有权归属作出了明确的规定。

（3）对于山间野外的自生、无主之物，唐律规定了“加功所有”的原则，即对于山野无主物，实行先占，由首先对其实施收集性劳动者所有。山野之物已被他人“加功所有”的，不可以取得，否则以盗窃论处。

（三）契约

1. 买卖契约

（1）不动产买卖。

①唐律规定，土地买卖一般属于禁止性行为，但符合法定条件者，不在禁限。土地交易，须经有司批准方可买卖，否则，“财没不追，地还本主”。

②凡田宅、奴婢及大牲畜的买卖，须签订契约，并经官府部门“公验”“无私契之文，不准私契之限”，即法令没有明确规定可以使用私人契约的，禁止使用私契，违者将受处罚。

（2）动产买卖。对于动产买卖，《唐律疏议·杂律》专设“器用绢布行滥短狭而卖者”条，规定了出卖器用在质量和数量上的产品责任。

2. 借贷契约

“借”一般指使用借贷，“贷”一般指消费借贷。借贷契约包括有利息的“出举”和无利息的“负债”。为担保债务人履行债务，无论公私借贷都要有质押或其他担保方式。

（1）负债契约。

①唐律立法注重保护债权人的利益。对于负债契约，若到期不还，一匹以上，过期二十日笞二十，二十日加一等，罪止杖六十；三十匹加二等，一百匹又加三等，同时债务仍得偿还。

②唐律允许债权人在债务人不能清偿债务时扣押债务人的财产，称为“牵掣”。但牵掣前须向官府报告并经批准。债务人确无财产可供扣押，则可“役身折酬”，即驱使债务人及其家属以劳役抵偿债务。

（2）出举契约。

①唐朝承认出举契约，但限制了利率，要求一本一利，且不得回利为本。

②为了禁止高利贷盘剥，法律限定公私出举的利息上限“不得过六分，积日虽多不得过一倍”。不得利滚利、利生利，违反者所得非法利息，没入官府。

③唐律关于出举契约的规定，既保护了债权人的合法权益，追究违契不偿者的法律责任，又保护了债务人的合法权益。

（四）婚姻家庭与继承

1. 婚姻

（1）婚姻的成立。

①尊长对卑幼的主婚权得到了法律的确认和强化，其法律责任也相应加大，“诸嫁娶违律，祖父母、父母主婚者，独坐主婚”。即使卑幼在外地，已自行订婚，只要尚未结婚，也须服从尊长安排。如违反尊长意志者，依律“杖一百”。

②婚书、聘财为婚姻成立的要件，“诸许嫁女，已报婚书及有私约而辄悔者，杖六十”。或者“虽无许婚之书”，但女家已接受男家的聘财，也不得悔婚，否则也处杖六十。男家自悔者，不坐。

③婚姻缔结的限制。唐朝对婚姻缔结有诸多限制，如同姓不婚；非同姓但有血缘关系的尊卑间不得为婚，违者“以奸论”；严禁与逃亡女子为婚；监临官不得与监临之女为婚；良贱之间不得为婚等。

（2）婚姻的解除。

①“七出”“三不去”。唐朝允许女方以“三不去”为由拒绝离婚，并补充规定：以无子休妻

者，必须是妻年 50 以上；妻若犯恶疾及奸罪者，虽有“三不去”之理由，仍可休之；妻无“七出”之状而休弃者，丈夫徒一年半；妻有“三不去”之由而休弃者，丈夫杖一百。

②“义绝”。唐朝将“义绝”规定为强制离婚的条件。所谓“义绝”是指夫妻情义已绝。“义绝”的情形包括丈夫杀害或伤害妻子尊长，妻子殴打、咒骂丈夫缌麻以上亲，妻子与他人通奸或试图谋害丈夫等。“义绝”者须强制离婚，“违者，徒一年”。因为“夫妻义合，义绝则离”。

③“和离”。“和离”即承认夫妻双方自愿离婚的效力。

2. 家庭

（1）唐律注重维护家长的统治地位与权威。

（2）财产由家长统一支配和控制。

（3）子孙“违犯教令”“供养有缺”以及自主婚姻者，均要受罚。

3. 继承

（1）宗祧继承。宗祧继承即采取嫡长子继承的方式，该继承方式是对祖宗血脉的延续。

（2）财产继承。

①法定继承。财产继承实行诸子均分制，兄弟中先亡者，其子继父份，即代位继承。

②遗嘱继承。生前立有遗嘱者，则不按法定顺序继承，采用遗嘱优先的原则。

③女子的继承权。一般情况下，女子出嫁后，不享有本家财产的继承权，但在室女可分得相当于未婚兄弟聘财的一半之财，作为置办妆奁之用。但在户绝之家，女儿的继承权则很大。

四、行政立法

（一）三省六部制

1. 三省

（1）尚书省，负责执行皇帝的诏敕和经皇帝批准的各项政令。

（2）中书省，传承皇帝的命令，草拟诏书。

（3）门下省，负责对中书省起草的诏书审核驳正，交皇帝批准。

2. 六部

（1）吏部，掌职官的任命、考课、管理等。

（2）户部，掌户籍与财政收入管理等。

（3）礼部，掌祭祀、礼仪、教育、科举等。

（4）兵部，掌六品以下武官的选授、考课、武举、军事行政等。

（5）刑部，掌大理寺审理的刑事案件的复核以及京师百官案件的会审等。

（6）工部，掌土木、水利工程及农、林、牧（军马除外）、渔业等。

（二）监察

1. 御史台

御史台是中央最高监察机关，以御史大夫为长官，以两名御史中丞为副手，“掌持邦国刑宪典章，以肃正朝廷”。

2. 台院、殿院、察院

御史台下设台院、殿院、察院，分别由侍御史、殿中侍御史、监察御史若干人组成。

（1）台院。台院的侍御史在诸御史中地位较高，其职掌是纠察百官，弹劾违法失职者，并负责或参与皇帝交审的案件。

（2）殿院。殿院的殿中侍御史掌纠察朝仪和其他朝会，也参与案件审理。

（3）察院。察院的监察御史虽品级较低，但职掌广泛，主要是监察地方官吏。

3. 大察官

唐玄宗时令监察御史六人分别对尚书省的六部实行监察，称“大察官”，明朝“六科给事中”即源于此。

（三）官吏管理

1. 科举

唐朝官吏的主要来源有科举和门荫两种，以科举为入仕正途。

2. 考课

（1）唐朝职官的考课从内容到程序皆已制度化和法律化：每年一小考，由本司或州县长官主持；每四年一大考，四品以下官皆由吏部考功司负责，三品以上官报皇帝裁决。

（2）唐朝考课的标准称为“四善二十七最”。“四善”，指的是德义有闻、清慎明著、公平可称、恪勤匪懈，是对各级官吏考课的共同要求。“二十七最”，是根据不同的部门职掌、不同的业务性质，分别提出的27条具体专业要求。

3. 致仕

致仕就是退休。唐朝官员的致仕年龄为70岁，五品以上官员致仕要由皇帝批准，六品以下官员致仕，则由本人提出申请，报吏部备案。

五、经济立法

（一）土地立法

1. 土地所有权形式

通过均田法的施行，唐朝形成了国家所有和私人所有两种土地所有制形式。国有土地主要有口分田、职分田和公廨田，私有土地主要有永业田和部分宅地。

（1）永业田。永业田由被授予者永远执业，子孙可继承，经特别批准可买卖交易。

（2）口分田。口分田在被授予者死亡后，由政府收回。唐律严格限制口分田买卖。

（3）职分田。职分田是为官吏提供俸禄的用地，按职官品级分得。

（4）公廨田。公廨田是为各级国家机关提供办公经费的用地，也严禁私自买卖。

2. 禁止“占田过限”

为控制土地占有的两极分化，“占田过限”也为唐律所禁止，最重可处徒一年。但人少地多的“宽乡”除外，不过“仍须申牒立案”，防止隐瞒不报者脱逃赋税。

（二）赋役立法

1. 租庸调法

唐朝前期沿用隋制，以均田制为基础，实行租庸调法。

（1）租。租是田赋，每丁每年纳粟二斛或稻二斛。

（2）调。调随乡土所产，蚕乡每丁每年纳一定绫或绢及绵；非蚕乡纳一定布和麻。

（3）庸。庸是按人丁摊派的徭役，每丁每年服役，不服役者可折绢或布“输庸代役”。

2. 两税法

（1）两税法的基本原则是量出制入，按每户的土地面积征收地税，按财产多寡确定的户等征收户税，每年分夏秋两季征收。

（2）过去的租庸调以及杂税一律废除，所有主户客户，不论定居行商，均须纳税，税额由资产和田亩数确定。

(3) 两税法的推行，既增加了国家赋税收入，又削弱了大户的特权。它将当时各种捐税加以合并，简化了税制，以现居为定籍的办法，既有利于户籍整理，又有利于社会的安定。

(三) 禁榷制度

唐朝实行盐、茶、酒专卖制度。

(四) 对外贸易制度

1. 陆路贸易

(1) 唐朝只允许在官府监督下的互市，即在边境定点设置若干互市监，监控中外商人以物易物的互市贸易，而禁止其他形式的贸易。

(2) 国境多置关塞，严禁化内人绕道关卡，越度交易，也禁止外商私自入境，违者同等治罪。政府往来的使者，均不得顺带进行贸易，违者“各计赃准盗论，罪止流三千里”。

2. 海路贸易

(1) 唐朝允许外商来华自由贸易，并在海路通商城市划定特定区域，名为“蕃坊”，供外商居住和营业。

(2) 唐创建了市舶制度，贞观年间诏令，对外国商船贩至中国的龙香、沉香、丁香、白豆蔻四种货物，政府抽取 1/10 的实物税，这是中国历史上第一项外贸征税法令。

(3) 武则天统治时期在广州设置市舶使，专门负责管理对外贸易工作，是为国家首置外贸专职官署。对外贸易活跃地区的地方官也有一定管理外贸的权力。

3. 市舶税

唐朝法定的市舶税有如下三种：

(1)“舶脚”，即船舶入口税。

(2)“抽分”，即抽取上述龙香等四宗货物税，上贡朝廷，故又称“进奉”。

(3)“收市”，即蕃货在市场上与中国商人贸易时征收的市税。

4. 出口限制

唐朝严格限制某些商品的出口，对于携带禁止出境货物的，以坐赃罪论处，如果赃值不足以致罪的，按照私造、私有法的规定处理。如果赃物已经出境而被查获的，货物分三，二分悬赏给捉拿之人，一分没收入官府。

六、司法制度

(一) 中央司法机关

唐朝中央设置大理寺、刑部、御史台三大司法机构，合称“三法司”。

1. 大理寺

大理寺职掌中央司法审判权，是中央最高审判机关。

2. 刑部

刑部是中央司法行政机关和中央刑事案件复核机关。

3. 御史台

御史台作为中央最高监察机关，是中央法律监督机构，也参与重大案件的审判。

(二)“三司推事”

中央或地方发生重大疑难案件时，皇帝特诏大理寺、刑部、御史台的最高长官大理寺卿、刑部尚书、御史大夫对案件会同审理，称为“三司推事”。次要的案件或地方上的大案不便解送京城，则派遣大理寺评事、刑部员外郎、监察御史组成“三司使”，前往审理。

（三）告诉的限制

1. 禁止越诉

（1）一般情况下禁止越诉。唐朝的“告诉”有严格的程序规定，须由下而上从县、州至中央告诉，一般禁止越级告诉。对越级告诉和受理者，处以笞刑。

（2）特殊情况下允许越级告诉。在特殊情况下允许越级告诉，甚至可以通过“邀车驾”、击“登闻鼓”、上表等形式向皇帝告诉，但由此而冲撞皇帝仪仗和控告不实者，皆要受到处罚。

2. 告诉的其他限制

（1）除谋反、谋大逆、谋叛等罪外，卑幼不得控告尊长。

（2）卑贱不得控告尊贵。

（3）在押犯人只准告狱官虐待事。

（4）80岁以上、10岁以下以及笃疾者只准告子孙不孝或同居之内受人侵害事。

（5）禁止投匿名信控告。

3. 告诉须递交诉状

提起诉讼时，告诉人应向官府提交“辞牒”，即诉状，要求“诸告人罪皆须明注年月，指陈实事，不得称疑”。当事人自己不能作辞牒者，可由官吏代为书写，也可由当事人雇请他人书写。

（四）回避制度

为防止司法官吏因亲属或仇嫌关系而故意出入人罪，唐律规定了司法官的审判回避制度，即换推制。凡主审官员与当事人系五服内的亲属或其大功以上亲之间有婚姻关系，或师生关系，或曾为本部都督、刺史、县令者以及此前有仇嫌者，皆应换推。此外，同署连判官员如属大功以上亲属，也应回避。

（五）死刑三复奏、五复奏制度

1. 死刑三复奏、五复奏

（1）死刑的执行必须经过三复奏程序，死囚执行前一日复奏两次，执行当日仍可复奏一次，提请皇帝审慎考虑是否立即执行。

（2）唐太宗曾一度将京城死刑改为五复奏，即决前一天两复奏，决日三复奏。但各州死刑案件仍行三复奏。

（3）犯有恶逆以上罪（谋反、谋大逆、谋叛和恶逆）以及部曲、奴婢犯杀主人罪者，则一复奏后，就可执行死刑。

（4）死刑复奏制度体现慎刑原则，也有利于加强皇帝对于司法审判权的控制。

2. 死刑执行的时间限制

（1）每年的立春以后、秋分以前，不得奏决死刑。

（2）在每月的朔、望日，上下弦，二十四节气等，均不得奏决死刑。但谋反、谋大逆、谋叛等重大犯罪，不受此限。

（六）法官责任制度

1. 断罪具引律令格式

为保证司法审判的公正、合法，唐朝严格规定了法官的责任制度。依照唐律，法官必须严格依据律、令、格、式正文定罪。

2. 官司出入人罪

（1）对于皇帝针对一时一事所发布的敕令，如果没有经过立法程序上升为“永格”者，不得引用以为“后比”。如果任意引用而致断罪有出入者，属故意，以故意出入人罪论处，即采取反坐原则；属过失，以过失出入人罪论，即减故意者三至五等处罚。

(2)“入罪”是轻罪重判或无罪断成有罪；“出罪”即重罪轻判或有罪判为无罪；司法官断罪有出入者，属故意，以故意出入人罪论处，采取反坐的原则；属过失，以过失出入人罪论，即减故意者三至五等处罚。

(3)唐律规定该制度的意义在于，“官司出入人罪”条明确了司法官责任制度，旨在保证司法审判的公正合法。

3. 同职连署制

唐朝建立了同职连署制，要求有关官员共同审案判决，共同承担错判的责任，以利于互相监督，避免错判。大理寺卿、少卿、丞、府、史等均在同职连署的范围内。若因公错判案件，承办人承担主要责任，其他人则逐级降等处罚；因私错判，其他人也有失察之责。

第三节 宋朝法律制度

一、立法概况

(一)《宋刑统》

(1)宋朝建立后不久即制定颁布了《宋建隆重详定刑统》，简称《宋刑统》，共12篇，502条，“模印颁行”天下，成为中国历史上第一部刊版颁行的法典。

(2)《宋刑统》内容上沿袭《唐律疏议》，体例上取法于唐末五代的《大中刑律统类》和《大周刑统》，律下分213门，律后附有唐中期以后至宋初的敕、令、格、式。

(3)《宋刑统》新增“臣等起请”和“余条准此”等条。

(4)宋朝后期法律形式和内容虽有变化，但《宋刑统》作为国家的基本法典，“终宋之世，用之不改”。

(二)编敕

敕是皇帝对特定的人和事或特定的区域颁发的诏令，为一时之权制，不具有普遍和长久的效力。但把众多的散敕整理后加以分类汇编，经皇帝批准颁行后，便具有普遍的法律效力，即所谓编敕。编敕是宋朝最重要的、经常的立法活动。

(三)编例

编例同编敕一样，都是宋朝最重要的、经常的立法活动。编例是指对皇帝和中央司法机关发布的单行条例，或者审判的典型案例加以汇编所形成的法律形式。宋朝的例有三种形式：一是“条例”，即皇帝发布的特旨；二是“断例”，即审判案件的成例；三是“指挥”，即中央官署对下级官署下达的命令。

(四)条法事类

条法事类是指将敕、令、格、式等法律形式分门别类加以汇编整理而形成的法律形式。“条法事类”的出现是宋朝法典编纂体例上的又一创新。

二、刑事立法

(一)刑罚制度

1. 折杖法

(1)折杖法是宋太祖创立的，作为代用刑的刑罚。

(2) 折杖法就是将五刑中的笞刑、杖刑折成臀杖，杖后释放；将徒刑、流刑折成脊杖，徒刑折为脊杖后，杖后释放；流刑折成脊杖后，于本地配役 1 年；加役流折成脊杖后，就地配役 3 年。但死刑及反逆、强盗等重罪不适用此法。

(3) 折杖法的实行，使“流罪得免远徙，徒罪得免役年，笞杖得减决数”，是宋初慎刑思想在刑罚制度上的体现。

2. 刺配

(1) 刺配是将杖刑、配役、刺面三刑同时施于一人的复合刑罚，“既杖其脊，又配其人，而且刺其面，是一人之身，一事之犯而兼受三刑”。

(2) 宋初设立刺配刑的目的是宽贷死刑，但后来被滥用。刺配既复活肉刑，又没有配地远近之限，成为影响恶劣的酷刑。

3. 凌迟

(1) 凌迟是以利刃割碎犯人身上的肌肉，残损其肢体，直到其缓慢气绝身亡的酷刑，是古代死刑中最为残酷的行刑方式。

(2) 凌迟刑首次出现于五代，那时还不是法定刑。到了北宋时期，宋仁宗为了惩治荆湖地区杀人祭鬼的活动，开始增施凌迟刑。南宋时，《庆元条法事类》将凌迟刑正式列为与绞、斩并用的法定死刑。

(3) 凌迟刑被元、明、清沿用，清末修律时废除了该刑罚。

(二) 重法地法

1. 重法地法的制定

北宋盗贼问题严重，因此特制定刑事特别法重惩盗贼。所谓重法地法，是指对某些特定地区的特定犯罪判处重刑的法律制度，该特定地区称为“重法地”。

2. 《窝藏重法》《重法》《重法地法》

(1) 面对盗贼纵横治安混乱的局面，宋仁宗首创刑事特别法——《窝藏重法》，严惩窝藏贼盗的犯罪，清除贼盗的社会基础。

(2) 宋英宗继承了重法政策，重制《重法》，既强调法的追溯力，又株连罪犯亲属并籍没其家产，以反逆罪惩治盗贼。

(3) 宋神宗又颁布了《重法地法》，也称《盗贼重法》，扩大了重法的适用区域，将重法地的范围由京畿地区扩展到全国 2/3 以上的地区。

3. 重法地法的影响

重法地法的推行，实际上使非常之刑基本代替了《宋刑统》中的“贼盗律”，这不仅加重了对贼盗犯罪的处罚力度，而且打破了正常的法律秩序，对封建社会后期的刑法制度产生了消极影响。

三、民事立法

(一) 不动产买卖契约

宋朝法律对典当与买卖连同作出规定，合称“典卖”，但一般称典当为“活卖”，称买卖为“绝卖”“永卖”“断卖”等。

宋律规定了不动产买卖契约的四个构成要件：

(1) 先问亲邻。业主欲出卖不动产时，须先询问房亲和邻人有无购买意愿，即房亲和邻人对不动产有优先购买权。法律还规定了亲邻的顺序：“凡典卖物业，先问房亲；不买，次问四邻。其邻以东南为上，西北次之，上邻不买，递问次邻。四邻俱不买，乃外召钱主。”

（2）输钱印契。不动产买卖必须缴纳契税（输钱），并由官府在契约上加盖官印（印契）。加盖了官印的契约称为“赤契”“红契”，具有一定的公证意义；未缴纳契税、加盖官印的契约称为“白契”。

（3）过割赋税。在买卖田宅的同时，必须将附着其上的赋税义务转移给新业主。

（4）原主离业。转移标的的实际占有，卖方须脱离产业，不动产买卖契约才能成立。这有利于防止卖主租佃该不动产，有利于官府赋税征收和减少不动产纠纷。

（二）典卖契约

1. 典卖契约的含义和构成要件

典卖契约是一种附有回赎条件的特殊类型的买卖契约，称为“质卷”“解贴”。典卖行为须采用加画骑缝记号的复本书面契约形式，其成立要件与不动产买卖契约一样，即“先问亲邻”“输钱印契”“过割赋税”“原主离业”。

2. 业主的权利

（1）得到钱主给付的典价。

（2）在约定的回赎期限内，或没有约定回赎期限及约定不清的，在30年内可以原价赎回标的物。

3. 钱主的权利（典权）

（1）契约期限内标的物的使用收益权。

（2）对于标的物的优先购买权。

（3）待赎期中的转典权。

（4）待赎期中业主不行使回赎权时，取得标的物的所有权。

4. 其他规定

（1）严禁“一物两典”。为了保护典权人的权利，严禁“一物两典”，如有重复典卖者，业主、中人、邻人并契上署名人，各按入己钱数，准盗窃论处，并须将钱退还典主。

（2）凡典买卖产业，须家长和买主“当面署押契帖”，卑幼不得专擅典卖，或伪署尊长姓名，否则依法重断。

（三）财产继承

1. 继承的类型

宋朝形成了一般财产继承、遗嘱继承、户绝财产继承、死亡客商财产继承等比较复杂的继承制度。

2. 继承的内容

（1）诸子均分制。宋朝沿袭家产的诸子均分制。

（2）在室女的继承权。宋朝允许在室女享受兄弟继承财产权的一半。

（3）遗腹子的继承权。宋朝承认遗腹子与亲生子享有同样的继承权。

（4）死商财产的继承。《宋刑统》规定了中外客商死后财产的继承，其处理比较复杂。

（5）户绝财产的继承。对于“户绝”财产的继承，南宋规定了两种继承办法：

①凡夫亡而妻在，立继从妻，称为“立继”；

②凡夫妻俱亡，立继从其尊长，称为“命继”。

继子与户绝之女同享继承权。

四、行政立法

（一）国家政权机构的调整

1. 中枢机构：两府三司制

宋初以“两府三司”共治国事。两府为中书门下和枢密院，三司为盐铁司、度支司和户部司。宋神宗元丰变法，实行官制改革，裁汰三司归并户部，恢复了三省六部的职权。

（1）两府。

①中书门下。中书门下是最高行政机关，其长官为中书门下平章事，实际行使宰相的权力。为防范相权过重，又设副相“参知政事”。

②枢密院。枢密院是最高军事行政机关，其长官为枢密使，与宰相品级相同。

（2）三司。三司是宋朝三大中央理财机关：

①盐铁司，掌管工商收入、兵器制造。

②度支司，掌管财政收支、粮食漕运。

③户部司，掌管户口、赋税和榷酒。

2. 地方行政机构

宋朝地方机构新设路一级政权，路下设府、州、军、监，为直属中央的同级行政机关，州以下仍为县。

（二）官员选任与考课制度

1. 科举

科举取士是宋朝选官的主要途径，和唐朝相比，宋朝科举选官制度的发展主要有：

（1）录取和任用的范围较宽，不仅录用人数比唐朝大增，而且一经录用便可任官；并大大放宽了应试者的资格限制，僧道也可以参加考试。

（2）殿试成为常制，由此考生一律成为天子门生，避免了考生和主考官之间以师生之名结为同党。

（3）为了防止科举舞弊，创造了糊名考校法（将考卷弥封）、誊录制和考官回避制。

（4）考试内容虽然和唐朝一样侧重诗赋和经义，但切近国家实际治理的策论受到重视。

2. 差遣

（1）宋朝官制区分为官、职、遣：官只代表其品级和俸禄高低，职是文官的荣誉虚衔，差遣才是其实际的职事。差遣制的要旨在于使官职名称与实际职务相脱离，官员担任的实际职务，由皇帝灵活授予，同其“正官”名称不符，故称“差遣”，又称“职事”。

（2）差遣制着眼于巩固皇权和专制集权。差遣制虽然能够加强皇权，但造成机构臃肿、官僚机构庞大的冗官之弊。

3. 考课

（1）宋朝对京朝官考课的机构称为审官院，对州县官考课的机构称为考课院。

（2）地方州县官的考课标准为四善三最，“四善”是德义有闻、清谨（慎）明著、公平可称、恪勤匪懈，“三最”是治事之最、劝课之最、抚养之最。

（3）考课每年一次，三年为一任，并根据考课的治绩来定赏罚。

（4）考课方法包括磨勘制和历纸制。磨勘制，是指定期勘验官员的政绩以定其升迁，实际上就是凭借资历升官；历纸制，类似于现代的考勤登记，是指规定官员按日自计功过，并上交给主管官吏，或由长官平时记录其属下官员的善恶，作为考核的依据。

（三）监察制度

（1）宋朝设立御史台作为中央最高监察机关。御史台分三院即台院、殿院和察院。察院的监察御史职责尤为重要。监察御史从曾两任知县的官员中选任，宰相不得荐举御史人选，宰相的亲故也不得担任御史职事。御史的任命须经由皇帝批准。御史每月必须奏事一次，是为“月课”，可以“风闻弹人，纠弹不法”，不必有真凭实据。上任百日内无所纠弹者，贬为外官。

（2）在御史台之外，将分属中书、门下两省的谏官组成谏院，负责对中枢决策、行政措施和官员任免等事提出意见。谏院与御史台合称“台谏”，旨在牵制宰相的权力。

（3）宋朝在路一级设立监司（转运使和提点刑狱使等），负有对地方官员的监察职责，负责巡按州县。宋朝在州一级设立监州（通判）负责对州、县官员的监察。

五、司法制度

（一）中央司法机关

1. 三法司

（1）大理寺。宋承唐制，中央仍设大理寺掌管中央司法审判大权。

（2）刑部。刑部掌管全国的刑狱政令，复核大理寺详断的全国死刑案件，主管司法行政和中央刑事案件复核大权。

（3）御史台。御史台也有部分司法审判职能，主要参与处理命官犯罪大案、司法官受贿案、地方官府不能决断的疑难案件以及地方重大案件等。

2. 御笔断罪

宋朝的皇帝经常亲自审理案件，即御笔断罪。

3. 审刑院

宋太宗为了加强对三法司的控制，在皇宫中设立审刑院。凡须奏报皇帝的各种案件，经大理寺断谳后，报审刑院复核，由知院事和详议官拟出定案文稿，经中书省奏报皇帝论决。审刑院是宋初加强中央集权的产物，宋神宗官制改革裁撤审刑院，职权复归大理寺和刑部。

4. 制勘院和推勘院

宋初还设立了制勘院和推勘院，负责审理皇帝交办的案件，但不久即裁撤。

（二）鞫谳分司制

（1）鞫谳分司制是宋朝独有的制度。

（2）宋朝从州到大理寺，都实行鞫谳分司制，即“审”与“判”分为两事，分别由不同的官员担当，二者相互牵制。审问案情的官员无权量刑，检法量刑之事由其他官员负责。前者称“鞫司”（又称“推司”“狱司”），后者称“谳司”（又称“法司”）。

（3）鞫谳分司制是宋朝审判制度的特色，在一定程度上有利于防止司法官因缘为奸，保证审判质量。

（三）翻异别推制

（1）翻异别推制是宋朝独有的制度。

（2）翻异别推（勘）制，是为防止冤假错案而建立的复审制度，即在发生犯人推翻原有口供，而且“所翻情节，实碍重罪”时，案件须重新审理，应将该案交由其他司法官或司法机构重新审理。改换法官审理，称为“别推”；改换司法机关审理，称为“别移”。

（3）犯人翻异次数不得超过三次，但实际执行中较宽。若故意诬告、称冤，经查证属实，罪加一等。

（4）翻异别推制在一定程度上减少了冤假错案的发生，有利于司法公正的实现，体现了宋朝司法的慎刑精神。

（四）务限法

（1）务限法即规定在农务繁忙季节中停止民事诉讼审判的法律制度。

（2）《宋刑统》规定每年农历二月初一“入务”，即开始进入农忙季节，直到九月三十日为止。在“务限”期内，州县官停止受理有关田宅、婚姻、债负、地租等民事案件，限满之日即十月初一称“务开”，方可受理上述案件，直至次年入务日为止。但若原已受理的民事诉讼尚未审结，可以延长至三月底结案。

(3) 务限法体现了以农为本的传统立法的价值取向。

(五)《洗冤集录》

《洗冤集录》是宋慈所著的一部法医学专著，这是世界上第一部比较系统的法医学专著。

(六)《名公书判清明集》

《名公书判清明集》(简称《清明集》)是一部“名公”所作的诉讼判词和官府公文的分类汇编。

六、辽西夏金法律制度

(一) 辽朝法律制度

(1)《重熙条例》。辽兴宗重熙年间编成《新定条例》，是辽朝第一部比较完整的法典，也是辽朝基本的成文法典，史称《重熙条例》。

(2)《咸雍条例》。辽道宗咸雍年间对《重熙条例》进行增补，称为《咸雍条例》。

(二) 西夏法律制度

(1) 崇宗制定军法典《贞观玉镜统》。

(2) 仁宗制定《天盛改旧新定律令》。该法典无注释、附例，但其详细程度为中古法令之最，内容涵盖刑事法、行政法、经济法、民事法、诉讼法、军事法等。

(3) 神宗光定年间编订《亥年新法》。

(三) 金朝法律制度

(1) 熙宗制定了金朝第一部成文法典《皇统制》。

(2) 章宗颁行《泰和律令敕条格式》，包括《泰和律义》12 篇，《律令》20 卷，《新定敕条》3 卷及《六部格式》30 卷。至此，金朝形成了如宋朝一样的律、令、格、式、编敕体系，从形式到内容实现了全面汉化。《泰和律义》12 篇名目与唐宋雷同，后人称其“实唐律也”。

知识拓展

1.《唐律疏议·贼盗律》(卷二十)：诸共盗者，并赃论。造意及从，行而不受分，即受分而不行，各依本首从法。从者不行，又不受分，笞四十；强盗，杖八十。若本不同谋，相遇共盗，以临时专进止者为首，余为从坐。(共强盗者，罪无首从。)主遣部曲、奴婢盗者，虽不取物，仍为首；若行盗之后，知情受财，强盗、窃盗，并为窃盗从。

请运用中国法制史知识和理论，分析论述下列问题：

(1) 这段文字体现了唐朝的何种定罪量刑原则？该原则的基本适用规则是什么？

(2) 根据上述材料概括分析参与共盗者的处罚。

(3) 如何评价唐律的上述规定？

(1) 这段文字体现的是共同犯罪以造意为首的定罪量刑原则。该原则的基本适用规则是：共同犯罪以造意犯为首犯，随从者减一等处刑。

(2) 参与共盗者的处罚：

①盗窃罪共犯不分首从，并赃论罪。如果从犯没有参与共盗，且没有分得赃物的，笞四十；若从犯是强盗，杖八十。

②临时相遇的共盗，在实施盗罪中发挥决定性作用的人为首犯，其余为从犯，但强盗罪不分首从。

③主人指使部曲、奴婢盗窃的，即便没有窃得财物，仍以主人为首犯；如果主人对部曲、奴婢盗窃的事实事后才得知并分赃的，不论分赃数额是多少，都以窃盗从犯论处。

（3）①唐律这一规定表明唐律对共同犯罪人的分类以犯罪分子在共犯中的作用为标准，这一分类标准至今仍影响现代刑法的共犯分类。

②唐朝共犯处理原则体现了家族主义对刑法的影响，浸透了礼教及宗法观念。

③特定情形共犯不分首从的规定体现了唐朝对危害社会秩序和统治秩序的大罪的关切。

2. 《唐令·狱官令》：诸告言人罪，非谋叛以上者，皆令三审。应受辞牒官司，并具晓示“虚得反坐”之状，每审皆别日受辞。官人于审后判记，审迄然后付司。若事有切害者，不在此例。

请运用中国法制史知识和理论，分析论述下列问题：

（1）如何理解材料中“三审”“辞牒”“虚得反坐”“别日受辞”？

（2）根据材料概括说明官府立案并移交案件审理的条件。

（3）如何评价上述规定？

（1）三审即三次审查案件；辞牒即自诉者呈交的诉状；虚得反坐即诉状陈述不真实以诬告反坐论处；别日受辞即改日决定是否受理。

（2）依据唐律，官府立案并移交案件审理的条件有：

①案件性质不属于谋反、谋大逆和谋叛案件，也不属于情势紧急必须及时处理的案件。

②案件须经过三次审查。

③官府须反复三次向告状人申明诬告反坐的责任。

（3）唐朝关于受理告发的规定表明：

①唐朝通过增加诉讼成本以加重诉讼者负担的方法来控制案件数量，以达到息事宁人的目的。这是古代民间厌诉的法律心理在唐朝诉讼制度上的反映。

②谋叛以上重罪不得息事宁人，必须快速处理，与材料规定相比，谋叛以上重罪适用特殊程序；案件情势紧迫也必须及时受理，表明唐朝对危害封建统治秩序案件的关切。

③为了防止诬告，唐朝实行诬告反坐，避免社会混乱和司法紊乱。

3. 《唐律疏议·断狱律》（卷三十）：诸妇人犯死罪，怀孕，当决者，听产后一百日乃行刑。若未产而决者，徒二年；产讫，限未满而决者，徒一年。失者，各减二等。其过限不决者，依奏报不决法。【疏议】曰：“失者，各减二等”，未产而决，徒一年；产讫，限未满而决者，杖九十。“即过限不决者，依奏报不决法”，谓依下条：“即过限不决者，违一日杖一百，二日加一等。”

请运用中国法制史知识和理论，分析论述下列问题：

（1）唐律对对孕妇故意违律执行死刑如何处理？

（2）唐律对对孕妇过失违律执行死刑如何处理？

（3）如何评价上述材料？

（1）唐律规定，孕妇依法判处死刑的，暂缓执行死刑，等产后满一百日才可执行死刑。如果该妇女没有分娩而对其执行死刑的，相关执法官处徒二年；分娩后未到一百日而对该妇女执行死刑的，相关执法官处徒一年。

（2）唐律规定，执法官过失对未分娩的孕妇执行死刑的，减二等处罚，即徒一年；孕妇产后未到一百日因过失执行死刑的，处杖九十。如果过了一百日没有执行死刑的，依照奏报不决法处理。即过限不执行死刑的，违一日杖一百，二日加一等（徒一年）。

（3）孕妇缓决体现了古代死刑执行制度中的司法仁政和死刑执行的人道主义精神，传承了恤刑慎杀的价值理念，也体现了死刑执行的人性化特征。

4. 材料一：《宋刑统·户婚律·典卖指当论竞物业》（卷十三）：诸家长在，而子孙弟侄等不得辄以奴婢、六畜、田宅及余财物私自质举，及卖田宅。其有质举卖者，皆得本司文牒，然后听之。若不相本问，违而辄与及买者，物即还主，钱没不追。

材料二：《宋刑统·户婚律·典卖指当论竞物业》（卷十三）：应典卖、倚当物业，先问房亲，房亲不要，次问四邻，四邻不要，他人并得交易。

请运用中国法制史知识和理论，分析论述下列问题：

（1）根据材料一分析宋朝关于质举是如何规定的。

（2）根据材料二分析宋朝典卖契约的成立条件。

（3）如何评价材料一、二之规定？

（1）宋朝关于质举的规定是：若家长在，其子孙、弟侄不得以奴婢、牲畜、田宅及其他财产设定质举担保，或者变卖田宅。如果有设定质举担保或者买卖行为的，须有官府的书面文书，然后才能从事交易活动。违反规定的，物归原主，并没收交易银钱。

（2）宋朝成立典卖契约须经：

①先问亲邻：凡买卖不动产，其房亲、邻人有优先购买权；

②输钱印契：凡典卖不动产，必须向官府交纳一定数量的钱，由官府在契约上加盖红印；

③过割赋税：凡典卖不动产，须向官府交纳租税、契税等税收；

④原主离业：原主须将不动产所有权转移给新主人。

（3）①质举担保的规定较前朝更为详细，典卖契约规范更为发达，表明交易活动较前朝更为频繁，民事关系进一步发展，政府鼓励交易的律条有所增多。

②典卖契约出现表明宋朝私有观念的进一步深化，当时人们的财产观念也在悄然改变，重利轻义的现象明显增多。

③宋朝典卖契约不能抑制土地兼并，反倒在一定程度上成为封建地主阶级合法兼并农民土地的手段。

第五章　元明清法律制度

大纲应试策略

本章包括元、明、清法律制度等内容。在背诵要点中，元朝的立法、刑罚制度的变化、行政立法和中央司法机关，明朝的立法，定罪量刑的主要原则、犯罪与刑罚的特点、婚姻立法、司法制度，清朝的立法、发遣、中央司法机关和秋审等是较为重要的知识。本章出题方式包括各类题型，但以选择题和分析题为主。除考查过的主观题外，本章较为重要的简答题有：明朝犯罪与刑罚的主要特点；明朝诉讼制度的特点；清朝的秋审等。本章较为重要的分析题有：元朝的《元典章》、代诉、约会；明朝的《大明律》、《大诰》、“轻其所轻、重其所重”、奸党罪、充军刑、化外人有犯、厂卫、会审；清朝的《大清会典》、刑部、发遣、秋审、留养承嗣等。

大纲背诵要点

第一节　元朝法律制度

一、立法概况

（一）立法指导思想

（1）“祖述变通”“附会汉法”。

（2）“因俗而治”，蒙汉异制。

（二）法律形式

元朝将唐宋之律文大量化为条格、断例等形式，这使得条格、断例成为法律的主要形式。

（三）《大札撒》

成吉思汗下令编纂札撒和训令，史称《大札撒》或《札撒大全》。《大札撒》作为元朝入主中原前在蒙古族内部实施的习惯法，以原始性和刑罚残酷性而著称，对元朝立法产生了较大影响。

（四）《至元新格》

元世祖令何荣祖等辑《至元新格》，刻版颁行。《至元新格》侧重行政、财政、民事等方面，是元朝统一中国后颁布的第一部比较系统的成文法典。

（五）《大元通制》

（1）《大元通制》分诏制、条格、断例、别类四部分，其篇目仿唐宋旧律，共20篇，较为全面地反映了元朝法制的基本状况。

（2）《大元通制》是一部由法规和判例组成的汇编，是成文法与判例法的结合。

（3）《大元通制》的编成标志着元朝建立以来法典编纂已基本完成，元朝法典至此定型。

（六）《至正条格》

元顺帝颁布《至正条格》，是对《大元通制》的修订补充。

（七）《元典章》

（1）《元典章》全称为《大元圣政国朝典章》，是地方官员对元世祖以来约五十年间有关政治、经济、军事、法律等方面的圣旨条例的汇编。

（2）《元典章》以六部划分法规体例，是《大明律》以六部分篇之滥觞。《大明律》附载五服图的做法，在《元典章》中也已有先例。

（3）《元典章》首次在法规中将“诉讼”独立成篇，对诉讼的程序、步骤、诉状的格式等，都作了详细规定，反映出实体法与程序法开始逐步分离。

（4）《元典章》虽非中央政府所颁法典，但它系统保存了元朝法律的内容，成为研究元朝社会及法律的珍贵材料。

（八）《经世大典》

元明宗编成的《经世大典》，是一部仿效《唐六典》而编订的典章汇编。

二、刑事立法

（一）罪名体系与量刑原则的变化

1. 罪名体系的变化

（1）确立强奸幼女罪。元律规定："诸强奸人幼女者，处死；虽和同强，女不坐。"元朝将幼女的年龄界定为10岁以下。元朝对于犯强奸幼女罪者，处刑极重。

（2）改"十恶"为"诸恶"。

2. 量刑原则的变化

（1）量刑减轻。元朝在量刑原则上总的趋势是处罚减轻，但由于实行蒙汉异法和同罪异罚，法外酷刑十分普遍，且因吏治败坏，刑罚极其野蛮残酷。

（2）蒙汉异法、同罪异罚。元朝为贯彻民族分治和民族歧视政策，在刑罚的适用上实行蒙汉异法、同罪异罚的原则。

（3）加重对贼盗犯罪的处罚，广泛恢复肉刑。元朝对于贼盗犯罪的处罚明显加重。元世祖至元年间诏令规定："强盗皆死。盗牛马者劓。盗驴骡者黥额，再犯劓。盗羊豕者墨项，再犯黥，三犯劓，劓后再犯者死。"

（二）刑罚制度的变化

1. 五刑的沿袭

元世祖忽必烈时期逐步完成了蒙古旧俗中的刑罚向笞、杖、徒、流、死五刑体系的转变，其中，死刑分为斩和凌迟，没有绞刑（元初有绞刑，凌迟成为正刑后，便无绞刑）。

2. 肉刑的复活

元朝恢复刺字、劓刑、醢刑、剥皮、磔刑、抽筋、割舌等肉刑，是历史的倒退。

3. 以七为尾数的十一等笞杖刑

元世祖忽必烈标榜轻刑，将隋唐以来以十为尾数的笞杖刑改为以七为尾数的十一等笞杖刑，其中，笞刑六等，杖刑五等，杖刑最高为杖107。

4. 仿效"折杖法"

元初还仿效宋朝施行"折杖法"，但内容与宋朝不同，即杖折为笞，徒折为杖。后来徒刑即行恢复，并附加杖刑，刑罚不但没有减轻，反倒加重。

5. 私刑合法化

6. "充警迹人，红泥粉壁"制度

元朝规定强盗、窃盗罪犯在服刑完毕后，发付原籍充"警迹人"。在其家门首立红泥粉壁，其上开具姓名、犯事情由，由邻居监督其行止，且每半个月须面见官府接受督察，五年不犯者除籍，再犯者终身拘籍。通过昭示盗贼犯人的劣迹，以彰其过，达到"自警亦警人"目的，有些类似于现代的社区矫正制度。

三、民事立法

（一）财产法律制度

1. 阑遗物

元朝法律中有许多关于"阑遗物"的规定。"阑遗物"是蒙语中的牲口和奴婢，阑遗的牲口和奴婢如果公告10天仍无人领取，官府应收管，有主人前来认领的，仍要归还本主。

2. 契约关系

元朝主要规定了买卖契约、典当契约、借贷契约、租佃契约。不动产买卖和典当必须经过

“经官给据”“先问亲邻”“签押文契”“印契税契”“过割赋税”五个程序才能生效。

3. 损害赔偿

（1）人身伤害损害赔偿。元朝关于损害赔偿的规定，较多体现在人身伤害上。如造成对他人的人身伤害，加害人除承担相应的刑事责任外，还要承担民事赔偿责任，包括“养济之资”“养赡之资”“医药之资”。

（2）烧埋银。烧埋银主要适用于杀人或伤人致死的犯罪。对于各种杀人罪，向罪犯家属征“烧埋银”白银50两给“苦主”。烧埋银具有一定的损害赔偿性质。

（二）婚姻与继承制度的特点

1. 婚姻

（1）婚姻成立各依本俗法。元朝婚姻允许依照不同民族的风俗和习惯行事，不强求划一。

（2）收继婚。蒙古人实行收继婚，即未婚男子收娶家族中的寡妇为妻，子可以收父妾，弟可以收兄妻，兄可以收弟妻。但汉人除弟收亡兄妻外，亲属乱伦或重婚均为法律所禁止。

（3）婚书。元律规定，建立婚姻关系必须订立婚书。婚书上写明议定的聘财数额，如果是招赘女婿，须写明养老或出舍的年限，主婚人、保亲人，媒人须在婚书上签字画押，然后依礼成亲，婚姻关系方才有效。

（4）媒妁管理规范化。只有经基层官员、地方长老等保举推荐的“信实妇人”才能担当媒妁，并由官府登记在册，媒妁职业化倾向明显。

（5）婚姻的限制和解除。关于婚姻的限制和解除，元朝基本沿用唐宋旧法，但不似唐宋那样严格。

2. 继承

（1）继承各依本俗法。在继承方面，蒙古人和色目人各依本俗法。蒙古习惯法由幼子继承父业，后因接受汉法影响实行诸子均分制，但实际份额仍不相同。

（2）户绝之女和寡妇的继承权。户绝之家的女儿和寡妇享有继承权或有条件的继承权。元朝以前，法律允许改嫁寡妇带走原有的妆奁物，不准寡妇带走的只限于亡夫的遗产（或应得份额）。但元律规定，离婚妇女或寡妇如果再婚，丧失原先从父母处得来的妆奁物及其他继承得来的财产，夫家财产更是不得带走。

四、行政立法

（一）中枢和地方行政机构

1. 中枢机构

（1）中书省。元朝以中书省取代隋唐的三省，中书省是元朝的中央最高行政机关，以中书令为最高行政长官，由皇太子兼领。中书省下设吏、户、礼、兵、刑、工六部。

（2）枢密院。元朝设置枢密院作为中央最高军事机构，但地位低于中书省，皇太子兼领枢密使。

（3）宣政院。元世祖设置宣政院掌管全国佛教及吐蕃地区的军民政教事务，以国师（帝师）总领，权力很大。

2. 地方行政机构

元世祖时设置行中书省（简称“行省”），作为地方固定的行政区域，大体形成行省、路、府（州）、县四级制，其中，行省是元朝地方最高一级的行政机构。

（二）科举制度的变化

元仁宗时恢复科举。元朝的科举每三年举行一次，分为乡试、会试和殿试三级。元朝结束了以诗赋取士的历史，首创以程朱理学为内容的经义取士制度。

（三）监察制度的发展

（1）加强监察立法，使监察有法可依，有章可循。元世祖时曾颁布了一系列监察法规，以指导和规范监察机关的工作。元仁宗时期编纂的《风宪宏纲》是元朝监察立法中最为重要的一部法律，也是元朝监察立法的集大成者，是元朝监察立法完善的标志，表明元朝监察立法已初具规模并日臻完善。

（2）监察体制设置严密，并且赋予其较大的权限。在机构设置上，中央一级为御史台，它与中书省互不隶属，地位相同。在地方设置江南（南台）和陕西（西台）两个行台，作为御史台的派出机构。行台下设二十二道监察区，每道设肃政廉访司，构成了全国范围的垂直监察系统。

（3）重视加强对监察官本身的监督。元政府重视加强对肃政廉访使的领导，对监察官员实行严格监督，规定了详细的行为规范和奖惩措施。肃政廉访使对所辖各地官员的犯赃行为加等治罪，即使并未枉法，也予以除名的处罚。

（4）体现民族歧视政策。为便于对汉族官员进行监察，监察制度中也贯彻了民族歧视政策。一般情况下，汉族官吏连充任地方监察机关书吏的资格都不具备。

五、司法制度

（一）中央司法机关

1. 大宗正府

大宗正府是专门负责审理蒙古、色目人和宗室案件的中央司法机关，它既是管理蒙古贵族事务的机构，又是具有独立管辖范围的中央司法机关，其地位高于刑部。

2. 刑部

刑部隶属于中书省，职掌司法行政和审判事务，元朝是第一个以刑部作为中央主审机关的朝代。元朝在撤销大理寺后，改变了隋唐宋以大理寺为主审机关的制度，把原掌封驳复核的刑部定为主管审判、刑狱的最高司法机关。

3. 宣政院

宣政院是主持全国佛教事务和统领吐蕃地区军民之政的中央机构，同时也是全国最高宗教审判机关。有时在江南设行宣政院，在诸路、府、州、县则设僧录司，管理各地僧侣狱讼。

（二）诉讼审判制度

1. “诉讼”独立成篇

元朝诉讼制度突出表现为“诉讼”在法典中开始独立成篇。“诉讼”已经独立出现，对诉讼的程序、步骤、诉状的格式等，都作了详细规定，反映出实体法与程序法开始逐步分离。

2. 诉讼代理的出现

（1）除谋反、谋大逆刑事重案，或必须由当事人自诉的子孙不孝、被同居之人侵害侮辱等家庭案件之外的普通案件，老人和残疾人只能让熟知案情的同居男性亲属代告；退休官员由家属代诉；妇女不得为男子代诉。

（2）元朝当事人诉讼代理的范围较前朝有所扩大，对代诉的规定也大大细化。元朝出现的诉讼代理，虽然在制度上尚不成熟，但使诉讼在立法上独立成篇，并影响了明朝和清朝的诉讼制度。诉讼代理制度的出现体现了经济的发展和民族间交往的频繁。

3. 诉讼管辖制度

元朝的诉讼管辖中有一种“约会”制度，即当遇到不同户籍、不同民族及僧侣之间发生刑名诉讼时，政府要出面将相关户籍的直属上司请来共同审理。

第二节 明朝法律制度

一、立法概况

（一）立法指导思想

1. “刑乱国用重典”

明太祖朱元璋确立了“刑乱国用重典”的立法指导思想，就是通过严刑峻法，使臣民知畏而不敢轻犯，目的在于最大限度地发挥刑罚的威慑力。

2. “明刑弼教”

朱元璋确立了“明刑弼教”的立法指导思想，这实质上是借“弼教”之口实推行重典治国政策。朱元璋提出“明礼以导民，定律以绳顽”，“明刑弼教”有意提高了礼、刑关系中刑的地位，这意味着法制指导思想原则沿着德主刑辅—礼法合一—明刑弼教的发展轨道，进入了一个新的阶段。

（二）《大明律》与“六部分篇”体例

1. 《大明律》的制定与“六部分篇”体例

（1）《大明律》是明朝的基本法典。《大明律》改变了唐宋旧律的传统体例，在体例上沿用的是《元典章》的做法，以《名例》篇冠于篇首，下按吏、户、礼、兵、刑、工六部分篇，共7篇，30卷，460条。《大明律》体例的变化，主要与朱元璋废中书省和丞相，并强化君权及统治效能关联紧密。

（2）《大明律》具有分类贴切、内容集中、条理清晰、文字简明的特点。《大明律》还在律首附有《五服图》《六赃图》《五刑图》《狱具图》等图表，使援引者一目了然。

（3）《大明律》条文简于唐律，精神严于宋律，无论形式还是内容都有所发展，是终明之世通行不改的基本大法。

2. 《大明令》

洪武元年（1368年）颁行《大明令》，按六部分篇，条文简略。这是帝制中国最后一部令典。

（三）《大诰》的制定及特点

（1）为贯彻“刑乱国用重典”的方针，防止“法外遗奸”，朱元璋御制《大诰》，作为明初的刑事特别法。

（2）《大诰》内容包括朱元璋亲自审理的案例，朱元璋对臣民的训导以及新颁布的重刑法令。《大诰》的效力在律之上，其打击锋芒主要指向贪官污吏。

（3）《大诰》的内容都是重刑，或者律外酷刑，或者滥用法外之刑。有些刑罚甚至是复合适用，如“阉割为奴”“墨面文身挑筋去膝盖”“剁指”“断手”“刖足”等。

（4）为强制推行《大诰》，《大诰》规定：“一切官民诸色人等，户户有此一本，若犯笞、杖、徒、流罪名，每减一等。”甚至科举考试考《大诰》，这使得《大诰》成为中国法制史上空前普及的法规。但在朱元璋死后不久，《大诰》便被束之高阁。

（四）《问刑条例》

（1）《大明律》编成以后，明太祖曾令子孙守之，大臣不得稍议更改。然而随着时代的发展和社会的变迁，《大明律》已远远不能满足统治者的要求，条例于被广泛地运用于司法实践。

（2）明初之例还仅是律文的补充，明宪宗成化以后，用例之风开始蔓延。明孝宗弘治年间，刑部删定《问刑条例》，开始了律例并行的局面，之后多次修订。

(3) 万历年间将重新辑修的《问刑条例》附于《大明律》，即将律例合编为一书，律为正文，例为附注，称为《大明律集解附例》，至此，例成为正式的法律，从而开创了律例合编的法典编纂体例。

(4)《大明律集解附例》是中国历史上第一部采取律例合编体例的封建成文法典。

(五)《大明会典》

(1)《大明会典》是明朝官修的一部行政法规汇编。

(2)《大明会典》仿照《唐六典》而作，体例以六部官职为纲，分述各行政机关的职掌、建制、沿革、管理制度以及礼仪、礼制等。在每一官职之下，先载律令，次载事例。

(3)《大明会典》内容丰富，记述详备，汇集了明朝的典章制度和行政法令，对调整国家行政法律关系具有重要作用，为清朝五朝会典的制定奠定了基础。

二、刑事立法

(一) 定罪量刑的主要原则

1. "断罪无正条"

《大明律·吏律》"断罪无正条（第四十六条）"规定："凡律令该载不尽事理，若断罪而无正条者，引律比附。应加应减，定拟罪名，转达刑部，议定奏闻。"即：若律文没有明确规定的，比照类似律文的规定比附断罪。凡加重或减轻处罚的，拟定罪名后转达刑部，刑部议定后奏裁。确立了"比附"类推的原则。与唐律"举重以明轻，举轻以明重"的原则相比，使法官的自由裁量权更大，助长了司法擅断的弊端。

2. 涉外案件

《大明律》规定："凡化外人犯罪者，并依律拟断。"采取类似近代"属地法主义"的原则，这与唐朝实行属地主义和属人主义相结合的原则有很大的不同。

(二) 奸党罪

明太祖朱元璋首创奸党罪，《大明律》专设了"奸党"条款，并罗列了该罪的种种表现：在朝官员交结朋党紊乱朝政者；大小官员巧言进谏，请求宽免死罪之人，暗中邀买人心者；司法官不执行法律，而听从上级命令出入人罪者；"奸邪进谗言，左使杀人者"；"上言宰执大臣美政才德者"。构成奸党罪的，一律处以斩刑。奸党罪反映了皇权专制的极端发展。

(三) 充军

充军刑创立于宋朝，明朝广泛适用，但并非五刑规定的正式刑种。

(1) 充军刑是强制犯人到边远地区屯种或充实军伍的刑罚，是仅次于死刑的重刑。明初由于边境卫所需要充实士兵，于是将罪犯发配充军，后来逐渐成为经常适用的刑罚。

(2) 充军逐渐形成极边、烟瘴、边远、沿海、口外、近卫、附近七种不同的里程等级。充军适用的对象从犯罪的军人扩大到普通百姓，贩卖私盐、搅扰商税，甚至放牧牲畜践踏庄田的，都以充军发落。

(3) 充军期限分为"终身"（即本人身死为止），以及"永远"（即罪犯本人死亡后子孙亲属仍须继续充军，直到"勾补尽绝"方能"开豁"）。

(四) 廷杖

廷杖是皇帝处罚大臣的法外之刑。明律中并无廷杖的刑罚，但从朱元璋开始，经常于殿廷之上，由司礼监监刑，锦衣卫施刑，杖责冒犯皇帝的大臣。

（五）犯罪与刑罚的主要特点

清人薛允升比较唐律、明律后指出，明律多承袭唐律的内容，但“轻其所轻，重其所重”，突出刑法的打击对象，加大刑罚的力度。

一方面，明朝加重了对一些重点犯罪的镇压，即“重其所重”。薛允升在《唐明律合编·祭祀》中指出：“贼盗及有关帑项钱粮等事，明律则又较唐律为重。”“重其所重”反映出明律重刑主义的特点。明律对犯谋反大逆者，凌迟处死，连坐处斩并扩大到祖父、父、子、孙及伯叔父等。除了政治性犯罪外，对于恶逆、强盗、窃盗、抢夺、造妖书妖言、诬告、诈伪制书和侵犯财产以及官吏贪赃受贿等犯罪的处罚，明律都较唐律明显加重。

另一方面，明律对一些轻微触犯礼教、典礼等有违伦常礼教犯罪的罪名，比唐律处罚有所减轻，即“轻其所轻”。《唐明律合编·祭祀》指出：“大抵事关典礼及风俗教化等事，唐律均较明律为重。”如列入“不孝”的父母在子孙别籍异财者，唐律处徒三年，明律仅杖八十。子孙违反教令，唐律处徒二年，明律杖一百。对诸如和奸、重婚、亲属相盗等危害不大的“轻罪”从轻处罚，使刑事制裁具有更强的针对性。

三、民事立法

（一）财产所有权

（1）为发展农业，鼓励开垦荒地，对无主土地，明初强调先占原则，规定凡逃弃荒田一律归先占开垦者所有，旧主即使回归也丧失土地所有权，只可请求返还房屋、坟墓。

（2）先占原则还体现在对遗失物、埋藏物所有权归属的规定上。明律规定遗失物在30日公告期内即使被主人领回时，拾得人仍可获得一半；公告期满无人认领，则由拾得者获得遗失物的全部所有权。

（3）在埋藏物的归属问题上，明律规定埋藏物完全归发现人所有，只是“古器、钟鼎、符印异常之物”必须送官。

（二）婚姻家庭与继承制度的变化

1. 婚姻

（1）婚姻制度沿袭旧律的规定。明朝关于婚姻的规定基本沿袭唐宋旧律，包括主婚权属于祖父母、父母；婚姻缔结要有婚书和聘礼；同姓、同宗无服亲及良贱不得为婚；婚姻关系的解除以七出、义绝为条件等。

（2）婚姻制度的新规定。婚姻制度除了沿袭旧律外，也增添了一些新的内容：

①强调婚姻礼俗；“男女婚姻，各有其时”，即适龄者方许结婚；双方家长的意愿是婚姻订立的首要前提。

②明律从大量的婚姻纠纷中总结出符合情理避免争讼的规定，如“凡男女定婚之初，若有疾残、老幼、庶出、过房、乞养者，务要两家明白通知，各从所愿”，然后再写立婚书，依礼聘娶。

③明律对义绝作出了新的解释：“义绝之状，谓如身在远方，妻父母将妻改嫁，或赶逐出外，重别招婿，及容止外人通奸；又如本身殴妻至折伤，抑妻通奸，有妻诈称无妻，欺妄更娶妻，以妻为妾，受财将妻妾典雇，妄作姊妹嫁人之类。”这种认定侧重于婚姻关系本身的状况，与唐律义绝条件中注意夫对妻族、妻对夫族的殴杀罪、奸非（通奸）罪，以及妻对夫的谋害罪有所不同。

2. 家庭

明朝家长的权力进一步明确与扩大，主要包括教令权和主婚权。

3. 继承

（1）明朝仍坚持身份继承的嫡长子继承制和财产继承的诸子均分制。

（2）户绝财产由所有亲女继承，无女者入官。

（3）奸生子的继承地位上升，是明朝继承法的发展。

四、经济立法

（一）赋役制度：一条鞭法

1. “一条鞭法”的推行

内阁大学士张居正奏请实行“一条鞭法”。因其将复杂的田赋、岁贡和各种徭役简便地合为一项，一律按亩纳银而得名。“一条鞭法”是将各种类型的赋役并为统一的货币予以征收的赋税制度。

2. “一条鞭法”的主要内容

（1）将各州县的田赋、杂税和差役合并，统一征收。

（2）田赋除部分地区征收米粮外，其他一律征收折色银。

（3）各项杂税和差役等统一折算成白银，平摊入土地，按照土地和人丁的多少征收。

（4）征收赋税实行“官收官解制”，即由官府自行负责征收和解运。

3. 推行“一条鞭法”的意义

（1）“一条鞭法”是中国赋役制度史上的重大变革，结束了历代以征收实物为主的国家税收方式，从实物税转向货币税。

（2）废除了古老的直接役使农民人身的徭役制度，传统的人身依附、强制关系得以松弛。

（3）税收制度开始转向以资产（土地）计征，将过去的对人税改为以对物税为主，有利于赋税负担的合理化。

（二）海外贸易制度

（1）制定“海禁”法规，实行海禁政策。

（2）海外诸国与明贸易须以朝贡为先决条件，并设“市舶提举司”主管朝贡贸易事务。

五、行政立法

（一）中枢与地方行政机构

1. 中枢机构

（1）六部。明初极度强化了君主集权制度。明太祖朱元璋于洪武十三年（1380年）借中书省左丞相胡惟庸谋反一案废除中书省和传统的丞相制度，由皇帝直接控制中央六部，使六部对皇帝直接负责，从而极度强化了君主集权。

（2）五军都督府。朱元璋为强化军权，将军事指挥权分由前、后、左、右、中五军都督府掌握，五军都督府由皇帝直接统领。

（3）都察院。朱元璋将御史台扩改为都察院，以左都御史作为最高监察长官，并扩大其监察职权，作为天子耳目，因此又称“风宪衙门”。

（4）通政使司。朱元璋还特设通政使司统一收发各部门与皇帝之间的奏章文件，对于不法冤情，通政使司也有权上奏皇帝。六部尚书与通政使、左都御史、大理寺卿合称“九卿”。

（5）内阁。朱元璋从翰林院等机构中选调官员加殿阁大学士衔，负责草拟诏谕，并充当皇帝的顾问，但是“不得平章国事”。明成祖朱棣选任翰林院侍读、编修、检讨等文学侍从官员入值文渊阁，正式称为内阁，并参与机要，但其职权仅是遵命办事，不同于原来的中枢机关中书省。后来，内阁职权不断加重，由内阁首席大学士出任“首辅”，内阁首辅虽然形同宰相，但由于宦官、锦衣卫等的掣肘，以及吏治的腐败，其权力和昔日的宰相不可同日而语。

2. 地方行政机构

明朝的地方行政机构分为省、府、县三级。明朝在省一级设“三司”，其中，承宣布政使司掌行政，提刑按察使司掌司法和监察，都指挥使司掌军事，三司同为一省长官，均直属于中央，且三司地位平等，互不隶属，又互相牵制。府设知府，县设知县，统掌所辖地方行政和司法。

（二）官员选任制度

1. 科举

（1）只有官学的学生才可参加科举考试。中央设国子监为最高学府，学生称“监生”，由各地官学选送。各府州县均设官学，学生称“生员”，俗称“秀才”。士人考取生员就可享有免役特权，并可不受笞杖刑和刑讯。

（2）生员可参加每三年一次的省级乡试，考取即为“举人”，也可经考试推荐为监生。举人经六年一次的“大挑”可直接任官，监生也可被选为官，但一般只能担任教官或辅助性官职。举人可参加每三年一次的全国性会试，考中再经殿试合格，即为“进士”。进士可以直接出任正七品的知县，前几名还会被选入翰林院任职。

2. 考举

明太祖朱元璋采纳刘基的意见，规定各级考试专用四书五经命题，考生只能按照程朱理学的注解答题，不得言及时事，自由发挥。明宪宗成华年间，更创立了“八股”的格式，使考生文章完全脱离社会实际。这种变化适应了加强思想专制统治的需要。

3. 任官回避

明朝任官基本上每三年轮换一次，地方官严格实行“北人官南、南人官北”的籍贯回避制度。为使官员转官公平，明中期开始吏部采用抽签方式决定官员的任职地方。

4. 致仕

官员年满 60 岁致仕，回乡官员称为“乡宦”，仍享有免役和司法特权。

（三）监察制度

1. 都察院

都察院是中央最高监察机关，为天子耳目，对任何官员都可进行监督弹劾，并可对刑部的审判和大理寺的复核及地方审判进行监督。都察院设十三道监察御史，每年轮换出京至各省巡查，称为“巡按御史”，拥有“大事奏裁，小事立断”的权力。

2. 六科

中央六部每部设都给事中、左右给事中各一人，负责监察六部日常政务活动，核查奏章和奉旨执行政务的情况。六科给事中合称“六科”，与都察院并列，直接向皇帝负责。

3. 地方监察

（1）巡抚和总督。为加强对地方的控制，朝廷还时常派出部尚书、侍郎一级的官员“巡抚”各省，明中期以后渐成惯例，由巡抚统管一省行政，如遇战事，则派出总督统掌军政。后来巡抚和总督逐步发展成为地方长官。

（2）提刑按察使。地方的提刑按察使也享有监察权，被称为“行在都察院”“外台”。

六、司法制度

（一）中央司法机关

1. 刑部

刑部是中央司法行政机关，主司审判，下设十三清吏司，分掌各省上诉案件，审核地方上的重案和审理中央百官及京师地区的案件。刑部有权处决流刑以下的案件，但定罪以后须将人犯连同案卷送大理寺复核，死刑案件复核后须奏请皇帝批准。

2. 大理寺

明太祖朱元璋恢复大理寺建制。由于审判权划归刑部，大理寺只是复核机关，对于判决不当的案件则驳令改判，判决得当者才允准具奏行刑。

3. 都察院

（1）都察院负责纠举弹劾全国上下官吏的违法行为，并且参与重大疑难案件的审判工作，监督法律的执行。都察院附设监狱，关押皇帝直接交办的重要案犯。

（2）都察院的监察御史还定期巡按地方，对地方司法审判进行监督。为加强司法审判，重大疑难案件实行三法司共同会审，称为“三司会审”。

（二）地方司法机关

明朝地方司法机关可分为省、府、县三级。

（1）提刑按察使司。省一级的提刑按察使司，是专职的司法机构，长官为按察使。提刑按察使司主管全省司法审判及监察官吏事务。

（2）理问所。省行政机构承宣布政使司设理问所，负责以民事诉讼案件为主的审判事务。

（3）府、县司法机关。府、县仍实行行政司法合一的传统制度，由知府、知县统揽行政、司法权力。

（4）断事司。明朝各省军事机构都指挥使司均设“断事司”，负责审理本省驻军军人之间的诉讼。

（三）厂卫

（1）厂卫干预司法，是明朝司法制度的一大特点，也是明朝司法的一大弊政。厂是指东厂、西厂和内行厂，是由宦官把持的直接听命于皇帝的特务机构。卫，是指朱元璋设立的特务机构锦衣卫，主要职责是掌管皇帝出入仪仗和警卫事宜。锦衣卫以兵兼刑，掌有缉捕、刑狱之权。所设南北镇抚司中，北镇抚司专管诏狱，又称锦衣卫狱。

（2）厂卫并非专门的司法机构，而是在皇帝纵容下，由宦官操纵的，凌驾于“三法司”之上的，并享有种种司法特权的特务机构。厂卫滥施法外酷刑，严重破坏了封建法制的正常秩序，是皇权高度集中和恶性发展的产物，厂卫制度加速了明朝的灭亡。

（四）申明亭

1. 申明亭的创建

朱元璋创建了申明亭，对百姓施行教化，并调处纠纷，以稳定统治秩序。申明亭设于各州县乡间，由本里百姓推举正值乡里耆老、里长主持。

2. 申明亭的权责

申明亭内竖立板榜，定期张贴榜文，公布本地有过错人的姓名和过错行为，并受理和调处有关婚姻、田土、斗殴等民事纠纷和轻微的刑事案件。若经申明亭调解仍不愿和息，始可向官府起诉。可见，申明亭具有地方基层司法组织的性质。

3.《教民榜文》

(1)榜文是一种刑事特别法规，它是皇帝的谕旨或者经过皇帝批准的官府的告示、法令以及案例，朱元璋时期发布的榜文包含了很多教训百姓遵纪守法的说教内容，所以又称“教民榜文”。

(2)《教民榜文》巩固和扩大了里老的司法审判权，力图普及政教法令于民间。榜文是太祖、成祖时期一种文告形式的单行法规，即把皇帝的谕旨或经皇帝批准的官府告示、法令、案例等在榜上公示，悬挂于各衙门门前和申明亭内。统治者希望通过榜文宣传，大行教化，安定秩序。

(五)明朝诉讼制度的特点

(1)严厉制裁诬告行为。历朝的法律都视诬告为严重犯罪，诬告者反坐。明律进一步加重处罚，规定诬告加等反坐。

(2)严禁越诉。凡军民词讼，皆须自下而上陈告。越诉者笞五十。迎车驾及击登闻鼓申诉而不实者，杖一百，事重者从重，论得实者免罪。

(3)军官、军人诉讼一般不受普通司法机构管辖。

(4)明确地域管辖的原则。对于被告不在同一州县，或被告分居数州县诉讼案件的管辖，明律规定了“原告就被告”“轻囚就重囚”“少囚就多囚”“后发就先发”的原则。

(5)强调以民间半官方组织调解“息讼”。

(六)审判制度：会审制度

(1)三司会审。明朝继承唐宋的“三司推事”制度，遇有重大、疑难案件由三法司长官共同审理，称为“三司会审”，最后由皇帝裁决。

(2)九卿会审。九卿会审又称“圆审”。对于特别重大的案件或已判决但囚犯仍翻供不服的案件，则由皇帝令六部尚书及通政使司的通政使、都察院左都御史、大理寺卿会审，但判决仍须奏请皇帝批准。

(3)朝审。朝审是对已决在押囚犯的会官审理，是古代录囚制度的延续和发展。洪武年间令五军都督、六部尚书、都御史、六科给事中、通政使、詹事以及驸马等共同审理大狱，死罪及冤案奏闻皇帝，其他依律判决。明英宗时命每年霜降之后，三法司会同公、侯、伯，在吏部或户部尚书主持下会审重案囚犯，从此形成制度。清朝秋审、朝审即渊源于此。

(4)大审。大审是一种定期由皇帝委派宦官会同三法司官员审录囚徒的制度，始于明英宗正统年间，至明宪宗成化年间成为定制，每五年举行一次。在京师由大理寺主持，在地方则由布政使和巡按御史主持。审录范围很广，凡监押囚犯及诉冤者均在大审之列，是一次全面的狱案清理工作。该会审制度为明朝独有。

(5)热审。热审即每年暑天小满后10余天，由宦官、锦衣卫会同三法司会审囚犯，经过热审，对于犯轻罪的，决罚后立即释放，对于犯徒流罪的，减等发落，重囚可疑及枷号者则请旨定夺。热审始于明成祖永乐年间，是在暑热天气来临前决遣和清理在押未决犯及对现监囚犯减等发落的制度。

会审制度是慎刑思想的反映，有利于皇帝控制和监督司法活动，纠正冤假错案。但是明朝的会审往往由宦官操控，不免流于形式。

第三节　清朝法律制度

一、立法概况

(一)立法指导思想：“详译明律，参以国制”

清初统治者提出了“详译明律，参以国制”的立法指导思想，即一方面以代表着汉族法制的明朝法律为蓝本，另一方面又根据时代需要，斟酌吸收满族固有习惯法，开创一代法制。

（二）《大清律例》

（1）《大清律例》于乾隆五年（1740 年）正式颁行天下，是中国历史上最后一部封建成文法典。

（2）《大清律例》的结构形式、体例、篇目与《大明律》基本相同，共 7 篇。

（3）自乾隆年间修订完成后，《大清律例》成为清朝的基本法典，律文部分基本定型，极少修订，乾隆之后各朝仅对律文之后的“附例”部分予以增修。

（三）《大清会典》

1. “五朝会典”

《大清会典》又称“五朝会典”，包括《康熙会典》《雍正会典》《乾隆会典》《嘉庆会典》《光绪会典》。《大清会典》是清朝行政立法的总汇，反映了清朝立法上的重要成就，也是中国古代行政立法的完备形态。

2. 《大清会典》的特点

（1）在内容上，《大清会典》详细记载了清朝各级国家机关的职掌、事例、活动规则及其相关的制度。

（2）在编纂体例上，《大清会典》遵循“以典为纲，以则例为目”的原则。典、例分别编辑遂成固定体例。

（3）在内容变更上，《大清会典》所载内容，一般为国家基本制度，少有变动；具体的变更，则在增修则例中完成。最后一部《光绪会典》增设了总理各国事务衙门的机构和权限，体现了近代行政体制的变化。

（四）则例

1. 例的纂修和则例的制定

（1）清朝立法最突出的表现就是对例的纂修。为了适应社会的变化，清朝统治者通过制定单行条例补充律的不足。

（2）例有则例、成例、定例、条例、事例等，其中，以则例最为重要。则例是清朝针对中央各部门的职责、办事规程而制定的基本规则，是规范各部院政务活动、保障其正常运转的行政规则，可视为清朝的行政法规，是清朝法律体系的重要组成部分。则例作为重要法律形式之一，是清朝的一项创举，在国家行政管理方面起着重要作用。

2. 则例的类型

（1）一般则例，针对部院一般行政事项而定。

（2）特别则例，是指就各部所管辖的特定事项制订的行政规章。

（五）适用于少数民族聚居区的法规

清政府制定了一系列适用于各少数民族聚居区的专门法规，包括《蒙古律》、《蒙古例》（二者合称《蒙古律例》）、《回律》（《回疆则例》）、《苗汉杂居章程》、《湘苗事宜》、《番例条款》（《西宁番子治罪条例》、《西宁青海番夷成例》）、《西藏禁约十二事》、《理藩院则例》、《台湾善后事宜》等。

二、刑事立法

（一）充军、发遣、刺字

1. 充军

清朝律例将明条例的“充军”定为重于流刑的刑罚种类，分为附近充军（二千里外）、近边充军（二千五百里）、边远充军（三千里）、极边充军（四千里）、烟瘴充军（四千里）五等，号为“五军”。

2. 发遣

发遣是清朝特别创立的一种比充军刑处罚更重、仅次于死刑的重刑，即将罪犯发配到边疆地区给驻防八旗官兵当差为奴的刑罚。清朝发遣的对象主要是犯徒罪以上的文武官员，一般只限于本人，情节轻微的，还有机会放还。

3. 刺字

在刺字刑的适用方面，清朝律例扩充了其适用范围，发冢（盗墓）、逃囚等罪也附加刺字。受刺字的罪犯刑满释放后必须充当“巡警之役”3年。

（二）死刑制度

1. 立决和监候

（1）立决。立决分为斩立决和绞立决，即宣判后立即执行斩、绞，以示对社会危害性极大的犯罪的惩罚决不待时。

（2）监候。监候分为斩监候和绞监候，是对那些构成死罪，但并非罪大恶极，可以先行拘押，待秋审复核之后再决定是否执行死刑，罪犯可有免死减刑的机会。

2. 凌迟、枭首、戮尸

（1）凌迟。凌迟被适用于罪大恶极的犯罪，在适用范围上较明朝有所发展，增加了劫囚、发冢、谋杀人等罪，行刑方式也更加残酷。

（2）枭首。枭首在清朝最初只适用于凌迟重犯，后来广泛适用于江洋大盗、爬城行劫、粮船水手行劫等犯罪。

（3）戮尸。戮尸是对凌迟和枭首的一种补充，凡被判处凌迟和枭首的罪犯在执行以前已经死亡的，对罪犯的尸体施以此刑。

（三）维护满族特权的内容

（1）确保满洲贵族在政权中的优越地位。

（2）旗人犯罪享有特权和优待。

（3）法律保护旗地旗产，禁止“旗民交产”。

（四）文字狱

（1）为了扑灭汉族士大夫的反清意识和压制明末以来萌发的反专制主义思潮，清朝大力加强思想文化领域的专制统治，突出的表现就是大兴文字狱。

（2）清朝虽未曾制定一条文字语言犯罪的条例，绝大多数文字狱都比照“谋大逆”判罪，一案构成，往往全家遭诛甚至灭族。

（3）文字狱是古代以言罪人传统的恶性发展，也是君主专制主义膨胀的结果，遏制了思想文化学术的发展。

三、民事立法

（一）民事主体的变化

（1）废除匠籍制度。清朝初期废除匠籍制度，代之以雇募工匠，手工业工人的人身权利得到了一定的保障。

（2）雇工人地位改善。清律中规定的雇工人对雇主有很强的人身依附关系，法律地位与雇主显著不平等。自乾隆末叶后，雇工人的人身隶属关系获得了解放。

（3）豁贱为良。雍正元年下令，豁除贱籍，除贱为良，一同编入甲户，不得借端欺凌。雍正及乾隆年间，还陆续豁除贱籍，除贱为良，三代以后子孙准许应试科考。

（4）奴婢可以开户为民。康熙、乾隆年间都规定奴婢可以开户为民。清朝还禁止将佃户“欺压为奴”“随田买卖”，并禁止债权人强迫债务人“役身折酬”。

（二）债权制度的发展

（1）明确典、卖两种契约的区别。典与卖的重要区别就是是否允许回赎。此外，对于典当契约，无须经过官府加盖官印、缴纳契税和过割赋税。

（2）明确典当回赎权的年限。清《户部则例》规定，民人典卖田宅，典当契约约定的回赎年限不得超过10年，期满后准许回赎，超过10年的，以买卖契约论，并缴纳契税。若10年后出典人无力回赎，“听典主执业转典”。

（3）清朝明确规定了房屋出典后因失火焚烧的风险责任承担。

（三）继承制度

1. 宗祧继承和财产继承

清朝的继承仍分为身份继承和财产继承。

（1）宗祧继承。宗祧继承沿袭唐宋以来的规定，通常以嫡长子为法定第一顺序继承人，无嫡长子者立嫡长孙，以下依照嫡次子、嫡次孙、庶长子、庶长孙、庶次子、庶次孙的顺序继承。若立嫡违反法定顺序，杖八十，以示宗法继承的严肃性。

（2）户绝财产继承。对于绝户之家，法律规定：“无子者许令同宗昭穆相当之侄承继，先尽同父同宗，次及大功、小功、缌麻；如俱无，方许择立远房及同姓为嗣。”所谓“昭穆相当”，即指辈分相同。

2. 异姓义子的继承权

由于继承重血缘，法律禁止乞养异姓义子，以免乱宗族，否则杖八十。八旗无嗣之人虽可过继异姓亲属，但须双方生父、族长以及该管参佐领出甘结，送户部备案。立继人须昭穆相当，不得尊卑失序。

3. 独子兼祧制度

（1）在身份继承上，清朝确立了独子兼祧制度。独子兼祧为清朝独创，民间俗称“两房合一子”，即一人可以继承两房的香火和财产。

（2）独子出继的两房应该为同父兄弟，而且须双方同意，并有全族的书面见证，才可一人承两房宗祧。

四、经济立法

（一）海禁政策与对外贸易立法

1. 海禁政策

2. 对外贸易立法

清朝廷陆续在《大清律例》中增订条例，对海上各种贸易实施严厉的监控。海禁措施使沿海对外贸易被完全禁绝，沉重打击了对外贸易和沿海工商业。

（二）专卖制度

为贯彻“重农抑商”政策，清朝政府广设钞关，重征商税，以严刑峻罚推行禁榷制度，规定对盐、茶、矾等高利润的民生物资实行官府垄断经营。

五、司法制度

（一）中央司法机关

1. 三法司：刑部、大理寺、都察院

（1）刑部。清朝的刑部是最高司法审判机关，有“刑名总汇”之称，下设十七省清吏司分掌各省审判事务。刑部是清朝最重要的中央机构，在处理全国司法事务方面起着主导作用。其主要职权包括：审理中央百官的犯罪案件，批结全国军流遣案件，审理发生在京师的笞杖刑以上案件，处理地方上诉案及秋审事宜，主持司法行政与律例修订。

（2）大理寺。大理寺是负责案件复核的“慎刑”机构，主要职责是复核死刑案件，平反冤狱，同时参与秋审、热审等会审。如发现刑部定罪量刑有误，可提出封驳。

（3）都察院。都察院是全国最高监察机关，负责督察百官风纪、纠弹不法，同时负有监督刑部、大理寺之责，可对其错误提出纠弹，亦可参与重大案件的会审。

2. 特设的专门司法机构

（1）内务府所管辖的满人诉讼，由内务府慎刑司审理，徒罪以上案件移送刑部，有时也承审奉旨交办的案件。

（2）宗人府管理皇室诉讼。

（3）步军统领衙门掌管京师满人诉讼。

（4）中央设置理藩院，作为管辖少数民族事务的机构，也是内外蒙古、青海、回疆地区的上诉机关。理藩院设理刑司，专掌司法审判。

（二）诉讼程序与审判制度

1. 告诉权的限制

（1）凡依律应属容隐之人，一律不得赴官陈控，包括奴婢、雇工等，均不得控告家长。

（2）狱中罪犯不得告举他事。

（3）地方司法由州县至督抚共分四个审级，禁止越诉行为。诉讼当事人若不服判决，可逐级上诉申控，不得越过本管机关径赴上司申诉，违者即使所控属实亦应笞五十，或将本人并同代书诉状之人一体按“光棍”例治罪。

2. 刑事审判程序

（1）笞杖刑案件由州县自行审结。

（2）凡应拟徒刑的案件，由州县初审，依次经府、按察司、督抚逐级审核，最后由督抚作出判决。

（3）流刑、充军等案，由各省督抚审结后咨报刑部，由刑部有关清吏司核拟批复，交各省执行。

（4）死刑重案，由州县初审然后逐级审转复核，经督抚向皇帝具题，最终由“三法司”核拟具奏。发生在京师的死刑案件则由刑部直接审理，题奏于皇帝，再经三法司核拟。所有死刑案件最终须经皇帝勾决，才能执行。

3. 审判回避

清承明制，实行审判回避，凡主审官员若与诉讼当事人有亲属、仇嫌关系，均应移交回避，违者笞四十。官府审判案件时应依所告本状推问，不得于状外别求他事定人罪。

（三）秋审制度

秋审是清朝最重要的死刑复审制度，被称为国家大典。秋审源于汉朝的秋冬行刑和录囚制

度，到了明朝发展成为朝审，清朝继承了明朝的朝审，并发展成为秋审制度。秋审审理的对象是各省上报的斩监候、绞监候案件，每年秋八月在天安门金水桥西由九卿、詹事、科道以及军机大臣、内阁大学士等重要官员会同审理。秋审案件经过复审程序后，分为五种情况处理：

（1）情实：罪情属实、罪名恰当者，奏请执行死刑。

（2）缓决：案情虽属实，但危害性不大者，可再押监候办，留待下年秋审。凡三经秋审定为缓决，可免死减为流三千里，或减发烟瘴极边充军。

（3）可矜：案情属实，但情有可原，予以免死减等发落。

（4）可疑：案情尚未完全确证清楚，则驳回原省再审。

（5）留养承祀：案情属实，罪名恰当，但罪犯为独子而祖父母、父母年老无人奉养，或符合“孀妇独子”等条件的，则经皇帝批准，可改判重杖，枷号示众 3 个月。

秋审的判决虽然依据法律，但亦参考犯罪时间及地区的实际情况，灵活运用。秋审是清朝刑事审判制度趋于完备的重要标志，有助于统一法律适用，准确打击犯罪，既保证了皇帝对最高司法权的控制，又宣扬了统治者的仁政德治。

（四）幕友、胥吏的作用

在清朝司法实践中，幕友和胥吏起着重要作用。

1. 幕友

幕友是由官员私人聘请的政法顾问，俗称“师爷”。幕友以专办司法审判事务的“刑名幕友”地位为最高。刑名幕友帮助官员对民间诉状作出批词，确定审理的时间及审理方法，草拟判词。清初官员倚仗幕友办案已成惯例，各级地方官及中央司法部门长官都有幕友帮助。

2. 胥吏

胥吏是各级政府衙门中从事文书工作的人员，他们熟悉本地社会情况及衙门审判惯例。

幕友、胥吏往往勾结作弊，敲诈勒索，贪赃枉法，使法制受到很大破坏，使清朝司法实践状况更为黑暗。

知识拓展

1.《元典章》卷四十九《刑部十一·诸盗·警迹人·盗贼刺断充警迹人》：强盗不该死并窃盗，除断本罪外，初犯者于右臂刺“强、窃盗一度”字号。强盗再犯，处死；窃盗再犯者，断罪外（虽会赦，亦刺字），皆司县籍记，充警迹人，令村坊常切检察，遇有出处经宿或移他处，报邻佑知。若经五年不犯者，听主首与邻人保申除籍。如能告及捕获强盗一名，减二年；二名，除籍。窃盗一名，一年。其附籍后，若有再犯，终身拘籍。应据警迹人除缉捕外，官司不得追逐出入，妨碍营生。

请运用中国法制史知识和理论，分析论述下列问题：

（1）何为“警迹人”？其适用对象有哪些？如何适用“警迹人”制度？

（2）在加强对“警迹人”控制的同时，元律对“警迹人”规定了哪些鼓励性措施？

（3）请对上述材料进行评价。

（1）警迹人就是被警惕督察其行迹的人。警迹人的适用对象是犯有强盗罪但罪不至死的人或者窃盗罪的人。警迹人主要适用于犯笞、杖、徒罪的人，但遇皇帝大赦，则不限于上述三种刑罚，对于适用“警迹人”制度的犯人，须附加刺字刑。

（2）对于适用“警迹人”制度的犯人，如能告发或捕获强盗 1 名，警迹期限 5 年中减去 2 年；告发或捕获 2 名强盗，解除警迹期限。告发或捕获窃盗犯 1 名，警迹期限减去 1 年。扣减或者解除警迹期限的，官司不得翻旧账，妨碍其营生。

（3）①推行“警迹人”制度，能够增加警迹犯人的羞耻感，督促其及早改过自新，也方便官府对警迹犯人的控制。

②对“警迹人”推行鼓励措施，既可以迫使地方官吏认真缉拿强盗、窃盗，又可保证警迹人正常生活，以使二者在社会治安方面互相合作。

③推行“警迹人”制度，通过昭示盗贼犯人的劣迹，以彰其过，达到“自警亦警人”目的。

2. 材料一：《唐律疏议·贼盗律》（卷十九）：诸监临主守自盗及盗所监临财物者，（若亲王财物而监守自盗，亦同。）加凡盗二等，三十匹绞。（本条已有加者，亦累加之。）

材料二：《大明律·吏律》（卷第三）：官吏监守自盗仓库钱粮，不分首从，一贯以上杖八十，四十贯处斩。

请运用中国法制史知识和理论，分析论述下列问题：

（1）对比唐朝和明朝法律在处理监守自盗案件上的差异。

（2）根据材料分析明朝定罪量刑的基本原则。

（3）试说明明律较唐律在定罪量刑上发生变化的原因。

（1）在处理监守自盗案件上，明律规定显然重于唐律：对于监守自盗，明律规定不分首从，并赃论罪，一贯以下杖八十，四十贯就处斩刑；而唐朝规定监守自盗三十匹才处绞刑。明律规定显然重于唐律。

（2）明朝在定罪量刑上采取“轻其所轻、重其所重”的原则：

①明律对一些轻微触犯礼教、典礼等有违伦常礼教犯罪的罪名，比唐律处罚有所减轻，即“轻其所轻”；

②明律对政治性犯罪、侵害财产以及官吏贪赃受贿等犯罪的处罚，比唐律明显加重，即“重其所重”。

（3）明朝确立“轻其所轻、重其所重”的原则有深刻历史原因：

①随着君权的加强和社会矛盾的日益加剧，盗窃和贪墨大案直接冲击着封建专制统治的基础，加大对此类犯罪的打击力度，是“重典治国”的体现。

②在重典治世思想指导下，明律突出了刑法的打击对象，加大了以刑罚手段处治危害专制统治的贼盗和贪墨犯罪的力度。

③贪墨犯罪是明律的打击重点，因此对礼教犯罪从轻处罚，能够集中刑法的打击目标，使刑事镇压具有更强的针对性，并能够缓和社会的反抗情绪。

第六章　清末民初的法律制度

大纲应试策略

本章包括清末、南京临时政府、北洋政府法律制度等内容。在背诵要点中，《钦定宪法大纲》、《十九信条》、谘议局和资政院、清末对刑律的修订、清末对民商事法律的修订、清末修律的特点和历史意义、清末司法机关的调整和诉讼审判制度的改革、《中华民国临时政府组织大纲》、《中华民国临时约法》、中央司法机关和司法改革的主要措施、“天坛宪草”、“袁记约法”、“贿选宪法”、《暂行新刑律》、北洋政府司法体系是较为重要的知识点。本章是重点章节，其出题方式为选择题和简答题，其中，简答题命题频率高。除考查过的主观题外，本章较为重要的简答题有：《钦定宪法大纲》的内容、《十九信条》的内容、《大清新刑律》的内容、《大清民律草案》的特点、清末商事立法的主要特点、清末礼法之争的主要内容、清末修律的主要特点、会审公廨、《中华民国临时约法》的主要内容和历史意义、南京临时政府司法改革的主要措施、“天坛宪草”的主要内容、《中华民国约法》的主要特点、北洋政府的司法体系。

大纲背诵要点

第一节　清末法律制度

一、“预备立宪”

（一）“预备立宪”的背景与“大权统于朝廷，庶政公诸舆论”的指导原则

1. “预备立宪”的历史背景

（1）国内背景。突出的民族矛盾，当权者与资产阶级改良派、革命派的矛盾更加激烈。

（2）国际背景。列强为了进一步控制中国，不断对清政府施加各种压力，要求其改革体制，以适应西方国家各方面的需要。清政府企图以实行“新政”为名，缓和各种矛盾，挽救危局。

2. “预备立宪”的直接诱因

直接诱因是日俄战争中俄国战败的刺激，这促使清政府预备仿行宪政，朝野上下要求清政府实行宪政的呼声日益高涨。

3. “大权统于朝廷，庶政公诸舆论”的指导原则

1906 年，清政府发布《宣示预备立宪先行厘定官制谕》，确定了“大权统于朝廷，庶政公诸舆论”作为预备立宪的基本出发点和立宪指导原则。

（二）《钦定宪法大纲》

1. 《钦定宪法大纲》的制定

《钦定宪法大纲》是清政府于 1908 年颁布的宪法性文件。它由宪政编查馆编订，是清政府“预备立宪”的一个步骤，也是中国历史上的第一个宪法性文件。《钦定宪法大纲》的颁行标志着中国宪政运动的开端。

2. 《钦定宪法大纲》的内容

《钦定宪法大纲》分为正文“君上大权”和附录“臣民权利义务”两部分：

（1）君上大权。

①规定了皇帝至高无上的地位，“大清皇帝统治大清帝国，万世一系，永永尊戴”“君上神圣尊严，不可侵犯”。

②君主在立法、行政、司法、统率军队、宣布战争和媾和、宣布戒严等方面拥有绝对权力，并在许多条文之后加上“议院不得干预”“皆非议院所得干预”等词语，以保障皇权、限制议会的权力。

（2）臣民权利义务。规定了臣民纳税、服兵役、遵守法律诸项义务以及抄自日本宪法中的一些臣民权利。但对于每项臣民权利，均以“于法律范围内”作为限制语，并规定皇帝“得以诏令限制臣民之自由”。

3.《钦定宪法大纲》的实质、特点及意义

(1)《钦定宪法大纲》无论在结构形式上还是条文内容上，都体现了“大权统于朝廷”的精神。其突出特点就是皇帝专权，人民无权。

(2)《钦定宪法大纲》通过给封建君主专制制度披上“宪法”的外衣，以法律的形式确认君主绝对权力，体现了清朝贵族企图继续维护专制统治的意志和愿望。

(3)《钦定宪法大纲》对于皇权的“法定”和关于臣民权利义务的第一次明确规定，对于启发民智、培养近代法律意识具有一定的意义。

(三) 谘议局与资政院

1. 谘议局

(1) 谘议局是清政府为了“预备立宪”而在地方设立的地方咨询机关，其活动的宗旨是“指陈通省利病，筹计地方治安”。

(2) 谘议局的权限是：讨论本省兴革事宜、决算预算、税收、公债以及选举资政院议员、申复资政院或本省督抚的咨询等。但其所议定事项，可决权全在本省督抚，督抚对于谘议局，不仅有监督、裁夺之权，而且有令其停会及奏请解散之权。

(3) 谘议局具有地方议会的性质。

2. 资政院

(1) 作为中央咨询机关，资政院于1910年正式设立。

(2) 资政院的权限是：“议决”国家的年度预决算，税法与公债，法典的修订、修改以及其余奉“特旨”交议事项。但是，资政院的一切决议均须报请皇帝定夺，皇帝还有权谕令资政院停会或解散。

(3) 资政院在形式上具有近现代国家议会的性质。

(4) 资政院议员分为钦选和民选两部分，钦选议员由皇帝指定，多为宗室贵族和高官显贵；民选议员由各省谘议局议员互选产生，但须各省督抚圈定。

谘议局和资政院是中国历史上亘古未有的机构，它们的设立，是君主专制政权对资产阶级作出的让步和妥协，也是民主宪政迈开的第一步。

(四)《十九信条》

1.《十九信条》的制定

《十九信条》全称《宪法重大信条十九条》，是清政府于辛亥革命爆发后制定的又一个宪法性文件，也是中国历史上的第二个宪法性文件。武昌起义爆发后，清政府的统治处于土崩瓦解之中。资政院仅用三天时间即拟定《宪法重大信条十九条》，并于1911年11月3日由清政府公布。《十九信条》是一部临时宪法。

2.《十九信条》的内容

(1) 采行君主立宪政体，规定皇帝权力限于宪法所规定。

(2) 宪法由资政院起草议决，由皇帝颁布之。

(3) 内阁对国会负责。

(4) 总理大臣由国会公举，皇帝任命，其他国务大臣由总理大臣推荐、皇帝任命。

(5) 皇族不得为总理大臣及其他国务大臣并各省行政长官。

(6) 军队对内使用时应依国会议决之特别条件。

(7) 不得以命令代法律。

(8) 预决算由国会审核批准。

3.《十九信条》的实质和结局

《十九信条》仍然强调“大清帝国皇统万世不易”“皇帝神圣不可侵犯”，但对于人民的权利只字未提。《十九信条》作为一种应急的政治策略，显然并不可能挽回清王朝大厦将倾的败局。

二、修律活动

（一）修律的指导思想：“中外通行，有裨治理”

“中外通行，有裨治理”是清末修律的宗旨和最基本的指导思想。

（二）修订法律馆

1902 年，清政府任命沈家本、伍廷芳为修订法律大臣，并于 1904 年成立修订法律馆。修订法律馆是清末负责修订法律的专门机关。修订法律馆的主要职掌是：拟订奉旨交议的各项法律，拟订各项法典草案，删订旧有律例及编纂各项章程。在沈家本的主持下，对刑事、民事、商事、经济、组织和诉讼等方面的法律进行了全面修订，从而拉开了中国传统法律近代化的序幕。

（三）《大清现行刑律》

1.《大清现行刑律》的制定

《大清现行刑律》是清政府于 1910 年 5 月 15 日颁行的一部过渡性刑法典，它在《大清律例》的基础上作局部调整删改而成。

2.《大清现行刑律》的内容

（1）《大清现行刑律》取消了《大清律例》中按吏、户、礼、兵、刑、工六部名称而分的六律总目，将法典各条按其性质分隶 30 门。

（2）《大清现行刑律》对继承、分产、婚姻、田宅、钱债等纯属民事性质的条款不再科刑。

（3）《大清现行刑律》删除了凌迟、枭首、戮尸、刺字等酷刑和缘坐制度，设置了新刑罚体系，将主体刑罚确定为死刑（斩、绞）、遣刑、流刑、徒刑、罚金五种。

（4）《大清现行刑律》增加了一些新罪名，如妨害国交罪、妨害选举罪、私铸银元罪以及破坏交通、电讯的犯罪等。

3.《大清现行刑律》的局限性

《大清现行刑律》无论在表现形式、法典结构以及具体内容上都仍是一部传统性质的法典，因而不具有近代意义：

（1）没有改变律例合编体例。

（2）对于“十恶”重罪仍予保留。

（3）只是在局部和形式上对《大清律例》进行修改。

（四）《大清新刑律》

1.《大清新刑律》的制定

《大清新刑律》是清政府于 1911 年 1 月公布的刑法典，是清末修律最主要的成果。

2.《大清新刑律》的内容

（1）在体例上抛弃了以往旧律“诸法合体”的编纂形式，采用近代西方刑法典的体例，将法典分为总则与分则两部分。

（2）采用近代刑罚体系，规定刑罚分为主刑和从刑两种。主刑包括死刑（仅绞刑一种）、无期徒刑、有期徒刑、拘役和罚金五种，从刑包括褫夺公权和没收两种。

（3）引入了西方的刑法原则和刑法学的通用术语，如罪刑法定主义原则，“法律面前人人平等”原则，取消了十恶、八议、官当以及按官秩、良贱、服制等刑律适用原则；采用西方国家通用的既遂、未遂、缓刑、假释、时效、正当防卫、紧急避险等制度和术语。在各省设感化院，对少年犯改用惩治教育。

(4) 调整了部分罪名。如将谋反罪改为内乱罪，新增有关国交、外患、电讯、交通、卫生等罪名。

3.《大清新刑律》的地位

(1)《大清新刑律》是清政府于1911年颁布的中国历史上第一部具有近代意义的专门刑法典，它标志着中国封建法律体系的解体和近代法律体系的诞生，是清末修律的代表作。

(2) 因“礼法之争”而作出妥协，《大清新刑律》附有《暂行章程》5条，具有浓厚的礼教色彩。

(3)《大清新刑律》公布后不久清王朝即告覆亡，该律并未正式施行，但对以后中华民国刑事立法有着深远的影响。

(五)《大清民律草案》

1.《大清民律草案》的制定

《大清民律草案》由修订法律馆和礼学馆共同拟定，仿照德国民法典的编纂体例，分为总则、债权、物权、亲属、继承五编。修订法律馆委托日本法学家松冈义正起草民律草案前三编总则、债权和物权，后两编亲属与继承由修订法律馆会同礼学馆制订，但由礼学馆牵头。《大清民律草案》于1911年10月完成。因武昌起义爆发，该草案未及正式颁行。《大清民律草案》的制定以“参酌古今，博辑中外，务其中外通行”为指导思想，并遵循以下三个方面的立法原则：采纳各国通行的民法原则；以最新最合理的法律理论为指导；充分考虑中国特定的国情民风，确定最适合中国风俗习惯的法则，并适应社会演进的需要。

2.《大清民律草案》的特点

(1) 民律前三编以“模范列强”为主。在起草者松冈义正的影响下，以日、德、瑞士民法典为参照，体例结构取自德国民法典。在总则编中，采取了私有财产所有权不可侵犯、契约自由、过失致人损害应予赔偿等基本原则。债权编规定了债权的标的、效力、让与、承认、消灭以及各种形式债的意义和有关当事人的权利义务等。物权编主要规定了对各种形式的财产权的法律保护及财产使用内容等。

(2) 民律后两编以“固守国粹”为主。根据民律草案的起草原则，所有涉及亲属关系以及与亲属关系相关联的财产关系，均以中国传统为主。这两编主要参照现行法律、经义和道德，虽也采纳了一些资产阶级的法律规定，但更注重吸收中国传统社会历代相沿的礼教民俗。亲属编对亲属关系的种类和范围、家庭制度、婚姻制度、未成年人和成年人的监护、亲属间的抚养等作了规定。继承编规定了自然继承的范围及顺位、遗嘱继承的办法和效力以及对债权人和受遗赠人利益的法律保护。

3.《大清民律草案》的地位

(1)《大清民律草案》不仅前三编与后两编风格迥异，而且与当时中国实际严重脱节。

(2)《大清民律草案》虽然不太成熟，但作为中国历史上第一部民法典草案，对以后的民事立法产生了重要影响。

(六) 商事立法及其特点

清末实行民商分立的民事立法体例。商事立法的特点有：

(1) 在法律渊源上体现了以“模范列强”“博稽中外”为立法原则。商事法典的制定从体例到内容，皆模仿西方资本主义国家的商法，同时在内容上注意吸收和反映中国传统的商事习惯。

（2）在法典编纂结构和立法技术上，充分体现了照顾商事活动简便性及敏捷性的要求，以宽为主。在吸收各国商法和中国商事习惯的基础上，采取了与商为便的一系列规定，在客观上有利于鼓励私人投资近代企业。

（3）带有封建残余和半殖民地法律的烙印。清政府企图利用法律发展买办经济，把民族工商业纳入官办或半官办的轨道。

清末商事立法虽有种种不足之处，但客观上基本适应了当时社会经济发展的要求，是中国近代商事立法的开端。

（七）礼法之争

1. 礼法之争

"礼法之争"是指在清末变法修律过程中，以张之洞、劳乃宣为代表的"礼教派"与以修订法律大臣沈家本、伍廷芳为代表的"法理派"，围绕《大清新刑律》等新式法典的修订原则产生的论争。

2. 礼法之争的主要内容（主要焦点）

（1）关于"干名犯义"条款的存废。"干名犯义"就是子孙控告祖父母、父母的行为。法理派认为不必另立专条。礼教派认为不能在新律中没有反映。

（2）关于"存留养亲"条款的存废。沈家本等人认为"存留养亲"不编入新刑律草案。礼教派则认为，"存留养亲"是宣扬"仁政"、鼓励孝道的重要方式，不能排除在新律之外。

（3）关于"无夫奸"和"亲属相奸"等是否定罪。礼教派认为，"奸非（通奸）"严重违反传统道德，应予严惩。"亲属相奸"更是大犯礼教之事，新律中应有专门规定。法理派则认为，无夫妇女犯奸，当于教育上别筹办法，不必编入刑律之中。亲属相奸为个人之过恶，未害及社会，毋庸另立专条。

（4）关于"子孙违反教令"是否废除。礼教派认为，"子孙治罪之权，全在祖父母、父母，实为教孝之盛轨"。法理派则指出："此全是教育上事，应别设感化院之类，以宏教育之方。此无关于刑事，不必规定于刑律中也。"

（5）关于子孙卑幼能否对尊长行使正当防卫权。礼教派认为，子孙对父母、祖父母的教训、惩治，绝无"正当防卫"之说。法理派则认为，子孙卑幼可对尊长行使正当防卫权。

3. 礼法之争的结局

"礼法之争"的结局是法理派妥协退让，沈家本至此辞去了修订法律大臣的职务。清政府在《大清新刑律》后附加5条《暂行章程》，作为附则。《暂行章程》规定：

（1）无夫妇女通奸要论罪，双方都要判处刑罚。

（2）对尊亲属有犯不得适用正当防卫。

（3）加重卑幼对尊长、妻对夫杀伤等罪的刑罚；减轻尊长对卑幼、夫对妻杀伤等罪的刑罚。

（4）凡犯危害皇室、内乱、外患罪以及杀伤尊亲属罪，处以死刑的，仍适用斩刑。

（5）凡犯毁弃尸体、盗取尸体、发掘尊亲属坟墓、强盗等罪的，仍可视情形适用斩刑。

4. 礼法之争的意义

（1）"礼法之争"表明了保守派势力的强大和清政府的顽固立场，也说明了法理派的软弱性和一再退让性。

（2）礼法之争在客观上对传播近代法律思想和理论起到了一定的积极作用，对于此后的近代法制建设具有重要影响。

（八）法院组织法与诉讼法

1.《大理院审判编制法》

（1）沈家本主持编成《大理院审判编制法》，是中国近代意义上的第一部法院编制法。

（2）其内容有：明确了民刑分理的体制，确认司法独立原则，并规定了不同审级的审判方式，引进西方审判监督机制。《大理院审判编制法》确立四级三审制的审级与权限，对各级审判机构设置、内部组织、人员配备等均作了明确规定。高等审判厅设于京师及各省省会，内设刑事、民事审判庭，审判庭实行合议制。地方审判厅于京师、直隶府、直隶州各设一所。

（3）《大理院审判编制法》的颁行，标志着晚清司法制度改革进入了一个重要阶段。

2.《法院编制法》

（1）沈家本组织修订法律馆人员编成《法院编制法》。

（2）其内容有：引进了诸如审判独立、公开审判、民刑分理、审检分立、合议制等西方法制原则，废除了三司会审、九卿会审、秋审、热审、朝审等封建审判制度，确保司法不受行政干预。

（3）《法院编制法》是对传统司法体制和审判制度的重大变革。

3.《大清刑事民事诉讼法草案》

《大清刑事民事诉讼法草案》以区分民刑诉讼、建立陪审制度和实行律师制度为核心内容。这部诉讼法草案吸收了诸多西方近代的诉讼原则，因而与中国传统的诉讼审判原则和制度格格不入，终因受到各地将军督抚的反对而被搁置。

4.《大清刑事诉讼律草案》

（1）《大清刑事诉讼律草案》以日本 1890 年《刑事诉讼法》为蓝本，并经日本法学家冈田朝太郎的协助完成。

（2）该部草案引进了西方近代的诉讼原则和制度，如民刑分理、审判公开、陪审制度、辩护制度、废除刑讯逼供、采取据众证定罪等。

（3）该部草案是我国第一部专门的刑事诉讼法典草案，是中国刑事诉讼制度近代化的开始，标志着中国古代重实体、轻程序传统的终结。

5.《大清民事诉讼律草案》

（1）《大清刑事诉讼律草案》奏呈三天后，《大清民事诉讼律草案》告成，以日本 1890 年《民事诉讼法》为原型。

（2）《大清民事诉讼律草案》采用了近代西方国家民事诉讼通用的“当事人主义”、法院不干涉及辩论等原则，表现了对私权的重视。

（3）《大清民事诉讼律草案》确立了全新的民事诉讼审判制度模式，因而是我国第一部民事诉讼法典草案，在我国民事诉讼法典编纂史上具有开创性意义，标志着中国民事诉讼立法近代化的开端。

（九）清末修律的主要特点和历史意义

1. 清末修律的主要特点

（1）在立法指导思想上，清政府迫于激变的时局，不得不“改弦更张”“参酌各国法律”进行变法修律，但在根本问题上又坚持修律应“不戾乎中国数千年相传之礼教民情”。因此，借用西方近代法律制度的形式，坚持中国固有的制度内容，即成为清朝统治者变法修律的基本宗旨。

（2）在内容上，一方面，清末修律坚持君主专制及伦理纲常“不可率行改变”，在新修新订的法律中继续保持肯定和维护专制统治的传统；另一方面，又标榜“吸收世界各国大同之良规、兼采近世最新之学说”，大量引入西方法律理论、原则、制度和法律术语，使得保守的内容与先进的近代法律形式同时显现于新订的法律法规之中。

（3）在法典编纂形式上，清末修律改变了中国传统的“诸法合体”的形式，明确了实体法之间、实体法与程序法之间的差别，分别制定、颁行或起草了有关宪法、刑法、民法、商法、诉讼法、法院组织法等方面的法典或法规，形成了近代法律体系的雏形。

（4）在实质上，清末修律是在保持君主政体的前提下进行的，既不能反映人民群众的要求和愿望，也没有真正的民主形式，清末修律的实质是为了维护清王朝摇摇欲坠的统治。

2. 清末修律的历史意义

（1）清末修律导致中华法系走向解体。随着修律过程中一系列新的法典、法规的出现，不仅传统的“诸法合体”形式被抛弃，而且中华法系“依伦理而轻重其刑”的特点也受到了极大的冲击。

（2）清末修律为中国法律的近代化奠定了基础。通过清末大规模的立法，参照西方资产阶级法律建立起来的一整套法律制度和司法体制，对后世特别是北洋政府和南京国民政府近代法律制度的发展提供了条件。

（3）清末修律在一定程度上引进和传播了西方近代法律学说和法律制度。修律第一次全面而系统地向国内介绍和传播了西方法律学说和资本主义法律制度，使得近代法律知识在中国得到一定程度的普及，从而促进近代法治观念的逐步形成。

（4）清末修律在客观上有助于推动中国资本主义的发展和法学教育的近代化。

三、司法制度的变化

（一）领事裁判权与会审公廨

1. 领事裁判权

（1）领事裁判权的确立。领事裁判权是指一国通过其驻外领事等对在另一国领土之内的本国国民按照本国法律行使司法管辖权的制度，属于“治外法权”的一种。外国在华领事裁判权正式确立于 1843 年《中英五口通商章程》及随后签订的《虎门条约》中，并在其后签订的一系列不平等条约中得以扩充。

（2）领事裁判权的主要内容。

①中国人与享有领事裁判权国家的侨民间在中国发生的民事诉讼和刑事诉讼案件，均依被告主义原则适用法律和实行司法管辖。

②享有领事裁判权国家的侨民之间在中国发生的诉讼案件，由所属国领事法院或相应机关审理，中国官员一律不得过问。

③不同国家的侨民之间的争讼，一般均适用被告主义原则，由被告一方所属国的领事法院或相应机构审理，中国官员也不得过问。

④享有领事裁判权国家的侨民与非享有领事裁判权国家的侨民之间的争讼案件，如果前者是被告，则适用被告主义原则；如果后者是被告，则由中国地方官府或司法机关管辖。

2. 会审公廨

（1）会审公廨的设立。会审公廨是清政府在租界内设立的特殊审判机关，实际上是领事裁判权制度的延伸。1864 年，清政府与英、美、法三国驻上海领事协议在租界内设立专门审判机构，正式形成了会审公廨制度。

（2）会审公廨的内容。按照 1868 年《上海洋泾浜设官会审章程》的规定，会审公廨名义上是中国官府派驻租界的基层法庭，对租界内中国人之间及中国人为被告的案件实施管辖，但凡诉讼牵扯到外国人的，如果被告是有约国人，由其本国领事裁判；如果被告是无约国人，仍须邀请一名外国官员“陪审”。实际上所谓“会审”，只是徒有虚名，甚至租界内纯粹中国人之间的诉讼，最终也须外国领事观审并操纵判决。

3. 领事裁判权与会审公廨的危害

领事裁判权和会审公廨是帝国主义列强干涉中国内政、操纵中国司法的重要手段，严重破坏了中国的司法主权。

（二）司法机构的调整

（1）改刑部为法部，掌管全国司法行政事务，以使行政与司法分立，并改省按察使司为提法使司，负责地方司法行政工作及司法监督。

（2）改大理寺为大理院，作为全国最高审判机关。在地方设立高级审判厅、地方审判厅和初级审判厅，形成新的司法系统。

（3）实行审检合署，在各级审判厅内设置相应的检察厅，对刑事案件进行侦查、提起公诉、实行审判监督，并可参与民事案件的审理，充当诉讼当事人或公益代表人。

（三）诉讼审判制度的改革

（1）在诉讼程序上实行四级三审制。

（2）规定了刑事案件的公诉制度、附带民事诉讼制度、民事案件的自诉及代理制度、证据制度、保释制度等，并承认律师辩护的合法性。

（3）在审判制度上，允许辩论，实行回避、审判公开等，明确了预审、合议、公开审判、复审等程序，并吸收了西方国家一系列司法原则，如司法独立、辩护制度等，但并未能真正实施。

（4）初步规定了法官及检察官考试任用制度。

（5）改良监狱及狱政管理制度。

第二节　南京临时政府法律制度

一、宪法性文件

（一）《中华民国临时政府组织大纲》

1.《中华民国临时政府组织大纲》的制定及主要内容

《中华民国临时政府组织大纲》（简称《临时政府组织大纲》）是辛亥革命胜利后各省都督府代表会议通过的关于筹建中华民国临时政府的纲领性文件，于1911年12月3日通过。它第一次以法律形式宣告废除封建帝制，以美国的国家制度为蓝本，确立了中华民国的基本政治体制，实行三权分立原则：临时政府为总统制共和政体，临时大总统为国家元首和政府首脑，统率军队并行使行政权力；立法权由参议院行使，参议院由各省都督府委派3名参议员组成。在参议院成立以前，暂时由各省都督府代表会议代行其职权；审判所作为行使最高司法权的机关，由临时大总统取得参议院同意后设立。

2.《临时政府组织大纲》的历史意义

（1）《临时政府组织大纲》以法律的形式肯定了辛亥革命的成果，为以孙中山为首的中华民国南京临时政府的成立提供了法律依据。

（2）《临时政府组织大纲》第一次以法律的形式确认共和政体的诞生，宣告废除帝制，因而具有进步意义，并成为制定《中华民国临时约法》的基础。

（二）《中华民国临时约法》的制定、主要内容、特点及其历史意义

1.《中华民国临时约法》的制定

《中华民国临时约法》（简称《临时约法》）是在辛亥革命后南北议和的过程中制定的。1912年3月8日，《临时约法》在参议院三读通过，并于袁世凯在北京就任临时大总统的次日——3月11日——由孙中山正式公布。

2.《临时约法》的主要内容

（1）明确宣示中华民国为统一的民主共和国。《临时约法》明确宣布“中华民国由中华人民组织之”；“中华民国之主权，属于国民全体”。

（2）确立了资产阶级民主共和国的政治体制和国家制度。《临时约法》规定实行三权分立的政府组织原则，采用责任内阁制，规定临时大总统、副总统和国务员行使行政权力，参议院是立法机关，法院是司法机关，并规定了其他相应的组织与制度。

（3）规定人民享有广泛的权利及应尽的义务。《临时约法》规定人民享有人身、财产、居住、迁徙、言论、出版、集会、结社、通信、信教等项自由和选举、被选举、考试、请愿、诉讼等权利。

（4）确认保护私有财产的原则。《临时约法》以法律的形式破除清王朝束缚私人资本主义发展的各种桎梏。

3.《临时约法》的主要特点

《临时约法》的主要特点就是对袁世凯加以限制和防范，主要表现在：

（1）改总统制为责任内阁制，以限制袁世凯的政治权力。

（2）扩大参议院的权力。《临时约法》规定参议院除了拥有立法权外，还有对总统决定重大事件的同意权和对总统、副总统的弹劾权。临时大总统对参议院议决事项复议时，如有2/3的参议员仍坚持原议，大总统必须公布施行。

（3）规定特别修改程序。《临时约法》规定，约法的增删修改，须由参议院议员2/3以上或临时大总统之提议，经参议员4/5以上之出席，出席议员3/4以上之赞成方可进行，以防止袁世凯擅自修改变更约法。

4.《临时约法》的历史意义

（1）《临时约法》作为近代第一部资产阶级共和国性质的宪法文件，肯定了辛亥革命的成果，彻底否定了中国数千年来的君主专制制度，肯定了资产阶级民主共和制度和民主自由原则，在全国人民面前树立起“民主”“共和”的形象。

（2）《临时约法》所反映的资产阶级的愿望和意志，在当时条件下是符合中国社会发展趋势的，也在一定程度上反映了人民群众的民主要求。但由于历史条件的限制，《临时约法》也存在明显的不足和严重的缺陷，其中既有立宪观念的问题，也有具体条文和立法技术的问题。尤其是，《临时约法》带有因人立法的局限性，体现了资产阶级革命派的宪政理想主义和现实软弱性。

二、其他革命法令

（一）保障民权的法令

为保障民权，南京临时政府制定了《保护人民财产令》等法令。

（二）发展经济的法令

为适应民族资产阶级发展民族经济的迫切要求，颁布了《大总统令内务部通饬各省慎重农事文》等保护人民营业权利和振兴实业、发展经济的法规和法令，鼓励兴办实业，奖励农垦，鼓励

华侨在国内投资。

（三）文化教育方面的法令

南京临时政府以“启文明而速进化”作为拟定教育方案、颁布教育法规的指导方针，采取措施发展文化教育。颁布《普通教育暂行办法及课程标准》等法令。

（四）社会改革方面的法令

南京临时政府颁布了包括《大总统令禁烟文》《大总统令内务部通饬禁烟文》等一系列社会改革法令，旨在革除社会陋习，移风易俗，振奋民族精神，提倡近代文明，改革社会风尚。

三、司法制度

（一）中央司法机关

南京临时政府最高司法行政机关为司法部，根据《临时政府组织大纲》的规定，确立临时中央审判所为最高审判机关；根据《临时约法》的规定，确立最高法院为最高审判机关。

（二）司法改革的主要措施

（1）确立司法独立的原则。主张司法独立，实现审判权同行政权的分离，是南京临时政府改革司法制度的重大举措。根据三权分立的原则，《临时约法》规定，法官独立审判，不受上级官厅之干涉。为保证法官独立行使审判权，专门规定，法官在任中不得减俸或转职。非依法律受刑罚宣告或应免职之惩戒处分，不得解职。

（2）禁止刑讯。临时大总统发布“禁止刑讯令”：不论行政司法官署及何种案件，一概不准刑讯；鞫狱应视其证据之充实与否，不当偏重口供；其从前不法刑具，悉令焚毁。

（3）禁止体罚。临时政府颁布“禁止体罚令”：不论司法、行政各官署审理及判决民刑案件，不准再用笞、杖、枷号及其他不法刑具。其罪当笞、杖、枷号者，悉改科罚金、拘留。并申明俟日后制定法典时再订详制。此外，对于犯人不准实行非人道待遇。

（4）试行公开审判及陪审制。《临时约法》规定，法院之审判，须公开之。但有认为妨害安宁秩序者，得秘密之。同时引进西方资产阶级的陪审制度，选拔有识之士参与陪审，以提高案件的透明度，陪审团参与审判活动也开始出现。

（5）试行律师制度。辛亥革命之后强调制定律师法、实行辩护制的重要意义。孙中山在《大总统令法制局审核呈复律师法草案文》中肯定律师制度与司法独立相辅为用，为文明各国通行的制度。各地既已纷纷设立律师公会，就应及时制定法律，作为律师工作之依据。

第三节　北洋政府法律制度

一、立法概况

（一）立法原则

北洋政府采取“隆礼”与“重刑”并重的立法指导原则。所谓“隆礼”，是通过倡导伦理纲常维护其统治。所谓“重刑”，即实行严刑峻法。

（二）立法活动的特点

（1）采用、删改清末新订之法律。

（2）采用西方资本主义国家的某些立法原则。

（3）制定颁布众多单行法规。

（4）判例和解释例成为重要的法律渊源。

二、制宪活动与宪法性文件

（一）《中华民国宪法草案》（“天坛宪草”）

《中华民国宪法草案》是北洋政府时期的第一部宪法草案，于 1913 年 10 月 31 日由国会宪法起草委员会三读通过。“天坛宪草”采用资产阶级三权分立的宪法原则，确立了民主共和制度，体现了国民党等在野派势力通过制宪限制袁世凯权力的意图。其特点有：

（1）在政权体制上，“天坛宪草”继续肯定责任内阁制，国务总理的任命须经众议院的同意，国务员对众议院负责，而不是对总统负责。行政权力实际由总理和各部部长行使，总统处于虚权国家元首的地位。

（2）“天坛宪草”规定了国会对总统行使诸如解散国会、任命总理等重大权力的牵制权，国会不仅有立法权，而且有弹劾权和对被弹劾的总统、副总统及国务员的审判权。为防止总统利用紧急处分权实行独裁，增设国会的常设机关国会委员会。

（3）“天坛宪草”严格限制总统任期，规定总统任期 5 年，只能连选连任一次。

（4）设立独立于行政机关的审计院，负责审核国家财政收入和支出的决算，核准国家岁出之支付命令。审计员由参议院选举产生，总统无权任免。

（二）《中华民国约法》（“袁记约法”）

北洋政府于 1914 年 5 月 1 日公布的《中华民国约法》，是军阀专制全面确立的标志。其主要特点有：

（1）以根本法的形式彻底否定了《临时约法》所确立的民主共和制度，代之以袁世凯的个人独裁。它的出笼使辛亥革命的成果丧失殆尽，是对《临时约法》的全面反动。

（2）完全否定和取消了责任内阁制，实行总统独裁的政治体制，赋予总统形同专制帝王一样至高无上的地位和权力。

（3）取消了国会制，设立有名无实的立法院。在立法院成立前，由纯属总统咨询机关的参政院代行立法院的职权。

（4）规定了人民的基本权利和义务，但无一例外地设定了“于法律范围内”或“依法律规定”等前提条件，有关人民基本权利的规定实际上成为一纸空文。

1914 年 12 月，参政院公布了《修正大总统选举法》，规定大总统的任期为 10 年，可连选连任；现任大总统可以推荐继承人，不限制荐贤、荐子，实际上承认了总统可以世袭。这部法律的制定公布为袁世凯复辟帝制提供了跳板。

（三）《中华民国宪法》（“贿选宪法”）

1923 年 10 月 1 日，北洋政府公布了《中华民国宪法》，它是中国历史上第一部正式颁行的宪法。其主要特点有：

（1）条文完备，形式民主。该宪法以 1913 年“天坛宪草”为底本，吸纳了宪法学者近十年以来的研讨成果，立法技术较为成熟。宪法规定“中华民国永远为统一民主国”“中华民国主权属于全体国民”。这是对复辟帝制和各种专制政体的彻底否定。该宪法还规定了人民广泛的民主权利，以及代议制、责任内阁制、司法独立、财政审计制度等。这些条文对民主制度的建构，形式上已颇为完备。

（2）名义上实行地方自治，实则确认国内军阀的势力范围。该部宪法对“国权”和“地方制度”作了专门规定，使宪法成为大小军阀实现利益分配的账单。

三、刑事立法

（一）《暂行新刑律》

《暂行新刑律》是北洋政府的专门刑法典。

（二）单行刑事法规

北洋政府制定了一系列特别刑事法规，赋予其优先适用的特别效力，主要包括《戒严法》《治安警察条例》《惩治盗匪法》《陆军刑事条例》《海军刑事条例》《徒刑改遣条例》《易笞条例》《乱党自首条例》《边界禁匪章程》《私盐治罪法》等。

四、司法制度

（一）司法机关的体系

（1）普通法院系统和平政院。北洋政府形成了二元司法体制：普通法院负责民事、刑事案件的裁判，平政院则职掌行政诉讼的裁判。北洋政府建立了中国最早的行政诉讼制度。

（2）四级三审制。普通法院系统实行四级三审制：中央设大理院，为最高审判机关；省设高等审判厅；城市设地方审判厅；县一级设初级审判厅或县知事兼理司法。

（3）审检分立。实行审检分立制度，总检察厅、高等检察厅、地方检察厅、初级检察厅分别对应大理院、高等审判厅、地方审判厅、初级审判厅而设。

（二）诉讼审判制度的主要特点

（1）暂行援用清末的民事刑事诉讼律草案的某些条文。

（2）诉讼制度原则上实行四级三审终审制，在形式上标榜所谓审判独立、公开审判、辩护原则、上诉制度以及检察官独立行使职权等。北洋政府普遍设立“兼理司法法院”，即由县知事兼领司法审判权，恢复了传统社会基层行政官员兼理审判的制度。

（3）武断专横。武断专横是北洋政府司法制度的一大弊病，滥施军事审判，利用军法审判干预司法，成为其诉讼审判制度的突出特点。

第七章　南京国民政府及中国共产党领导下的革命根据地法律制度

大纲应试策略

本章包括南京国民政府法律制度和中国共产党领导下的革命根据地法律制度等内容。在背诵要点中，南京国民政府的法律体系和六法全书、法律制度的主要特点、宪法性文件和宪法、《中华民国刑法》、民商合一的立法体系、《中华民国民法》、司法系统、诉讼审判制度的特点，工农民主政权的宪法性文件和土地立法，抗日民主政权的宪法性文件、刑事立法和司法制度，人民民主政权法律制度中的宪法性文件、土地立法和刑事立法是较为重要的知识。本章重点是南京国民政府法律制度。本章出题方式为选择题和简答题。除考查过的主观题外，本章较为重要的简答题有：南京国民政府的立法指导思想；南京国民政府的主要立法原则和立法权配置；南京国民政府的法律渊源；南京国民政府法律制度的历史意义和局限性；《训政纲领》的特点；“五五宪草”的特点；《中华民国宪法》（1947 年）的主要特点及其实质；南京国民政府“新刑法”的主要特点；清末至南京国民政府时期民商事立法及体例的演变；南京国民政府民商事立法的主要特点；南京国民政府的普通司法组织体系及其职权；南京国民政府诉讼审判制度的主要特点；《中华苏维埃共和国宪法大纲》的内容、意义和局限性；《陕甘宁边区施政纲领》的主要内容和意义；马锡五审判方式的特点及其意义；革命根据地时期的调解制度；《陕甘宁边区宪法原则》的主要内容；《华北人民政府施政方针》的主要内容。

大纲背诵要点

第一节　南京国民政府法律制度

一、立法概况

（一）指导思想

1. 指导思想的核心

孙中山的三民主义是南京国民政府立法指导思想的核心。

2. 具体指导思想

（1）权能分治。孙中山提出了权能分治理论：“权”即政权，是人民管理政府的力量，包括选举、罢免、创制、复决四项权力。“能”即治权，是政府管理国家事务的权能，包括行政、立法、司法、考试、监察五项权能。权能分治，就是要实现人民有权、政府有能的宪政体制，国家一切重要事项由人民来决断，然后由政府在人民的监督下执行。

（2）五权宪法。孙中山设计了五权宪法的政府组织方案：人民选举的国民大会是全国最高政权机关，统一行使国家四项政权，组成并监督政府。政府则由行政、立法、司法、考试、监察五院组成，各院依照宪法行使不同的权能，互相制衡。

（3）建国三时期：军政时期、训政时期、宪政时期。训政时期，不成立国民大会，由国民党全国代表大会代替国民大会行使政权，由国民党中央督导五院政府。

（二）主要立法原则与立法阶段

1. 主要立法原则

（1）立法活动的主要原则。南京国民政府立法活动的主要原则是坚持“党治”，即由国民党垄断立法权。

（2）立法机关。南京国民政府立法机关首推国民党全国代表大会及其中央执行委员会。由于训政时期不成立国民大会，故由国民党全国代表大会代替国民大会行使政权，国民党中央执行委员会是国民党全国代表大会的常设机关。

（3）训政最高指导机关。在国民党中央执行委员会中特设国民党中央政治会议（后改称国防最高委员会），作为“全国实行训政之最高指导机关”。

2. 五院

（1）立法院。立法院是“国家最高立法机关”，“有议决法律案、预算案、戒严案、大赦案、宣战案、媾和案、条约案及国家其他重要事项之权”。但立法院在行使立法权时，须遵循国民党中央政治会议所确定的立法原则。

(2) 行政院。行政院作为国民政府最高行政机关，有权向立法院提出法律案和其他议案，行政院及所属各部、委有权依据法律发布命令。

(3) 司法院、考试院和监察院。司法院、考试院和监察院均可在自己的职权范围内向立法院提出法律案，也可依据法律发布命令；司法院还行使统一解释法令及变更判例之权。

(三) 法律体系与《六法全书》

1. 法律体系

南京国民政府建立之初即开始仿照大陆法系国家建构中国的以法典为核心的法律体系。1928—1937 年，国民政府先后公布实施了六个部类的法律法规：宪法、行政法、刑法、民法、刑事诉讼法、民事诉讼法，建立起国民政府法律体系的基本框架。以这些大类法规中的基本法典（行政法除外）为中心，各有一整套的关系法规，即低位阶的法律、条例、通则、规程、规则、细则、办法、纲要、标准、准则以及判例、解释例等不同层次和性质的法律，组成一个严密的、层次分明的法律系统。国民政府采取“以法典为纲、以相关法规为目”的方式，将法典及相关法规汇编成《六法全书》。《六法全书》的编纂标志着国民政府六法体系的建构完成，实现了法律形式上的近代化。长期以来，人们在习惯上把南京国民政府的法律制度简称为“六法全书”、“六法体系”或“六法”。

2. 六法全书

六法体系包括以下几个层次：

(1) 基本法典。宪法、民法、刑法、刑事诉讼法、民事诉讼法等基本法典（行政法除外）构成了南京国民政府六法全书的法律体系的核心和骨架。

(2) 相关法规。即围绕基本法典而制定的低位阶法规，如条例、命令、细则、办法等。这些相关法规，与各部门的基本法典一起构成了完整的法律部门，是对各自的基本法典的重要补充。

(3) 判例和解释例。把判例和解释例作为重要的法律渊源，是南京国民政府对北洋政府法律遗产的继承和发展，它们是成文法的重要补充，可以对成文法加以引申或进行实质意义上的修正。最高法院的判例，经“采为判例，纳入判例要旨”，并报司法院核定者，具有法律效力。若最高法院各庭之间就某一判例有争议，则由司法院之变更判例会议作出决定。司法院大法官会议则拥有解释宪法、法律的权力，其作出的解释例或决议，具有与宪法或法律同等的效力。

(四) 法律制度的主要特点

(1) 宣称以孙中山先生的三民主义作为立法的根本原则。

(2) 形成了以《六法全书》为标志的国家成文法律体系。

(3) 不成文法在法律体系中占据重要地位。

(4) 颁布了数量众多的特别法。特别法多于普通法，其效力往往也高于普通法。

二、宪法性文件与宪法

(一)《训政纲领》

《训政纲领》是《中国国民党训政纲领》的简称，是国民党政权“训政”时期的纲领性文件。《训政纲领》确立了训政时期国民党“一党治国，以党训政”的施政方针。其特点有：

(1)《训政纲领》规定训政时期由中国国民党全国代表大会代表国民大会领导国民行使政权。

(2) 在国民党与人民的关系上，《训政纲领》体现了“训政保姆论”的精神。

(3)《训政纲领》确认国民党为最高训政者，把国民党全国代表大会及中央执行委员会规定为国家最高权力机关，把中央政治会议作为政府的直接领导机关。国民政府从属于国民党中央机关。

（二）《中华民国训政时期约法》

《中华民国训政时期约法》于1931年5月由“国民会议”通过，其主要内容有：

（1）以根本法的形式确认了“党治”原则，建立了国民党一党专政的体制。

（2）规定了五院制的政府组织形式。

（3）规定了一系列公民权利与自由，同时多加限制。

（4）规定了以国家资本主义为核心的基本经济制度。

（三）“五五宪草”

1936年5月5日国民政府公布《中华民国宪法草案》，又称“五五宪草”，因时局变化未付诸议决。“五五宪草”继承了《中华民国训政时期约法》的精神，但也有变化，主要表现为确立总统制、国民大会制和五院制衡机制，实质上仍然集权于总统，无法真正“还政于民”，实行宪政。

（四）《中华民国宪法》

1.《中华民国宪法》的主要内容

1946年12月25日通过《中华民国宪法》，定于1947年1月1日公布。其基本精神与《中华民国训政时期约法》和“五五宪草”一脉相承，但基于政协通过的“宪法修改原则”12条的重大影响，又不得不在具体条文上有所变动。其主要内容有：

（1）依三民主义、五权宪法确定国体与政体。

（2）规定国民大会为全国最高政权机关，但对其职权加以限制。

（3）形式上采用总统制，但总统的权力受立法院、行政院、监察院的制约。

（4）规定人民各项民主自由权利及必要的宪法义务。

（5）采取中央与地方分权体制，形式上赋予省、县两级地方政府以自治权。

2. 对《中华民国宪法》的评价

（1）《中华民国宪法》的颁行，标志着国民政府训政时期之结束，宪政正式肇始，同时，又仿效美国的司法审查制度，赋予司法院以解释宪法和统一解释法律及命令之权。司法院设立大法官会议负责该项权力行使。

（2）《中华民国宪法》是中国近代立宪史上内容较为系统、完整的一部宪法，也是中国法制近代化的主要成果之一。

（3）由于这部宪法是在没有中国共产党和各民主党派参加的情况下制定的，因此在代表的广泛性和合法性方面存在着很大的问题。1948年5月，国民政府颁布《动员戡乱时期临时条款》，以“戡乱”为由，无限扩大总统的“紧急处分权”，实行总统集权。

三、刑事立法

（一）《中华民国刑法》

1.《中华民国刑法》的制定

南京国民政府于1928年公布了第一部《中华民国刑法》，通称“旧刑法”。1935年1月1日公布修订第二部《中华民国刑法》，通称“新刑法”。与旧刑法相比，新刑法吸收了西方最新的刑法理论和立法经验，作了较大的修改：一是由“客观主义”改为“侧重于主观主义”，强调犯罪性质而非犯罪结果；二是由“报应主义”改为“侧重于防卫社会主义”，强调“保全与教育机能”，引进保安处分制度。新刑法分总则、分则两编，规定各种罪名及刑罚。

2.《中华民国刑法》（“新刑法”）的主要特点

（1）继受西方国家通行的刑事法律原则，注重采纳与传统宗法伦理原则相适应的法律制度。

1）继受西方国家通行的刑事法律原则。

①在立法原则方面，继受了罪刑法定、罪刑相适应以及刑罚人道主义等原则。

②在罪名体系和刑罚制度方面，一准西方国家通行良规。

2）注重采纳与传统宗法伦理原则相适应的法律制度。为继承传统的宗法伦理精神，刑法典保留了更多传统中国刑法的痕迹：

①对侵害直系尊亲属的犯罪行为，采取加重处罚原则。

②同居相为隐原则得到一定的体现，如规定罪犯的配偶、五亲等内之血亲或姻亲犯便利犯人逃脱、藏匿犯人、湮灭证据等犯罪，可以减轻或免除处罚。

③亲族间犯盗可以免于处罚、适用亲告。

④纵容纳妾。刑法典设有重婚罪，但纳妾不属于重婚范围。最高法院在判例中明确指出：“所谓重婚及相婚，均指正式婚姻而言，如未正式结婚，纵令事实上有同居关系，仍难以成立该罪。”

可见，《中华民国刑法》体现了对与传统宗法伦理原则相适应的法律制度的采纳和关切。

（2）在时间效力上采取“从新从轻主义”，但保安处分采取“从新主义”和裁判后的“附条件从新主义”；在空间效力上以属地主义为主，属人主义为辅，兼采特定犯罪的保护主义和世界主义。

（3）采取社会防卫主义，增设保安处分。刑罚分为主刑和从刑，主刑包括死刑、无期徒刑、有期徒刑、拘役、罚金，从刑包括褫夺公权和没收。刑法典从西方引进保安处分制度。作为刑罚的补充，保安处分有其合理性。

（二）刑事特别法

南京国民政府制定了一系列刑事特别法，并赋予其高于刑法典的效力。主要有《惩治盗匪暂行条例》《暂行反革命治罪法》《陆海空军刑法》《危害民国紧急治罪法》《惩治汉奸条例》《共产党问题处置办法》《戡乱时期危害国家紧急治罪条例》《惩治走私条例》等。

四、民商事立法

（一）“民商合一”的立法体例

清末和北洋政府实行民商分立的立法体例。北洋政府成立后，民事法律主要是《大清现行刑律》中有关民事的规范，即“现行律民事有效部分”。同时，北洋政府依照清末民商分立的原则，进行编纂民法典的尝试，1926年完成民事总则、债、物权、亲属、继承五编草案，称《民律第二次草案》。不久，段祺瑞政府垮台，《民律第二次草案》未能正式通过。

南京国民政府成立后，继续推动民法典的编纂。1929年国民党中央政治会议通过“民商合一”的立法原则。这与德国、法国、日本民商法体例及清末单独制定商法典的做法有显著区别。

（二）《中华民国民法》

1.《中华民国民法》的制定

《中华民国民法》内容分为总则、债、物权、亲属和继承五编。《中华民国民法》是分编草拟、分期公布的：总则编于1929年5月公布，债及物权两编于同年11月公布，亲属和继承两编于1930年12月公布。该部民法典是中国历史上第一部正式颁行的民法典。

2.《中华民国民法》的主要内容和特点

（1）采用社会本位的立法原则。民法典采用社会本位，在民法的基本价值方面摒弃个人主义，转而注重社会公共利益，对私人所有权、契约自由、遗产继承加以一定的限制，强调只有个人利益不违背社会公共利益始予保护。同时确立无过失损害赔偿责任。

（2）在具体制度上，将外国民法之最新学理、最新立法例加以吸纳、整合，萃成本国民法。民法典以旧民律草案为基础对其作了大量修正，着力参照苏联、德国、日本、瑞士等国民法，表现出新的历史条件下继受法与固有法结合的特点。

（3）采取民商合一的编纂体例。只编纂民法典，不单独编纂商法典。凡适合编入民法典的商事法律规范一律编入民法债编，凡不宜编入民法典者，如公司、票据、海商、保险等商事法律规范，分别制定单行法。

（4）重在维护私有财产所有权及地主土地经营权。尤以物权编规定最详，其中对所有权的取得、保护，土地所有权及经营权均详细规定。

（5）婚姻家庭制度体现浓厚的固有法色彩。民法典肯定包办买卖婚姻及传统习惯，维护夫妻间的不平等和家长制，体现了浓厚的固有法色彩。

（三）商事立法

南京国民政府由于采取民商合一的民事立法体例，对商事立法采取单行立法的方式，制定了较多的单行商事法规，涉及银行法、交易所法、票据法、公司法、海商法、保险法、破产法等。这些单行商事法规的颁布实施，对完善我国近代法律体系有积极意义，也是运用法律规范调整经济关系的进一步尝试。

五、司法制度

（一）普通法院系统

1. 普通司法系统

（1）南京国民政府成立初期，沿用北洋政府的法院组织体系，实行四级三审制。1935 年 7 月 1 日《法院组织法》施行后，改四级三审制为三级三审制，第三审为法律审。

（2）普通法院分为地方法院、高等法院、最高法院三级。

2. 司法院

（1）南京国民政府时期司法体系的一个重要变化是，在法院之上增加了一个最高层次，即司法院。司法院为国家最高司法机关，总揽各项司法事务。

（2）司法院下设四个直属机关，其中司法行政部掌管司法行政事务（后曾改归行政院统辖），最高法院行使最高审判权，行政法院行使行政诉讼案件的审判权，官吏惩戒委员会掌管文官和法官的惩戒事宜。此外还设有秘书处、参事处等办事机构，负责办理院内文秘、庶务及撰拟审核关于司法的法律命令等事宜。

（3）司法院院长综理全院事务，并经最高法院院长及各庭庭长会议决议，行使统一解释法令及变更判例之权。

（4）司法院设大法官会议，行使解释宪法及统一解释法律命令之职权。大法官会议以司法院院长为主席。

（二）特种刑事法庭

特种刑事法庭是南京国民政府设立的受理特种刑事审判程序案件的法庭。

（三）诉讼审判制度

1. 诉讼法

南京国民政府先后分别颁布了两部刑事诉讼法典和民事诉讼法典，还有相应关系法规和单行诉讼法规。国民政府的诉讼法在一定程度上采纳了资产阶级的诉讼原则，如公开审判原则、律师辩护原则、合议审判原则等，具有进步意义。

2. 诉讼审判制度的特点

（1）采取严密的侦查制度。

（2）实行“自由心证”的诉讼原则。

（3）实行秘密审判制度和陪审制度。

（4）扩大并强化军事和军法机关的审判。

（5）维护帝国主义在华军队的特权。

第二节　中国共产党领导下的革命根据地法律制度

一、工农民主政权法律制度

（一）《中华苏维埃共和国宪法大纲》

1.《中华苏维埃共和国宪法大纲》的主要内容

（1）规定苏维埃国家性质是工人和农民的民主专政国家。

（2）规定苏维埃国家政治制度是工农兵代表大会。

（3）规定并保障苏维埃国家公民的权利和义务。

（4）规定苏维埃国家的外交政策。

2.《中华苏维埃共和国宪法大纲》的历史意义和局限

（1）历史意义。《中华苏维埃共和国宪法大纲》是中国共产党领导人民反帝反封建的工农民主专政的纲领。它确认了工农民众的各项基本权利，鼓舞了人民的革命斗志。它是人民自己制宪的最初尝试，为以后革命政权的建设提供了宝贵经验，也为全国工农民众指明了革命的方向。

（2）局限。由于缺乏宪政经验和受到“左”倾思想的影响，《中华苏维埃共和国宪法大纲》也存在一定的缺陷，如混淆民主革命与社会主义的界限；阶级路线上搞“左”倾关门主义；在国家结构问题上照搬苏联经验；在政权性质上将资本家、富农参加政权和政治上自由的权利予以剥夺等。

（二）土地立法

1.《井冈山土地法》

《井冈山土地法》是工农民主政权的第一部土地立法。该法的主要错误在于：没收一切土地而不是只没收地主土地；土地所有权属于政府，农民只有使用权；禁止土地买卖。

2.《兴国土地法》

《兴国土地法》纠正了《井冈山土地法》“没收一切土地”的错误，改为“没收一切公共土地及地主阶级的土地”。

3.《中华苏维埃共和国土地法》

《中华苏维埃共和国土地法》是土地革命时期影响最大、实施地区最广、适用时间最长的土地法。但受“左”倾思想影响，在土地分配上实行“地主不分田，富农分坏田”的政策。其主要内容包括：

（1）规定没收一切地主、富农、反革命分子及农村公共土地，没收一切地主豪绅、军阀的所有财产，宣布废除一切债务契约。

(2) 规定对于没收来的土地财产的分配，按照最有利于贫雇农、中农利益的原则进行，具体方法是，以乡为单位，贫雇农、中农按人口平均分配，或按人口与劳动力的混合标准平均分配。富农如果不参加反革命活动，并且能够自食其力，可以分得较坏的田。

(3) 规定了土地所有权问题，即现阶段不禁止土地的出租与买卖，同时规定在条件具备的时候实行土地国有制。

(三)《中华苏维埃共和国劳动法》

1.《中华苏维埃共和国劳动法》的主要内容

(1) 废除包工制和工头、招工头。

(2) 禁止私人开设失业劳动介绍所，取而代之的是苏维埃政府开设的劳动介绍所。

(3) 工会享有宣布及领导罢工，代表工人签订集体合同和成立特别机构监督私人企业的生产等权利。

(4) 雇主对于工会机关的活动不得有任何阻碍，并负有支付工资总额3%的工会办事经费和文化教育经费的义务。

(5) 实行8小时工作制和工人的各种法定休假制度。

(6) 工人享有各种法定的劳动保护和社会保险等。

2.《中华苏维埃共和国劳动法》的意义和局限

(1) 意义。该部劳动法改善了苏区工人阶级的社会地位和生活状况，保障了劳动者的基本权利。

(2) 局限。该部劳动法存在着极左的错误，脱离了国情和实际，片面地追求劳动者的福利目标，其结果不仅影响到根据地的生产供应，有碍红军的作战行动，也使工厂中的师徒关系紧张，影响到工农团结。虽经修订纠正了上述错误，但并不彻底。

(四)《中华苏维埃共和国婚姻法》

《中华苏维埃共和国婚姻法》的主要内容有：

(1) 婚姻原则。规定男女婚姻以自由为原则，废除一切包办、强迫和买卖婚姻制度，禁止童养媳，实行一夫一妻制。

(2) 结婚。关于结婚年龄，规定男子须满20岁，女子须满18岁。禁止三代以内的血亲通婚；禁止患传染病、神经病及疯瘫者结婚。男女结婚须到苏维埃进行登记，领取结婚证。

(3) 离婚。确定离婚自由的原则，凡男女双方同意离婚，或男女一方坚决要求离婚的，即行离婚。

(五)《中华苏维埃共和国惩治反革命条例》

(1) 该条例是土地革命时期最具代表性的惩治反革命的刑事法律。该条例的主要原则是：区分首犯、主犯和附和参与者，区别对待；对自首、自新者减免刑罚；罪刑法定主义与类推原则相结合；废止肉刑，实行革命的人道主义；按阶级成分及功绩定罪量刑。

(2) 该条例对于巩固红色政权，保护工农权利具有重要的意义。该条例所规定的反革命罪的概念和犯罪构成，也为以后的刑事立法积累了经验。

(六) 司法制度

(1) 新的司法体制实行各级司法机构受同级政府领导的体制。

(2) 审判权和司法行政权在中央采取分立制，在地方采取“合一制”。中央设临时最高法庭，地方省、县、区设各级裁判部，为地方各级法院建立之前的临时审判机关。

（3）省、县裁判部各设检察员，实行“审检合一”制。

（4）国家政治保卫局是最具司法审判实权的机构，该机构在肃反扩大化期间权力凌驾于地方政府和各级裁判部之上。

（5）工农民主政权在诉讼和审判中确立了一些基本制度和原则，如司法机关统一行使审判权、审级划分上实行四级二审终审制，审判公开、人民陪审、巡回审判、死刑复核、合议制度和辩护制度，以及废除肉刑、重视证据等。同时，设立劳动感化院，颁布《劳动感化院暂行章程》，规定狱政的指导思想及管理制度。

二、抗日民主政权法律制度

（一）《陕甘宁边区施政纲领》

1.《陕甘宁边区施政纲领》的主要内容

（1）明确阐述抗日民主政权的主要任务。

（2）加强政权民主建设，规定边区实行参议会制度和“三三制”政权组织原则。

（3）改进司法制度，厉行廉洁政治。

（4）规定边区的基本文化经济政策。

2.《陕甘宁边区施政纲领》的意义

《陕甘宁边区施政纲领》以反对日本帝国主义，保护抗日人民，调节各抗日阶级利益，改善工农生活，镇压汉奸反动派为基本出发点，全面、系统地反映了抗日民族统一战线的要求和抗战时期的宪政主张。

（二）土地立法

1. 土地立法的主要内容

1937 年 8 月颁布的《抗日救国十大纲领》确立了“减租减息”的原则。以陕甘宁边区为代表，抗日民主政权土地立法的主要内容包括：

（1）保护土地所有权。

（2）减租交租。

（3）保障佃权。

（4）减轻债务利息。

2. 土地立法的意义

抗日民主政权土地立法激发了农民的抗日积极性，调整了农村阶级关系，加强了各革命阶级团结，为争取民族抗战的胜利奠定了基础。

（三）劳动立法

劳动立法的主要内容有：

（1）工人具有自由组织工会的权利。

（2）实行 10 小时工作制（陕甘宁边区为 8 小时），雇主安排加班应征得工人的同意，并支付加班工资。

（3）按照各地的具体经济条件实行最低工资标准。

（4）实行安全生产防护。

（四）婚姻立法

婚姻立法的主要内容有：

（1）规定了婚姻立法的基本原则。

（2）规定法定最低婚龄。

（3）增加了"订婚""解除婚约"专章。

（4）列举离婚条件。

（5）规定离婚后的财产处理和子女抚养问题。

（五）刑事立法

1. 刑法原则的发展

（1）镇压与宽大相结合的原则。

（2）贯彻平等保障人权的原则。

（3）反对威吓报复，实行感化教育的原则。

2. 主要罪名

（1）汉奸罪。

（2）破坏坚壁财物罪。

（3）贪污罪。

（六）司法制度

1. 司法组织体制

（1）审判机关。审判机关分为边区高等法院、边区高等法院各专区分庭和边区基层司法机关（县、市的司法处）三级。

（2）审级制度。抗日战争后期各边区一般都改为自行终审的三级三审制。

（3）审检合一制。各边区实行审、检合一制，检察机关设于审判机关内。

2. 马锡五审判方式

马锡五审判方式是指抗日战争时期在审判工作中坚持群众路线的工作方法和实事求是的工作作风基础上形成的审判方式。因该审判方式是由陕甘宁边区高等法院陇东分庭庭长马锡五创造，因此被称为"马锡五审判方式"。其特点有：

（1）方便群众，不拘形式，申诉手续简便。

（2）深入群众，调查研究，实事求是地了解案情。

（3）依靠群众，尊重群众意见，依法合理判决案件。

（4）教育群众，既使当事人心悦诚服，又使当地群众受到教育。

马锡五审判方式的出现和推广，培养了大批优秀司法干部，解决了积年疑难案件，有利于生产，保证抗日，使新民主主义司法制度落到实处。马锡五审判方式集中体现了边区审判制度的民主性和公正性，是边区革命审判制度的缩影。

3. 人民调解制度

抗日民主政权司法工作的突出特点是以人民调解制度作为司法审判工作的重要补充，其主要内容有：

（1）调解方式：民间调解、群众团体调解、政府调解、司法调解。

（2）调解原则：双方自愿；以法律为准绳，照顾善良风俗；调解不是诉讼必经程序。

（3）调解范围：民事纠纷和轻微刑事案件。

（4）调解处理方式：赔礼道歉、认错、赔偿损失或抚慰金以及其他符合善良风俗方式。

（5）调解一般需制作和解书。

人民调解是新民主主义司法的一大特色和补充，它促进了司法工作公正与高效的结合，对新中国的司法工作产生了重大影响。

三、人民民主政权法律制度

（一）宪法性文件

1.《陕甘宁边区宪法原则》

《陕甘宁边区宪法原则》的主要内容有：

（1）政权组织：采取人民代表会议制的政权组织形式，以保证人民管理政权机关。

（2）人民权利：保障人民享有广泛的民主权利。

（3）司法原则：确立边区的人民司法原则。

（4）经济文化：确立边区的经济文化政策。

2.《中国人民解放军宣言》

《中国人民解放军宣言》宣布了中国共产党的八项基本政策，其中最基本的政治纲领就是组成民族统一战线，成立民主联合政府。此宣言确立的八项政策为新的政治协商会议的召开打下了政治基础。

3.《华北人民政府施政方针》

《华北人民政府施政方针》的主要内容有：

（1）确定华北人民政府的当前基本任务。

（2）规定了实现当前基本任务的方针政策。

①政治方面，要健全人民代表大会制度，保障人民民主权利及自由与安全，破除迷信，保护守法的外国人及合法的文化宗教活动。

②经济方面，要发展农业，颁发土地证确认地权，建立农民生产合作互助组织；促进城乡经济交流；发展工商业；贯彻公私兼顾、劳资两利的方针。

③文化教育方面，要建立正规教育制度，提高大众文化水平；建立广泛的文化统一战线，团结知识分子为建设事业服务。宣布对新解放区和新解放城市采取保护和建设的方针。

（二）土地立法

1.《五四指示》

中共中央于1946年5月4日发布了《关于土地问题的指示》（简称《五四指示》）。该指示决定将抗战时期的减租减息政策改为没收地主土地分配给农民、实行土地改革的政策，从而揭开了解放区土地改革运动的序幕。

2.《中国土地法大纲》

中共中央召开全国土地会议，制定了《中国土地法大纲》。其主要内容是：

（1）宣布废除封建、半封建性剥削的土地制度，实行耕者有其田。

（2）规定土地改革须遵守的原则是依靠贫雇农，团结中农，保护工商者，正确对待地主富农。

（3）确定以乡村为单位、按人口平均分配一切土地的分配办法。在土地数量上抽多补少，质量上抽肥补瘦。地主及其家属、国民党官兵家属也可分得与农民同样的土地和财产。

（4）确认人民对所分得土地的所有权。政府发放土地证，允许土地所有人自由经营、买卖及在特定情况下出租土地。

（5）确定土地改革的执行机关是乡村农民大会、贫农团大会、区县省级农民代表大会。对一切违抗或破坏土地改革的罪犯，组成人民法庭予以审判。

(6) 确认保护工商业的原则。

《中国土地法大纲》总结了中国共产党20多年来土地革命的基本经验教训，是一个正确的土地纲领，它体现了土地改革的总路线，调动了农民革命与生产的积极性，对保证解放战争的胜利起了决定性作用。

(三) 劳动立法

1948年8月第六次全国劳动大会通过了《关于中国职工运动当前任务的决议》和《中华总工会章程》。其基本内容是：

(1) 确定解放区职工运动的任务。

(2) 实行适合战时经济条件的劳动福利政策。

(3) 确立劳动契约与劳动争议处理的原则。

(4) 决定恢复中华全国总工会。

(四) 婚姻立法

(1) 婚姻立法突出强调依照婚姻自由、保障革命军人的婚姻以及干部离婚的处理原则等，处理具体婚姻家庭纠纷。

(2) 处理离婚问题时，在强调感情因素的同时，注重政治条件。同时，专门规定了干部离婚的原则。凡以威胁、利诱、欺骗等手段制造离婚条件的，原则上不准离婚。对不得不离，经调解无效的，应准予离婚，但在财产处理上照顾对方。

(五) 刑事立法

1. 刑法原则

《中国人民解放军宣言》确立了“首恶者必办，胁从者不问，立功者受奖”的刑法原则，从而将惩办与宽大相结合的原则作了进一步明确，以集中打击各类反革命分子。

2. 刑事立法的主要内容

(1) 惩办战争罪犯。

(2) 镇压地主恶霸与肃清政治土匪，以维护解放区的社会安定和保障人民的生命财产安全。

(3) 取缔反动党团及特务组织。

(4) 解散一切反动会道门迷信组织。

3. 犯罪和刑罚

刑事立法最大的变化就是管制刑的创建。“管制”刑，即将已登记的反动分子交给当地政府及群众监督，限制其自由，责令其每隔一定时间必须向指定机关报告行踪。这是解放区民主政权总结经验，适应处理、改造大批反革命分子的需要，发动群众对敌专政、改造罪犯的重要形式。此外还增加了无期徒刑。

(六) 司法制度

1. 人民法院体制的完善

(1) 解放战争后期，各行政大区一般都建立了大区、省（行署）、县三级审判体制，审判机构一律改称人民法院，推事改称审判员。

(2) 各级法院一般设有审判委员会。各级人民法院隶属于同级人民政府，但独立行使审判职能。

(3) 各解放区都组建了人民法庭，作为群众性临时审判机关，专门审判一切违抗、破坏土地法的案件。

2. 中共中央《关于废除国民党的〈六法全书〉与确定解放区的司法原则的指示》

1949 年 2 月发布的该指示的基本精神是：

（1）宣布废除国民党颁布的全部法律制度。

（2）确立解放区的司法原则。

（3）确立教育改造司法干部的指导思想。

图书在版编目（CIP）数据

法律硕士（法学）联考大纲背诵要点及应试策略 / 白文桥编著. --北京：中国人民大学出版社，2023.6
ISBN 978-7-300-31437-2

Ⅰ. ①法… Ⅱ. ①白… Ⅲ. ①法律-研究生-入学考试-自学参考资料 Ⅳ. ①D9

中国国家版本馆 CIP 数据核字（2023）第 019541 号

法律硕士（法学）联考大纲背诵要点及应试策略
白文桥　编著
Falü Shuoshi（Faxue）Liankao Dagang Beisong Yaodian ji Yingshi Celüe

出版发行	中国人民大学出版社		
社　　址	北京中关村大街 31 号	**邮政编码**	100080
电　　话	010－62511242（总编室）		010－62511770（质管部）
	010－82501766（邮购部）		010－62514148（门市部）
	010－62515195（发行公司）		010－62515275（盗版举报）
网　　址	http://www.crup.com.cn		
经　　销	新华书店		
印　　刷	涿州市星河印刷有限公司		
开　　本	787 mm×1092 mm　1/16	**版　　次**	2023 年 6 月第 1 版
印　　张	40.5	**印　　次**	2023 年 6 月第 1 次印刷
字　　数	1 085 000	**定　　价**	118.00 元